中国地质调查“攀西钒钛磁铁矿铁钒钛分离技术研究”
（12120113087400）项目资助

# 攀西钒钛磁铁矿
# 资源及综合利用技术

中国地质科学院矿产综合利用研究所
国土资源部钒钛磁铁矿综合利用重点实验室　编著

北　京
冶　金　工　业　出　版　社
2015

## 内 容 提 要

攀西地区是我国钒钛磁铁矿床高度集中分布的成矿区，蕴藏着丰富的钒钛磁铁矿资源。本书概括地介绍了中国地质科学院矿产综合利用研究所多年来对攀西钒钛磁铁矿资源选冶综合利用技术的研究成果。

全书共分8章，主要阐述了攀西钒钛磁铁矿资源概况及其选矿工艺矿物学、冶金工艺矿物学研究，重点介绍了攀西钒钛磁铁矿选铁、选钛试验研究，红格钒钛磁铁矿综合利用选矿试验及产业化示范工程，攀西钒钛磁铁矿选厂流程工艺矿物学考察研究以及攀西钒钛磁铁矿冶金试验研究等成果。

本书内容丰富、资料翔实，具有较强的科学性和实用性，可供矿冶领域的生产、设计、科研、管理、教学人员参考阅读。

**图书在版编目(CIP)数据**

攀西钒钛磁铁矿资源及综合利用技术/中国地质科学院矿产综合利用研究所，国土资源部钒钛磁铁矿综合利用重点实验室编著.—北京：冶金工业出版社，2015.10

ISBN 978-7-5024-6930-6

Ⅰ.①攀…　Ⅱ.①中…　②国…　Ⅲ.①钒钛磁铁矿—铁矿资源—综合利用—研究—攀枝花市　Ⅳ.①F426.1

中国版本图书馆CIP数据核字(2015)第141411号

出 版 人　谭学余
地　　址　北京市东城区嵩祝院北巷39号　邮编　100009　电话　(010)64027926
网　　址　www.cnmip.com.cn　电子信箱　yjcbs@cnmip.com.cn
责任编辑　曾　媛　美术编辑　吕欣童　版式设计　孙跃红
责任校对　石　静　责任印制　李玉山
ISBN 978-7-5024-6930-6
冶金工业出版社出版发行；各地新华书店经销；北京百善印刷厂印刷
2015年10月第1版，2015年10月第1次印刷
787mm×1092mm　1/16；20.5印张；496千字；316页
**80.00**元

**冶金工业出版社　投稿电话　(010)64027932　投稿信箱　tougao@cnmip.com.cn**
**冶金工业出版社营销中心　电话　(010)64044283　传真　(010)64027893**
**冶金书店　地址　北京市东四西大街46号(100010)　电话　(010)65289081(兼传真)**
**冶金工业出版社天猫旗舰店　yjgycbs.tmall.com**
(本书如有印装质量问题，本社营销中心负责退换)

# 本书编委会

# 前　　言

在我国西南攀枝花地区基性、超基性岩体中储藏着丰富的钒钛磁铁矿资源，从南至北有攀枝花、白马、红格和西昌太和四大矿区及周边大小不等的中小矿床（其中大型矿床8处，中型矿床6处，小型及矿点近30处），至2007年底探明钒钛磁铁矿资源储量达101亿吨，预测远景资源量达194.52亿吨以上，是我国特有的大宗支柱性矿产之一，发展前景很好。但与国外各类钒钛磁铁矿资源相比，攀枝花钒钛磁铁矿矿石不仅含铁品位偏低，而且作为炼铁原料，其中的$TiO_2$含量远超出一般高炉入炉原料的极限要求；作为提钛原料，则属于极贫的含钛原生矿资源。

攀西钒钛磁铁矿矿石共（伴）生元素多，矿石矿物组成复杂，分选难度大，而且我国钛铁砂矿和金红石资源不足，必须从钒钛磁铁矿同时回收利用铁、钒、钛的现实，给攀西钒钛磁铁矿的开发利用带来超乎寻常的困难。然而正是这些困难，促使人们通过长期艰苦的探索，研究掌握了以现代大型高炉冶炼高钛型钒钛磁铁矿的冶炼新技术为代表的一系列适合攀西钒钛磁铁矿的采、选、冶工艺成套技术，取得了一个又一个的综合利用新成果。经过40多年的不断探索和创新，以攀钢为代表的矿山企业在钒钛磁铁矿的开发利用技术工艺方面取得了巨大的成就，创立了世界上独树一帜的高钛型钒钛磁铁矿高炉冶炼新技术，并且拥有了从钒钛磁铁矿中回收钛精矿，生产钛白粉、高钛渣、四氯化钛、海绵钛和钛材系列技术和生产能力，从铁水中提取钒渣生产五氧化二钒、三氧化二钒，生产高钒铁、氮化钒等具有自主知识产权的技术，以及从钒钛磁铁矿中回收硫钴精矿、从钛白粉生产母液中提取钪的工艺技术等。现在攀西地区钒钛磁铁矿已成为我国最重要的钛资源基地和世界著名的钒产品生产基地，其中这里凝聚着从国家领导人到普通矿冶工作者几代人的艰苦奋斗的心血。

早在20世纪50年代，在当时地质部系统矿产综合利用研究所的前辈就曾参与过钒钛磁铁矿的地质工作。70年代后，该所从北京内迁四川，集中全所精干力量成立了由不同专业技术人员配套的专项研究队伍（时称八二〇研究队），并投入到由全国科研院所、大专院校、工矿企业组成攀西钒钛磁铁矿开发利用科技攻关的浩荡队伍中。在矿石物质组成、铁钛选矿、综合利用冶炼新流程、自动控制技术、科技信息等方面全方位开展了试验研究工作，为攀西钒钛磁铁矿的开发利用贡献力量。这些“攀西钒钛磁铁矿工艺矿物学研究”成果，揭示了矿石微观世界的奥秘，为铁钛选矿和新流程试验研究奠定了基础，成为研究者们的案头必备资料。四大矿区的选铁、选钛成果，与其他院所和矿山企业的研究成果相互融合，共同把钒钛磁铁矿开发利用的水平一步步推向前进。当时具有开创性的氧化球团矿研究成果，现已在攀西地区广泛开花结果。红格矿综合利用新流程试验结果，为红格矿钛和铬综合回收提供了科学依据，展示了广阔前景。

进入21世纪以来，攀西钒钛磁铁矿日益受到国家的高度重视，被视为重要的战略资源。面临钢铁生产对铁精矿质量的高要求和钛业市场对钛精矿产量增长的需求，钒钛磁铁矿的铁、钛选矿技术方面出现了许多新的难题。在这样的挑战下，中国地质科学院矿产综合利用研究所将重点放在了提高钛资源的选矿回收率和深入四大矿区及周边的钒钛矿生产企业上，进行了系统的流程考察，与矿山企业共同努力，提高了铁精矿质量，大幅度提高了钛资源的利用率，为钒钛磁铁矿的高效合理利用做出新的贡献。

钒钛磁铁矿综合利用的科学研究是一个长期的任务，实现该宝贵资源的保护和高效利用任重道远。本书拟把中国地质科学院矿产综合利用研究所建所以来至2014年的部分主要研究成果，以尽量尊重原作精华的原则，进行适当地筛选、提炼、分类，以资源特点、工艺矿物学研究、选铁、选钛、新流程试验为基本线索进行总结，希望这些科技人员的心血结晶能在日后的矿产开发中起到抛砖引玉和承前启后的作用。

在本书编写过程中，得到了许多领导及专家的指导与帮助，中国地质科学院矿产综合利用研究所从事攀西钒钛磁铁矿资源及综合利用技术研究的工程技术人员为本书的编写提供了大量的写作素材和技术指导，在此一并表示衷心的感谢。

由于编者水平所限，书中难免存在疏漏和错误，敬请读者指正。

编著者

2015年3月

# 目　录

# 1 攀西钒钛磁铁矿资源概况

## 1.1 矿产资源概况及分布规律

### 1.1.1 矿产资源概况

攀枝花连同西昌被称为攀西地区，与贵州的六盘水和金沙江下游川滇地区称为黄金三角，被国家列为重点开发地区，是开发大西南的战略重点。包括被誉为“钒钛之都”的攀枝花等攀西地区是我国钒钛磁铁矿床高度集中分布的成矿区，区内含钒钛磁铁矿的基性、超基性岩体均产于川滇南北构造带中段的安宁河构造带，安宁河构造带也是川滇南北构造带中构造活动最剧烈的部分。由于受深大断裂的控制，含矿岩体绝大多数产于安宁河构造带西侧与昔格达断裂带所限的狭长地带，有探明储量的大中型矿床 14 处，其中，大型以上 8 处（红格、白马、太和、攀枝花、安宁村、白草、中干沟、秀水河），中型 6 处（湾子田、中梁子、新街、普隆、马鞍山、巴洞）。

攀西地区铁矿储量在全国铁矿四大矿区（鞍本、攀西、冀北、五岚）中名列第二。近几年攀西地区探明铁矿储量还在不断增加，按照目前的开采水平，可开采上百年。

我国攀枝花—西昌地区，蕴藏着丰富的钒钛磁铁矿资源。现已探明的有攀枝花矿区、白马矿区、红格矿区及太和矿区等四大矿区构成的特大型矿床。截至 2006 年底，四大矿区及外围矿区矿石地质储量约 96.6 亿吨。钒钛磁铁矿除含铁外，还共生有钒、钛、铬、钴、镍等具有战略意义的金属，它们的含量大都达到综合利用的工业指标，回收价值很高，且蕴藏量十分巨大。其中钛（以二氧化钛计）的资源量为 5.93 亿吨，占全国钛资源量的 90%，表外矿中还有 2.95 亿吨储量。钒（以五氧化二钒计）的储量 1475 万吨，占全国已探明钒资源储量的 62%，表外矿中还有 557 万吨储量。目前，世界钒工业利用的钒资源主要来自钒钛磁铁矿，少量来自钒铀矿、磷铁矿以及石油渣。攀枝花钒资源在全球钒资源中占有重要地位。

攀枝花、白马、红格、太和四大矿区钒钛磁铁矿的储量占攀西地区钒钛磁铁矿总储量的 96%，而这四大矿区中，除太和矿区外，其他都分布在攀枝花地域内。这些矿区矿产埋藏浅，剥离量小，都可露天开采，而且距成昆铁路近，交通方便。矿区附近还蕴藏有丰富的熔剂石灰石和白云石，硬质耐火黏土储量也十分可观，这些冶金辅助原料可以就近供给以满足冶金工业的需要。

经过多年的开发，攀西钒钛磁铁矿消耗资源储量 67796.45 万吨，现有保有资源储量 8731512.05 万吨，攀西钒钛磁铁矿保有资源储量见表 1-1。

攀西钒钛磁铁矿中，攀枝花、红格、白马三大矿区及潘家田白草铁矿、中干沟铁矿均位于攀枝花市区域内，区内铁矿石 $TiO_2$、$V_2O_5$储量见表 1-2。

攀枝花矿区是攀西地区钒钛磁铁矿四大矿区之一，是四大矿区中最先开发利用的矿区，主要以兰尖铁矿（兰家火山矿和尖包包矿）、朱家包包铁矿为主，其次还包括倒马卡、公山和纳拉箐矿段。矿区的铁矿石和 $TiO_2$、$V_2O_5$储量及至 2004 年保有储量见表 1-3。

**表 1-1 攀西钒钛磁铁矿矿石保有资源储量** （千吨）

| 矿区 | 保有储量 | 保有基础储量 | 保有资源量合计 | 保有资源储量 | 可回收资源量 | 消耗资源储量 |
|---|---|---|---|---|---|---|
| 马鞍山铁矿 | 0 | 0 | 15702.4 | 15702.4 | | 5565.5 |
| 盐边县中梁子铁矿 | 0 | 0 | 37260.7 | 37260.7 | | 0 |
| 红格北矿区 | 0 | 391744 | 1200071.4 | 1591815.4 | | 30604.6 |
| 红格铜山矿区 | 0 | 474.8 | 560118.3 | 560593.1 | | 3331.7 |
| 红格马松林矿区 | 0 | 0 | 177547.9 | 177547.9 | | 1895.3 |
| 红格路枯矿区 | 0 | 0 | 1207002.3 | 1207002.3 | | 791.3 |
| 盐边县红格湾子田矿区 | 0 | 0 | 97640 | 97640 | | 0 |
| 中干沟矿区 | 0 | 0 | 239775 | 239775 | | 0 |
| 倒马坎铁矿 | 0 | 16869.46 | 204860.27 | 221729.73 | | 2665.3 |
| 公山铁矿区 | 0 | 0 | 35363.36 | 35363.36 | | 0 |
| 纳拉箐铁矿区 | 0 | 0 | 20435.31 | 20435.31 | | 0 |
| 朱家包包、兰家火山、尖包包矿区 | 0 | 85974.6 | 615341.49 | 701316.09 | | 528718.29 |
| 白马铁矿芨芨坪、田家村矿区 | 0 | 569936.2 | 511315 | 1081251.2 | | 13953.9 |
| 白马铁矿青杠坪矿区 | 0 | 0 | 410133.4 | 410133.4 | | 4599.2 |
| 白马铁矿马槟榔矿区 | 0 | 0 | 166014 | 166014 | | 0 |
| 新街铁矿区 | 0 | 0 | 41495.7 | 41495.7 | | 0 |
| 潘家田铁矿区 | 0 | 0 | 352357.97 | 352357.97 | | 32528.01 |
| 安宁村铁矿区 | 0 | 9266.1 | 174863 | 184129.1 | | 14170.7 |
| 白马铁矿夏家坪矿区 | 0 | 0 | 44592.22 | 44592.22 | | 39.68 |
| 攀得铁矿区 | 0 | 0 | 409.6 | 409.6 | | 258.7 |
| 盐边县红格箐尾铁矿区 | 0 | 0 | 9738.57 | 9738.57 | | 0 |
| 西昌市太和矿区 | 138613.96 | 165647.66 | 1133217.61 | 1298865.27 | 599006.38 | 22251.55 |
| 德昌县巴洞铁矿区 | 0 | 0 | 3834.89 | 3834.89 | | 679.1 |
| 会理县白草铁矿区 | 0 | 11412.03 | 103468.31 | 114880.34 | | 6265.33 |
| 会理县秀水河铁矿区 | 0 | 47076.57 | 44982.28 | 92058.85 | | 9646.29 |
| 会理县茨竹箐铁矿区 | 0 | 0 | 25570.1 | 25570.1 | | 0 |
| 合计 | 138613.96 | 1298401.42 | 7433111.08 | 8731512.05 | 599006.38 | 677964.45 |

注：资料来源为四川省地矿局 106 地质队提供的储量核查结果（截至 2006 年）。

**表 1-2 攀枝花市钒钛磁铁矿资源储量** （万吨）

| 产地名称 | 探明资源储量（A+B+C 储量，D 资源） | 预测资源储量总量 | 规模 | 备注 |
|---|---|---|---|---|
| 攀枝花铁矿 | 储量 68803 | 320437 | 大型 | 伴生钛 11142 |
| | 资源 27488 | | | 伴生钒 281 |
| 白马铁矿 | 储量 73431 | 405259 | 大型 | 伴生钛 4754 |
| | 资源 45869 | | | 伴生钒 294 |

表续 1-2

| 产地名称 | 探明资源储量（A+B+C 储量，D 资源） | 预测资源储量总量 | 规模 | 备注 |
|---|---|---|---|---|
| 红格铁矿 | 储量 114644 | 629416 | 大型 | 伴生钛 19746 |
| | 资源 69455 | | | 伴生钒 449 |
| 白草—潘家田 | 储量 13065 | 155115 | 大型 | 伴生钛 6293 |
| | 资源 37185 | | | 伴生钒 135 |
| 中干沟铁矿 | 储量 6442 | 39876 | 大型 | 伴生钛 1936 |
| | 资源 9610 | | | 伴生钒 40 |
| 弯子田 | | 9764 | 中型 | 伴生钛 619 |
| | 资源 5058 | | | 伴生钒 12 |
| 新　街 | | 4149 | 中型 | 伴生钛 286 |
| | 资源 3024 | | | 伴生钒 10 |
| 马鞍山 | | 13827 | 中型 | 伴生钛 190 |
| | 资源 1334 | | | 钒 4 |
| 中梁子 | | 39560 | 中型 | 伴生钛 175 |
| | 资源 1250 | | | 钒 4 |
| 萝卜地 | | 2600 | 矿点 | 伴生钒 0.2 |
| | 资源 86 | | | |
| 白沙坡 | | 16900 | 含矿岩体 | |
| 猛良坝 | | 8300 | 含矿岩体 | |
| 小米地 | | 5000 | 含矿岩体 | |
| 米易坝头上 | | 4500 | 含矿岩体 | |
| 米易榕树湾 | | 4000 | 含矿岩体 | |
| 攀枝花大老包 | | 3700 | 含矿岩体 | |
| 攀枝花猛新 | | 2000 | 含矿岩体 | |
| 攀枝花新桥 | | 1800 | 含矿岩体 | |
| 米易万坡 | | 1600 | 含矿岩体 | |
| 米易黄草 | | 700 | 含矿岩体 | |
| 米易蜂岩子 | | 400 | 含矿岩体 | |
| 合　计 | 储量 276385 | 1668903 | | 伴生钛 45141 |
| | 资源 200359 | | | 钒 1229.2 |

**表 1-3　攀枝花矿区钒钛磁铁矿全矿区铁矿石、$TiO_2$、$V_2O_5$储量**

| 矿区 | 储量级别 | 地勘或储委批准储量 | | | | | 设计利用储量/万吨 | 2004 年末保有储量 | | | | | |
|---|---|---|---|---|---|---|---|---|---|---|---|---|---|
| | | 表内矿 | | 表外矿 | | | | 表内矿 | | | 表外矿 | | |
| | | 铁矿石/万吨 | $V_2O_5$/t | 铁矿石/万吨 | $TiO_2$/千吨 | $V_2O_5$/t | | 铁矿石/万吨 | $TiO_2$/万吨 | $V_2O_5$/t | 铁矿石/万吨 | $TiO_2$/千吨 | $V_2O_5$/t |
| 朱矿 | B 级 | 5657.7 | 178636 | 680.3 | 7872 | 10656 | | 9696.9 | 4926.0 | 290907 | 3853.4 | 4110.4 | 104366 |
| | C 级 | 28176.1 | 739598 | 7479.7 | 40008 | 110994 | | 887.3 | 450.7 | 29187 | 95566 | 10672.8 | 224171 |
| | B+C | 33833.8 | 918234 | 8160.0 | 47880 | 121650 | 18584.27 | 10584.2 | 5376.7 | 320094 | 13410.0 | 14783.2 | 328537 |
| | D 级 | 6278.9 | 162745 | 15032.6 | 19199 | 206211 | 12205.36 | 12644.6 | 18155.5 | 189670 | 17452.5 | 17753.6 | 341085 |

续表 1-3

| 矿区 | 储量级别 | 地勘或储委批准储量 | | | | | 设计利用储量/万吨 | 2004 年末保有储量 | | | | | |
|---|---|---|---|---|---|---|---|---|---|---|---|---|---|
| | | 表内矿 | | 表外矿 | | | | 表内矿 | | | 表外矿 | | |
| | | 铁矿石/万吨 | $V_2O_5$/t | 铁矿石/万吨 | $TiO_2$/千吨 | $V_2O_5$/t | | 铁矿石/万吨 | $TiO_2$/万吨 | $V_2O_5$/t | 铁矿石/万吨 | $TiO_2$/千吨 | $V_2O_5$/t |
| 兰山 | A 级 | 4761. 9 | 166288 | 408. 4 | 5974 | 6506 | | 9480. 0 | 427. 7 | 293872 | 934. 0 | 429. 4 | 30489 |
| | B 级 | 3060. 9 | 94949 | 372. 3 | 3776 | 5930 | | | | | | | |
| | C 级 | 18612. 6 | 554325 | 2897. 4 | 22787 | 43908 | | 906. 0 | 404. 8 | 26926 | 1465. 9 | 653. 7 | 44028 |
| | A + B + C | 26435. 4 | 815562 | 3678. 1 | 32537 | 65344 | 25920. 80 | 10386 | 4680. 7 | 320798 | 2399. 9 | 1083. 1 | 74517 |
| | D 级 | 7880. 1 | 232946 | 8245. 4 | 15350 | 114298 | 3595. 76 | 6561. 6 | 12524 | 103873 | 6554. 7 | 7661. 8 | 137578 |
| 尖山 | B 级 | 1167. 1 | 41820 | 59. 2 | 1429 | 997 | | 910. 0 | 408. 4 | 35103 | 48. 4 | 231 | 1802 |
| | C 级 | 5027. 1 | 170474 | 114. 5 | 2447 | 2014 | | 55. 6 | 24. 0 | 1965 | 886. 9 | 396. 7 | 28926 |
| | B + C | 6194. 2 | 212294 | 173. 7 | 3876 | 3011 | 3352. 1 | 965. 6 | 432. 4 | 37068 | 935. 3 | 419. 8 | 30729 |
| | D 级 | 3975. 2 | 136902 | 1207. 8 | 8450 | 19806 | 2842. 1 | 453. 6 | 1426. 2 | 8635 | 3169. 8 | 3466. 1 | 98459 |
| 开采矿山合计 | A + B + C | 6643. 4 | 1946090 | 12461. 8 | 84293 | 197800 | 47857. 26 | 21935. 8 | 10489. 8 | 677960 | 16745. 2 | 16286. 1 | 433783 |
| | D 级 | 18134. 2 | 532593 | 19918. 5 | 42999 | 340315 | 18643. 22 | 19659. 8 | 32105. 7 | 302178 | 27177. 0 | 28881. 5 | 577122 |
| 倒马坎 | B 级 | 2516. 5 | 81952 | 247. 2 | 2945 | 4065 | | | | | | | |
| | C 级 | 8392. 6 | 253305 | 2876. 6 | 13769 | 38915 | | | | | | | |
| | B + C | 10909. 1 | 335257 | 3123. 8 | 9203 | 42980 | | | | | | | |
| | D 级 | 7069. 3 | 199409 | 2743. 7 | 1636 | 38383 | | | | | | | |
| 公山 | C 级 | 1289. 1 | 34984 | 52. 8 | 3641 | 812 | | | | | | | |
| | D 级 | 2247. 7 | 75616 | 1125. 8 | 766 | 15316 | | | | | | | |
| 纳拉箐 | C 级 | 666. 5 | 21132 | 93. 1 | 1410 | 1490 | | | | | | | |
| | D 级 | 710. 7 | 20116 | 863. 3 | 17039 | 13076 | | | | | | | |
| 未采矿山合计 | B + C | 12864. 7 | 391373 | 3269. 7 | 14254 | 45282 | | | | | | | |
| | D 级 | 10027. 7 | 295141 | 4732. 8 | 101332 | 66775 | | | | | | | |
| 全矿区合计 | A + B + C | 79328. 1 | 2337463 | 15731. 5 | 89627 | 243082 | | | | | | | |
| | D 级 | 28161. 9 | 827734 | 24651. 3 | | 407090 | | | | | | | |

注：1. 朱矿、兰山的储量系国家储委 1964 年第 295 号文批准，尖山通过补充勘探后，1976 年省储委第 116 号意见书审批恢复原地的储量。倒马坎、公山、纳拉箐的储量系地勘储量，但是 $TiO_2$ 储量以储委意见作了相应处理。

2. 国家储委第 295 号文件将 $TiO_2$ 储量全部定为表外矿，1995 年储量核定时，省储委将表内铁矿石中 40% 的 $TiO_2$ 定为表内 $TiO_2$ 储量。

3. 1995 年储量核定将Ⅳ、Ⅴ矿带的贫矿（20%~22. 99%）降为表外矿，使表外矿储量增加 4359. 4 万吨。

从表 1-3 可以看出，至 2004 年，攀枝花矿区开采矿山的保有储量表内矿仅有 19659. 8 万吨，其中 $TiO_2$ 储量 32105. 7 万吨，$V_2O_5$ 储量 302178t。攀枝花矿区大部分资源储量已消耗，按现在开采规模，尚可稳产 18 年左右，如果生产规模扩大，则服务年限将更短。

### 1.1.2　含矿岩体分布规律

攀西地区含钒钛磁铁矿的基性、超基性岩体，由于严格受深大断裂的控制，绝大多数均产于安宁河断裂带西侧与昔格达断裂带所限的狭长地带，此带由北向南包括太和、巴洞、白马、安宁村、白草、马鞍山、中干沟等较大的含矿岩体以及一些较小的含矿岩体。另有少部分含矿岩体，以攀枝花为代表，出现在雅砻江断裂带与云南永胜、宁蒗交接复合部位。

不少岩体与底板或顶板围岩呈“整合”状接触，属顺层侵入体。在太和矿体中，尚见有大量薄层状围岩的俘虏体，其产状与岩体的流状或层状一致。这些相互关系说明，不仅断裂对岩体的产出起着控制作用，而且围岩的褶皱构造及层面间隙对岩体的产出形态也具有明显的控制作用。

含矿岩体的规模一般长度为1～24km，宽度0.4～0.5km，面积约0.4～50km$^2$，较大的矿体经勘探证实延深600～1000km以上并未见薄。

岩体侵入时代能够直接见到的相互关系是，含钒钛磁铁的基性超基性岩体往往侵入到上震旦系灯影组，少数岩体与前震旦系上部的浅变质岩呈侵入接触。对攀枝花、红格、白马、太和等主要矿体测得绝对年龄值为3.34～3.75亿年，故属华力西期的产物。矿体的围岩上部是上震旦系灯影组的白云质灰岩，而白马矿体的围岩是前震旦系上部的大理岩和板岩。

岩体类型及其分异特征：按岩石组合特征或划分为基性超基性岩体、基性岩体与超基性岩体三种类型。基性超基性岩体以白马、红格、白草、安宁村等岩体为代表。在岩体内，由于岩浆分异作用形成一系列基性岩与超基性岩。基性岩主要是辉长岩；超基性岩包括橄辉岩、橄榄岩、辉石岩、辉橄岩、纯橄榄岩等。岩体自下而上总的变化趋势是基性程度逐渐降低，在这类岩体中，钒钛磁铁矿多数分布在超基性岩内，并且铬、镍、铜等伴生组分的含量较高。基性岩体以攀枝花、太和、巴洞等岩体为代表，其主体是各种形式的辉长岩、包括富磷灰石的辉长岩等。岩体自下而上也具有基性程度逐渐降低的趋势。钒钛磁铁矿主要产于岩体之中下部。超基性岩体存在两种情况：一种是某些基性超基性岩体可能属多期次侵入的复合岩体；另一种情况是因剥蚀只见有超基性岩。该岩体含矿性的差异较大。

岩石化学特征最突出的特点是富铁、钛，二氧化硅不饱和及含氧化钙高，经岩石化学计算，超基性岩的镁铁比（M/F）为1.4～2.5，基性岩中辉长岩M/F值为0.6～1.2，橄榄辉长岩和橄长岩M/F值为0.8～1.9，故含矿母岩应属铁质、富铁质超基性岩与铁质基性岩。含二氧化钛通常可达1.43%～4.90%，显然高于一般值。基性岩含氧化钙为7.75%～16.95%，多数大于12%，与我国和世界辉长岩的平均值8.27%、10.98%相比较，攀西地区辉长岩含氧化钙高出较多。

## 1.2　不同矿区含矿岩体的地质特征

### 1.2.1　攀枝花矿区

攀枝花矿区的含矿岩体北东走向，倾向北西的单斜层状侵入体，大致“整合”地侵入在震旦系灯影组白云质灰岩中，如图1-1和图1-2所示。灯影组白云质灰岩，构成岩体的底板围岩，接触带已发生明显的大理岩化、镁橄榄石化和蛇纹石化等。岩体上部与上叠系

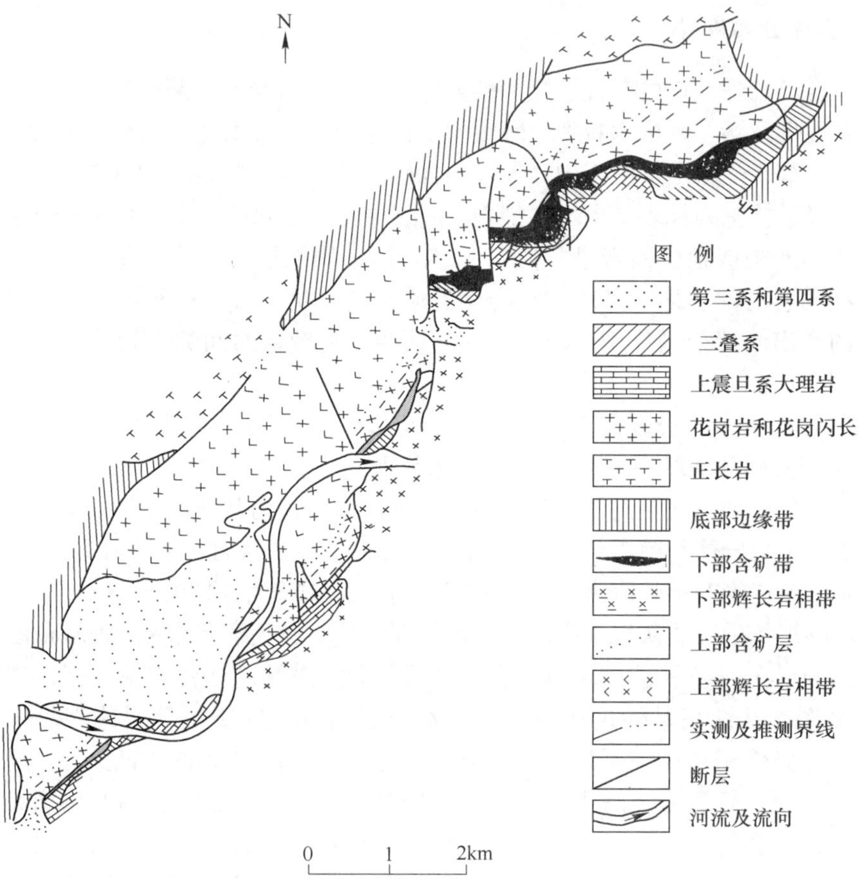


图 1-1 攀枝矿矿区含矿岩体地质略图

地层和部分正长岩呈断层接触。此断层走向与岩体走向基本一致，但倾向相反。岩体的产状要素：走向北东 45°，沿走向延伸达 19km，宽度为 1 ~ 3km，面积约 38km$^2$；倾向北西，倾角 30° ~ 70°；岩体厚度 2km 左右。绝大部分矿体赋存在岩体下部的岩相带内。经钻探证实，岩体及矿体沿倾斜方向延伸近 1000m 未见变薄。

该矿段由东北向西南依次划分朱家包包、兰家火山、尖包包、倒马坎、公山、纳拉箐等六个矿段。目前仅对前三个矿段开采利用。

矿区内流状与层状构造发育，其产状大体上与岩体底板的产状一致。后期断裂有三组，一组为走向北东的逆断层；二组为走向南北的平移断层；三组是走向北西的横切断层。其中南北向平移断层把岩体和矿体分割错断，上述六个矿段的划分就是以此组断层为界的。

矿体自上而下按岩石特征和含矿性的差异，可划分为五个岩相带与含矿带。整个攀枝花岩体虽然以基性岩占绝对优势，但岩体的分异现象却清晰可见：

（1）岩石的组成，除底部边缘带之外，其他岩石系明显组成两个旋回的层状构造，即：由下部含矿带与下部辉长岩相组成第一旋回；由上部含矿带与上部辉长岩相带组成第二旋回。每一旋回的底部均能见到薄层超基性岩，并且，每一旋回均显示出向上斜长石增多，向下铁钛氧化物与铁镁矿物逐渐聚集增多的趋势。

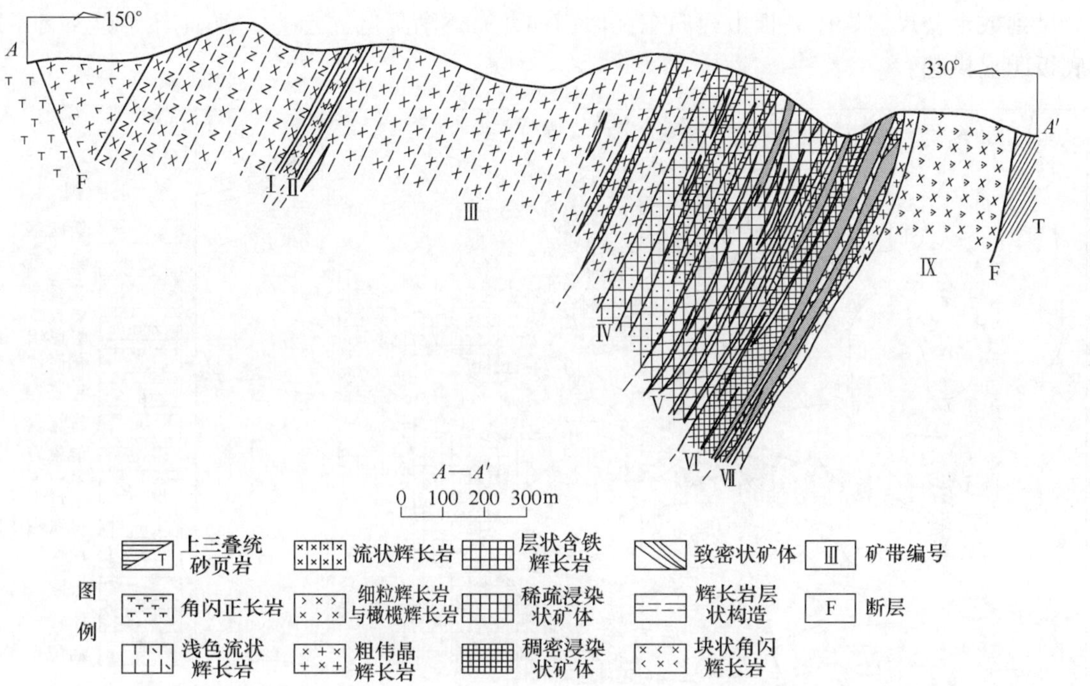


图 1-2 攀枝矿矿区含矿岩体地质剖面图

（2）整个岩体的辉长岩变化有一定规律。上部主要是浅色辉长岩，铁镁矿物小于35%，斜长石数量70%左右，极少出现橄榄石；下部主要辉长岩与含橄辉长岩，含铁镁矿物略有增多，一般30%~45%，斜长石量35%~70%，橄榄石量虽少，分布普通，含量5%，底部边缘带主要是暗色细粒辉长岩与橄榄辉长岩，钛镁矿物增加到60%左右，橄榄石分布普通并往往较多。

由于岩体的分异作用与岩浆流动同时进行，因此，反映出各岩相带、含矿带的分布，与流状构造或层状构造的产状是一致的。矿体的形成又因特别强烈地受重力作用的影响，致使绝大部分矿体富集产于岩体的底部边缘带上，构成下部含矿带。含矿带平均厚达210m，含矿率65%，自下而上包括Ⅸ、Ⅷ、Ⅶ、Ⅵ、Ⅴ、Ⅳ共六个矿带，各矿带呈层状或似层状，延续性，品位富，尤其Ⅷ和Ⅵ矿带含矿极富，具有巨大工业价值。只有少数较贫的矿体分布层位较高，构成上部含矿带。

### 1.2.2 红格矿区

红格矿区含矿岩体呈南北向延伸，倾向东，倾角10°~45°。出露的范围南北长5~6km，东西宽0.6~1.8km，面积约7km²。岩体西部有后期正长岩侵入，而东部又有后期花岗岩侵入，它们对红格岩体有明显的破坏作用。后期断裂将岩体分割为南北两部分，称南、北矿区。南矿区又分割为铜山、路枯、马松林三个矿段；北矿区则分割成东西两部分（图1-3）。红格矿区含矿岩体的产出受南北向昔格达断裂的次级构造控制，侵入在震旦系地层中，岩体顶盖已被剥蚀，岩体底部与震旦系灯影组白云质灰岩呈“整合状”侵入接触，围岩已普通发生透辉石化、石榴石化、蛇纹石化及角岩化等，蚀变带的厚度常达十余公尺到数十公尺。岩体底板由西向东和由南向北有逐渐降低的趋势，但在南北矿区交界处底板明显拱起。

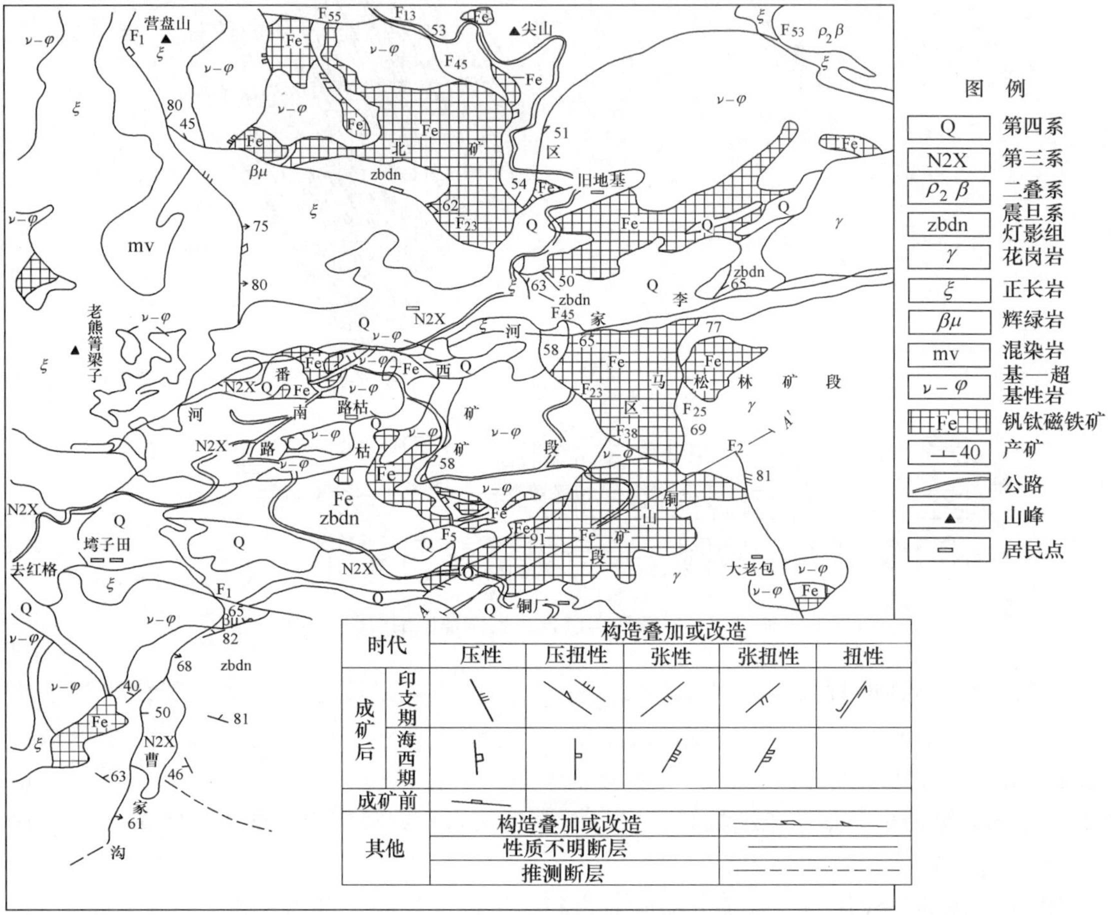


图 1-3　红格钒钛磁铁矿床地质略图

在区域南北向压扭性主断裂的影响下，形成次级多字形构造，主要表现为震旦系地层形成一系列雁形状排列的北西向褶皱与断裂。含矿的基性超基性岩浆沿南北向断裂上升后，主要是顺层侵入到震旦系地层中。在岩体内，岩石类型或岩相带的分布大体是下部为超基性岩，上部为基性岩（图 1-4）。基性岩以流状辉长岩为主，在它的下部常具有薄层的条带状辉长岩、暗色辉长岩，辉石岩或橄榄岩，后四种一般相当于稀疏浸染状矿石。超基性岩主要是辉石岩、橄榄辉岩和橄榄岩。钒钛磁铁矿主要富集在橄榄岩内，橄辉岩和辉石岩含矿较贫，但矿体规模却较大。

### 1.2.3　白马矿区

白马矿区含矿岩体南北走向，长达 24km，宽 2～2.5km，面积约 $50km^2$。岩体向西倾斜，倾角 50°～70°，延深在 1000m 以上，如图 1-5 和图 1-6 所示。岩体北端与前震旦系大

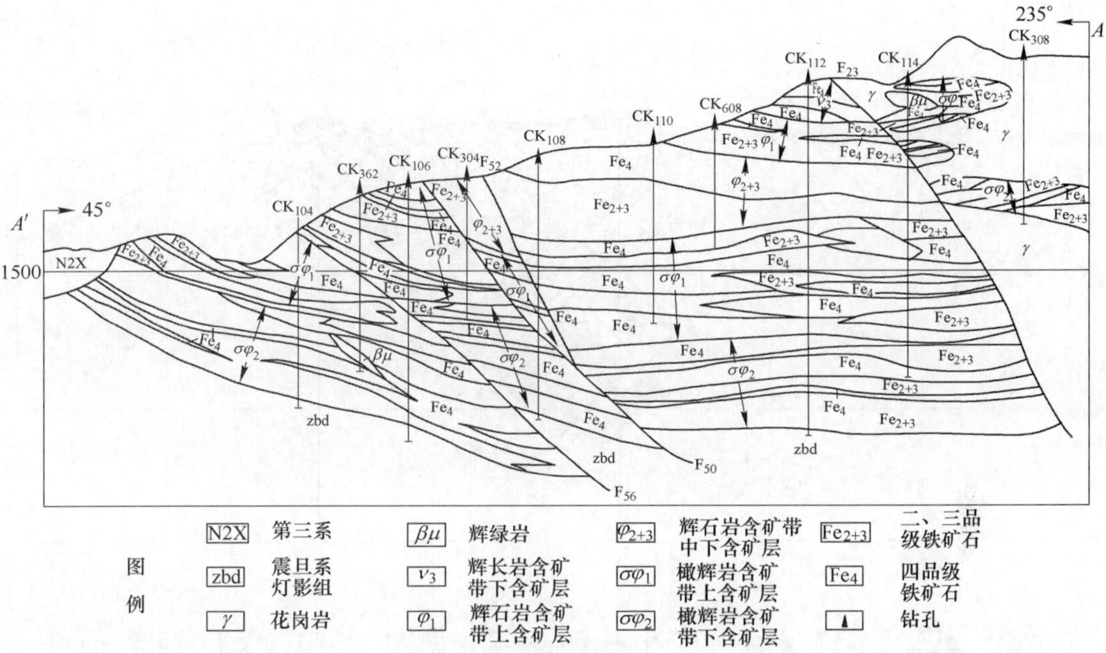


图 1-4 红格钒钛磁铁矿 *A*—*A* 地质剖面图

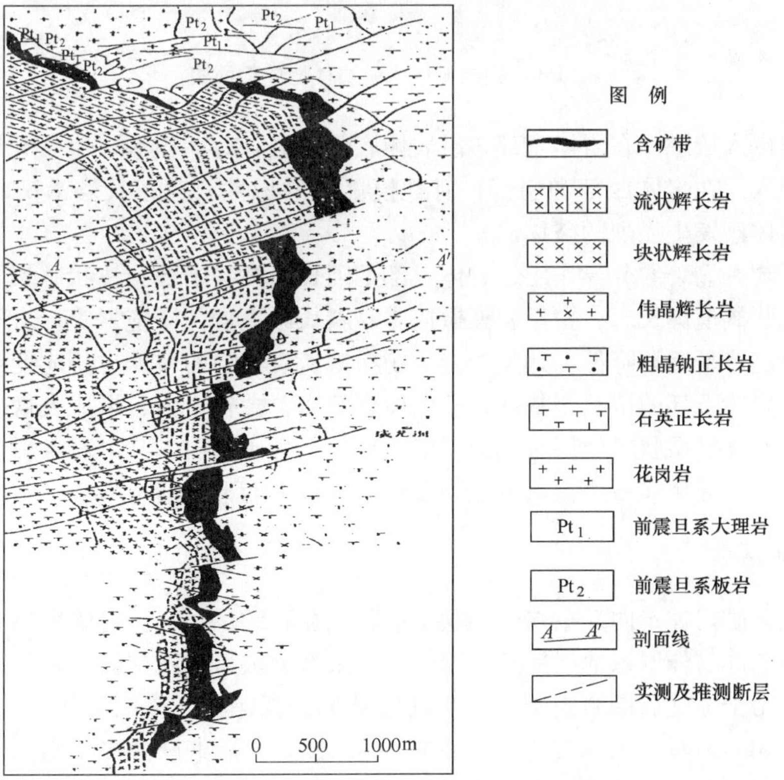


图 1-5 白马矿区含矿岩体地质略图

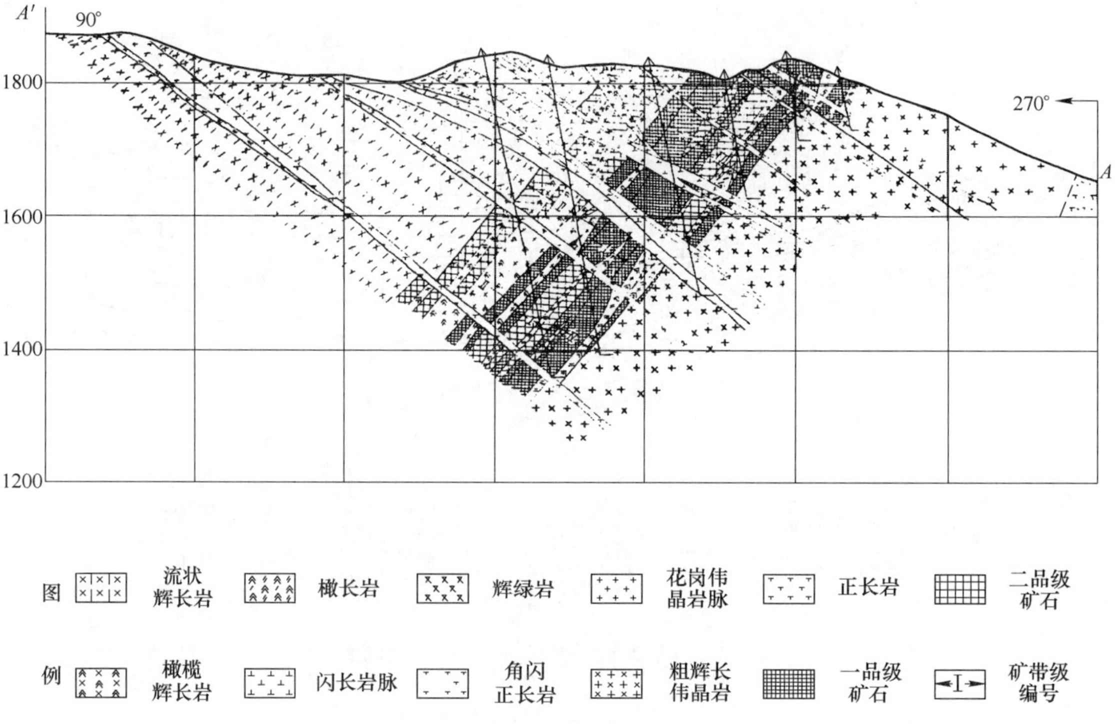


图 1-6　白马矿区含矿岩体地质剖面图

理岩及板岩呈侵入接触。在岩体东部，沿岩体底侧边缘有后期粗晶、伟晶辉长岩和粗晶钠正长岩相继侵入。在岩体西部和南部，有规模更大的碱性石英正长岩沿南北方向侵入分布，对白马岩体已发生强烈的破坏。

白马矿区具有显著的分异作用，岩体上部是闪长岩类，中部为块状辉长岩与流状辉长岩，下部是流状橄榄辉长岩、橄长岩夹橄榄岩、斜长橄榄岩与橄榄岩等。岩石的基性程度自下而上的总趋势是逐渐降低，并且造岩矿物与铁钛氧化物的粒度也相应变细。钒钛磁铁矿主要赋存在岩体下部的层状超基性岩和橄榄辉长岩、橄长岩内，形成大规模的浸染状和条带状矿石。矿体呈层状、似层状或透镜状。在整个含矿带内，又可看出斜长石与普通辉石自上而下递减，而橄榄石、铁钛氧化物和硫化物自上而下逐渐增多。

### 1.2.4　太和矿区

太和矿区含矿岩体走向北东 60°，倾向南北，倾角 50°～60°。岩体东部被现代河床堆积物覆盖，西北部与侏罗系地层呈断层接触，其余部分被后期花岗岩、正长岩及碱性正长岩环绕包围。由于经受后期断裂与岩浆活动的破坏，现保存下来的岩体，东西长约 3km，南北宽略大于 3km，厚度 2km 左右，延深在 600m 以上。后期断裂多近南北向，以逆断层较为常见。岩体自上而下可划分为三部分，上部为中粒辉长岩相带；中部为含矿流状辉长岩相带；下部为中粗粒辉长岩相带，如图 1-7 和图 1-8 所示。钒钛磁铁矿主要赋存在中部

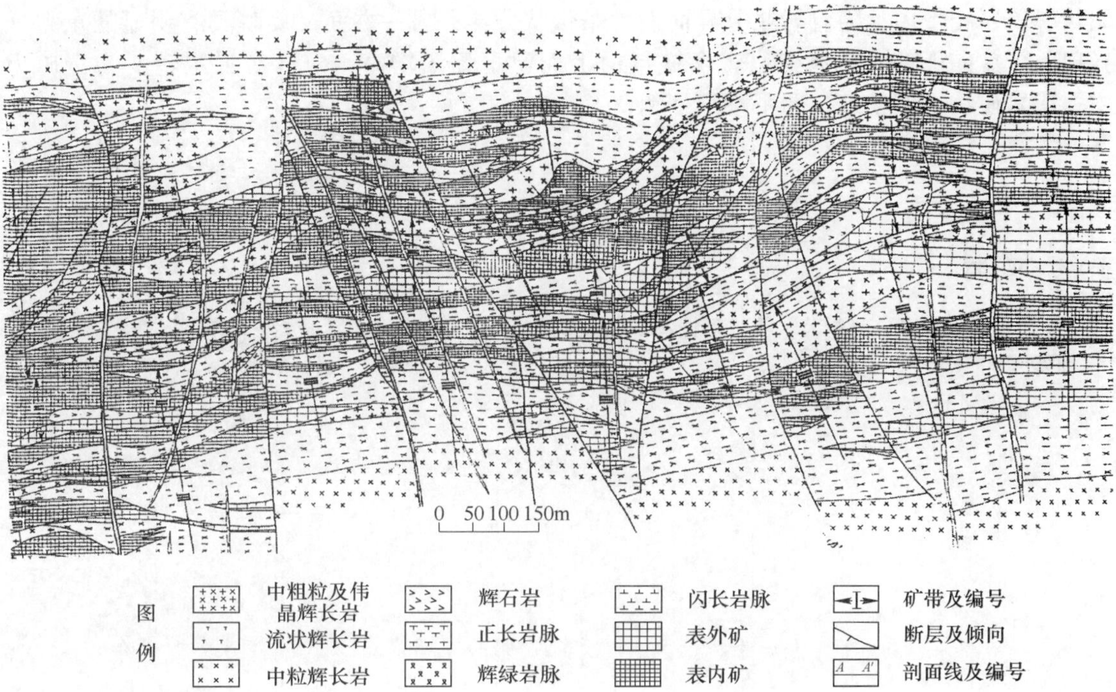


图 1-7 太和矿区钒钛磁铁矿地质略图

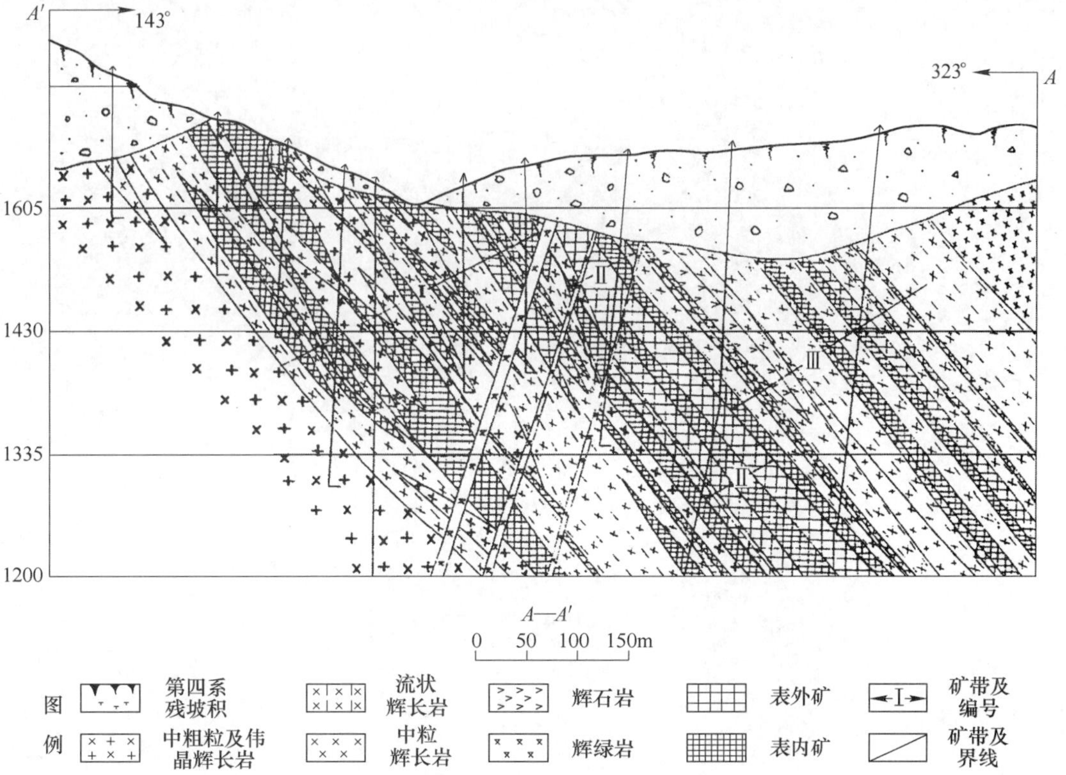


图 1-8 太和矿区钒钛磁铁矿地质剖面图

流状辉长岩相带内，随着岩浆分异而发生条带状分异；另一方面又反映具有明显的重力分异现象，愈向下部矿石愈变富；含铁量由上而至下逐渐增高，由贫矿为主转变为富矿为主；造岩矿物上部较细，向下逐渐变粗。

## 参考文献

[1] 吴本羡，孟长春，范章节，等. 攀枝花钒钛磁铁矿工艺矿物学［M］. 成都：四川科学技术出版社，1998.

# 2 选矿工艺矿物学研究

工艺矿物学揭示矿石中矿物间相互关系的内在规律，运用现代地质成矿理论、矿床矿物学、结晶矿物学、成因矿物学、实验矿物学、实验岩石学等学科的研究成果，紧密结合矿物工程（选矿）、火法冶金、湿法冶金等选冶工艺，针对工业利用的主要对象矿石，进行定量分析，测定各元素在矿石中的赋存状态及各元素之间的相互关系，集中和分散系数及矿物工艺粒度，为选矿工艺流程制定提供定量的基础资料。运用该学科的研究成果，可在选矿工艺流程试验中追踪目的矿物的走向和分布规律，解释选矿工艺流程的合理性，在火法、湿法冶金工艺中及时追踪元素的走向和分布规律，运用热力学原理和矿物相变机理，较精确地提供工艺要求的各项参数，以使冶炼工艺更加合理，并为选冶联合工艺中新方法、新技术的研究提供指导性的基础资料。

工艺矿物学研究内容丰富，其基础内容包括：矿石的结构、构造，主要有用矿物的嵌布特征与工艺的关系；矿石矿物的组成、矿物含量及化学成分；有用矿物和脉石矿物工艺粒度的测定及流程矿物学考察，精、中、尾矿产品检查与矿物解离度测定等。

## 2.1 矿石的物质成分

攀西钒钛磁铁矿矿石中最主要的元素是氧、铁、钛、钒、硅、钙、铝和镁，其次是钾、钠、铬、锰、硫、钴、镍、铜和磷；少量及微量元素有镓、钪、砷、硒、碲和铂族元素等。攀西地区钒钛磁铁矿各矿区原矿化学成分的主要元素、次要元素和微量元素是一致的，其含量高低有明显差异，这决定于矿石的工业类型和自然类型。

### 2.1.1 矿石类型的划分

不同矿种，矿石类型的划分有其标准，划分矿石类型应考虑便于正确地选择矿石的技术加工条件，正确地反映地质要素。钒钛磁铁矿根据矿石性质可划分为自然类型、工业类型和工艺类型。其中工业类型是以原矿石 TFe 的含量为依据。根据工业部门的要求，将矿石划分为四个等级：

富矿（$Fe_1$）TFe≥45%；

中矿（$Fe_2$）TFe 45%~30%；

贫矿（$Fe_3$）TFe 30%~20%；

表外矿（$Fe_4$）TFe 20%~15%。

工业类型与矿石构造类型极为相关，有代表性混合矿样和生产物料，非受单一矿石构造类型所控制，是不同品级矿石的配矿，反映在矿石构造上几种类型的混合，而以某构造类型为主体。工业类型与矿石的构造关系见图 2-1。

### 2.1.2 四大矿区矿石化学成分

确定矿石的化学成分，以其含铁量为主导，工业类型根据原矿石含铁量，划分为四个

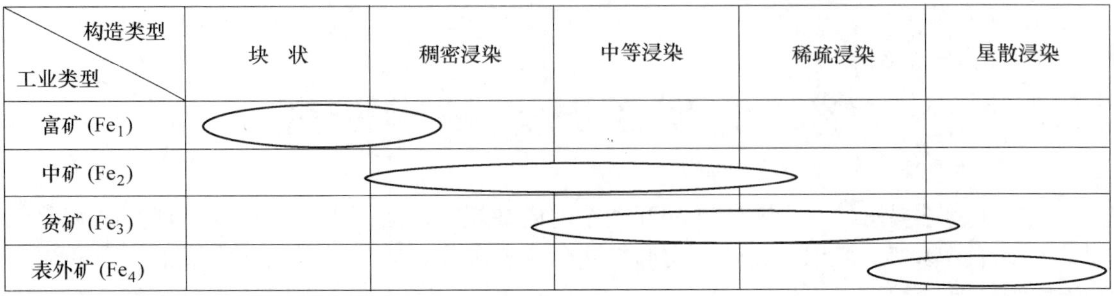


图 2-1 矿石工业类型与构造关系

级别，即 $Fe_1$、$Fe_2$、$Fe_3$、$Fe_4$，其中富矿石（$Fe_1$）产出于攀枝花和太和矿区，而红矿和白马矿区无独立开采层位。在生产现场中，实际生产物料是以四个等级的矿石按不同比例配成混合矿石，也是以铁含量高低，来衡量入选物料品位的代表性，不同矿区的矿石化学成分见表 2-1。

**表 2-1 不同矿区化学成分** （%）

| 成分 | 攀枝花矿区 | | | 红格矿区 | | 白马矿区 | | 太和矿区 |
|---|---|---|---|---|---|---|---|---|
| | 朱家包包 | 尖包包 | 兰家火山 | 南矿区 | 北矿区 | 岌岌坪 | 田家村 | |
| TFe | 30.86 | 30.96 | 30.30 | 39.04 | 38.21 | 33.05 | 35.18 | 46.50 |
| FeO | 24.25 | 21.49 | 22.39 | 23.89 | 24.94 | 23.10 | 22.63 | 26.91 |
| $Fe_2O_3$ | 17.17 | 20.38 | 18.44 | 30.22 | 26.91 | 21.58 | 25.15 | 36.58 |
| $TiO_2$ | 12.98 | 10.52 | 10.59 | 14.04 | 14.69 | 7.65 | 8.08 | 17.05 |
| $V_2O_5$ | 0.25 | 0.29 | 0.27 | 0.36 | 0.38 | 0.33 | 0.33 | 0.42 |
| $Cr_2O_3$ | 0.10 | 0.02 | 0.04 | 0.401 | 0.437 | 0.030 | 0.070 | 0.01 |
| $SiO_2$ | 20.52 | 22.62 | 22.44 | 10.99 | 11.92 | 20.45 | 19.21 | 4.21 |
| $Al_2O_3$ | 7.36 | 10.36 | 9.38 | 3.85 | 5.19 | 6.65 | 6.33 | 5.39 |
| CaO | 6.58 | 7.21 | 7.21 | 3.30 | 3.75 | 3.85 | 3.05 | 1.16 |
| MgO | 7.10 | 5.34 | 6.10 | 9.35 | 7.61 | 12.65 | 11.20 | 4.42 |
| $K_2O$ | 0.34 | 0.18 | 0.10 | 0.13 | 0.13 | 0.11 | 0.09 | 0.05 |
| $Na_2O$ | 0.48 | 0.57 | 1.30 | 0.22 | 0.23 | 0.84 | 0.71 | 0.16 |
| $P_2O_5$ | 0.034 | 0.041 | 0.041 | 0.11 | 0.061 | 0.057 | 0.028 | 0.099 |
| S | 0.78 | 0.47 | 0.62 | 0.44 | 0.51 | 0.52 | 0.60 | 0.27 |
| Co | 0.022 | 0.020 | 0.018 | 0.024 | 0.023 | 0.16 | 0.018 | 0.014 |
| Ni | 0.008 | 0.015 | 0.011 | 0.087 | 0.076 | 0.035 | 0.021 | 0.01 |
| Cu | — | — | — | 0.028 | 0.032 | 0.039 | 0.044 | 0.022 |

从表 2-1 可以看出：

（1）在四大矿区中，红格矿区铬含量明显高于其他矿区，这说明矿石基性程度越高，岩体分异程度好，则铬含量高。

（2）各矿区的 S、Co、Ni、Cu 含量趋于稳定，在低含量分析结果中，红格矿区 Ni 含量明显高于其他矿区。

(3) 攀枝花与太和矿区 MgO 含量偏低，矿石自然类型属辉长岩型；白马矿区 MgO 含量偏高，矿石自然类型为橄榄辉长岩型；红格矿区的 MgO 高低变化显著。

(4) 攀枝花、红格、太和矿区原矿中 TFe 与 $TiO_2$ 比值为 2.48 ~ 2.65，钛磁铁矿 $TiO_2$ 品位 11%~15%，属高钛型钒钛磁铁矿。

### 2.1.3 四大矿区矿物组成

钒钛磁铁矿矿物种类繁多，有氧化物、硫化物、砷化物、锑化物、铂族元素、硅酸盐、磷酸盐和碳酸盐等。从工艺角度考虑，以实用价值为划分基准，并考虑矿物的属性，将矿物划分金属矿物和脉石矿物两大类，金属矿物又划分为氧化物和硫（砷）化物。攀西地区钒钛磁铁矿矿物种类基本相同，但矿物含量却有差别，这主要是由矿石品级所决定的。按矿物的主次划分矿物组成结果见表 2-2，各矿区综合样矿物含量见表 2-3。

表 2-2 攀西钒钛磁铁矿矿物组成

| 种 类 | 金属矿物 | | 脉石矿物 |
|---|---|---|---|
| | 氧化物 | 硫（砷）化物等 | |
| 主要矿物 | 钛磁铁矿、钛铁矿 | 磁黄铁矿、黄铁矿 | 普通辉石、拉长石、中长石、橄榄石 |
| 次要矿物 | 磁赤铁矿、磁铁矿、褐铁矿 | 黄铜矿、镍黄铁矿 | 普通角闪石、蛇纹石、黑云母、磷灰石 |
| 少量 | 赤铁矿、假象赤铁矿<br>金红石、白钛石、锐钛矿 | 紫硫镍矿、硫铁镍矿、辉钴矿<br>马基诺矿、硫钴矿、硫镍钴矿<br>针镍矿、钴镍黄铁矿、砷镍矿<br>斜方砷钴矿、方钴矿、白铁矿<br>辉铁镍矿、毒砂 | 绿泥石、方解石、异剥石、透辉石、榍石、次透辉石、金云母、镁铝尖晶石、石榴石、铁铝尖晶石、锆石、电气石、黝帘石 |
| 微量 | | 方黄铜矿、墨铜矿、辉铜矿<br>铜蓝、黝铜矿、闪锌矿、方铅矿<br>辉钼矿、自然铅、砷铂矿等 | 黑柱石、白云母、滑石、透闪石、水镁石、绿帘石、绢云母、高岭石、沸石 |

表 2-3 攀西钒钛磁铁矿不同矿区矿物含量 (%)

| 名 称 | 攀枝花矿区 | 红格矿区 | 白马矿区 | 太和矿区 |
|---|---|---|---|---|
| 钛磁铁矿 | 43.01 | 33.44 | 31.37 | 33.53 |
| 钛铁矿 | 10.56 | 11.65 | 4.96 | 13.15 |
| 硫化物 | 1.56 | 1.50 | 1.34 | 1.12 |
| 辉石类 | 24.69 | 33.09 | 23.18 | 27.50 |
| 长石类 | 20.18 | 15.20 | 26.44 | 24.70 |
| 橄榄石 | — | 5.12 | 12.71 | — |

## 2.2 矿石结构与构造

矿石的构造是在不同的地质成矿作用条件下形成的。矿石的结构和矿物晶粒的内部结构是在不同的物理、化学作用条件下形成的。

攀西地区钒钛磁铁矿矿石结构、构造同属一个体系，充分反映了主成矿期至晚期岩浆成矿作用的特色。早期岩浆和岩浆期后—气成热液阶段、动力破坏及脉岩穿插胶结、次生作用形成矿石结构、构造也有产出，但具极次要地位。

### 2.2.1 矿石结构

矿石的结构是指个体矿物颗粒的形状、大小和矿物之间的相互关系。钒钛磁铁矿结构的特点反映岩浆熔体结晶结构的特色，是主体。主要结构包括自形晶结构、半自形晶粒状结构、他形晶粒状结构，海绵陨铁结构以及固溶体分解结构。除此外尚有交代残余结构、嵌晶（包含）结构、反应边结构、压碎结构、文象结构等。结构类型如下：

（1）自形晶—半自形晶粒状结构。该结构是由自形—半自形钛磁铁矿和钛铁矿晶粒紧密镶嵌，钛磁铁矿单颗粒（0.1～2mm），钛铁矿单颗粒（0.1～1mm），占颗粒数的90%以上，矿物间的接触界线整齐平滑，钛磁铁矿和钛铁矿集合体间隙为脉石矿物充填，钛磁铁矿的客晶矿物，钛铁晶石、镁铝尖晶石多而密，合计体积占钛磁铁矿总体积40%以上。此类矿石结构是构成块状矿石，稠密浸染状矿石的主体。

（2）半自形晶—他形晶粒状结构。钛磁铁矿、钛铁矿呈半自形和他形晶粒状紧密镶嵌，构成粒状集合体，颗粒粒径稍微小于自形晶钛磁铁矿和钛铁矿粒径。钛磁铁矿客晶矿物的含量也少于自形晶的钛磁铁矿，是中等浸染状矿石主要矿石结构类型。

（3）海绵陨铁结构。该结构是特定含义矿石结构类型。硅铝酸盐脉石矿物早结晶，自形晶程度高，铁、钛氧化物以他形晶粒状集合体嵌布干脉石颗粒四周间隙，呈胶结状充填，该类型主要发育在稀疏—中等浸染状矿石中。

（4）他形晶粒状结构。硅铝酸盐脉石矿物，自形结晶程度高，铁、钛氧化物沿脉石矿物间隙呈星散状浸染，部分贫矿（$Fe_3$）和表外矿（$Fe_4$）、围岩夹石以此类矿石结构为主。岩浆期后形成的硫化物、磁铁矿也属于此类。

（5）固溶体分解结构。固溶体是指两种或两种以上组分，在高温时能够相互溶解混溶，形成均一结晶相的矿物。当温度和压力，特别是温度下降时，固溶体中的不同组分分离出两种或多种矿物相，这种现象称为固溶体分解作用。固溶体分离作用生成的连晶结构称固溶体分解结构；钒钛磁铁矿主矿物钛磁铁矿固溶体分解结构类型异常丰富，钛铁晶石常沿主晶磁铁矿的（100）方向生长，与镁铝尖晶石片晶平行，构成微格子状和盒子状结构。钛铁矿则沿主晶（111）的方向生长，在磁铁矿的切面片（板）晶呈等边三角形和格状结构；普遍产出的还有蠕虫状结构、筛孔状结构、布纹状结构、晶架状结构、串珠状结构等。常常是同一钛磁铁矿晶粒中发育两种或两种以上的结构；且钛铁晶石与钛铁矿含量互为消长。富矿以筛孔状、蠕虫状、布纹状结构为主，中贫矿则以盒子状、串珠状、晶架状、片状和格状结构为主。各矿区钛磁铁矿固溶体分解结构有所差异，攀枝花矿以蠕虫状、筛孔状和盒子状结构为主；白马矿以微格状、串珠状结构为主，太和矿以条纹状、微布纹状结构为主，红格矿以筛子状、板状、晶架状结构为主。粒状钛铁矿固溶体分解结构远无钛磁铁矿丰富，沿钛铁矿（0001）分解片状钛磁铁矿、赤铁矿、镁铝尖晶石、镁钛矿构成固溶体分解线状结构；普通辉石中固溶体分离出钛磁铁矿，构成砂钟结构、闪光结构等。这些固溶体分解产物，一般很细，无法解离。

（6）交代残余结构。攀枝花地区不同矿区、不同品级矿石中都有发育，早结晶的矿物被晚期生成的矿物沿边缘、解理及裂隙进行不同程度的交代，最普遍最突出的钛磁铁矿被绿泥石选择性交代，交代钛磁铁矿基底磁铁矿，强烈者钛铁矿呈晶架状残留。绿泥石、磁赤铁矿交代钛磁铁矿对全局而言，尚属局部，但它影响钒铁精矿的质量，使用灵敏度高的磁团聚重选法新工艺可使其在中矿中局部富集。交代作用尚表现在硫化物被褐铁矿交代，钛铁矿被榍石、钙钛矿、金红石，锐钛矿、板钛矿、白钛石轻微交代。

（7）嵌晶（包含）结构。一种粗大矿物晶体中包含有另一种分布无规律的细小自形晶矿物称为嵌晶结构，若细小晶体呈他形称包含结构。本区该类结构的特点是钛磁铁矿、钛铁矿一般呈自形或浑圆粒包于粗大的普通辉石、普通角闪石和橄榄石中。该结构主要分布于稀疏浸染状矿石中。红格矿层底部，该类型相对密集。

（8）反应边结构。在钛磁铁矿—普通辉石和钛磁铁矿—斜长石接触面上，常形成橄榄石和普通角闪石的反应边。这种结构在各矿区均可见到，尤以红格普遍。

（9）压碎结构。该结构是指矿石在外力作用下发生的挤压破碎，形成裂隙、破碎角砾碎屑，常伴随蚀变与微粒硫化物。通常使矿物工艺粒度变细，各矿区不同矿层中都有发生。

（10）文象结构。在橄辉岩或橄榄岩型矿石中钛磁铁矿呈不规则的弯钩状和他形粒状，嵌布在角闪石、辉石大主晶之中，二者构成相互重叠的扭曲连晶，形成文象结构。

### 2.2.2 矿石构造

矿石构造是指矿物集合体的形态、相对大小和空间上的相互关系。对矿石的构造以宏观（肉眼）观察和微观（显微镜）研究相结合，钒钛磁铁矿矿石构造类型的特点，充分反映岩浆分异成矿作用的特色。

#### 2.2.2.1 块状构造

铁钛氧化物含量大于85%时定为块状构造。它是本区钒钛磁铁矿最主要构造类型之一。钛磁铁矿和粒状钛铁矿呈致密集合体产出，通常由自形晶~半自形晶组成，可向稠密浸染状构造过渡，本区域富矿石（$Fe_1$）由块状构造矿石为主组成。

#### 2.2.2.2 稠密浸染状构造

铁钛氧化物含量介于50%~85%定为稠密浸染状构造。它是本区钒钛磁铁矿主要构造类型之一。钛磁铁矿和粒状钛铁矿呈集合体状产出，通常由半自形晶结构为主组成，是本区中矿石（$Fe_2$）主要构造类型。

#### 2.2.2.3 中等浸染状构造

中等浸染状构造的铁钛氧化物含量介于30%~50%，它是本区钒钛磁铁矿主要构造类型之一，为稠密浸染状构造和稀疏浸染状构造的过渡类型，是本区中、贫矿石（$Fe_3$）主要构造类型。

#### 2.2.2.4 稀疏浸染状构造

稀疏浸染状构造的铁钛氧化物含量介于20%~30%，钛磁铁矿和粒状钛铁矿呈集合体，通常由海绵陨铁结构、他形晶粒状结构组成，是本区贫矿石、表外矿（$Fe_4$）主要构造类型。

2.2.2.5 星散浸染状构造

星散浸染状构造的铁钛氧化物含量小于20%，钛磁铁矿和粒状钛铁矿为他形晶粒状结构，呈星散状分布，是本区表外矿和围岩主要构造类型。

2.2.2.6 条带状构造

条带状构造是本区钒钛磁铁矿广泛发育的一种矿石类型。钛磁铁矿、钛铁矿相对集中，大致沿同一方向分布，形成条带状、似层状，条带宽度变化大，从数毫米至数十厘米，条带常呈重叠复出，在矿体中易于观察，为中贫矿石的主要构造类型。当开采破碎后往往失去条带状的形态，原条带内金属矿物密集和稀疏处，分别构成块状构造和浸染状构造。

2.2.2.7 流斑状构造

细粒辉石集合体呈透镜状眼球状或短条带状断续分布于辉石岩型、橄辉岩型稠密浸染矿石或块状矿石中。呈定向排列，透镜体大小相差悬殊，与金属矿物密集的矿石分界平滑，主要发育在红格矿体。

2.2.2.8 斑杂状构造

钛磁铁矿、钛铁矿的集合体呈不规则斑块分布于辉长岩、辉石岩矿体中，该类型矿石在贫矿、表外矿和围岩夹石中较普遍发育。流斑状构造、斑杂状构造在野外露头、掌子面宏观观察比较清晰，开采破碎险的矿石失去原有特征。

2.2.2.9 脉状—细网脉状构造

岩浆期后硫化物往往以脉状—细网脉状产出；普遍发育于各类矿石中，脉状硫化物肉眼易于观察，细脉状显微镜下易于识别。

### 2.2.3 矿石结构、构造与工艺的关系

研究矿石结构、构造不仅有助于查明成矿条件、矿石性质、结晶顺序和次生变化等，另一方面可对矿石技术加工程序和选矿流程的改善起到重要的作用，以保证最合理地利用矿石。不同品级的矿石结构、构造有一定规律性，矿石品级与矿石结构构造特征的关系见表2-4。

**表2-4 矿石品级与矿石结构构造特征的关系**

| 矿石品级 | 结构类型 | 构造类型 | 铁钛氧化物结晶程度 | 硅铝酸盐矿物结晶程度 |
|---|---|---|---|---|
| 富矿（$Fe_1$） | 自形晶粒状 | 块状 | 自形 | 他形 |
| 中矿（$Fe_2$） | 半自形晶粒状 | 中—稠密浸染状 | 半自形 | 半自形 |
| 贫矿（$Fe_3$） | 海绵陨铁 | 稀疏浸染状 | 他形 | 自形—半自形 |
| 表外矿（$Fe_4$） | 他形晶粒状 | 星散浸染状 | 他形 | 自形 |

2.2.3.1 结构与构造差异

不同矿石的结构、构造，钛磁铁矿、钛铁矿和脉石的粒度、相互关系、含量等有一定的差异，主要有以下几种类型：

（1）块状及稠密浸染状矿石。构成 $Fe_1$、$Fe_2$ 两个品级矿石的主体，铁钛氧化物含量在50%以上，矿物间以粒状镶嵌为主，钛磁铁矿与钛铁矿呈致密集合体产出，与脉石矿物

集合体分别形成斑块。矿物界线平直，粒度均匀较粗，易于单体解离。

（2）星散—中等浸染状矿石。构成 $Fe_3$、$Fe_4$ 矿石及夹石，铁钛氧化物含量 10%~50%，铁钛氧化物他形晶多呈不规则集合体；均匀或不均匀地分布于脉石矿物粒间，粒度相差较大（0.0X~3.00mm），部分呈半自形晶粒状与脉石矿物镶嵌，矿物界线平直，利于单体解离，以上两种嵌布特征的矿石占铁钛氧化物的95%以上，有利于选别。但钛磁铁矿内部结构复杂，固溶体分离物钛铁晶石、镁铝尖晶石、钛铁矿等含量较高，粒度细，难以除去。

（3）固溶体分离。钛磁铁矿沿辉石等矿物的解理或裂隙分布，粒度细（0.00X~0.0X mm），无法利用。

（4）交代作用。部分钛磁铁矿被绿泥石等交代形成残余结构，影响其回收及铁精矿的品质，少数钛磁铁矿包裹于脉石矿物中，硫化物在脉石、钛磁铁矿等矿物中呈细粒包裹体产出，使矿物难以单体解离。

2.2.3.2 矿物内部结构

钛磁铁矿矿物内部结构异常复杂，超细磨方可使钛磁铁矿中粒状镁铝尖晶石和板状钛铁矿的客晶矿物部分解离，从钒钛磁铁矿获高品位铁精矿难度较大。

2.2.3.3 品位差别

不同晶级矿石钛磁铁矿客晶矿物含量的差别，贫矿石钛磁铁矿 TFe 品位一般超出富矿石钛磁铁矿 TFe 品位两个百分点。

## 2.3 主要矿物特征

攀西地区钒钛磁铁矿矿物种类基本相同，但矿物含量有明显的差别，其决定因素受矿石含铁品位（即矿石的品级）所控制，不同品级的矿石决定铁、钛氧化物的含量。矿石的自然类型则决定着脉石矿物的类别。全区已发现 70 多种矿物，根据其应用价值与工艺性质，将矿石划分为四类定量，即钛磁铁矿类、钛铁矿类、硫化物类和脉石（包括辉石类、长石类、橄榄石与磷灰石等）。其中，钛磁铁矿类包括钛磁铁矿、磁铁矿、磁赤铁矿、赤铁矿、假象赤铁矿等；钛铁矿类主要包括钛铁矿、金红石及锐钛矿等；硫化物类以磁黄铁矿、黄铁矿为主，分述如下。

### 2.3.1 钛磁铁矿类矿物的主要特征

钛磁铁矿是最主要的含铁工业矿物，也是钛、钒、铬、锰、镓、钴等组分的主要载体矿物，钛磁铁矿系固溶体分离作用形成的产物，固溶体中含量较多的溶剂组分所形成的矿物为主矿物（主晶）即磁铁矿，含量较少的溶质组分形成的矿物称客晶矿物（客晶），即钛铁晶石、钛铁矿、镁铝尖晶石。钛磁铁矿是由主晶磁铁矿和客晶钛铁晶石、钛铁矿和镁铝尖晶石组成的复合矿物。

攀西地区的钒钛磁铁矿成矿条件基本相同，岩浆晚期所产出的钛磁铁矿、粒状钛铁矿基本特征相似，由于成矿时地质条件的差异，矿浆物理、化学成分的变化，使不同矿区、相同矿区不同层位的钛磁铁矿有一定的差异，从而使相同矿区、不同矿区采用同一选矿工艺流程而产生不同的选别指标。查明钛磁铁矿物化性质，无疑对现生产矿山矿石最佳配比、选矿指标的变化、科学试验研究以及对新开矿山可采取的工艺流程，具有一定的参考价值。

2.3.1.1 钛磁铁矿的产状与形态

钛磁铁矿的产状与形态有：

(1) 呈他形晶粒状，以单体和集合体形式与粒状钛铁矿密切共生，充填于早结晶的脉石矿物间隙中，粒度较粗，接触界线平坦易于解离，是钒铁精矿的主要回收对象。

(2) 呈自形—半自形晶粒状包含于脉石矿物中，粒度细，与脉石不易解离。这种产状的钛磁铁矿含量少。

(3) 岩浆早期形成的，呈自形、半自形晶嵌布在橄榄石、辉石、角闪石晶体中或粒间，形成嵌结构和嵌晶状团粒结构。这种产状的钛磁铁矿在矿石中占极次要位置，一般分布在各韵律层底部，尤其是岩体底部。

(4) 岩浆晚期形成的钛磁铁矿，与粒状钛铁矿密切共生，多呈自形晶、半自形晶和他形晶粒状集合体，不同结晶形态与矿石的构造密切相关。该形态是铁钛氧化物主要产出形式，占95%以上，为工业利用的主要对象。

(5) 伟晶期形成的钛磁铁矿，与钛铁矿形成他形粒状集合体，充填在斜长石、辉石颗粒间，粒度粗，数量少。

(6) 固溶体分离的钛磁铁矿，呈细小片晶状分布于粒状钛铁矿、辉石、橄榄石、角闪石、斜长石解理裂隙中，形成砂钟构造、闪光构造。

(7) 自变质磁铁矿，是橄榄石蚀变析出物，粒细，量极少，不含钛。

(8) 热液作用产出的纯净磁铁矿与黄铁矿密切共生，不含钛，矿物量少。

(9) 岩浆早期、伟晶期、固溶体分离的钛磁铁矿和自变质—热液所形成的磁铁矿皆无独立可生存的层位，只有重叠于岩浆晚期形成的钛磁铁矿层位中，可有极少量解离进入铁精矿。

2.3.1.2 晶粒内部结构特征

磁铁矿（$FeO \cdot Fe_2O_3$）：钛磁铁矿主矿物，经探针系统测定证实，钛、钒、铬、镓、钴、镍、镁和铝等元素取代铁的相应的质点，呈类质同象存在，根据磁铁矿晶胞参数值以及秋本（Akirnotoetal）试验结果计算磁铁矿中仍含有0～14%的钛铁晶石分子。矿石中90%以上的钒赋存于钛磁铁矿中，更确切地说是赋存于钛磁铁矿主晶磁铁矿中，不同矿区铬含量差异极大。

钛铁矿（$FeO \cdot TiO_2$）：呈板状、片晶状、显微片晶沿磁铁矿（100）和（111）晶面呈两组或三组均匀有规律分布，构成格子状、网格状、平行四边或三角形架状连晶。板状片晶较宽者可大于0.05mm，比较少见。在钛铁矿片晶中常包有尘点状或三角状的尖晶石垂直于片晶边缘排列，片晶的宽度一般为0.01～0.02mm，本样品以显微片晶为主。钛铁矿片晶的大小与矿石类型有关，稀疏浸染状矿石以片晶状为主，而中等浸染状矿石则以显微片晶、蠕虫状为主。

铁钛尖晶石（$2FeO \cdot TiO_2$）：呈自形—半自形粒状，一般粒度为0.01～0.015mm，个别可大于0.05mm。显微片晶状、板状、串珠状、针状、纺锤状等，片晶宽一般为小于0.001mm，多沿磁铁矿（100）面分布构成各种格子状，本矿区以此为主。尖晶石的产出形态与钛铁矿片晶产出形态相反，钛铁矿呈片晶时，尖晶石一般呈自形—半自形粒状；钛铁矿呈显微片晶、蠕虫状时，尖晶石多为串珠状。

钛铁晶石（$2FeO \cdot TiO_2$）：显微片晶状，沿磁铁矿（100）方向与尖晶石平行分布构成布纹状和盒子状结构，片晶厚0.0005~0.001mm，其含量随矿石品级增高而增多；随氧化程度逐渐加深部分钛铁晶石已钛铁矿化，因晶粒太细，目前测试手段无法获取单体的分析结果，经晶胞值计算钛铁晶石中的磁铁矿成分可高达41%，仍然是钛铁晶石和磁铁矿的固溶体。经计算 $TiO_2$ 为29.64%，主要分布于攀枝花矿区。

镁铝尖晶石（$(Mg \cdot Fe)(Al \cdot Fe)_2O_4$）：成分复杂，铝、镁、铁、铬、锰呈类质同象替换，根据其成分，可细分为镁铝尖晶石、镁铁尖晶石、镁铁铬尖晶石、铬尖晶石等，主要是镁铝尖晶石。其产出形态可分为片晶状、粒状和尘点状等。片晶呈串珠状、纺锤状，片晶厚度0.001~0.005mm，沿磁铁矿（100）与钛铁晶石平行排列，形成格架状、布纹状和盒子状结构，在钛磁铁矿中普遍分布，其含量随矿石品级增高而增多。粒状镁铝尖晶石多为自形晶、半自形晶，粒度变化大，一般为0.005~0.05mm 少数可达0.1mm，其含量随矿石品级增高而增多。镁铝尖晶石质坚硬，莫氏硬度7.5。经探针分析其成分除红格矿区外，其他三矿区主成分含量近似。

2.3.1.3 钛磁铁矿的化学成分

各大矿区的钛磁铁矿的化学成分见表2-5。

**表2-5 钛磁铁矿的主要化学成分** （%）

| 矿 区 | 矿 段 | TFe | $TiO_2$ | $V_2O_5$ | $SiO_2$ | $Cr_2O_3$ |
|---|---|---|---|---|---|---|
| 攀枝花 | 朱家包包 | 55.68 | 11.56 | 0.58 | 2.02 | 0.028 |
| | 兰家火山 | 57.14 | 11.40 | 0.65 | 1.24 | 0.024 |
| | 尖 山 | 55.38 | 12.12 | 0.62 | 1.59 | 0.024 |
| | 营盘山 | 55.82 | 13.14 | 0.61 | 1.21 | 0.012 |
| 白 马 | 青岗坪 | 55.96 | 8.74 | 0.76 | 2.11 | 0.090 |
| | 田家村 | 59.36 | 9.37 | 0.742 | 1.71 | 0.060 |
| | 芨芨坪 | 59.36 | 8.74 | 0.760 | 2.11 | 0.090 |
| 太 和 | | 57.98 | 13.01 | 0.59 | 0.81 | 0.002 |
| 红 格 | | 56.60 | 13.25 | 0.61 | 0.82 | 0.65 |

2.3.1.4 不同粒级钛磁铁矿对选别工艺的影响

为了探索钒钛磁铁矿冶炼新流程和高炉“精料”方针的可能性，对各矿区钛磁铁矿进行了不同磨矿细度试验研究，探索提铁降钛的可能性。试验将钛磁铁矿磨碎后筛分分为-0.1+0.074mm、-0.074+0.04mm、-0.04+0.02mm 和-0.02mm 四个粒级分别提纯，不同粒级钛磁铁矿中 TFe 和 $TiO_2$ 含量见表2-6。

表 2-6 四大矿区不同粒级的钛磁铁矿中 TFe 和 $TiO_2$ 含量

| 矿区名称 | 粒级/mm | Ⅰ品级矿石含量/% | | Ⅱ品级矿石含量/% | |
|---|---|---|---|---|---|
| | | TFe | $TiO_2$ | TFe | $TiO_2$ |
| 攀枝花矿区 | -0.1 +0.074 | 57.17 | 13.25 | 59.06 | 10.23 |
| | -0.074 +0.04 | 57.56 | 13.20 | 59.92 | 9.75 |
| | -0.04 +0.02 | 58.36 | 13.20 | 60.28 | 9.31 |
| | -0.02 | 59.24 | 12.40 | 60.90 | 9.04 |
| 红格矿区 | -0.1 +0.074 | 59.28 | 11.36 | 62.69 | 6.95 |
| | -0.074 +0.04 | 59.56 | 10.78 | 63.58 | 6.30 |
| | -0.04 +0.02 | 60.48 | 10.52 | 64.35 | 6.05 |
| | -0.02 | 60.94 | 10.35 | 65.85 | 5.13 |
| 白马矿区 | -0.1 +0.074 | 60.27 | 10.35 | 60.85 | 9.20 |
| | -0.074 +0.04 | 61.13 | 10.17 | 61.68 | 9.07 |
| | -0.04 +0.02 | 61.53 | 10.02 | 61.88 | 8.44 |
| | -0.02 | 61.94 | 9.67 | 62.79 | 7.92 |
| 太和矿区 | -0.1 +0.074 | 59.84 | 11.68 | | |
| | -0.074 +0.04 | 60.30 | 11.64 | | |
| | -0.04 +0.02 | 60.85 | 11.43 | | |
| | -0.02 | 61.72 | 11.09 | | |

从表 2-6 分析结果可知，钛磁铁矿粒级由粗到细，TFe 含量由低增高，$TiO_2$ 含量由高降低。同时也说明攀枝花地区钛磁铁矿“铁高钛也高”的结论是不准确的，但攀枝花选矿厂现生产中确实存在铁高钛也高的情况，其根本原因是铁精矿矿物颗粒较粗，远未涉及钛磁铁矿客晶矿物单体解离程度，而生产中为保持铁精矿合格的 $TiO_2$ 含量，无需要提高铁精矿精度，钛磁铁矿占铁精矿矿物量 86%～90%，即可生产铁低钛也满足要求的铁精矿产品。现工艺流程提高铁精矿品位，$TiO_2$ 含量也势必随之增加，唯有采用细磨，使钛铁矿与钛磁铁矿充分解离，并进而使钛磁铁矿晶体内部粗客晶矿物解离，方可达到提高铁精矿的品位，使 $TiO_2$ 含量下降，细磨为探索新的工艺流程提供利用途径。

#### 2.3.1.5 钛磁铁矿的次生变化

攀西地区钒钛磁铁矿次生和表生变化是比较弱的，但普遍存在。不同矿区不同地段强弱差异较大，有绿泥石化、磁赤铁矿化、褐铁矿化。磁赤铁矿化主要沿钛磁铁矿边缘及裂隙交代，形成环带构造，主要发生于近地表及断裂发育带，进一步氧化可形成赤铁矿、褐铁矿而形成风化矿、半风化矿。

绿泥石化是在岩浆后期热液作用下，绿泥石沿钛磁铁矿边部裂隙，解理发生选择性地交代，交代钛磁铁矿主晶——磁铁矿。钛铁矿呈骨架状、网格状残留，此种交代现象，在攀西各矿区普遍发育。

对攀枝花矿绿泥石交代进行剖析，结果表明，全区大致 5% 的钛磁铁矿被绿泥石不同程度地交代，磁团聚重选工艺过程，绿泥石交代的钛磁铁矿易进入中矿。

### 2.3.2 钛铁矿类矿物的主要特征

在各矿段分布也很普遍，在金属矿物中仅次于钛磁铁矿，是主要含钛矿物，含一定量的铁及其他微量元素，其产状和形态除与钛磁铁矿相同外，另有一种为钛铁晶石氧化而成。

#### 2.3.2.1 产状与形态

钛铁矿产状与钛磁铁矿产状基本一致，按生成时期与结构特点可划分为：

（1）岩浆早期形成的产物，以自形晶为主嵌布在橄榄石、辉石和角闪石晶粒中的包体，形成嵌晶状结构，粒度较细，量少，无独立开采的层位。

（2）岩浆晚期形成的粒状钛铁矿，与钛磁铁矿密切共生，是钛铁矿主要成矿期，是利用的对象，以自形晶—半自形晶—他形晶与钛磁铁矿连晶或呈单体充填嵌布于脉石矿物间隙中。结晶形态与矿石构造关系十分密切，矿石构造真实反映矿石品级，即富矿—钛铁矿以自形晶—半自形晶为主。贫矿以他形晶—半自形晶为主。无论其结晶形态差异，晶粒一般较粗，以0.5~0.2mm为主，该类产出形式占粒状钛铁矿95%以上。

（3）晶期的钛铁矿，粒度较粗大，常与钛磁铁矿呈他形粒状集合体分布在伟晶辉长岩和伟晶辉石岩中，量少。

（4）固溶体分离形成的钛铁矿，主要在钛磁铁矿中呈板状、片状和粒状存在；部分在普通辉石、角闪石、橄榄石及斜长石矿物中呈细片状（一般小于3μm）沿解理密集分布。

粒状钛铁矿嵌布特征简单，与其他矿物接触界线平直，易于解离成单体。

#### 2.3.2.2 晶粒内部结构

钛铁矿常见到叶片状双晶、聚片双晶或格子状双晶。钛铁矿内部结构远不及钛磁铁矿内部结构复杂、普遍；这也是由主客晶矿物组成的复合矿物反映矿物生成时固溶体分离的特点。客晶矿物由钛磁铁矿、镁铝尖晶石、赤铁矿和镁钛矿组成。客晶矿物量变化大，为0.1%~20%，绝大多数小于3%。客晶矿物皆以微细片晶沿钛铁矿（0001）呈定向、断续排列，片晶宽度明显分为两类，即粗（2~3μm）和细（1~0.5μm）。前者在中倍镜下易发现，后者放大400倍方可见到，油浸观察较为清晰。

主要客晶矿物特征如下：

（1）钛磁铁矿：呈片晶，片晶以2~3μm为主，往往与镁铝尖晶片晶相间连续排列。红格矿区钛铁矿中钛磁铁矿片晶普遍存在。白马、太和、攀枝花矿钛磁铁矿片晶相对较少产出。片晶以细粒为主。

（2）镁铝尖晶石：粒状和片晶状两种，粒状一般分布在钛铁矿边缘，粒径均小于8μm，形态各异，片晶状与钛磁铁矿片晶产出相同。

（3）赤铁矿：灰白色，反射率明显高于钛铁矿，鲜红色内反射易区别于钛磁铁矿、钛赤铁矿。形态、产出与片晶钛磁铁矿相同，其含量少于钛磁铁矿。

（4）镁钛矿：反射率近于或略低于钛铁矿，片晶宽小于0.1μm，沿钛铁矿（0001）晶面密集分布，高倍油浸下方可分辨，红格矿区钛铁矿中易见。钛铁矿 $TiO_2$ 含量超出理论值，系镁钛矿含量增高所致，镁钛矿 $TiO_2$ 理论值为63.77%。镁钛矿—钛铁矿化学组成Mg-Fe呈完全类质同象。

#### 2.3.2.3 钛铁矿的化学成分

钛铁矿化学成分中 $TiO_2$ 理论值为52.65%，FeO 理论值为47.35%。实际上钛铁矿的成分并非如此单一，不同矿区的钛铁矿的化学成分见表2-7。

**表2-7 钛铁矿的主要化学成分** (%)

| 名称 | $TiO_2$ | FeO | $Fe_2O_3$ | MgO | MnO | CaO | $Al_2O_3$ | TFe |
|---|---|---|---|---|---|---|---|---|
| 攀枝花矿区 | 51.41 | 35.50 | 6.68 | 4.63 | 0.57 | 0.24 | 0.53 | 32.27 |
| 红格矿区 | 51.20 | 38.54 | 4.14 | 3.94 | 0.80 | 0.27 | 0.31 | 32.85 |
| 白马矿区 | 51.14 | 38.39 | 4.94 | 2.89 | 0.79 | 0.34 | 0.54 | 33.30 |
| 太和矿区 | 51.68 | 37.92 | 5.15 | 3.54 | 0.62 | 0.54 | 0.30 | 33.08 |

值得注意的是，四大矿区钛铁矿含 $Fe_2O_3$ 4.14%~6.68%，经计算的赤铁矿分子含量比镜下可见赤铁矿估计量要高，可能是一部分 $Fe^{3+}$ 以固溶体形式存在，即钛铁矿中存在固溶体形式的赤铁矿所导致的。

#### 2.3.2.4 钛铁矿次生变化

钛铁矿为稳定型矿物，在表生氧化作用下钛铁矿基本是很稳定的，但在岩浆晚期或岩浆期后受热液蚀变时，被金红石、锐钛矿、钙钛矿、榍石、白钛石从钛铁矿边缘和裂隙轻微交代。

金红石：常呈不规则粒状与锐钛矿、钙钛矿、榍石一起交代钛铁矿，在辉长岩矿石中比较常见。粒度为0.02~0.5mm。

锐钛矿：量少，常与金红石、榍石相伴交代钛铁矿。它的反射率比金红石稍低，非均性不明显。

钙钛矿：比较常见的钛矿物，主要呈两种形态产出，第一种呈自形—半自形粒状，常发育于裂隙中，红格矿区常见；第二种呈他形粒状交代钛铁矿产出。

榍石：是比较常见的次生钛矿，主要交代钛铁矿生成，在破碎的矿石中较为发育，粒径0.01~0.1mm。

### 2.3.3 硫（砷）化物类矿物的主要特征

攀枝花地区钒钛磁铁矿资源丰富，其中钴、镍、铜伴生组分储量规模较大。从20世纪60年代起，我国一些研究所、高等院校皆注意到这一潜在的重要资源，对这些伴生组分的利用进行了大量研究工作，但所获取的硫化物精矿，钴、镍、铜品位不稳定，回收率低，经反复研究认为钒钛磁铁矿中的钴、镍、铜元素，以硫化物相、铁钛氧化物相和硅酸盐相而存在，后两种物相，对钴、镍而言，无独立利用的价值，唯硫化物相是综合利用钴、镍、铜、硫等元素的对象。钒钛磁铁矿储量很大，据地勘部门勘探皆有硫化物富集地段，但不能构成以硫化物为主的独立开采的矿段，均是钒钛磁铁矿的伴生组分。钴、镍、铜在硫化物相的平均分布率见表2-8。

**表2-8 钴、镍、铜在硫化物相中平均分布率** (%)

| 矿区 | Co | Ni | Cu |
|---|---|---|---|
| 攀枝花矿区 | 30.65 | 18.60 | 9.29 |
| 红格矿区 | 52.31 | 47.48 | 52.08 |
| 白马矿区 | 33.01 | 62.59 | 69.26 |
| 太和矿区 | 56.74 | 46.85 | 27.48 |

攀枝花地区钒钛磁铁矿无论何矿区、矿点，不同类型、不同层位和不同品级的矿石普遍分布有硫化物。综观硫化物，矿物量少，种类多，硫化物中钴、镍、铜的含量差别大。硫化物被综合回收，可提取多种有益组分，如分散则成为铁精矿和钛精矿中的有害杂质，现生产工艺流程希望分离提取硫化物，但难度大。

硫化物的矿物量，不同矿区不同层位的矿石差别很大，攀枝花矿区硫化物富集，全区硫化物含量为 0.05%～8.72%，红格矿 0.13%～7.15%，白马矿 0.4%～2.59%，太和矿 0.34%～4.03%。取代表性综合大样，四大矿区硫化物含量趋于稳定，为1.07%～1.84%。

硫化物的分带，各矿区有一定的规律性可循，红格矿辉长岩型矿石硫化物以黄铁矿为主，黄铜矿微量；辉石—橄辉岩型矿石硫化物以磁黄铁矿为主，黄铜矿相对量明显增加。攀枝花、太和矿同属辉长岩型矿石，攀枝花矿硫化物以磁黄铁矿为主，而太和矿以黄铁矿为多，两者黄铜矿皆很贫乏。白马矿橄榄辉长岩型矿石，硫化物以磁黄铁矿为主，黄铜矿较高。

#### 2.3.3.1 硫化物种类

硫化物的矿物种类很多，包括少量砷化物和锑化物在内共计33种。不同种类矿物含量差别很大，主要矿物为磁黄铁矿、黄铁矿，占硫化物总量90%以上；其次为黄铜矿、钴镍黄铁矿、镍黄铁矿和紫硫镍矿等；微量矿物有辉钴矿、镍辉钴矿、硫钴矿、硫镍钴矿、针镍矿、砷镍矿马基诺矿、方黄铜矿、白铁矿、毒砂、辉铜矿、方铅矿、铜蓝、辉钼矿等。

磁黄铁矿是各矿区的主要硫化物，分布十分广泛。粒状磁黄铁矿中常常含有镍黄铁矿、紫硫镍矿、硫钴矿、硫镍钴矿等包体，与黄铁矿、黄铜矿紧密共生。攀枝花矿区磁黄铁矿主要与黄铁矿共生为主，红格矿区和白马矿区磁黄铁矿和黄铜矿共生更为密切。攀枝花矿区和太和矿区的黄铜矿含量相对较低，而红格矿区和白马矿区的黄铜矿含量则相对较高。镍黄铁矿是攀枝花矿区、红格矿区和白马矿区最主要的钴镍矿物，太和矿区最不发育。

镍黄铁矿大多为磁黄铁矿的固溶体分解物，紫硫镍矿往往又交代镍黄铁矿。黄铜矿与磁黄铁矿紧密共生。磁黄铁矿是钴、镍、铜等有用成分的赋存物，因此磁黄铁矿的回收也就达到了镍、钴、铜回收的目的。硫化物在成矿期受其他矿物结晶的影响，多为不规则粒状或以集合体的形式产出，因此粒度大小相差悬殊。不同矿区综合样主要硫化物类别含量见表2-9。

**表2-9 不同矿石类型硫化物类别及含量**

| 矿 区 | 矿 段 | 矿石类型 | 矿石中硫化物含量/% | 硫化物各类矿物含量/% | | | |
|---|---|---|---|---|---|---|---|
| | | | | 磁黄铁矿 | 黄铁矿 | 黄铜矿 | 其他硫化物 |
| 攀枝花矿区 | 兰家火山 | 辉长岩 | 1.62 | 87.51 | 11.74 | 0.67 | 0.17 |
| | 朱家包包 | 辉长岩 | 1.50 | 91.86 | 3.64 | | |
| | 尖包包 | 辉长岩 | 1.50 | | | | |
| 红格矿区 | 北矿区 | 辉长岩 | 1.70 | 21.18 | 78.14 | 0.54 | 0.14 |
| | | 辉石岩 | 1.27 | 79.91 | 17.18 | 2.51 | 0.40 |
| | | 橄辉岩 | 1.67 | 77.66 | 11.92 | 6.99 | 3.43 |
| | 南矿区 | 辉长岩 | 1.44 | 32.17 | 65.43 | 2.19 | 0.21 |
| | | 辉石岩 | 1.30 | 67.99 | 26.45 | 3.61 | 1.95 |
| | | 橄辉岩 | 1.60 | 90.06 | 3.31 | 2.68 | 3.65 |
| 白马矿区 | 芨芨坪 | 橄榄辉长岩 | 1.14～1.45 | 87.66 | 5.96 | 6.38 | |
| | 田家村 | 橄榄辉长岩 | 1.54～1.76 | 90.01 | 6.64 | 3.35 | |
| 太和矿区 | | 辉长岩 | 1.12 | 24.00 | 75.00 | 1.00 | |

四大矿区硫化物中钴、镍、铜含量的总趋势是：原矿硫化物中含钴量一般都大于0.3%，相比较而言，红格矿区和太和矿区偏高，攀枝花和白马矿区偏低；红格矿区和白马矿区镍的含量明显高于攀枝花和太和矿区；硫化物中铜含量与镍含量高低同步，也就是说，红格和白马矿区硫化物中铜高出攀枝花和太和矿区硫化物含铜量数倍。

2.3.3.2 硫化物的产状与嵌布特征

硫化物的产出形态与成矿期密切相关，主要产状有以下4种：

(1) 不规则粒状磁黄铁矿和自形晶—半自形晶粒状黄铁矿为主体构成硫化物集合体，沿钛磁铁矿、钛铁矿、硅铝酸盐矿物颗粒间隙充填是最主要的产出形式，为岩浆期热液早期产物，伴生黄铜矿、镍黄铁矿、紫硫镍矿、辉钴矿等。

(2) 硫化物与铁钛氧化物属同期结晶的产物，产出形态以微粒状、星散状、乳滴状为主，包裹于钛磁铁矿、钛铁矿和脉石矿物中。此类硫化物量少，仅占硫化物总量的5%~6%，经电子探针分析，其钴、镍含量较高。

(3) 硫化物呈细脉状、网脉状沿硅酸盐、铁钛氧化物裂隙充填，此类硫化物以黄铁矿为主，常与纯净磁铁矿（指不含$TiO_2$）紧密共生，并含有微量磁黄铁矿、黄铜矿等，含钴量较高，含镍量甚微。

(4) 硫化物呈叶片状、竹叶状、板条状集合体出现在蛇纹石化橄榄石和次闪石化的钛普通辉石中，为橄榄石、辉石蚀变作用过程中形成的产物。

通过对有代表性的矿石测定，硫化物的嵌布特征见表2-10。

**表2-10 硫化物的嵌布特征**

| 矿 区 | 钛磁铁矿 | 钛铁矿 | 脉石总量 | 合 计 |
|---|---|---|---|---|
| 攀枝花矿区 | 34.89 | 4.26 | 60.85 | 100.00 |
| 红格矿区 | 13.00 | 9.42 | 77.58 | 100.00 |
| 白马矿区 | 22.64 | 9.30 | 68.06 | 100.00 |
| 太和矿区 | 17.31 | 17.13 | 65.56 | 100.00 |

2.3.3.3 硫化物的次生变化

硫化物中的磁黄铁矿、黄铁矿在风化作用下被交代形成褐铁矿。

硫化物中主要成分含量为TFe 55.89%，S 33.83%，Co 0.41%，Ni 1.01%，Cu 0.782%。

### 2.3.4 脉石矿物类矿物的主要特征

攀枝花地区钒钛磁铁矿脉石矿物以硅酸盐矿物为主，另含少量的磷酸盐矿物、碳酸盐矿物。

脉石矿物作为选矿尾矿而被抛弃，由于四大矿区母岩以基性、超基性岩石为主，矿石的脉石矿物组成基本一致，但不同矿区、不同矿段由于岩石性质不同，白马、红格以基性、超基性岩为主，攀枝花、太和则以基性岩为主，所以矿物种类及各种元素含量变化较大，如辉长岩型矿石以中—拉长石、普通辉石为主，脉石含铁品位低，磁选时可得到回收率较高的铁精矿，橄榄辉长岩型矿石橄榄石量增加，橄榄石含铁量13%~20%，尾矿中铁的品位下降困难。因此，对脉石矿物的种类、含量、物理性质、化学成分、粒度大小以及嵌布特征的研究与矿石工艺流程的制定、选矿指标的好坏有直接的关系。

2.3.4.1 脉石矿物的组成

脉石矿物主要由斜长石、橄榄石、辉石（普通辉石、透辉石、异剥辉石）组成。结晶程度好，多为半自形—自形晶，少数为他形晶。呈单体或集合体出现，粒度较大，一般为1~5mm。脉石矿物间隙常被铁钛氧化物充填，形成典型的海绵陨铁结构。在脉石与铁钛氧化物接触处往往有黑云母化、绿泥石化、蛇纹石化、高岭石化以及伊丁石化。

攀枝花矿区以辉长岩型矿石为主，脉石矿物以普通辉石为主，中—拉长石含量略低于普通辉石，并富含角闪石；红格矿区从上到下基性程度逐渐加深，普通辉石、橄榄石含量增加，中—拉长石含量减少，脉石矿物的含量随矿石由富到贫而增加，辉长岩型矿石中磷灰石含量较高；白马矿区为橄榄—辉长岩型，以中—拉长石为主，普通辉石次之，以富含橄榄石为主要特征；太和矿区则以富含磷灰石为主要特征。

2.3.4.2 四大矿区脉石矿物的特点

攀西地区四大矿区脉石矿物的组成基本相同，只是由于各矿区、不同矿段、矿石类型不同，各矿物的含量有所不同，其主要特点如下：

（1）攀枝花矿区：朱家包包、兰家火山、尖包包等矿段硅酸盐矿物的种类含量和蚀变情况基本相似，普通辉石和中—拉长石含量占脉石总量74%~88%，两者含量基本各半，以含普通角闪石、少量橄榄石为特征，磷灰石含量微。

（2）红格矿区：不同矿石类型脉石矿物组成及含量变化较大，主要受岩石基性程度控制，随基性程度加深，普通辉石、橄榄石含量增加，而中—拉长石、磷灰石含量降低。

（3）白马矿区：橄榄石含量剧增，富含橄榄石，而芨芨坪矿段又较田家村多，中—拉长石的含量大于普通辉石，形成白马矿区脉石矿物的突出特点。橄榄石全部蚀变的情况不见。

（4）太和矿区：脉石以普通辉石和中—拉长石为主，而且普通辉石含量大于中—拉长石，以富含磷灰石为其特点；普通角闪石含量略低于攀枝花矿区而高于其他矿区。次生蚀变矿物种类较多，有些样品大部分原生硅酸盐矿物均被次生矿物交代。

## 2.4 矿石矿物的工艺特征

### 2.4.1 矿物的工艺粒度

矿物工艺粒度是确定选矿方法和制定工艺流程的重要依据，通常所说的矿物粒度是指单晶矿物颗粒的大小，工艺粒度是指某种或某几种矿物单体或集合体的大小及相应的百分含量。其划分依据是矿物性质、选矿工艺中目的矿物和排除矿物的种类等因素。

对攀西地区的钒钛磁铁矿，选矿工艺中的目的矿物为钛磁铁矿（包括磁铁矿、赤铁矿及褐铁矿等）、钛铁矿和硫化物，脉石矿物（包括钛普通辉石、普通角闪石、斜长石、橄榄石等）为被排除的矿物，据此，将矿石中的矿物划分四类：钛磁铁矿、钛铁矿、硫化物和脉石矿物，凡属于同类矿物的单晶和集合体作为粒度测量的单元进行统计，对于钛磁铁矿、钛铁矿、辉石等矿物的内部固溶体分离物等不属于粒度测量范围。四大矿区主要矿物的工艺粒度组成、分布及平均粒径见表2-11和表2-12。

**表2-11 四大矿区主要矿物的工艺粒度**

| 矿区名称 | 矿物名称 | 粒级/mm | | | | | | | | |
|---|---|---|---|---|---|---|---|---|---|---|
| | | +5 | -5 +3 | -3 +2 | -2 +1 | -1 +0.5 | -0.5 +0.2 | -0.2 +0.1 | -0.1 +0.074 | -0.074 |
| 攀枝花矿区 | 钛磁铁矿 | | | 2.54 | 12.90 | 26.28 | 36.15 | 12.47 | 4.27 | 4.39 |
| | 钛铁矿 | | | | 6.16 | 31.57 | 36.69 | 15.89 | 5.18 | 4.51 |
| | 硫化物 | | | | | 0.90 | 16.49 | 28.12 | 16.44 | 38.05 |
| | 脉　石 | 0.46 | 1.28 | 5.45 | 29.14 | 32.63 | 22.13 | 5.95 | 2.09 | 0.87 |
| 红格矿区 | 钛磁铁矿 | | 0.46 | 0.47 | 2.97 | 18.25 | 51.16 | 13.35 | 4.00 | 9.34 |
| | 钛铁矿 | | | 0.24 | 5.18 | 24.21 | 45.12 | 12.62 | 3.79 | 8.84 |
| | 硫化物 | | | | 9.13 | 12.47 | 29.90 | 19.18 | 11.48 | 17.84 |
| | 脉　石 | 2.49 | 9.96 | 13.31 | 25.19 | 24.83 | 16.89 | 3.67 | 2.56 | 1.10 |
| 白马矿区 | 钛磁铁矿 | | | 1.26 | 21.91 | 40.26 | 22.95 | 9.16 | 1.98 | 2.48 |
| | 钛铁矿 | | | | 6.01 | 39.44 | 33.53 | 15.28 | 2.86 | 2.88 |
| | 硫化物 | | | | | 17.00 | 37.00 | 13.44 | 10.30 | 22.30 |
| | 脉　石 | 5.69 | 15.75 | 11.05 | 28.44 | 28.15 | 8.13 | 2.23 | 0.42 | 0.12 |
| 太和矿区 | 钛磁铁矿 | | | 2.56 | 10.27 | 24.40 | 41.03 | 19.01 | 0.70 | 2.03 |
| | 钛铁矿 | | | 0.91 | 13.42 | 39.99 | 24.42 | 10.29 | 8.29 | 2.68 |
| | 硫化物 | | | | | 0.79 | 32.68 | 33.94 | 9.04 | 23.55 |
| | 脉　石 | 2.97 | 11.89 | 20.34 | 29.56 | 22.65 | 8.75 | 1.92 | 1.44 | 0.48 |

**表2-12 四大矿区主要矿物平均粒径** (mm)

| 矿区名称 | 钛磁铁矿 | 钛铁矿 | 硫化物 | 脉石 |
|---|---|---|---|---|
| 攀枝花矿区 | 0.61 | 0.49 | 0.14 | 0.98 |
| 红格矿区 | 0.76 | 0.53 | 0.29 | 1.84 |
| 白马矿区 | 0.57 | 0.63 | 0.19 | 1.78 |
| 太和矿区 | 0.42 | 0.45 | 0.38 | 1.49 |

从表2-10和表2-11可以看出，四大矿区主要矿物的工艺粒度具有的特点为：

(1) 脉石矿物粒度粗于钛磁铁矿、钛铁矿，硫化物的粒度较细。矿石由富到贫，钛磁铁矿的粒度由粗到细，变化比较明显；钛铁矿粒度也由粗到细，但变化差异较小；脉石矿物由细变粗，硫化物无明显变化。

(2) 攀枝花、白马矿区钛磁铁矿的粒度粗于钛铁矿的粒度，红格矿区两者的粒度相近，太和矿区钛磁铁矿比钛铁矿的粒度细。钛磁铁矿的粒度变化较大，最大粒径可达2～3mm，最细为-0.04mm，主要粒度集中在-1 +0.5mm和-0.5 +0.2mm。不同矿区，同一矿区不同矿段或矿石类型差异较大，白马矿区钛磁铁矿的粒度最粗，红格矿区的粒度偏细。

(3) 相同矿区的钛铁矿的粒度变化较小，不同矿区的钛铁矿差别较大，太和矿区的钛铁矿粒度最粗，红格矿区的粒度最细。

（4）四大矿区的脉石矿物粒度均较粗，平均粒径一般为 +1mm，相比较而言，攀枝花矿区脉石粒度较细，其他矿区的相似。

（5）四大矿区的硫化物粒度均较细，在粒级中分布比较均匀，也比较稳定，其中红格和白马矿区的硫化物粒度较粗，攀枝花和太和矿区的硫化物粒度较细。

## 2.4.2 主要矿物的比重

### 2.4.2.1 四大矿区矿石矿物的比重

比重是鉴定矿物的重要特征，是储量计算、元素平衡不可缺少的数据，也是选矿工艺流程制定的重要参数。四大矿区原矿石、矿物比重对比见表2-13。

**表2-13 四大矿区矿石矿物平均比重对比结果**

| 名 称 | 原矿石 | 钛磁铁矿 | 钛铁矿 | 硫化物 | 脉 石 |
|---|---|---|---|---|---|
| 攀枝花矿区 | 3.93 | 4.77 | 4.63 | 4.68 | 2.96 |
| 红格矿区 | 3.70 | 4.81 | 4.63 | 4.66 | 3.06 |
| 白马矿区 | 3.53 | 4.83 | 4.63 | 4.64 | 3.03 |
| 太和矿区 | 3.77 | 4.79 | 4.64 | 4.65 | 3.06 |

从表2-13可以看出，四大矿区原矿石比重大小与原矿石 TFe 品位呈正相关，相关性紧密。钛磁铁矿比重大小主要取决于铁和钛的含量，与铁呈正相关，与钛呈负相关。四大矿区中，白马矿区的钛磁铁矿比重较大，攀枝花矿区的钛磁铁矿比重较低，红格与太和矿区的钛磁铁矿的比重相似。另外，比重的大小还与单矿物纯度有关。各矿区中钛铁矿与脉石矿物的比重趋于稳定，硫化物的比重的变化取决于磁黄铁矿、黄铁矿和黄铜矿配比关系，黄铁矿配比量大，比重则大，反之亦然。

### 2.4.2.2 比重与选矿工艺的关系

重选是主要的选矿方法之一，该矿中钛磁铁矿、钛铁矿、硫化物的比重大于4.6，脉石矿物的比重一般小于3.3，利用水作介质，可以用重选方法来分选矿物，但属于重选法中较难选类型，在该矿中的试验和生产中，采用了摇床、螺旋、圆锥等方法来分选钛铁矿，取得了一定的效果，对硫化物及橄榄石难以分离；对细粒级（-0.074mm）的效果较差。

## 2.4.3 矿物的磁性

### 2.4.3.1 四大矿区矿物的磁性

矿物的磁性是由组成该矿物元素的电子结构及磁性结构来确定的，按磁性性质，矿物的磁性可分为抗磁性、顺磁性、反铁磁性、铁磁性和亚铁磁性。磁性的大小可用比磁化系数 $K$ 来表示，按 $K$ 值的大小，将矿物分为强磁性、弱磁性（电磁性）、非磁性矿物。攀西地区钒钛磁铁矿中的钛磁铁矿、部分磁黄铁矿为强磁性矿物，钛铁矿、普通辉石、普通角闪石、橄榄石等为弱磁性矿物（电磁性），中—拉长石、黄铁矿等为非磁性矿物。

钛磁铁矿与磁铁矿性质相同，属铁磁性物质，具较强的自发磁力，在外磁场中具有磁滞现象，产生剩磁和矫顽力。攀西四大矿区中，白马、红格钛铁矿的磁性最强，各矿区内各矿段钛铁矿的磁性变化较小。硫化物中的黄铁矿为非磁性矿物，其比磁化系数很小。

脉石矿物中斜长石为非磁性矿物，其他均为电磁性矿物，其中，按磁性大小的顺序为：橄榄石 > 普通辉石 > 普通角闪石。同一种矿物中由于内部铁钛氧化物包体及分离析出物数量的不同，其磁性差异较大，随铁的含量增加而增强。

2.4.3.2 *矿物磁性与选矿工艺的关系*

（1）钛磁铁矿为强磁性矿物，其他矿物除部分磁黄铁矿为强磁性矿物外，均为弱磁性和非磁性矿物，用弱磁选可将钛磁铁矿分选出来，取得较好的效果。钛磁铁矿的剩磁和矫顽力较强，仅靠其磁化后的剩磁，就可用磁团聚分选法来分选。钛磁铁矿的剩磁和矫顽力较强，会使精矿形成稳定的絮凝体，给精矿的精选、分级、过滤带来一定困难，应考虑进行上述作业时最好脱磁处理。部分磁黄铁矿因磁性强而进入铁精矿。

（2）钛铁矿与普通辉石、普通角闪石、橄榄石虽同为弱磁性矿物，但它们的比磁化系数差异较大；中—拉长石为非磁性矿物，橄榄石及部分普通辉石，均为含铁矿物且内部铁钛氧化物包体甚多，比磁化系数较大，钛铁矿的比磁化系数变化也大，两者互有交错，故在强磁选作业中，橄榄石、普通辉石与钛铁矿难于分离，导致钛精矿品位不高。部分磁性不强的磁黄铁矿和钛铁矿一起进入精矿。

### 2.4.4 磨矿产品的矿物解离特性

矿物的单体解离是磨矿细度和分选效果的基本要求，在碎磨过程中，使目的矿物和排除矿物得到充分解离，利于分选，使精矿质量符合标准，有用元素得到最大限度的回收。由于矿物粒度大小不一，嵌布特征、精矿质量及主要元素的回收率的要求不同，对矿物的解离程度即磨矿粒度的要求也不相同。因此，矿物的解离特性对制定选矿工艺流程和磨矿指标具有实际意义。

攀西地区钒钛磁铁矿主要矿物间的嵌布特征多数属于较简单的直线嵌布，少数属于较复杂嵌布，如包裹、互相穿插等，在钛磁铁矿内部固溶体分离物粒度较细，很难解离。在精矿品位要求不太高时，钛磁铁矿与其他矿物之间较易分离，一般要求解离度在85%以上，如果要达到高质量的铁精矿，其解离度应在95%左右。

四大矿区钛磁铁矿、钛铁矿的工艺粒度是不相同的，在不同的磨矿细度下，主要矿物的单体解离度比较高，硫化物的单体解离度比较低。四大矿区主要矿物的单体解离度见表2-14。

**表 2-14 四大矿区主要矿物的单体解离度**

| 矿区及试验名称 | | 磨矿细度 | | 单体解离度/% | | | |
|---|---|---|---|---|---|---|---|
| | | 粒级/mm | -0.074mm 含量/% | 钛磁铁矿 | 钛铁矿 | 硫化物 | 脉石 |
| 攀枝花矿区 | 表内矿 | 0.40 | 44.30 | 85.20 | 81.70 | 68.00 | 87.50 |
| | 半工业试验样 | 0.40 | 42.53 | 92.19 | 90.46 | | 96.19 |
| | 朱矿富矿样 | 3.00 | 30.11 | 87.22 | 84.22 | 52.98 | 91.08 |
| | 朱矿贫矿样 | 3.00 | 27.30 | 81.90 | 83.40 | 49.25 | 92.85 |
| | 兰尖富矿 | 3.00 | 29.53 | 88.63 | 86.72 | 53.24 | 90.48 |
| | 兰尖贫矿 | 3.00 | 29.14 | 85.49 | 83.89 | 52.76 | 92.81 |

续表 2-14

| 矿区及试验名称 | | 磨矿细度 | | 单体解离度/% | | | |
|---|---|---|---|---|---|---|---|
| | | 粒级/mm | -0.074mm 含量/% | 钛磁铁矿 | 钛铁矿 | 硫化物 | 脉石 |
| 红格矿区 | 南矿区 | 0.20 | 60.74 | 65.60 | 66.10 | 66.10 | 75.60 |
| | | 0.15 | 73.52 | 78.30 | 72.60 | 70.01 | 80.90 |
| | | 0.10 | 82.56 | 87.90 | 85.60 | 79.40 | 96.50 |
| | | 0.074 | 95.48 | 95.20 | 94.50 | 93.70 | 97.20 |
| | 北矿区 | 0.20 | 63.50 | 74.30 | 76.80 | 68.70 | 82.00 |
| | | 0.15 | 74.60 | 86.60 | 88.30 | 77.10 | 90.60 |
| | | 0.10 | 85.90 | 92.40 | 94.50 | 83.70 | 94.30 |
| | | 0.074 | 95.40 | 96.70 | 97.00 | 93.20 | 89.00 |
| 白马矿区 | 田家村 | 0.20 | 56.40 | 84.20 | 83.10 | 63.80 | 88.50 |
| | | 0.20 | 67.20 | 87.00 | 85.00 | 79.90 | 91.40 |
| | | 0.15 | 75.30 | 90.10 | 88.20 | 80.10 | 93.50 |
| | | 0.10 | 85.50 | 92.80 | 91.50 | 87.40 | 97.80 |
| | 芨芨坪 | 0.20 | 55.50 | 87.60 | 76.50 | 61.20 | 84.60 |
| | | 0.20 | 62.20 | 89.10 | 81.30 | 70.50 | 86.50 |
| | | 0.15 | 71.20 | 92.70 | 84.90 | 77.30 | 89.70 |
| | | 0.10 | 86.30 | 93.50 | 88.20 | 85.70 | 95.30 |

### 2.4.5 主要矿物的电学性质

矿物的电学性质主要是指矿物的导电性和介电性，攀西地区主要矿物的电学性质见表 2-15。

表 2-15 主要矿物的电学性质

| 矿物名称 | 介电常数 | 比导电度 | 电位差 /V | 整流性 | 比电阻 /Ω·cm | 电导率 /S·cm$^{-1}$ |
|---|---|---|---|---|---|---|
| 钛铁矿 | 781 | 2.51 | 7020 | 全 | $1.75\times10^5$ | $10^2\sim10^4$ |
| 普通辉石 | 6~11 | 2.17 | 6084 | 负 | $3.13\times10^{13}$ | $<10^{-10}$ |
| 普通角闪石 | 7~15 | 2.51 | 7020 | 负 | <10 | $<10^{-10}$ |
| 橄榄石 | 6~7 | 3.28 | 7204 | 正 | | $<10^{-10}$ |
| 黄铁矿 | 781 | 2.78 | 7800 | 全 | $1.25\times10^4$ | |
| 磁黄铁矿 | 781 | 2.34 | 6552 | 全 | $1.25\times10^4$ | |
| 斜长石 | 5~7 | 1.78 | 4992 | 全 | $>10^{14}$ | $<10^{-10}$ |

从矿区主要矿物的电性参数可以看出，钛铁矿的电学性质与其他矿物相比，差异较大，而与硫化物相近，用电选的方法可以将钛铁矿与脉石分开，但与硫化物难以分开。

## 参 考 文 献

[1] 攀西地区钒钛磁铁矿四大矿区矿石物质成分与选矿工艺关系的研究. 中国地质科学院矿产综合利用研究所, 1984.
[2] 攀矿选矿厂物料物质成分研究报告. 中国地质科学院矿产综合利用研究所, 1987.
[3] 攀枝花铁矿中有益元素及其在生产过程中的分布和赋存状态的研究. 中国地质科学院矿产综合利用研究所, 1974.
[4] 攀枝花矿区中近期矿石性质的试验研究之一 矿石工艺特征研究报告. 中国地质科学院矿产综合利用研究所, 1992.
[5] 攀枝花钒钛磁铁矿贫富矿石工艺特征研究. 中国地质科学院矿产综合利用研究所, 1994.
[6] 吴本羡, 孟长春, 范章节, 等. 攀枝花钒钛磁铁矿工艺矿物学. 成都: 四川科学技术出版社, 1998.
[7] 攀枝花选铁尾矿工艺矿物学研究. 中国地质科学院矿产综合利用研究所, 1998.
[8] 攀枝花尚难利用矿工艺矿物学研究. 中国地质科学院矿产综合利用研究所, 2000.
[9] 攀西地区四大矿区钛磁铁矿中主要有益元素理论品位的研究——细磨是提高钒铁精矿质量的基础. 中国地质科学院矿产综合利用研究所, 1978.
[10] 攀枝花铁矿近期矿石磨选性质研究报告. 中国地质科学院矿产综合利用研究所, 2009.
[11] 攀枝花矿、白马矿不同碎矿产品工艺矿物学及磨选性能试验研究. 中国地质科学院矿产综合利用研究所, 2009.
[12] 红格钒钛磁铁矿矿石物质组成 T27、T28 辉石岩型 T29 辉长岩型. 中国地质科学院矿产综合利用研究所, 1978.
[13] 红格钒钛磁铁矿矿石物质组成 T26 南矿区辉长岩 T30 北矿区辉石岩. 中国地质科学院矿产综合利用研究所, 1978.
[14] 红格钒钛磁铁矿选矿半工业试验报告之二 功指数测定. 中国地质科学院矿产综合利用研究所, 1989.
[15] 四川省西昌县太和钒钛磁铁矿选矿大样物质组成研究. 中国地质科学院矿产综合利用研究所, 1981.
[16] 白马钒钛磁铁矿物质组成及其工艺特性的研究. 中国地质科学院矿产综合利用研究所, 1988.
[17] 白马腾家梁子钒钛磁铁矿工艺矿物学研究. 中国地质科学院矿产综合利用研究所, 2007.
[18] 白马铁矿芨芨坪矿区风化矿产状变化及工艺矿物学研究报告. 中国地质科学院矿产综合利用研究所, 2007.
[19] 四川省米易县白马钒钛磁铁矿破磨参数测试. 中国地质科学院矿产综合利用研究所, 1988.
[20] 德胜青杠坪钒钛磁铁矿可磨度试验研究报告. 中国地质科学院矿产综合利用研究所, 2010.
[21] 太和铁矿小露天采场选矿试验样工艺矿物学研究. 中国地质科学院矿产综合利用研究所, 1990.

# 3 冶金工艺矿物学研究

攀枝花钒钛磁铁矿是众所周知的高钛型钒钛磁铁矿，从 1965～1967 年经过大量的选矿、烧结、高炉冶炼的大规模的工业试验，到 1970 年攀钢建成第一座 1000$m^3$高炉投产为止，为我国丰富的高钛型钒钛磁铁矿的开发利用掀起了新的篇章。70 年代后，又进行了冶炼新流程的大量试验研究。

钒钛磁铁矿精矿中，约 95% 以上的铁，与约 90% 的钛密切共生，不能用机械方法分选出 $TiO_2$。它们在炼铁前的焙烧"熟料"（烧结矿、球团矿）中，铁钛氧化物经过重新改造后，仍然是密不可分的，这就是冶炼钒钛磁铁矿比普通矿大不相同的困难所在，这里，仅从工艺矿物学的角度，综合有关资料，概述钒钛铁精矿的烧结矿、高炉钛渣、钒渣和钢渣的工艺矿物特征。

## 3.1 攀枝花钒钛烧结矿的矿相特征

铁精矿粉加上燃料（焦粉或无烟煤）和熔剂（石灰石或石灰）经过焙烧造块的产品——烧结矿，是高炉炼铁所必需的"熟料"。铁钛氧化物在弱还原（或近中性）氧化性气氛中，经高温（可达 1300～1400℃）焙烧后得到了重新改造。

### 3.1.1 烧结矿的矿物组成

根据 20 世纪 60 年代工业性烧结试验矿相研究的综合分析，以兰家火山钒钛铁精矿的烧结矿为例，烧结矿的主要化学成分为：TFe 40%～49%、FeO 6%～9%、$SiO_2$ 3.7%～4%、CaO 7%～9%、$TiO_2$ 11.5%～12.0%、$V_2O_5$ 约 0.4%、S≤0.05%，其矿物组成见表 3-1。

**表 3-1　不同配碳量和碱度的矿物组成**（体积分数）

| 编　号 | 815-23F | 815-13F | 815-43F | 829-11F | 829-22F | 815-13F | 830-13F | 830-23F |
|---|---|---|---|---|---|---|---|---|
| 配碳量/% | 2.5 | 3.0 | 4.0 | 3.0 | 3.0 | 3.0 | 3.0 | 3.0 |
| $CaO/SiO_2$ | 2 | 2 | 2 | 自然 0.012 | 约 1.0 | 约 2.0 | 约 3.0 | 约 4.0 |
| 磁铁矿/% | 28.7 | 37.9 | 40.3 | 4.6 | 30.8 | 37.9 | 37.7 | 40.0 |
| 赤铁矿/% | 46.4 | 32.7 | 18.7 | 82.3 | 48.2 | 32.7 | 17.6 | 8.9 |
| 钙钛矿/% | 13.4 | 13.6 | 21.3 | 0 | 5.7 | 13.6 | 19.2 | 18.9 |
| 钙铁辉石/% | 5.0 | 6.1 | 8.6 | 1.3 | 7.7 | 6.1 | 0 | 0 |
| 铁酸钙/% | 1.5 | 3.1 | 微 | 0 | 0 | 3.1 | 19.2 | 28.6 |
| 玻璃质/% | 5.0 | 6.1 | 7.8 | 8.9 | 7.7 | 6.1 | 6.3 | 3.6 |
| 磁黄铁矿/% | 0 | 0 | 局部达 2.7 | 0 | 0 | 0 | 0 | 0 |

主要矿物包括：

（1）磁铁矿固溶体。该矿物以磁铁矿（$Fe_3O_4$）为主，并固溶钛铁晶石（$Fe_2TiO_4$）分子而重结晶的主要含铁矿物。多呈自形、半自形及他形粒状，还可出现各种雏晶。反射色呈藕褐色，反射率约为18%~20%。

（2）赤铁矿—钛铁矿固溶体。该矿物以赤铁矿（$Fe_2O_3$）为主并固溶钛铁矿（$FeTiO_3$）分子的另一主要含铁矿物。多呈板条状、片状等，反射色呈灰白，反射率约25%，非均性明显。

（3）钙钛矿（$CaTiO_3$）。常呈粒状、纺缍状、树枝状等，颜色有褐、黄、紫、红棕等多种，干涉色一级灰，有时出现异常蓝干涉色。内反射色为黄褐色。该矿物为含钛矿物中的 $TiO_2$ 在高温下通过液相扩散与 CaO 结合生成的高熔点矿物。

（4）钙铁辉石（$CaO \cdot FeO \cdot 2SiO_2$）。呈短柱状，干涉色一级黄。多色性由褐黄至浅黄或浅黄绿，反射光下呈灰黑色。

以上四种为主要矿物，另外还有铁酸钙、硅灰石、玻璃质等，有时还可见有游离石灰和硫化物。

根据攀钢兰尖矿（1971~1975年）的生产实践表明，烧结矿的化学成分与前述基本一致，$SiO_2$ 达到5.57%~6.64%，有明显增加，但与普通相比，仍然属于高钛低硅低硫。该烧结矿的矿物组成与表3-1中的815-13F试验结果基本一致。

### 3.1.2 烧结矿的生成特征

烧结矿的生成特征如下：

（1）与普通矿相比，矿物成分上最大的差别是独具特有的钙钛矿及高含量的（钛）赤铁矿和低硅酸盐。

（2）（钛）磁铁矿和（钛）赤铁矿的生成与配碳量和碱度密切相关，前者随配碳量或碱度的升降而增减，后者则相反。但在自然碱度时，尽管配碳量已达3%，却充分表现出烧结过程具有较强的氧化性气氛，使赤铁矿高达82.3%。

（3）对烧结矿质量影响较大的是钙钛矿，它是烧结矿的主要黏结相之一，由于它具有硬而脆的性质，因而导致产品也具有硬而脆的特点。又因它具有很高的熔点（1970℃），致使烧结矿的软化温度较高，同时，由于烧结矿中的低熔点矿物（铁酸钙等）少，故软化区间较窄（40~50℃）。

（4）烧结矿中因无引起相变的正硅酸钙（$\alpha$-$2CaO \cdot SiO_2$）和石英，游离的 CaO 也少，故具有良好的抗风化能力。

（5）生产实践表明，钒钛烧结矿的冶金性能优于普通烧结矿。

## 3.2 高炉钛渣的工艺特征

攀钢高炉冶炼高钛型钒钛磁铁矿的高炉渣，无疑也是高钛型主炉渣（$TiO_2$ 24%~30%以上），比国外只能冶炼的低钛型炉渣（$TiO_2$ 8%~12%）高出近3倍以上，根据1972年12月份取自攀钢2号高炉有代表性的全钒钛高炉钛渣的研究结果综述如下。

### 3.2.1 高炉钛渣的岩相特征

钒钛烧结矿在高炉冶炼过程中，一切未被还原的钛、硅、钙、镁、铝等氧化物，经初渣、中间渣到成分稳定的终渣，从高温熔融状态自渣口喷出炉体的过程，与地壳中的岩浆喷出极其相似。它夹带着少量的铁水（珠）和在炉内早期结晶的高温矿物（如碳氮化钛等）和熔融炉渣，自渣口喷出后，经渣沟流入渣罐。在外界的常温常压下，渣面很快结成了一层“硬壳”，使罐内的熔融体继续处于高温和还原状态。这种碱性渣约在1200～1400℃时基本上全部结晶（其中一半以上的矿物约在1300℃以上完全结晶），玻璃质极少。冶金上称这种高钛渣是一种熔化性温度高的短渣。高温时渣的黏度很低，但由流动性良好至完全失去流动性的温度区间却很窄，只在20～30℃。这一特性正是高钛渣中大量熔点高、结晶性能强的矿物成分所决定的，而普通高炉渣，则基本上都为酸性的玻璃相。

3.2.1.1 炉渣的矿物成分和结构构造

组成炉渣的矿物，其结晶顺序大致为：碳氮化钛固溶体、石墨、镁铝尖晶石、钙钛矿、板钛镁矿、富钛透辉石、攀钛透辉石等。其中以攀钛透辉石和钙钛矿为主，次为富钛透辉石和镁铝尖晶石，其余为少量及偶见矿物。另外，炉渣中还夹带了一定量的金属铁珠，大小悬殊，分布不均。炉渣中正常结晶矿物的含量，在不同的炉次与炉况下均有一定的变化。

炉渣一般呈灰黑色，呈多孔至泡沫状构造，局部呈微孔状构造（肉眼观察呈块状构造），矿物结晶微细，尤其发育骸晶或雏晶。常以嵌晶结构为主，在晚期结晶的较粗粒的攀钛透辉石中，常嵌布有早期结晶矿物的微粒集合体或单体，局部呈充填结构。

3.2.1.2 炉渣的化学成分

纯炉渣（除去金属铁）的化学成分见表3-2。

**表3-2 纯高炉钛渣的主要化学成分** （%）

| 名称 | $V_2O_5$ | $SiO_2$ | $TiO_2$ | $Al_2O_3$ | FeO | MnO | CaO | MgO | $Na_2O$ | C | S |
|---|---|---|---|---|---|---|---|---|---|---|---|
| 3411下炉次 | 0.22 | 18.60 | 26.38 | 15.47 | 2.65 | 0.44 | 21.60 | 8.70 | 0.37 | 5.20 | 0.37 |
| 3434上炉次 | 0.25 | 19.44 | 25.91 | 15.81 | 2.41 | 0.33 | 22.00 | 8.88 | 0.35 | 4.32 | 0.40 |

由表3-2可以看出，与自然界的岩石相比，高钛炉渣具有如下特点：

$SiO_2$的含量比任何一类岩石都低，一般只相当于它们的1/4～1/2。$TiO_2$含量之高是任何一类岩石都不能比拟的，一般高数倍至数十倍。碱金属极其缺乏，而富含碱土金属CaO很高，约相当于各类岩石的2～40倍，无高价铁，酸性组分不饱和，故在矿物成分上，主要为含Ca·Mg的钛铝硅酸盐和钛酸盐，无长石、石英及金红石等出现。

### 3.2.2 高炉渣中主要工艺矿物的特征

以下六种矿物是我国高炉高钛渣中独特的工艺矿物，但由于当时经验不足，只进行了矿物的物化、光学性质的初步研究，未进行变价元素（如低价钛、钒）的分析，尽管如此，这一工作对研究攀枝花钒钛磁铁矿中有益元素及其在生产过程中的分布和赋存状态的研究等，起到了十分有益的作用。

3.2.2.1 攀钛透辉石——透辉石变种（Ⅰ）

攀钛透辉石是炉渣中最主要的造渣矿物，一般可占矿物总量的一半以上，结晶最晚，结晶温度最低，约1300～1200℃。

矿物主要呈他形粒状结晶，少数呈短柱状，偶见焦叶状等雏晶。结晶大小较悬殊，一般约为0.04～0.25mm，最大可达0.5mm以上，最小约0.02mm以下，呈褐黄色、灰褐色及灰白色。透明—半透明，痕白色，玻璃光泽，断口不平整，解理不发育。

薄片中呈粒状集合体，组成基底矿物。透明，具微弱多色性，干涉色为一级黄、黄白及灰黄等。斜消光，有时具波状消光，偶见简单双晶及楔状双晶，折光率高于天然透辉石。

攀钛透辉石与天然透辉石和普通辉石等的化学成分比较，攀钛透辉石的显著特点是富钛、铝而贫铁、硅。

3.2.2.2 富钛透辉石——透辉石变种（Ⅱ）

富钛透辉石是炉渣中含钛最高的另一特征性辉石工艺矿物，一般可占6%~10%左右，结晶温度高于攀钛透辉石。

矿物主要呈半自形—自形柱状、板柱状结晶，但常常表现为中部残缺不全的羽状、X状及似燕尾状等骸晶，以及不规则碎片等。黑色，压碎后呈棕色，条痕白色，金刚光泽，不透明—半透明，贝壳状断口。

薄片中较均匀地分散嵌布于攀钛透辉石中，不透明—半透明，具强烈的多色性，由于浓厚的颜色而表现为异常干涉色，斜消光，少数具平行消光。

3.2.2.3 钙钛矿

钙钛矿是炉渣中含量仅次于攀钛透辉石的主要钛酸盐矿物，一般含量约5%~30%以上，是炉渣中最主要的高熔点（1970℃）矿物。

钙钛矿的结晶多受炉渣冷却速度的影响，冷却较快时（如在渣沟中），大部分结晶成骨架状、十字状、雪花状及树枝状等骸晶连体。骸晶单体多呈纺锤状及菱形等，一般大小约为0.005~0.02mm。缓慢冷却时（如渣罐或渣场中），则大多呈半自形、自形、浑圆状及他形粒状，一般大小约为0.005~0.04mm。淡黄色、淡紫色及无色，条痕白色，透明—半透明，金刚光泽，无解理。个别颗粒中在碳氮化固溶体或金属铁珠的微粒包体。

薄片中呈集合体或分散单体，较均匀地嵌布在攀钛透辉石和富钛透辉石中，半透明—透明，一般为无色，有时呈浅蓝色、蓝紫色及黄褐色等。正突起极高，正交时一般为均质，有时具有淡蓝墨水色或蓝墨水色异常干涉色，反射光下呈白色，均质。

3.2.2.4 板钛镁矿（镁黑钛石）

板钛镁矿是炉渣中含钛最高的钛酸盐矿物，但生成量很少，一般含量仅占1%~2%。板钛镁矿一般均呈细长柱状、针状或短柱状自形晶。黑色，不透明，条痕灰黑色，金属光泽，断口不平整，柱状解理发育。

薄片中黑色不透明，压碎的颗粒在浸油中能见边缘极薄处呈蓝色，反射光下呈灰白色，无反射多色性，非均性明显，暗蓝灰色—暗土红色，平行消光。有些渣中偶尔能见到沿柱状解理或斜交柱面出溶物，栅状金红石细长条带，其宽度小于0.001mm。

3.2.2.5 镁铝尖晶石

镁铝尖晶石是在高炉内生成的高温矿物之一，仅次于钙钛矿，一般含量约4%~6%。矿物主要呈等轴自形—半自形八面体结晶，少数为钝角状及浑圆状，一般大小为0.02~0.06mm，常见其中有碳氮化钛固溶体微粒包体。墨绿色到浅蓝色，透明—半透明，条痕无色，玻璃光泽，贝壳状断口，性脆。

薄片中常呈单体或集合体，较均匀地嵌布于晚结晶的矿物中或粒间，呈蓝绿色或淡蓝绿色。

3.2.2.6 碳氮化钛固溶体

碳氮化钛固溶体是由 $TiO_2$被还原而生成一种高温矿物，一般含量仅约1%左右，但由于粒度很细小，一般仅0.002～0.005mm，在渣液中高度分散，增加了渣的黏度，尤其在包围铁珠液滴后，能影响铁液的聚集下沉而使渣中带铁增高。它不是单一的 TiC 或 TiN，而是形成固溶体系列产出。由于很细，所分离的单矿物是由硅酸胶结而成的微粒集合体，只有少量单体。双目镜下呈金黄色、铜黄色及灰黑色，有时表面具有晕色。不透明，条痕黑褐色，半金属—金属光泽。

### 3.2.3 高炉渣中主要有益元素的分布

根据炉渣和炉渣单矿物的化学成分分析，矿物定量，初次查明了钛、钒、锰三种元素的分布和赋存关系：

（1）原矿经选矿后，约有50%的钛进入尾矿，而余下的50%左右的钛在铁精矿烧结炼铁后，几乎全部进入炉渣，渣中 $TiO_2$的品位可达25%以上，被称为高炉高钛渣，渣中约有将近一半的钛又分布和赋存于目前工业尚难利用的钙钛矿中，而其余的钛主要分布于攀钛透辉石和富钛透辉石中。

（2）进入高炉中的钒，除大部分进入铁水以待提钒外，约有24%的钒进入渣中，使炉渣中钒的含量达到0.22%左右，但主要分布在矿物量不足5%的镁铝尖晶石、板状镁矿和碳氮化钛固溶体中，其余呈分散状态。

（3）锰在炉渣中的含量仅0.45%，且以杂质分散于各种矿物中，其中主要是在攀钛透辉石中。

## 3.3 钒渣中的含钒工艺矿物

钒渣是目前我国主要用作提取工业 $V_2O_5$和冶炼钒铁的重要原料，它是由含钒铁精矿经烧结后，在高炉炼铁时钒的绝大部分进入铁水，然后再从铁水中用氧或压缩空气进行吹炼（吹钒），使钒氧化富集于渣相而成为一种具有很高经济价值的人工钒矿石。攀钢是我国最大的钒渣生产基地，根据1972年12月份取样研究结果，把钒渣中的含钒相首次确定为钒铁晶石（$Fe_2VO_4$），其中的钒为 $V^{4+}$。1988年，经中国科学院高能物理研究所用X射线光电子能谱分析，首次测得钒的价态是以 $V^{4+}$为主，并有 $V^{3+}$和 $V^{5+}$，据此，成功地计算出这种以铁、钒、钛为主，并与钛铁晶石十分近似的含钒工艺矿物，实为钛铁晶—钒铁晶石的固溶体（$Fe_2TiO_4$-$Fe_2VO_4$），故又重新命名为钛钒晶石。

### 3.3.1 钛钒晶石的产出

钛钒晶石产于工业钒渣中，而钒渣中的钒又几乎全部赋存于钛钒晶石中，攀钢雾化法提钒工艺是在1350～1400℃以下从含钒铁水中通过选择性氧化—吹炼提取的。

钒渣呈熔渣状，灰黑色，块状—气孔状构造，晶质结构。钒渣中的矿物成分比较单纯，钛钒晶石一般为40%～50%，其余为脉石约50%左右，另外，钒渣中还夹杂着大小不等的铁珠。探针定性分析表明，钛钒晶石不含硅、钙，铁橄榄石不含钒而含钛。

### 3.3.2 钛钒晶石的矿物学特征

钛钒晶石呈黑色，不透明，半金属—金刚光泽，性脆，贝壳状断口，无解理。矿物结晶粒度微细，一般约为 15 ~ 45μm，最大的可达 50 ~ 70μm，最小的约 1μm 左右，有时可见雪花状等雏晶。

该矿物易溶于热盐酸，在冷盐酸中溶解极其缓慢，加钠盐氧化焙烧后，易生成可溶性的偏钒酸钠（α-$NaVO_3$），从而实现了工业上提取 $V_2O_5$的可能。

测试样品所获得的 XPS 谱图用计算机对钒峰进行解谱分析及拟合，查明钒呈三种价态，以 $V^{4+}$为主，并有 $V^{3+}$和 $V^{5+}$，且钒峰的面积比正比于它们的含量比，这一结果说明，在吹钒过程中，钒获得了比较充分的氧化。

## 3.4 转炉钢渣的工艺矿物

关于转炉钢渣的工艺矿物，仅能根据研究钢渣提钒时所做的初步工作予以概述。攀钢的转炉钢渣是高钙含钒钢渣，故也可作为提钒的原料利用，但因含钙很高，技术上难度较大。

### 3.4.1 钢渣的化学成分

钢渣的化学成分见表 3-3。

表 3-3 转炉钢渣的主要化学成分 (%)

| 成分 | $V_2O_5$ | $P_2O_5$ | $SiO_2$ | $TiO_2$ | $Al_2O_3$ | $Cr_2O_3$ | FeO | MnO | CaO | MgO |
|---|---|---|---|---|---|---|---|---|---|---|
| 含量 | 6.25 | 0.037 | 10.05 | 5.33 | 1.69 | 0.105 | 10.66 | 1.54 | 51.23 | 4.55 |

### 3.4.2 钢渣的矿物组成及其特征

（1）钒钙钛氧化物。该矿物是一种特殊类型的高钙含钒工艺矿物，是最主要的含钒相。呈黑色或黑绿色厚薄不等的片状，长轴一般小于 0.1mm 主要在 0.04 ~ 0.07mm。半透明到不透明。反射光下可见到矿物为反射率不同的两相连晶，无法解离。在切片中呈片叶状和长板状。反射率高者反射色呈灰白，非均性不显或极弱；反射率低者一般不透明。矿物的化学成分见表 3-4。

表 3-4 钒钙钛氧化物的化学成分 (%)

| 成分 | $V_2O_5$ | $Te_2O_3$ | $SiO_2$ | $TiO_2$ | $Al_2O_3$ | $Cr_2O_3$ | FeO | MnO | CaO | MgO |
|---|---|---|---|---|---|---|---|---|---|---|
| 含量 | 9.59 | 4.90 | 1.25 | 31.42 | 1.69 | 3.05 | 0.08 | 0.19 | 45.91 | 1.13 |

（2）钒酸钙。其呈不规则状、羽状或粒状。与钒钙钛氧化物共生。常沿钒钙钛氧化物边缘或钒钙钛氧化物两组片晶之间生长，又常与硅钒酸钙共生。探针分析表明，钒酸钙中不含钛、铁、镁、铝、硅等。其中 CaO 63.2%、$V_2O_5$ 31.4%，渣中矿物含量较低。

（3）硅钒酸钙。其一般呈完好的柱状，横切面常呈对称的六边形（具深浅不同的鲜艳天蓝色，平行底面解离完全），比重 3.09，比磁化率 $K=3.80\times10^{-6}$C · G · S · $Mcm^3/g$。化学性质极不稳定，在极弱的酸性介质中能迅速溶解。化学成分见表 3-5。

表 3-5 硅钒酸钙的化学成分 (%)

| 成分 | $V_2O_5$ | $SiO_2$ | $TiO_2$ | CaO | MgO | MnO | TFe |
|---|---|---|---|---|---|---|---|
| 含量 | 31.99 | 11.22 | 1.21 | 61.42 | 0.14 | 0.06 | 0.33 |

(4) 硅酸三钙。该相是钢渣中的主要矿物，约占钢渣的一半。结晶最晚，其形状受空间限制，常充填于其他矿物之间，或包裹其他矿物。矿物的化学成分见表 3-6。

表 3-6 硅酸三钙的化学成分 (%)

| 成分 | $V_2O_5$ | $SiO_2$ | $TiO_2$ | CaO | MgO | MnO | TFe |
|---|---|---|---|---|---|---|---|
| 含量 | 1.47 | 22.18 | 2.10 | 67.86 | 0.32 | 0.74 | 1.86 |

(5) 镁方铁矿。系方镁石、方铁矿、方锰矿构成的固溶体系列，在钢渣中成分不固定。不溶于稀盐酸，可溶于热盐酸。化学成分见表 3-7。

表 3-7 镁方铁矿的化学成分 (%)

| 成分 | $V_2O_5$ | $SiO_2$ | $TiO_2$ | $Cr_2O_3$ | $Fe_2O_3$ | $Al_2O_3$ | CaO | MgO | MnO | FeO | TFe |
|---|---|---|---|---|---|---|---|---|---|---|---|
| 含量 | 2.65 | 1.48 | 5.76 | 0.67 | 0.55 | 1.25 | 6.42 | 27.30 | 7.20 | 47.03 | — |

## 参考文献

[1] 820 矿中有益元素在攀钢生产中的初步考察. 中国地质科学院矿产综合利用研究所，1972.
[2] 攀钢含钒钢渣的物质成分及碳酸化提钒相变的初步鉴定. 中国地质科学院矿产综合利用研究所，1976.
[3] 攀钢含钒钢渣碳酸钠焙烧—碳酸化提钒的相变研究. 中国地质科学院矿产综合利用研究所，1977.
[4] 攀钢含钒铁水钠化钒渣的物质组成. 中国地质科学院矿产综合利用研究所，1984.
[5] 吴本羡，孟长春，范章节，等. 攀枝花钒钛磁铁矿工艺矿物学 [M]. 成都：四川科学技术出版社，1998.

# 4 攀西钒钛磁铁矿选铁试验研究

## 4.1 攀枝花矿区钒钛磁铁矿选铁试验研究

### 4.1.1 攀枝花钒钛磁铁矿表外矿选铁试验

攀枝花表外矿铁矿石总储量较大，与表内矿相间互存，该研究对攀枝花两个表外矿分别采用了粗磨抛尾—二段细磨磁选和一次细磨磁选不同工艺流程开展了选铁对比试验，试验结果表明，朱家包包表外矿可获得含 Fe 50.41%~53.31%，回收率为 40.80%~47.00% 的铁精矿；兰尖铁矿表外矿可获得含 Fe 50.30%~53.83%，回收率为 52.02%~57.89% 的铁精矿。

朱家包包和兰尖矿区表外矿的矿物成分、矿石的结构和构造基本相似，其分析结果分别见表 4-1 ~ 表 4-3。

表 4-1 朱家包包和兰尖表外矿的化学成分 （%）

| 成分 | TFe | $TiO_2$ | $V_2O_5$ | Co | Ni | $Cr_2O_3$ | $SiO_2$ | $Al_2O_3$ | CaO | MgO | Mn | P | Cu | Ga | S |
|---|---|---|---|---|---|---|---|---|---|---|---|---|---|---|---|
| 朱家包包 | 16.66 | 7.91 | 0.11 | 0.008 | 0.001 | 0.001 | 35.57 | 10.52 | 11.08 | 7.17 | 0.206 | 0.032 | 0.002 | 0.0025 | 0.306 |
| 兰尖矿 | 16.23 | 6.31 | 0.126 | 0.0084 | 0.0025 | 0.003 | 36.81 | 12.68 | 11.19 | 6.69 | 0.181 | 0.016 | 0.006 | 0.0023 | 0.354 |

表 4-2 矿物成分

| 类别 | 氧化物 | 硫化物 | 脉 石 |
|---|---|---|---|
| 主要 | 钛磁铁矿、钛铁矿 | 磁黄铁矿、黄铁矿 | 拉长石、钛辉石 |
| 次要 | 磁赤铁矿 | 镍黄铁矿、黄铜矿 | 橄榄石、角闪石、云母 |
| 少量 | 假象赤铁矿、磁铁矿 | 方黄铜矿、墨铜矿、白铁矿 | 绿泥石、蛇纹石、绿帘石、高岭土、磷灰石、锆石、榍石 |

表 4-3 矿物含量 （%）

| 矿 区 | 钛磁铁矿 | 钛铁矿 | 硫化物 | 脉 石 |
|---|---|---|---|---|
| 朱家包包 | 14.85 | 12.74 | 0.89 | 71.52 |
| 兰尖矿 | 14.96 | 9.27 | 1.02 | 74.75 |

为了简化选矿工艺过程，减少磨矿费用，提高选别效果，降低选矿成本，促使表外矿的利用，做到技术上可行，经济上合理，首先采用了粗磨抛尾—二段细磨分离磁选工艺，确定试验流程和最终指标。

4.1.1.1 *粗磨抛尾—细磨分离磁选流程方案*

根据磨矿粒度及磁场强度试验的最佳条件，对朱家包包和兰尖表外矿分别采用 $\phi$400mm 湿式弱磁选机和 $\phi$600mm 干式双盘磁选机进行一段粗磨抛尾，粗磨抛尾流程如图 4-1 所示，试验结果见表 4-4。

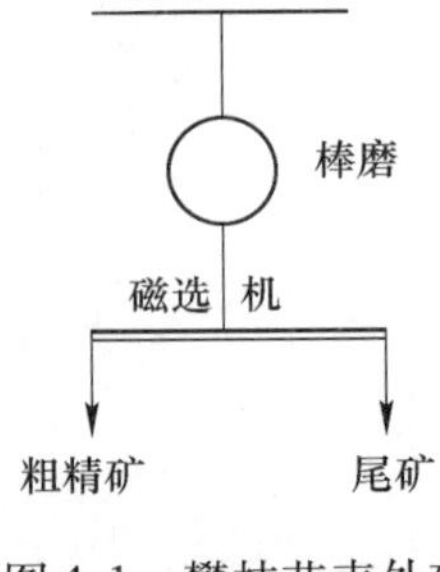


图 4-1 攀枝花表外矿一段粗磨抛尾流程

**表 4-4 表外矿一段粗磨抛尾流程试验结果**

| 工艺流程 | 产品名称 | 朱家包包表外矿 | | | | | 兰尖表外矿 | | | | |
|---|---|---|---|---|---|---|---|---|---|---|---|
| | | 产率/% | 品位/% | | 回收率/% | | 产率/% | 品位/% | | 回收率/% | |
| | | | TFe | $TiO_2$ | TFe | $TiO_2$ | | TFe | $TiO_2$ | TFe | $TiO_2$ |
| 棒磨湿式弱磁磁选抛尾 | 粗精矿 | 49.29 | 22.00 | 9.00 | 66.36 | 54.31 | 54.67 | 21.79 | 7.15 | 74.72 | 61.23 |
| | 尾矿 | 50.71 | 10.84 | 7.36 | 33.64 | 45.69 | 45.33 | 8.89 | 5.46 | 25.28 | 38.77 |
| | 原矿 | 100.00 | 16.34 | 8.17 | 100.00 | 100.00 | 100.00 | 15.94 | 6.38 | 100.00 | 100.00 |
| 棒磨干式中磁磁选抛尾 | 粗精矿 | 59.40 | 22.27 | 10.74 | 80.49 | 84.78 | 63.69 | 22.69 | 8.47 | 85.72 | 84.05 |
| | 尾矿 | 40.60 | 7.90 | 2.82 | 19.51 | 15.22 | 36.31 | 6.63 | 2.82 | 14.28 | 15.95 |
| | 原矿 | 100.00 | 16.44 | 7.52 | 100.00 | 100.00 | 100.00 | 16.86 | 6.42 | 100.00 | 100.00 |

表 4-4 试验结果表明，湿式弱磁选机产率较大，尾矿中 TFe、$TiO_2$ 品位较高，损失率较大，而采用中磁场干式磁选结果则相反，这对于铁、钴、镍等有益元素的综合回收是有利的，弱磁选抛尾对选铁来说影响不大，由于具有抛尾产率大的特点，能减少二段细磨的负荷，有较明显的经济效果，因此在建厂时可根据具体情况予以正确选择。

经粗磨抛尾后的粗精矿含铁品位已达表内矿含铁品位，需进一步细磨后磁选以便获得合格的钒铁精矿。两矿区表外矿抛尾后的粗精矿在 $\phi$200mm × 200mm 筒形球磨机内磨到 -0.074mm 70%~80%，然后在 $\phi$400mm 鼓形湿式磁选机中进行磁选，最终得到合格的钒铁精矿。

4.1.1.2 一次细磨—磁选方案

为了提供表外矿利用现有成熟工艺条件下可能取得的选矿技术指标，便于进行不同方案比较和选择，对两矿区表外矿，分别进行了一次细磨—磁选方案试验。

矿样碎至 -3mm，在 $\phi$200mm × 200mm 筒形球磨机内磨至不同细度后，在 $\phi$400mm 鼓形湿式磁选机中磁选选铁。当磨矿细度 -0.074mm 分别为 55% 和 80%，经过一次粗选一次精选进行了对比试验，均可取得含铁 50% 以上的钒铁精矿。

朱家包包、兰尖表外矿不同流程试验的最终结果见表 4-5。

### 4.1.2 攀枝花钒钛磁铁矿磁团聚重选工艺试验研究

磁团聚重选是我国首创的、高效高精度的磁铁矿选矿最新工艺，居世界领先地位。其特点之一就是在保证原有精矿质量和回收率的前提下，可显著放粗其磨选粒度，即可在磨机容量不变的情况下，提高选矿生产系列的处理能力，节能、节耗，可降低选矿成本，提高磁铁矿选矿的技术经济指标，从而显著提高经济效益。中国地质科学院矿产综合利用研究所从 1985 年起就已将磁团聚重选新工艺在首钢矿业公司选矿生产中全面推广应用，取得了圆满成功，并获得成熟经验。多年来磁团聚重选新工艺提高首钢选矿能力 16% 以上，磁团聚重选工艺 1990 年 5 月列入“国家科技成果重点推广计划”项目。

4.1.2.1 磁团聚重选工艺实验室试验研究

在磁团聚重选工艺实验室试验研究中，分别对朱矿矿石比例分别为 40%、45% 和 50% 的试样进行了弱磁选和磁团聚重选两种工艺的对比试验，试验流程见图 4-2 和图 4-3，试验结果见表 4-6 和表 4-7。

**表 4-5 攀枝花钒钛磁铁矿表外矿选矿试验结果汇总**

| 矿区 | 试验流程 | 产品名称 | 产率/% | 品位/% TFe | 品位/% $TiO_2$ | 品位/% Co | 品位/% Ni | 品位/% $V_2O_5$ | 回收率/% TFe | 回收率/% $TiO_2$ | 回收率/% Co | 回收率/% Ni | 回收率/% $V_2O_5$ | 备注 |
|---|---|---|---|---|---|---|---|---|---|---|---|---|---|---|
| 朱家包包矿区 | 干式抛尾细磨选铁 −0.074mm 80% | 铁精矿 | 13.86 | 52.74 | 10.19 | 0.0132 | 0.0030 | 0.54 | 43.96 | 18.74 | 27.09 | 24.00 | 64.20 | (1)干式抛尾—细磨选铁是指粗磨干式双盘中强磁场抛尾、粗精矿细磨弱磁场选铁流程；(2)湿式抛尾—细磨选铁是指粗磨湿式弱磁选抛尾、粗精矿细磨弱磁选铁流程；(3)一次细磨选铁指一次细磨湿式弱磁选选铁流程；(4)尾矿 1 指粗磨抛尾尾矿 |
| | | 尾矿 1 | 40.60 | 7.90 | 2.82 | 0.0045 | 0.0010 | 0.040 | 19.29 | 15.20 | 27.05 | 23.43 | 13.93 | |
| | | 尾矿 2 | 45.54 | 13.42 | 10.92 | 0.0068 | 0.0020 | 0.056 | 36.75 | 66.06 | 45.86 | 52.57 | 21.87 | |
| | | 原矿 | 100.00 | 16.63 | 7.53 | 0.0068 | 0.0017 | 0.117 | 100.00 | 100.00 | 100.00 | 100.00 | 100.00 | |
| | 湿式抛尾细磨选铁 −0.074mm 80% | 铁精矿 | 12.59 | 53.31 | 10.05 | 0.0130 | 0.0016 | 0.4922 | 40.80 | 15.56 | 20.45 | 20.10 | 56.33 | |
| | | 尾矿 1 | 50.71 | 10.84 | 7.36 | 0.0060 | 0.0010 | 0.0450 | 33.42 | 45.89 | 38.04 | 50.70 | 20.75 | |
| | | 尾矿 2 | 36.70 | 11.56 | 8.54 | 0.0009 | 0.0008 | 0.0687 | 25.78 | 38.55 | 41.51 | 29.20 | 22.92 | |
| | | 原矿 | 100.00 | 16.45 | 8.13 | 0.0080 | 0.0010 | 0.1100 | 100.00 | 100.00 | 100.00 | 100.00 | 100.00 | |
| | 干式抛尾细磨选铁 −0.074mm 55% | 铁精矿 | 15.79 | 50.41 | 10.36 | 0.0169 | 0.0012 | 0.5757 | 47.00 | 20.77 | 33.07 | 20.02 | 80.35 | |
| | | 尾矿 1 | 40.60 | 7.90 | 2.82 | 0.0060 | 0.0010 | 0.0350 | 18.94 | 14.54 | 30.19 | 43.01 | 12.56 | |
| | | 尾矿 2 | 43.61 | 13.23 | 11.68 | 0.0068 | 0.0008 | 0.0184 | 34.06 | 64.69 | 36.74 | 36.97 | 7.09 | |
| | | 原矿 | 100.00 | 16.94 | 7.88 | 0.0081 | 0.0009 | 0.1131 | 100.00 | 100.00 | 100.00 | 100.00 | 100.00 | |
| | 一次细磨选铁 −0.074mm 80% | 铁精矿 | 14.27 | 52.22 | 9.78 | 0.0135 | 0.0040 | 0.52 | 43.64 | 17.64 | 27.25 | 30.75 | 62.47 | |
| | | 尾矿 | 85.73 | 11.22 | 7.67 | 0.0060 | 0.0015 | 0.052 | 56.36 | 82.36 | 72.75 | 69.25 | 37.53 | |
| | | 原矿 | 100.00 | 17.07 | 7.91 | 0.0071 | 0.0019 | 0.119 | 100.00 | 100.00 | 100.00 | 100.00 | 100.00 | |
| | 一次细磨选铁 −0.074mm 55% | 铁精矿 | 14.92 | 50.45 | 10.48 | 0.0159 | 0.0011 | 0.5271 | 44.30 | 19.29 | 29.65 | 16.50 | 71.59 | |
| | | 尾矿 | 85.08 | 11.13 | 7.69 | 0.0066 | 0.0010 | 0.0367 | 55.70 | 80.71 | 70.35 | 83.50 | 28.41 | |
| | | 原矿 | 100.00 | 16.99 | 8.10 | 0.0080 | 0.0010 | 0.1100 | 100.00 | 100.00 | 100.00 | 100.00 | 100.00 | |

续表4-5

| 矿区 | 试验流程 | 产品名称 | 产率/% | 品位/% TFe | $TiO_2$ | Co | Ni | $V_2O_5$ | 回收率/% TFe | $TiO_2$ | Co | Ni | $V_2O_5$ | 备注 |
|---|---|---|---|---|---|---|---|---|---|---|---|---|---|---|
| 兰尖矿区 | 干式抛尾细磨选铁 -0.074mm 80% | 铁精矿 | 16.46 | 53.29 | 9.01 | 0.0202 | 0.0075 | 0.56 | 54.00 | 24.67 | 43.58 | 37.99 | 69.46 | (1)干式抛尾—细磨选铁是指粗磨干式双盘中强磁场抛尾、粗精矿细磨弱磁场选铁流程；(2)湿式抛尾—细磨选铁是指粗磨湿式弱磁选抛尾、粗精矿细磨弱磁选选铁流程；(3)一次细磨选铁指一次细磨湿式弱磁选选铁流程；(4)尾矿1指粗磨抛尾尾矿 |
| | | 尾矿1 | 36.31 | 6.63 | 2.82 | 0.0034 | 0.0010 | 0.033 | 14.82 | 17.03 | 16.18 | 11.16 | 10.28 | |
| | | 尾矿2 | 47.23 | 10.72 | 7.42 | 0.0065 | 0.0035 | 0.050 | 31.18 | 58.30 | 40.24 | 50.85 | 20.26 | |
| | | 原矿 | 100.00 | 16.24 | 6.01 | 0.0076 | 0.0033 | 0.117 | 100.00 | 100.00 | 100.00 | 100.00 | 100.00 | |
| | 湿式抛尾细磨选铁 -0.074mm 80% | 铁精矿 | 15.79 | 53.83 | 8.80 | 0.0189 | 0.0085 | 0.6058 | 52.02 | 22.28 | 35.45 | 53.44 | 75.91 | |
| | | 尾矿1 | 45.33 | 8.89 | 5.46 | 0.0060 | 0.0020 | 0.0390 | 24.73 | 39.67 | 32.38 | 36.28 | 14.03 | |
| | | 尾矿2 | 38.88 | 9.77 | 6.11 | 0.0071 | 0.0007 | 0.0326 | 23.25 | 38.05 | 32.17 | 10.28 | 10.06 | |
| | | 原矿 | 100.00 | 16.34 | 6.24 | 0.0084 | 0.0025 | 0.1260 | 100.00 | 100.00 | 100.00 | 100.00 | 100.00 | |
| | 干式抛尾细磨选铁 -0.074mm 55% | 铁精矿 | 18.97 | 50.77 | 8.82 | 0.0239 | 0.0033 | 0.5790 | 57.89 | 27.63 | 52.30 | 24.89 | 83.77 | |
| | | 尾矿1 | 36.31 | 6.63 | 2.82 | 0.0040 | 0.0020 | 0.0320 | 14.47 | 16.91 | 16.75 | 28.87 | 8.86 | |
| | | 尾矿2 | 44.72 | 10.28 | 7.51 | 0.0060 | 0.0026 | 0.0216 | 27.64 | 55.46 | 30.95 | 46.24 | 7.37 | |
| | | 原矿 | 100.00 | 16.63 | 6.05 | 0.0087 | 0.0025 | 0.1311 | 100.00 | 100.00 | 100.00 | 100.00 | 100.00 | |
| | 一次细磨选铁 -0.074mm 80% | 铁精矿 | 16.10 | 53.31 | 8.72 | 0.0196 | 0.0075 | 0.57 | 52.04 | 22.73 | 41.06 | 29.14 | 68.63 | |
| | | 尾矿 | 83.90 | 9.43 | 5.69 | 0.0054 | 0.0035 | 0.050 | 47.96 | 77.27 | 58.94 | 70.86 | 31.37 | |
| | | 原矿 | 100.00 | 16.49 | 6.17 | 0.0077 | 0.0041 | 0.134 | 100.00 | 100.00 | 100.00 | 100.00 | 100.00 | |
| | 一次细磨选铁 -0.074mm 55% | 铁精矿 | 17.76 | 50.30 | 8.99 | 0.0230 | 0.0059 | 0.5669 | 54.86 | 25.34 | 48.62 | 41.84 | 79.90 | |
| | | 尾矿 | 82.24 | 8.94 | 5.72 | 0.0052 | 0.0018 | 0.0308 | 45.14 | 74.66 | 51.38 | 58.16 | 20.10 | |
| | | 原矿 | 100.00 | 16.29 | 6.30 | 0.0084 | 0.0025 | 0.1260 | 100.00 | 100.00 | 100..00 | 100.00 | 100.00 | |

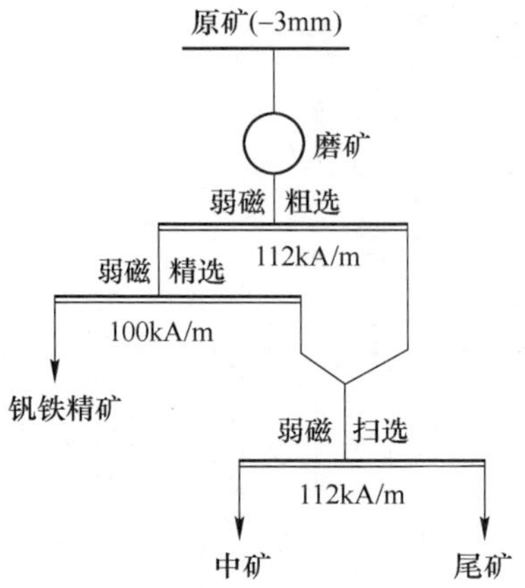


图 4-2 弱磁选试验流程

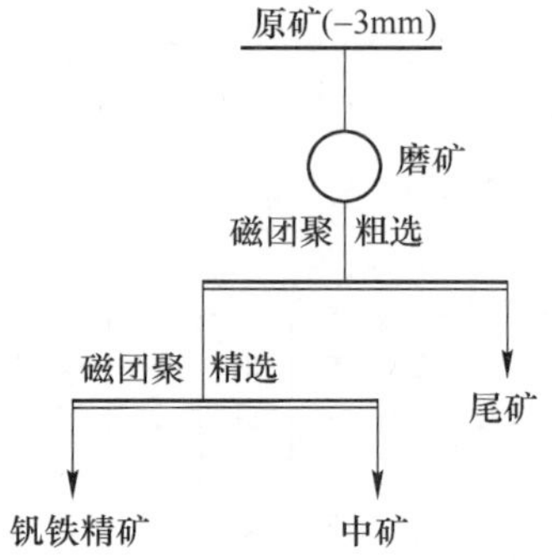


图 4-3 磁团聚重选试验流程

**表 4-6 不同朱矿比例试样弱磁选开路对比试验结果**

| 产品名称 | 40% | | | 45% | | | 50% | | |
|---|---|---|---|---|---|---|---|---|---|
| | 产率/% | Fe 品位/% | Fe 回收率/% | 产率/% | Fe 品位/% | Fe 回收率/% | 产率/% | Fe 品位/% | Fe 回收率/% |
| 精　矿 | 43.61 | 52.77 | 78.53 | 43.30 | 52.64 | 78.26 | 42.90 | 52.73 | 78.01 |
| 中　矿 | 0.15 | 31.83 | 0.17 | 0.09 | 30.13 | 0.09 | 0.11 | 31.04 | 0.12 |
| 尾　矿 | 56.24 | 11.10 | 21.30 | 56.61 | 11.15 | 21.65 | 56.99 | 11.13 | 21.87 |
| 原　矿 | 100.00 | 29.30 | 100.00 | 100.00 | 29.16 | 100.00 | 100.00 | 29.00 | 100.00 |

**表 4-7 不同朱矿比例试样磁团聚重选对比试验结果**

| 流程 | 产品名称 | 40% | | | 45% | | | 50% | | |
|---|---|---|---|---|---|---|---|---|---|---|
| | | 产率/% | 品位/% | 回收率/% | 产率/% | 品位/% | 回收率/% | 产率/% | 品位/% | 回收率/% |
| 开路 | 精矿 | 39.76 | 53.24 | 71.98 | 39.42 | 53.11 | 71.68 | 39.20 | 53.17 | 71.81 |
| | 中矿 | 7.39 | 29.35 | 7.38 | 7.12 | 30.32 | 7.36 | 7.05 | 28.82 | 7.00 |
| | 尾矿 | 52.85 | 11.49 | 20.64 | 53.46 | 11.45 | 20.96 | 53.75 | 11.45 | 21.19 |
| | 原矿 | 100.00 | 29.41 | 100.00 | 100.00 | 29.20 | 100.00 | 100.00 | 29.02 | 100.00 |
| 闭路 | 精矿 | 43.11 | 52.95 | 77.94 | 42.96 | 52.42 | 77.23 | 42.87 | 52.43 | 77.16 |
| | 中矿 | 11.92 | 26.58 | 10.82 | 11.59 | 25.99 | 10.33 | 12.07 | 31.81 | 13.18 |
| | 尾矿 | 56.89 | 11.35 | 22.06 | 57.04 | 11.64 | 22.77 | 57.13 | 11.64 | 22.84 |
| | 原矿 | 100.00 | 29.29 | 100.00 | 100.00 | 29.16 | 100.00 | 100.00 | 29.12 | 100.00 |

不同朱矿比例试样的实验室对比试验结果表明，攀矿中近期生产矿石的磁团聚重选工艺半工业试验大样中的朱矿矿样，由于 TFe 品位较低（<30%），铁在钛磁铁矿中赋存低，脉石内部钛铁氧化物含量高，造成矿石分选的精矿产率下降、尾矿 TFe 品位升高和 TFe 回收率降低的不良影响，朱矿所占比例越大，这种影响越明显。

#### 4.1.2.2 磁团聚重选工艺半工业试验

随着对剩磁团聚重选研究的深化，对剩磁团聚重选特性和规律的逐步认识和掌握，半工业试验用剩磁团重选机除了完全取消了分选外磁场之外，又取消了原分选区的死角一中心圆筒，这既简化了结构，又提高了分选机的有效分选断面积和单机处理能力。

剩磁团聚重选机提高了分选水流强度和改进了水流给入位置，分选水流入口切向速度为 11 ~ 13m/s，分选水流的竖直速度达 40mm/s，可将剩磁团聚重选分选机的有效选粒度提高到 0.45mm。半工业剩磁团聚重选机的规格为 $\phi$300mm × 750mm，设计能力为 1.5 ~ 2.0t/h，为了便于观察研究采用无色透明的有机玻璃材料。

$\phi$300mm 剩磁团聚重选分选机的结构简图见图 4-4。

在完成半工业单机试验和流程调试的基础上，进行了攀矿磁团聚重选工艺半工业流程试验，连续运转 72h，攀矿磁团聚重选工艺半工业流程试验数质量流程见图 4-5，矿浆流程见图 4-6。

攀枝花钒钛磁铁矿矿石中主要金属矿物和脉石矿物嵌布粒度粗，钛铁氧化物高硬、可塑、耐磨、脉石矿物高硬、性脆、易碎解，矿石具有较好的矿物解离粒度，加之金属矿物与脉石矿物的磁性差异大，具有较好的可选性。攀西钒钛磁铁矿中的钛磁铁矿具有优良的剩磁性能，进行磁团聚重选时可以完全取消分选外磁场，仅依靠钛磁铁矿磁化后的剩磁就可很好地进行分选。因此，攀西钒钛磁铁矿更有利于采用磁团聚重选，并且其实质已变为剩磁团聚重选新工艺。

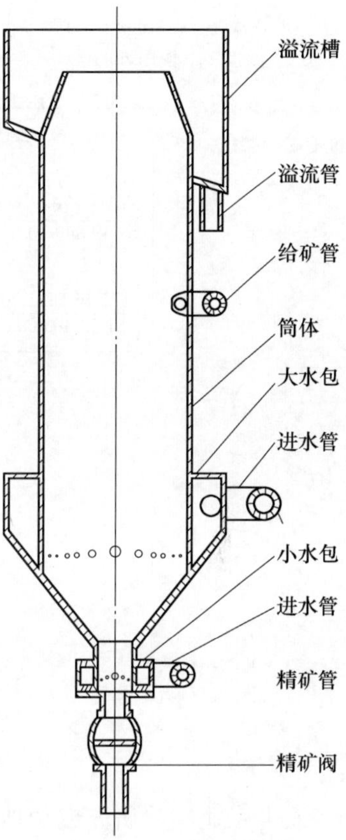


图 4-4 $\phi$300mm 剩磁团聚重选分选机

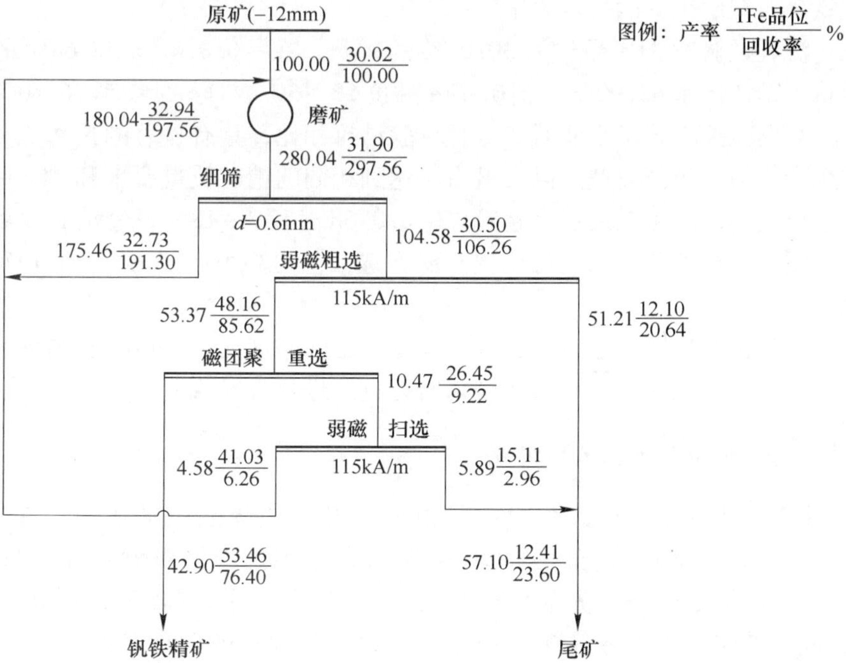


图 4-5 攀枝花磁团聚重选工艺半工业试验数质量流程

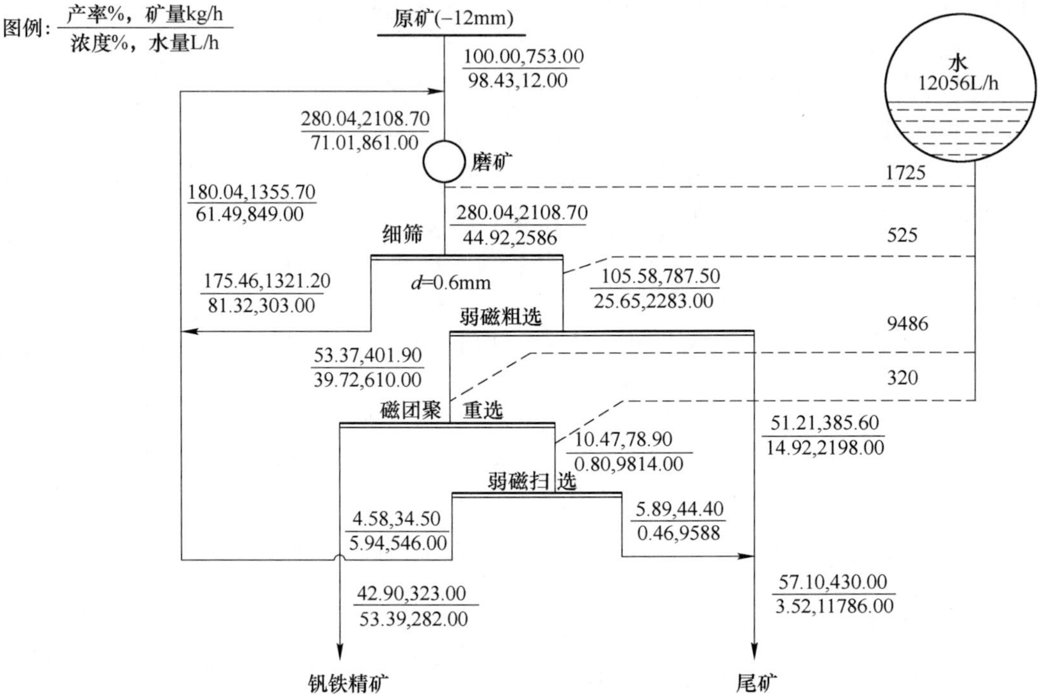


图 4-6 攀枝花磁团聚重选工艺试验矿浆流程

该半工业试验研究成功地运用了剩磁团聚重选工艺，除了完全取消分选外磁场外，还充分利用剩磁团聚重选的特性和规律，强化了分选水力剪切作用和重力分选作用，不但提高了剩磁团聚重选各粒级的分选效果，并且把其有效分选粒度提高到 0.45mm，满足了攀枝花钒钛磁铁矿石粗磨粗选的技术要求。

该半工业流程试验对 TFe 品位为 30.02% 的矿石，在 −0.076mm 38.68% 的粗磨粗选粒度下，获得了精矿产率 42.90%、精矿 TFe 品位 53.46%、TFe 回收率 76.40% 的良好技术经济指标。与弱磁选工艺半工业对比流程试验结果相比，具有显著的技术优势和提高攀矿公司选矿生产能力及经济效益的巨大潜力。达到相同的精矿质量要求和 TFe 回收率，磁团聚重选工艺可比弱磁选工艺放粗磨选粒度 −0.076mm 12%~18%，经估算，攀矿公司密地选厂采用磁团聚重选工艺，预期可比现有弱磁选工艺提高生产能力 10%~15%，提高选矿系列处理能力 9~14t/h。

该半工业流程试验运转的会过程连续、稳定，运转时间充分，试验资料完整、数据可靠，试验流程简单，并且最有利于攀矿公司密地选厂进行技术改造。

### 4.1.3 攀枝花尚难利用矿选铁试验研究

尚难利用矿石是指攀枝花铁矿中铁品位低于开采边界品位的矿石。在 1996 年之前铁品位范围为 15%~20%，而在 1996 年四川省储委批准修改攀枝花钒钛磁铁矿的矿床工业指标后，矿石开采边界品位已从 TFe 20% 提高到 22.99%，因此，现在的尚难利用矿石是指攀枝花钒铁磁铁矿床中 TFe 15.00%~22.99% 的低品位铁矿石。经统计计算，攀枝花铁矿的设计露采境内，保有该类矿石的储量就高达 2.5 亿吨（平均含

TFe 18.71%）。

攀枝花钒钛磁铁矿中的钛磁铁矿，是一种成分不固定的复合矿物，矿物中主晶矿物—磁铁矿，和其他客晶矿物含量，在不同品级的矿石中是不相同的。因此，客晶矿物含量变化，是引起钛磁铁矿矿物中，主要成分铁、钛含量变化的内因所在。经研究表明，客晶矿物含量与矿石的品级呈正相关的关系，矿石由富至贫，矿石中钛磁铁矿的客晶矿物含量也由高至低变化。因此，铁品位最低的尚难利用矿石中，钛磁铁矿的客晶矿物最少，纯度最高，这是造成尚难利用矿石的钛磁铁矿中，铁高（TFe 60.31%~60.91%）钛低（$TiO_2$ 10.00%~10.35%）的根本原因。所以，可从尚难利用矿石中，获得高铁低钛的优质钒铁精矿产品。尚难利用矿石中钛磁铁矿也存在部分被绿泥石化蚀变的现象，它将降低钛磁铁矿的纯度和可选性。

对尚难利用矿石进行了矿石工艺矿物学、选铁工艺技术和选钛工艺技术的研究。试验矿样有朱矿Ⅳ、Ⅴ、Ⅵ、Ⅸ矿带，兰山Ⅳ、Ⅴ、Ⅵ、Ⅸ矿带，尖山Ⅴ、Ⅵ、Ⅶ矿带的小样、大样及夹石样共11个，朱矿Ⅴ、Ⅵ、Ⅸ矿带，兰山Ⅴ、Ⅵ、Ⅸ矿带，尖山Ⅵ、Ⅶ矿带的表内矿8个，分别制成朱矿混合样、兰山混合样、尖山混合样、兰尖混合样和两个矿山比例样（朱矿:兰尖分别为7:3和6:4），对六种试验样品分别进行了一段细磨弱磁选铁流程（流程Ⅰ）、二段磨矿弱磁选铁流程（流程Ⅱ）、中磁—弱磁二段选铁流程（流程Ⅲ）、磁滑轮—中磁—弱磁三段选铁流程（流程Ⅳ）、磁团聚重选精选流程（流程Ⅴ）五种不同工艺流程的条件试验，在此基础上，对攀枝花尚难利用矿石的两个矿山比例样进行了流程Ⅱ、Ⅲ、Ⅳ三种流程的选铁连选扩大试验研究，获得了较好的技术经济指标，试验指标达到和超过了钒铁精矿TFe品位不低于54.50%，TFe回收率不低于45%的试验目的，为尚难利用矿石多种选铁工艺流程的对比、选择和技术经济分析评价提供了充分可靠的依据，对攀西地区其他钒钛磁铁矿床低品位铁矿石的开发和评价也具有借鉴意义。

五种选铁流程见图4-7，两个矿山比例样的三种工艺流程的扩大连续试验结果见表4-8。

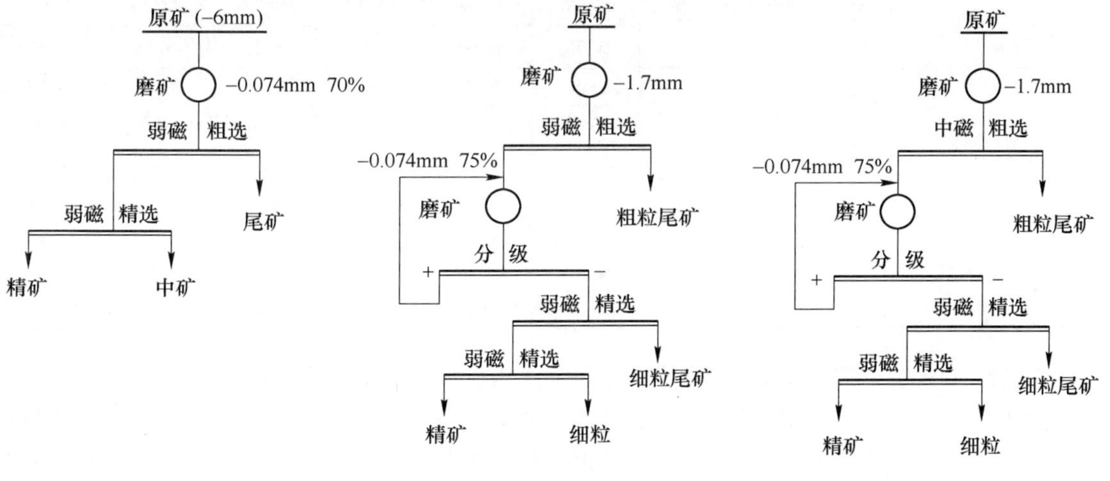


Ⅰ 一段细磨弱磁选铁流程　　Ⅱ 二段磨矿弱磁选铁流程　　Ⅲ 中磁—弱磁二段选铁流程

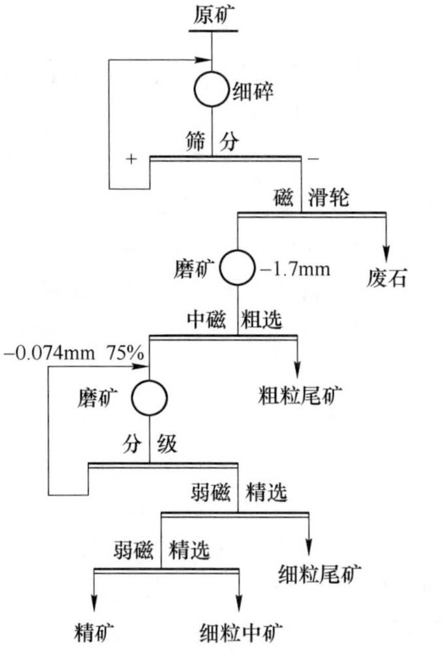


Ⅳ 磁滑轮—中磁—弱磁三段选铁流程

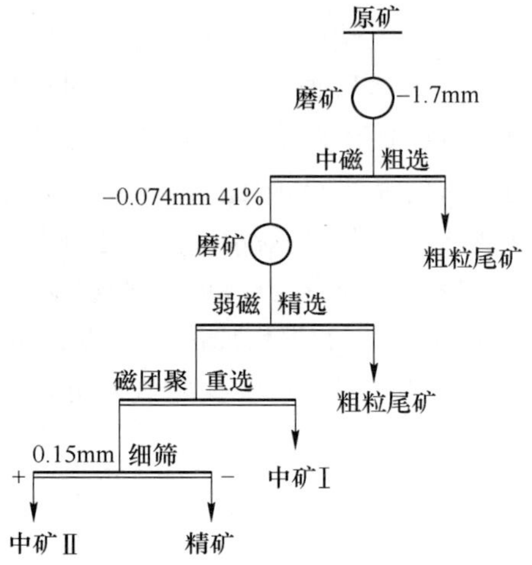


Ⅴ 磁团聚重选流程

图 4-7 攀枝花尚难利用矿五种选铁工艺流程

**表 4-8 两个矿山比例样三种工艺流程连选扩大试验指标汇总**

| 工 艺 流 程 | | | 流程Ⅱ | | 流程Ⅲ | | 流程Ⅳ | |
|---|---|---|---|---|---|---|---|---|
| 矿山比例样 | | | 7:3 | 6:4 | 7:3 | 6:4 | 7:3 | 6:4 |
| 钒铁精矿 | 产率/% | | 17.37 | 18.17 | 18.23 | 18.57 | 16.18 | 15.89 |
| | 品位/% | TFe | 54.56 | 54.78 | 54.70 | 54.83 | 54.56 | 54.86 |
| | | $TiO_2$ | 10.07 | 10.27 | 10.20 | 10.09 | 10.10 | 10.28 |
| | 回收率（TFe）/% | | 51.76 | 53.64 | 54.12 | 54.76 | 48.53 | 48.00 |
| | 选矿比 | | 5.76 | 5.50 | 5.49 | 5.39 | 6.18 | 6.29 |
| 细粒尾矿 | 产率/% | | 25.50 | 26.66 | 39.28 | 39.54 | 32.25 | 34.83 |
| | 品位/% | $TiO_2$ | 10.27 | 9.78 | 11.14 | 11.22 | 11.68 | 11.73 |
| | | TFe | 22.34 | 10.96 | 12.23 | 12.35 | 12.26 | 12.49 |
| | 回收率（$TiO_2$）/% | | 30.50 | 30.21 | 51.90 | 52.24 | 43.59 | 47.15 |
| 最终产品综合粒度/% | −0.076mm | | 39.99 | 44.21 | 50.24 | 51.57 | 42.52 | 42.91 |
| | −0.3mm | | 66.63 | 65.53 | 78.41 | 78.48 | 66.82 | 66.39 |
| | −1.7mm | | 99.45 | 99.60 | 99.78 | 99.70 | 83.29 | 83.27 |

试验结果表明，攀枝花尚难利用矿具有钒铁精矿质量优良和钛回收率较高的特点，为了降低选矿加工费用，对尚难利用矿石采用选铁粗粒抛尾工艺，是有效的，也是必要的。从试验的技术经济指标和综合回收利用铁钛出发，推荐流程Ⅲ作为尚难利用矿石的选铁工艺流程。与攀枝花铁矿表内矿石一样，磁团聚重选新工艺对于尚难利用矿石的选铁工艺同样有效，比弱磁选精选工艺具有技术经济优势。

### 4.1.4 攀枝花铁矿石近期铁矿石磨选性质研究

攀钢密地选矿厂是我国目前规模最大的铁矿选厂，设计年处理钒钛磁铁矿1350万吨，但自1970年4月建成投产以来一直未达到设计生产能力和既定的经济技术指标。这主要是攀枝花多矿区（带）的原因，矿石性质复杂，同时近期随着矿石开采进入中深部，矿石嵌布粒度细的钛辉石矿物含量增加、硬度增大，矿石的可磨性、可选性较设计时难磨难选。选厂处理矿石性质复杂，且不稳定，导致现场生产的铁精矿质量不稳定且生产规模上不去。矿石性质的变化，加上攀钢4号高炉的投产，随着高炉冶炼系数的不断提高，对铁精矿的产量、质量都提出了更高的要求，供需矛盾也十分突出。特别是近年来，随着矿石结晶粒度变细和硬度大的钛辉石比例增加，球磨机的处理量逐年下降，与设计处理能力还有很大的差距，这也是攀枝花密地选矿厂目前迫切需要解决的问题。

针对这个问题，攀钢集团矿业有限公司和中国地质科学院矿产综合利用研究所进行合作，旨在通过对攀枝花铁矿近期矿区（带）样及综合样（共计44件）的选铁磨矿粒度试验研究，摸清矿石性质变化规律，结合选厂生产实际，为生产配矿、稳定精矿质量、提高处理能力提供技术参考依据，确定各件样品在获得铁精矿 TFe≥54.00%时的磨矿细度，并对 TFe、$TiO_2$、$V_2O_5$在此磨矿细度下的各产品中的分布与走向进行了分析。

4.1.4.1 44件样品的化学多元素分析

矿区样及综合样（7件）化学多元素分析结果见表4-9，矿带（37件）TFe、$TiO_2$、$V_2O_5$分析结果见表4-10。

**表4-9 矿区样及综合样（7件）化学多元素分析结果** （%）

| 样品名称 | TFe | $TiO_2$ | $V_2O_5$ | S | $SiO_2$ | $Al_2O_3$ | CaO | MgO |
|---|---|---|---|---|---|---|---|---|
| 朱矿矿区样 | 28.94 | 11.10 | 0.26 | 0.48 | 25.80 | 7.72 | 7.63 | 7.02 |
| 营盘山矿区样 | 28.43 | 10.60 | 0.25 | 0.53 | 26.16 | 8.20 | 7.81 | 6.18 |
| 兰山矿区样 | 32.21 | 10.50 | 0.30 | 0.60 | 23.03 | 7.94 | 6.77 | 6.06 |
| 尖山矿区样 | 33.52 | 11.12 | 0.32 | 0.57 | 21.18 | 8.68 | 5.86 | 5.14 |
| 兰尖矿综合样 | 30.70 | 10.57 | 0.29 | 0.69 | 22.51 | 8.37 | 7.06 | 5.92 |
| 综合样1 | 29.82 | 10.97 | 0.26 | 0.59 | 23.69 | 7.95 | 7.16 | 6.42 |
| 综合样2 | 29.59 | 10.98 | 0.26 | 0.56 | 22.94 | 7.95 | 7.38 | 6.63 |

**表4-10 矿带样（37件）化学多元素分析结果** （%）

| 矿 区 | 样品编号 | TFe | TiO | $V_2O_5$ |
|---|---|---|---|---|
| 朱 矿 | 1西Ⅴ | 24.46 | 8.44 | 0.22 |
| | 1西Ⅵ | 29.41 | 10.73 | 0.28 |
| | 1西Ⅷ | 33.27 | 10.94 | 0.30 |
| | 1西Ⅸ | 26.75 | 8.62 | 0.24 |
| | 1中Ⅳ | 22.44 | 8.43 | 0.20 |
| | 1中Ⅴ | 26.54 | 10.38 | 0.22 |
| | 1中Ⅵ | 30.50 | 11.42 | 0.28 |
| | 1中Ⅷ | 38.29 | 11.28 | 0.36 |
| | 1中Ⅸ | 30.33 | 10.94 | 0.27 |
| | 1东Ⅳ | 24.61 | 11.85 | 0.18 |
| | 1东Ⅴ | 28.19 | 10.45 | 0.23 |
| | 1东Ⅵ | 31.49 | 12.28 | 0.28 |
| | 1东Ⅷ | 34.09 | 13.12 | 0.31 |
| | 1东Ⅸ | 22.23 | 7.43 | 0.18 |

续表 4-10

| 矿　区 | 样品编号 | TFe | TiO | $V_2O_5$ |
|---|---|---|---|---|
| 营盘山 | 2 西Ⅴ | 22.78 | 10.45 | 0.19 |
| | 2 西Ⅵ | 30.41 | 8.43 | 0.26 |
| | 2 西Ⅷ | 44.81 | 12.59 | 0.43 |
| | 2 西Ⅸ | 26.75 | 9.36 | 0.24 |
| | 2 东Ⅴ | 24.52 | 10.56 | 0.21 |
| | 2 东Ⅵ | 30.44 | 10.57 | 0.28 |
| | 2 东Ⅷ | 42.63 | 13.46 | 0.40 |
| | 2 东Ⅸ | 28.41 | 11.04 | 0.26 |
| 兰　山 | 3 西Ⅴ | 23.50 | 8.02 | 0.21 |
| | 3 西Ⅵ | 33.96 | 10.59 | 0.35 |
| | 3 西Ⅷ | 40.26 | 12.63 | 0.40 |
| | 3 西Ⅸ | 35.04 | 10.95 | 0.34 |
| | 3 东Ⅴ | 23.60 | 8.31 | 0.20 |
| | 3 东Ⅵ | 31.74 | 11.01 | 0.30 |
| | 3 东Ⅷ | 43.67 | 13.68 | 0.42 |
| | 3 东Ⅸ | 27.85 | 9.08 | 0.25 |
| 尖　山 | 4 西Ⅵ | 31.92 | 9.61 | 0.31 |
| | 4 西Ⅶ | 24.30 | 7.30 | 0.22 |
| | 4 西Ⅷ | 40.29 | 12.80 | 0.40 |
| | 4 东Ⅴ | 26.22 | 11.91 | 0.23 |
| | 4 东Ⅵ | 33.76 | 11.85 | 0.32 |
| | 4 东Ⅶ | 26.54 | 7.91 | 0.27 |
| | 4 东Ⅷ | 35.27 | 11.44 | 0.34 |

从表 4-9 可以看出，矿区样及综合样中的 TFe、$TiO_2$、$V_2O_5$、S、$SiO_2$、$Al_2O_3$、CaO、MgO 的含量差别并不明显。

从表 4-10 可以看出，各矿区的不同矿带样 TFe、$TiO_2$、$V_2O_5$的品位差异较大，增加了各矿区矿带样的选矿难度。各矿带样中 TFe、$TiO_2$、$V_2O_5$的含量消长趋势是基本一致的，即铁含量相对较高的矿带样，$TiO_2$、$V_2O_5$的含量相对较高。各矿区东Ⅷ、西Ⅷ矿带样 TFe、$TiO_2$、$V_2O_5$的含量相对较高，西Ⅴ矿带样 TFe、$TiO_2$、$V_2O_5$的含量相对较低。

4.1.4.2　*矿石磨选性质研究*

攀枝花铁矿多矿区（带），随着矿石开采进入中深部，矿石中嵌布粒度细的钛辉石矿物含量增加，硬度增大；矿石的可磨性、可选性较设计时难磨难选；各矿区（带）中的矿石差异很大，TFe、$TiO_2$、$V_2O_5$含量差别较大。选厂处理矿石性质复杂，且不稳定，导致现场生产的铁精矿质量不稳定，处理能力较低。针对此问题，对其矿区（带）样及综合样共计 44 件样品在现场一段磁粗选的 104kA/m 磁场强度下进行磨矿粒度试验，以考察攀枝花铁矿近期矿石通过一段磨选，在多少细度下能够获得 TFe 含量大于 54.00% 铁精矿，这也是本次试验的主要目的及遵循的原则。为了更好地比较各矿区样、矿带样的磨选性质，将各矿样获得铁精矿品位达到 54.00% 以上时所需的磨矿细度及其获得的技术指标见表 4-11（其中 * 是通过一次精选获得的技术指标），试验流程见图 4-8。

**表 4-11 各矿区、矿带样及综合样对比试验结果**

| 矿区 | 矿带 | -0.074mm 含量/% | 原矿 Fe 品位/% | 精矿产率/% | 精矿 Fe 品位/% | Fe 回收率/% |
|---|---|---|---|---|---|---|
| 朱矿 | 1 西Ⅴ | 96.67 | 24.57 | 32.55 | 54.39 | 72.05 |
| | 1 西Ⅵ | 77.00 | 29.45 | 40.83 | 54.65 | 75.77 |
| | 1 西Ⅷ | 89.67 | 33.24 | 50.08 | 54.31 | 81.84 |
| | 1 西Ⅸ* | 98.00 | 26.72 | 33.76 | 54.93 | 69.41 |
| | 1 中Ⅳ | 96.00 | 22.53 | 26.45 | 54.27 | 63.70 |
| | 1 中Ⅴ | 85.00 | 26.53 | 34.49 | 54.19 | 69.77 |
| | 1 中Ⅵ | 84.33 | 43.29 | 30.66 | 54.26 | 76.62 |
| | 1 中Ⅷ | 83.33 | 38.25 | 58.26 | 54.10 | 82.41 |
| | 1 中Ⅸ | 84.33 | 30.48 | 43.00 | 54.59 | 77.03 |
| | 1 东Ⅳ | 69.00 | 24.56 | 26.56 | 54.11 | 58.59 |
| | 1 东Ⅴ | 65.00 | 28.03 | 34.13 | 54.40 | 66.25 |
| | 1 东Ⅵ | 84.00 | 31.49 | 44.88 | 54.18 | 77.21 |
| | 1 东Ⅷ | 96.00 | 34.16 | 49.98 | 54.12 | 79.19 |
| | 1 东Ⅸ | 95.17 | 22.23 | 28.14 | 54.08 | 68.45 |
| 营盘山 | 2 西Ⅴ | 89.67 | 22.92 | 25.63 | 54.35 | 60.77 |
| | 2 西Ⅵ | 93.33 | 30.51 | 42.97 | 54.15 | 76.26 |
| | 2 西Ⅷ | 48.67 | 44.83 | 75.50 | 54.46 | 71.72 |
| | 2 西Ⅸ* | 98.00 | 26.71 | 32.17 | 54.98 | 67.33 |
| | 2 东Ⅴ | 90.67 | 24.30 | 29.35 | 54.79 | 66.18 |
| | 2 东Ⅵ | 95.00 | 30.44 | 39.98 | 54.11 | 71.06 |
| | 2 东Ⅷ | 80.00 | 42.70 | 70.00 | 54.13 | 88.73 |
| | 2 东Ⅸ | 86.67 | 28.78 | 39.09 | 54.11 | 73.50 |
| 兰山 | 3 西Ⅴ | 88.17 | 23.63 | 31.78 | 54.23 | 72.92 |
| | 3 西Ⅵ | 71.03 | 33.93 | 52.02 | 54.33 | 83.31 |
| | 3 西Ⅷ | 68.87 | 40.17 | 65.63 | 54.31 | 88.72 |
| | 3 西Ⅸ | 59.13 | 34.99 | 53.63 | 54.31 | 84.25 |
| | 3 东Ⅴ | 93.80 | 23.56 | 30.00 | 54.31 | 69.16 |
| | 3 东Ⅵ | 74.73 | 31.74 | 46.88 | 54.25 | 80.12 |
| | 3 东Ⅷ | 50.63 | 43.75 | 72.09 | 54.56 | 89.90 |
| | 3 东Ⅸ | 73.50 | 27.84 | 39.39 | 54.34 | 76.14 |
| 尖山 | 4 西Ⅵ | 59.00 | 32.08 | 48.61 | 54.44 | 82.48 |
| | 4 西Ⅶ | 71.33 | 24.28 | 33.38 | 54.25 | 74.57 |
| | 4 西Ⅷ | 48.77 | 39.99 | 63.16 | 55.20 | 87.19 |
| | 4 东Ⅴ | 64.03 | 26.11 | 32.91 | 54.23 | 68.44 |
| | 4 东Ⅵ | 73.13 | 33.67 | 50.49 | 54.88 | 82.28 |
| | 4 东Ⅶ | 51.33 | 26.55 | 37.03 | 54.30 | 75.74 |
| | 4 东Ⅷ | 51.50 | 35.27 | 55.95 | 54.14 | 85.89 |
| 朱矿矿区样 | | 87.67 | 29.00 | 39.33 | 54.25 | 73.56 |
| 营盘山矿区样 | | 96.67 | 28.39 | 37.77 | 54.14 | 72.03 |
| 兰山矿区样 | | 75.33 | 32.06 | 39.33 | 54.17 | 81.92 |
| 尖山矿区样 | | 63.00 | 33.31 | 50.50 | 54.45 | 82.57 |
| 兰尖矿综合样 | | 84.00 | 30.86 | 44.52 | 54.32 | 78.36 |
| 综合样 1 | | 90.67 | 29.73 | 41.72 | 54.41 | 76.36 |
| 综合样 2 | | 92.00 | 29.62 | 41.31 | 54.09 | 75.43 |

表4-11表明，不同矿区的各矿带之间的原矿品位差异较大，满足精矿品位（大于54.00%）要求的磨矿细度也有很大的差别。朱矿和营盘山矿的嵌布粒度明显偏细，获得TFe含量大于54%的铁精矿，绝大部分矿带都需要磨矿到-0.074mm 80%~90%；兰山大部分矿带需要磨矿到-0.074mm 60%~80.00%之间，尖山最粗，大部分矿带仅需要磨矿到-0.074mm 50%~70%。1西Ⅸ、2西Ⅸ在磨矿细度-0.074mm含量将近100.00%时，也无法获得品位大于54.00%的铁精矿，需要添加精选作业，才能获得满足要求的铁精矿。矿区样及综合样在原矿品位差不多的情况下，获得满足要求的铁精矿时的磨矿细度差别也很大，但其中尖山矿区获得合格的铁精矿需要的磨矿细度相对较粗。

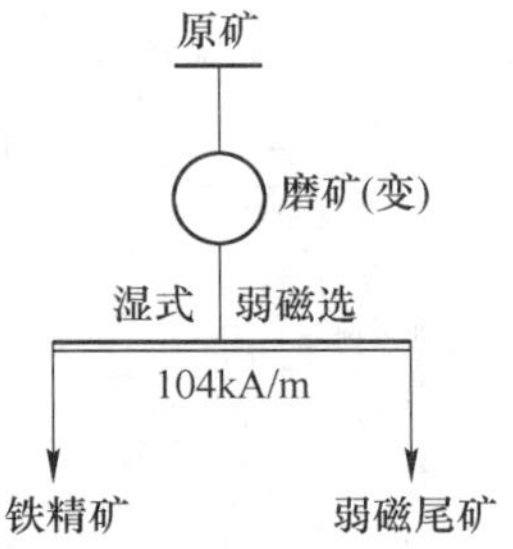


图4-8 攀枝花矿选铁磨矿试验流程

建议选矿厂生产时，采用朱矿与营盘山矿配矿生产，兰山与尖山矿石配矿生产，以便选择合理的磨矿细度，获得较好的选矿技术指标。

4.1.4.3 各矿样带TFe、$TiO_2$、$V_2O_5$在各种产品中的分布与走向

矿带样各件样品获得TFe品位高于54%的铁精矿时，各产品中TFe、$TiO_2$、$V_2O_5$的分布与走向结果见表4-12~表4-15。

**表4-12 朱矿矿带样TFe、$TiO_2$、$V_2O_5$分布与走向**

| 样品名称 | -0.074mm含量/% | 产品名称 | 产率/% | 品位/% | | | 分布率/% | | |
|---|---|---|---|---|---|---|---|---|---|
| | | | | TFe | $TiO_2$ | $V_2O_5$ | TFe | $TiO_2$ | $V_2O_5$ |
| 1西Ⅴ | 96.67 | 精矿 | 32.55 | 54.39 | 12.46 | 0.57 | 72.05 | 48.05 | 85.94 |
| | | 尾矿 | 67.45 | 10.18 | 6.50 | 0.045 | 27.95 | 51.95 | 14.06 |
| | | 原矿 | 100.00 | 24.57 | 8.44 | 0.22 | 100.00 | 100.00 | 100.00 |
| 1西Ⅵ | 77.00 | 精矿 | 40.83 | 54.65 | 12.43 | 0.60 | 75.77 | 47.32 | 88.09 |
| | | 尾矿 | 59.17 | 12.06 | 9.55 | 0.056 | 24.23 | 52.68 | 11.91 |
| | | 原矿 | 100.00 | 29.45 | 10.73 | 0.28 | 100.00 | 100.00 | 100.00 |
| 1西Ⅷ | 89.67 | 精矿 | 50.08 | 54.31 | 15.00 | 0.55 | 81.84 | 68.69 | 91.39 |
| | | 尾矿 | 49.92 | 12.09 | 6.86 | 0.052 | 18.16 | 31.31 | 8.61 |
| | | 原矿 | 100.00 | 33.23 | 10.94 | 0.30 | 100.00 | 100.00 | 100.00 |
| 1西Ⅸ | 98.00 | 精矿 | 32.17 | 54.93 | 13.01 | 0.59 | 69.41 | 50.97 | 84.74 |
| | | 中矿 | 1.33 | 24.93 | 8.27 | 0.16 | 1.24 | 1.28 | 0.91 |
| | | 尾矿 | 64.91 | 12.08 | 6.34 | 0.052 | 29.35 | 47.75 | 14.36 |
| | | 原矿 | 100.00 | 26.72 | 9.62 | 0.24 | 100.00 | 100.00 | 100.00 |
| 1中Ⅳ | 96.00 | 精矿 | 26.45 | 54.27 | 12.20 | 0.58 | 63.70 | 38.29 | 80.04 |
| | | 尾矿 | 73.55 | 11.12 | 7.07 | 0.052 | 36.3 | 61.71 | 19.96 |
| | | 原矿 | 100.00 | 22.53 | 8.43 | 0.19 | 100.00 | 100.00 | 100.00 |
| 1中Ⅴ | 85.00 | 精矿 | 34.49 | 54.19 | 12.94 | 0.52 | 70.41 | 43.00 | 86.97 |
| | | 尾矿 | 65.51 | 11.99 | 9.03 | 0.041 | 29.59 | 57.00 | 13.03 |
| | | 原矿 | 100.00 | 26.54 | 10.38 | 0.21 | 100.00 | 100.00 | 100.00 |

续表 4-12

| 样品名称 | -0.074mm 含量/% | 产品名称 | 产率/% | 品位/% | | | 分布率/% | | |
|---|---|---|---|---|---|---|---|---|---|
| | | | | TFe | $TiO_2$ | $V_2O_5$ | TFe | $TiO_2$ | $V_2O_5$ |
| 1 中Ⅵ | 84.33 | 精矿 | 43.29 | 54.26 | 13.56 | 0.56 | 76.62 | 51.39 | 87.51 |
| | | 尾矿 | 56.71 | 12.64 | 9.79 | 0.061 | 23.38 | 48.61 | 12.49 |
| | | 原矿 | 100.00 | 30.66 | 11.42 | 0.28 | 100.00 | 100.00 | 100.00 |
| 1 中Ⅷ | 83.33 | 精矿 | 58.26 | 54.10 | 13.10 | 0.57 | 82.41 | 67.53 | 92.13 |
| | | 尾矿 | 41.74 | 16.52 | 8.79 | 0.068 | 17.59 | 32.47 | 7.87 |
| | | 原矿 | 100.00 | 38.25 | 11.30 | 0.36 | 100.00 | 100.00 | 100.00 |
| 1 中Ⅸ | 84.33 | 精矿 | 43.00 | 54.59 | 13.21 | 0.57 | 77.03 | 51.94 | 87.76 |
| | | 尾矿 | 57.00 | 12.28 | 9.22 | 0.060 | 22.97 | 48.06 | 12.24 |
| | | 原矿 | 100.00 | 30.47 | 10.94 | 0.28 | 100.00 | 100.00 | 100.00 |
| 1 东Ⅳ | 69.00 | 精矿 | 26.56 | 54.11 | 10.27 | 0.55 | 58.59 | 23.02 | 79.59 |
| | | 尾矿 | 73.44 | 13.83 | 12.42 | 0.051 | 41.41 | 76.98 | 20.41 |
| | | 原矿 | 100.00 | 24.53 | 11.85 | 0.18 | 100.00 | 100.00 | 100.00 |
| 1 东Ⅴ | 65.00 | 精矿 | 34.13 | 54.40 | 12.35 | 0.59 | 66.25 | 40.37 | 82.91 |
| | | 尾矿 | 65.87 | 14.36 | 9.45 | 0.063 | 33.75 | 59.63 | 17.09 |
| | | 原矿 | 100.00 | 28.03 | 10.44 | 0.24 | 100.00 | 100.00 | 100.00 |
| 1 东Ⅵ | 84.00 | 精矿 | 44.88 | 54.18 | 13.33 | 0.58 | 77.21 | 48.71 | 89.91 |
| | | 尾矿 | 55.12 | 13.02 | 11.43 | 0.053 | 22.79 | 51.29 | 10.09 |
| | | 原矿 | 100.00 | 31.49 | 12.28 | 0.29 | 100.00 | 100.00 | 100.00 |
| 1 东Ⅷ | 96.00 | 精矿 | 49.98 | 54.12 | 13.98 | 0.56 | 79.19 | 53.26 | 89.88 |
| | | 尾矿 | 50.02 | 14.21 | 12.26 | 0.063 | 20.81 | 46.74 | 10.12 |
| | | 原矿 | 100.00 | 34.16 | 13.12 | 0.31 | 100.00 | 100.00 | 100.00 |
| 1 东Ⅸ | 95.17 | 精矿 | 28.14 | 54.08 | 12.59 | 0.56 | 68.45 | 47.68 | 82.97 |
| | | 尾矿 | 71.86 | 9.76 | 5.41 | 0.045 | 31.55 | 52.32 | 17.03 |
| | | 原矿 | 100.00 | 22.23 | 7.43 | 0.19 | 100.00 | 100.00 | 100.00 |

**表 4-13 营盘山矿带样 TFe、$TiO_2$、$V_2O_5$ 分布与走向**

| 样品名称 | -0.074mm 含量/% | 产品名称 | 产率/% | 品位/% | | | 分布率/% | | |
|---|---|---|---|---|---|---|---|---|---|
| | | | | TFe | $TiO_2$ | $V_2O_5$ | TFe | $TiO_2$ | $V_2O_5$ |
| 2 西Ⅴ | 89.67 | 精矿 | 25.63 | 54.35 | 10.70 | 0.57 | 60.77 | 26.23 | 78.13 |
| | | 尾矿 | 74.37 | 12.09 | 10.37 | 0.055 | 39.23 | 73.77 | 21.87 |
| | | 原矿 | 100.00 | 22.92 | 10.45 | 0.19 | 100.00 | 100.00 | 100.00 |
| 2 西Ⅵ | 93.33 | 精矿 | 42.97 | 54.15 | 13.61 | 0.55 | 76.26 | 69.36 | 86.99 |
| | | 尾矿 | 57.03 | 12.70 | 4.53 | 0.062 | 23.74 | 30.64 | 13.01 |
| | | 原矿 | 100.00 | 30.51 | 8.43 | 0.27 | 100.00 | 100.00 | 100.00 |

续表 4-13

| 样品名称 | -0.074mm 含量/% | 产品名称 | 产率/% | 品位/% | | | 分布率/% | | |
|---|---|---|---|---|---|---|---|---|---|
| | | | | TFe | $TiO_2$ | $V_2O_5$ | TFe | $TiO_2$ | $V_2O_5$ |
| 2 西Ⅷ | 48.67 | 精矿 | 75.50 | 54.46 | 13.72 | 0.55 | 91.72 | 82.24 | 96.31 |
| | | 尾矿 | 24.50 | 15.15 | 9.13 | 0.065 | 8.28 | 17.76 | 3.69 |
| | | 原矿 | 100.00 | 44.83 | 12.60 | 0.43 | 100.00 | 100.00 | 100.00 |
| 2 西Ⅸ | 98.00 | 精矿 | 32.17 | 54.98 | 11.99 | 0.56 | 66.21 | 41.20 | 80.62 |
| | | 中矿 | 1.27 | 23.52 | 9.41 | 0.16 | 1.12 | 1.28 | 0.91 |
| | | 尾矿 | 66.56 | 12.11 | 8.09 | 0.062 | 32.67 | 57.52 | 18.47 |
| | | 原矿 | 10.00 | 26.71 | 9.36 | 0.22 | 100.00 | 100.00 | 100.00 |
| 2 东Ⅴ | 90.67 | 精矿 | 29.35 | 54.79 | 11.96 | 0.56 | 66.18 | 33.24 | 80.06 |
| | | 尾矿 | 70.65 | 11.63 | 9.98 | 0.060 | 33.82 | 66.76 | 19.94 |
| | | 原矿 | 100.00 | 24.30 | 10.56 | 0.21 | 100.00 | 100.00 | 100.00 |
| 2 东Ⅵ | 95.00 | 精矿 | 39.98 | 54.11 | 12.66 | 0.59 | 71.06 | 47.91 | 83.44 |
| | | 尾矿 | 60.02 | 14.68 | 9.17 | 0.078 | 28.94 | 52.09 | 16.56 |
| | | 原矿 | 100.00 | 30.44 | 10.57 | 0.28 | 100.00 | 100.00 | 100.00 |
| 2 东Ⅷ | 80.00 | 精矿 | 70.00 | 54.13 | 14.52 | 0.56 | 88.73 | 75.47 | 93.96 |
| | | 尾矿 | 30.00 | 16.04 | 11.01 | 0.084 | 11.27 | 24.53 | 6.04 |
| | | 原矿 | 42.70 | 42.70 | 13.47 | 0.42 | 100.00 | 100.00 | 100.00 |
| 2 东Ⅸ | 86.67 | 精矿 | 38.65 | 54.11 | 14.09 | 0.58 | 73.45 | 49.32 | 85.49 |
| | | 尾矿 | 61.35 | 12.32 | 9.12 | 0.062 | 26.55 | 50.68 | 14.51 |
| | | 原矿 | 100.00 | 28.47 | 11.04 | 0.26 | 100.00 | 100.00 | 100.00 |

**表 4-14 兰山矿带样 TFe、$TiO_2$、$V_2O_5$分布与走向**

| 样品名称 | -0.074mm 含量/% | 产品名称 | 产率/% | 品位/% | | | 分布率/% | | |
|---|---|---|---|---|---|---|---|---|---|
| | | | | TFe | $TiO_2$ | $V_2O_5$ | TFe | $TiO_2$ | $V_2O_5$ |
| 3 西Ⅴ | 88.17 | 精矿 | 31.78 | 54.23 | 12.45 | 0.58 | 72.92 | 49.32 | 87.39 |
| | | 尾矿 | 68.22 | 9.38 | 5.96 | 0.039 | 27.08 | 50.68 | 12.61 |
| | | 原矿 | 100.00 | 23.63 | 8.02 | 0.21 | 100.00 | 100.00 | 100.00 |
| 3 西Ⅵ | 71.03 | 精矿 | 52.02 | 54.33 | 13.16 | 0.62 | 83.31 | 64.63 | 92.44 |
| | | 尾矿 | 47.98 | 11.80 | 7.81 | 0.055 | 16.69 | 35.37 | 7.56 |
| | | 原矿 | 100.00 | 33.92 | 10.59 | 0.35 | 100.00 | 100.00 | 100.00 |
| 3 西Ⅷ | 68.87 | 精矿 | 65.63 | 54.31 | 14.54 | 0.58 | 88.69 | 75.53 | 95.75 |
| | | 尾矿 | 34.47 | 13.18 | 8.97 | 0.049 | 11.31 | 24.47 | 4.25 |
| | | 原矿 | 100.00 | 40.18 | 12.63 | 0.40 | 100.00 | 100.00 | 100.00 |
| 3 西Ⅸ | 59.13 | 精矿 | 53.63 | 54.31 | 13.38 | 0.60 | 83.25 | 65.53 | 93.03 |
| | | 尾矿 | 46.37 | 12.64 | 8.14 | 0.052 | 16.75 | 34.47 | 6.97 |
| | | 原矿 | 100.00 | 34.99 | 10.95 | 0.35 | 100.00 | 100.00 | 100.00 |

续表 4-14

| 样品名称 | -0.074mm 含量/% | 产品名称 | 产率/% | 品位/% | | | 分布率/% | | |
|---|---|---|---|---|---|---|---|---|---|
| | | | | TFe | $TiO_2$ | $V_2O_5$ | TFe | $TiO_2$ | $V_2O_5$ |
| 3 东Ⅴ | 93.80 | 精矿 | 30.00 | 54.31 | 12.29 | 0.60 | 69.06 | 44.38 | 86.25 |
| | | 尾矿 | 70.00 | 10.43 | 6.60 | 0.041 | 30.94 | 55.62 | 13.75 |
| | | 原矿 | 100.00 | 23.59 | 8.31 | 0.21 | 100.00 | 100.00 | 100.00 |
| 3 东Ⅵ | 74.73 | 精矿 | 46.88 | 54.25 | 13.52 | 0.59 | 80.12 | 57.58 | 92.37 |
| | | 尾矿 | 53.12 | 11.88 | 8.79 | 0.043 | 19.88 | 42.42 | 7.63 |
| | | 原矿 | 100.00 | 31.74 | 11.01 | 0.30 | 100.00 | 100.00 | 100.00 |
| 3 东Ⅷ | 50.63 | 精矿 | 72.09 | 54.56 | 14.91 | 0.59 | 89.90 | 78.54 | 95.61 |
| | | 尾矿 | 27.91 | 15.84 | 10.52 | 0.07 | 10.10 | 21.46 | 4.39 |
| | | 原矿 | 100.00 | 43.75 | 13.68 | 0.44 | 100.00 | 100.00 | 100.00 |
| 3 东Ⅸ | 73.50 | 精矿 | 39.00 | 54.34 | 12.34 | 0.59 | 76.10 | 52.99 | 88.92 |
| | | 尾矿 | 61.00 | 10.91 | 7.00 | 0.047 | 23.90 | 47.01 | 11.08 |
| | | 原矿 | 100.00 | 27.85 | 9.08 | 0.26 | 100.00 | 100.00 | 100.00 |

**表 4-15 尖山矿带样 TFe、$TiO_2$、$V_2O_5$ 分布与走向**

| 样品名称 | -0.074mm 含量/% | 产品名称 | 产率/% | 品位/% | | | 分布率/% | | |
|---|---|---|---|---|---|---|---|---|---|
| | | | | TFe | $TiO_2$ | $V_2O_5$ | TFe | $TiO_2$ | $V_2O_5$ |
| 4 西Ⅵ | 59.00 | 精矿 | 48.61 | 54.44 | 12.34 | 0.61 | 82.48 | 62.44 | 93.52 |
| | | 尾矿 | 51.39 | 10.94 | 7.02 | 0.040 | 17.52 | 37.56 | 6.48 |
| | | 原矿 | 100.00 | 32.09 | 9.61 | 0.32 | 100.00 | 100.00 | 100.00 |
| 4 西Ⅶ | 71.33 | 精矿 | 33.38 | 54.25 | 10.37 | 0.60 | 74.57 | 47.43 | 88.26 |
| | | 尾矿 | 66.62 | 9.27 | 5.76 | 0.032 | 25.43 | 52.57 | 11.74 |
| | | 原矿 | 100.00 | 24.28 | 7.30 | 0.23 | 100.00 | 100.00 | 100.00 |
| 4 西Ⅷ | 48.77 | 精矿 | 63.50 | 55.20 | 13.85 | 0.60 | 87.35 | 68.72 | 94.65 |
| | | 尾矿 | 36.50 | 13.91 | 10.97 | 0.059 | 12.65 | 31.28 | 5.35 |
| | | 原矿 | 100.00 | 40.13 | 12.80 | 0.40 | 100.00 | 100.00 | 100.00 |
| 4 东Ⅴ | 64.03 | 精矿 | 32.95 | 54.23 | 11.28 | 0.61 | 68.44 | 31.21 | 86.45 |
| | | 尾矿 | 67.05 | 12.29 | 12.22 | 0.047 | 31.56 | 68.79 | 13.55 |
| | | 原矿 | 100.00 | 26.11 | 11.91 | 0.23 | 100.00 | 100.00 | 100.00 |
| 4 东Ⅵ | 73.13 | 精矿 | 50.49 | 54.88 | 13.62 | 0.60 | 82.28 | 58.02 | 92.31 |
| | | 尾矿 | 49.51 | 12.05 | 10.05 | 0.051 | 17.72 | 41.98 | 7.69 |
| | | 原矿 | 100.00 | 33.67 | 11.85 | 0.33 | 100.00 | 100.00 | 100.00 |
| 4 东Ⅶ | 51.33 | 精矿 | 37.03 | 54.30 | 10.17 | 0.62 | 75.74 | 47.61 | 86.28 |
| | | 尾矿 | 62.97 | 10.23 | 6.58 | 0.058 | 26.26 | 52.39 | 13.72 |
| | | 原矿 | 100.00 | 26.55 | 7.91 | 0.27 | 100.00 | 100.00 | 100.00 |
| 4 东Ⅷ | 51.50 | 精矿 | 55.95 | 54.14 | 13.79 | 0.58 | 85.89 | 67.46 | 92.94 |
| | | 尾矿 | 44.05 | 11.30 | 8.45 | 0.056 | 14.11 | 32.54 | 7.06 |
| | | 原矿 | 100.00 | 35.27 | 11.44 | 0.35 | 100.00 | 100.00 | 100.00 |

从表4-12～表4-15结果可以看出，攀枝花钒钛磁铁矿通过一段磨选大部分合格的铁精矿中的$TiO_2$的含量在12.00%以上，铁精矿中的钛的分布走向与原矿中铁的含量高低有直接关系，即原矿中铁品位高，钛在选铁尾矿中的分布率相对较低，反之，则较高。铁精矿中的$V_2O_5$含量在0.59%左右，其分布走向与铁基本一致。

4.1.4.4 矿区样及综合样产品中TFe、$TiO_2$、$V_2O_5$的分布与走向

攀枝花钒钛磁铁矿矿区样及综合样获得TFe品位高于54%的铁精矿时，精矿及相应的尾矿中化学多元素分析结果见表4-16。

**表4-16 矿区样及综合样产品化学多元素分析结果**

| 样品名称 | -0.074mm含量/% | 产品名称 | 品位/% | | | | | | | |
|---|---|---|---|---|---|---|---|---|---|---|
| | | | TFe | $TiO_2$ | $V_2O_5$ | S | $SiO_2$ | $Al_2O_3$ | CaO | MgO |
| 朱矿矿区样 | 87.67 | 精矿 | 54.25 | 13.25 | 0.56 | 0.93 | 3.66 | 4.46 | 0.95 | 3.67 |
| | | 尾矿 | 12.64 | 9.66 | 0.057 | 0.19 | 38.60 | 11.30 | 12.44 | 10.88 |
| 营盘山矿区样 | 96.67 | 精矿 | 54.14 | 12.48 | 0.60 | 0.89 | 4.35 | 4.09 | 1.32 | 3.19 |
| | | 尾矿 | 12.76 | 9.45 | 0.061 | 0.31 | 38.24 | 12.28 | 12.36 | 9.42 |
| 兰山矿区样 | 75.33 | 精矿 | 54.17 | 13.49 | 0.59 | 0.95 | 3.09 | 4.29 | 0.82 | 3.80 |
| | | 尾矿 | 11.32 | 7.64 | 0.050 | 0.27 | 39.67 | 13.60 | 12.73 | 9.86 |
| 尖山矿区样 | 63.00 | 精矿 | 54.45 | 13.04 | 0.60 | 0.86 | 3.16 | 4.45 | 0.78 | 3.48 |
| | | 尾矿 | 11.73 | 9.15 | 0.056 | 0.27 | 37.84 | 15.42 | 11.68 | 8.52 |
| 兰尖综合样 | 84.00 | 精矿 | 54.32 | 13.04 | 0.56 | 1.20 | 3.45 | 4.24 | 0.94 | 3.50 |
| | | 尾矿 | 12.04 | 8.62 | 0.052 | 0.27 | 38.62 | 13.25 | 12.27 | 9.26 |
| 综合样1 | 90.67 | 精矿 | 54.41 | 13.08 | 0.58 | 1.00 | 3.54 | 4.28 | 0.97 | 3.52 |
| | | 尾矿 | 12.06 | 9.44 | 0.055 | 0.27 | 38.73 | 12.37 | 12.46 | 10.23 |
| 综合样2 | 92.00 | 精矿 | 54.09 | 13.24 | 0.59 | 0.87 | 3.41 | 4.28 | 0.92 | 3.52 |
| | | 尾矿 | 12.40 | 9.34 | 0.059 | 0.35 | 38.30 | 12.07 | 12.44 | 10.24 |

从表4-16可以看出，矿区样及综合样获得品位大于54.00%铁精矿中$TiO_2$、$V_2O_5$、S、$SiO_2$、$Al_2O_3$、CaO、MgO的含量基本上差不多。其中铁精矿通过浮选作业脱硫后，铁精矿品位还会有所提高。

## 4.2 红格矿区选铁试验研究

### 4.2.1 红格矿区表内矿选铁试验研究

4.2.1.1 红格矿区辉石岩型表内矿选铁试验

A 红格矿区绿库矿段辉石岩型表内矿选铁试验

红格矿区绿库矿段辉石岩型表内矿钒钛磁铁矿石主要有用矿物以钛磁铁矿为主，尚有磁黄铁矿及少量黄铁矿、镍黄铁矿、硫钴镍矿等。脉石矿物以钛辉石为主，其次为钛角闪石、橄榄石、长石、蛇纹矿、黑云母等，为块状—星散浸染状构造不均匀矿石。矿区主要化学成分见表4-17。

**表4-17 红格矿区辉石岩型表内矿主要元素化学分析结果** (%)

| 成分 | TFe | $TiO_2$ | $V_2O_5$ | $Cr_2O_3$ | S | P | Co | Ni |
|---|---|---|---|---|---|---|---|---|
| 含量 | 27.05 | 10.54 | 0.312 | 0.40 | 0.416 | 0.073 | 0.024 | 0.071 |

根据对主要元素赋存状态以及分布规律的研究结果，铁元素分布于钛磁铁矿中的量占

全矿石含量的72.94%（分布率）。钛在其中的分布率为15.08%；钛铁中的钛的分布率为52%，钴在磁黄磁矿及其他硫化物中，仅占27.44%，钒铬均未见到独立矿物以晶格中的杂质，赋存于钛磁铁矿中，未发现铂族矿物，对硫化物精矿试金分析，说明硫化物含有少量铂族元素。

经过条件试验的比较和选择，采用磁—重—浮流程，原则流程见图4-9。

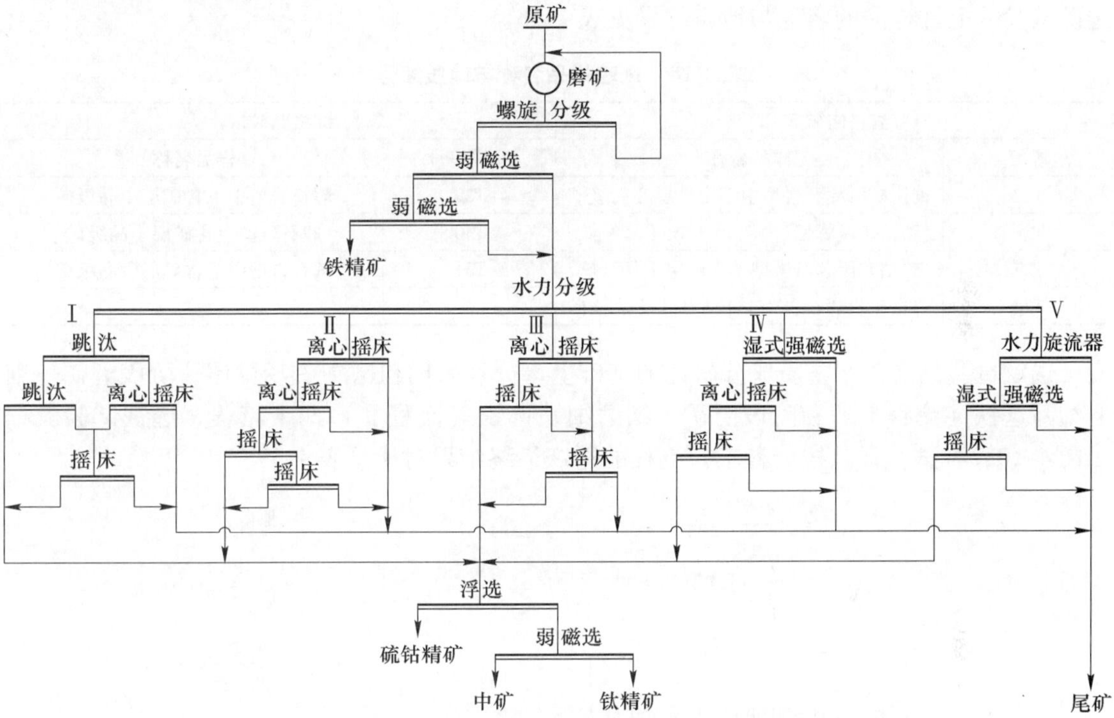


图4-9 红格矿区辉石岩型表内矿选铁原则流程

采用上述试验流程，获得的试验结果为，钒铁精矿：含TFe 51.50%，回收率为72.32%；含$V_2O_5$ 0.592%，回收率为72.67%；含$Cr_2O_3$ 0.823%，回收率为78.50%。钛精矿：含$TiO_2$ 43.45%，回收率为0.34%。钴镍精矿：含Co 0.564%，回收率为6.34%；含Ni 1.72%，回收率为5.98%。

根据钴镍精矿试金结果计算，每处理1000t原矿可回收铂族元素0.4519g（铂、钯、锇、钌、铑、铱各元素累计和）。

试验中原矿磨至-0.44mm，采用湿式弱磁选，选出铁精矿后，磁选尾矿经分为五级产物作为选钛及硫化物原料，第Ⅰ级别粗选采用跳汰、离心摇床及扇形溜槽做了对比。最终采用跳汰作为粗选手段，Ⅱ、Ⅲ级别采用离心摇床粗选，第Ⅳ、Ⅴ级采用湿式用湿式强磁选回收了具有中等磁性的重矿物，各级粗选精矿经刻槽摇床精选，得到组合品位含$TiO_2$ 41.52%的精矿，从其中用丁基黄药分离出硫化物精矿，槽底产品又经弱磁选分离磁铁矿使钛精矿品位含$TiO_2$由42.0%提高至43.45%。

此项试验是为配合地质工作而进行的，由于样品利用了矿区基本分析副样，试样粒度过细，对试验结果带来不利影响，试验过程还注意到，水力分级第Ⅰ级采用跳汰作为选别设备，虽然可以得到较好指标，但不够稳定，还存在着重矿物在跳汰机给矿端逐渐集聚，人工床面翻越溢流堰在跳汰室内成扇形分布等恶化选别形象，离心摇床除机械本身问题也存在有富矿比小的现象，有待进一步研究解决。

B 红格南、北矿区辉石（长）岩型钒钛磁铁矿选铁试验

为了对红格矿区各类钒钛磁铁矿矿石进行全面评价，配合地质勘探工作，同时为矿区的开发利用提供设计的基础资料，对红格南、北矿区 7 件不同类型钒钛磁铁矿样品进行了选矿试验，七件样品的名称与地质编号见表 4-18。

**表 4-18 试验样品名称与地质编号**

| 红格南矿区 | | 红格北矿区 | |
|---|---|---|---|
| 地质编号 | 样品名称 | 地质编号 | 样品名称 |
| T22 | 铜厂矿段辉石岩型中下含矿层Ⅱ品级矿 | T29 | 辉长岩型中下含矿层Ⅰ品级矿 |
| T26 | 路枯矿段辉长岩型下含矿层Ⅰ品级矿 | T30 | 辉石岩型上含矿层Ⅰ品级矿 |
| T27 | 路枯矿段辉石岩型上含矿层Ⅰ品级矿 | T31 | 辉石岩型中下含矿层Ⅰ品级矿 |
| T28 | 路枯矿段辉石岩型中下含矿层Ⅰ品级矿 | | |

选铁试验是在矿石物质成分研究的基础上，分别采用粗磨中磁场抛尾—阶段磨矿—细磨细筛选铁（流程Ⅰ）和阶段磨矿—细磨细筛选铁（流程Ⅱ）两个流程，选铁试验流程见图 4-10，各试验样品按两种工艺流程的选铁最终结果对比见表 4-19。

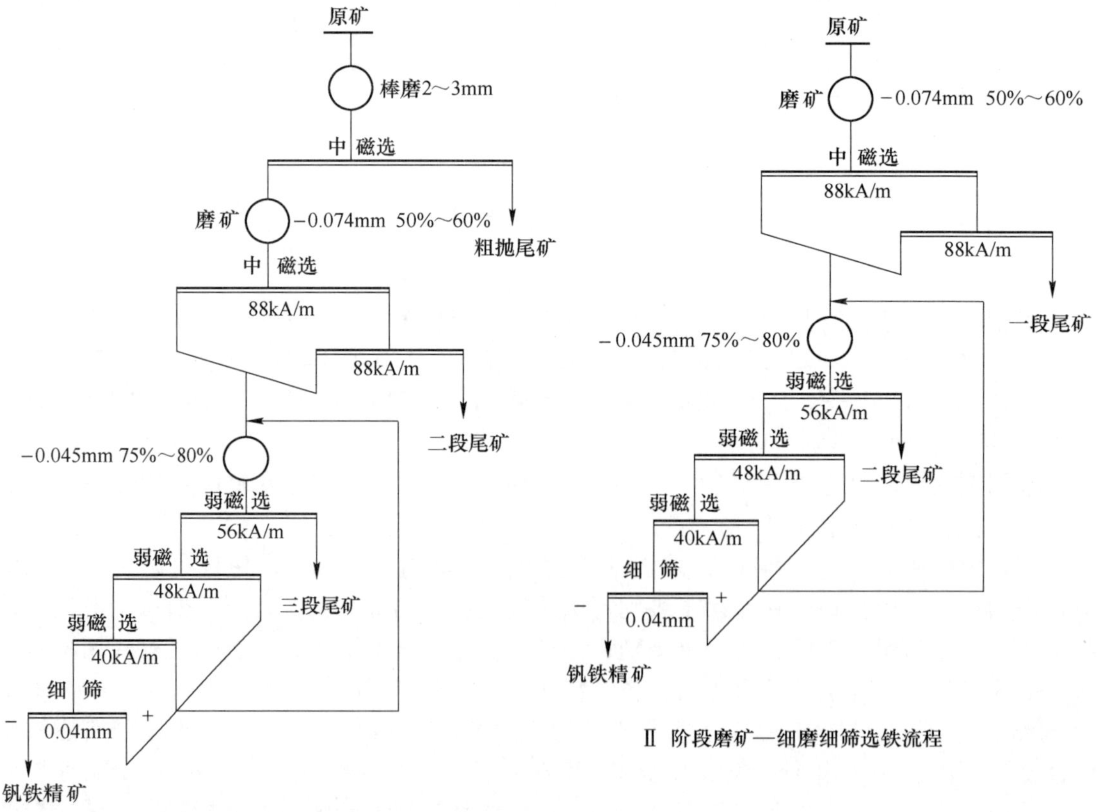


Ⅱ 阶段磨矿—细磨细筛选铁流程

Ⅰ 粗磨中磁抛尾—阶段磨矿—细磨细筛选铁流程

图 4-10 红格南北矿区辉石（长）岩型钒钛磁铁矿选铁流程

**表 4-19　红格南、北矿区辉石（长）岩型钒钛磁铁矿不同工艺流程选铁试验结果对比**

| 矿区 | 样品编号 | 试验流程 | 产品名称 | 产率/% | 品位/% | | | | | | 回收率/% | | | | | |
|---|---|---|---|---|---|---|---|---|---|---|---|---|---|---|---|---|
| | | | | | TFe | $TiO_2$ | $V_2O_5$ | $Cr_2O_3$ | Co | Ni | TFe | $TiO_2$ | $V_2O_5$ | $Cr_2O_3$ | Co | Ni |
| 南矿区 | T22 | 流程Ⅰ | 钒铁精矿 | 14.33 | 55.87 | 12.71 | 0.53 | 0.11 | 0.012 | 0.037 | 45.12 | 19.00 | 55.02 | 59.90 | 15.01 | 18.46 |
| | | | 三段尾矿 | 10.92 | 24.46 | 29.37 | 0.11 | 0.020 | 0.018 | 0.042 | 15.05 | 33.46 | 8.70 | 8.29 | 17.19 | 15.99 |
| | | | 二段尾矿 | 44.73 | 10.78 | 8.18 | 0.071 | 0.010 | 0.012 | 0.030 | 27.18 | 38.16 | 23.01 | 16.99 | 46.86 | 46.74 |
| | | | 抛尾尾矿 | 30.02 | 7.48 | 2.99 | 0.061 | 0.13 | 0.008 | 0.018 | 12.65 | 9.36 | 13.27 | 14.82 | 20.94 | 18.81 |
| | | | 原　矿 | 100.00 | 17.74 | 9.59 | 0.138 | 0.026 | 0.011 | 0.029 | 100.00 | 100.00 | 100.00 | 100.00 | 100.00 | 100.00 |
| | | 流程Ⅱ | 钒铁精矿 | 14.92 | 55.72 | 13.44 | 0.53 | 0.090 | 0.013 | 0.034 | 46.75 | 20.79 | 56.47 | 57.59 | 16.12 | 17.82 |
| | | | 三段尾矿 | 10.47 | 24.82 | 30.62 | 0.112 | 0.016 | 0.018 | 0.038 | 14.61 | 33.25 | 8.37 | 7.20 | 15.63 | 13.99 |
| | | | 二段尾矿 | 74.61 | 9.21 | 5.94 | 0.066 | 0.011 | 0.011 | 0.026 | 38.64 | 45.96 | 35.16 | 35.21 | 68.25 | 68.19 |
| | | | 原　矿 | 100.00 | 17.78 | 9.64 | 0.140 | 0.023 | 0.012 | 0.028 | 100.00 | 100.00 | 100.00 | 100.00 | 100.00 | 100.00 |
| | T26 | 流程Ⅰ | 钒铁精矿 | 27.75 | 59.20 | 10.42 | 0.662 | 0.39 | 0.020 | 0.046 | 65.22 | 26.99 | 82.74 | 86.64 | 40.99 | 42.95 |
| | | | 三段尾矿 | 8.05 | 21.09 | 21.04 | 0.093 | 0.060 | 0.025 | 0.059 | 6.74 | 15.81 | 3.38 | 3.87 | 14.85 | 15.98 |
| | | | 二段尾矿 | 39.61 | 13.88 | 13.70 | 0.053 | 0.020 | 0.012 | 0.024 | 21.83 | 50.64 | 9.45 | 6.34 | 35.08 | 31.99 |
| | | | 抛尾尾矿 | 24.59 | 6.36 | 2.86 | 0.040 | 0.016 | 0.005 | 0.011 | 6.21 | 6.56 | 4.43 | 3.15 | 9.08 | 9.08 |
| | | | 原　矿 | 100.00 | 25.19 | 10.72 | 0.222 | 0.125 | 0.014 | 0.030 | 100.00 | 100.00 | 100.00 | 100.00 | 100.00 | 100.00 |
| | | 流程Ⅱ | 钒铁精矿 | 27.06 | 59.48 | 10.31 | 0.676 | 0.39 | 0.019 | 0.043 | 64.05 | 26.07 | 81.92 | 85.60 | 37.71 | 40.33 |
| | | | 三段尾矿 | 7.50 | 22.56 | 21.46 | 0.102 | 0.071 | 0.026 | 0.055 | 6.73 | 15.04 | 3.43 | 4.32 | 14.31 | 14.31 |
| | | | 二段尾矿 | 65.44 | 11.22 | 9.63 | 0.050 | 0.019 | 0.010 | 0.020 | 29.22 | 58.89 | 14.65 | 10.08 | 47.98 | 45.36 |
| | | | 原　矿 | 100.00 | 25.13 | 10.70 | 0.223 | 0.123 | 0.014 | 0.029 | 100.00 | 100.00 | 100.00 | 100.00 | 100.00 | 100.00 |
| | T27 | 流程Ⅰ | 钒铁精矿 | 32.60 | 59.22 | 11.04 | 0.55 | 0.36 | 0.017 | 0.038 | 69.24 | 30.64 | 82.15 | 83.27 | 34.89 | 35.54 |
| | | | 三段尾矿 | 6.96 | 21.50 | 23.54 | 0.091 | 0.071 | 0.031 | 0.072 | 5.37 | 13.95 | 2.90 | 3.51 | 13.60 | 14.37 |
| | | | 二段尾矿 | 37.09 | 14.78 | 15.78 | 0.059 | 0.032 | 0.017 | 0.037 | 19.66 | 49.82 | 10.03 | 8.42 | 39.74 | 39.36 |
| | | | 抛尾尾矿 | 23.35 | 6.84 | 2.81 | 0.046 | 0.029 | 0.008 | 0.016 | 5.73 | 5.59 | 4.92 | 4.80 | 11.77 | 10.73 |
| | | | 原　矿 | 100.00 | 27.88 | 11.75 | 0.218 | 0.141 | 0.016 | 0.035 | 100.00 | 100.00 | 100.00 | 100.00 | 100.00 | 100.00 |
| | | 流程Ⅱ | 钒铁精矿 | 32.54 | 59.24 | 10.99 | 0.55 | 0.37 | 0.017 | 0.046 | 68.96 | 30.24 | 81.84 | 84.28 | 33.97 | 38.02 |
| | | | 三段尾矿 | 6.85 | 21.65 | 23.64 | 0.093 | 0.080 | 0.033 | 0.073 | 5.30 | 13.24 | 2.91 | 3.84 | 13.88 | 12.70 |
| | | | 二段尾矿 | 60.61 | 11.87 | 10.94 | 0.055 | 0.028 | 0.014 | 0.032 | 25.74 | 56.07 | 15.25 | 11.88 | 52.85 | 49.28 |
| | | | 原　矿 | 100.00 | 27.95 | 11.83 | 0.219 | 0.143 | 0.016 | 0.039 | 100.00 | 100.00 | 100.00 | 100.00 | 100.00 | 100.00 |
| | T28 | 流程Ⅰ | 钒铁精矿 | 34.58 | 55.99 | 11.30 | 0.51 | 1.13 | 0.017 | 0.086 | 73.84 | 43.12 | 84.27 | 87.62 | 34.41 | 38.35 |
| | | | 三段尾矿 | 10.12 | 15.92 | 12.71 | 0.074 | 0.200 | 0.029 | 0.147 | 6.14 | 14.19 | 3.58 | 4.54 | 17.14 | 19.19 |
| | | | 二段尾矿 | 36.71 | 10.53 | 8.59 | 0.047 | 0.072 | 0.018 | 0.073 | 14.75 | 34.79 | 8.24 | 5.92 | 38.68 | 34.56 |
| | | | 抛尾尾矿 | 18.59 | 7.44 | 3.85 | 0.044 | 0.046 | 0.009 | 0.033 | 5.27 | 7.90 | 3.91 | 1.92 | 9.77 | 7.90 |
| | | | 原　矿 | 100.00 | 26.22 | 9.06 | 0.209 | 0.446 | 0.017 | 0.078 | 100.00 | 100.00 | 100.00 | 100.00 | 100.00 | 100.00 |
| | | 流程Ⅱ | 钒铁精矿 | 35.31 | 56.00 | 11.66 | 0.51 | 1.18 | 0.017 | 0.082 | 74.29 | 44.83 | 84.77 | 88.93 | 34.29 | 38.59 |
| | | | 三段尾矿 | 8.83 | 16.01 | 13.23 | 0.069 | 0.17 | 0.029 | 0.142 | 5.31 | 12.72 | 2.87 | 3.20 | 14.63 | 16.72 |
| | | | 二段尾矿 | 55.86 | 9.56 | 6.98 | 0.047 | 0.066 | 0.016 | 0.060 | 20.40 | 42.45 | 12.36 | 7.87 | 51.08 | 4.69 |
| | | | 原　矿 | 100.00 | 26.62 | 9.18 | 0.212 | 0.469 | 0.018 | 0.075 | 100.00 | 100.00 | 100.00 | 100.00 | 100.00 | 100.00 |

续表 4-19

| 矿区 | 样品编号 | 试验流程 | 产品名称 | 产率/% | 品位/% | | | | | | 回收率/% | | | | | |
|---|---|---|---|---|---|---|---|---|---|---|---|---|---|---|---|---|
| | | | | | TFe | $TiO_2$ | $V_2O_5$ | $Cr_2O_3$ | Co | Ni | TFe | $TiO_2$ | $V_2O_5$ | $Cr_2O_3$ | Co | Ni |
| 北矿区 | T29 | 流程Ⅰ | 钒铁精矿 | 20.40 | 60.54 | 9.84 | 0.752 | 0.117 | 0.009 | 0.019 | 54.65 | 18.74 | 77.45 | 68.57 | 20.77 | 30.31 |
| | | | 三段尾矿 | 10.14 | 25.51 | 27.34 | 0.107 | 0.025 | 0.019 | 0.020 | 11.45 | 25.88 | 5.48 | 7.30 | 21.78 | 15.86 |
| | | | 二段尾矿 | 40.60 | 13.79 | 12.55 | 0.057 | 0.015 | 0.009 | 0.012 | 24.78 | 47.57 | 11.68 | 17.49 | 41.20 | 38.05 |
| | | | 抛尾尾矿 | 28.86 | 7.14 | 2.90 | 0.037 | 0.008 | 0.005 | 0.007 | 9.12 | 7.81 | 5.39 | 6.64 | 16.26 | 16.86 |
| | | | 原　矿 | 100.00 | 22.60 | 10.71 | 0.198 | 0.035 | 0.009 | 0.013 | 100.00 | 100.00 | 100.00 | 100.00 | 100.00 | 100.00 |
| | | 流程Ⅱ | 钒铁精矿 | 20.72 | 61.06 | 10.12 | 0.744 | 0.108 | 0.009 | 0.020 | 55.47 | 19.66 | 76.64 | 71.96 | 21.21 | 33.07 |
| | | | 三段尾矿 | 11.30 | 23.71 | 25.35 | 0.097 | 0.023 | 0.019 | 0.020 | 11.75 | 26.86 | 5.45 | 8.36 | 24.52 | 18.05 |
| | | | 二段尾矿 | 67.98 | 11.00 | 8.39 | 0.053 | 0.009 | 0.007 | 0.009 | 32.78 | 53.48 | 17.91 | 19.68 | 54.27 | 48.88 |
| | | | 原　矿 | 100.00 | 22.81 | 10.67 | 0.201 | 0.031 | 0.009 | 0.013 | 100.00 | 100.00 | 100.00 | 100.00 | 100.00 | 100.00 |
| | T30 | 流程Ⅰ | 钒铁精矿 | 31.15 | 59.43 | 11.79 | 0.558 | 0.247 | 0.013 | 0.052 | 66.84 | 31.53 | 80.28 | 79.96 | 32.12 | 40.07 |
| | | | 三段尾矿 | 10.56 | 24.01 | 25.63 | 0.101 | 0.053 | 0.026 | 0.070 | 9.15 | 23.23 | 4.93 | 5.82 | 21.81 | 18.28 |
| | | | 二段尾矿 | 28.84 | 14.34 | 14.41 | 0.061 | 0.026 | 0.014 | 0.040 | 14.93 | 35.68 | 8.12 | 7.80 | 32.04 | 28.54 |
| | | | 抛尾尾矿 | 29.45 | 8.54 | 3.78 | 0.49 | 0.021 | 0.006 | 0.018 | 9.08 | 9.56 | 6.67 | 6.42 | 14.03 | 13.11 |
| | | | 原　矿 | 100.00 | 27.70 | 11.65 | 0.217 | 0.096 | 0.013 | 0.040 | 100.00 | 100.00 | 100.00 | 100.00 | 100.00 | 100.00 |
| | | 流程Ⅱ | 钒铁精矿 | 30.19 | 59.39 | 11.66 | 0.552 | 0.254 | 0.014 | 0.060 | 65.60 | 30.58 | 79.50 | 80.15 | 25.06 | 40.18 |
| | | | 三段尾矿 | 9.77 | 24.34 | 25.70 | 0.108 | 0.053 | 0.025 | 0.067 | 8.70 | 21.81 | 5.03 | 5.41 | 14.45 | 14.53 |
| | | | 二段尾矿 | 60.04 | 11.70 | 9.13 | 0.054 | 0.023 | 0.017 | 0.034 | 25.70 | 47.61 | 15.47 | 14.44 | 60.49 | 45.29 |
| | | | 原　矿 | 100.00 | 27.33 | 11.51 | 0.210 | 0.088 | 0.017 | 0.045 | 100.00 | 100.00 | 100.00 | 100.00 | 100.00 | 100.00 |
| | T31 | 流程Ⅰ | 钒铁精矿 | 30.99 | 59.20 | 11.23 | 0.523 | 0.559 | 0.013 | 0.058 | 69.50 | 34.52 | 79.53 | 83.44 | 30.30 | 39.63 |
| | | | 三段尾矿 | 8.75 | 20.26 | 21.44 | 0.083 | 0.101 | 0.026 | 0.080 | 6.71 | 18.60 | 3.56 | 4.26 | 17.14 | 15.44 |
| | | | 二段尾矿 | 30.93 | 12.67 | 11.83 | 0.063 | 0.056 | 0.015 | 0.045 | 14.85 | 36.29 | 9.57 | 8.34 | 34.89 | 30.70 |
| | | | 抛尾尾矿 | 29.33 | 8.05 | 3.64 | 0.051 | 0.028 | 0.008 | 0.022 | 8.94 | 10.59 | 7.34 | 3.96 | 17.67 | 14.23 |
| | | | 原　矿 | 100.00 | 26.40 | 10.08 | 0.204 | 0.208 | 0.013 | 0.045 | 100.00 | 100.00 | 100.00 | 100.00 | 100.00 | 100.00 |
| | | 流程Ⅱ | 钒铁精矿 | 30.24 | 59.50 | 11.32 | 0.535 | 0.565 | 0.012 | 0.068 | 68.33 | 33.09 | 78.40 | 82.66 | 25.85 | 40.86 |
| | | | 三段尾矿 | 9.56 | 21.23 | 22.20 | 0.101 | 0.104 | 0.027 | 0.072 | 7.71 | 20.52 | 4.68 | 4.81 | 18.38 | 13.67 |
| | | | 二段尾矿 | 60.20 | 10.48 | 7.97 | 0.058 | 0.043 | 0.013 | 0.038 | 23.96 | 46.39 | 16.92 | 12.53 | 55.77 | 45.47 |
| | | | 原　矿 | 100.00 | 26.33 | 10.34 | 0.206 | 0.207 | 0.014 | 0.050 | 100.00 | 100.00 | 100.00 | 100.00 | 100.00 | 100.00 |

从表 4-19 的结果可知，两流程获得了近似的高质量钒铁精矿，选矿指标也十分接近。铁品位（除 T22、T28 外）一般可达到 59%～61%，含 $V_2O_5$ 在 0.5% 左右；含 $SiO_2$（除 T22、T28 外）一般在 0.9%～1.3% 之间，$SiO_2$、$Al_2O_3$、CaO、MgO 等造渣物在精矿在仅占 6%～8%，这对于降低焦比、提高冶炼生产能力十分有利，同时也有利于球团作业和采用冶炼新流程。

T22 样品中的钛磁铁矿由于受绿泥石交代，因此钒铁精矿铁品位不高，在 55.72%～55.87% 之间，精矿中 $SiO_2$ 的含量高达 3%。

细磨精选细筛提高钒铁精矿质量的选铁工艺，具有流程简单、投资少、费用低等优点，技术上是可行的，且工业上易于实现。

采用流程Ⅰ选铁，原矿经粗磨中磁场选别后可抛弃20%~30%的尾矿，减少了二段磨矿负荷，降低了磨矿费用，有明显的经济效果，在抛弃的尾矿中铁的损失在5.72%~12.65%之间；$TiO_2$损失在5.59%~10.59%，Co损失在9.08%~20.94%，Ni损失在7.90%~18.81%，说明流程Ⅰ对选钒铁来说是有利的。

鉴于红格矿区钒钛磁铁矿Ⅰ品级矿（即原表内矿）和Ⅱ品级矿（即原表外矿）可能混采混选，原矿含铁品位较低，因此，采用粗粒抛尾的流程Ⅰ，可减少磨矿费用，降低经济成本，应优先在工业上应用，另外，在1~5mm范围内各矿样均能抛弃合格尾矿，粗磨可选用自磨机。

#### 4.2.1.2 红格矿区马松林矿段橄辉岩原生表内矿石

红格矿区马松林矿段橄辉岩型矿石，为稀—中—稠密浸染状构造与包含结构为主的矿石，有用矿物嵌布粒度较小。硫化物以磁黄铁矿为主，另外还有黄铁矿、镍黄铁矿等，脉石矿物以辉石、角闪石、橄榄石、蛇纹石为主。原矿主要化学元素分析结果见表4-20。

**表4-20 红格矿区马松林矿段橄辉岩型表内矿主要元素化学分析结果** (%)

| 成分 | TFe | $TiO_2$ | $V_2O_5$ | $Cr_2O_3$ | S | $P_2O_5$ | Co | Ni |
|---|---|---|---|---|---|---|---|---|
| 含量 | 27.68 | 9.70 | 0.29 | 0.559 | 0.354 | 0.172 | 0.018 | 0.083 |

钛磁铁矿纯矿物含TFe 54.52%，铁在其中的元素分布率为75.75%，尤以含钒、铬较高为特点，含$V_2O_5$ 0.589%、$Cr_2O_3$ 1.369%。

钛铁矿纯矿物含$TiO_2$仅为49.56%，钛在其中的元素分布率为33.08%。未发现铂族矿物，硫化物中磁黄铁矿含Co 0.36%，Ni 1.75%，其他硫化物中含Co 1.39%、Ni 7.62%，有微量的铂族元素。

矿石经可磨度试验（与大冶原生磁铁矿对比），可磨度系数$K=0.71$。通过磨矿细度选择磨矿粒度为-0.27mm，先经湿式弱磁选选出钒铁精矿，选择的基本试验方案为：磁选尾矿经水力分级分为五级产物，其中1、2、3级以重选回收钛粗精矿，第4级和经水力旋流器脱泥的第五级合并，进行了钛浮选与湿式强磁选比较，各级粗选精矿又经平面刻槽摇床精选，得到钛粗精矿。钛粗精矿经浮选分离硫化物，分别得到钛精矿与钴镍硫化物精矿。

试验中，对第1级进行了梯形跳汰与离心摇床的对比，由于入选上限仅为-0.027mm粒度较细，跳汰结果不够理想，选择了离心摇床作为粗选设备，第4、5级做了原矿浮选硫化物后直接浮选钛铁矿的试验，未能取得好的结果，主要是硫化物，钛铁矿浮选中精选效率太低，药剂消耗量比较大。通过试验还得注意到，从各级组合钛粗精矿中浮选硫化物，与从水力分级产物中直接浮选硫化物不同，添加硅氟化钠与单独使硫酸作为调整剂，得到相近似的结果。而从分级产物中直接提高药剂的选择时，因为大量脉石矿物的存在，加入硅氟化钠可以显著提高药剂的选择性，否则浮选指标变坏。从重选钛粗精矿浮选时，大量脉石矿物已得到分离，硅氟钠添加与否效果并不明显了。试验流程见图4-11。

获得的试验结果如下：

钒铁精矿：产率41.31%，品位TFe 51.56%、$V_2O_5$ 0.52%、$Cr_2O_3$ 1.19%，回收率TFe 76.01%、$V_2O_5$ 74.07%、$Cr_2O_3$ 87.94%。

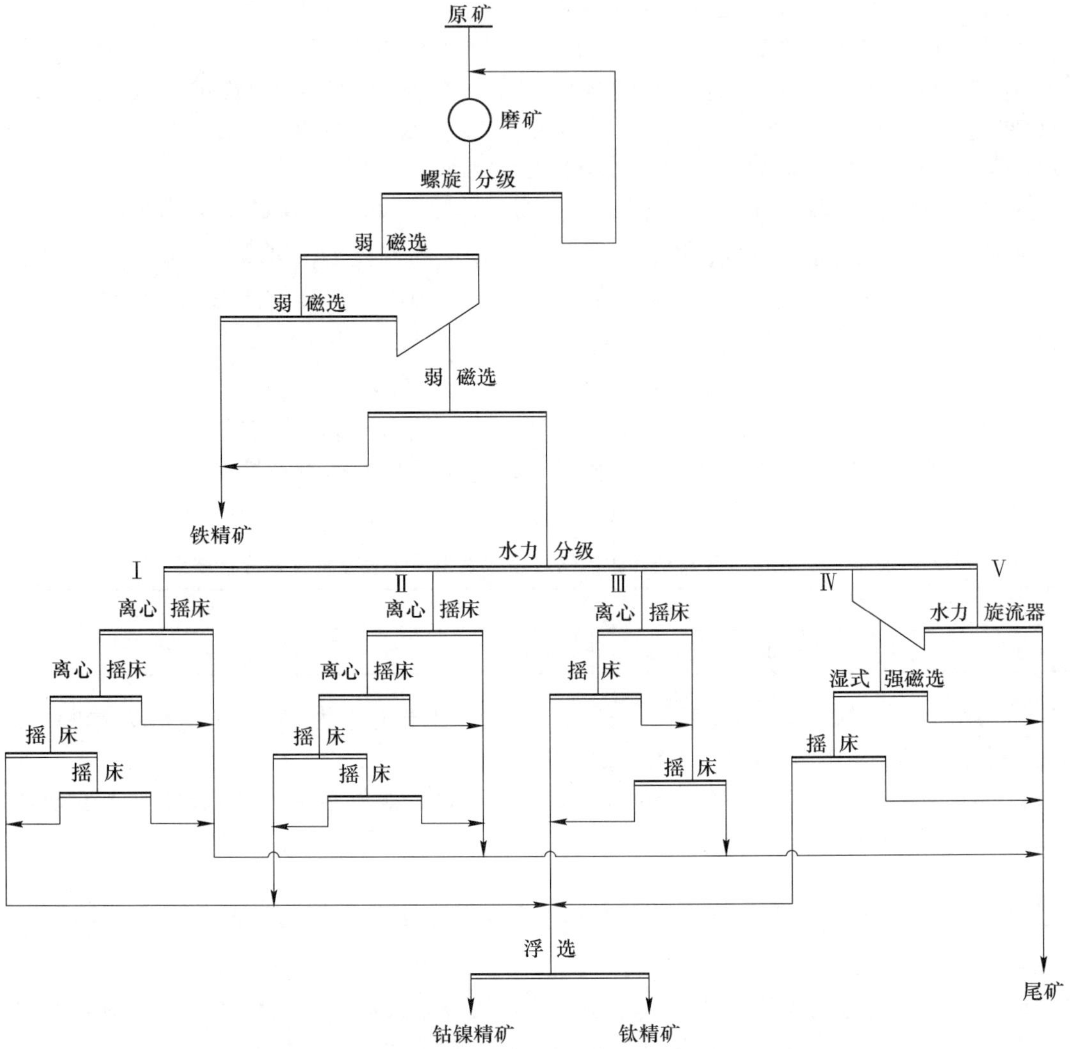


图 4-11 红格矿区马松林矿段橄辉岩型表内矿选铁原则流程

钛精矿：产率 3.683%，品位 $TiO_2$ 44.07%，回收率 $TiO_2$ 17.87%。

钴精矿：产率 0.187%，品位 Co 0.672%、Ni 1.606%，铂族元素总量 0.417g/t，回收率 Co 8.04%、Ni 4.19%，每千吨原矿可回收铂族元素 0.780g。

4.2.1.3 红格钒钛磁铁矿南矿区表内矿（坑道 101）

试验样品属辉石岩型、橄辉岩型和辉长岩型的混合矿石，以前两者为主，结构、构造比较简单，有用矿物与脉石矿物以及有用矿物之间接触关系平整、光滑，利于矿物解离，且脉石集合体粗大，便于采用预选粗磨抛尾工艺流程，以降低能耗。

为了给半工业试验提供依据，对大样南矿区表内矿（T101）进行了小型选铁试验，在以往中国地质科学院矿产综合利用研究所对红格铁矿岩芯样以及红格北矿区坑道样选铁小型试验的基础上，进行了 A、B、C、D 四种流程方案试验，流程结构见图 4-12，试验结果见表 4-21。

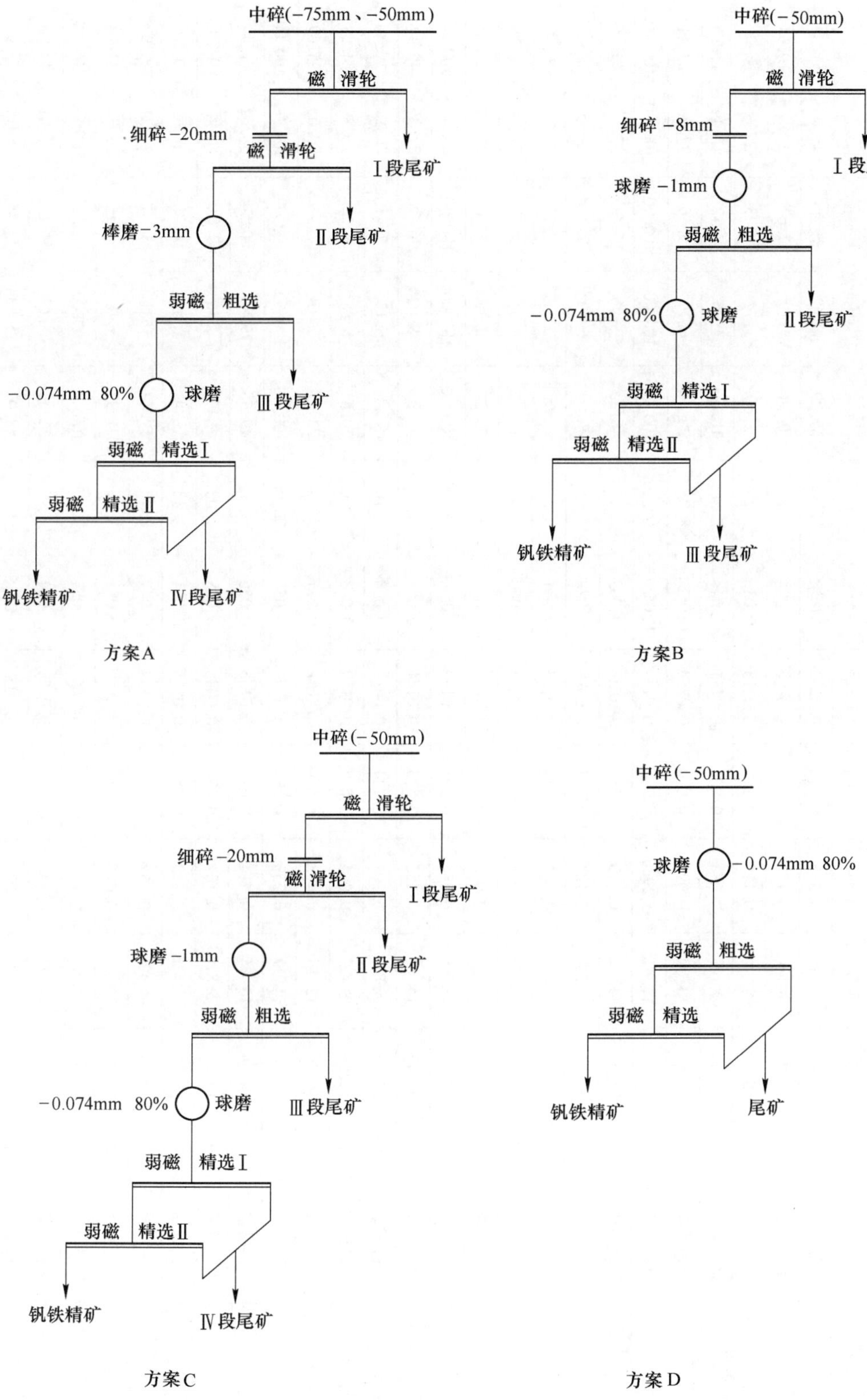


图4-12 红格钒钛磁铁矿南矿区表内矿四种方案选铁工程流程

**表 4-21 红格钒钛磁铁矿南矿区表内矿(坑道样 101)不同工艺流程选铁试验结果**

| 试验方案 | 产品名称 | 产率/% | 品位/% | | | | | | 回收率/% | | | | | |
|---|---|---|---|---|---|---|---|---|---|---|---|---|---|---|
| | | | TFe | $TiO_2$ | $V_2O_5$ | $Cr_2O_3$ | Co | Ni | TFe | $TiO_2$ | $V_2O_5$ | $Cr_2O_3$ | Co | Ni |
| A 方案 -75mm 预选 | 钒铁精矿 | 44.01 | 50.65 | 14.31 | 0.536 | 0.585 | 0.0202 | 0.0645 | 74.89 | 55.22 | 80.62 | 81.96 | 48.05 | 51.51 |
| | Ⅰ段尾矿 | 17.25 | 15.96 | 6.60 | 0.122 | 0.139 | 0.0106 | 0.034 | 9.25 | 9.98 | 7.19 | 7.63 | 9.89 | 10.64 |
| | Ⅱ段尾矿 | 4.41 | 15.19 | 6.74 | 0.115 | 0.123 | 0.0113 | 0.036 | 2.25 | 2.60 | 1.74 | 1.73 | 2.69 | 2.88 |
| | Ⅲ段尾矿 | 14.85 | 10.74 | 7.68 | 0.084 | 0.066 | 0.0151 | 0.044 | 5.36 | 10.00 | 4.26 | 3.12 | 12.12 | 11.86 |
| | Ⅳ段尾矿 | 19.48 | 12.62 | 13.00 | 0.093 | 0.090 | 0.0259 | 0.0654 | 8.25 | 22.20 | 6.19 | 5.56 | 27.25 | 23.11 |
| | 原 矿 | 100.00 | 29.77 | 11.41 | 0.2926 | 0.3141 | 0.0185 | 0.0551 | 100.00 | 100.00 | 100.00 | 100.00 | 100.00 | 100.00 |
| A 方案 -50mm 预选 | 钒铁精矿 | 39.31 | 54.52 | 14.11 | 0.510 | 0.588 | 0.016 | 0.062 | 72.50 | 48.85 | 78.90 | 79.36 | 37.17 | 43.96 |
| | Ⅰ段尾矿 | 15.90 | 13.11 | 5.81 | 0.104 | 0.134 | 0.0088 | 0.028 | 7.05 | 8.14 | 6.50 | 7.32 | 8.45 | 7.95 |
| | Ⅱ段尾矿 | 4.82 | 17.35 | 7.43 | 0.143 | 0.154 | 0.0115 | 0.041 | 2.83 | 3.15 | 2.71 | 2.55 | 3.43 | 3.54 |
| | Ⅲ段尾矿 | 18.79 | 11.77 | 8.17 | 0.075 | 0.074 | 0.0192 | 0.050 | 7.48 | 13.52 | 5.54 | 4.77 | 21.34 | 16.79 |
| | Ⅳ段尾矿 | 21.18 | 14.16 | 14.12 | 0.076 | 0.083 | 0.024 | 0.073 | 10.14 | 26.34 | 6.35 | 6.00 | 29.61 | 27.76 |
| | 原 矿 | 100.00 | 29.56 | 11.35 | 0.254 | 0.291 | 0.0169 | 0.0560 | 100.00 | 100.00 | 100.00 | 100.00 | 100.00 | 100.00 |
| B 方案 -50mm 预选 | 钒铁精矿 | 38.52 | 54.13 | 14.17 | 0.553 | 0.573 | 0.0171 | 0.057 | 71.02 | 47.91 | 79.02 | 76.75 | 37.35 | 40.17 |
| | Ⅰ段尾矿 | 15.90 | 13.11 | 5.81 | 0.104 | 0.134 | 0.0088 | 0.028 | 7.10 | 8.11 | 6.13 | 7.41 | 7.21 | 9.56 |
| | Ⅱ段尾矿 | 28.16 | 12.88 | 8.42 | 0.085 | 0.087 | 0.0159 | 0.048 | 12.35 | 20.81 | 8.88 | 8.52 | 25.39 | 24.58 |
| | Ⅲ段尾矿 | 17.42 | 16.05 | 15.15 | 0.092 | 0.1208 | 0.030 | 0.081 | 9.53 | 23.17 | 5.97 | 7.32 | 30.05 | 25.69 |
| | 原 矿 | 100.00 | 29.36 | 11.39 | 0.253 | 0.288 | 0.018 | 0.055 | 100.00 | 100.00 | 100.00 | 100.00 | 100.00 | 100.00 |
| C 方案 -50mm 预选 | 钒铁精矿 | 39.80 | 54.04 | 14.44 | 0.514 | 0.615 | 0.0166 | 0.056 | 73.01 | 49.58 | 79.86 | 80.54 | 38.62 | 41.44 |
| | Ⅰ段尾矿 | 15.90 | 13.11 | 5.81 | 0.104 | 0.134 | 0.0088 | 0.028 | 7.08 | 7.97 | 6.46 | 7.01 | 7.44 | 9.78 |
| | Ⅱ段尾矿 | 4.82 | 17.35 | 7.43 | 0.143 | 0.154 | 0.0115 | 0.041 | 2.83 | 3.09 | 2.69 | 2.44 | 3.24 | 3.67 |
| | Ⅲ段尾矿 | 23.99 | 10.77 | 8.42 | 0.062 | 0.052 | 0.0152 | 0.047 | 8.77 | 17.43 | 5.81 | 4.10 | 21.31 | 20.97 |
| | Ⅳ段尾矿 | 15.49 | 15.79 | 16.41 | 0.086 | 0.116 | 0.032 | 0.084 | 8.31 | 21.93 | 5.18 | 5.91 | 29.39 | 24.14 |
| | 原 矿 | 100.00 | 29.56 | 11.59 | 0.256 | 0.304 | 0.017 | 0.054 | 100.00 | 100.00 | 100.00 | 100.00 | 100.00 | 100.00 |
| D 方案 不抛尾 | 钒铁精矿 | 42.86 | 53.84 | 14.03 | 0.546 | 0.559 | 0.0168 | 0.054 | 77.37 | 51.93 | 84.67 | 86.65 | 41.81 | 43.06 |
| | 尾矿 | 57.14 | 11.81 | 9.74 | 0.074 | 0.065 | 0.018 | 0.0536 | 22.63 | 48.07 | 15.33 | 13.35 | 58.19 | 56.94 |
| | 原 矿 | 100.00 | 29.83 | 11.58 | 0.276 | 0.277 | 0.017 | 0.054 | 100.00 | 100.00 | 100.00 | 100.00 | 100.00 | 100.00 |

A 方案：中细碎块矿预选—粗磨抛尾阶段磨矿（棒—球）—磁选选铁流程。该方案预选又分为两种块矿预选粒度（即 -75mm 和 -50mm）

B 方案：中碎块矿预选—超细碎矿—粗磨抛尾阶段磨矿（球—球）—磁选选铁流程。

C 方案：中细碎块矿预选—粗磨抛尾阶段磨矿（球—球）—磁选选铁流程。

D 方案：原矿（-20mm）一次细磨（不抛尾）磁选选铁流程。

各方案流程试验均获得比较好的选矿指标，钒铁精矿：TFe 50.65%~54.52%，含 $V_2O_5$ 0.510%~0.553%，含 $TiO_2$ 14.03%~14.44%，回收率 71.02%~77.37%，采用阶段碎磨、阶段选别工艺流程，充分发挥粗抛的优越性，既降低能耗，又提高了入选粗精矿的品位，对提高钒铁精矿品位有利，最终钒铁精矿与不抛尾流程相比，指标相差不大，说明预选粗抛工艺流程技术上可行，经济上合理。

红格钒钛磁铁矿是攀西四大矿区中含 $Cr_2O_3$ 最高的矿区，经选别后，约有 80% 左右的 $Cr_2O_3$ 富集于钒铁精矿中，可在冶炼过程中回收。

各流程方案的选择不仅要考究综合回收铁钛等有益元素，还需尽量使其节省能耗，有较好的经济效益，故选别流程采用阶段碎磨、阶段丢尾的结构，并采用超细碎，实现多碎少磨，以减少碎磨总能耗和费用，提高经济效益。

四种方案流程，其原则流程是在碎磨作业之间采用磁滑轮块矿预选的阶段碎磨阶段抛尾，各流程方案的差别是块矿预选粒度的不同以及棒磨粗磨和球磨粗磨。欲要准确断定哪种流程优越，需进行全面的技术经济评价，但从保证较好的选别指标以及降低能耗方面考虑，方案 A 入磨前能抛弃产率 20%，含铁品位 13%~17%，损失率 9.8% 的尾矿量，提高入选矿石品位 3%~4%，且粗磨采用棒磨与细磨球磨配合，易于匹配，是主要的选择方案，方案 B 是探索超细碎作用的流程，在以后我国应用超细碎破碎机的条件成熟时，可作为补充和改造方案。

#### 4.2.1.4 红格钒钛磁铁矿北矿区表内矿选铁试验研究

该试验样品属辉石岩型和辉长岩型的混合矿石，结构、构造比较简单，以辉石岩型稀—中稠浸染构造为主，其次是辉长岩型呈浸和稀浸构造，脉石矿物的集合体较金属矿物粗大。矿物的嵌布形式属简单连晶，较易解离，这对粗粒抛尾工艺流程和在较粗磨的情况下获取合格品位钒铁精矿是有利的。进行了四种方案工艺流程的选铁试验，试验流程见图 4-13，试验结果见表 4-22。

方案Ⅰ：粗粒（75mm、50mm、25mm）干选抛尾—二段磨矿磁选—细磨精选流程。

方案Ⅱ：粗磨（5.8mm、2.4mm、1.1mm）弱磁选抛尾—二段磨矿磁选—细磨精选流程。

方案Ⅲ：粗磨（5.8mm、2.4mm、1.1mm）中磁选抛尾—二段磨矿磁选—细磨精选流程。

方案Ⅳ：阶段磨矿—细磨精选—细筛闭路流程。

各方案流程试验均能获得含全铁 58.70%~59.60%、回收率 62.10%~65.58% 的钒铁精矿，指标稳定、可靠，这也说明了该矿样在粗粒（或粗磨）情况下能抛弃一部分最终尾矿，减少下步磨矿量，降低能耗，同时提高了粗精矿的品位，而对最终钒铁精矿的选别指标没有影响。所以，粗抛工艺流程在技术上是可行的，经济上是合理的。

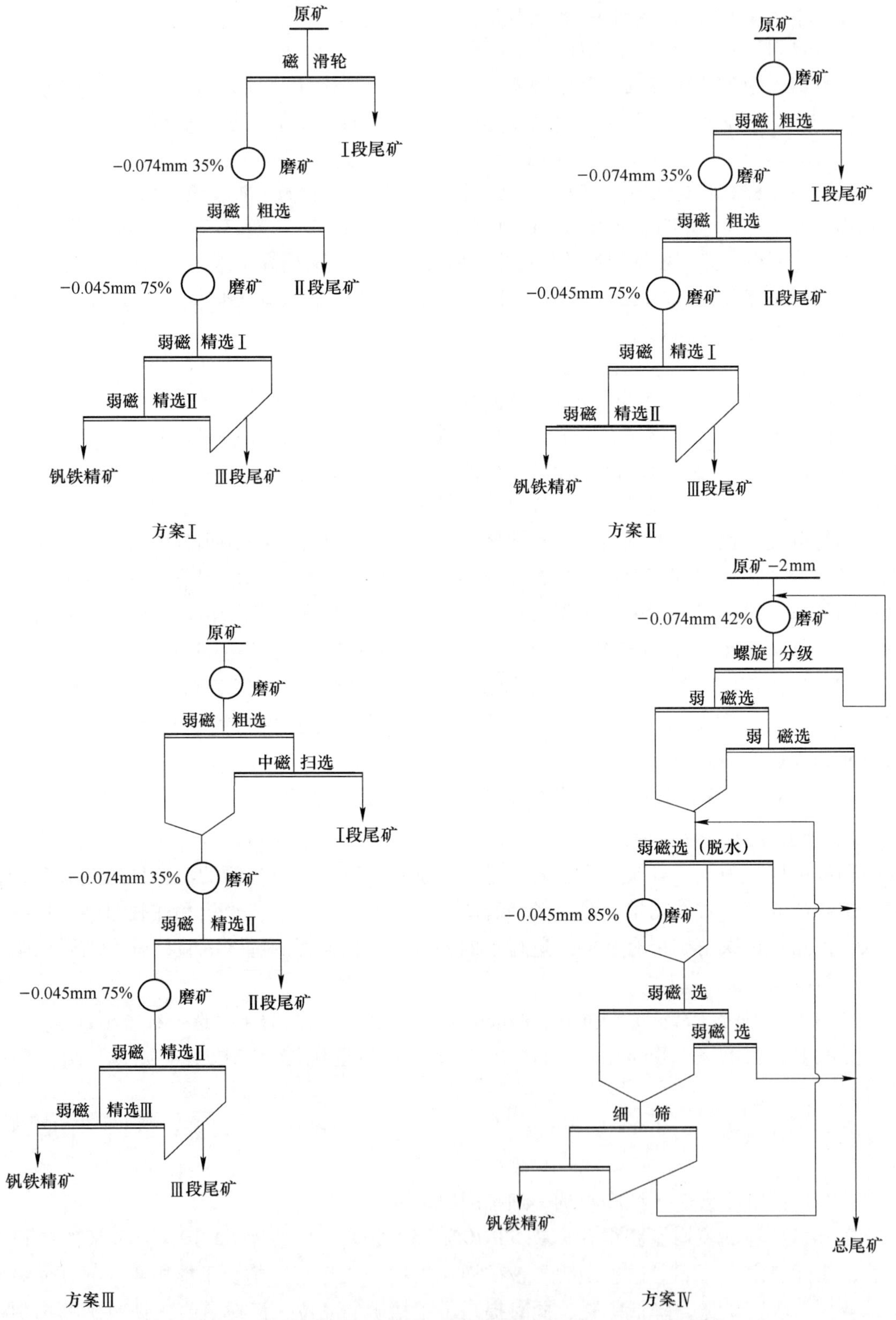


图4-13 红格钒钛磁铁矿北矿区表内矿四种选铁工艺方案流程

**表 4-22 红格钒钛磁铁矿北矿区各方案选铁试验结果** （%）

| 试验方案 | 产品名称 | 产率 | 品位 | | | | | | 回收率 | | | | | |
|---|---|---|---|---|---|---|---|---|---|---|---|---|---|---|
| | | | TFe | $TiO_2$ | $V_2O_5$ | $Cr_2O_3$ | Co | Ni | TFe | $TiO_2$ | $V_2O_5$ | $Cr_2O_3$ | Co | Ni |
| 方案Ⅰ 75mm 抛尾 | 钒铁精矿 | 28.35 | 59.06 | 10.38 | 0.680 | 0.106 | 0.018 | 0.032 | 62.10 | 24.41 | 76.83 | 70.83 | 33.40 | 39.59 |
| | Ⅰ段尾矿 | 22.05 | 11.31 | 5.43 | 0.088 | 0.020 | 0.008 | 0.012 | 9.25 | 9.95 | 7.73 | 10.39 | 11.53 | 11.57 |
| | Ⅱ段尾矿 | 41.91 | 14.03 | 14.71 | 0.066 | 0.012 | 0.015 | 0.019 | 21.81 | 51.15 | 11.03 | 11.85 | 41.19 | 34.74 |
| | Ⅲ段尾矿 | 7.69 | 24.01 | 22.73 | 0.144 | 0.038 | 0.028 | 0.042 | 6.84 | 14.51 | 4.41 | 6.93 | 13.88 | 14.10 |
| | 原　矿 | 100.00 | 26.96 | 12.05 | 0.251 | 0.042 | 0.015 | 0.023 | 100.00 | 100.00 | 100.00 | 100.00 | 100.00 | 100.00 |
| 方案Ⅰ 50mm 抛尾 | 钒铁精矿 | 28.15 | 59.60 | 10.22 | 0.643 | 0.112 | 0.019 | 0.042 | 63.00 | 24.31 | 76.66 | 66.41 | 36.81 | 42.48 |
| | Ⅰ段尾矿 | 19.49 | 10.31 | 4.56 | 0.076 | 0.019 | 0.0067 | 0.012 | 7.55 | 7.51 | 6.27 | 7.80 | 8.99 | 8.40 |
| | Ⅱ段尾矿 | 42.27 | 14.13 | 14.27 | 0.073 | 0.022 | 0.013 | 0.022 | 22.43 | 50.96 | 13.07 | 19.59 | 37.81 | 33.41 |
| | Ⅲ段尾矿 | 9.09 | 20.57 | 22.42 | 0.104 | 0.032 | 0.028 | 0.048 | 7.02 | 17.22 | 4.00 | 6.20 | 16.39 | 15.71 |
| | 原　矿 | 100.00 | 26.63 | 11.84 | 0.236 | 0.047 | 0.015 | 0.028 | 100.00 | 100.00 | 100.00 | 100.00 | 100.00 | 100.00 |
| 方案Ⅰ 25mm 抛尾 | 钒铁精矿 | 29.00 | 59.27 | 10.50 | 0.662 | 0.112 | 0.017 | 0.042 | 64.49 | 25.37 | 79.00 | 71.46 | 34.71 | 41.71 |
| | Ⅰ段尾矿 | 15.68 | 8.25 | 3.71 | 0.048 | 0.019 | 0.005 | 0.010 | 4.86 | 4.85 | 3.10 | 6.56 | 5.52 | 5.37 |
| | Ⅱ段尾矿 | 46.05 | 13.48 | 13.69 | 0.073 | 0.016 | 0.013 | 0.023 | 23.29 | 52.51 | 13.83 | 16.21 | 42.15 | 36.28 |
| | Ⅲ段尾矿 | 9.27 | 21.16 | 22.37 | 0.107 | 0.028 | 0.027 | 0.053 | 7.36 | 17.27 | 4.07 | 5.77 | 17.62 | 16.64 |
| | 原　矿 | 100.00 | 26.65 | 12.00 | 0.243 | 0.045 | 0.014 | 0.029 | 100.00 | 100.00 | 100.00 | 100.00 | 100.00 | 100.00 |
| 方案Ⅱ 5.8mm 抛尾 | 钒铁精矿 | 28.02 | 59.52 | 9.88 | 0.670 | 0.113 | 0.017 | 0.035 | 62.27 | 22.71 | 77.59 | 72.76 | 28.31 | 40.31 |
| | Ⅰ段尾矿 | 34.99 | 11.13 | 7.05 | 0.074 | 0.017 | 0.009 | 0.015 | 14.54 | 20.24 | 10.70 | 13.67 | 18.71 | 21.57 |
| | Ⅱ段尾矿 | 28.84 | 15.64 | 17.81 | 0.070 | 0.012 | 0.023 | 0.020 | 16.84 | 42.15 | 8.34 | 7.95 | 39.42 | 23.71 |
| | Ⅲ段尾矿 | 8.15 | 20.86 | 22.28 | 0.100 | 0.030 | 0.028 | 0.043 | 6.35 | 14.90 | 3.37 | 5.62 | 13.56 | 14.41 |
| | 原　矿 | 100.00 | 26.78 | 12.19 | 0.242 | 0.044 | 0.017 | 0.024 | 100.00 | 100.00 | 100.00 | 100.00 | 100.00 | 100.00 |
| 方案Ⅱ 2.4mm 抛尾 | 钒铁精矿 | 28.34 | 59.58 | 10.29 | 0.650 | 0.111 | 0.017 | 0.030 | 63.86 | 24.27 | 78.65 | 75.36 | 27.22 | 36.10 |
| | Ⅰ段尾矿 | 40.04 | 10.77 | 8.17 | 0.064 | 0.013 | 0.012 | 0.015 | 16.31 | 27.22 | 10.94 | 12.47 | 27.14 | 25.50 |
| | Ⅱ段尾矿 | 23.56 | 15.20 | 17.19 | 0.070 | 0.013 | 0.023 | 0.023 | 13.54 | 33.69 | 7.04 | 7.34 | 30.61 | 23.00 |
| | Ⅲ段尾矿 | 8.06 | 20.66 | 22.10 | 0.098 | 0.025 | 0.033 | 0.045 | 6.29 | 14.82 | 3.37 | 4.83 | 15.03 | 15.40 |
| | 原　矿 | 100.00 | 26.44 | 12.02 | 0.234 | 0.042 | 0.018 | 0.024 | 100.00 | 100.00 | 100.00 | 100.00 | 100.00 | 100.00 |

续表 4-22

| 试验方案 | 产品名称 | 产率 | 品位 | | | | | | 回收率 | | | | | |
|---|---|---|---|---|---|---|---|---|---|---|---|---|---|---|
| | | | TFe | $TiO_2$ | $V_2O_5$ | $Cr_2O_3$ | Co | Ni | TFe | $TiO_2$ | $V_2O_5$ | $Cr_2O_3$ | Co | Ni |
| 方案Ⅱ 1.1mm 抛尾 | 钒铁精矿 | 28.59 | 59.42 | 9.85 | 0.650 | 0.114 | 0.017 | 0.034 | 63.77 | 23.88 | 78.85 | 78.77 | 31.41 | 37.48 |
| | Ⅰ段尾矿 | 46.54 | 11.01 | 8.69 | 0.062 | 0.009 | 0.011 | 0.015 | 19.24 | 34.30 | 12.24 | 10.12 | 33.08 | 26.92 |
| | Ⅱ段尾矿 | 16.31 | 16.58 | 18.72 | 0.071 | 0.014 | 0.019 | 0.033 | 10.15 | 25.89 | 4.91 | 5.52 | 20.02 | 20.75 |
| | Ⅲ段尾矿 | 8.56 | 21.30 | 21.94 | 0.110 | 0.27 | 0.028 | 0.045 | 6.84 | 15.93 | 4.00 | 5.59 | 15.49 | 14.85 |
| | 原　矿 | 100.00 | 26.64 | 11.79 | 0.236 | 0.041 | 0.015 | 0.026 | 100.00 | 100.00 | 100.00 | 100.00 | 100.00 | 100.00 |
| 方案Ⅲ 5.8mm 抛尾 | 钒铁精矿 | 29.56 | 59.42 | 10.27 | 0.670 | 0.115 | 0.016 | 0.045 | 65.58 | 24.91 | 82.31 | 77.48 | 38.92 | 45.08 |
| | Ⅰ段尾矿 | 22.66 | 7.84 | 3.34 | 0.042 | 0.013 | 0.005 | 0.014 | 6.63 | 6.21 | 3.96 | 6.72 | 9.32 | 10.75 |
| | Ⅱ段尾矿 | 39.38 | 14.47 | 16.61 | 0.63 | 0.011 | 0.010 | 0.022 | 21.27 | 53.69 | 10.31 | 9.87 | 32.41 | 29.36 |
| | Ⅲ段尾矿 | 8.40 | 20.78 | 22.03 | 0.098 | 0.031 | 0.028 | 0.052 | 6.52 | 15.19 | 3.42 | 5.93 | 19.35 | 14.81 |
| | 原　矿 | 100.00 | 26.78 | 12.19 | 0.241 | 0.044 | 0.012 | 0.030 | 100.00 | 100.00 | 100.00 | 100.00 | 100.00 | 100.00 |
| 方案Ⅲ 2.4mm 抛尾 | 钒铁精矿 | 29.17 | 59.54 | 10.15 | 0.690 | 0.113 | 0.013 | 0.045 | 65.68 | 24.63 | 82.02 | 75.48 | 31.64 | 44.88 |
| | Ⅰ段尾矿 | 28.40 | 7.74 | 3.55 | 0.048 | 0.011 | 0.006 | 0.014 | 8.31 | 8.39 | 5.55 | 7.15 | 14.22 | 13.60 |
| | Ⅱ段尾矿 | 33.60 | 14.92 | 18.00 | 0.065 | 0.016 | 0.013 | 0.023 | 18.96 | 50.32 | 8.90 | 12.31 | 36.45 | 26.42 |
| | Ⅲ段尾矿 | 8.83 | 21.12 | 22.67 | 0.098 | 0.025 | 0.024 | 0.050 | 7.05 | 16.66 | 3.55 | 5.06 | 17.69 | 15.10 |
| | 原　矿 | 100.00 | 26.44 | 12.02 | 0.245 | 0.044 | 0.012 | 0.029 | 100.00 | 100.00 | 100.00 | 100.00 | 100.00 | 100.00 |
| 方案Ⅲ 1.1mm 抛尾 | 钒铁精矿 | 28.87 | 59.42 | 10.46 | 0.660 | 0.110 | 0.015 | 0.045 | 64.28 | 25.26 | 80.89 | 76.13 | 12.88 | 44.27 |
| | Ⅰ段尾矿 | 29.05 | 7.26 | 3.22 | 0.047 | 0.009 | 0.008 | 0.015 | 7.90 | 7.82 | 5.80 | 6.27 | 22.50 | 14.85 |
| | Ⅱ段尾矿 | 33.49 | 16.72 | 28.84 | 0.068 | 0.015 | 0.013 | 0.023 | 20.98 | 50.55 | 9.67 | 12.04 | 42.16 | 26.25 |
| | Ⅲ段尾矿 | 8.59 | 21.25 | 22.79 | 0.100 | 0.027 | 0.027 | 0.050 | 6.84 | 16.37 | 3.64 | 5.56 | 22.46 | 14.63 |
| | 原　矿 | 100.00 | 26.69 | 11.96 | 0.236 | 0.042 | 0.011 | 0.029 | 100.00 | 100.00 | 100.00 | 100.00 | 100.00 | 100.00 |
| 方案Ⅳ 不抛尾 | 钒铁精矿 | 28.50 | 58.70 | 10.44 | 0.689 | 0.125 | 0.017 | 0.041 | 64.49 | 25.78 | 75.80 | 71.13 | 34.92 | 40.00 |
| | Ⅰ段尾矿 | 63.64 | 12.23 | 11.12 | 0.072 | 0.016 | 0.010 | 0.019 | 30.00 | 61.30 | 19.80 | 22.46 | 50.68 | 45.73 |
| | Ⅱ段尾矿 | 7.86 | 18.17 | 18.98 | 0.100 | 0.037 | 0.023 | 0.048 | 5.51 | 12.92 | 3.40 | 6.41 | 14.40 | 14.27 |
| | 原　矿 | 100.00 | 25.94 | 11.51 | 0.231 | 0.045 | 0.013 | 0.026 | 100.00 | 100.00 | 100.00 | 100.00 | 100.00 | 100.00 |

各方案流程中均采用阶段磨矿、阶段选别，可根据需要制取不同品位的钒铁精矿，同时综合回收钛、钴、镍，还可以根据当时的设备和需要，在一定经济效益的情况下取决于流程的段数，而最终指标不受影响，也就是说，流程具有灵活性、适应性。

在以往对红格岩芯样选铁小型试验的基础上，采作阶段磨矿—细筛精选—细筛闭路（方案Ⅳ）工艺流程对红格北矿区表内矿（T103）矿样进行了选铁扩大试验，获得了较高质量的钒铁精矿，产率为28.5%，铁品位为58.70%，回收率为64.49%。红格北矿区表内矿（T103）矿样选铁扩大试验数质量流程见图4-14。

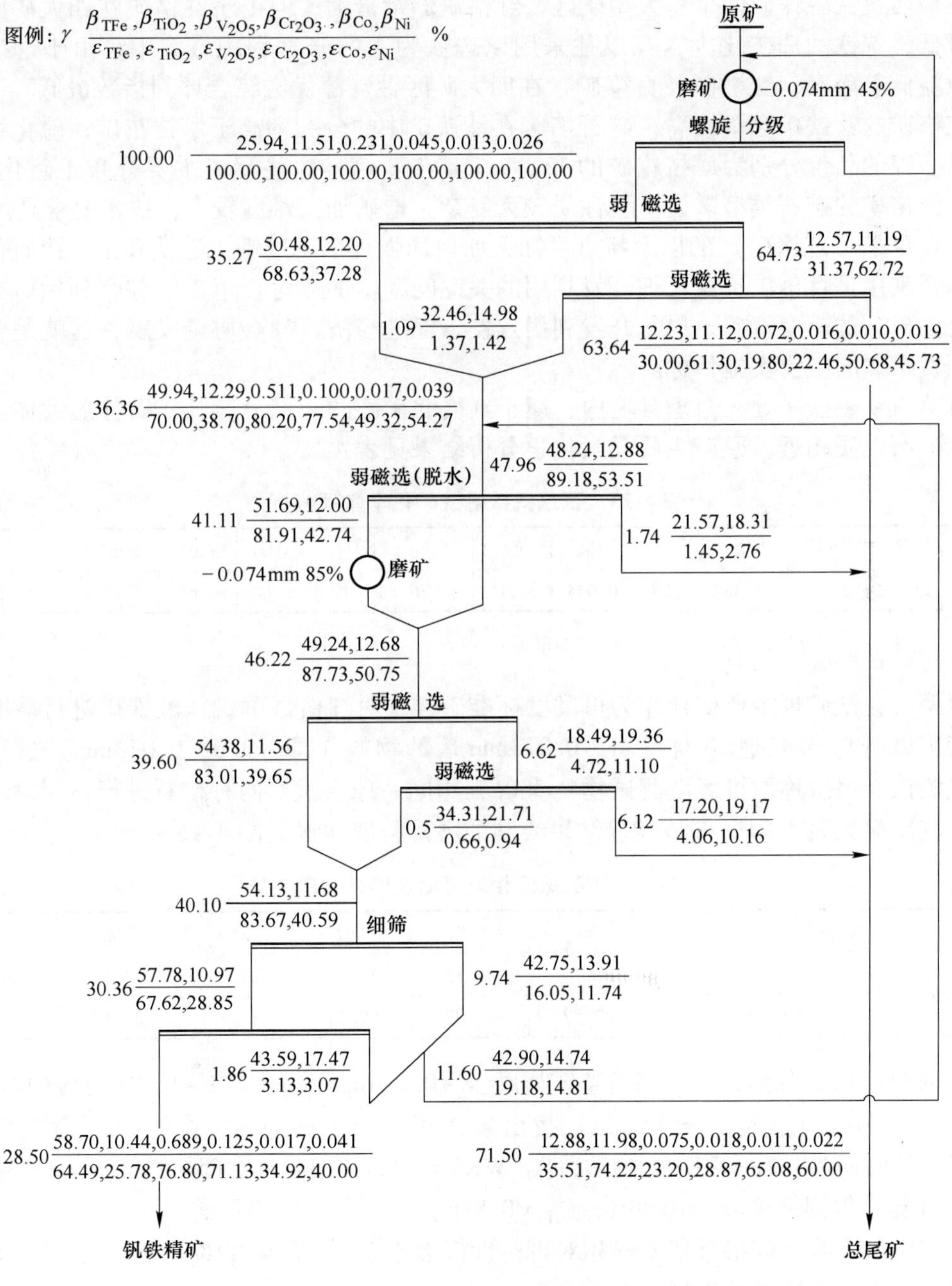


图4-14　红格北矿区表内矿（T103）矿样选铁扩大试验数质量流程

试验进一步证明，细磨不仅能使钛磁铁矿复合体与钛铁矿、硫化矿物、脉石充分解离，而且与能使复合体中的一些较粗大的微晶成分、包裹体等得到解离，从而提高了铁精矿中的有益组分，降低了 $SiO_2$、$TiO_2$等成分的含量，这对铁精矿的直接还原冶炼新流程和对铁精矿中有益组分的综合回收等都是有利的。

选红格矿高质量钒铁精矿，采用细筛闭路的细磨精选工艺流程是合理的，流程畅通、可靠，选矿指标稳定，试验是成功的，为半工业或工业性试验提供了基础资料。

#### 4.2.1.5 红格百草钒钛磁铁矿选铁试验

在攀西钒钛磁铁矿四个特大型矿区，红格矿储量最大，但由于红格矿在四大矿区中全铁品位低，选铁的选矿比大，在以往采用以选铁为主的开发利用方案中，由于选矿成本高，效益低等因素，红格矿（百草矿）在四大矿区中资源优劣综合评判指数最低。

红格矿的钛铁矿含量较高，矿石 $TiO_2$在钛铁矿中的分配率高于攀枝花矿；硫化物中的铜、钴、镍的品位分别为攀枝花矿的 13、4.75、4.8 倍，这些元素主要分布于硫化物中。再者，红格矿的矿石类型多，矿石性质较为复杂，选矿加工难度较大，技术要求高。

由百草矿（红格矿）的以上特点可知，如何加强百草矿选铁、选钛和钴、镍硫化物的选矿综合利用是百草矿资源合理开发利用的关键问题。加强对百草矿的综合利用研究，使一矿变多矿，贫矿变富矿，提升开发利用效益，促进经济、社会协调发展，这就是合理开发利用百草矿的主要实施目标。

百草钒钛磁铁矿处在会理县境内，属于红格北矿区的一部分，其矿石性质大体上与红格矿区矿石性质相近。原矿主要元素化学分析结果见表 4-23。

**表 4-23 百草钒钛磁铁矿化学多项分析** （%）

| 成分 | TFe | $Fe_2O_3$ | $TiO_2$ | $V_2O_5$ | Cu | Co | Ni | $SiO_2$ | $Al_2O_3$ | CaO | MgO | S | P |
|---|---|---|---|---|---|---|---|---|---|---|---|---|---|
| 含量 | 29.58 | 23.62 | 13.23 | 0.250 | 0.014 | 0.016 | 0.026 | 21.10 | 6.94 | 4.66 | 5.59 | 0.327 | 0.156 |

##### A 矿石可磨度测试

以攀枝花铁矿现生产矿样作为可磨度标准矿样，对红格百草钒钛磁铁矿进行球磨相对可磨度测试研究。将试验矿样筛出 -0.074mm 后的物料（即 -3.0 +0.074mm）进行相对可磨度测试，每次称取可磨度测试物料 300g，用同一球磨机对两种矿石进行不同时间磨矿试验，其结果见表 4-24，按该试验结果绘制的磨矿粒度曲线见图 4-15。

**表 4-24 矿石球磨相对可磨度磨矿试验结果**

| 时间/s | | 60 | 120 | 180 | 240 | 300 | 360 |
|---|---|---|---|---|---|---|---|
| -0.074mm 含量/% | 攀枝花矿样 | 30.70 | 55.36 | 74.25 | 87.39 | 94.76 | 97.18 |
| | 红格百草矿样 | 27.57 | 49.07 | 68.10 | 81.20 | 88.53 | 94.40 |

根据图 4-15，分别找出红格百草矿样磨至 -0.074mm 含量 50% 和 80% 对应的时间为：$T_{50}(MK) = 119s$，$T_{80}(MK) = 225.5s$；找出攀枝花生产矿样磨至 -0.074mm 含量 50% 和 80% 对应的时间为：$T_{50}(WK) = 106s$，$T_{80}(WK) = 202s$，相对可磨度系数按 $K = T(WK)/T(MK)$ 计算，得到结果 $K_{50} = 0.891$，$K_{80} = 0.896$。

研究结果表明，红格百草矿样相对可磨度系数小于 1，在 0.891 ~0.896 之间，即红格百草钒钛磁铁矿比攀枝花生产矿石难磨。

B 选铁试验研究

根据矿石性质，进行了粗粒抛尾、阶段磨选和一段磨选三种工艺流程的实验室选铁对比试验，结果表明，采用粗粒抛尾和一段磨矿选别是不合适的，无论是从产品质量的角度，还是从降低选矿生产成本的角度考虑，都应采用阶段磨选工艺流程选别，实验室试验数质量流程见图 4-16。

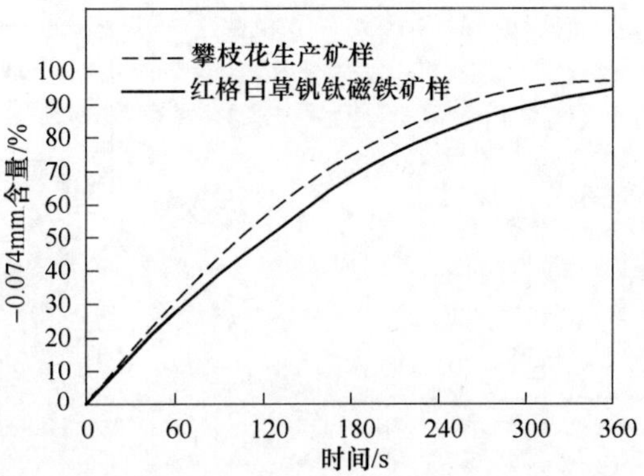


图 4-15 红格白草钒钛磁铁矿相对可磨度曲线

通过详细的条件试验，确定的阶段磨选流程中一段磨矿细度为 -0.074mm 45%，二段磨矿细度在 -0.074mm 85%，小型试验获得了产率为 31.64%、TFe 品位为 57.60%、含 $TiO_2$ 12.66%、TFe 回收率为 61.62% 的铁精矿。

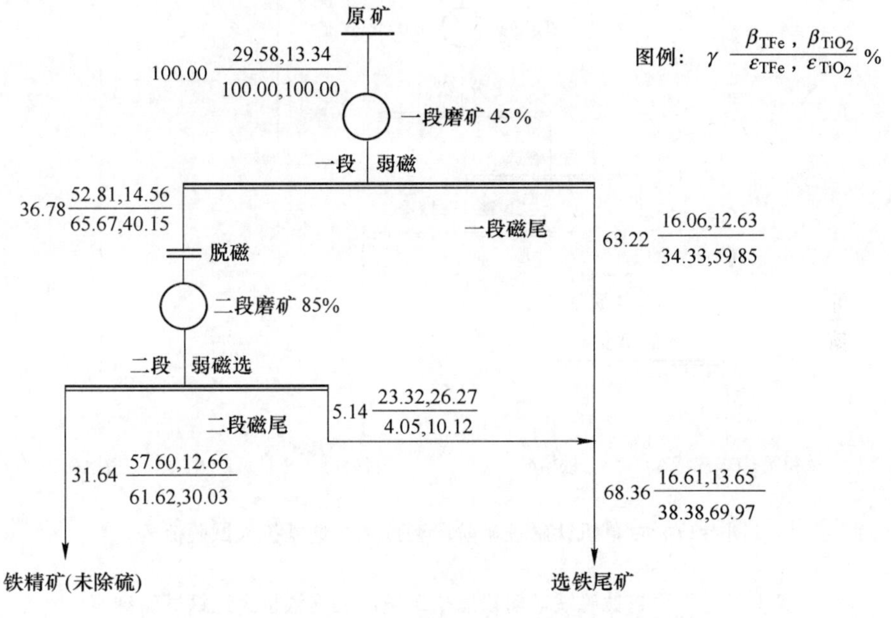


图 4-16 百草钒钛磁铁矿阶段磨选工艺数质量流程

根据小型试验结果，进行了阶段磨选流程选铁扩大连续试验，为了提高铁回收率，减少选钛过程中磁铁矿的影响，扩试过程中增加了弱磁扫选，扫选磁场强度 0.135T，其试验流程见图 4-17，试验结果见表 4-25。

C 铁精矿浮硫试验

原矿中含有 0.237% 的硫，且以磁黄铁矿为主，在选铁的过程中磁性较强的部分会在铁精矿中得到富集，使铁精矿含硫超标，考虑到铁精矿对硫含量的要求，同时提高该矿石中铜、钴、镍的综合利用程度和提高该矿石开发利用经济附加值的需要，因此，必须对铁精矿必须进行除硫。以选铁试验获得的铁精矿为原料，进行浮硫，铁精矿浮硫试验流程见图 4-18，试验结果见表 4-26。

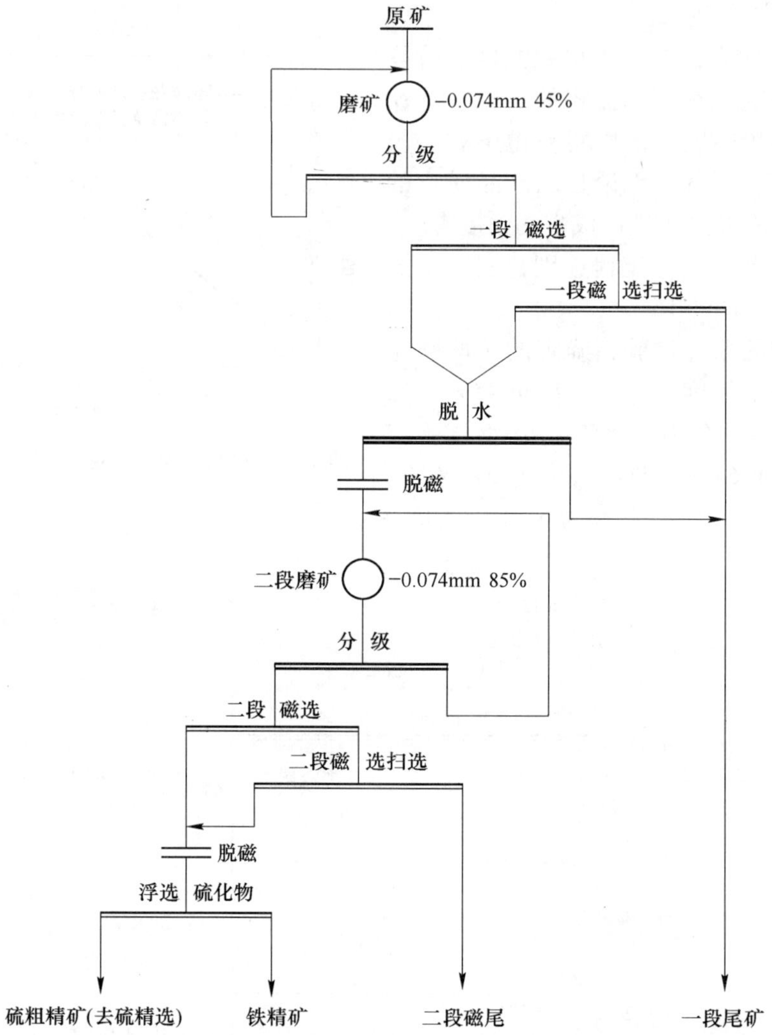


图 4-17 百草钒钛磁铁矿阶段磨选工艺选铁扩大试验流程

**表 4-25 百草钒钛磁铁矿阶段磨矿工艺流程连续扩大选铁试验结果** (%)

| 产品名称 | 产率 | 品 位 | | | 回收率 | | |
|---|---|---|---|---|---|---|---|
| | | TFe | $TiO_2$ | $V_2O_5$ | TFe | $TiO_2$ | $V_2O_5$ |
| 铁精矿 | 33. 45 | 57. 57 | 11. 85 | 0. 570 | 65. 09 | 29. 95 | 84. 37 |
| 总尾矿 | 66. 55 | 15. 52 | 13. 93 | 0. 053 | 34. 91 | 70. 05 | 15. 63 |
| 原 矿 | 100. 00 | 29. 58 | 13. 23 | 0. 226 | 100. 00 | 100. 00 | 100. 00 |

含硫铁精矿通过浮硫工艺，提高了铁精矿的品位，降低了精矿中的硫含量，由 0. 38% 降到了 0. 170%，除硫效果明显。不仅如此，还选得了产率为 0. 20%、Cu 品位为 1. 10%、Co 品位为 0. 41%、Ni 品位为 0. 44%、含 S 34. 92% 的合格硫钴精矿，提高了对红格百草矿铜、钴、镍的综合利用程度。同时，扩大试验充分验证了选铁小型试验的试验结果，阶段磨选工艺流程选别该矿石是恰当的。

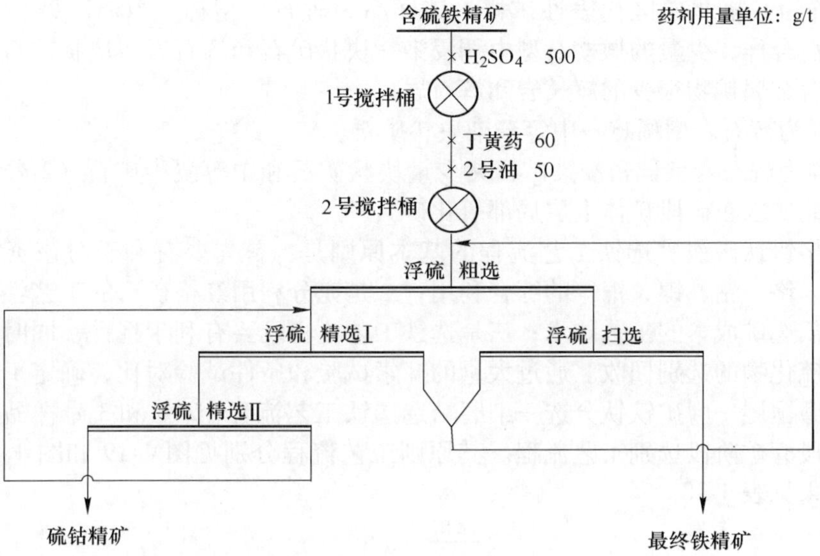


图4-18 百草钒钛磁铁矿含硫铁精矿除硫工艺流程

**表4-26 百草钒钛磁铁矿铁精矿浮硫试验结果** (%)

| 产品名称 | 产率 | 品位 | | | | 回收率 | | | |
|---|---|---|---|---|---|---|---|---|---|
| | | TFe | $TiO_2$ | Co | S | TFe | $TiO_2$ | Co | S |
| 最终铁精矿 | 99.39 | 57.63 | 11.91 | 0.017 | 0.170 | 99.63 | 99.86 | 87.11 | 44.23 |
| 硫钴精矿 | 0.61 | 34.81 | 2.69 | 0.41 | 34.92 | 0.37 | 0.14 | 12.89 | 55.77 |
| 含硫铁精矿 | 100.00 | 57.49 | 11.85 | 0.019 | 0.38 | 100.00 | 100.00 | 100.00 | 100.00 |

#### 4.2.1.6 红格龙蟒集团矿业公司钒钛磁铁矿选铁试验

红格矿钒钛磁铁矿中钛铁矿含量较高，$TiO_2$在钛铁矿中的分配率高于攀枝花矿，钛磁铁矿中所含的铬（$Cr_2O_3$）平均为0.62%，是攀枝花矿的6倍以上；硫化矿中的钴、镍、铜、铂族元素的品位分别为攀枝花矿的4.75、4.8、13、2.5倍，这些元素主要分布于硫化物中。再者，红格矿的矿石类型多，工艺性质较为复杂，选矿加工难度较大，技术要求高。因此，对红格矿开发利用，必须进行综合开发，多种有益元素综合利用。

龙蟒集团公司以发展钛化工为龙头开发红格钒钛磁铁矿，十分有利于该资源的综合开发、综合利用。钛资源能否得到充分合理的开发利用，是衡量攀西钒钛磁铁矿资源是否得到合理综合利用的关键所在。以钛化工为龙头的产业发展方向，不仅有利于资源中铁、钛、钒、铬、钴、镍、铜等有益元素的综合利用，同时有望促进对表外矿的开发利用。

本次试验样品为1号、2号和3号样品，其主要元素化学多项分析见表4-27。

**表4-27 各试验样品主要元素化学多项分析** (%)

| 样品名称 | TFe | FeO | $TiO_2$ | $V_2O_5$ | $Cr_2O_3$ | Cu | Co | Ni | $SiO_2$ | $Al_2O_3$ | CaO | MgO | S | P |
|---|---|---|---|---|---|---|---|---|---|---|---|---|---|---|
| 1号 | 26.71 | 19.47 | 11.50 | 0.239 | 0.018 | 0.023 | 0.017 | 0.026 | 26.12 | 7.02 | 8.04 | 7.70 | 0.664 | 0.178 |
| 2号 | 29.22 | 16.06 | 18.17 | 0.29 | 0.014 | 0.0064 | 0.017 | 0.0019 | 17.92 | 4.98 | 5.04 | 5.97 | 0.022 | 0.029 |
| 3号 | 37.38 | 19.29 | 17.26 | 0.37 | 0.061 | 0.025 | 0.022 | 0.033 | 13.71 | 5.37 | 3.43 | 5.48 | 0.062 | 0.055 |

1 号试样为红格北矿区代表性矿样。该样品为辉石岩型稀—中稠浸染和辉长岩型星浸、稀浸的混合样，少量的橄榄石型中稠浸染—块状矿石和辉石岩型块状矿石。其中围岩夹石主要是含金属矿物很少的辉长岩和辉石岩。

2 号试样为辉石岩型稀疏—中等浸染块状矿石。

3 号试样为辉石岩型稠密浸染矿石夹少量块状矿石和中等浸染矿石（2 号和 3 号矿样代表了红格北矿区东矿段矿体上层局部氧化矿）。

制定红格钒钛磁铁矿选铁工艺流程的基本原则是：首先要有利于对该资源有益元素铁、钛、钒、铬、钴、镍、铜等的综合利用；二是充分利用红格矿石的工艺性质，研究采用有利于降低选矿成本的工艺技术；三是选铁工艺流程既要有利于选铁，同时也要有利于对钛和钴镍硫化物的选别回收。通过大量的探索试验和条件试验对比，确定 1 号试验样品选铁采用粗磨抛尾—磨矿铁钛分选—细磨精选选铁工艺流程，2 号和 3 号样品选铁采用两段磨矿的阶段磨矿阶段选别工艺流程。其原则工艺流程分别见图 4-19 和图 4-20，实验室小型试验结果见表 4-28。

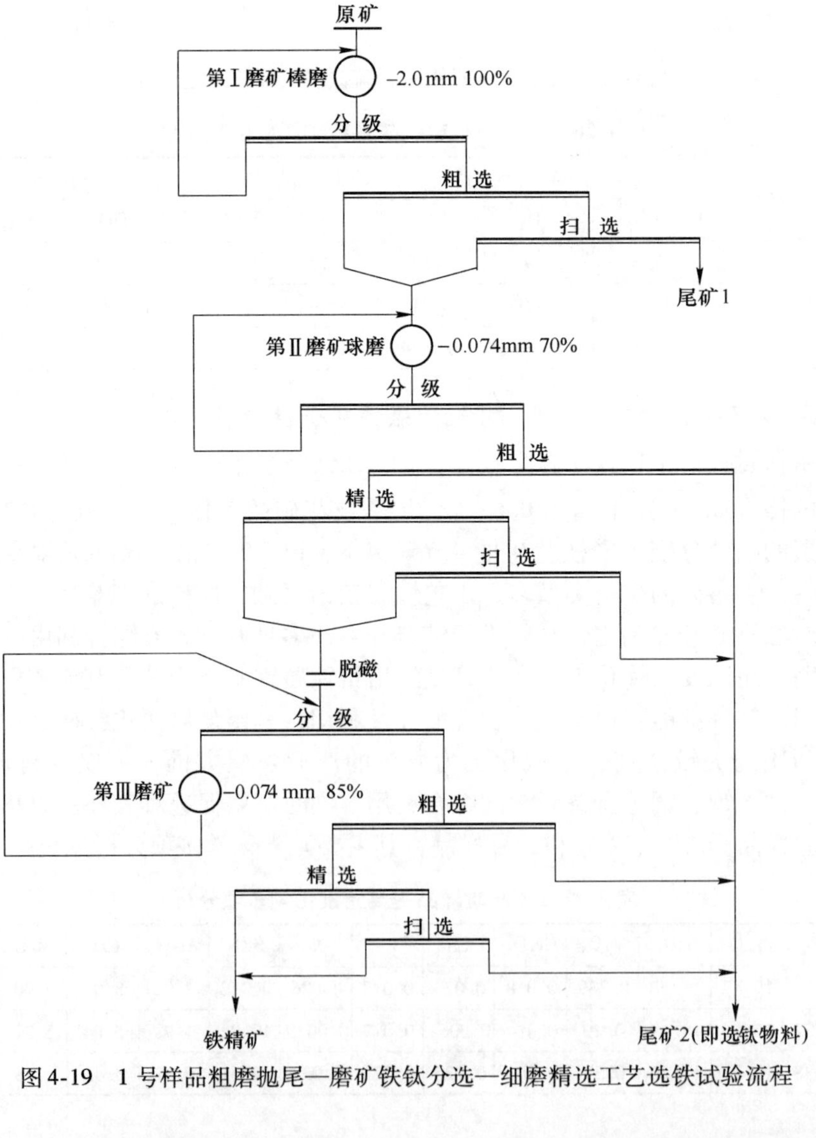


图 4-19 1 号样品粗磨抛尾—磨矿铁钛分选—细磨精选工艺选铁试验流程

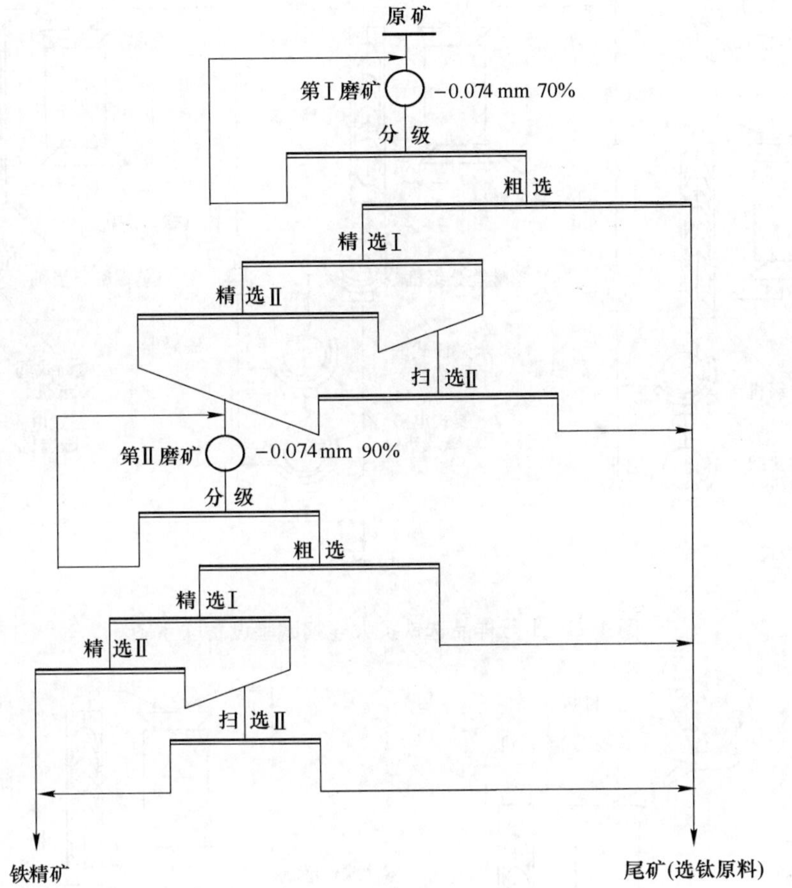


图4-20 2号和3号样品阶段磨矿阶段选别工艺选铁试验流程

表4-28 三个试验样品实验室选铁试验结果 (%)

| 产品名称 | 1号样品 | | | | | 2号样品 | | | | | 3号样品 | | | | |
|---|---|---|---|---|---|---|---|---|---|---|---|---|---|---|---|
| | 产率 | 品位 | | 回收率 | | 产率 | 品位 | | 回收率 | | 产率 | 品位 | | 回收率 | |
| | | TFe | $TiO_2$ | TFe | $TiO_2$ | | TFe | $TiO_2$ | TFe | $TiO_2$ | | TFe | $TiO_2$ | TFe | $TiO_2$ |
| 铁精矿 | 28.96 | 58.58 | 10.24 | 63.59 | 25.09 | 27.69 | 60.76 | 8.69 | 56.86 | 13.69 | 47.69 | 57.47 | 13.31 | 72.75 | 37.89 |
| 尾矿2 | 42.03 | 18.12 | 18.99 | 28.55 | 67.52 | 72.31 | 17.65 | 20.98 | 43.14 | 86.31 | 52.31 | 19.63 | 19.89 | 27.25 | 62.11 |
| 尾矿1 | 29.01 | 7.23 | 3.01 | 7.86 | 7.39 | | | | | | | | | | |
| 原　矿 | 100.00 | 26.68 | 11.82 | 100.00 | 100.00 | 100.00 | 29.59 | 17.58 | 100.00 | 100.00 | 100.00 | 37.68 | 16.75 | 100.00 | 100.00 |

在实验室选铁试验研究的基础上，进行了选铁扩大连续试验，扩大试验流程分别同实验室选铁工艺流程，设备联系图见图4-21和图4-22，试验设备规格型号见表4-29，选铁扩大连续试验结果见表4-30。

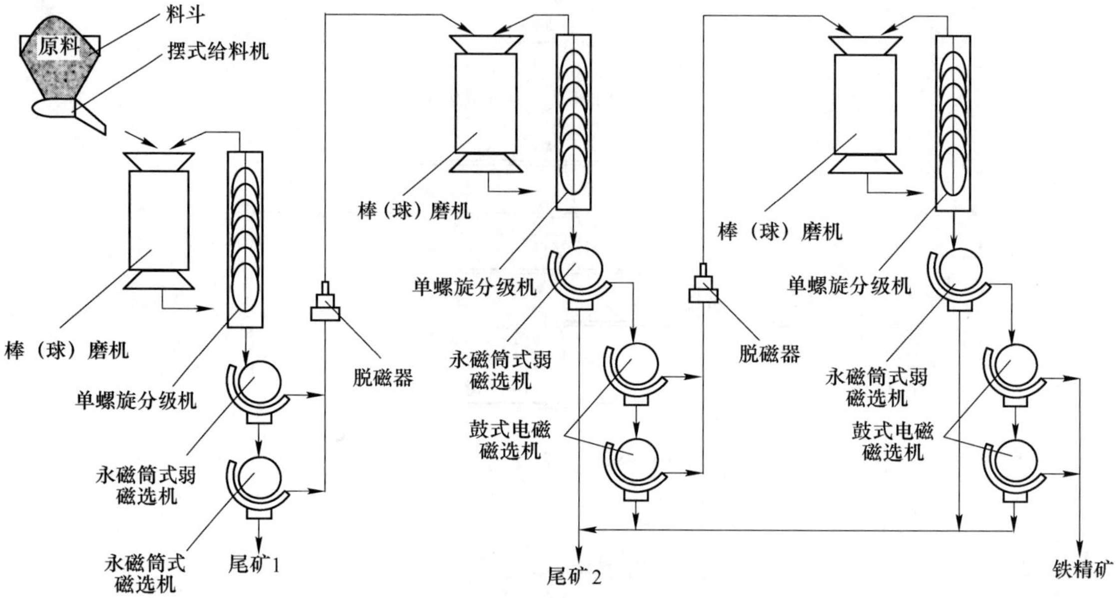


图 4-21 1 号样品选铁扩大连续试验设备联系图

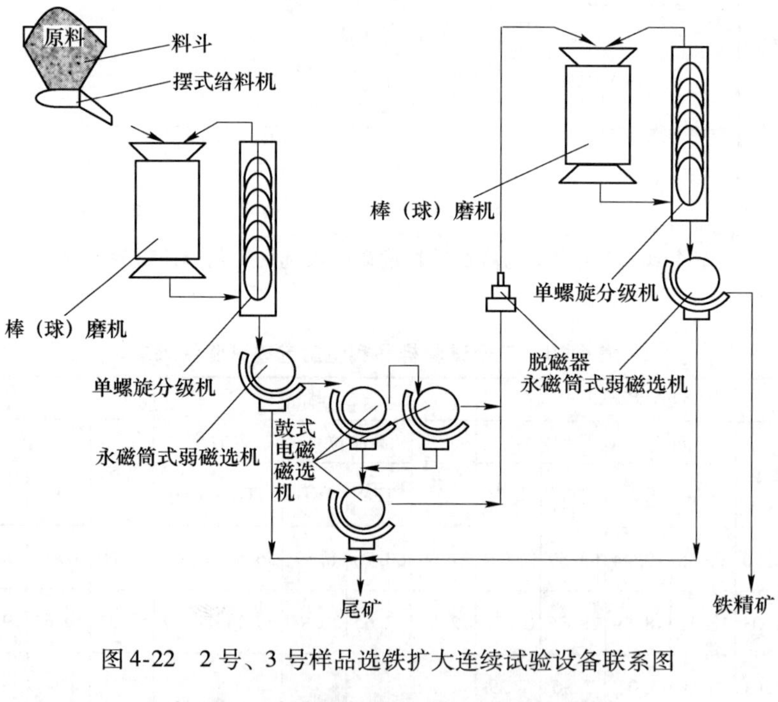


图 4-22 2 号、3 号样品选铁扩大连续试验设备联系图

**表 4-29 选铁扩大连续试验设备规格型号**

| 设备名称 | 1 号样品 | | 2 号、3 号样品 | |
|---|---|---|---|---|
| | 规格型号 | 数量 | 规格型号 | 数量 |
| 料　斗 | 400mm × 400mm | 1 台 | 400mm × 400mm | 1 台 |
| 摆式给料机 | 80mm × 20mm | 1 台 | 80mm × 20mm | 1 台 |
| 棒（球）磨机 | 420 × 600 XMBL – 77 型 | 3 台 | 420 × 600 XMBL – 77 型 | 2 台 |
| 单螺旋分级机 | $\phi$150mm | 3 台 | $\phi$150mm | 2 台 |

续表 4-29

| 设备名称 | 1 号样品 | | 2 号、3 号样品 | |
|---|---|---|---|---|
| | 规格型号 | 数量 | 规格型号 | 数量 |
| 永磁筒式弱磁选机 | $\phi$400mm × 400mm | 3 台 | 400mm × 400mm | 2 台 |
| 永磁筒式磁选机 | $\phi$300mm × 350mm | 1 台 | — | — |
| 鼓式电磁磁选机 | $\phi$300mm × 300mm | 4 台 | $\phi$300mm × 300mm | 4 台 |
| 脱磁器 | SBT-A-50 | 2 台 | SBT-A-50 | 1 台 |

**表 4-30 三个试验样品选铁扩大连续试验结果** (%)

| 产品名称 | 1 号样品 | | | | | 2 号样品 | | | | | 3 号样品 | | | | |
|---|---|---|---|---|---|---|---|---|---|---|---|---|---|---|---|
| | 产率 | 品位 | | 回收率 | | 产率 | 品位 | | 回收率 | | 产率 | 品位 | | 回收率 | |
| | | TFe | $TiO_2$ | TFe | $TiO_2$ | | TFe | $TiO_2$ | TFe | $TiO_2$ | | TFe | $TiO_2$ | TFe | $TiO_2$ |
| 铁精矿 | 29.05 | 58.50 | 10.50 | 63.62 | 26.51 | 27.78 | 60.65 | 8.79 | 57.02 | 13.93 | 47.79 | 57.39 | 13.40 | 72.57 | 38.10 |
| 尾矿 2 | 41.90 | 18.16 | 18.08 | 28.48 | 65.87 | 72.22 | 17.59 | 20.90 | 42.98 | 86.07 | 52.21 | 19.85 | 19.93 | 27.48 | 61.90 |
| 尾矿 1 | 29.05 | 7.25 | 3.02 | 7.89 | 7.61 | | | | | | | | | | |
| 原　矿 | 100.00 | 26.71 | 11.50 | 100.00 | 100.00 | 100.00 | 29.55 | 17.53 | 100.00 | 100.00 | 100.00 | 37.79 | 16.81 | 100.00 | 100.00 |

针对红格钒钛磁铁矿弱矿区的 1 号、2 号和 3 号试验样品的不同性质特点，采用不同的选矿工艺流程进行了实验室小型选铁试验和扩大连续试验，均获得了较好的选别指标，扩大试验结果验证了小型试验结果及流程选择的合理性。

1 号试样代表红格北矿区中上层矿样，2 号和 3 号矿样代表了红格北矿区东矿段矿体上层局部氧化矿，试验样品具有代表性，该矿试验的工艺技术及选别指标可作为红格北矿区前期矿石建厂设计的依据。

## 4.2.2 红格矿区表外矿选铁试验研究

表外矿是指钒钛磁铁矿四品级矿石（TFe 15%~20%），其储量巨大，与表内矿互层或盖层产出，因而在开采表内矿时，必然会遇到如何处理表外矿的问题，是将表外矿剥离废弃，还是与表内矿一并开采利用，是一项很有意义的研究课题。为配合地质勘探和矿石的工业利用，进行了矿区不同类型表外矿的试验研究，表外矿石的选矿方法在技术上必须突破表内矿石现有选矿流程。

### 4.2.2.1 红格矿区绿库矿段辉长岩表外矿选铁试验

红格矿区绿库矿段辉石岩主含矿带上部，覆盖着辉长岩表外矿的厚大层位，厚度约在 150 ~ 200m 左右，为配合地质勘探工作同时为工业利用提供参考，进行矿区不同类型表外矿的试验研究。

绿库辉长岩表外矿矿石，以中等—稀疏浸染构造间隙充填为主，有用矿物为钛磁铁矿、钛铁矿，硫化物以黄铁矿为主，脉石矿物主要有基性斜长石及其蚀变产物绢云母、高岭土和钛辉石等。

原矿含 TFe 16.68%、$TiO_2$ 7.44%、$V_2O_5$ 0.13%，本类型含铬较低。

钛磁铁矿纯矿物含铁较其他类型高（含 TFe 60.93%），含 $TiO_2$ 仅 5.79%，铁的元素分布率在其中只有 46.39%。钛铁矿纯矿物含 $TiO_2$ 不高，约为 48.54%，其中钛的元素分布率较高，为 80.89%，有利于钛的回收。

研究表外矿石选矿方法在技术上的可行性和经济上的合理性，必须突破表内矿石的现有选矿工艺流程。大量的探索试验研究表明，原矿碎至 -2mm 后，有用矿物集合体与脉石矿物解离程度较好，以干式强磁选（200～400kA/m）取得的粗精矿含铁、钛品位已达到表内矿石的利用标准，然后按表内矿石选别流程进行弱磁试验，即可得铁精矿，尾矿分级经重选—浮选得钛精矿和钴精矿，试验流程见图 4-23，试验结果如下：

钒铁精矿：产率 13.00%，品位 TFe 51.58%、$V_2O_5$ 0.59%，回收率 TFe 41.56%、$V_2O_5$ 60.68%。

钛精矿：产率 7.00%，品位 $TiO_2$ 43.33%，回收率 $TiO_2$ 38.3%。

钴精矿：产率 0.229%，品位 Co 0.231%，回收率 Co 7.73%。

经分析测试，硫钴精矿中稀贵元素金、银及铂族元素含量甚低。

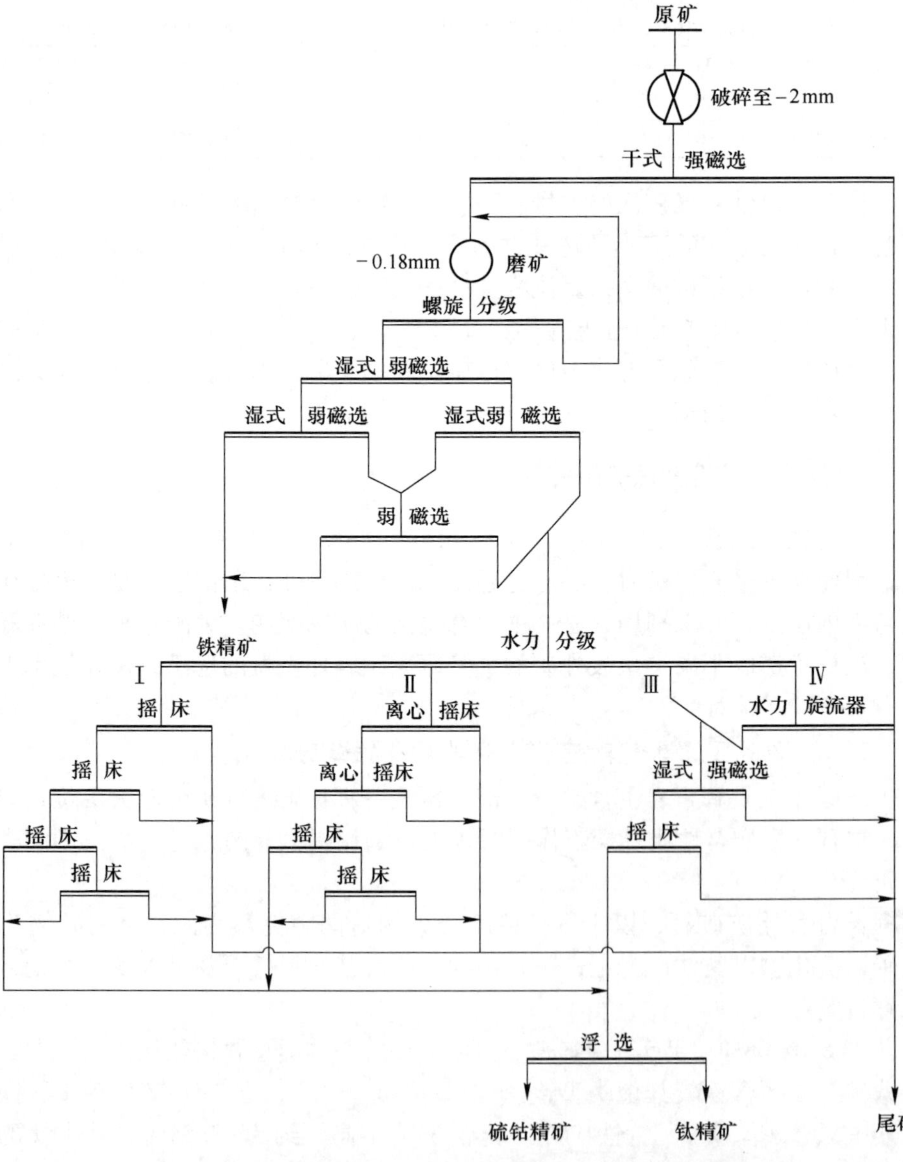


图 4-23 红格矿区绿库矿段辉长岩型表外矿选铁试验流程

4.2.2.2 红格矿区马松林矿段橄辉岩表外矿选铁试验

试验样品为细粒星散—稀疏浸染不均匀的橄辉岩型矿石，在矿区与表内矿石互层存在，在矿区开发时，将遇到废弃或利用问题。矿石组分与表内矿石相类似，原矿主要元素分析结果见表4-31。

表4-31 红格矿区马松林矿段橄辉岩表外矿化学多项分析 (%)

| 成分 | TFe | $TiO_2$ | $V_2O_5$ | $Cr_2O_3$ | Co | Ni | $SiO_2$ | S | P |
|---|---|---|---|---|---|---|---|---|---|
| 含量 | 18.29 | 6.47 | 0.16 | 0.206 | 0.008 | 0.04 | 34.42 | 0.331 | 0.083 |

因为该矿区表外矿与表内矿石成互层存在，组分与表内矿石类似，有与表内矿石混合处理的可能性。按表内矿石选铁试验流程进行了探索试验，当矿石磨至 -0.27mm（马松林橄辉岩表内矿磨矿粒度）入选时，获得的铁精矿品位 TFe 为 46.59%，回收率为 56.36%，说明按表内矿石选铁工艺流程及条件混合入选将影响铁精矿的质量。只有磨至 -0.15mm 才可能将铁精矿品位提高到 51.85%，回收率为 50.75%，产率为 18.12%。经计算，每处理 5.5t 表外矿石可得到 1t 铁精矿，而表内矿石只需要 2.3t 矿石，因此，必须寻求表外矿合理的选矿流程。

为了研究单独处理表外矿的可能性，经过重液试验再干式强磁选（中等磁场强度）对不同入选粒度进行试验，结果表明，原矿碎至 -2mm 后，一次干式强磁选，丢弃的尾矿含 TFe 9.11%、$TiO_2$ 3.75%，产率达 38.65%，得到的粗精矿可以达到表内矿石的水平，含 TFe 23.58%、$TiO_2$ 8.5%，回收率分别为 80.43% 和 78.25%。

经过比较和选择，将强磁粗精矿再细磨 -0.15mm，在弱磁场下选出铁精矿后，选铁尾矿先经水力旋流器脱泥，沉砂不分级直接入湿式强磁选进行钛的粗选，得到的钛粗精矿再分级入摇床精选及浮选分离硫化物，流程见图4-24。

4.2.2.3 红格北矿区辉长岩型、辉石岩型及橄辉岩型三种不同类型表外矿选铁试验与工业利用评价

为了对红格矿区钒钛磁铁矿矿床做出全面评价，配合地质勘探工作，并为“六五”期间红格矿区的开发利用提供设计基础资料，采集了红格北矿区三个主要类型的表外矿样品，即辉长岩型表外矿（T23）、辉石岩型表外矿（T24）及橄辉岩型表外矿（T25）分别进行了选铁试验研究。

A 不同类型表外矿选铁试验

红格北矿区表外矿样品的采集，是在矿区勘探工作基本结束，对于储量、矿体分布和矿石特点有了系统的了解之后进行的。采样时较全面地考虑了矿体的分布、矿化特点和可能的首采地段，共选择采样点 48 个，样品为钻孔取样后岩芯的一半，样长为 2217.61m，样重达 5863.73kg。小于 2m 以下的夹石，岩脉不剔除一并采取，表外矿不再贫化。样品经组合后，试验样品的品位与储量计算品位接近，因此样品代表性较好。试验样品的采取及品位见表4-32。

红格北矿区各类型表外矿与其他矿区表外矿一样，具有稀疏—星散浸染状为主的构造和间隙充填为主的结构，细小的金属矿物呈不规则状充填于粗大的脉石集合体的颗粒间，非常适合粗磨抛尾的选矿工艺。北矿区各表外矿除辉长岩外，含有比其他矿区高的 $Cr_2O_3$，其含量随着岩石基性程度的增高而增大，$Cr_2O_3$ 主要以类质同象赋存于钛磁矿中，经选矿

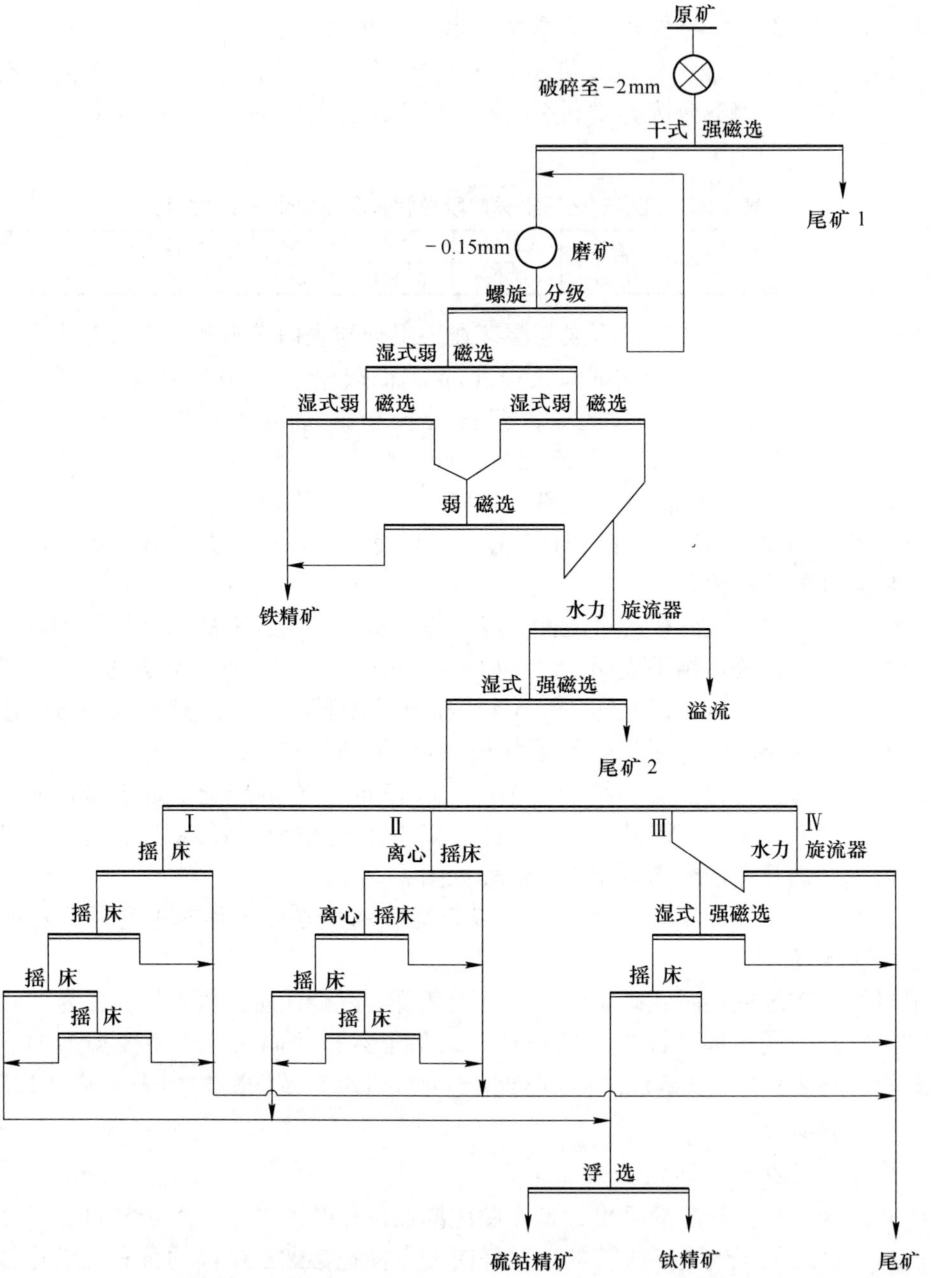


图 4-24 红格矿区马松林矿段橄辉岩型表外矿选铁试验流程

**表 4-32 红格北矿区各类型表外矿的采取和品位**

| 矿石类型 | 编号 | 含矿层位 | 采样长度 /m | 样品质量 /kg | 采样品位 (TFe) /% | 储量品位 (TFe) /% | 组样品位 (TFe) /% | 采样点 /个 |
|---|---|---|---|---|---|---|---|---|
| 辉长岩 | T23 | 2+3 | 614.81 | 1744.18 | 15.75 | 15.69 | 16.12 | 16 |
| 辉石岩 | T24 | 1+2+3 | 624.61 | 1722.00 | 15.97 | 16.66 | 16.92 | 18 |
| 橄辉岩 | T25 | 1+2 | 978.19 | 2397.55 | 16.19 | 16.50 | 16.80 | 14 |
| 合 计 | | | 2217.61 | 5863.73 | | | | 48 |

后富集于钒铁精矿中，冶炼过程中应予以综合利用。表外矿石可选性良好，可以获得较高质量的钒铁精矿，而且二氧化钛含量较低，因此有利于冶炼，由于表外矿含有用矿物量少，回收率较低，是选矿成本较高的主要原因。

红格北矿区各类型表外矿选铁试验采用四种不同选铁工艺流程，其原则流程见图4-25，即

流程Ⅰ：粗磨弱磁场磁选抛尾—粗精矿再磨选铁；

流程Ⅱ：粗磨中磁场磁选抛尾—粗精矿再磨选铁；

流程Ⅲ：原矿—次细磨选铁；

流程Ⅳ：阶段磨矿—细磨—筛分选铁流程。

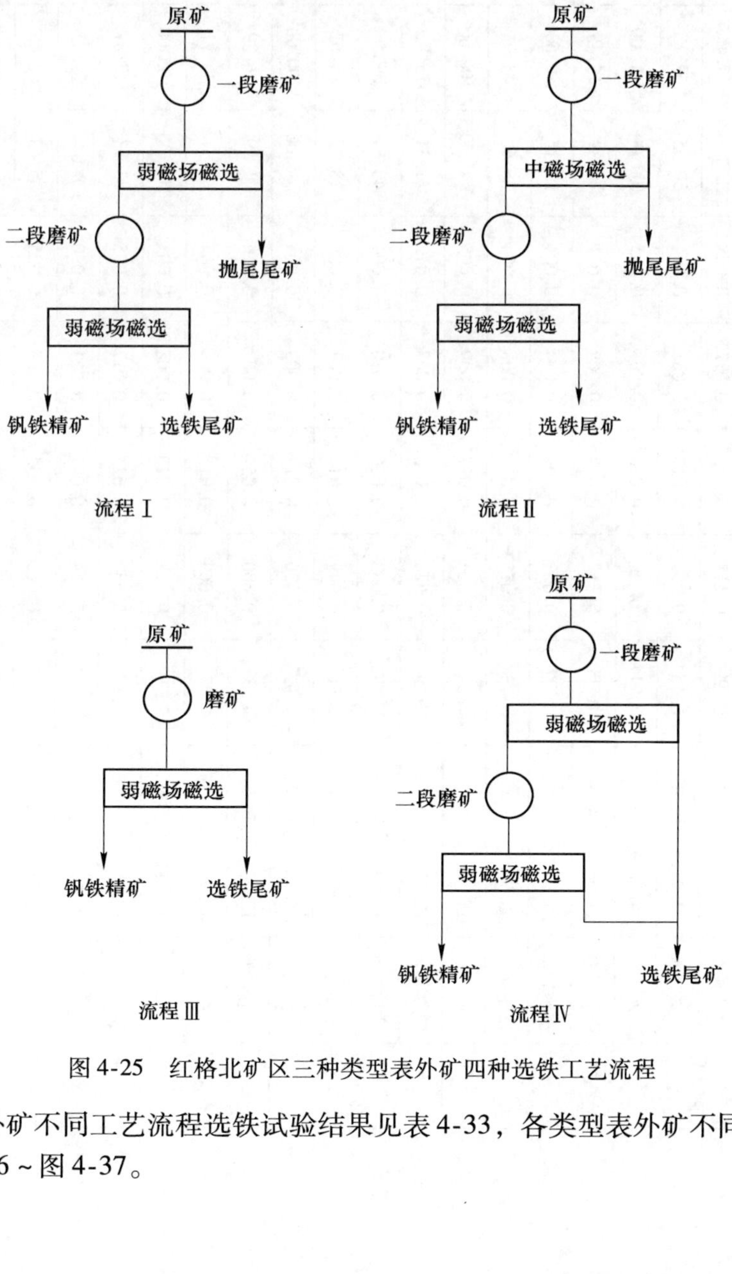


图4-25 红格北矿区三种类型表外矿四种选铁工艺流程

各类型表外矿不同工艺流程选铁试验结果见表4-33，各类型表外矿不同选铁工艺数质量流程见图4-26 ~ 图4-37。

**表 4-33 红格北矿区表外矿四种不同工艺流程选铁试验结果汇总**

（%）

| 矿区 | 试验流程 | 产品名称 | 产率 | 品位 | | | | | | 回收率 | | | | | |
|---|---|---|---|---|---|---|---|---|---|---|---|---|---|---|---|
| | | | | TFe | $TiO_2$ | $V_2O_5$ | $Cr_2O_3$ | Co | Ni | TFe | $TiO_2$ | $V_2O_5$ | $Cr_2O_3$ | Co | Ni |
| 辉长岩 | 流程Ⅳ | 钒铁精矿 | 11.42 | 59.44 | 9.08 | 0.676 | 0.092. | 0.010 | 0.012 | 41.30 | 13.11 | 60.48 | 40.92 | 16.80 | 26.66 |
| | | 二段尾矿 | 5.65 | 23.72 | 23.99 | 0.115 | 0.019 | 0.012 | 0.008 | 8.15 | 17.14 | 5.09 | 4.18 | 9.98 | 8.79 |
| | | 一段尾矿 | 82.93 | 10.02 | 6.65 | 0.053 | 0.017 | 0.006 | 0.004 | 50.55 | 69.75 | 34.43 | 54.90 | 73.22 | 64.55 |
| | | 原　矿 | 100.00 | 16.44 | 7.91 | 0.13 | 0.026 | 0.007 | 0.005 | 100.00 | 100.00 | 100.00 | 100.00 | 100.00 | 100.00 |
| | 流程Ⅰ | 钒铁精矿 | 11.94 | 54.61 | 10.25 | 0.612 | 0.060 | 0.008 | 0.011 | 40.39 | 15.45 | 59.08 | 41.54 | 11.23 | 28.97 |
| | | 选铁尾矿 | 27.32 | 13.68 | 11.77 | 0.063 | 0.008 | 0.013 | 0.004 | 23.15 | 40.60 | 13.91 | 12.68 | 33.08 | 24.12 |
| | | 抛尾尾矿 | 60.74 | 9.69 | 5.73 | 0.055 | 0.013 | 0.008 | 0.004 | 36.46 | 43.95 | 27.01 | 45.78 | 55.69 | 46.91 |
| | | 原　矿 | 100.00 | 16.14 | 7.92 | 0.124 | 0.017 | 0.009 | 0.005 | 100.00 | 100.00 | 100.00 | 100.00 | 100.00 | 100.00 |
| | 流程Ⅱ | 钒铁精矿 | 12.21 | 54.59 | 10.30 | 0.628 | 0.066 | 0.007 | 0.012 | 41.34 | 15.82 | 60.85 | 46.71 | 10.09 | 30.17 |
| | | 选铁尾矿 | 48.53 | 13.50 | 11.40 | 0.062 | 0.006 | 0.010 | 0.004 | 40.64 | 69.56 | 23.88 | 16.88 | 56.10 | 43.97 |
| | | 抛尾尾矿 | 39.26 | 7.40 | 2.96 | 0.049 | 0.016 | 0.007 | 0.003 | 18.02 | 14.62 | 15.27 | 36.41 | 33.81 | 25.86 |
| | | 原　矿 | 100.00 | 16.21 | 7.95 | 0.126 | 0.017 | 0.009 | 0.005 | 100.00 | 100.00 | 100.00 | 100.00 | 100.00 | 100.00 |
| | 流程Ⅲ | 钒铁精矿 | 12.26 | 54.35 | 10.33 | 0.600 | 0.054 | 0.007 | 0.010 | 41.49 | 16.29 | 58.29 | 33..47 | 10.32 | 26.38 |
| | | 尾　矿 | 87.74 | 10.70 | 7.42 | 0.060 | 0.015 | 0.009 | 0.004 | 58.51 | 83.71 | 41.71 | 66.53 | 89.68 | 73.62 |
| | | 原　矿 | 100.00 | 16.06 | 7.77 | 0.128 | 0.020 | 0.008 | 0.005 | 100.00 | 100.00 | 100.00 | 100.00 | 100.00 | 100.00 |
| 辉石岩 | 流程Ⅳ | 钒铁精矿 | 13.15 | 59.06 | 9.84 | 0.657 | 0.621 | 0.017 | 0.095 | 45.73 | 17.87 | 59.13 | 70.29 | 20.61 | 34.20 |
| | | 二段尾矿 | 6.64 | 22.09 | 21.22 | 0.114 | 0.097 | 0.021 | 0.060 | 8.64 | 19.45 | 5.18 | 5.54 | 12.85 | 10.91 |
| | | 一段尾矿 | 80.21 | 9.66 | 5.66 | 0.065 | 0.035 | 0.009 | 0.025 | 45.63 | 62.68 | 35.69 | 24.17 | 66.54 | 54.89 |
| | | 原　矿 | 100.00 | 16.98 | 7.24 | 0.146 | 0.116 | 0.011 | 0.037 | 100.00 | 100.00 | 100.00 | 100.00 | 100.00 | 100.00 |
| | 流程Ⅰ | 钒铁精矿 | 14.39 | 54.47 | 12.06 | 0.618 | 0.582 | 0.016 | 0.090 | 46.74 | 23.78 | 60.88 | 70.84 | 21.65 | 38.73 |
| | | 选铁尾矿 | 21.45 | 14.01 | 11.51 | 0.081 | 0.056 | 0.013 | 0.035 | 17.91 | 33.84 | 11.89 | 10.16 | 27.04 | 22.47 |
| | | 抛尾尾矿 | 64.16 | 9.24 | 4.82 | 0.062 | 0.035 | 0.009 | 0.020 | 35.35 | 42.38 | 27.23 | 19.00 | 51.31 | 38.80 |
| | | 原　矿 | 100.00 | 16.77 | 7.30 | 0.146 | 0.118 | 0.106 | 0.033 | 100.00 | 100.00 | 100.00 | 100.00 | 100.00 | 100.00 |

续表 4-33

| 矿区 | 试验流程 | 产品名称 | 产率 | 品位 | | | | | | 回收率 | | | | | |
|---|---|---|---|---|---|---|---|---|---|---|---|---|---|---|---|
| | | | | TFe | $TiO_2$ | $V_2O_5$ | $Cr_2O_3$ | Co | Ni | TFe | $TiO_2$ | $V_2O_5$ | $Cr_2O_3$ | Co | Ni |
| 辉石岩 | 流程Ⅱ | 钒铁精矿 | 14.35 | 54.13 | 11.25 | 0.626 | 0.614 | 0.016 | 0.091 | 46.80 | 22.97 | 57.61 | 71.06 | 22.31 | 39.56 |
| | | 选铁尾矿 | 45.40 | 12.89 | 9.60 | 0.080 | 0.048 | 0.011 | 0.028 | 35.26 | 62.03 | 23.29 | 17.58 | 47.19 | 38.34 |
| | | 抛尾尾矿 | 40.25 | 7.40 | 2.62 | 0.074 | 0.035 | 0.008 | 0.018 | 17.94 | 15.00 | 19.10 | 11.36 | 30.50 | 22.10 |
| | | 原　矿 | 100.00 | 16.60 | 7.03 | 0.156 | 0.124 | 0.010 | 0.033 | 100.00 | 100.00 | 100.00 | 100.00 | 100.00 | 100.00 |
| | 流程Ⅲ | 钒铁精矿 | 14.55 | 54.68 | 11.38 | 0.626 | 0.612 | 0.016 | 0.091 | 46.93 | 22.12 | 60.02 | 74.32 | 20.92 | 39.10 |
| | | 尾　矿 | 85.45 | 10.53 | 6.82 | 0.071 | 0.036 | 0.010 | 0.024 | 53.07 | 77.88 | 39.98 | 25.68 | 79.08 | 60.90 |
| | | 原　矿 | 100.00 | 16.95 | 7.49 | 0.152 | 0.120 | 0.011 | 0.034 | 100.00 | 100.00 | 100.00 | 100.00 | 100.00 | 100.00 |
| 橄辉岩 | 流程Ⅳ | 钒铁精矿 | 13.87 | 58.06 | 8.77 | 0.625 | 1.095 | 0.017 | 0.082 | 46.76 | 15.80 | 60.97 | 71.02 | 20.10 | 24.78 |
| | | 二段尾矿 | 9.50 | 18.58 | 15.92 | 0.092 | 0.128 | 0.018 | 0.065 | 10.25 | 23.00 | 6.15 | 5.69 | 14.58 | 13.45 |
| | | 一段尾矿 | 76.63 | 9.66 | 5.02 | 0.061 | 0.065 | 0.010 | 0.037 | 42.99 | 58.50 | 32.88 | 23.29 | 65.32 | 61.77 |
| | | 原　矿 | 100.00 | 17.22 | 6.58 | 0.142 | 0.214 | 0.012 | 0.046 | 100.00 | 100.00 | 100.00 | 100.00 | 100.00 | 100.00 |
| | 流程Ⅰ | 钒铁精矿 | 15.00 | 54.55 | 9.75 | 0.596 | 1.192 | 0.014 | 0.094 | 47.98 | 21.85 | 62.15 | 71.89 | 18.12 | 31.25 |
| | | 选铁尾矿 | 29.21 | 12.60 | 9.27 | 0.068 | 0.100 | 0.013 | 0.047 | 21.57 | 40.47 | 13.81 | 11.74 | 33.76 | 30.17 |
| | | 抛尾尾矿 | 55.79 | 9.31 | 4.52 | 0.062 | 0.073 | 0.010 | 0.031 | 30.45 | 37.68 | 24.04 | 16.37 | 48.12 | 38.58 |
| | | 原　矿 | 100.00 | 17.06 | 6.69 | 0.144 | 0.249 | 0.012 | 0.045 | 100.00 | 100.00 | 100.00 | 100.00 | 100.00 | 100.00 |
| | 流程Ⅱ | 钒铁精矿 | 15.90 | 53.90 | 9.75 | 0.612 | 1.192 | 0.012 | 0.089 | 49.93 | 23.10 | 65.27 | 77.39 | 17.41 | 32.00 |
| | | 选铁尾矿 | 45.96 | 11.71 | 8.31 | 0.067 | 0.079 | 0.012 | 0.042 | 31.34 | 56.32 | 20.66 | 14.82 | 49.89 | 43.85 |
| | | 抛尾尾矿 | 38.14 | 8.43 | 3.62 | 0.055 | 0.050 | 0.009 | 0.028 | 18.73 | 20.58 | 14.07 | 7.79 | 32.70 | 24.15 |
| | | 原　矿 | 100.00 | 17.17 | 6.71 | 0.149 | 0.245 | 0.011 | 0.044 | 100.00 | 100.00 | 100.00 | 100.00 | 100.00 | 100.00 |
| | 流程Ⅲ | 钒铁精矿 | 15.16 | 54.41 | 9.66 | 0.604 | 1.190 | 0.014 | 0.092 | 48.66 | 21.50 | 62.77 | 74.18 | 17.99 | 31.05 |
| | | 尾　矿 | 84.84 | 10.26 | 6.30 | 0.064 | 0.074 | 0.011 | 0.037 | 51.34 | 78.50 | 37.23 | 25.82 | 82.01 | 68.95 |
| | | 原　矿 | 100.00 | 16.95 | 6.81 | 0.146 | 0.243 | 0.012 | 0.045 | 100.00 | 100.00 | 100.00 | 100.00 | 100.00 | 100.00 |

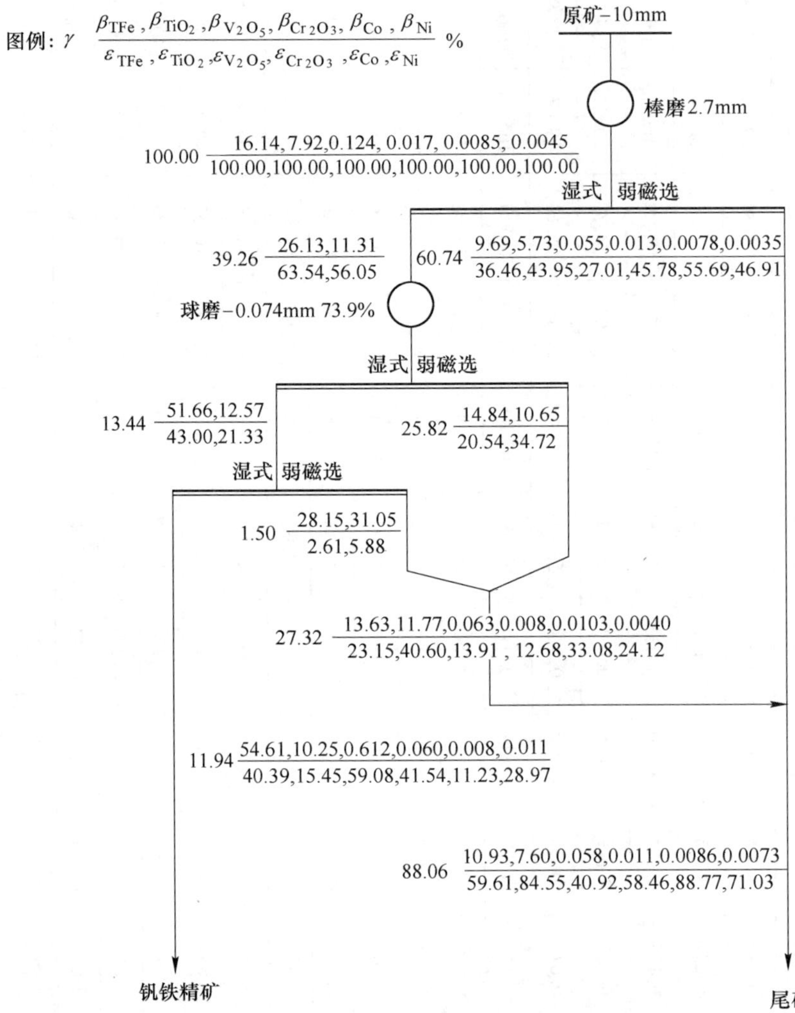


图4-26 红格北矿区辉长岩型表外矿选铁流程Ⅰ试验数质量流程

由表4-33的试验结果可知，流程Ⅰ、Ⅱ、Ⅲ选铁工艺所选得的钒铁精矿指标类似，铁的品位在54%以上，回收率在40%~50%，且各有益元素在铁精矿中的回收率也比较接近，主要区别是流程Ⅰ、Ⅱ相比，前者抛尾产率大，为55%~64%，铁在尾矿中损失为30%~36%，$TiO_2$损失在40%左右，而后者抛尾产率较小，为40%左右，铁、钛在尾矿中损失均在15%~20%，且其他有益元素在尾矿中的损失也较小，因此有益于综合回收各有益元素。

流程Ⅳ采用了阶段磨矿—细磨—筛分选铁流程，二段粗精矿磨至-0.045mm 80%时，钒铁精矿中$TiO_2$含量较前三种流程降低1%~1.5%，说明随着磨矿细度的增加，密切共生的铁钛氧化物之间得到充分解离，钛磁铁矿中的板状钛铁矿得到进一步解离。细磨的结果也导致钛铁氧化物与脉石之间充分解离，钛磁铁矿中的镁铝尖晶石粗粒部分达到单体解

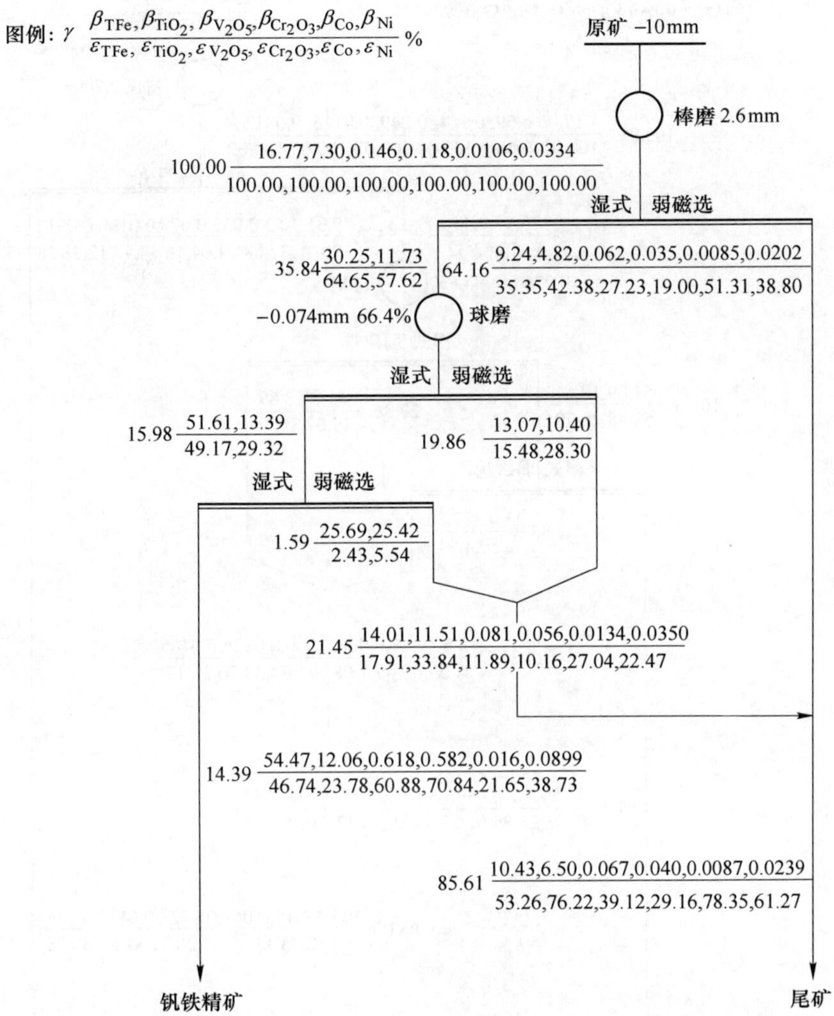


图 4-27 红格北矿区辉石岩型表外矿选铁流程Ⅰ试验数质量流程

离，致使钒铁精矿中 $SiO_2$ 含量较前三种流程降低 2%～3%，造渣物降低 4%～6%，有利于降低焦比，提高冶炼生产能力，降低冶炼成本，有利于冶炼新流程的实现。

B 各类型表外矿工业利用的技术经济计算与评价

a 各表外矿钒铁精矿（流程Ⅱ精矿）的选矿、烧结、炼铁成本的计算

露天采场的表外矿采矿成本已摊入表内矿，因此不发生采矿费用，选矿加工费选取 6 元/吨原矿，其中破碎—磨矿—磁选加工费用为 5 元/吨原矿。另外，考虑表外矿从采场运往选矿厂与运废石场的距离不完全一致，取原矿运输费用 0～1 元/吨原矿，各表外矿选矿成本的计算结果见表 4-34。

烧结矿成本的计算中，按碱度 1.5 计算了钒铁精矿、熔剂和焦炭的配比，然后计算了烧成量以及每吨烧结矿所需要的钒铁精矿量和熔剂以及焦炭的需要量，并考虑到钒铁精矿

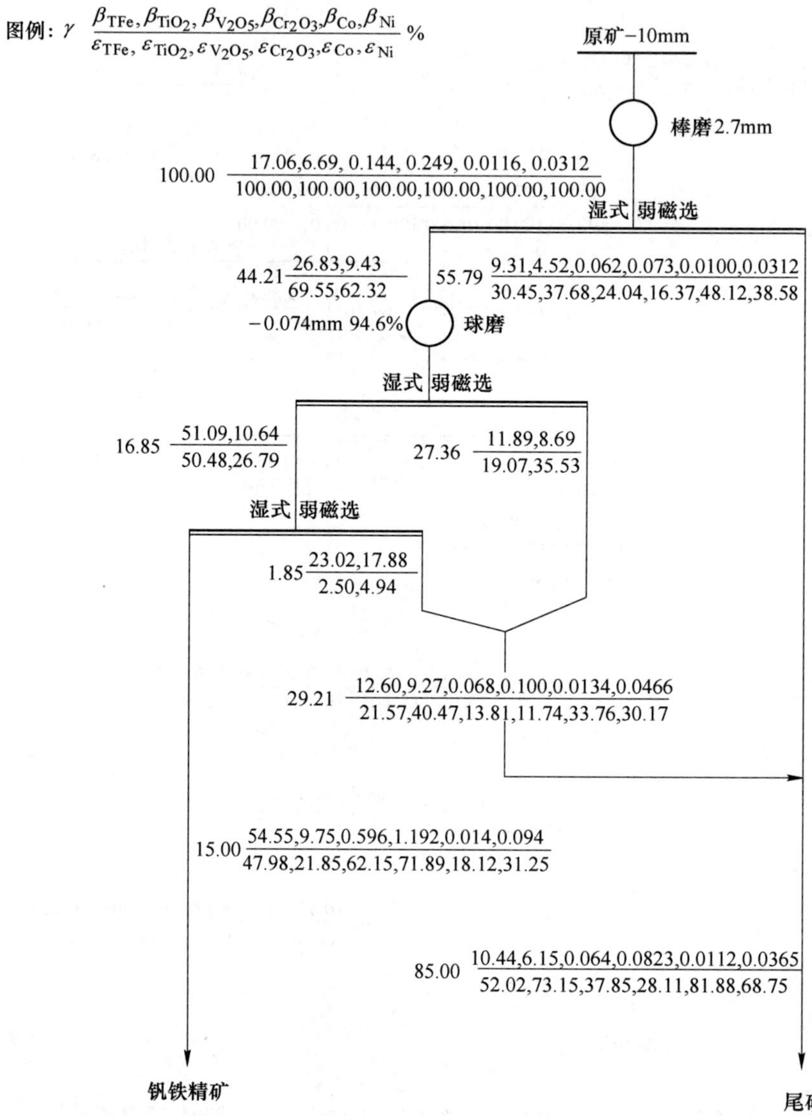


图 4-28 红格北矿区橄辉岩型表外矿选铁流程Ⅰ试验数质量流程

**表 4-34 各表外矿选矿成本的计算**

| 项 目 | 辉长岩 | 辉石岩 | 橄辉岩 |
|---|---|---|---|
| 表外矿钒铁精矿产率/% | 12.21 | 14.35 | 15.90 |
| 选矿比 | 8.19 | 6.97 | 6.29 |
| 表外矿运输费用/元·吨$^{-1}$ | 0~1 | 0~1 | 0~1 |
| 表外矿加工费用/元·吨$^{-1}$ | 6 | 6 | 6 |
| 钒铁精矿成本/元·吨$^{-1}$ | 49.14~57.33 | 41.82~48.79 | 37.74~44.03 |

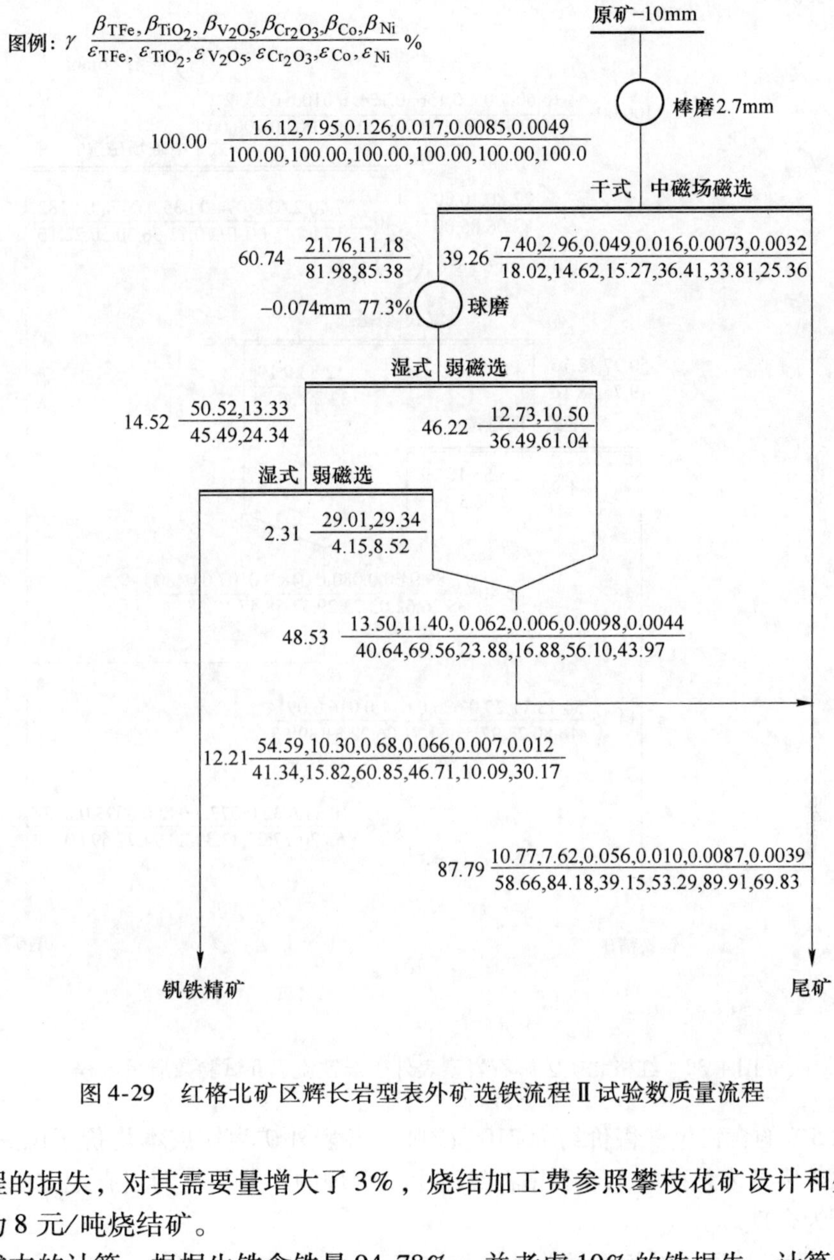


图4-29 红格北矿区辉长岩型表外矿选铁流程Ⅱ试验数质量流程

在运输过程的损失，对其需要量增大了3%，烧结加工费参照攀枝花矿设计和生产的实际指标，取为8元/吨烧结矿。

生铁成本的计算，根据生铁含铁量94.78%，并考虑10%的铁损失，计算出冶炼每吨生铁所需要的烧结矿量。焦比的计算，按照重庆钢铁设计院所做攀钢炼铁厂初步设计中，烧结矿品位为48.73%时，焦比为700kg/t生铁，当烧结矿含铁品位变化±1%时，焦比±2%，换算出不同的焦比。冶炼加工费参照攀钢实际，按表内矿钒铁精矿炼铁成本的20%，选取30元/吨生铁，烧结矿与生铁成本的计算见表4-35。各表外矿工业利用技术经济指标一览表见表4-36。

在表4-36中，生铁含钒品位是根据原料带入每吨生铁入炉的钒金属量，按钒的冶炼回收率为75%计算的，结果说明利用各表外矿生产的生铁含钒品位在0.5%以上，目前含

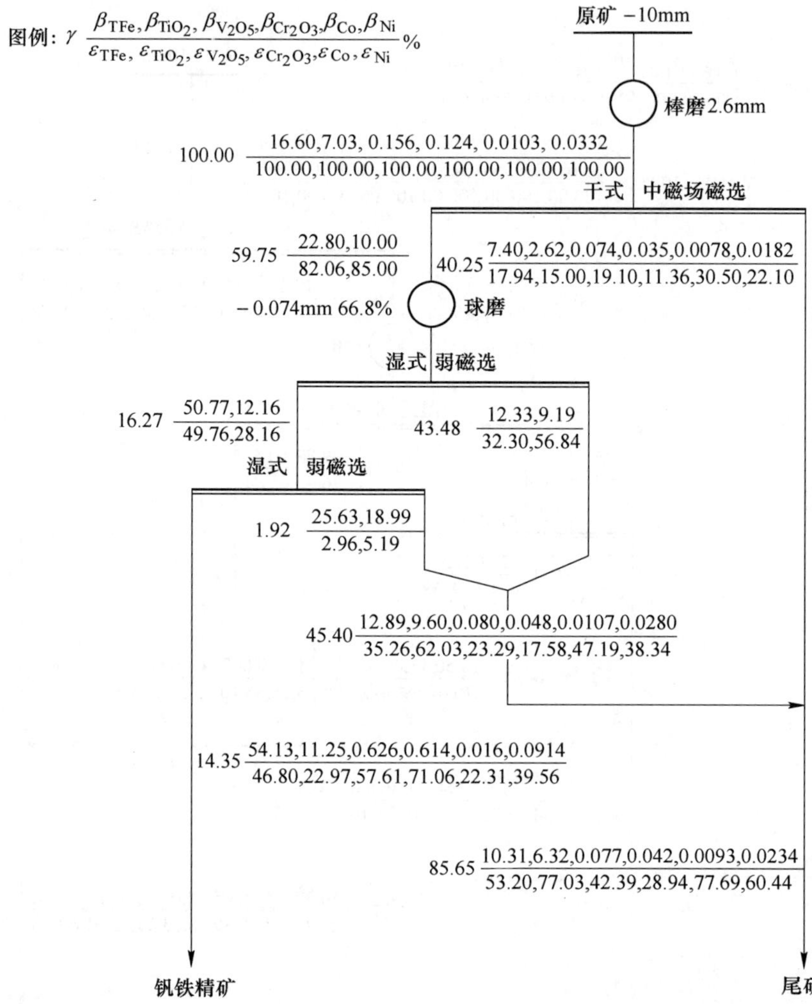


图 4-30 红格北矿区辉石岩型表外矿选铁流程Ⅱ试验数质量流程

钒量大于0.5%的含钒生铁售价约为210元/吨，各表外矿生铁成本均价于国家调拨价格，说明红格北矿区各表外矿的工业利用在经济上是合理的，尤其与四川省地方中小型钢铁厂比较起来更为合理。

b 综合基建投资和设备重量的计算与比较

利用表外矿，不需要新建矿山，采掘运输设备即便增加也甚微，因此省去了基建费用和采矿设备。为了计算方便，假设每年利用各类型表外矿100万吨，并选取以下单位扩大指标：选矿14吨/万吨表外矿，烧结24.17吨/万吨烧结矿，炼铁45.28吨/万吨生铁。综合基建投资和设备重量计算见表4-37。

从表4-37可知，利用各表外矿，每吨生铁的综合投资在183~215元/吨生铁，均低于攀钢280元/吨生铁的生铁综合投资，另外，利用各表外矿的生铁投入的设备重量在0.0273~0.0323吨/吨生铁之间，与攀钢0.0297吨/吨生铁的设备投入重量接近。

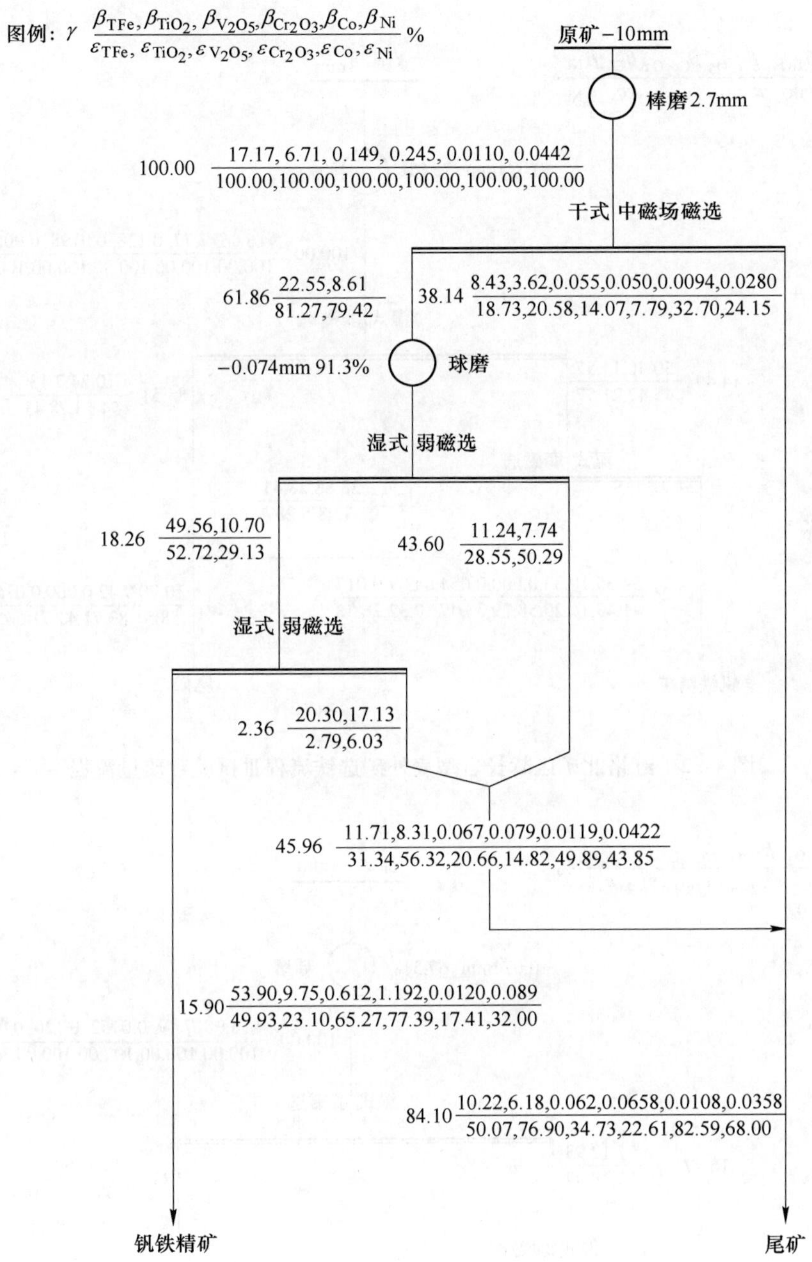


图 4-31 红格北矿区橄辉岩型表外矿选铁流程Ⅱ试验数质量流程

综上所述，红格北矿区各类型表外矿与其他矿区表外矿一样，具有稀疏—星散浸染状为主的构造和间隙充填为主的结构，细小的金属矿物呈不规则状充填于粗大的脉石集合体的颗粒间，非常适合粗磨抛尾的选矿工艺。而粗磨抛尾流程中，中磁场抛尾流程不仅能丢弃铁的合格尾矿，又能丢弃钛的合格尾矿，利于综合回收有益组分，应优选考虑工业上应用。

通过利用表外矿矿石的生铁成本，综合基建投资和设备重量的技术经济计算与比较表明，工业利用红格北矿区各类型表外矿在经济上是合理的。

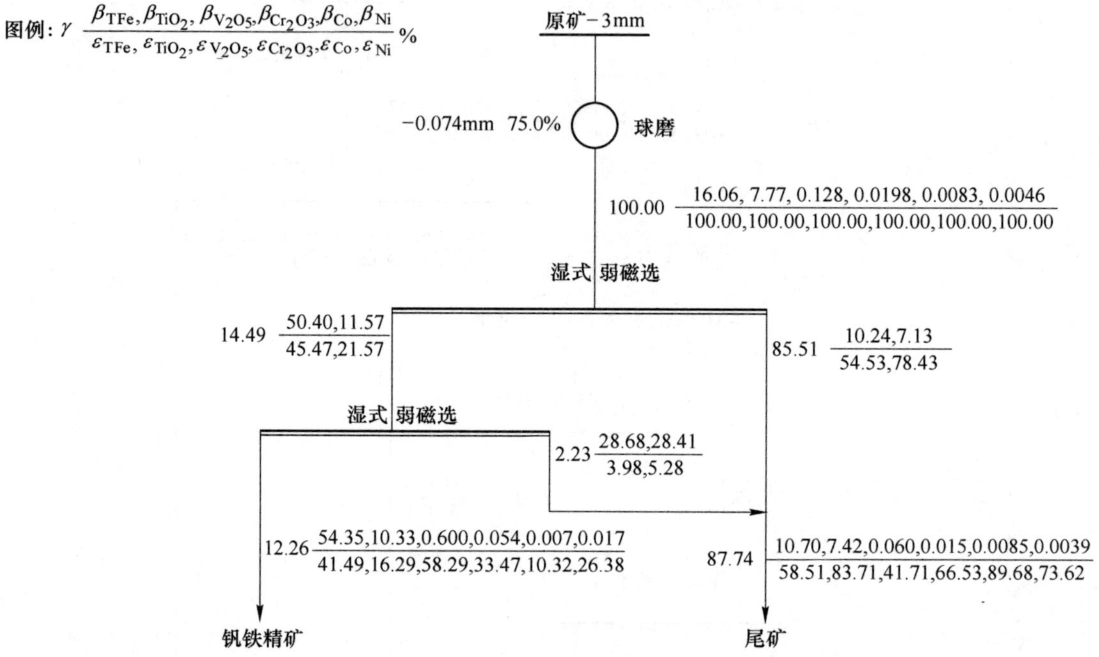


图 4-32 红格北矿区辉长岩型表外矿选铁流程Ⅲ试验数质量流程

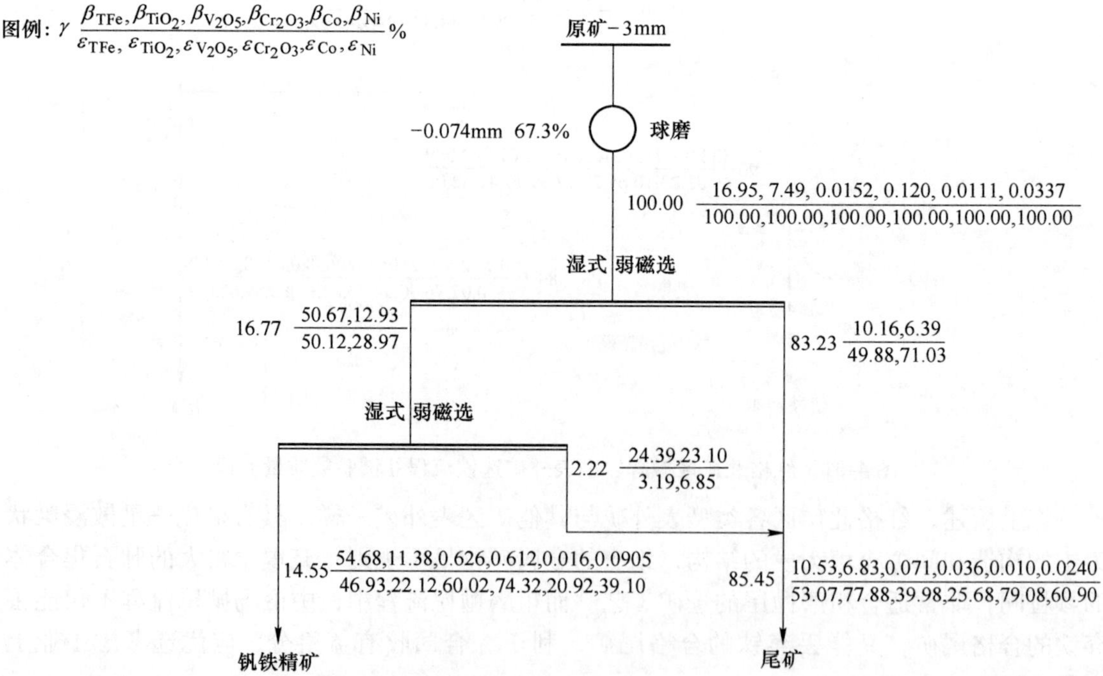


图 4-33 红格北矿区辉石岩型表外矿选铁流程Ⅲ试验数质量流程

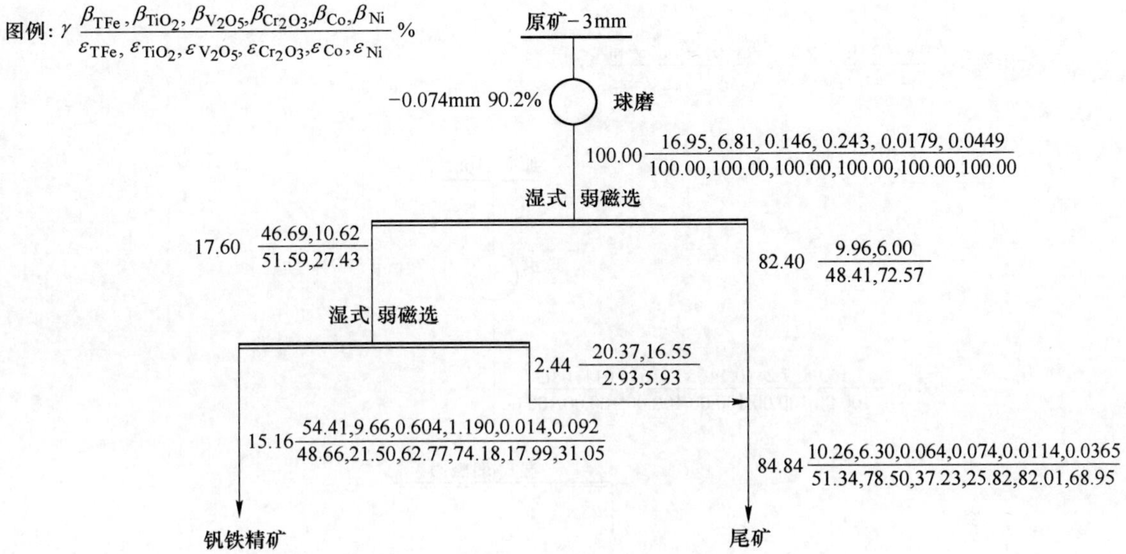


图 4-34 红格北矿区橄辉岩型表外矿选铁流程Ⅲ试验数质量流程

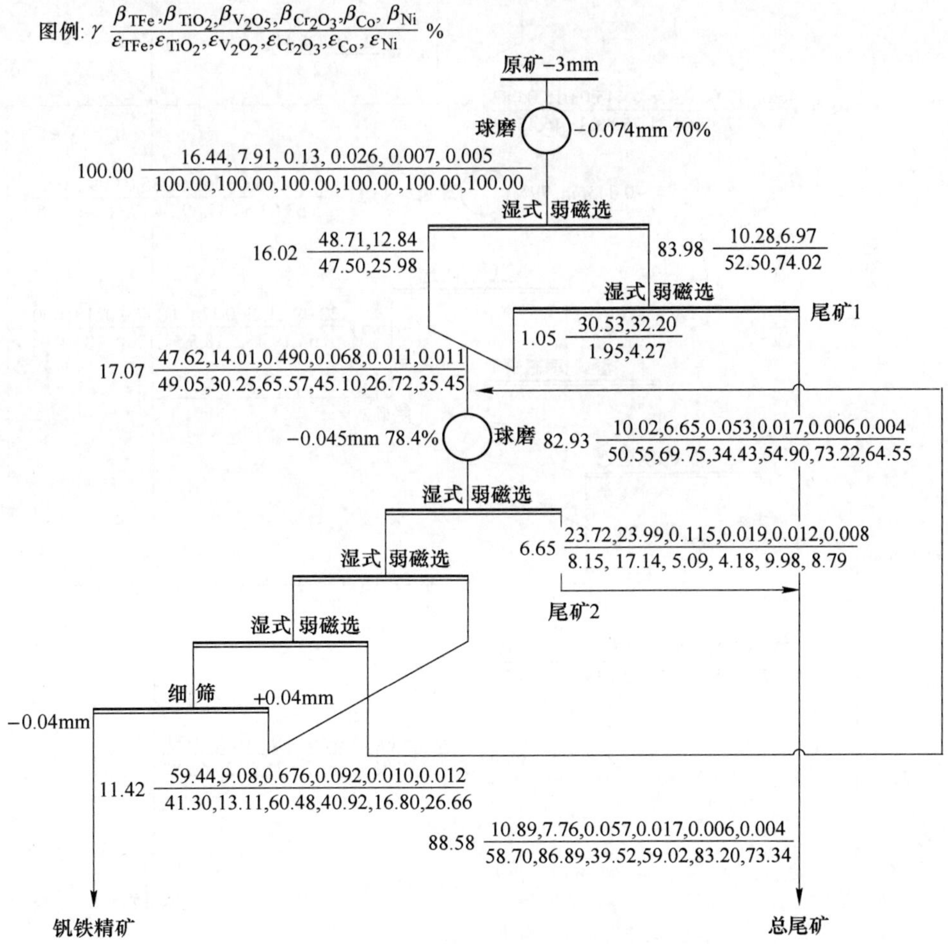


图 4-35 红格北矿区辉长岩型表外矿选铁流程Ⅳ试验数质量流程

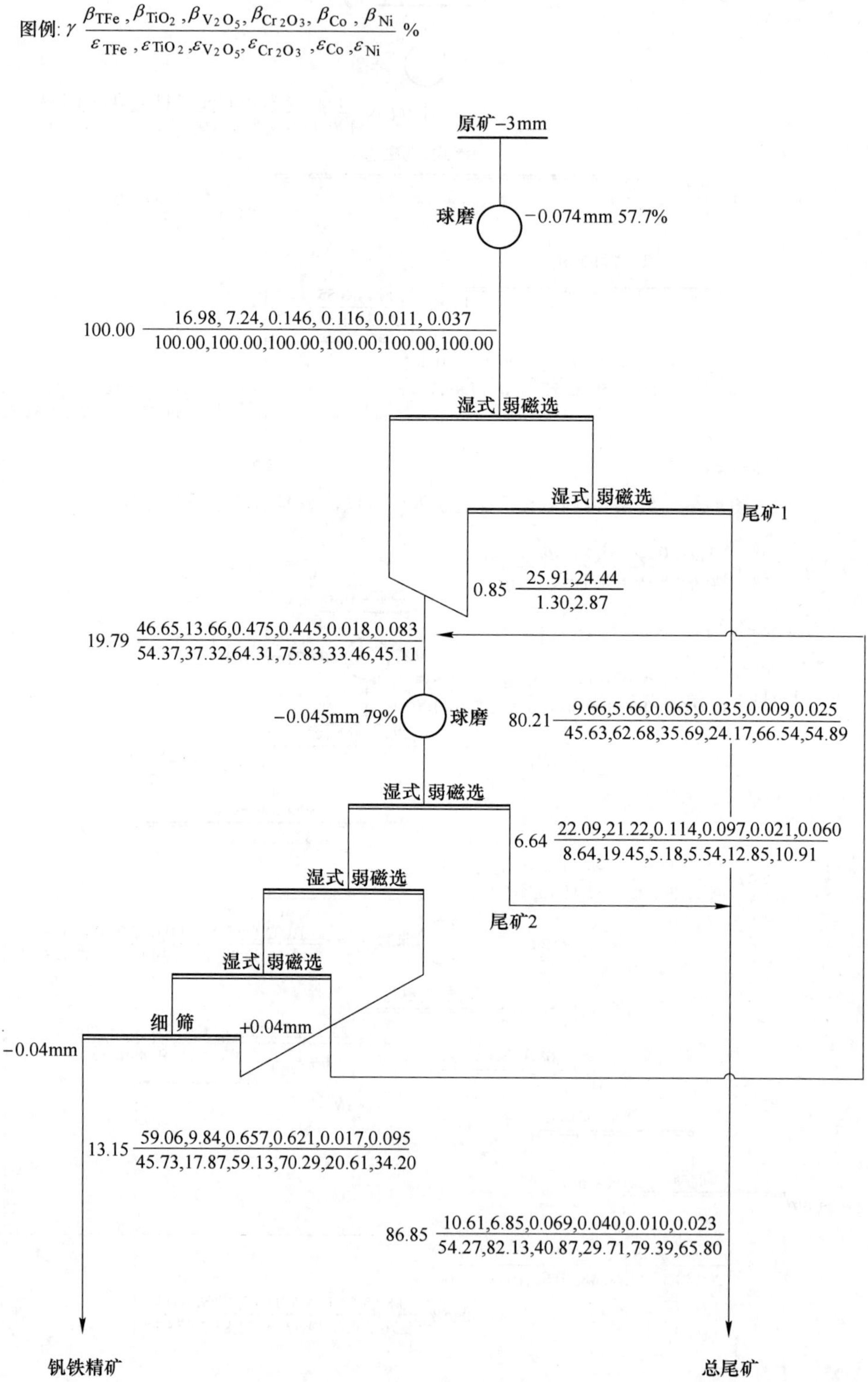


图 4-36 红格北矿区辉石岩型表外矿选铁流程Ⅳ试验数质量流程

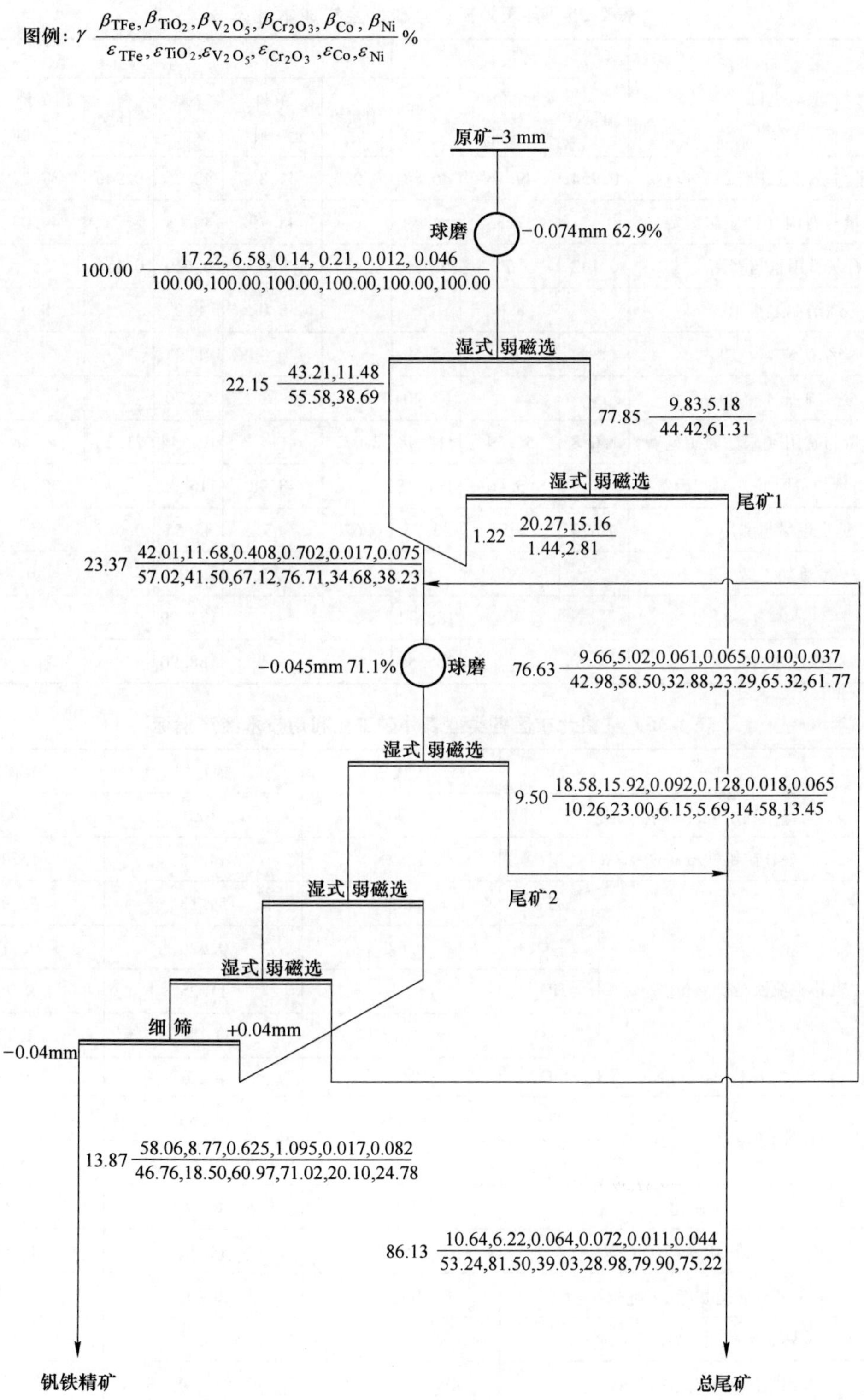


图 4-37 红格北矿区橄辉岩型表外矿选铁流程Ⅳ试验数质量流程

**表 4-35 各表外矿烧结矿、生铁成本计算**

| 项 目 | 辉长岩 | | | 辉石岩 | | | 橄辉岩 | | |
|---|---|---|---|---|---|---|---|---|---|
| | 用量/t | 单价/元·吨$^{-1}$ | 金额/元 | 用量/t | 单价/元·吨$^{-1}$ | 金额/元 | 用量/t | 单价/元·吨$^{-1}$ | 金额/元 |
| 精矿用量与费用（未计原矿运费） | 0.954 | 49.14 | 46.88 | 0.965 | 41.82 | 40.36 | 0.946 | 37.74 | 35.70 |
| 精矿用量与费用（计原矿运费） | | 57.33 | 54.69 | | 48.79 | 40.08 | | 44.03 | 41.65 |
| 石灰石用量与费用 | 0.142 | 5 | 0.710 | 0.124 | 5 | 0.620 | 0.156 | 5 | 0.780 |
| 烧结加工费用 | | 8.0 | 8.0 | | 8.0 | 8.0 | | 8.0 | 8.0 |
| 烧结矿成本（1） | | | 55.59 | | | 48.98 | | | 44.48 |
| 烧结矿成本（2） | | | 63.40 | | | 55.70 | | | 50.43 |
| 烧结矿用量与费用（未计原矿运费） | 2.078 | 55.59 | 114.48 | 2.071 | | 101.44 | 21.22 | 44.48 | 94.39 |
| 烧结矿用量与费用（计原矿运费） | | 63.40 | 131.75 | | 48.98 | 115.35 | | 50.43 | 107.01 |
| 焦炭用量与费用 | 0.673 | 65 | 43.75 | 0.670 | 65 | 43.55 | 0.687 | 65 | 44.66 |
| 冶炼加工费 | | 30 | 30 | | 30 | 30 | | 30 | 30 |
| 生铁成本（1） | | | 188.32 | | | 174.99 | | | 169.05 |
| 生铁成本（2） | | | 205.50 | | | 188.90 | | | 181.67 |

**表 4-36 红格北矿区各类型表外矿工业利用技术经济指标**

| 序号 | 项 目 | | 辉长岩 | 辉石岩 | 橄辉岩 |
|---|---|---|---|---|---|
| 1 | 每年利用表外矿量/万吨 | | 100 | 100 | 100 |
| 2 | 表外矿钒铁精矿产率/% | | 12.21 | 14.35 | 15.90 |
| 3 | 表外矿钒铁精矿品位/% | TFe | 54.59 | 54.13 | 53.90 |
| | | $V_2O_5$ | 0.628 | 0.626 | 0.612 |
| | | $TiO_2$ | 10.30 | 11.25 | 9.75 |
| | | CaO | 1.48 | 1.08 | 1.18 |
| | | $SiO_2$ | 5.42 | 4.51 | 5.77 |
| 4 | 回收率/% | TFe | 41.34 | 46.80 | 49.93 |
| | | $V_2O_5$ | 60.85 | 57.61 | 65.27 |
| 5 | 选矿比 | | 8.19 | 6.97 | 6.29 |
| 6 | 年产表外矿钒铁精矿量/万吨 | | 12.21 | 14.35 | 15.90 |
| 7 | 表外矿运费/元·吨$^{-1}$ | | 0~1 | 0~1 | 0~1 |
| 8 | 表外矿选矿加工费/元·吨$^{-1}$ | | 6 | 6 | 6 |
| 9 | 精矿成本/元·吨$^{-1}$ | | 49.14~57.33 | 41.82~48.79 | 37.74~44.03 |
| 10 | 烧结矿规模/万吨·年$^{-1}$ | | 12.80 | 14.87 | 16.81 |
| 11 | 烧结矿加工费/元·吨$^{-1}$ | | 8 | 8 | 8 |

续表 4-36

| 序号 | 项　目 | | 辉长岩 | 辉石岩 | 橄辉岩 |
|---|---|---|---|---|---|
| 12 | 烧结矿碱度 $CaO/SiO_2$ | | 1.5 | 1.5 | 1.5 |
| 13 | 烧结矿品位/% | TFe | 50.69 | 50.85 | 49.63 |
| | | $TiO_2$ | 9.54 | 10.54 | 8.95 |
| | | $V_2O_5$ | 0.582 | 0.587 | 0.562 |
| | | CaO | 8.80 | 7.51 | 9.24 |
| | | $SiO_2$ | 5.86 | 5.02 | 6.17 |
| 14 | 烧结矿成本/元·吨$^{-1}$ | | 55.59～63.40 | 48.98～55.70 | 44.48～50.43 |
| 15 | 生铁年产量/万吨 | | 6.160 | 7.180 | 7.922 |
| 16 | 生铁加工费/元·吨$^{-1}$ | | 30 | 30 | 30 |
| 17 | 生铁含钒品位/% | | 0.509 | 0.511 | 0.501 |
| 18 | 生铁成本/元·吨生铁$^{-1}$ | | 188.23～205.50 | 174.99～188.90 | 169.05～181.67 |
| 19 | 综合基建投资/元·吨生铁$^{-1}$ | | 215.05 | 194.19 | 183.22 |
| 20 | 综合设备重量/吨·吨生铁$^{-1}$ | | 0.0323 | 0.0290 | 0.0273 |

**表 4-37　各表外矿综合设备重量和基建投资计算**

| 序号 | 项　目 | 单　位 | 辉长岩 | 辉石岩 | 橄辉岩 |
|---|---|---|---|---|---|
| 1 | 表外矿处理量 | 万吨/年 | 100 | 100 | 100 |
| 2 | 单位选矿设备重量 | 吨/万吨表外矿 | 14 | 14 | 14 |
| 3 | 选矿厂设备重量 | t | 1400 | 1400 | 1400 |
| 4 | 选矿厂投资 | 万元 | 900 | 900 | 900 |
| 5 | 年产钒铁精矿量 | 万吨 | 12.21 | 14.35 | 15.90 |
| 6 | 钒铁精矿投资 | 元/吨 | 73.71 | 62.72 | 56.60 |
| 7 | 年产烧结矿量 | 万吨 | 12.80 | 14.87 | 16.81 |
| 8 | 单位烧结设备重量 | 吨/万吨表外矿 | 24.17 | 24.17 | 24.17 |
| 9 | 烧结厂设备重量 | t | 309.38 | 359.41 | 406.30 |
| 10 | 烧结矿投资 | 元/吨 | 15 | 15 | 15 |
| 11 | 烧结厂投资 | 万元 | 192.00 | 233.05 | 252.15 |
| 12 | 年产生铁量 | 万吨 | 6.160 | 7.180 | 7.922 |
| 13 | 单位炼铁设备重量 | 吨/万吨表外矿 | 45.28 | 45.28 | 45.28 |
| 14 | 炼铁厂设备重量 | t | 278.92 | 325.11 | 358.71 |
| 15 | 选矿、烧结、冶炼设备总重量 | t | 1988.30 | 2084.52 | 2165.01 |
| 16 | 生铁综合设备重量 | 吨/吨生铁 | 0.0323 | 0.0290 | 0.0273 |
| 17 | 生铁投资 | 元/吨生铁 | 37.78 | 37.78 | 37.78 |
| 18 | 炼铁厂投资 | 万元 | 232.72 | 271.26 | 299.29 |
| 19 | 选矿、烧结、冶炼投资总和 | 万元 | 1324.72 | 1394.31 | 1451.44 |
| 20 | 生铁综合投资 | 元/吨生铁 | 215.05 | 194.19 | 183.22 |

## 4.3 白马矿区选铁试验研究

白马矿石是以中等星散浸染构造，间隙填充结构为主，脉石矿物集合体较粗，铁钛氧化物较细的不均匀浸染的特性，因此有利于粗粒抛尾的选矿工艺流程。

白马钒钛磁铁矿床分为芨芨坪与田家村两大矿段，其中以芨芨坪矿段为主，两者储量比为8:2，除铁含量芨芨坪比田家村稍高外，其余原矿性质几乎都相同。白马钒钛磁铁矿床赋存于含矿辉长岩体中上部，为岩浆晚期分异，型矿床，矿体由东往西（从底板到顶板）可划分为三个矿带，即Ⅳ、Ⅰ、Ⅱ矿带，其中Ⅰ矿带为主要矿带，各矿带除Ⅳ矿带外呈渐变接触，矿体呈层状，似层状，透镜钛等多层平行产出。

### 4.3.1 白马矿不同碎矿产品磨选性能试验研究

为了对白马矿石进行充分的了解，更加合理利用该矿产资源，对白马矿石不同碎矿产品进行了磨选性能研究，并与攀枝花密地选矿厂矿石进行对比研究。

4.3.1.1 常规磨碎产品与高压辊磨产品试验原料粒度筛析

密地、白马常规样磨选试验原料粒度筛析结果见表4-38，高压辊磨产品试验原料粒度筛析结果见表4-39。

**表4-38 密地、白马常规样磨选试验原料粒度筛析对比结果**

| 试验原料 | 密地矿样 | | | 白马矿样 | | |
|---|---|---|---|---|---|---|
| 粒级/mm | 产率/% | TFe 品位/% | TFe 分布率/% | 产率/% | TFe 品位/% | TFe 分布率/% |
| -3 +2 | 2.28 | 25.32 | 2.02 | 3.01 | 25.57 | 3.09 |
| -2 +1 | 16.91 | 28.26 | 16.74 | 23.70 | 25.68 | 24.43 |
| -1 +0.5 | 15.13 | 31.51 | 16.70 | 18.72 | 25.12 | 18.88 |
| -0.5 +0.25 | 17.15 | 32.38 | 19.46 | 14.69 | 26.53 | 15.65 |
| -0.25 +0.154 | 10.59 | 31.16 | 11.56 | 8.41 | 25.97 | 8.77 |
| -0.154 +0.074 | 11.65 | 28.56 | 11.65 | 9.59 | 24.98 | 9.62 |
| -0.074 | 26.28 | 23.75 | 21.87 | 21.88 | 22.28 | 19.56 |
| 合　计 | 100.00 | 28.55 | 100.00 | 100.00 | 24.91 | 100.00 |

**表4-39 攀枝花密地选厂、白马选厂高压辊磨产品粒度筛析对比结果**

| 试验原料 | 密地矿样 | | | 白马矿样 | | |
|---|---|---|---|---|---|---|
| 粒级/mm | 产率/% | TFe 品位/% | TFe 分布率/% | 产率/% | TFe 品位/% | TFe 分布率/% |
| -5 +3 | 3.00 | 24.55 | 2.56 | 4.89 | 25.71 | 4.87 |
| -3 +2 | 2.77 | 25.20 | 2.44 | 3.82 | 25.86 | 3.82 |
| -2 +1 | 12.21 | 26.38 | 11.23 | 13.81 | 25.99 | 13.91 |
| -1 +0.5 | 16.20 | 30.39 | 17.17 | 14.78 | 27.02 | 15.46 |
| -0.5 +0.25 | 18.72 | 32.37 | 21.13 | 15.52 | 28.88 | 17.36 |
| -0.25 +0.154 | 12.73 | 31.19 | 13.85 | 12.52 | 28.19 | 13.67 |
| -0.154 +0.074 | 11.18 | 30.12 | 11.74 | 9.43 | 26.95 | 9.85 |
| -0.074 | 23.19 | 24.59 | 19.88 | 25.23 | 21.55 | 21.06 |
| 合　计 | 100.00 | 28.68 | 100.00 | 100.00 | 25.82 | 100.00 |

#### 4.3.1.2 密地、白马矿石常规破碎产品磨选试验

不同碎矿产品的磨选试验采用一段弱磁粗选、一段中磁扫选流程，常规碎矿产品磨选试验结果见表4-40，高压辊磨样的磨选试验结果见表4-41。

**表4-40 常规碎矿矿产品磨选试验结果对比**

| -0.074mm含量/% | 产品名称 | 密地矿样 | | | 白马矿样 | | |
|---|---|---|---|---|---|---|---|
| | | 产率/% | TFe品位/% | TFe回收率/% | 产率/% | TFe品位/% | TFe回收率/% |
| 59.64 | 精矿 | 37.96 | 53.57 | 71.92 | 32.21 | 54.36 | 68.96 |
| | 中矿 | 2.09 | 25.32 | 1.87 | 2.53 | 23.63 | 2.36 |
| | 尾矿 | 59.95 | 12.36 | 26.21 | 65.26 | 11.16 | 28.68 |
| | 原矿 | 100.00 | 28.27 | 100.00 | 100.00 | 25.39 | 100.00 |
| 73.70 | 精矿 | 37.11 | 54.15 | 70.96 | 30.9 | 55.85 | 67.54 |
| | 中矿 | 2.88 | 24.07 | 2.45 | 3.5 | 27.77 | 3.81 |
| | 尾矿 | 60.01 | 12.55 | 26.59 | 65.6 | 11.16 | 28.65 |
| | 原矿 | 100.00 | 28.32 | 100.00 | 100.00 | 25.55 | 100.00 |
| 82.84 | 精矿 | 36.64 | 54.66 | 70.55 | 28.99 | 56.88 | 64.75 |
| | 中矿 | 2.79 | 25.27 | 2.48 | 3.81 | 30.19 | 4.51 |
| | 尾矿 | 60.57 | 12.64 | 26.97 | 67.20 | 11.65 | 30.74 |
| | 原矿 | 100.00 | 28.39 | 100.00 | 100.00 | 25.47 | 100.00 |
| 90.08 | 精矿 | 35.65 | 55.12 | 69.03 | 28.19 | 57.87 | 64.06 |
| | 中矿 | 2.63 | 27.1 | 2.50 | 4.01 | 29.97 | 4.72 |
| | 尾矿 | 61.72 | 13.13 | 28.47 | 67.80 | 11.73 | 31.22 |
| | 原矿 | 100.00 | 28.47 | 100.00 | 100.00 | 25.47 | 100.00 |

**表4-41 高压辊磨样磨选试验结果对比**

| -0.074mm含量/% | 产品名称 | 密地矿样 | | | | | 白马矿样 | | | | |
|---|---|---|---|---|---|---|---|---|---|---|---|
| | | 产率/% | 品位/% | | 回收率/% | | 产率/% | 品位/% | | 回收率/% | |
| | | | TFe | $TiO_2$ | TFe | $TiO_2$ | | TFe | $TiO_2$ | TFe | $TiO_2$ |
| 72.08 | 精矿 | 38.19 | 53.64 | 12.93 | 53.64 | 12.93 | 31.85 | 55.44 | 9.95 | 69.76 | 52.35 |
| | 中矿 | 1.53 | 21.42 | 11.18 | 21.42 | 11.18 | 2.14 | 18.95 | 7.09 | 1.60 | 2.50 |
| | 尾矿 | 60.28 | 12.15 | 8.48 | 12.15 | 8.48 | 66.01 | 10.98 | 4.14 | 28.64 | 45.15 |
| | 原矿 | 100.00 | 28.14 | 10.22 | 28.14 | 10.22 | 100.00 | 25.31 | 6.05 | 100.00 | 100.00 |
| 82.28 | 精矿 | 38.20 | 54.17 | 13.02 | 54.17 | 13.02 | 31.98 | 56.28 | 10.00 | 70.07 | 51.85 |
| | 中矿 | 1.63 | 18.93 | 11.17 | 18.93 | 11.17 | 1.99 | 20.01 | 7.55 | 1.55 | 2.43 |
| | 尾矿 | 60.17 | 12.13 | 8.46 | 12.13 | 8.46 | 66.03 | 11.04 | 4.27 | 28.38 | 45.72 |
| | 原矿 | 100.00 | 28.30 | 10.25 | 28.30 | 10.25 | 100.00 | 25.69 | 6.17 | 100.00 | 100.00 |

续表 4-41

| -0.074mm含量/% | 产品名称 | 密地矿样 | | | | | 白马矿样 | | | | |
|---|---|---|---|---|---|---|---|---|---|---|---|
| | | 产率/% | 品位/% | | 回收率/% | | 产率/% | 品位/% | | 回收率/% | |
| | | | TFe | $TiO_2$ | TFe | $TiO_2$ | | TFe | $TiO_2$ | TFe | $TiO_2$ |
| 91.40 | 精矿 | 36.43 | 55.01 | 13.09 | 55.01 | 13.09 | 31.02 | 57.08 | 10.14 | 70.26 | 54.42 |
| | 中矿 | 2.18 | 24.16 | 11.01 | 24.16 | 11.01 | 2.66 | 17.9 | 7.05 | 1.89 | 3.24 |
| | 尾矿 | 61.39 | 12.8 | 8.45 | 12.8 | 8.45 | 66.33 | 11.16 | 3.89 | 27.85 | 42.34 |
| | 原矿 | 100.00 | 28.42 | 10.20 | 28.42 | 10.20 | 100.00 | 25.59 | 5.91 | 100.00 | 100.00 |
| 93.52 | 精矿 | 37.24 | 55.03 | 12.95 | 55.03 | 12.95 | 30.77 | 57.32 | 9.75 | 70.50 | 51.08 |
| | 中矿 | 2.25 | 19.75 | 10.16 | 19.75 | 10.16 | 2.67 | 18.48 | 7.13 | 1.96 | 3.23 |
| | 尾矿 | 60.51 | 12.25 | 8.4 | 12.25 | 8.4 | 66.56 | 10.91 | 4.25 | 27.54 | 45.69 |
| | 原矿 | 100.00 | 28.35 | 10.13 | 28.35 | 10.13 | 100.00 | 25.39 | 6.08 | 100.00 | 100.00 |

表 4-40 对比磨选试验结果表明，密地铁矿 -0.074mm 73.7% 以上时，磁选精矿 TFe 品位可达到 54% 以上，而白矿磁选精矿 TFe 品位能达到 55.8% 以上。

表 4-41 对比磨选试验结果表明，密地高压辊磨样磨矿产品 -0.074mm 82% 以上时，磁选精矿 TFe 品位能达到 54% 以上；而白马高压辊磨样磨矿产品磁选精矿 TFe 品位能达到 56% 以上。

4.3.1.3 相对可磨度试验

为了考察高压辊磨工艺对后续磨选作业的影响，分别以攀枝花密地选厂、白马选厂普通细碎产品为标准，对密地、白马高压辊磨产品和压辊磨粗粒抛尾精矿进行了相对可磨度试验。相对可磨度试验结果见表 4-42、图 4-38 和图 4-39。

**表 4-42 密地、白马矿石相对可磨度试验结果**

| 磨矿时间/min | 密地矿样 -0.074mm 含量/% | | | 白马矿样 -0.074mm 含量/% | | |
|---|---|---|---|---|---|---|
| | 常规破碎 | 高压辊磨 | 粗抛精矿 | 常规破碎 | 高压辊磨 | 粗抛精矿 |
| 6 | 56.66 | 70.40 | 59.84 | 53.28 | 69.06 | 60.52 |
| 8 | 63.86 | 82.48 | 74.60 | 60.16 | 78.02 | 74.02 |
| 10 | 78.12 | 90.62 | 83.34 | 71.56 | 88.84 | 82.50 |
| 12 | 86.16 | 94.16 | 90.60 | 80.82 | 94.08 | 88.48 |

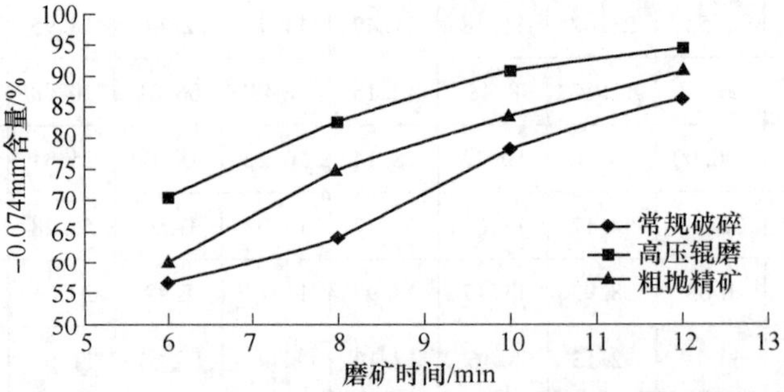


图 4-38 攀枝花密地矿石相对可磨度试验结果

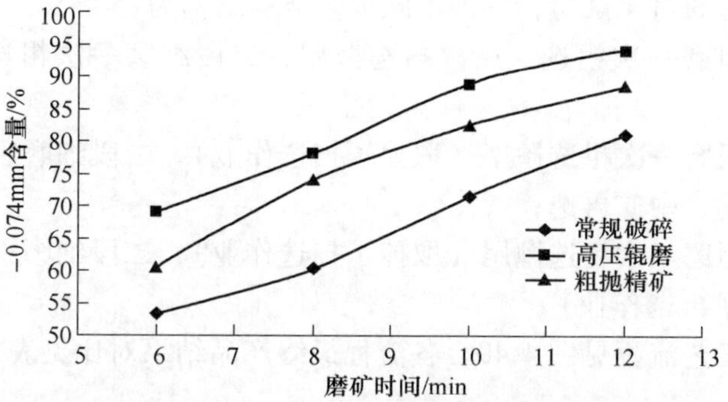


图4-39 白马矿石相对可磨度试验结果

上述对比试验结果表明，密地、白马矿石易磨度顺序为：高压辊磨产品→粗抛精矿→常规破碎产品，即最易磨者为高压辊磨原矿产品。以常规破碎样为标准，辊磨样和粗抛精矿为比较样，将原矿磨至 -0.074mm 70%左右时，密地矿的相对可磨度为：

$$K_{70\text{密辊磨}}=8.8/5.9=1.49,\ K_{70\text{密粗抛}}=8.8/7.3=1.21$$

白马矿的相对可磨度为：

$$K_{70\text{白辊磨}}=9.7/6.2=1.56,\ K_{70\text{白粗抛}}=9.7/7.4=1.31$$

密地和白马矿石经高压辊磨破碎后，矿石性质和工艺矿物的单体解离度有了变化，主要表现为：钛磁铁矿和钛铁矿集合体有破裂的现象；解理和裂理发育的钛磁铁矿、辉石增添了粗细破裂纹；金属矿物和脉石矿物集合体接触处裂痕长大，易于解离；常规样和经高压辊磨后同级别样品中金属矿物单体解离度明显增加。

对相同的8min磨矿产品而言，在 +0.154mm 级别中，密地高压辊磨样比常规破碎样 TFe、$TiO_2$含量高2%以上；白马矿石结果与密地结果相似。说明在该级别中，采用高压辊磨破碎工艺，嵌布粒度细于脉石矿物的铁、钛矿物解离情况优于常规破碎工艺。

不同物料的磨选试验结果表明，对于密地矿石，相同的磨矿时间（6min），常规破碎和高压辊磨物料经一粗—精弱磁选别后，均可获得 TFe 品位大于54%的铁精矿产品，但磨矿产品 -0.074mm 含量，前者低于后者9.58个百分点，后者铁精矿中的 TFe 回收率高于前者2个百分点；粗抛产品只需略为增加磨矿时间，在磨矿产品 -0.074mm 含量与高压辊磨物料相近的条件下，也可获得合格的铁精矿产品。

对于白马矿石，要获得 TFe 品位大于56%的铁精矿产品，常规破碎比高压辊磨物料所需要的磨矿时间更长，即磨矿产品 -0.074mm 含量需相近。在获得相近精矿品位时，常规破碎比高压辊磨获得的铁精矿 TFe 回收率低5个百分点；粗抛产品与高压辊磨相比，只需略为增加磨矿时间，磨矿产品 -0.074mm 含量稍高于高压辊磨物料的情况下，即可获得合格的铁精矿产品。

### 4.3.2 白马矿区表内矿选铁试验研究

试验样品是由芨芨坪表内矿、芨芨坪表外矿、田家村表内矿以及三件基本样品组合成全区表内和全区表内外混合矿区五件大样。

白马矿石具有脉石矿物集合体较粗，铁钛氧化物较细，不均匀浸染的特性，因此有利于粗粒抛尾的选矿工艺流程。对于粗磨抛尾、细磨选铁流程本身，又采用不同的结构进行了三种不同工艺流程的对比试验，三种不同工艺流程结构为：

流程Ⅰ：一段粗磨一次粗选、一次扫选抛尾，二段细磨一次粗选一次精选、一次扫选、中矿再选；

流程Ⅱ：一段粗磨一次粗选抛尾（取掉了扫选作业），二段细磨后仍然采用一次粗选、一次精选、一次扫选、中矿再选；

流程Ⅲ：一段粗磨一次粗选抛尾（取掉了扫选作业），二段细磨一次粗选、一次精选、一次扫选（取掉中矿再选作业）。

三种不同结构工艺流程见图4-40，各流程最终产品结果对比见表4-43。为了考察验证

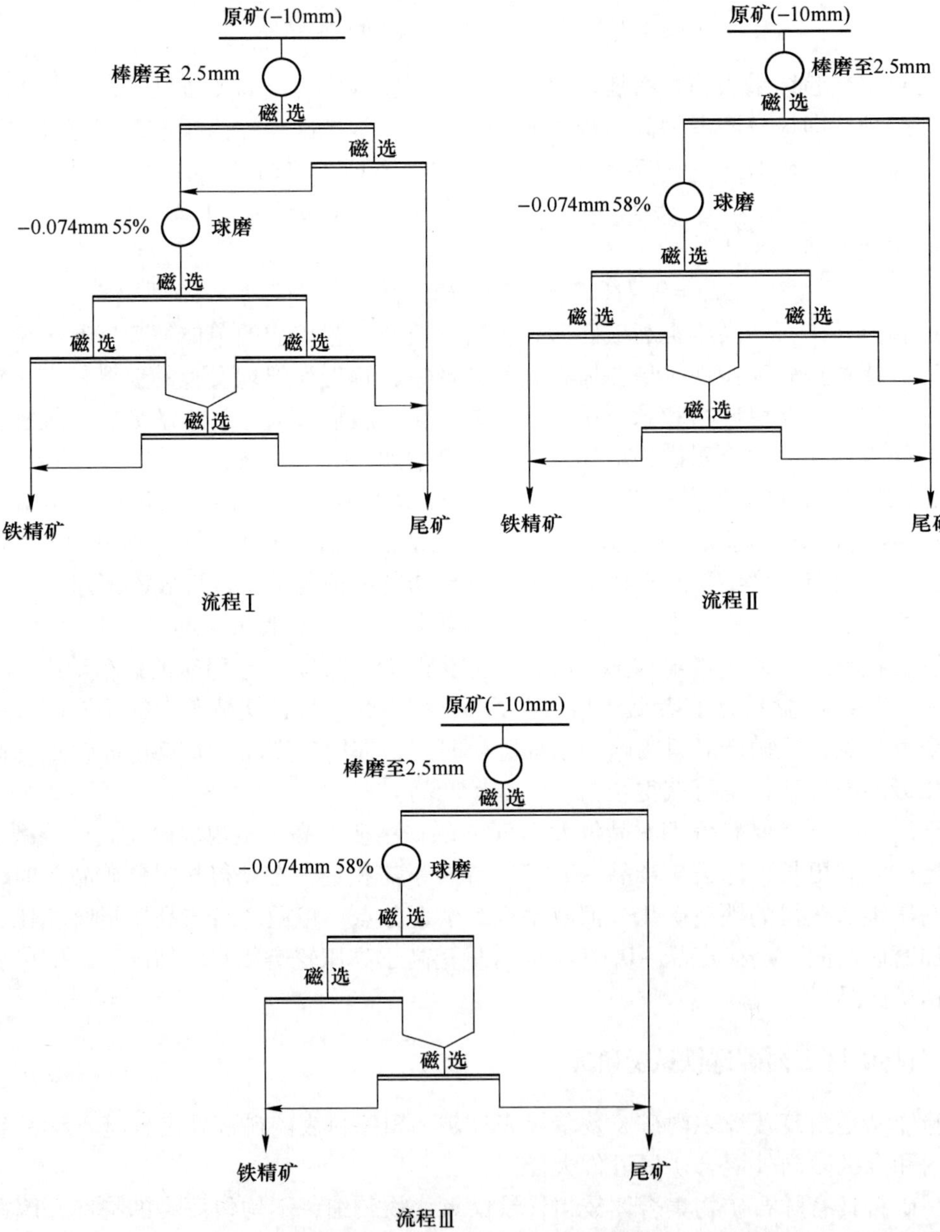


图4-40 白马矿区钒钛磁铁矿三种不同工艺结构选铁流程

**表 4-43 白马矿区不同矿段表内矿三种不同工艺流程结构试验对比结果**

| 矿区 | 试验流程 | 产品名称 | 产率/% | 品位/% | | | | | 回收率/% | | | | |
|---|---|---|---|---|---|---|---|---|---|---|---|---|---|
| | | | | TFe | $TiO_2$ | $V_2O_5$ | Co | Ni | TFe | $TiO_2$ | $V_2O_5$ | Co | Ni |
| 芨芨坪表内矿 | Ⅰ | 铁精矿 | 34.30 | 55.22 | 10.32 | 0.673 | 0.020 | 0.027 | 69.75 | 56.91 | 89.60 | 45.44 | 39.81 |
| | | 尾矿 | 66.70 | 12.50 | 4.08 | 0.041 | 0.013 | 0.022 | 30.25 | 43.09 | 10.40 | 54.66 | 60.19 |
| | | 原矿 | 100.00 | 27.16 | 6.22 | 0.26 | 0.015 | 0.024 | 100.00 | 100.00 | 100.00 | 100.00 | 100.00 |
| | Ⅱ | 铁精矿 | 34.64 | 54.71 | 10.22 | 0.686 | 0.019 | 0.030 | 69.32 | 56.93 | 90.31 | 42.52 | 40.31 |
| | | 尾矿 | 65.36 | 12.84 | 4.10 | 0.039 | 0.014 | 0.024 | 30.68 | 43.07 | 9.69 | 57.48 | 59.69 |
| | | 原矿 | 100.00 | 27.34 | 6.22 | 0.26 | 0.016 | 0.026 | 100.00 | 100.00 | 100.00 | 100.00 | 100.00 |
| | Ⅲ | 铁精矿 | 35.12 | 54.13 | 10.15 | 0.665 | 0.019 | 0.030 | 69.53 | 57.31 | 90.33 | 44.49 | 40.51 |
| | | 尾矿 | 64.88 | 12.84 | 4.09 | 0.039 | 0.013 | 0.024 | 30.47 | 42.69 | 9.67 | 55.51 | 59.49 |
| | | 原矿 | 100.00 | 27.34 | 6.22 | 0.26 | 0.015 | 0.026 | 100.00 | 100.00 | 100.00 | 100.00 | 100.00 |
| 芨芨坪表外矿 | Ⅰ | 铁精矿 | 18.24 | 56.52 | 8.58 | 0.715 | 0.017 | 0.025 | 56.03 | 38.05 | 82.43 | 30.35 | 26.74 |
| | | 尾矿 | 81.76 | 9.89 | 3.12 | 0.034 | 0.009 | 0.016 | 43.97 | 61.95 | 17.57 | 69.65 | 73.26 |
| | | 原矿 | 100.00 | 18.40 | 4.12 | 0.16 | 0.010 | 0.017 | 100.00 | 100.00 | 100.00 | 100.00 | 100.00 |
| | Ⅱ | 铁精矿 | 17.59 | 54.16 | 3.75 | 0.731 | 0.018 | 0.029 | 52.96 | 38.19 | 81.65 | 23.35 | 23.49 |
| | | 尾矿 | 82.41 | 10.27 | 3.02 | 0.035 | 0.013 | 0.021 | 47.04 | 61.81 | 18.35 | 76.65 | 76.51 |
| | | 原矿 | 100.00 | 17.99 | 4.03 | 0.16 | 0.014 | 0.022 | 100.00 | 100.00 | 100.00 | 100.00 | 100.00 |
| | Ⅲ | 铁精矿 | 18.12 | 52.99 | 8.63 | 0.717 | 0.018 | 0.030 | 53.37 | 38.82 | 81.80 | 24.14 | 24.41 |
| | | 尾矿 | 81.88 | 10.25 | 3.01 | 0.035 | 0.013 | 0.020 | 46.63 | 61.18 | 18.20 | 75.86 | 75.59 |
| | | 原矿 | 100.00 | 17.99 | 4.03 | 0.16 | 0.014 | 0.022 | 100.00 | 100.00 | 100.00 | 100.00 | 100.00 |
| 田家村表内矿 | Ⅰ | 铁精矿 | 25.01 | 56.59 | 8.58 | 0.687 | 0.018 | 0.032 | 62.97 | 46.61 | 85.69 | 34.48 | 31.48 |
| | | 尾矿 | 74.99 | 11.10 | 3.12 | 0.038 | 0.012 | 0.023 | 37.03 | 53.39 | 14.31 | 65.52 | 68.52 |
| | | 原矿 | 100.00 | 22.49 | 4.12 | 0.20 | 0.013 | 0.026 | 100.00 | 100.00 | 100.00 | 100.00 | 100.00 |
| | Ⅱ | 铁精矿 | 23.95 | 55.84 | 3.75 | 0.744 | 0.019 | 0.031 | 61.23 | 42.65 | 87.66 | 31.05 | 30.89 |
| | | 尾矿 | 76.05 | 11.14 | 3.02 | 0.033 | 0.013 | 0.022 | 38.77 | 57.35 | 12.34 | 68.95 | 69.11 |
| | | 原矿 | 100.00 | 21.84 | 4.03 | 0.020 | 0.015 | 0.024 | 100.00 | 100.00 | 100.00 | 100.00 | 100.00 |
| | Ⅲ | 铁精矿 | 24.46 | 55.02 | 8.63 | 0.722 | 0.019 | 0.031 | 61.61 | 43.25 | 88.12 | 32.40 | 31.36 |
| | | 尾矿 | 75.54 | 11.10 | 3.01 | 0.031 | 0.013 | 0.022 | 38.39 | 56.75 | 11.88 | 67.60 | 68.64 |
| | | 原矿 | 100.00 | 21.84 | 4.03 | 0.20 | 0.015 | 0.024 | 100.00 | 100.00 | 100.00 | 100.00 | 100.00 |
| 全区表内矿 | Ⅰ | 铁精矿 | 31.72 | 55.75 | 10.03 | 0.668 | 0.018 | 0.028 | 68.54 | 54.55 | 89.49 | 40.54 | 36.40 |
| | | 尾矿 | 68.28 | 11.89 | 3.88 | 0.036 | 0.012 | 0.023 | 31.46 | 45.45 | 10.51 | 59.46 | 63.60 |
| | | 原矿 | 100.00 | 25.80 | 5.83 | 0.24 | 0.014 | 0.025 | 100.00 | 100.00 | 100.00 | 100.00 | 100.00 |
| 全区内外混合矿 | Ⅰ | 铁精矿 | 29.87 | 55.88 | 9.97 | 0.672 | 0.019 | 0.030 | 68.07 | 53.12 | 88.10 | 40.88 | 36.83 |
| | | 尾矿 | 70.13 | 11.17 | 3.77 | 0.039 | 0.012 | 0.021 | 31.93 | 46.88 | 11.90 | 59.12 | 63.17 |
| | | 原矿 | 100.00 | 24.52 | 5.61 | 0.23 | 0.014 | 0.025 | 100.00 | 100.00 | 100.00 | 100.00 | 100.00 |

粗磨抛尾、细磨选铁流程的优越性和合理性，对原矿进行了一次细磨选铁对比试验，对比试验结果表明，粗磨抛尾、细磨选铁流程尾矿产率增大1%~3%，铁精矿品增高1%~3%（除芨芨坪矿样增高0.56%外），而回收率除芨芨坪表外矿低3.46%外，其他各矿段样品铁的回收率低1%~3%，各样两个流程所得的尾矿品位相近，由于粗磨抛尾流程的尾矿产率大，铁、钛在尾矿中的损失略高。如果综合品位和回收率两个指标，以铁精矿中回收的铁、钛金属量看，两个流程取得的结果十分接近。综上所述，由于白马钒钛磁铁矿在一段粗磨较宽的粒度范围内以磁选可抛弃大量含铁钛较低的合格尾矿，能够提高精矿质量（而尾矿中的铁钛损失较小），降低磨矿费用简化工艺流程，节省投资，加快矿山的开发和利用，因此比起一次细磨选铁流程，在技术、经济上都是合理的。

表4-43对比试验结果表明，白马矿石能在2.5mm粗磨粒度下抛弃45%~65%的合格尾矿，这不仅使一段粗磨采用棒磨机是适宜的而且采用自磨机也是很有利的。鉴于自磨机衬板磨损小，生产能力大，磨矿效率高等优点，因此建议一段粗磨采用自磨机。由于铁钛氧化物的粒度较细，而且分布集中，因此二段细磨选择0.2mm（即-0.074mm 55%）左右的磨矿细度能使铁钛氧化物充分解离，加之白马矿石含钛较低，因此能够取得质量较高的铁精矿。

粗磨抛尾细磨选铁的三个不同结构的流程，流程Ⅰ的铁精矿品位和回收率最高，对资源的充分利用和冶炼要求高纯精矿是有利的，但其结构比较复杂，尤其二段中矿再选作业由于入选矿量小，给设计和生产造成一定困难，可考虑去掉该作业；流程Ⅲ的结构最简单，但技术指标较低。在进行选矿厂建厂设计时，设计部门可对几个不同结构的工艺流程进行技术、经济全面对比，然后予以正确选择。

芨芨坪表外矿的可选性良好，经粗磨抛尾后即可成为表内矿石，细磨选铁所得铁精矿质量与表内矿铁精矿一样，铁品位为53%~56%，回收率为53%~56%，这一结果为表外矿的利用提供了前景，若按每看利用表外矿150万吨计，可生产铁精矿25万~28万吨；生铁12万~14万吨。这对矿山保护、资源综合利用具有十分重要的意义。

全区表内各混合矿与全区表内矿选矿指标十分接近，工艺流程也完全一样，因此表内矿和表外矿可以混合入选，不需分采分选，以利于矿山的生产和管理。

不同矿段矿石不同选矿工艺流程结构的数质量流程分别见图4-41~图4-51。

### 4.3.3 白马矿区全区表内、外矿混合矿提高铁精矿品位试验方案的优化

在前期工作的基础上，由白马矿矿石性质特点，决定白马铁矿采用全区表内、外混采入选的矿山开采方案。为了贯彻精料方针，提高白马矿区全区表内、外矿混合矿铁精矿品位，采用优化流程Ⅰ将钒铁精矿的铁品位提高到59.81%，$V_2O_5$富集到0.82%。流程中采用中磁场磁选机抛弃粗粒尾矿，有利于钛、钴、镍的综合回收。同时，进行了选铁扩大连续试验，由于设备限制，采用优化流程Ⅱ进行了选铁优化扩大试验。试验流程分别为：

优化流程Ⅰ：粗磨中磁抛尾—细磨细筛选铁流程；

优化流程Ⅱ：粗磨中磁抛尾—细磨多次精选选铁流程。

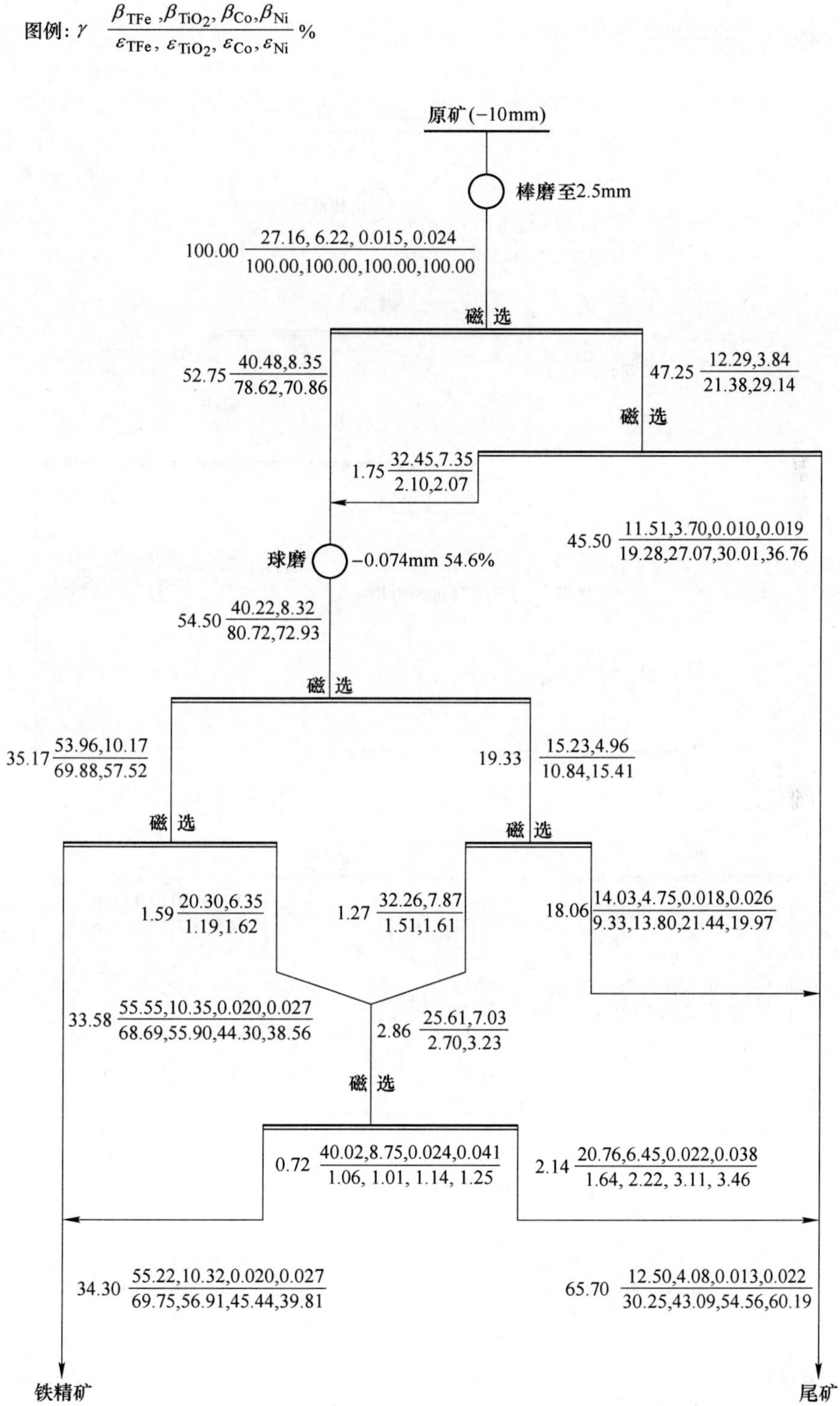


图4-41 茨茨坪表内矿（流程Ⅰ）试验数质量流程

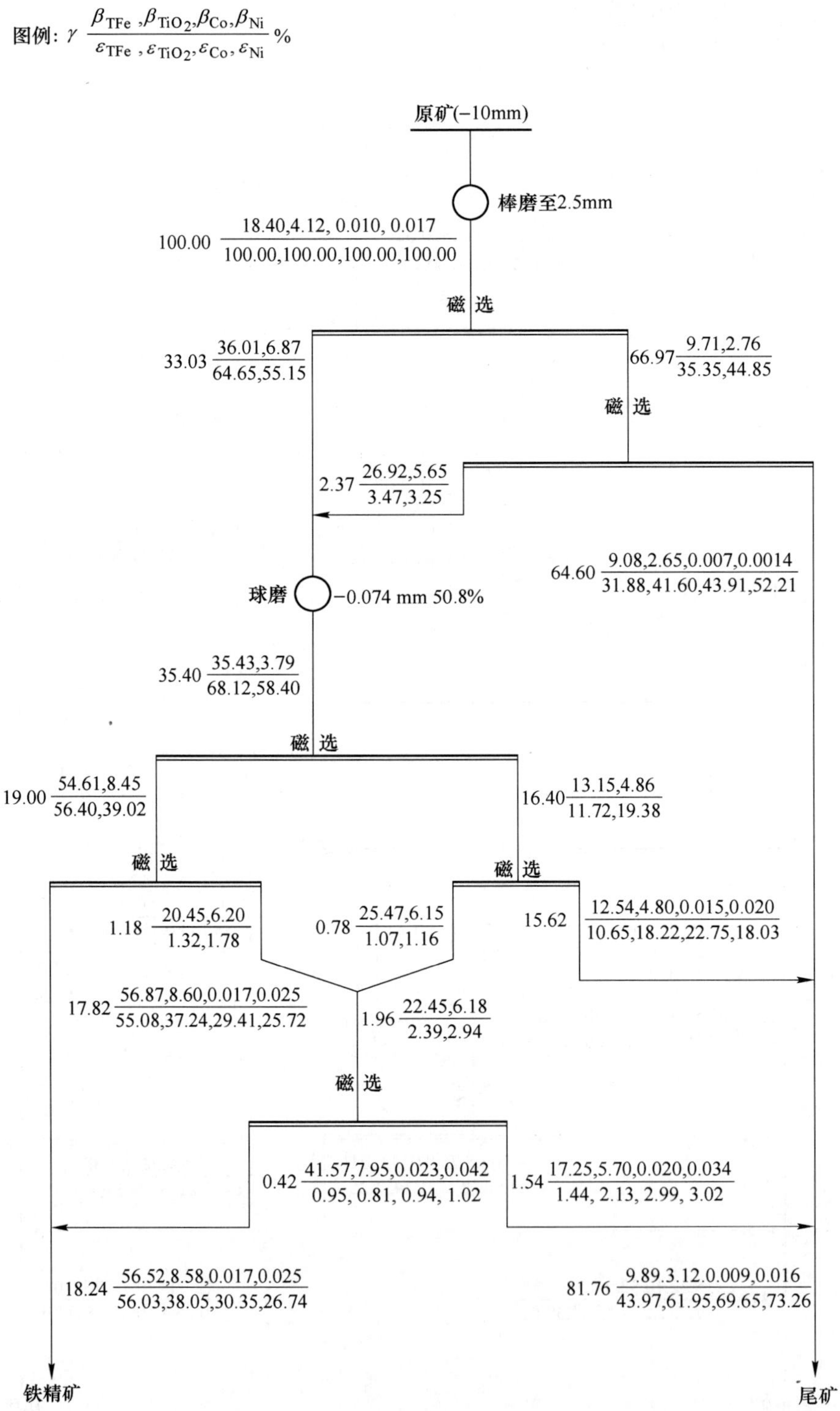


图 4-42 芨芨坪表外矿（流程Ⅰ）试验数质量流程

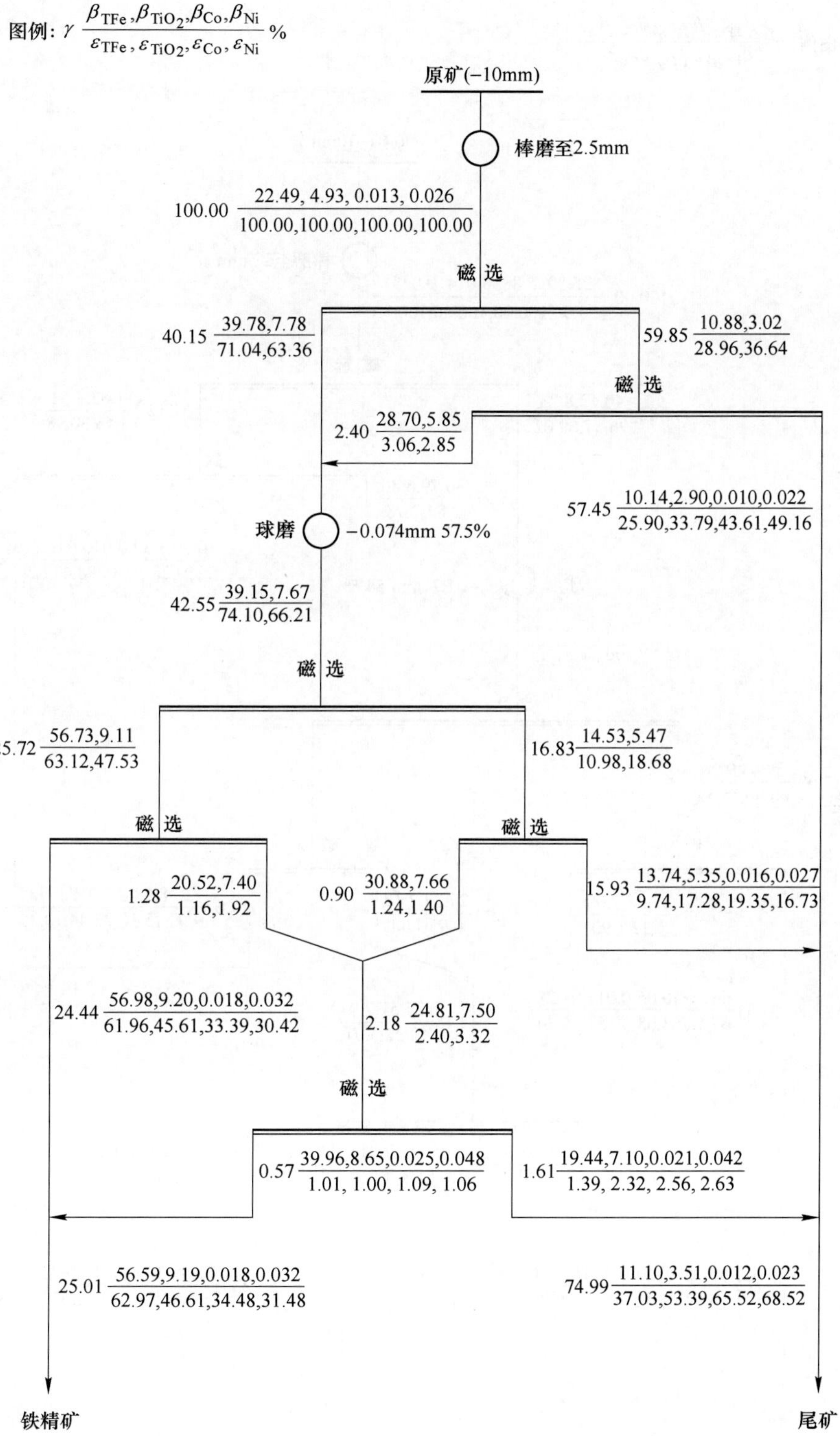


图 4-43 田家村表内矿（流程 I ）试验数质量流程

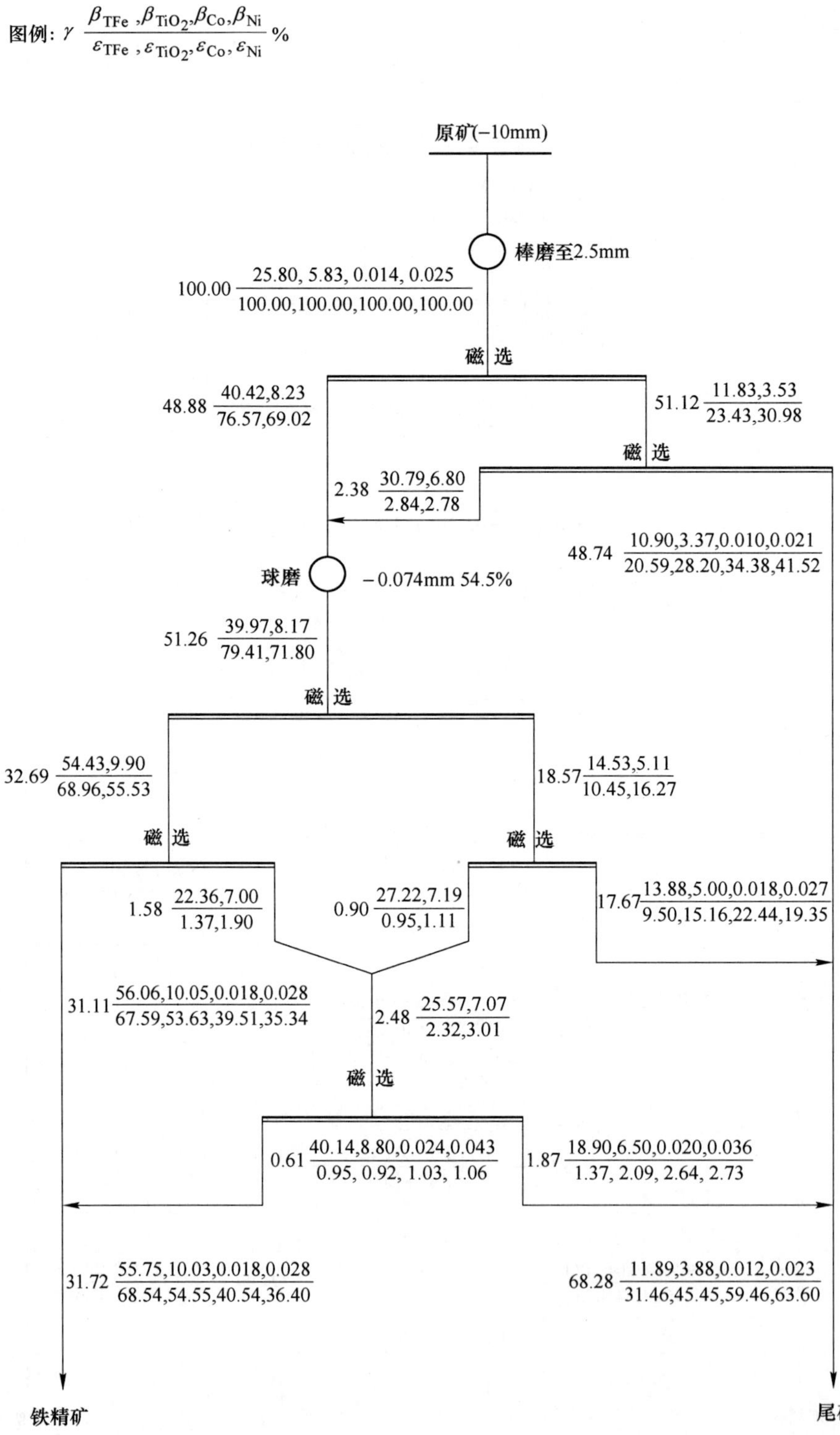


图4-44 全区表内混合矿（流程Ⅰ）试验数质量流程

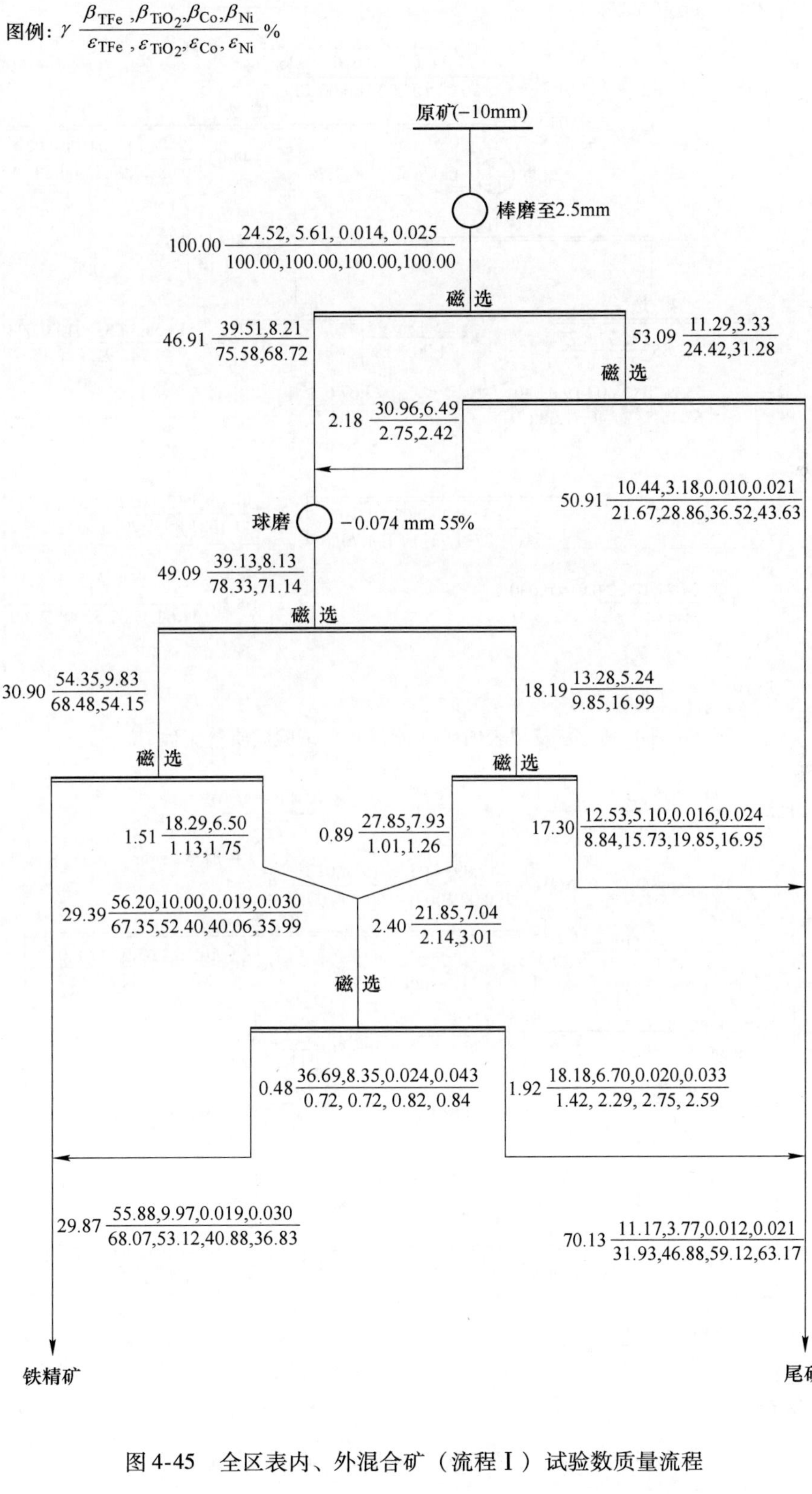


图 4-45 全区表内、外混合矿（流程Ⅰ）试验数质量流程

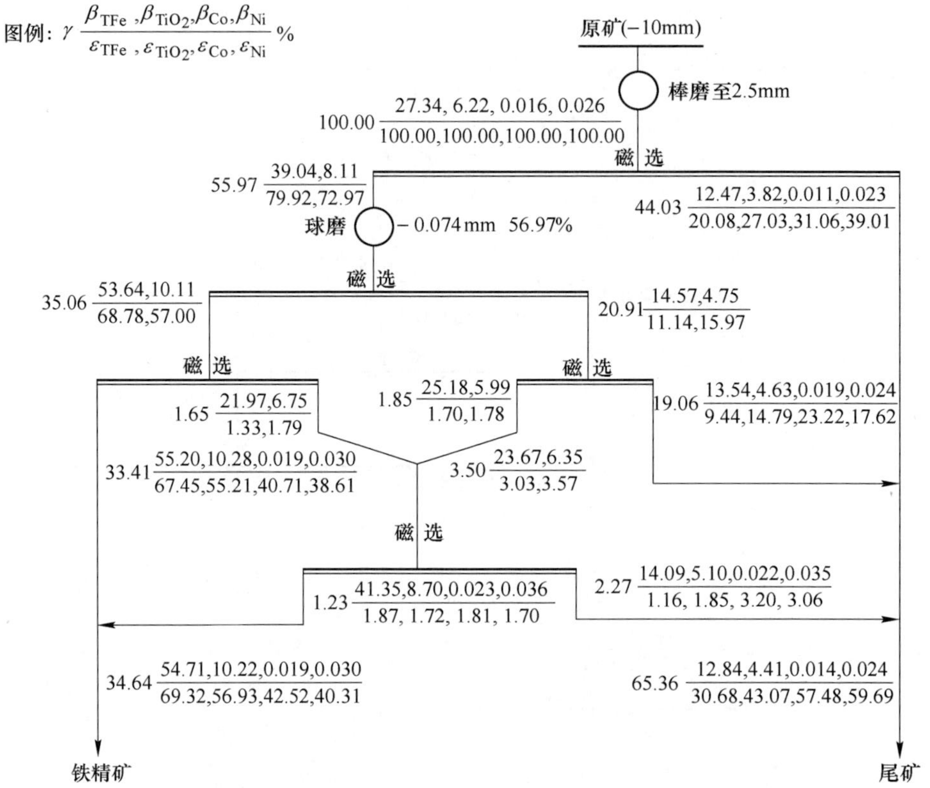


图 4-46 茂茂坪表内矿（流程Ⅱ）试验数质量流程

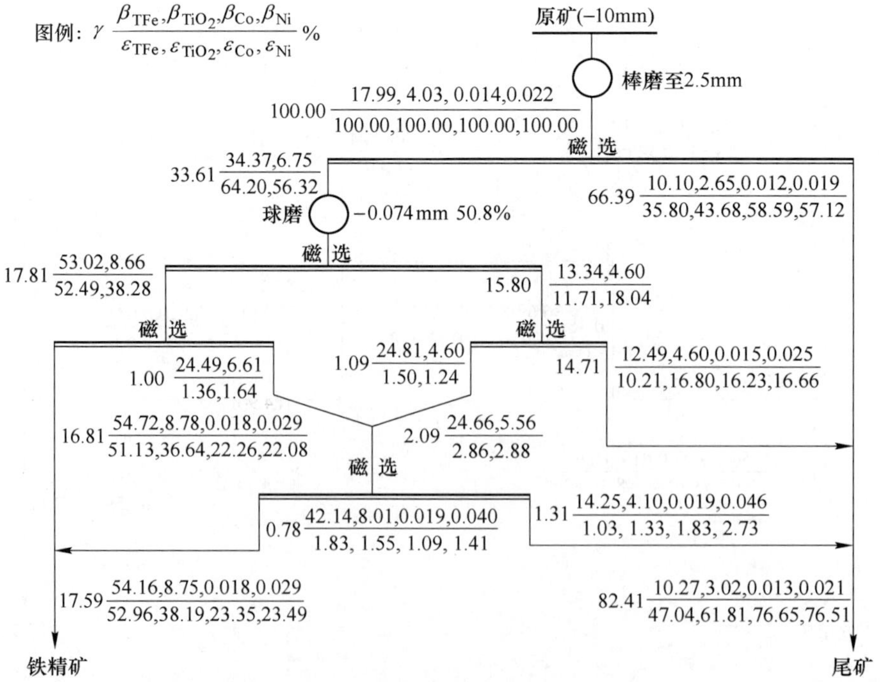


图 4-47 茂茂坪表外矿（流程Ⅱ）试验数质量流程

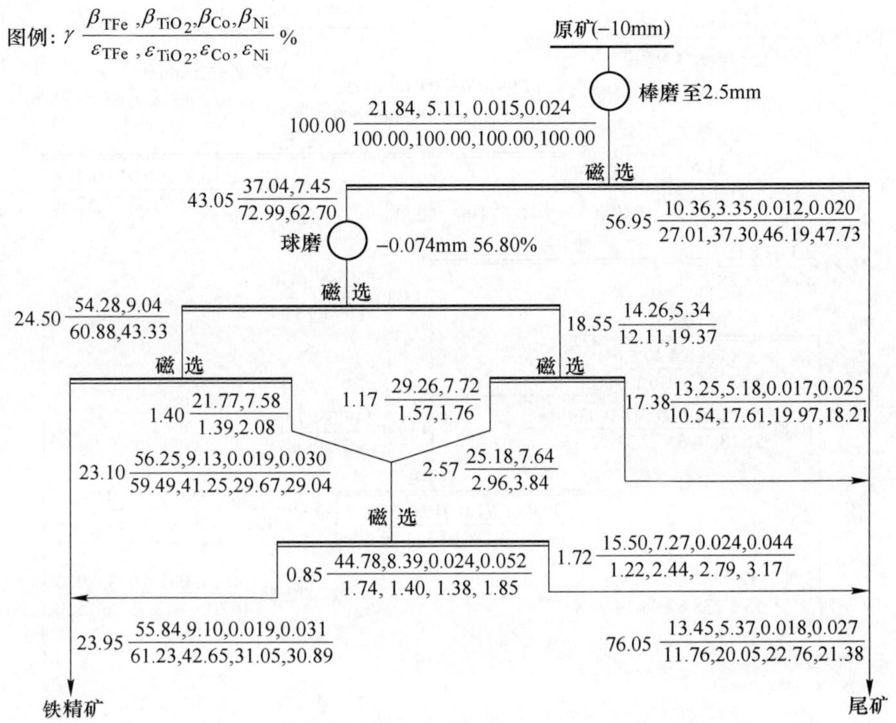


图 4-48 田家村表内矿（流程Ⅱ）试验数质量流程

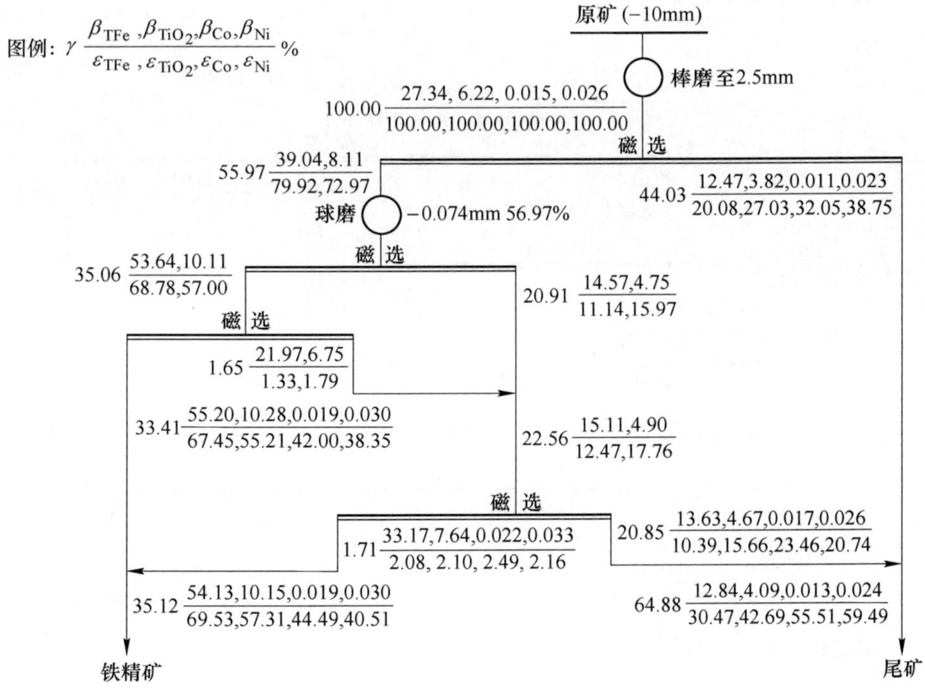


图 4-49 芨芨坪表内矿（流程Ⅲ）试验数质量流程

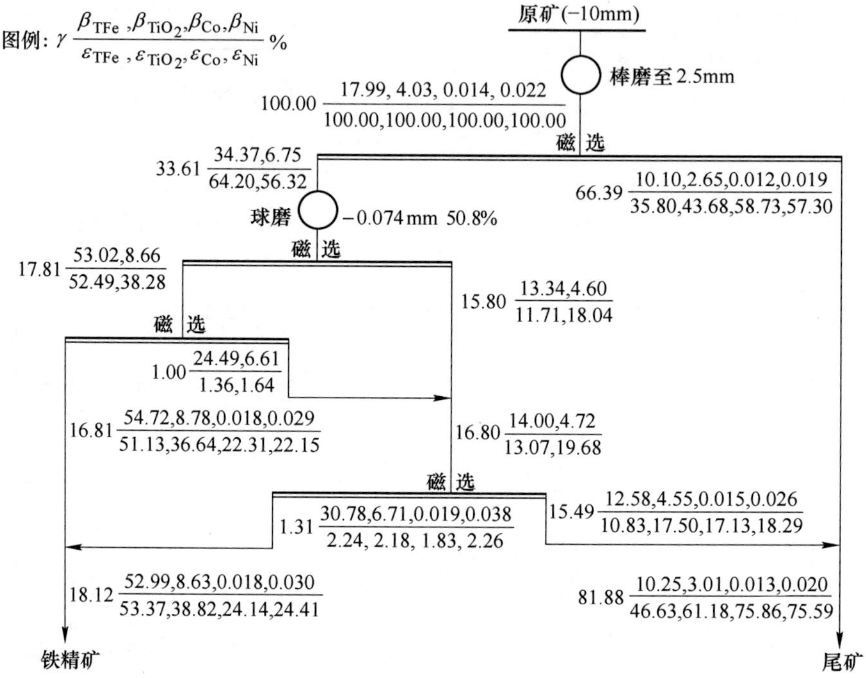


图 4-50 茨茨坪表外矿（流程Ⅲ）试验数质量流程

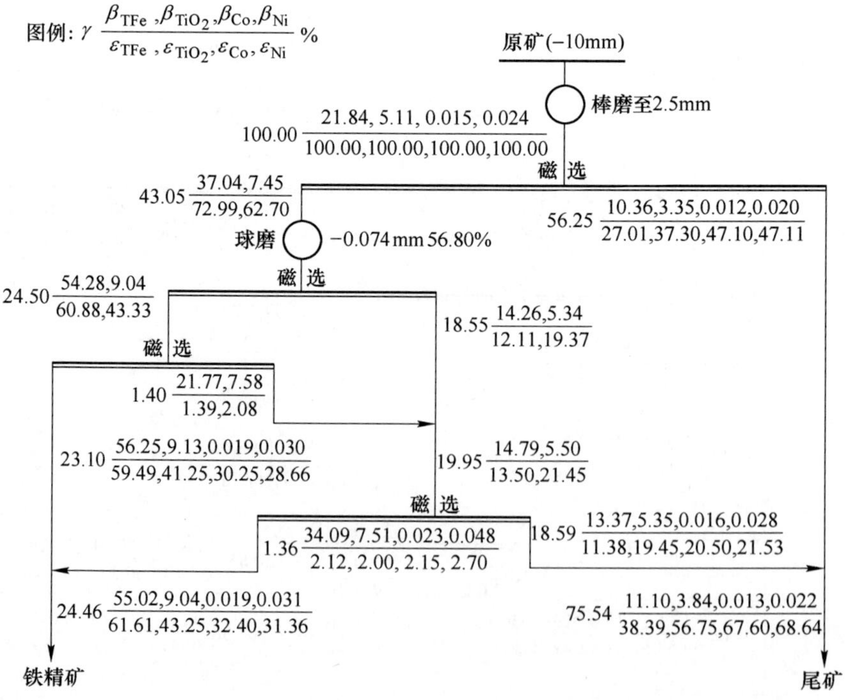


图 4-51 田家村表内矿（流程Ⅲ）试验数质量流程

白马全区表内、外混合矿优化前选铁流程为粗磨弱磁抛尾—细磨选铁，优化后的提高铁精矿品位试验工艺数质量流程分别见图 4-52 和图 4-53，优化前后对比试验结果见表 4-44。

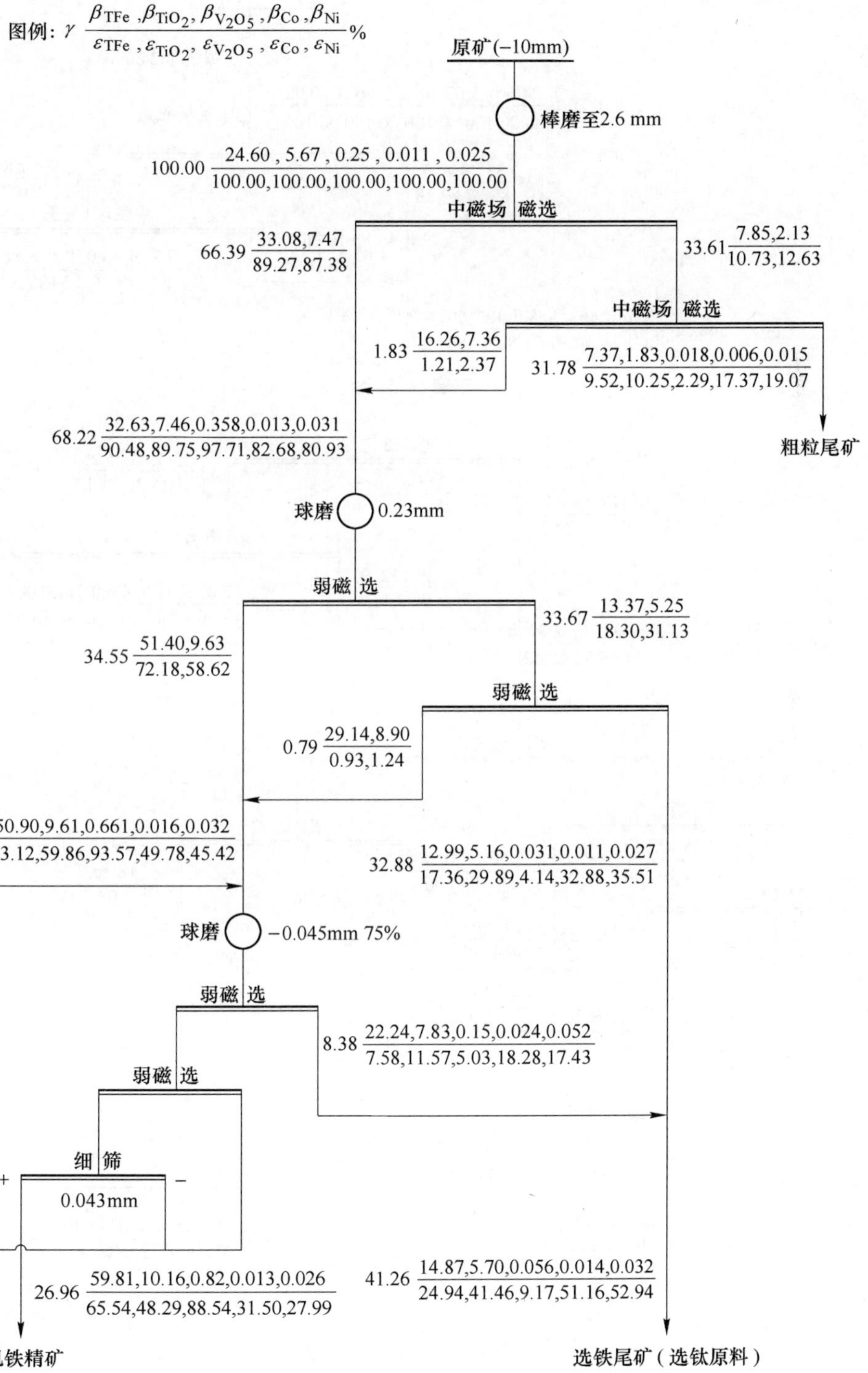


图 4-52　全区表内、外混合矿优化流程 Ⅰ 试验数质量流程

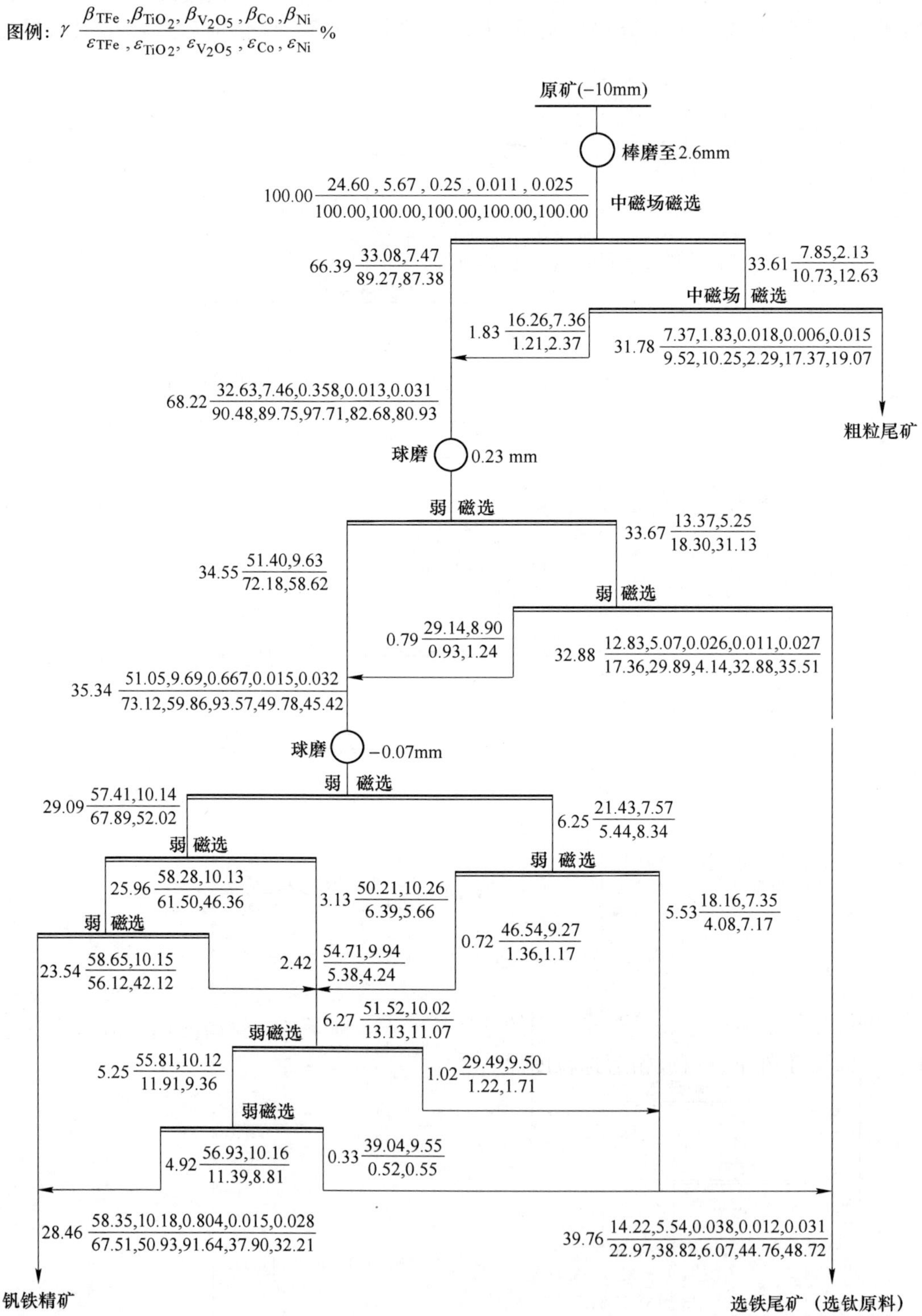


图 4-53　全区表内、外混合矿优化流程Ⅱ试验数质量流程

**表 4-44 白马矿区全区内、外混合矿选铁优化工艺流程对比试验结果**

| 试验流程 | 产品名称 | 产率/% | 品位/% | | | | | 回收率/% | | | | |
|---|---|---|---|---|---|---|---|---|---|---|---|---|
| | | | TFe | $TiO_2$ | $V_2O_5$ | Co | Ni | TFe | $TiO_2$ | $V_2O_5$ | Co | Ni |
| 优化前 | 钒铁精矿 | 29.87 | 55.88 | 9.97 | 0.679 | 0.019 | 0.030 | 68.07 | 53.12 | 88.12 | 40.88 | 36.83 |
| | 选铁尾矿 | 19.22 | 13.09 | 5.26 | 0.039 | 0.016 | 0.025 | 10.26 | 18.02 | 3.25 | 22.60 | 19.54 |
| | 粗抛尾矿 | 50.91 | 10.44 | 3.18 | 0.039 | 0.010 | 0.021 | 21.67 | 28.86 | 8.63 | 36.52 | 43.63 |
| | 原　矿 | 100.00 | 24.52 | 5.61 | 0.230 | 0.014 | 0.025 | 100.00 | 100.00 | 100.00 | 100.00 | 100.00 |
| 优化后流程Ⅰ | 钒铁精矿 | 26.96 | 59.81 | 10.16 | 0.820 | 0.013 | 0.026 | 65.54 | 48.29 | 88.54 | 31.50 | 27.99 |
| | 选铁尾矿 | 41.26 | 14.87 | 5.70 | 0.056 | 0.014 | 0.032 | 24.94 | 41.46 | 9.17 | 51.16 | 52.94 |
| | 粗抛尾矿 | 31.78 | 7.37 | 1.83 | 0.018 | 0.006 | 0.015 | 9.52 | 10.25 | 2.29 | 17.34 | 19.07 |
| | 原　矿 | 100.00 | 24.60 | 5.67 | 0.250 | 0.011 | 0.025 | 100.00 | 100.00 | 100.00 | 100.00 | 100.00 |
| 优化后流程Ⅱ | 钒铁精矿 | 28.46 | 58.35 | 10.15 | 0.804 | 0.015 | 0.028 | 67.51 | 50.93 | 91.64 | 37.90 | 32.21 |
| | 选铁尾矿 | 39.76 | 14.22 | 5.54 | 0.038 | 0.012 | 0.031 | 22.97 | 38.82 | 6.07 | 44.76 | 48.72 |
| | 粗抛尾矿 | 31.78 | 7.37 | 1.83 | 0.018 | 0.006 | 0.015 | 9.52 | 10.25 | 2.29 | 17.34 | 19.07 |
| | 原　矿 | 100.00 | 24.60 | 5.67 | 0.250 | 0.011 | 0.025 | 100.00 | 100.00 | 100.00 | 100.00 | 100.00 |

由表 4-44 优化对比试验结果可知，用细磨细筛的选矿工艺可以获得高质量钒铁精矿，其铁品位可达 59.81%，$V_2O_5$富集到 0.82%，$SiO_2$含量降到 1.33%，造渣物 $SiO_2$、$Al_2O_3$、CaO、MgO 的含量降到 7.21%，这有利于降低焦比，减少燃料消耗，易于采用冶炼新流程。

以中磁代替弱磁抛尾，有利于钛、钴、镍综合回收。细磨使充填或包裹在钛磁铁矿中的细粒硫化物得以解离，从而为回收这部分硫化物创造了有利条件。细磨细筛提高钒铁精矿品位的工艺有结构简单、成本低，在技术上是可行的，经济上也是合理的。

### 4.3.4 磁团聚重选法试验研究

磁团聚重选法是利用强磁性物料磁化后存在的剩磁，在特定范围的磁场强度下，形成轻度磁团聚，综合磁力、剪切力和重力等多种分选作用，达到使单体磁铁矿和含磁铁矿的脉石连生体分选的目的，从而提高了磁铁矿石选矿的分选效率和选择性分离精度，磁团聚重选法和传统的弱磁选法相比，在相同的分选粒度下，前者具有较高的精矿指标；在得到相同精矿质量条件下，可放粗磨选粒度。

攀西白马钒钛磁铁矿矿床属特大型矿床，矿石中的钒钛磁铁矿具有较强的剩磁与较高的矫顽力，有利于采用无外加磁场的剩磁团聚重选法，对该矿开展了剩磁团聚重选法的试验研究工作。

选取芨芨坪混合矿（其中风化矿占 23.44%，原生矿占 76.56%，围岩贫化率为 5%）为本次研究试验试样，经过小型试验与规模为 187kg/h 稳定运转 12h 的扩大连续试验，当最终精矿粒度为 -0.076mm 40% 时，获得了产率为 33.5%、TFe 品位 57% 以上、回收率为 69% 左右的高质量铁精矿，铁精矿经 0.1mm 粒度分级后，粗粒产品含 TFe 54.5%~55.5%，符合冶炼要求；细粒产品含 TFe 50.0% 以上，$V_2O_5$大于 0.75%，为高钒铁精矿产品，这一选别结果显著地增加了白马铁矿的经济效益，开拓了白马钒钛磁铁矿工业应用的新途径。

白马铁矿矿物成分见表4-45，原矿化学成分见表4-46，主要矿物含量见表4-47。

**表4-45 白马铁矿矿物成分**

| 相对量 | 金属氧化物 | 金属硫化物 | 非金属 |
|---|---|---|---|
| 主要 | 钛磁铁矿、钛铁矿 | 磁黄铁矿 | 拉长石、橄榄石、普通辉石 |
| 次要 | 磁铁矿、磁赤铁矿 | 黄铜矿、镍黄铁矿、黄铁矿 | 普通角闪石、黑云母、蛇纹石、绿泥石、伊丁石、辉石 |
| 少量 | 赤铁矿、金红石、白钛石、钙钛矿、褐铁矿 | 紫硫镍矿、马基诺矿、方黄铜矿、蓝辉铜矿、墨铜矿、斑铜矿 | 透闪石、绢云母、黝帘石、锆石、石英、绿帘石、榍石、方解石、磷灰石、尖晶石 |

**表4-46 原矿化学成分** (%)

| 成分 | TFe | $Fe_2O_3$ | FeO | $TiO_2$ | $V_2O_5$ | $Cr_2O_3$ | Co | Ni | Cu | Mn | $SiO_2$ | $Al_2O_3$ | CaO | S | P | MgO | $Na_2O$ |
|---|---|---|---|---|---|---|---|---|---|---|---|---|---|---|---|---|---|
| 含量 | 27.60 | 18.05 | 19.10 | 6.23 | 0.270 | 0.026 | 0.015 | 0.022 | 0.030 | 0.234 | 26.28 | 10.88 | 3.72 | 0.335 | 0.053 | 8.96 | 1.49 |

**表4-47 白马铁矿主要矿物组成** (%)

| 矿 物 | 钛磁铁矿 | 钛铁矿 | 硫化物 | 脉 石 |
|---|---|---|---|---|
| 含 量 | 31.46 | 5.49 | 1.45 | 61.60 |

根据矿石性质，该矿进行块矿预选弃废石和粗磨抛尾合理且可行。将块矿预选粒度选定为75～0mm，即75～0mm原矿经磁滑轮干式预选后，其精矿碎至-10mm，以230mm×500mm棒磨机磨至2.5mm，用400mm湿式鼓形磁选机进行一次弱磁选粗粒抛尾。块状矿石预选，减少细碎和入磨矿量，提高破碎和入磨矿石品级，将预选精矿磨至-2.5mm进行弱磁选抛尾，可抛弃38.31%的合格尾矿，有效地降低了第二段磨矿的入磨量。试验进行了三种工艺流程的实验室试验，流程见图4-54，各流程技术指标见表4-48。

流程Ⅰ：预选—棒磨—球磨磁—团聚重选精选—细筛流程；

流程Ⅱ：预选—棒磨—球磨—弱磁精选—细筛闭路流程，磨矿粒度和流程结构与流程Ⅰ相同；

流程Ⅲ：预选—球磨—球磨—弱磁选流程。

表4-48对比结果表明，采用剩磁团聚重选法精选—细筛流程（流程Ⅰ）选别白马钒钛磁铁矿石，可在较粗磨矿粒度下取得比弱磁精选—细筛流程（流程Ⅱ）铁精矿品位高2.82%的结果；与细磨弱磁精选流程（流程Ⅲ）相比，可在-0.074mm含量相差50%左右的情况下，获得相近的选别指标，这充分表明磁团聚重选法可在较粗的磨矿粒度下获得合格精矿，使磨机在其容积不变和最终产品质量相同的情况下，较弱磁选流程磨机处理能力大，从而达到了优质、高产、低耗、节能，提高经济效益的目的。

为了验证磁团聚重选流程分选白马钒钛磁铁矿的技术指标，进行了连续扩大试验。扩大试验仍采用75～0mm块矿预选-12mm粗磨抛尾—细磨—磁团聚选铁流程，粗磨选用球磨，粒度控制为1mm。为了降低钛磁铁矿磁团聚对控制粒度的分级作业产生严重影响，因此选用按粒度分级的振动筛与一段磨矿组成直接闭路磨矿；二段选用0.3mm尼龙细筛与二段磨矿机形成磨选大闭路流程。为增加精矿回收率，降低铁损失率，每段增加了扫选作

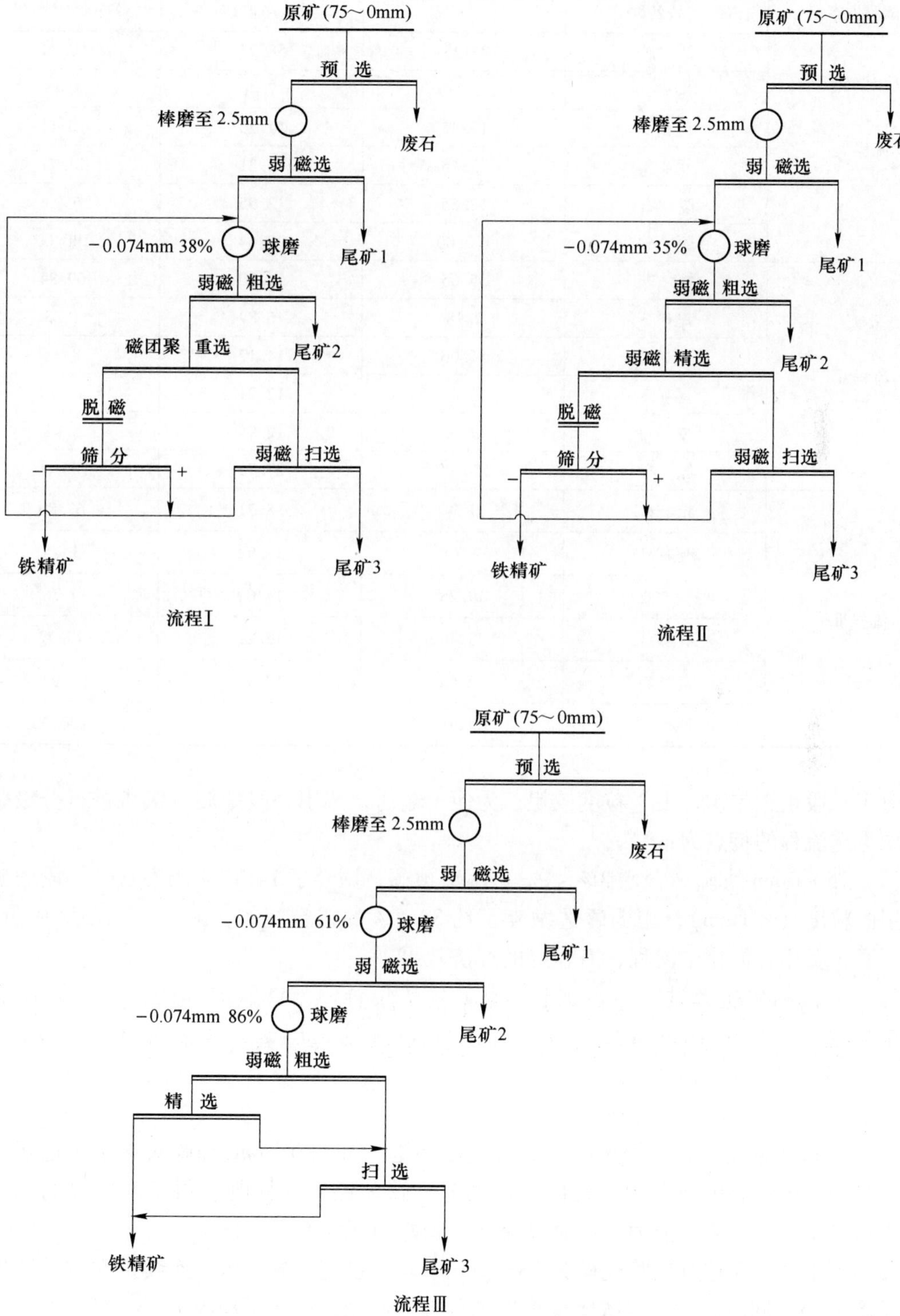


图4-54 白马钒钛磁铁矿磁团聚重选精选对比试验流程

表 4-48 白马钒钛磁铁矿磁团聚重选精选三种对比试验流程结果汇总

| 试验方案 | 产品名称 | 产率/% | TFe 品位/% | TFe 回收率/% |
|---|---|---|---|---|
| 流程Ⅰ | 精　矿 | 32.13 | 58.28 | 67.74 |
| | 尾矿 3 | 2.31 | 17.40 | 1.45 |
| | 尾矿 2 | 19.45 | 14.36 | 10.11 |
| | 尾矿 1 | 33.46 | 12.21 | 14.77 |
| | 废　石 | 12.65 | 12.95 | 5.93 |
| | 原　矿 | 100.00 | 27.64 | 100.00 |
| 流程Ⅱ | 精　矿 | 35.65 | 54.30 | 69.84 |
| | 尾矿 3 | 2.18 | 16.87 | 1.33 |
| | 尾矿 2 | 16.06 | 14.12 | 8.18 |
| | 尾矿 1 | 33.46 | 12.21 | 14.74 |
| | 废　石 | 12.65 | 12.95 | 5.91 |
| | 原　矿 | 100.00 | 27.72 | 100.00 |
| 流程Ⅲ | 精　矿 | 31.94 | 58.71 | 67.80 |
| | 尾矿 3 | 2.70 | 17.93 | 1.75 |
| | 尾矿 2 | 19.25 | 14.02 | 9.76 |
| | 尾矿 1 | 33.46 | 12.21 | 14.77 |
| | 废　石 | 12.65 | 12.95 | 5.92 |
| | 原　矿 | 100.00 | 27.66 | 100.00 |

业，对于一段粗选尾矿，由于粒度较粗，为便于输送，选用一段螺旋分级机进行分级。本磁团聚重选流程的特点为：

（1）75～0mm 块矿（含水 3%～4%）两道预选，抛弃了 14.17% 的废石，一段磨矿磨至较粗的粒度（±1mm），用弱磁选抛弃了约 33.5% 的粗粒尾矿，减少了二段磨矿负荷，节省了磨矿费用，简化了流程，有较好的经济效果。

（2）一段粗精矿经过第二磨矿磨到钛磁铁矿集合体与钛铁矿和硫化物单体大部分解离的粒度（－0.074mm 30%～40%），以弱磁选选出尾矿，作为选钛的主要原料，避免了粒状钛铁和硫化物的过粉碎，有利于钛、钴、镍等有益组分在下一段的综合回收。

（3）二段粗选精矿，再经过磁团聚重选法精选，并用 0.3mm 细筛对该精矿进行筛分控制，将磁选中矿和细筛上产品返回二段磨矿构成闭路，这样既获得了高质量的钒铁精矿，也增高了二段的生产能力，同时又保证了较好的回收率。

磁团聚重选扩大连续试验规模为 183kg/h 原矿，稳定运转 12h，连续扩大试验数质量流程见图 4-55。同时，为了与磁团聚重选流程进行比较，进行了规模为 131.62kg/h，稳定运转 12h 的弱磁—细筛连续扩大试验，两流程扩大连续试验对比结果见表 4-49，弱磁—细筛连续扩大试验数质量流程见图 4-56。

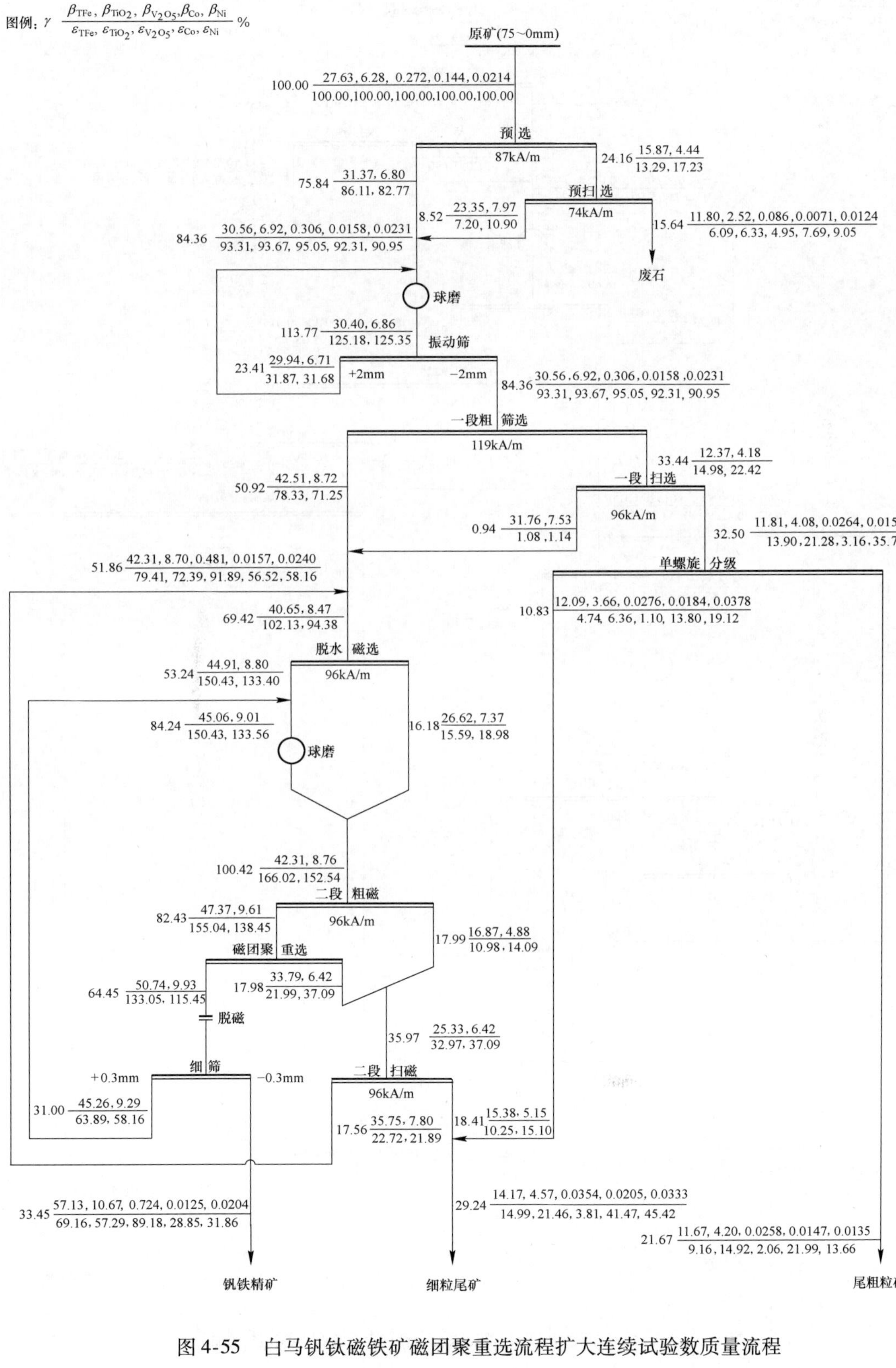


图4-55 白马钒钛磁铁矿磁团聚重选流程扩大连续试验数质量流程

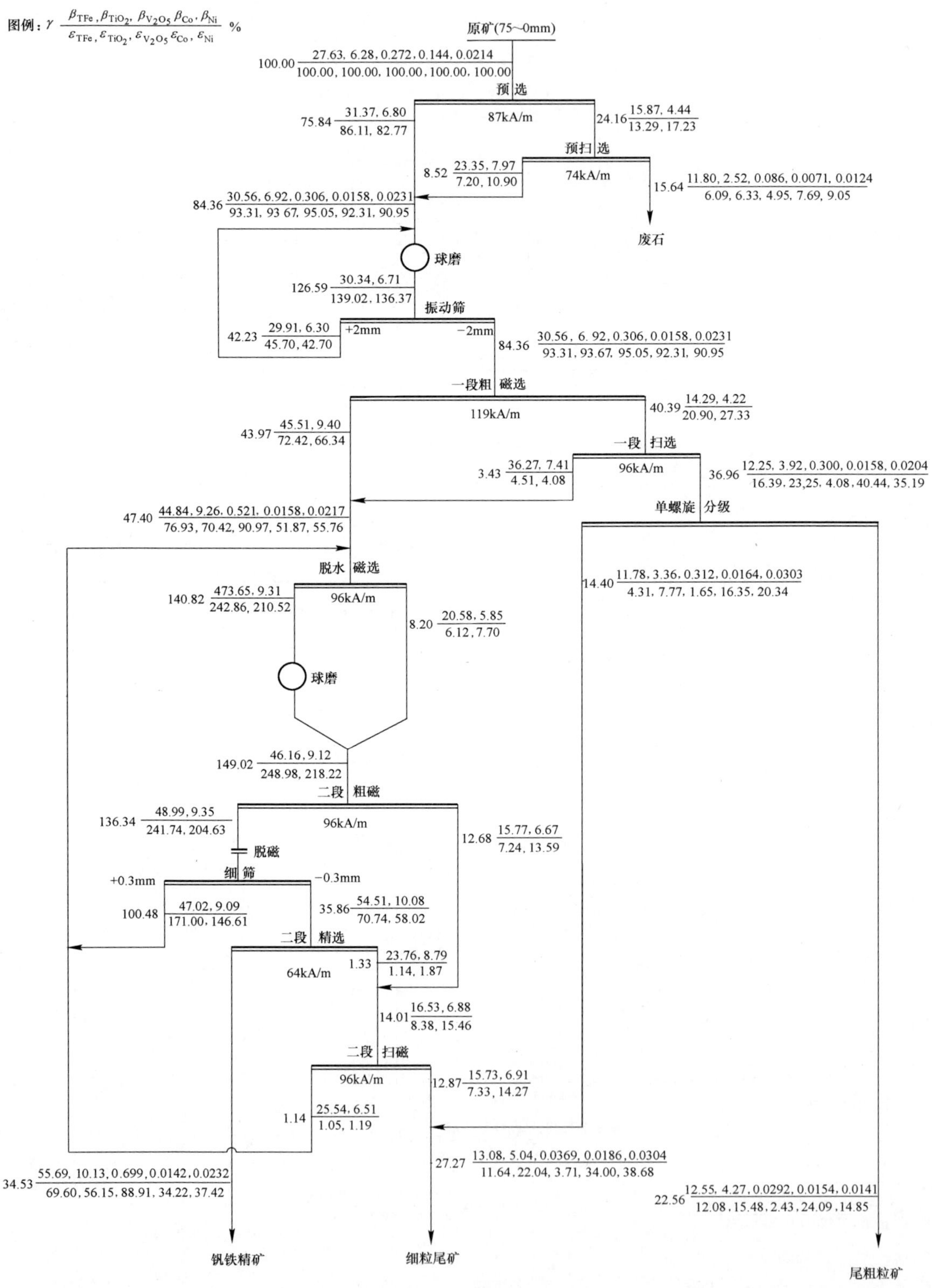


图 4-56　白马钒钛磁铁矿弱磁—细筛流程扩大连续试验数质量流程

表 4-49 白马钒钛磁铁矿磁团聚重选与弱磁—细筛流程扩大连续试验结果对比

| 流程 | 产品名称 | 产率/% | 品位/% | | | | | 回收率/% | | | | |
|---|---|---|---|---|---|---|---|---|---|---|---|---|
| | | | TFe | $TiO_2$ | $V_2O_5$ | Co | Ni | TFe | $TiO_2$ | $V_2O_5$ | Co | Ni |
| 磁团聚重选流程 | 钒铁精矿 | 33.45 | 57.13 | 10.67 | 0.724 | 0.0125 | 0.0204 | 69.16 | 57.29 | 89.18 | 28.85 | 31.86 |
| | 细粒尾矿 | 29.24 | 14.17 | 4.57 | 0.0354 | 0.0205 | 0.0333 | 14.99 | 21.46 | 3.81 | 41.47 | 45.42 |
| | 粗粒尾矿 | 21.67 | 11.67 | 4.20 | 0.0258 | 0.0147 | 0.0135 | 9.16 | 14.92 | 2.06 | 21.99 | 13.66 |
| | 废　石 | 15.64 | 11.80 | 2.52 | 0.086 | 0.0071 | 0.0124 | 6.09 | 6.33 | 4.95 | 3.69 | 9.05 |
| | 原　矿 | 100.00 | 27.63 | 6.28 | 0.272 | 0.144 | 0.0214 | 100.00 | 100.00 | 100.00 | 100.00 | 100.00 |
| 弱磁细筛流程 | 钒铁精矿 | 34.53 | 55.69 | 10.13 | 0.699 | 0.0142 | 0.0232 | 69.60 | 56.15 | 88.91 | 34.22 | 37.42 |
| | 细粒尾矿 | 27.27 | 13.08 | 5.04 | 0.0369 | 0.0186 | 0.0304 | 11.64 | 22.04 | 3.71 | 34.00 | 38.68 |
| | 粗粒尾矿 | 22.56 | 12.55 | 4.27 | 0.0292 | 0.0154 | 0.0141 | 12.08 | 15.48 | 2.43 | 24.09 | 14.85 |
| | 废　石 | 15.64 | 11.80 | 2.52 | 0.086 | 0.0071 | 0.0124 | 6.09 | 6.33 | 4.95 | 3.69 | 9.05 |
| | 原　矿 | 100.00 | 27.63 | 6.28 | 0.272 | 0.144 | 0.0214 | 100.00 | 100.00 | 100.00 | 100.00 | 100.00 |

由表 4-49 对比试验结果可知，磁团聚重选流程与细磨弱磁选流程相比，磁团聚重选流程比弱磁—细筛流程获得的铁精矿的 TFe 品位高 1.44%，原矿处理能力增大约 39%。由此可见，采用磁团聚重选工艺流程，可在尽可能粗的粒度下获得高质量铁精矿，使原矿处理能力增大，磨矿费用降低，从而降低了生产成本，节省了投资，加快了矿山的开发利用，具有显著的经济效益。

扩大试验再一次证明了磁团聚重选法是一种比传统弱磁选有高得多的分选效率和选择性分选精矿的磁铁矿选矿新方法，它可在较粗的分选粒度下，只要磁选矿物大部分解离，就可获得高质量精矿，与此同时，仍可保持较高的回收率，以提高选厂的经济效益。

### 4.3.5 白马铁矿芨芨坪矿区风化矿选铁试验研究

根据相关资料数据显示，白马铁矿一期工程开采范围内的矿石储量（表内、表外）36913.74 万吨，其中 1900m 以上风化矿石 2500 余万吨，一期工程中前 10 年采出的风化矿石量为 1800 余万吨，风化矿占年出产矿量的 22.7%~91.0%，尤其是前 5 年，风化矿比例高达 37.0%~91.0%。

因受风化程度不同的影响，风化矿本身分为全风化矿和半风化矿，矿体表层风化程度高，越到下部风化程度越低。在现有资料中，原生矿和半风化矿都进行过详细的选矿试验研究，其可选性已基本查清，然而对风化矿目前还未进行系统选矿试验研究。风化矿的矿石性质、可磨度、可选性以及生产控制参数等将直接影响到白马铁矿选矿厂生产技术指标和经济效益。因此，开展对风化矿（全风化矿）的选矿试验研究对白马铁矿前 10 年的生产是十分必要而迫切的。

新白马公司选矿厂至少在 10 年时间内难以回避白马铁矿风化矿对生产运行的影响，通过试验研究，查清风化矿性质、矿石可磨度和可选性能，确立选矿厂生产控制参数体系，对新白马公司选矿厂而言是十分必要而迫切的。

在充分考虑风化矿石性质的基础上，分别进行了矿石可磨度试验和六种选矿流程的对比研究，各试验方案均获得 TFe 品位大于 57% 的合格铁精矿，TFe 回收率为 52.65%~64.72%。

结合现场生产实际，提出了四种矿石输送—磨矿—选别流程建议方案，并对各方案生产控制参数进行了分析论证，可作为白马铁矿风化矿开发利用及新白马公司选矿厂技术改造的技术依据。

矿石中 -0.045mm 粒级物料产率占到了 54.25%，而铁金属分布率为 31.07%，这部分铁氧化严重，大部分为磁性较弱的氧化铁（矿石外观颜色为土红色），这将直接影响到该矿石中金属铁的回收率。矿石粒度细、矿泥含量高、氧化程度高为该试验矿样的主要特征，而这也正是该矿石生产过程中的难点所在：由于矿石风化严重，矿泥含量高，矿石在运输、破碎、磨矿、选别等环节都将遇到各种难题。原矿多元素分析结果见表 4-50。

**表 4-50　白马矿芨芨坪矿区试验样品化学多项分析结果**　（%）

| 成分 | TFe | $Fe_2O_3$ | $TiO_2$ | Cu | Co | Ni | $V_2O_5$ | $SiO_2$ | $Al_2O_3$ | CaO | MgO | S | P | $Cr_2O_3$ |
|---|---|---|---|---|---|---|---|---|---|---|---|---|---|---|
| 含量 | 30.67 | 30.41 | 7.25 | 0.028 | 0.016 | 0.022 | 0.266 | 22.50 | 15.74 | 0.57 | 1.81 | 0.025 | 0.072 | 0.022 |

4.3.5.1　*矿石相对可磨度测试*

以攀枝花铁矿现生产矿样作为可磨度标准矿样，对白马风化矿进行球磨相对可磨度测试研究。

方法一：称取白马风化矿 -3mm 和攀枝花生产矿 -3mm 矿样各 300g，磨至 -0.074mm 80%，白马矿样 $T_{80}$(MK) = 70s，攀枝花矿样 $T_{80}$(WK) = 180s，白马矿样相对可磨度系数按 $K = T(WK)/T(MK)$ 计算，得到结果 $K = 2.57$，白马矿样较攀枝花矿样易磨。

由于白马风化矿 -3mm 矿样中，-0.074mm 58.62%，其中大部分为矿泥，势必影响到矿石的真实可磨度，因此进行了第二种方法的测试。

方法二：将白马风化矿与攀枝花生产矿样均破碎至 -3mm，再筛除 -0.074mm 细粒部分，取 -3 +0.075mm 粒级作为测试物料。

测试物料每次称取 300g，用球磨机对两种矿石进行不同时间磨矿试验，其结果见表 4-51，按该试验结果绘制的磨矿粒度曲线见图 4-57。

**表 4-51　白马矿芨芨坪矿区矿石球磨相对可磨度磨矿试验结果**

| 时间/s | | 60 | 90 | 120 | 150 | 180 | 240 | 300 |
|---|---|---|---|---|---|---|---|---|
| -0.074mm 含量/% | 攀枝花矿样 | 30.70 | 43.77 | 55.36 | 65.72 | 74.25 | 87.39 | 94.76 |
| | 白马矿样 | 35.01 | 48.84 | 62.08 | 71.36 | 81.25 | 92.49 | 97.80 |

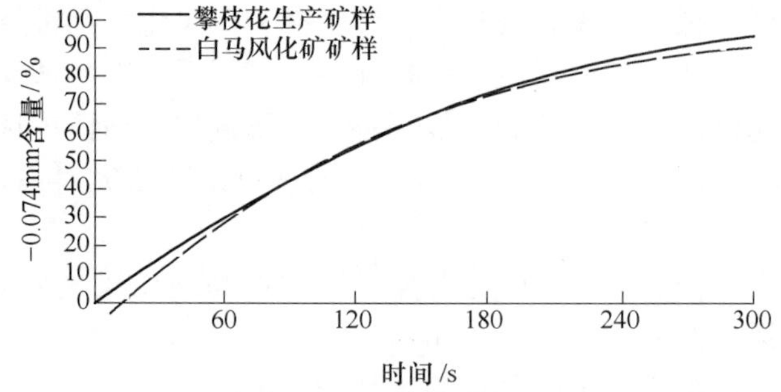


图 4-57　白马矿芨芨坪矿区风化矿相对可磨度曲线

根据图 4-57，找出白马风化矿磨至 -0.074mm 50% 和 80% 对应的时间为：$T_{50}$（MK）=93s，$T_{80}$(MK) = 176s；找出攀枝花生产矿样磨至 -0.074mm 50% 和 80% 对应的时间为：

$T_{50}$(WK)=106s，$T_{80}$(WK)=202s，相对可磨度系数按 $K=T(WK)/T(MK)$ 计算，得到结果 $K_{50}=1.14$，$K_{80}=1.15$。

以上表明白马铁矿芨芨坪矿区风化矿相对可磨度大于1，在1.14~1.15范围，同时也说明白马风化矿比攀枝花生产矿石易磨。

4.3.5.2 根据原矿性质进行的实验室选铁试验

依据目前得到的资料，白马铁矿芨芨坪矿区风化矿含泥量（-0.045mm）高达50%以上。对于这种性质的物料，从矿山至选矿厂的运输方式是一个值得斟酌的问题，为此，新白马公司经过全面综合论证，已经考虑采用管道输送的方式为选矿厂供应矿石。

在管道输送的运矿方式下，选矿采用什么样的工艺流程和控制参数生产处理这类风化矿，是一个对现场生产非常迫切、急需研究的问题。为此，对-5mm、-4mm、-3mm、-2mm、-1mm五个粒级的物料分别进行了试验研究，分别采用阶段磨选、直接磁选和分级分选流程，都获得了TFe含量在57%以上的铁精矿，试验流程见图4-58，试验指标见表4-52。

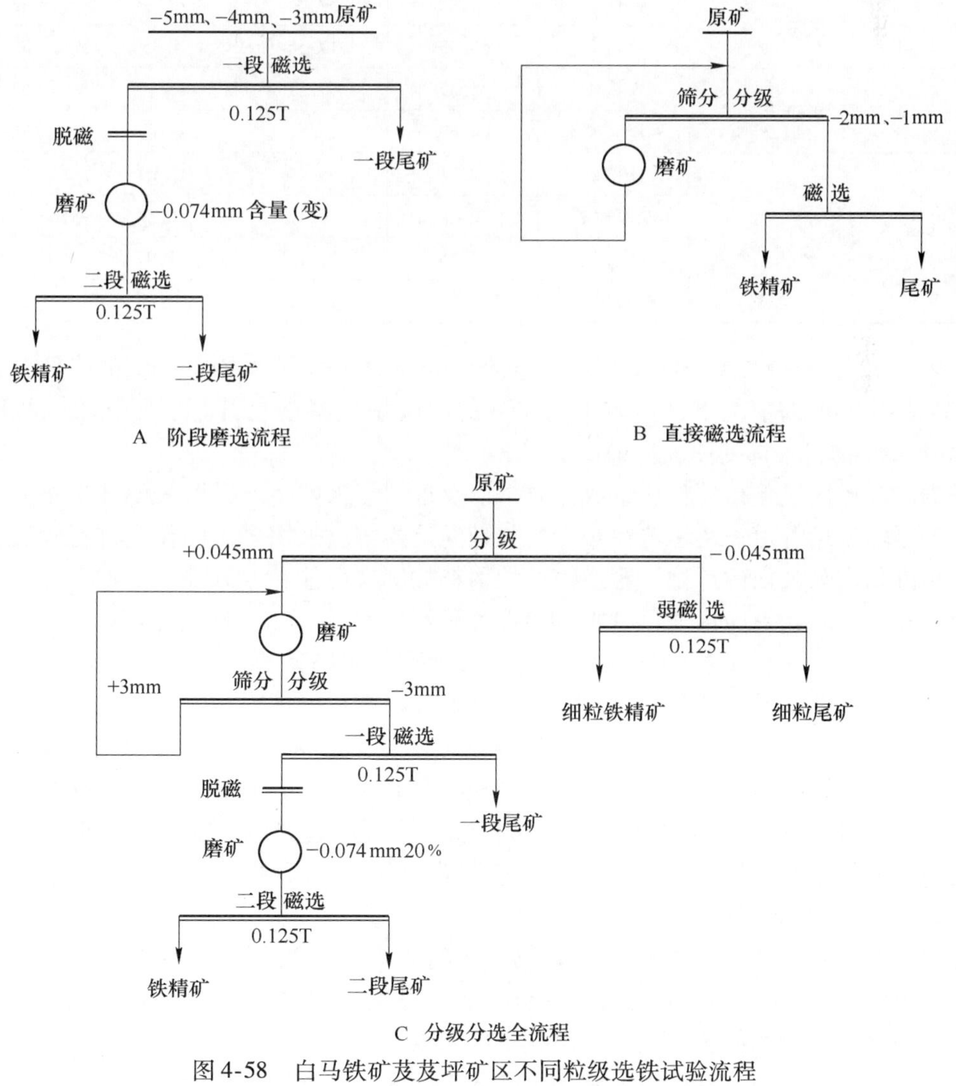


A 阶段磨选流程　　B 直接磁选流程

C 分级分选全流程

图4-58 白马铁矿芨芨坪矿区不同粒级选铁试验流程

**表 4-52 白马铁矿芨芨坪矿区不同入选粒级物料选铁指标**

| 流程结构 | 产品名称 | 精矿产率/% | 品位/% | | 回收率/% |
|---|---|---|---|---|---|
| | | | TFe | $TiO_2$ | TFe |
| -5mm 物料直接阶段磨选，粗精矿再磨，磨矿细度 -0.074mm 30% | 铁精矿 | 28.65 | 58.13 | 12.21 | 52.65 |
| | 二段磁尾 | 11.49 | 31.02 | 28.66 | 11.27 |
| | 一段尾矿 | 59.86 | 19.06 | 5.88 | 36.08 |
| -4mm 物料直接阶段磨选，粗精矿再磨，磨矿细度 -0.074mm 25% | 铁精矿 | 30.31 | 57.35 | 12.28 | 54.35 |
| | 二段磁尾 | 10.58 | 31.61 | 28.68 | 10.45 |
| | 一段尾矿 | 59.11 | 19.03 | 5.43 | 35.20 |
| -3mm 物料直接阶段磨选，粗精矿再磨，磨矿细度 -0.074mm 20% | 铁精矿 | 33.59 | 58.71 | 12.47 | 62.74 |
| | 二段磁尾 | 3.51 | 31.86 | 28.24 | 3.56 |
| | 一段尾矿 | 62.90 | 16.84 | 4.13 | 33.70 |
| -2mm 物料直接磁选 | 铁精矿 | 36.05 | 57.04 | 13.26 | 64.69 |
| | 尾　矿 | 63.95 | 17.55 | 4.35 | 35.31 |
| -1mm 物料直接磁选 | 铁精矿 | 35.37 | 57.31 | 13.10 | 63.98 |
| | 尾　矿 | 64.63 | 17.66 | 4.48 | 36.02 |
| 粗细分级分选 | 铁精矿 | 32.21 | 58.49 | 12.01 | 60.81 |
| | 二段尾矿 | 2.15 | 30.12 | 30.39 | 2.09 |
| | 一段尾矿 | 12.75 | 21.93 | 11.97 | 9.02 |
| | 细粒尾矿 | 52.89 | 16.02 | 2.36 | 28.08 |

由表 4-52 的试验结果表明，在 -5mm 至 -3mm 之间，随着给矿粒度的降低，在保持精矿 TFe 品位不变的情况下，精矿中的 TFe 的回收率大幅度上升。在所试验的粒度范围内，以 -2mm 物料入选的回收率最高。

根据白马矿区风化矿的粒度组成性质，以及近一年来的生产实践表明，矿石从矿山到选矿厂的运输采用管道输送是势在必行，关键的是要解决采用多大的粒度进行管道输送的问题。依据新白马公司的计划，管道输送的物料粒度有可能在 -5mm、-4mm、-3mm 之间选择，在 -2mm、-1mm 之间选择的可能性较小。在此有如下建议方案：

建议方案Ⅰ：-3mm 物料管道输送，直接磁选—粗精矿再磨选铁。-3mm 物料进行管道输送，虽不利于矿山洗矿或自磨设备提高处理能力，但该粒级物料可以直接进入磁选作业，抛弃大部分尾矿，特别是矿泥，且选铁技术指标较高。同时，铁粗精矿再磨容易，仅需要磨到 -0.074mm 20% 左右，选矿成本低，经济效益好。该方案流程结构见图 4-59。

建议方案Ⅱ：在矿山以 -5mm 粒级物料进行管道输送进厂，以 -2mm 粒级物料进行一段选铁，获得最终铁精矿。该方案虽然能够获得 57% 以上的铁精矿，但杂质 $TiO_2$ 含量略高。该方案流程结构见图 4-60。

建议方案Ⅲ：在矿山以 -5mm 粒级物料进行管道输送进厂，采用浓密机分级（以溢流的方式分级出 -0.045mm 粒级物料）分选。细粒级直接选铁，获得最终铁精矿和最终尾矿；粗粒级采用阶段磨选方案，获得铁精矿和粗、细粒级尾矿（一段尾矿、二段尾矿），该尾矿可用于选钛。该方案可以大幅度提高选矿厂的单位处理能力，降低生产成本。该方

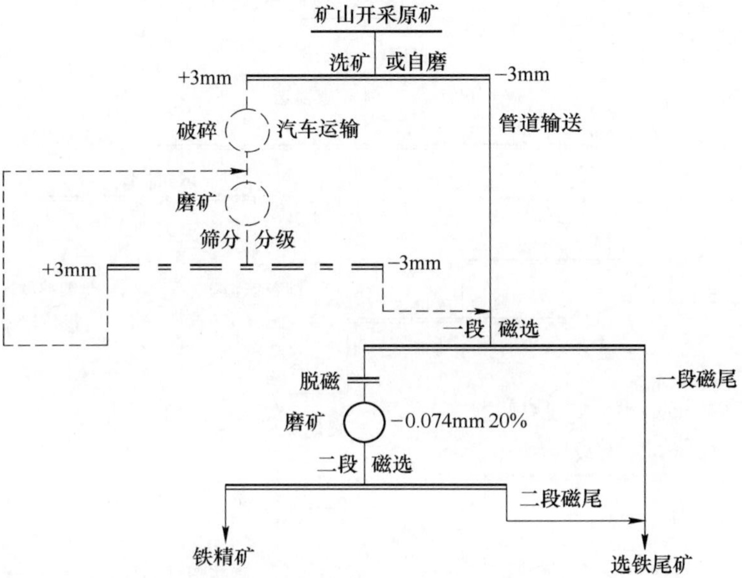


图 4-59 白马风化矿管道输送—选矿流程（建议方案Ⅰ）

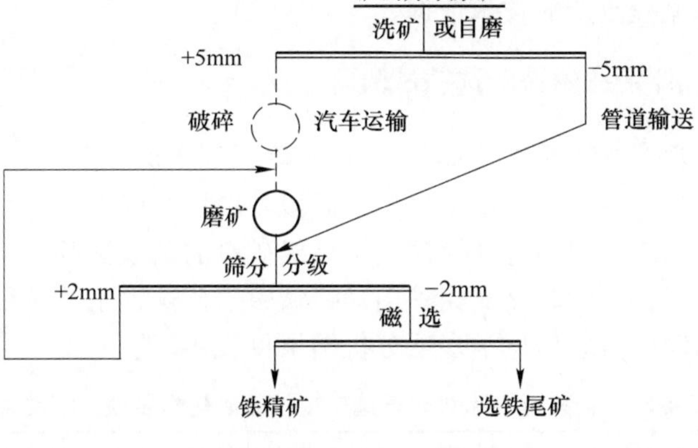


图 4-60 白马风化矿管道输送—选矿流程（建议方案Ⅱ）

案流程结构见图 4-61。

建议方案Ⅳ：该方案与建议方案Ⅰ流程结构相同，在矿山以 -3mm 粒级物料进行管道输送进厂，直接磁选抛除尾矿，不同的是二段磨矿细度为 -0.074mm 80%（建议方案Ⅰ为 20%），该方案获得的铁精矿铁品位高些，含钛要低些。

总之，白马矿区风化矿风化程度高（全风化矿 -0.074mm 58% 以上），具有矿石易碎、矿泥含量高的特征，造成原矿运输难（尤其是雨季）、破碎难（堵塞破碎机、料仓等）、磨矿难（堵塞粉矿仓，难在不能顺利将矿石给入磨机中）、选别流程难以顺畅。该试验物料的粒度组成特性决定了白马矿区风化矿进行管道输送是势在必行。依据矿石性质，并充分结合现场生产特点，实验室进行了六个选矿流程的对比研究，提出了既适合矿石性质，又结合现场生产实际的四种运输—磨矿—选别流程建议方案和各方案各作业的控制参数，提出了适合矿石性质的输送（运输）—磨矿—选别的建议方案，作为白马矿区风

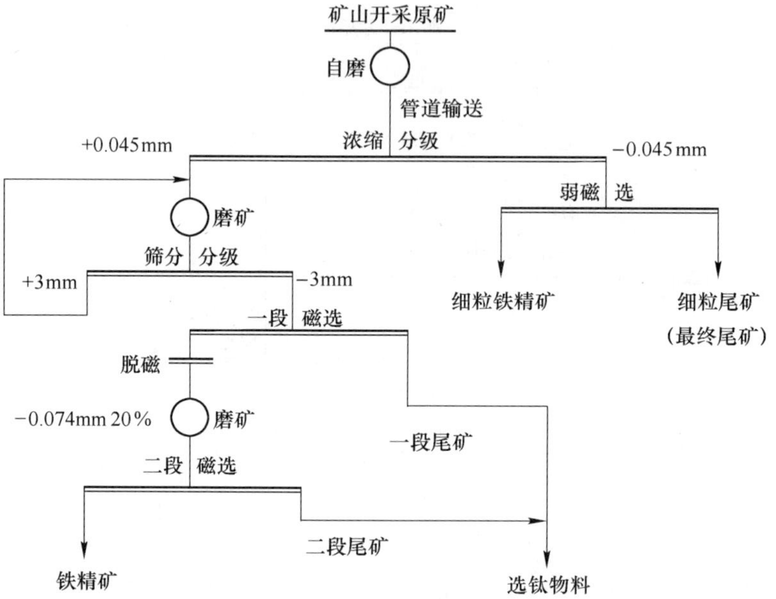


图4-61 白马风化矿分级分选方案流程（建议方案Ⅲ）

化矿开发利用及生产流程改造的技术依据。

### 4.3.6 白马矿区青杠坪钒钛磁铁矿选铁试验

4.3.6.1 白马矿区青杠坪钒钛磁铁矿Ⅰ品级矿石选铁试验及技术经济初步评价

在前期完成白马矿区芨芨坪、田家村两个矿段及白马全区混合样提高铁精矿品位试验研究的基础上，这次完成的白马青杠坪矿段Ⅰ品级矿石的选铁试验，为青杠坪矿段初勘地质报告提供选矿试验资料，同时充实完善白马钒钛磁铁矿选铁工艺流程方案。

白马青杠坪Ⅰ品级矿石原矿化学多项分析结果见表4-53。

**表4-53 青杠坪Ⅰ品级矿石选矿试样原矿化学多项分析结果** （%）

| 成分 | TFe | $TiO_2$ | $V_2O_5$ | $Cr_2O_3$ | Co | Ni | Cu | $SiO_2$ | $Al_2O_3$ | MgO | CaO | S | P | FeO |
|---|---|---|---|---|---|---|---|---|---|---|---|---|---|---|
| 含量 | 23.70 | 6.27 | 0.240 | 0.036 | 0.014 | 0.017 | 0.028 | 29.68 | 9.07 | 9.68 | 7.10 | 0.633 | 0.060 | 20.48 |

白马青杠坪矿段矿石的构造从选矿角度看，主要为浸染状、条带状，次为致密块状、浸染状，条带状明显表示矿物在矿石中不均匀分布，而矿石的结构主要为铁钛氧化物，即钛磁铁矿、钛铁矿集合体与脉石矿物镶嵌，或充填在脉石矿物间隙中，这种结构的矿石性质决定了在选矿过程中可尽早丢弃低含量部分，也就是说，该矿石在选矿中可实行粗粒抛尾。

针对白马青杠坪Ⅰ品级矿石特点，与以往白马矿区试验研究相比较，本次试验突出地研究了粗粒抛尾，进行了多种粒度上限抛尾比较。

按第一次粗粒抛尾的粒度差别来制定选矿工艺流程，即粗粒抛尾粒度、抛尾段数和不粗粒抛尾等差异，就成了不同流程方案之间的差异，本次选矿试验的选铁部分，一共完成了三种不同流程结构五种流程方案试验，五种流程方案分别为：

方案Ⅰ：75～0mm磁滑轮抛尾—棒磨3～0mm湿式粗抛—球磨磁选选铁—精矿再磨

再选；

方案Ⅱ：25～0mm 磁滑轮抛尾—棒磨 3～0mm 湿式粗抛—球磨磁选选铁—精矿再磨再选；

方案Ⅲ：棒磨 6～0mm 粗抛—球磨磁选选铁—精矿再磨再选；

方案Ⅳ：棒磨 3～0mm 粗抛—球磨磁选选铁—精矿再磨再选；

方案Ⅴ：原矿直接球磨—磁选选铁。

白马青杠坪Ⅰ品级矿石五种选铁工艺流程见图 4-62，对比试验结果见表 4-54。

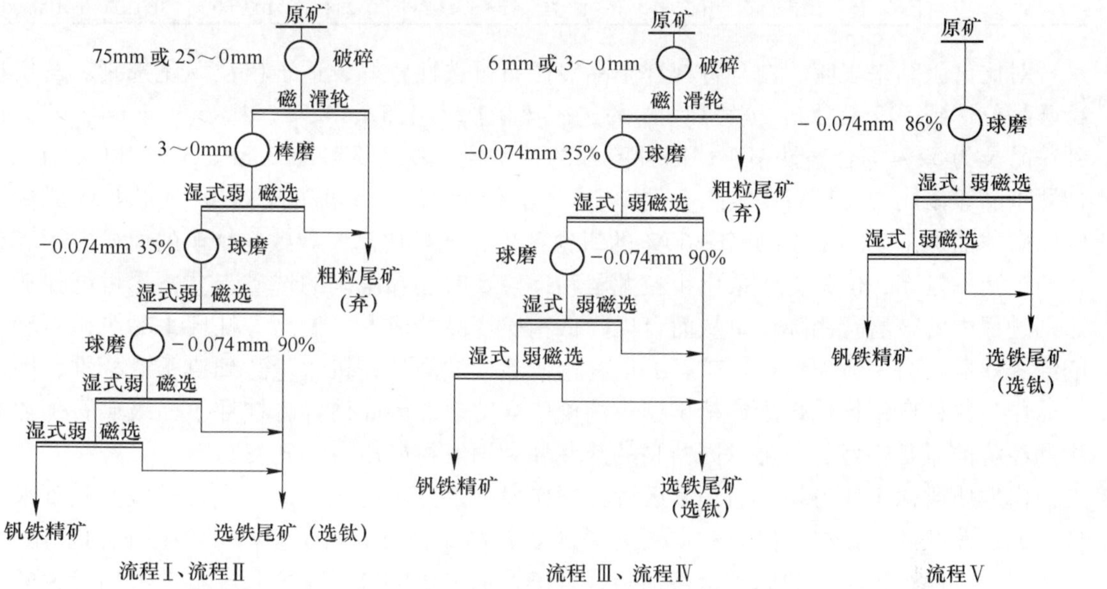


图 4-62 青杠坪Ⅰ品级矿三种不同流程结构（五种流程方案）选铁工艺流程

**表 4-54 青杠坪Ⅰ品级矿五种流程方案选铁试验结果**

| 流程方案 | 产品名称 | 产率/% | 品位/% | | | 回收率/% | | |
|---|---|---|---|---|---|---|---|---|
| | | | TFe | $TiO_2$ | $V_2O_5$ | TFe | $TiO_2$ | $V_2O_5$ |
| Ⅰ | 钒铁精矿 | 21.90 | 59.50 | 9.39 | 0.814 | 54.70 | 32.95 | 77.72 |
| | 选铁尾矿 | 20.72 | 16.58 | 7.12 | 0.056 | 14.41 | 23.65 | 5.04 |
| | 粗抛尾矿 | 57.38 | 12.83 | 4.72 | 0.069 | 30.89 | 43.40 | 17.24 |
| | 原　矿 | 100.00 | 23.83 | 6.24 | 0.229 | 100.00 | 100.00 | 100.00 |
| Ⅱ | 钒铁精矿 | 21.05 | 59.42 | 9.556 | 0.793 | 53.41 | 32.11 | 73.38 |
| | 选铁尾矿 | 20.05 | 15.54 | 6.95 | 0.062 | 13.31 | 22.24 | 5.43 |
| | 粗抛尾矿 | 58.90 | 13.24 | 4.86 | 0.082 | 33.28 | 45.65 | 21.19 |
| | 原　矿 | 100.00 | 23.43 | 6.27 | 0.228 | 100.00 | 100.00 | 100.00 |
| Ⅲ | 钒铁精矿 | 24.66 | 59.37 | 9.06 | 0.762 | 61.57 | 36.07 | 82.50 |
| | 选铁尾矿 | 30.21 | 14.64 | 6.53 | 0.063 | 18.60 | 31.83 | 8.40 |
| | 粗抛尾矿 | 45.13 | 10.45 | 4.41 | 0.046 | 19.83 | 32.11 | 9.10 |
| | 原　矿 | 100.00 | 23.78 | 6.20 | 0.228 | 100.00 | 100.00 | 100.00 |

续表 4-54

| 流程方案 | 产品名称 | 产率/% | 品位/% | | | 回收率/% | | |
|---|---|---|---|---|---|---|---|---|
| | | | TFe | $TiO_2$ | $V_2O_5$ | TFe | $TiO_2$ | $V_2O_5$ |
| Ⅳ | 钒铁精矿 | 24.73 | 59.42 | 9.07 | 0.806 | 61.84 | 35.75 | 86.05 |
| | 选铁尾矿 | 26.59 | 15.37 | 6.99 | 0.057 | 17.19 | 29.63 | 6.59 |
| | 粗抛尾矿 | 48.68 | 10.24 | 4.46 | 0.035 | 20.97 | 34.62 | 7.36 |
| | 原　矿 | 100.00 | 23.76 | 6.27 | 0.232 | 100.00 | 100.00 | 100.00 |
| Ⅴ | 钒铁精矿 | 25.55 | 58.49 | 9.15 | 0.827 | 62.94 | 36.34 | 88.68 |
| | 选铁尾矿 | 74.45 | 11.82 | 5.50 | 0.036 | 37.06 | 63.66 | 11.32 |
| | 原　矿 | 100.00 | 23.75 | 6.43 | 0.238 | 100.00 | 100.00 | 100.00 |

对比试验结果表明，白马青杠坪Ⅰ品级矿石可选性较好，适于粗粒抛尾选别。若钒铁精矿品位达到59%以上，方案Ⅰ～Ⅳ的选矿比依次为4.57、4.75、4.06和4.04，若只选到铁品位为52%的合格铁精矿，四种流程的选矿比依次为3.69、3.85、3.27和3.24。青杠坪Ⅰ品级矿属中贫矿石，需3.5t原矿选1t品位为51%～52%的铁精矿，需4.5t或更多的原矿才能选1t铁品位为59%～60%的钒铁精矿，选矿比高，导致吨精矿的原矿费用和选矿加工费用较高，但是由于采用粗粒抛尾和逐段及时丢弃尾矿的选矿工艺，尽可能使矿石选别过程中的破磨费用降低，从而可以降低精矿产品的成本，提高青杠坪Ⅰ品级矿石利用的经济效益。另一方面青杠坪矿石的最终精矿除含铁高外，钒含量达到钒精矿标准，因此产品作为钒精矿销售比作为铁精矿销售的价值高得多，因此估算青杠坪Ⅰ品级矿石工业利用的经济前景是很好的，可以同白马的芨芨坪和田家村矿段一起开发利用。

由地质勘探工作得知，白马矿区青杠坪矿段是勘探程度较低的一个含矿段，其开采条件不如芨芨坪和田家村矿段好，矿石开采成本较高。白马青坪杠矿段Ⅰ品级矿剥采比高，采矿费大，使得进选厂的原矿价格很高（10.39元/吨原矿），在精矿成本中占相当大的比重，不同流程方案精矿成本不一样，原矿费用在其中占的比例也不一样，但都高于60%，最高者占到73%～74%，因此降低原矿费用就能大大降低精矿成本，其次是从选矿上提高金属回收率，以增加精矿产率，从而降低精矿成本。

由于原矿价格高，各种流程方案中以精矿产率高为优，每增加一个产率可使每吨精矿增值1.9～3元；使精矿成本降低1.6～2元。所以降低每吨原矿的选矿加工费用处于次要地位，起不到显著的经济效果。从表4-98中看到流程方案Ⅳ的经济效益较好，该流程方案保持了最高的金属回收率，同时也使每吨原矿的选矿加工费用有较大的降低。Ⅰ、Ⅱ两方案需要进一步提高金属回收率，也就是需要控制好粗粒抛尾中的金属损失，在这方面仍然是有潜力可挖的。

假设选矿厂年处理原矿石量1000万吨，针对不同流程方案进行技术经济计算表明，青杠坪矿段矿石以原矿3～0mm粗抛选合格铁精矿经济效益最好，每年获得铁精矿产品306.8万吨，获利润2703万元，4年半左右可收回选矿厂建厂投资。

由于青杠坪矿段矿体呈陡倾斜，只开采Ⅰ品级矿剥采比大，加之维检费用提高，原矿费用在精矿成本中占60%～70%，因此提高回收率、降低选矿比成为提高经济效益的主导因素，以流程方案Ⅳ选合格铁精矿为例，若铁的回收率提高一个百分点，铁的产率将增加0.45%，精矿成本将降低1.5%，经济收益将提高4.5%，年利润将增加797万多元，而降低选矿加工费成为改善经济效益的次要因素。

由于上述情况，经初步技术经济计算表明，以原矿制备到3~0mm粗粒抛尾，铁精矿品位控制在52%左右的流程方案和产品方案的经济效益最好（对矿山而言）。若以选厂年处理1000万吨原矿计算，每年可盈利2703万元，选矿厂投资回收期为4~5年，因此，青杠坪矿段所储矿石，可以同白马矿区的芨芨坪，田家村两矿段一起开发利用。

#### 4.3.6.2 白马矿区青杠坪钒钛磁铁矿选矿工艺试验

试验矿样由四川省地质矿产勘探开发局106地质队根据选厂前期生产情况，按不同矿带和品级分别采集后合并为一个综合样。样品总重5t，设计样品品位为TFe 24.38%、$TiO_2$ 6.58%、$V_2O_5$ 0.230%，实际测得原矿品位为TFe 24.44%、$TiO_2$ 6.76%、$V_2O_5$ 0.230%，试验样品符合要求。

鉴于本项目是为甲方新建选矿厂提供设计基础依据，本项目在实施过程中除按照合同要求的参照中国地质科学院矿产综合利用研究所1985年3月提交的《四川米易县白马青杠坪钒钛磁铁矿Ⅰ品级矿石选铁试验及技术经济初步评价报告》研究内容进行了块矿抛尾选铁工艺、粗粒抛尾选铁工艺和一段磨矿选铁工艺实验室验证试验外，还根据委托方考虑对钛进行综合回收的要求，结合选铁选钛的工艺状况，增加了合理选铁工艺流程的实验室试验研究和推荐流程的扩大连续试验研究工作。

原矿多项分析和物相分析结果分别见表4-55~表4-57，主要矿物组成见表4-58。

**表4-55 白马青杠坪钒钛磁铁矿原矿主要化学成分** （%）

| 成分 | TFe | FeO | $TiO_2$ | $V_2O_5$ | Ga | Sc | Co | Ni | S | P | $SiO_2$ | $Al_2O_3$ | CaO | MgO |
|---|---|---|---|---|---|---|---|---|---|---|---|---|---|---|
| 含量 | 24.44 | 19.02 | 6.76 | 0.23 | 0.0054 | 0.0047 | 0.017 | 0.0096 | 0.48 | 0.36 | 29.58 | 7.77 | 8.10 | 9.95 |

**表4-56 白马青杠坪钒钛磁铁矿原矿铁物相分析结果** （%）

| 成 分 | 磁性铁中TFe | 赤褐铁矿中TFe | 钛铁矿中TFe | 硫化铁中TFe | 硅酸铁中TFe | 合计 |
|---|---|---|---|---|---|---|
| 含 量 | 15.35 | 4.89 | 2.04 | 0.66 | 1.47 | 24.41 |
| 分布率 | 62.88 | 20.03 | 8.36 | 2.70 | 6.02 | 100.00 |

**表4-57 白马青杠坪钒钛磁铁矿原矿钛物相分析结果** （%）

| 成 分 | 钛铁矿中$TiO_2$ | 钛磁铁矿中$TiO_2$ | 硅酸盐中$TiO_2$ | 合 计 |
|---|---|---|---|---|
| 含 量 | 3.48 | 2.73 | 0.34 | 6.55 |
| 分布率 | 53.13 | 41.68 | 5.19 | 100.00 |

**表4-58 白马青杠坪钒钛磁铁矿主要矿物种类**

| 相对含量 | 金属矿物 | | | | 脉石矿物 | |
|---|---|---|---|---|---|---|
| | 氧化物 | | 硫化物 | | 原生矿物 | 次生矿物 |
| | 原生矿物 | 次生矿物 | 原生矿物 | 次生矿物 | | |
| 主 要 | 钛磁铁矿，钛铁矿 | 钛磁赤铁矿 | 磁黄铁矿 | | 橄榄石，钛普通辉石，斜长石 | 黝帘石，绿帘石，绿泥石 |
| 次 要 | 褐铁矿 | 赤铁矿 | 黄铁矿，黄铜矿，镍黄铁矿，钴镍黄铁矿 | | 棕色角闪石，黑云母，镁铝尖晶石 | 葡萄石，伊丁石，绢云母 |
| 少量微量 | | 磁铁矿 | 方黄铜矿 | 白铁矿 | 磷灰石 | 榍石，次闪石 |

A 矿石特点

白马青杠坪矿石全铁品位低，选铁的选矿比大，若采用以铁为主的开发利用方案，选矿成本高，效益低，是青杠坪矿石的基本特点之一。

青杠坪矿石钛铁矿含量低，在攀西四大矿区中，为最低者。但 $TiO_2$在钛铁矿中的分配率略高于攀枝花矿石，仍有回收价值；钛磁铁矿中所含的钒（$V_2O_5$）平均为 0.78%，是攀西四大矿区中最高者，因此，该资源综合利用有着较好的潜在价值，这是青杠坪矿的特点之二。

再者，青杠坪矿的矿石类型多，工艺性质较为复杂，选矿加工难度较大，技术要求高，是其特点之三。

由矿石的结构构造、主要矿物工艺特征表明，该矿石既具有阶段磨矿阶段选别的性质，又具有钛磁铁矿、钛铁矿结合体与脉石矿物粗磨分选的特性。

综上所述，制定青杠坪钒钛磁铁矿选铁工艺流程的基本原则是，首先要有利于对该资源有益元素铁、钒等的充分回收利用；二是充分利用矿石的工艺性质，研究采用有利于降低选矿成本的工艺技术；三是选铁工艺流程既要有利于选铁，同时要有利于对钛和钴镍硫化物的选别回收。这三个方面是相辅相成的，要协调一致。

B 选铁新工艺实验室试验

由于该项目要求在获得高质量铁精矿的同时综合回收利用钛铁矿，鉴于目前国内外使用的选钛工艺主要为粗粒重—电选—细粒强磁—浮选工艺流程、强磁—浮选工艺和单一浮选工艺流程三种，结合青杠坪钒钛磁铁矿石中钛铁矿嵌布粒度较细的矿石工艺性质，该项目拟开展便于下一步选钛的合理选铁工艺流程试验。进行了原矿二段球磨—磁选选铁工艺试验，采用两种工艺流程进行了对比试验，两种工艺流程对比试验结果见表 4-59，数质量流程见图 4-63 和图 4-64。

**表 4-59 白马青杠坪钒钛磁铁矿两段磨选工艺流程试验结果对比**

| 流程名称 | 产品名称 | 产率/% | 品位/% | | | 回收率/% | | |
|---|---|---|---|---|---|---|---|---|
| | | | TFe | $TiO_2$ | $V_2O_5$ | TFe | $TiO_2$ | $V_2O_5$ |
| 流程 I | 铁精矿 | 26.00 | 60.86 | 9.92 | 0.785 | 65.83 | 39.46 | 90.36 |
| | 尾　矿 | 74.00 | 11.10 | 5.35 | 0.029 | 34.17 | 60.54 | 9.64 |
| | 原　矿 | 100.00 | 24.02 | 6.54 | 0.226 | 100.00 | 100.00 | 100.00 |
| 流程 II | 铁精矿 | 26.97 | 60.26 | 10.05 | 0.780 | 67.10 | 40.59 | 91.50 |
| | 尾　矿 | 73.03 | 10.91 | 5.43 | 0.027 | 32.90 | 59.41 | 8.50 |
| | 原　矿 | 100.00 | 24.22 | 6.68 | 0.230 | 100.00 | 100.00 | 100.00 |

表 4-59 结果表明，本次粗粒抛尾和一段球磨磁选选铁工艺验证试验铁精矿技术指标均优于之前的报告结果，但若要综合回收钛，则以流程 II 更为合理，故本项目推荐一段磨矿粒度为 -0.074mm 含量 60% 左右（流程 II）的两段磨选工艺流程进行选铁扩大连续试验。

C 选铁扩大连续试验

根据实验室试验结果及推荐的流程 II，进行了白马青杠坪钒钛磁铁矿选铁扩大连续试验，选铁扩大连续试验最终结果见表 4-60，数质流程见图 4-65。

选铁连续扩大试验设备采用的是摆式给料机给矿，420mm × 600mm XMBL-77 型棒磨机（球磨机）与单螺旋分级机形成闭路磨矿；弱磁粗选、精选设备为 $\phi$300mm × 300mm 鼓式电磁磁选机，脱磁器设备为 SBT-A-50。试验设备联系图见图 4-66，各设备规格型号见表 4-61。

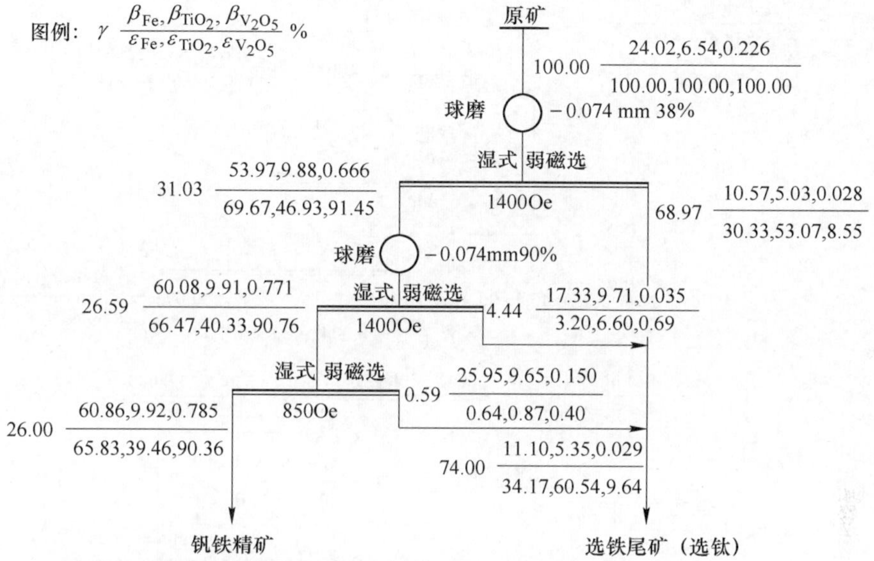


图 4-63 白马青杠坪钒钛磁铁矿实验室两段磨矿选铁数质量流程（流程Ⅰ）

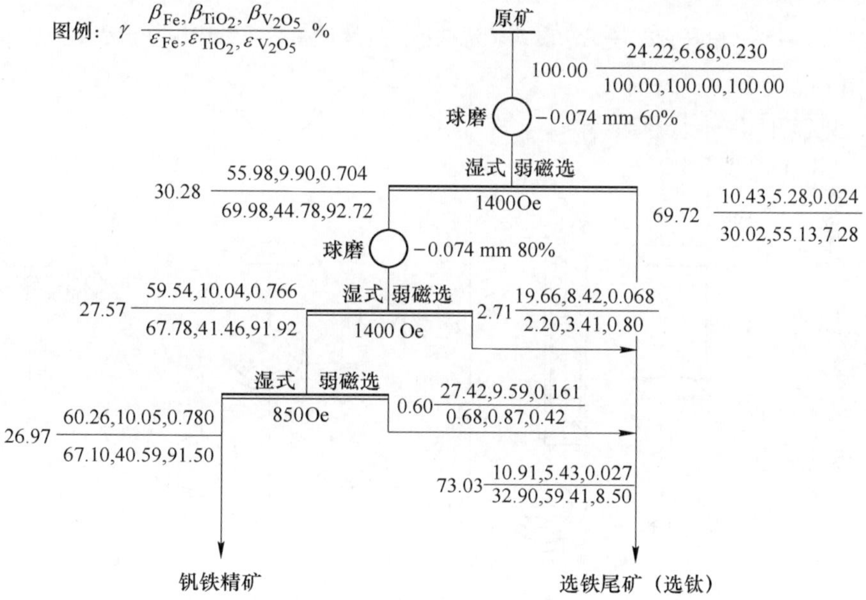


图 4-64 白马青杠坪钒钛磁铁矿实验室两段磨矿选铁数质量流程（流程Ⅱ）

**表 4-60 白马青杠坪钒钛磁铁矿两段磨选工艺流程Ⅱ扩大连续试验结果**

| 产品名称 | 产率/% | 品位/% | | | 回收率/% | | |
|---|---|---|---|---|---|---|---|
| | | TFe | $TiO_2$ | $V_2O_5$ | TFe | $TiO_2$ | $V_2O_5$ |
| 铁精矿 | 27.62 | 59.28 | 9.97 | 0.72 | 68.02 | 42.03 | 90.78 |
| 尾　矿 | 72.38 | 10.64 | 5.25 | 0.028 | 31.98 | 57.97 | 9.22 |
| 原　矿 | 100.00 | 24.07 | 6.55 | 0.22 | 100.00 | 100.00 | 100.00 |

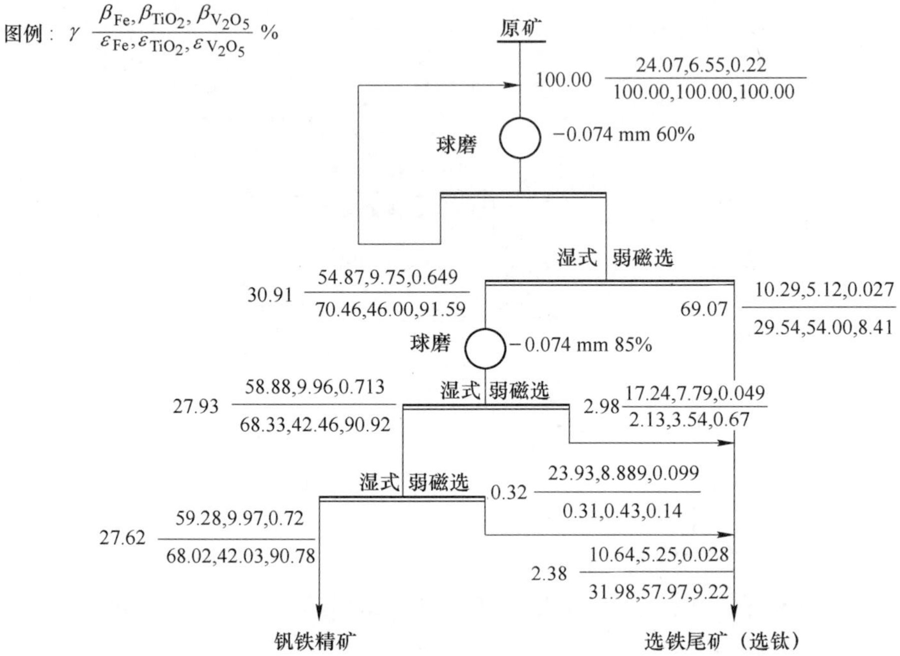


图 4-65 白马青杠坪钒钛磁铁矿选铁扩大连续试验数质量流程（流程Ⅱ）

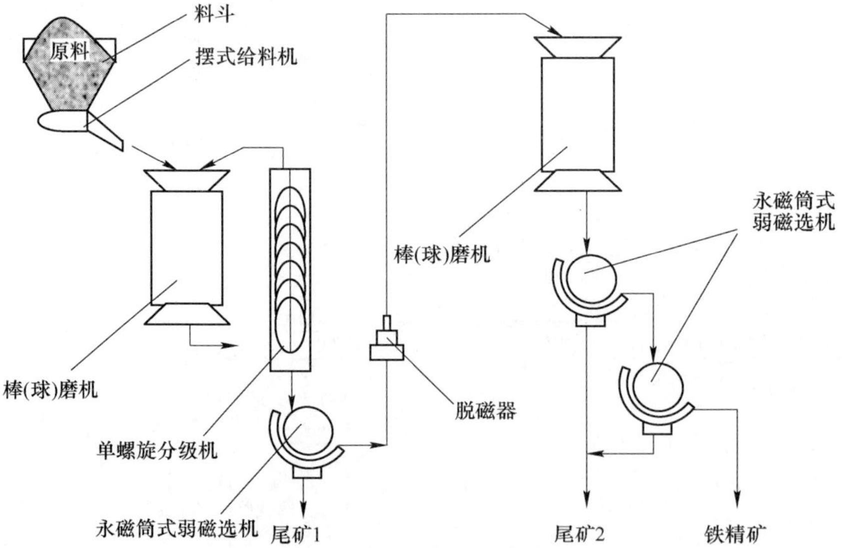


图 4-66 白马青杠坪选铁扩大连续试验设备联系图

**表 4-61 白马青杠坪钒钛磁铁矿选铁扩大连续试验设备**

| 设备名称 | 规格型号 | 数 量 |
|---|---|---|
| 料 斗 | 400mm × 400mm | 1 台 |
| 摆式给料机 | 80mm × 20mm | 1 台 |
| 棒（球）磨机 | 420mm × 600mm XMBL-77 型 | 2 台 |
| 单螺旋分级机 | $\phi$150mm | 1 台 |
| 永磁筒式弱磁选机 | $\phi$400mm × 400mm | 3 台 |
| 脱磁器 | SBT-A-50 | 1 台 |

D 选铁尾矿沉降试验

为了给选矿厂选铁尾矿浓缩池提供设计依据，对选铁扩大连续试验尾矿进行了沉降试验，试验结果见表4-62 和图4-67。

表4-62 白马青杠坪钒钛磁铁矿选铁尾矿沉降试验结果

| 沉降时间/min | 8 | 10 | 15 | 20 | 30 | 45 | 60 | 90 |
|---|---|---|---|---|---|---|---|---|
| 沉清层高度/mm | 130 | 145 | 213 | 240 | 247 | 247 | 247.5 | 247.5 |
| 沉降时间/min | 120 | 150 | 180 | 240 | 300 | 360 | 420 | 1440 |
| 沉清层高度/mm | 247.5 | 247.5 | 247.5 | 247.5 | 247.5 | 248 | 248 | 250 |

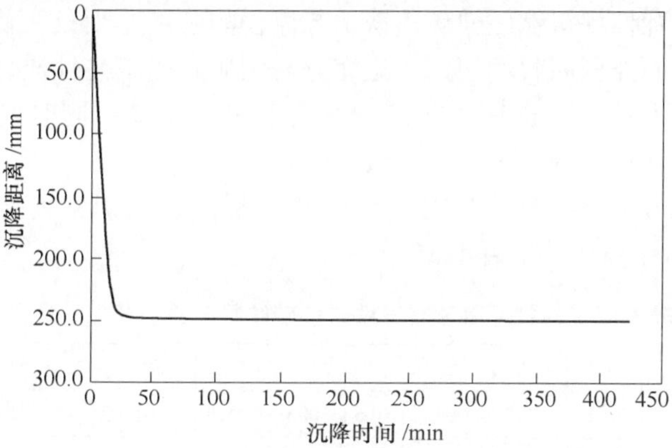


图4-67 白马青杠坪钒钛磁铁矿选铁尾矿沉降曲线

对选铁扩大连续试验尾矿测定距液面160～165mm深度不同沉降时间澄清液中固性物含量，其结果表明，对本选铁工艺的选铁尾矿浆沉降30min后，其外排尾矿水中固性物含量就已远低于工业排放水标准（≤500mg/L）。

根据该矿合理开发的总体思路，开展了两种合理选铁工艺流程研究。试验结果表明，若要综合利用钛铁矿，则以原矿一段球磨至－0.2mm、－0.074mm含量为65%左右的两段球磨磁选选铁工艺（流程Ⅱ）为最佳选铁工艺流程。鉴于委托方要求综合利用钛铁矿，故该试验推荐的最终选铁工艺流程为两段球磨磁选选铁工艺（流程Ⅱ），对该流程进行扩大连续试验的结果为：选矿比3.62，钒铁精矿中TFe、$TiO_2$、$V_2O_5$品位分别为59.28%、9.97%、0.72%，TFe、$TiO_2$、$V_2O_5$在精矿中的分布率分别为68.02%、42.03%、90.78%；精矿中S、P含量符合一级品精矿质量标准，试验获得的钒铁精矿为高质量铁精矿。推荐的选铁流程结构合理，工艺技术可靠，技术指标理想。可作为选铁厂建厂设计依据。

4.3.6.3 青杠坪腾家梁子铁矿选矿工艺试验

受攀枝花中禾矿业有限公司的委托，参照中国地质科学院矿产综合利用研究所1985年完成的《四川米易县白马青杠坪钒钛磁铁矿Ⅰ品级矿石选铁试验及技术经济初步评价报告》的研究内容，对白马钒铁钛磁铁矿青杠坪矿段的腾家梁子铁矿生产开采的前期矿样（简称1号样）、后期矿样（简称2号样）和表外矿（简称3号样）进行了详细的选铁试验研究。

A 试验矿样的特点

白马青杠坪矿石全铁品位低，选铁的选矿比大，若采用以铁为主的开发利用方案，选矿成本高，效益低，是青杠坪矿石的基本特点之一；青杠坪矿石钛铁矿含量低，在攀西四大矿区中，为最低者，但$TiO_2$在钛铁矿中的分布率高于攀枝花矿石，仍有回收价值，钛磁铁矿中所含的钒（$V_2O_5$）平均为0.78%，是攀西四大矿区中最高者，因此，该资源综合利用有着较好的潜在价值，这是青杠坪矿的特点之二；青杠坪矿的矿石类型多，工艺性质较为复杂，选矿加工难度较大，技术要求高，是其特点之三。

由矿石的结构构造、主要矿物工艺特征表明，矿石具有钛磁铁矿、钛铁矿结合体与脉石矿物可以粗磨分离的特性。因此，该矿石具有阶段磨矿阶段选别的特性。

综上所述，制定青杠坪钒钛磁铁矿选铁工艺流程的基本原则是，首先要有利于对该资源有益元素铁、钒等的充分回收利用；二是充分利用矿石的工艺性质，研究采用有利于降低选矿成本的工艺技术；三是选铁工艺流程既要有利于选铁，同时要兼顾对钛的综合回收。这三个方面是相辅相成的，要协调一致。

1号、2号、3号矿样各原矿多项分析和物相分析结果分别见表4-63，铁物相分析结果见表4-64，钛物相分析结果见表4-65。

**表4-63 青杠坪腾家梁子铁矿各矿样原矿的主要化学成分** (%)

| 矿样 | TFe | FeO | $TiO_2$ | $V_2O_5$ | $Cr_2O_3$ | Sc | Co | Ni | Cu | S | P | $SiO_2$ | $Al_2O_3$ | CaO | MgO |
|---|---|---|---|---|---|---|---|---|---|---|---|---|---|---|---|
| 1号样 | 22.45 | 20.05 | 6.11 | 0.18 | 0.013 | 0.0052 | 0.016 | 0.0058 | 0.018 | 0.70 | 0.093 | 31.35 | 7.80 | 8.75 | 9.72 |
| 2号样 | 20.26 | 17.79 | 6.17 | 0.18 | 0.013 | 0.0058 | 0.014 | 0.0035 | 0.012 | 0.57 | 0.097 | 33.66 | 9.23 | 9.99 | 7.88 |
| 3号样 | 17.64 | 15.78 | 4.87 | 0.15 | 0.0099 | 0.0048 | 0.012 | 0.0035 | 0.034 | 0.53 | 0.11 | 35.82 | 11.63 | 9.67 | 7.38 |

**表4-64 青杠坪腾家梁子铁矿各矿样原矿中铁物相分析结果** (%)

| 矿样 | 成分 | 磁性铁中TFe | 赤褐铁矿中TFe | 钛铁矿中TFe | 硫化铁中TFe | 硅酸铁中TFe | 合计 |
|---|---|---|---|---|---|---|---|
| 1号样 | 含量 | 14.00 | 4.34 | 1.21 | 0.94 | 2.11 | 22.60 |
| | 分布率 | 61.95 | 19.20 | 5.35 | 4.16 | 9.34 | 100.00 |
| 2号样 | 含量 | 12.47 | 4.34 | 1.00 | 0.78 | 2.18 | 20.77 |
| | 分布率 | 60.04 | 20.90 | 4.81 | 3.75 | 10.50 | 100.00 |
| 3号样 | 含量 | 9.98 | 4.21 | 0.78 | 0.76 | 1.98 | 17.71 |
| | 分布率 | 56.35 | 23.77 | 4.41 | 4.29 | 11.18 | 100.00 |

**表4-65 青杠坪腾家梁子铁矿各矿样原矿中钛物相分析结果** (%)

| 矿 样 | 成 分 | 钛铁矿中$TiO_2$ | 钛磁铁矿中$TiO_2$ | 赤褐铁矿及硅酸盐中$TiO_2$ | 合计 |
|---|---|---|---|---|---|
| 1号样 | 含 量 | 3.36 | 2.41 | 0.50 | 6.27 |
| | 分布率 | 53.59 | 38.44 | 7.97 | 100.00 |
| 2号样 | 含 量 | 3.10 | 2.25 | 0.60 | 5.95 |
| | 分布率 | 52.10 | 37.82 | 10.08 | 100.00 |
| 3号样 | 含 量 | 2.94 | 1.38 | 0.55 | 4.87 |
| | 分布率 | 60.37 | 28.34 | 11.29 | 100.00 |

表4-63分析结果表明，白马青杠坪钒钛磁铁矿腾家梁子矿段各类矿石目前可供利用的主要有用组分为Fe、V、Ti。

表4-64、表4-65分析结果表明，铁（Fe）主要赋存在钛磁铁矿中，其次是赤褐铁矿和硅酸盐脉石中，再其次是钛铁矿，在硫化物中含量也不少，由此可见，本次试样氧化程度较高。由于在弱磁场获取高品位钒铁精矿时，主要回收的是钛磁铁矿，则各样铁的理论回收率应为61.95%、60.04%和56.35%；钛（Ti）主要赋存在钛铁矿和钛磁铁矿中，少量存在于脉石矿物中，硫化物中基本不含钛；对于钒（V），根据以往的测定其主要赋存于钛磁铁矿中，少量存在于脉石矿物和钛铁矿中。

B　不同矿样的选铁试验研究

鉴于本次所采的各矿样均为中等浸染和稀疏浸染状矿石，且脉石矿物磁性较强，根据以往的试验研究经验，该类矿石不适合采用块矿抛尾工艺。为此，本次试验主要对粗粒抛尾工艺（棒—球流程）和细粒磨选工艺（球—球流程）开展了详细的试验研究。

a　1号矿样不同选铁工艺流程试验

对生产开采的前期矿样（简称1号样）开展了－3mm棒磨粗粒抛尾—球磨选铁工艺流程（称为棒—球流程）试验和第一段不同磨矿细度的两段球磨选铁工艺流程（称为球—球流程1和球—球流程2）的系统试验。不同选铁工艺数质量流程见图4-68～图4-70，对比试验结果见表4-66。

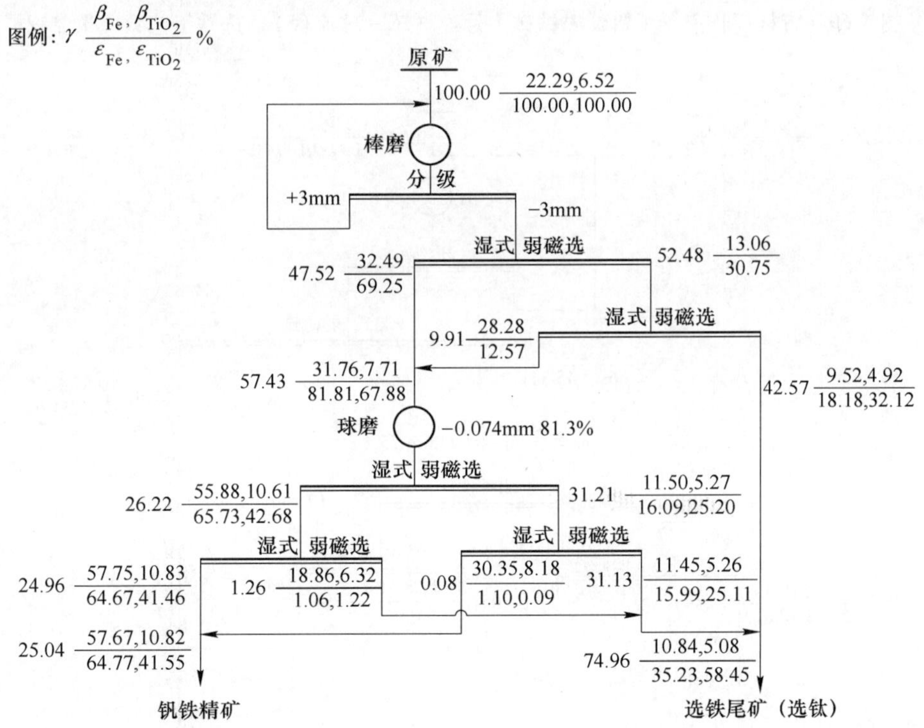


图4-68　青杠坪腾家梁子钒钛磁铁矿1号样（棒—球流程）选铁工艺数质量流程

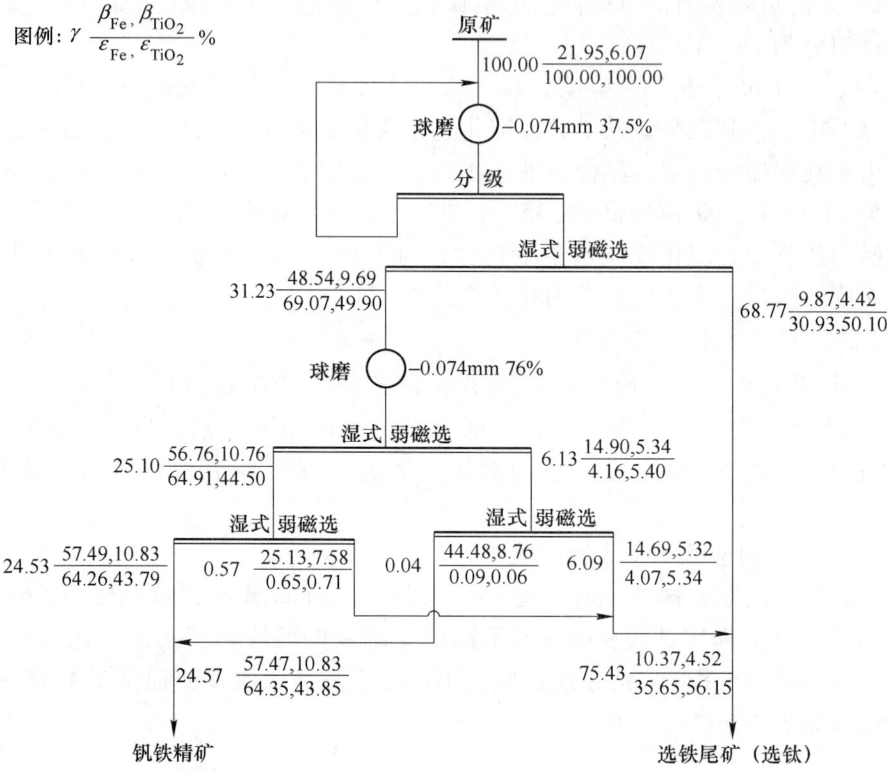


图 4-69 青杠坪腾家梁子钒钛磁铁矿 1 号样（球—球流程 1）选铁工艺数质量流程

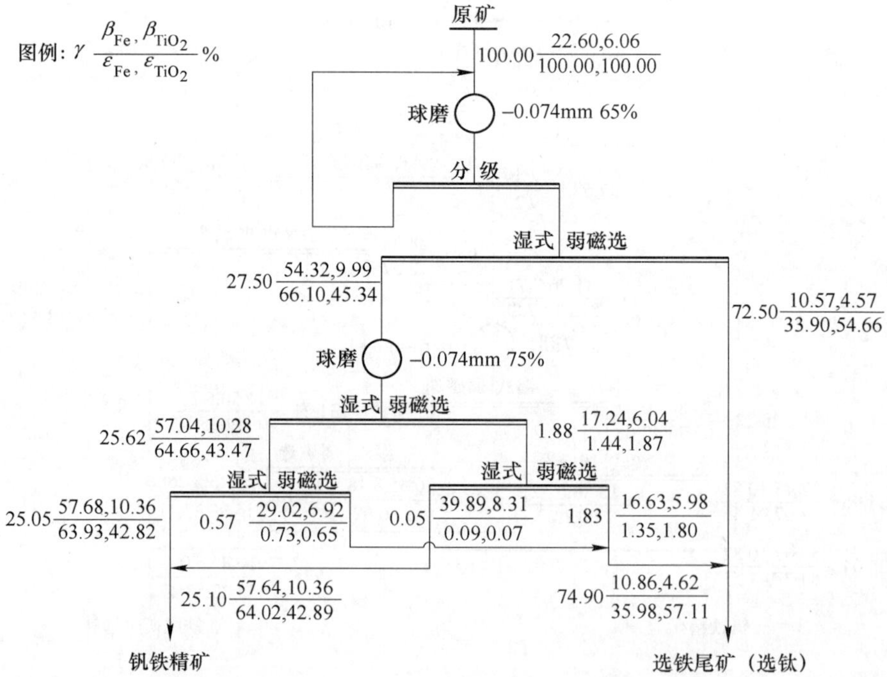


图 4-70 青杠坪腾家梁子钒钛磁铁矿 1 号样（球—球流程 2）选铁工艺数质量流程

表4-66 青杠坪腾家梁子铁矿1号样各流程试验对比结果

| 产品名称 | 产率/% | 品位/% |  | 回收率/% |  | 磨矿粒度 −0.074mm含量 |
|---|---|---|---|---|---|---|
|  |  | TFe | $TiO_2$ | TFe | $TiO_2$ |  |
| 钒铁精矿 | 25.04 | 57.67 | 10.82 | 64.77 | 41.55 | 棒—球流程：一段磨矿粒度 −3mm；二段磨矿粒度81.3% |
| 细粒尾矿 | 32.39 | 11.74 | 5.30 | 17.05 | 26.33 |  |
| 粗粒尾矿 | 42.57 | 9.52 | 4.92 | 18.18 | 32.12 |  |
| 总尾矿 | 74.96 | 10.84 | 5.08 | 35.23 | 58.45 |  |
| 原　矿 | 100.00 | 22.29 | 6.52 | 100.00 | 100.00 |  |
| 钒铁精矿 | 24.57 | 57.47 | 10.83 | 64.35 | 43.85 | 球—球流程1：一段磨矿粒度37.5%；二段磨矿粒度76.2% |
| 二段尾矿 | 6.66 | 15.58 | 5.51 | 4.72 | 6.05 |  |
| 一段尾矿 | 68.77 | 9.87 | 4.42 | 30.93 | 50.10 |  |
| 总尾矿 | 75.43 | 10.37 | 4.52 | 35.65 | 56.15 |  |
| 原　矿 | 100.00 | 21.95 | 6.07 | 100.00 | 100.00 |  |
| 钒铁精矿 | 25.10 | 57.64 | 10.36 | 64.02 | 42.89 | 球—球流程2：一段磨矿粒度65%；二段磨矿粒度75.5% |
| 二段尾矿 | 2.40 | 19.57 | 6.20 | 2.08 | 2.45 |  |
| 一段尾矿 | 72.50 | 10.57 | 4.57 | 33.90 | 54.66 |  |
| 总尾矿 | 74.90 | 10.86 | 4.62 | 35.98 | 57.11 |  |
| 原　矿 | 100.00 | 22.60 | 6.06 | 100.00 | 100.00 |  |

表4-66试验结果比较表明，要获得TFe含量大于57%的最终钒铁精矿，各流程的优劣顺序为棒—球流程→球—球流程1→球—球流程2。但对尾矿中钛铁矿综合利用的有利程度来看，则球—球流程2优于球—球流程1优于棒—球流程。根据试验结果和流程加工成本分析比较，−3mm棒磨粗粒抛尾—球磨选铁工艺流程（棒—球流程）为最佳选铁工艺流程。

b　2号矿样不同选铁工艺流程试验

对生产开采的后期矿样（简称2号样）开展了−3mm棒磨粗粒抛尾—球磨选铁工艺流程（称为棒—球流程）试验和两段球磨选铁工艺流程（称为球—球流程）的系统试验。不同选铁工艺数质量流程见图4-71和图4-72，对比试验结果见表4-67。

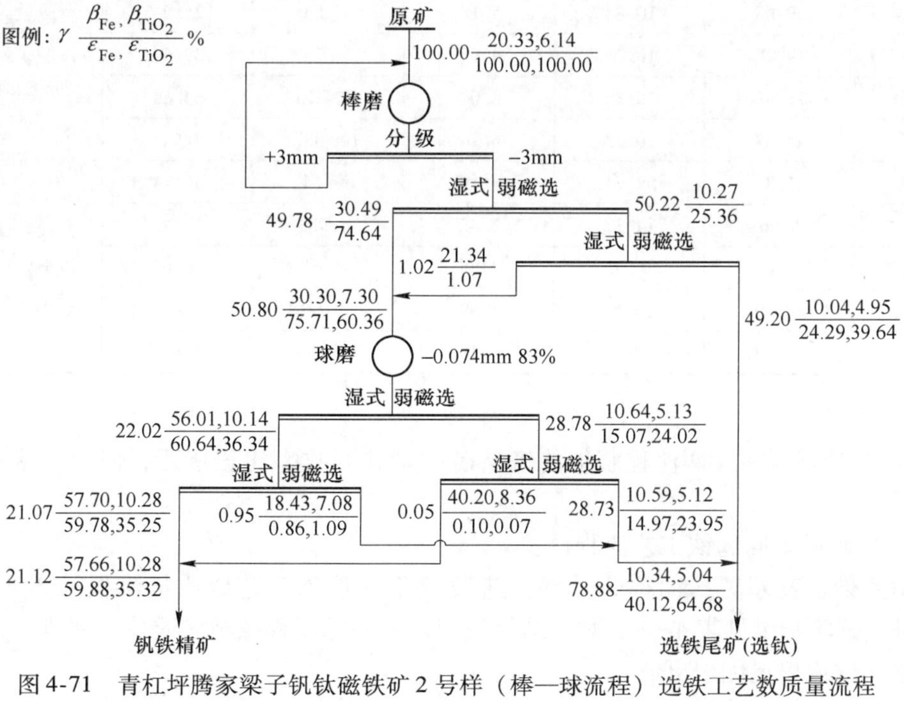


图4-71　青杠坪腾家梁子钒钛磁铁矿2号样（棒—球流程）选铁工艺数质量流程

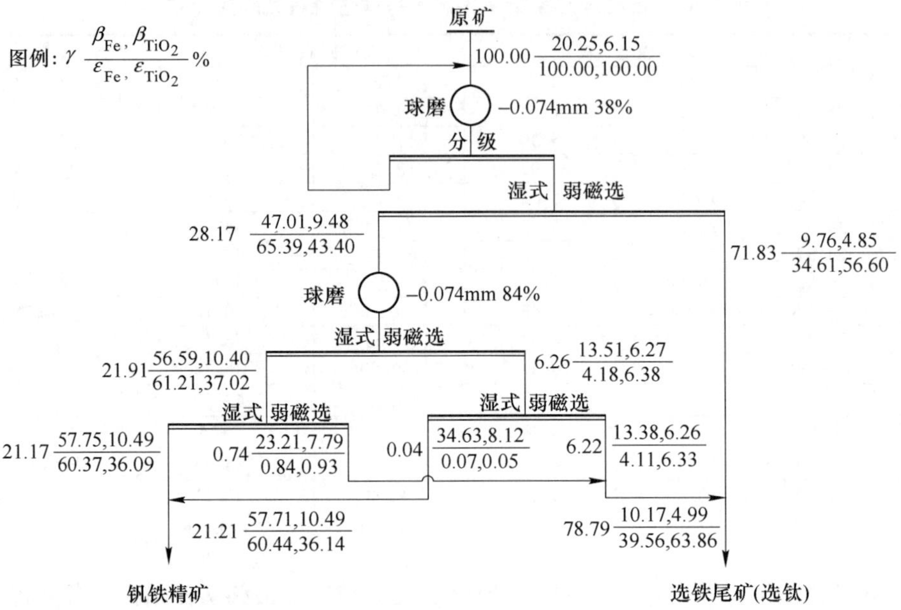


图 4-72 青杠坪腾家梁子钒钛磁铁矿 2 号样（球—球流程）选铁工艺数质量流程

**表 4-67 青杠坪腾家梁子钒钛磁铁矿 2 号样不同选铁工艺流程试验对比结果**

| 产品名称 | 产率/% | 品位/% | | 回收率/% | | 磨矿粒度 −0.074mm 含量 |
|---|---|---|---|---|---|---|
| | | TFe | $TiO_2$ | TFe | $TiO_2$ | |
| 钒铁精矿 | 21.12 | 57.66 | 10.28 | 59.88 | 35.32 | 棒—球流程：一段磨矿粒度 −3mm；二段磨矿粒度 83% |
| 细粒尾矿 | 29.68 | 10.84 | 5.18 | 15.83 | 25.04 | |
| 粗粒尾矿 | 49.20 | 10.04 | 4.95 | 24.29 | 39.64 | |
| 总尾矿 | 78.88 | 10.34 | 5.04 | 40.12 | 64.68 | |
| 原　矿 | 100.00 | 20.33 | 6.14 | 100.00 | 100.00 | |
| 钒铁精矿 | 21.21 | 57.71 | 10.49 | 60.44 | 36.14 | 球—球流程：一段磨矿粒度 38.1%；二段磨矿粒度 84.2% |
| 二段尾矿 | 6.96 | 14.32 | 6.42 | 4.95 | 7.26 | |
| 一段尾矿 | 71.83 | 9.76 | 4.85 | 34.61 | 56.60 | |
| 总尾矿 | 78.79 | 10.17 | 4.99 | 39.56 | 63.86 | |
| 原　矿 | 100.00 | 20.25 | 6.15 | 100.00 | 100.00 | |

表 4-67 结果表明，两流程获得的铁精矿质量和回收率比较接近，但棒—球流程选别成本更低。

c 3 号矿样不同选铁工艺流程试验

对腾家梁子表外矿（简称 3 号样）进行的不同选铁工艺数质量流程见图 4-73 和图 4-74，对比试验结果见表 4-68。对比结果表明，棒—球流程铁精矿质量、回收率以及选别成本比球—球流程更优、更低。

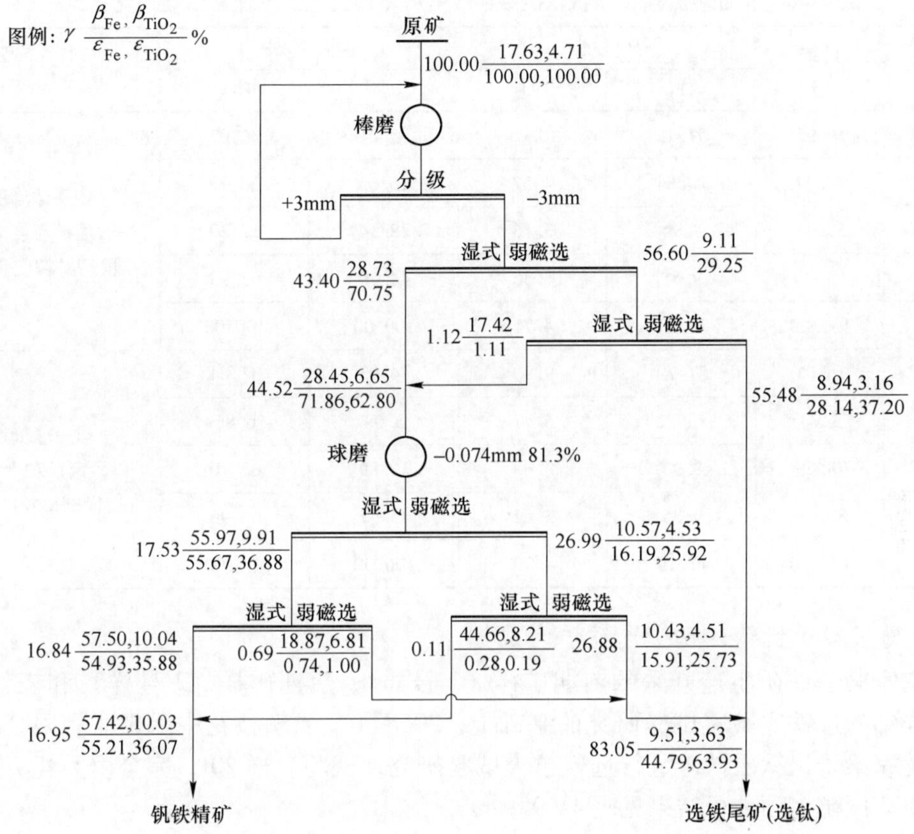


图 4-73 青杠坪腾家梁子钒钛磁铁矿 3 号样（棒—球流程）选铁工艺数质量流程

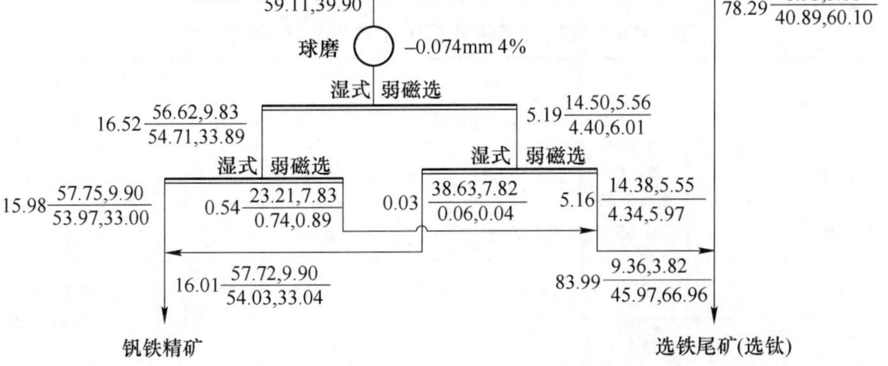


图 4-74 青杠坪腾家梁子钒钛磁铁矿 3 号样（球—球流程）选铁工艺数质量流程

**表 4-68 青杠坪腾家梁子钒钛磁铁矿3号样不同选铁工艺流程试验对比结果**

| 产品名称 | 产率/% | 品位/% | | 回收率/% | | 磨矿粒度 -0.074mm 含量 |
|---|---|---|---|---|---|---|
| | | TFe | $TiO_2$ | TFe | $TiO_2$ | |
| 钒铁精矿 | 16.95 | 57.42 | 10.03 | 55.21 | 36.07 | 棒—球流程：一段磨矿粒度 -3mm；二段磨矿粒度 81.33% |
| 细粒尾矿 | 27.57 | 10.64 | 4.57 | 16.65 | 26.73 | |
| 粗粒尾矿 | 55.48 | 8.94 | 3.16 | 28.14 | 37.20 | |
| 总尾矿 | 83.05 | 9.51 | 3.36 | 44.79 | 63.93 | |
| 原　矿 | 100.00 | 17.63 | 4.71 | 100.00 | 100.00 | |
| 钒铁精矿 | 16.01 | 57.72 | 9.90 | 54.03 | 33.04 | 球—球流程：一段磨矿粒度 38%；二段磨矿粒度 80% |
| 二段尾矿 | 5.70 | 15.22 | 5.77 | 5.08 | 6.86 | |
| 一段尾矿 | 78.29 | 8.93 | 3.68 | 40.89 | 60.10 | |
| 总尾矿 | 83.99 | 9.36 | 3.82 | 45.97 | 66.96 | |
| 原　矿 | 100.00 | 17.10 | 4.79 | 100.00 | 100.00 | |

C 腾家梁子钒钛磁铁矿选铁扩大试验

在腾家梁子铁矿生产开采的前期矿样（1号样）、后期矿样（2号样）和表外矿样，进行较详细的选铁实验室试验研究的基础上，2006年，受攀枝花中禾矿业有限公司的委托，对腾家梁子钒钛磁铁矿进行选铁扩大试验研究，试验矿样20t，完全由委托方自行设计并采集。原矿多项分析结果见表4-69。

**表 4-69 腾家梁子钒钛磁铁矿选铁扩大试验原矿多项分析结果** （%）

| 成分 | TFe | FeO | $TiO_2$ | $V_2O_5$ | $Cr_2O_3$ | Sc | Co | Ni | Cu | S | P | $SiO_2$ | $Al_2O_3$ | CaO | MgO | $Fe_2O_3$ |
|---|---|---|---|---|---|---|---|---|---|---|---|---|---|---|---|---|
| 含量 | 22.81 | 17.83 | 6.96 | 0.18 | 0.028 | 0.0038 | 0.013 | 0.0095 | 0.010 | 0.61 | 0.068 | 31.17 | 10.25 | 7.71 | 9.18 | 13.69 |

根据中禾公司委托的选厂设计院对不同选铁选钛流程的比较论证，确定腾家梁子铁矿选铁流程为一段磨矿粒度 -0.074mm 45%左右的两段球磨选铁工艺流程。选铁扩大试验结果见表4-70，数质量流程见图4-75。

**表 4-70 腾家梁子钒钛磁铁矿选铁扩大试验结果**

| 产品名称 | 产率/% | 品位/% | | 回收率/% | | 磨矿粒度 -0.074mm 含量 |
|---|---|---|---|---|---|---|
| | | TFe | $TiO_2$ | TFe | $TiO_2$ | |
| 钒铁精矿 | 26.32 | 57.94 | 10.84 | 67.15 | 44.44 | 球—球流程：一段磨矿粒度 50%；二段磨矿粒度 90% |
| 二段尾矿 | 0.99 | 24.69 | 6.44 | 1.07 | 1.04 | |
| 一段尾矿 | 72.69 | 9.93 | 4.82 | 31.78 | 54.52 | |
| 总尾矿（一、二段尾矿合并） | 73.68 | 10.13 | 4.84 | 32.85 | 55.56 | |
| 原　矿 | 100.00 | 22.71 | 6.42 | 100.00 | 100.00 | |

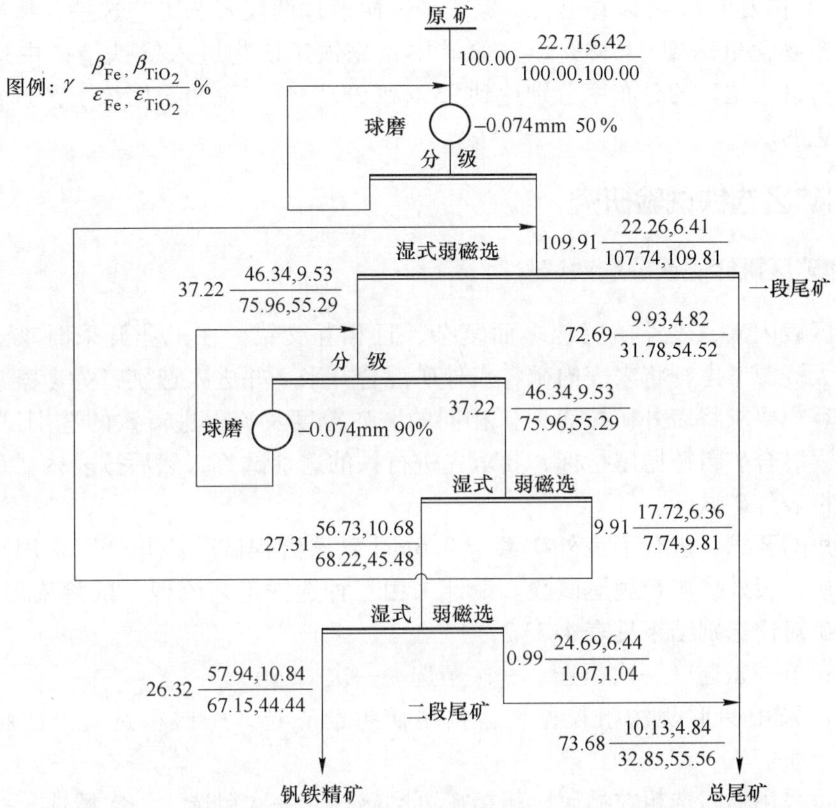


图 4-75 青杠坪腾家梁子钒钛磁铁矿选铁扩大连续试验数质量流程

选铁扩大连续试验钒铁精矿及选铁尾矿检查结果见表 4-71 和表 4-72。

**表 4-71 选铁扩大连续试验钒铁精矿产品检查结果**

| 粒级/mm | 产率/% | 钛磁铁矿 | | 钛铁矿 | | 脉石① | | 硫化物 | |
|---|---|---|---|---|---|---|---|---|---|
| | | 含量/% | 分布/% | 含量/% | 分布/% | 含量/% | 分布/% | 含量/% | 分布/% |
| +0.154 | 0.40 | 68 | 0.29 | 3 | 0.56 | 28 | 3.54 | <1 | 0.40 |
| -0.154 +0.10 | 2.25 | 71 | 1.69 | 4 | 4.21 | 24 | 17.05 | <1 | 2.25 |
| -0.10 +0.074 | 8.80 | 83 | 7.72 | 3 | 12.35 | 13 | 36.12 | <1 | 8.80 |
| -0.074 ~ +0.045 | 40.02 | 97 | 41.04 | 2 | 37.46 | 1 | 12.64 | <1 | 40.02 |
| -0.045 | 48.53 | 96 | 49.26 | 2 | 45.42 | 2 | 30.65 | <1 | 48.53 |
| 合 计 | 100.00 | 94.58 | 100.00 | 2.14 | 100.00 | 3.17 | 100.00 | <1 | 100.00 |

①脉石中橄榄石 25%~28%，辉石角闪石 28%~30%，斜长石 35%~40%。

**表 4-72 选铁扩大连续试验选铁尾矿产品检查结果**

| 粒级/mm | 产率/% | 钛磁铁矿 | | 钛铁矿 | | 脉石① | | 硫化物 | |
|---|---|---|---|---|---|---|---|---|---|
| | | 含量/% | 分布/% | 含量/% | 分布/% | 含量/% | 分布/% | 含量/% | 分布/% |
| +0.154 | 10.62 | 5 | 4.72 | 3 | 3.01 | 90 | 12.61 | 2 | 8.93 |
| -0.154 +0.10 | 8.41 | 11 | 8.23 | 7 | 5.56 | 79 | 8.76 | 3 | 10.61 |
| -0.10 +0.074 | 14.38 | 11 | 14.08 | 9 | 12.22 | 79 | 14.99 | 1 | 6.05 |
| -0.074 +0.045 | 22.89 | 11 | 22.41 | 8 | 17.30 | 79 | 23.86 | 2 | 19.26 |
| -0.045 | 43.70 | 13 | 50.56 | 15 | 61.91 | 69 | 39.78 | 3 | 55.15 |
| 合 计 | 100.00 | 11.24 | 100.00 | 10.59 | 100.00 | 75.80 | 100.00 | 2.38 | 100.00 |

①脉石中橄榄石 28%~30%，辉石角闪石 28%~30%，斜长石 35%~40%。

由表4-71和表4-72可以看出，腾家梁子铁矿通过两段磨选工艺选铁，钛磁铁矿在钒铁精矿中的矿物含量达到94.58%，其原矿中钛磁铁矿矿物进入钒铁精矿中达73.49%；钛铁矿和脉石进入尾矿的分布率分别达到93%和98.53%，说明采用该工艺选铁的分选效果是比较理想的。

## 4.4 太和矿区选铁试验研究

### 4.4.1 太和矿区钒钛磁铁矿选铁试验

太和矿区表内矿、表外矿层位多而复杂，且相互交错，在工业开采时难于分采。此外，也从扩大资源考虑，将来表内矿、表外矿混合开采一并进入选别，为考察混合矿的可选性指标，客户要求将表外矿按表内矿相同的磨矿粒度及流程进行铁的选别试验，另外，为进一步考察混合矿粗精抛尾指标，要求先进行铁的选别试验，然后按表内矿所确定的流程及条件进行表外矿试验。

根据客户的要求，进行了表外矿磨至0.6mm磁选流程试验。并分别采用重选及弱磁选进行表内矿、表外矿粗粒抛尾试验。设计采用三种选铁工艺流程，试验流程见图4-76，表内、表外矿对比选别结果见表4-73。

流程Ⅰ：单一磁选（一次粗选、一次精选、一次扫选）；

流程Ⅱ：采用梯形跳汰粗粒抛尾，粗精矿再磨磁选，一次粗选、一次精选、一次扫选；

流程Ⅲ：采用弱磁选粗粒抛尾，粗精矿再磨磁选，一次粗选、一次精选、一次扫选。

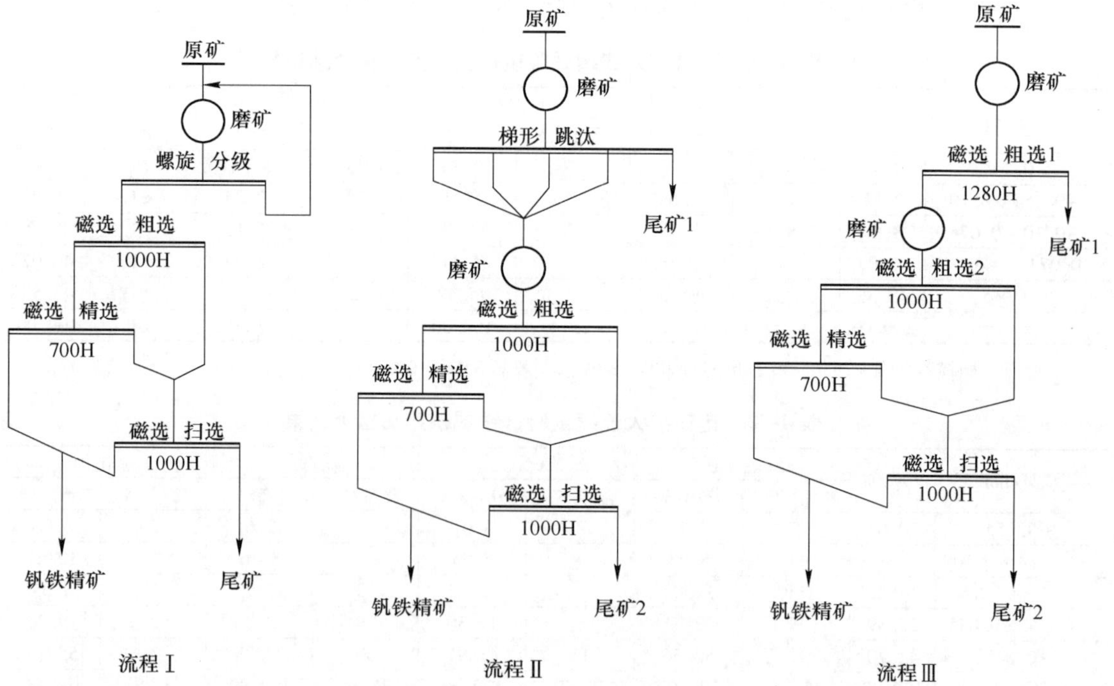


图4-76 太和矿区钒钛磁铁矿表内、外矿三种选铁工艺试验原则流程

表 4-73 太和矿区钒钛磁铁矿表内、外矿各流程选铁对比试验结果

| 矿别 | 流程 | 流程结构 | 磨矿细度 | | 产品名称 | 产率/% | 品位/% | | | 回收率/% | | |
|---|---|---|---|---|---|---|---|---|---|---|---|---|
| | | | 第一段 | 第二段 | | | TFe | $TiO_2$ | $V_2O_5$ | TFe | $TiO_2$ | $V_2O_5$ |
| 表内矿 | 流程Ⅰ | 磁选一次粗选，一次精选，一次扫选 | +0.6mm 6.27%<br>-0.074mm 36.92% | | 钒铁精矿 | 38.45 | 52.92 | 11.77 | 0.556 | 70.35 | 42.44 | 84.04 |
| | | | | | 尾矿 | 61.55 | 13.93 | 9.97 | 0.066 | 29.65 | 57.56 | 15.96 |
| | | | | | 原矿 | 100.00 | 28.92 | 10.66 | 0.255 | 100.00 | 100.00 | 100.00 |
| | 流程Ⅱ | 采用梯形跳汰粗粒抛尾，粗精矿再磨磁选，一次粗选一次精选一次扫选 | +2mm 7.23%<br>-0.074mm 6.45% | +0.6mm 2.23%<br>-0.074mm 33.54% | 钒铁精矿 | 39.52 | 53.23 | 12.54 | 0.61 | 71.00 | 43.69 | 81.88 |
| | | | | | 尾矿1 | 21.59 | 13.62 | 5.00 | 0.14 | 9.92 | 9.51 | 10.23 |
| | | | | | 尾矿2 | 38.89 | 14.54 | 13.65 | 0.060 | 19.08 | 46.80 | 7.89 |
| | | | | | 原矿 | 100.00 | 29.63 | 11.34 | 0.295 | 100.00 | 100.00 | 100.00 |
| | 流程Ⅲ | 采用弱弱选粗粒抛尾，粗精矿再磨磁选，一次粗选一次精选一次扫选 | +4mm 7.19%<br>-0.074mm 3.01% | +0.6mm 10.65%<br>-0.074mm 37.80% | 钒铁精矿 | 44.05 | 50.88 | 11.96 | 0.61 | 75.47 | 47.83 | 89.35 |
| | | | | | 尾矿1 | 27.89 | 11.67 | 8.35 | 0.055 | 10.96 | 21.14 | 5.11 |
| | | | | | 尾矿2 | 28.06 | 14.36 | 12.18 | 0.070 | 13.57 | 31.03 | 6.54 |
| | | | | | 原矿 | 100.00 | 29.70 | 11.01 | 0.30 | 100.00 | 100.00 | 100.00 |
| 表外矿 | 流程Ⅰ | 磁选一次粗选，一次精选，一次扫选 | +0.6mm 3.94%<br>-0.074mm 34.94% | | 钒铁精矿 | 18.51 | 49.79 | 9.17 | 0.59 | 50.33 | 21.12 | 55.05 |
| | | | | | 尾矿 | 81.49 | 11.16 | 7.78 | 0.11 | 49.67 | 78.88 | 44.95 |
| | | | | | 原矿 | 100.00 | 18.31 | 8.04 | 0.20 | 100.00 | 100.00 | 100.00 |
| | 流程Ⅱ | 采用梯形跳汰粗粒抛尾，粗精矿再磨磁选，一次粗选一次精选一次扫选 | +2mm 6.65%<br>-0.074mm 5.76% | +0.6mm 2.08%<br>-0.074mm 31.65% | 钒铁精矿 | 15.14 | 51.33 | 10.02 | 0.62 | 42.75 | 19.22 | 52.60 |
| | | | | | 尾矿1 | 42.14 | 11.82 | 4.40 | 0.12 | 27.39 | 23.50 | 28.28 |
| | | | | | 尾矿2 | 42.72 | 12.71 | 10.58 | 0.080 | 29.86 | 57.28 | 19.12 |
| | | | | | 原矿 | 100.00 | 18.18 | 7.89 | 0.179 | 100.00 | 100.00 | 100.00 |
| | 流程Ⅲ | 采用弱弱选粗粒抛尾，粗精矿再磨磁选，一次粗选一次精选一次扫选 | +4mm 7.39%<br>-0.074mm 3.79% | +0.6mm 8.83%<br>-0.074mm 29.19% | 钒铁精矿 | 17.65 | 49.61 | 9.12 | 0.65 | 48.15 | 20.38 | 55.58 |
| | | | | | 尾矿1 | 49.79 | 11.17 | 6.80 | 0.10 | 30.58 | 42.90 | 24.02 |
| | | | | | 尾矿2 | 32.56 | 11.88 | 8.90 | 0.13 | 21.27 | 36.72 | 20.40 |
| | | | | | 原矿 | 100.00 | 18.19 | 7.89 | 0.207 | 100.00 | 100.00 | 100.00 |

表4-73的对比试验结果表明：

（1）表外矿磨至0.6mm磁选流程所得的钒铁精矿的铁品位较低，TFe仅为49.79%，这主要是由于表外矿的有用矿物嵌布粒度比表内矿细而造成的。

（2）粗粒抛尾试验结果表明，表内矿采用梯形跳汰和弱磁选进行粗粒抛尾，对选铁来说，均可抛弃部分合格粗粒尾矿。采用弱磁选抛尾与采用梯形跳汰抛尾相比，不仅磨矿粒度粗（达4mm），而且所抛尾矿产率较大，但钛在尾矿中的损失较大，其钛的损失率达21.14%。因而对选铁来说可作最终尾矿抛弃，但从综合利用考虑，其尾矿中的钛需进一步考虑回收，运用梯形跳汰进行粗粒抛尾其优点是尾矿中含钛品位较低，因而对于铁和钛的选别，均可作最终尾矿抛弃。

（3）因表外矿的金属矿物含量比表内矿少得多，所以表外矿采用粗粒抛尾更为有效。

### 4.4.2 西昌太和矿区表外矿初步可选性试验

试验矿样由太和矿区22个钻孔的矿芯组成，总重2823kg，混入贫化夹石后总重29.1kg，贫化率为约为2.7%。分别从不同采样点采集，具在较好的代表性，试验研究的矿样化学全分析结果见表4-74。

**表4-74 矿石化学全分析结果** （%）

| 成分 | FeO | $Fe_2O_3$ | $TiO_2$ | $V_2O_5$ | Cu | Co | Ni | $P_2O_5$ | $SiO_2$ |
|---|---|---|---|---|---|---|---|---|---|
| 含量 | 14.65 | 10.03 | 8.01 | 0.18 | 0.015 | 0.0081 | 0.006 | 0.992 | 31.88 |
| 成分 | $Al_2O_3$ | CaO | MgO | MnO | $K_2O$ | $Na_2O$ | $Cr_2O_3$ | S | 灼减 |
| 含量 | 9.69 | 12.19 | 7.86 | 0.28 | 0.279 | 1.09 | 0.013 | 0.420 | 2.21 |

该试验研究的目的在于初步查明表外矿中主要有用组分铁、钛、钒、钴、镍等的可选性，为矿床地制质评价提供参考依据。针对矿石性质特点，开展了以下选矿试验研究。

#### 4.4.2.1 原矿重液分析

将矿石破碎到 -4mm 进行原矿重液分析，重液为二碘甲烷（比重为3.3），分析结果见表4-75。表4-75中重液分析结果表明，该原矿破碎至 -2mm 或 -1mm，可以用重选法抛弃部分尾矿。

#### 4.4.2.2 选矿方案的选择与试验结果

矿石物质组成的研究表明，不论是有用矿物还是脉石物，其嵌布粒度表外矿均较表内矿细，而重液分析结果显示，破碎至 -2mm 或 -1mm 可抛弃部分尾矿，基于这些情况，同时考虑到Fe、Ti、V、Co、Ni等的综合回收，确定选用破碎至 -1mm 后分级入选的选矿方案。-1 +0.4mm 的粗粒级用梯形跳汰抛尾，跳汰精矿再磨后磁选得铁精矿，-0.4mm 级别直接入磁选，磁尾用重选回收钛精矿，重选粗精矿用磁选精选，并从中浮选出钴镍精矿。选矿试验原则流程见图4-77，试验结果见表4-76。

### 4.4.3 太和钒钛磁铁矿表内、外矿混合样选矿试验研究

太和铁矿矿体产于辉长岩体中，为晚期岩浆分异矿床。本次试验样品为表内、表外矿组合样，代表矿山前10～15年的开采范围，组合样的化学成分见表4-77。

表 4-75　太和矿区表外矿 -4mm 原矿重液分析结果

| 粒级/mm | 产品名称 | 产率/% | | 品位/% | | | | 回收率/% | | | | | | | |
|---|---|---|---|---|---|---|---|---|---|---|---|---|---|---|---|
| | | | | | | | | TFe | | $TiO_2$ | | Co | | Ni | |
| | | 对本级 | 对原矿 | TFe | $TiO_2$ | Co | Ni | 对本级 | 对原矿 | 对本级 | 对原矿 | 对本级 | 对原矿 | 对本级 | 对原矿 |
| -4+2 | 重产品 | 64.73 | 20.06 | 22.29 | 9.60 | 0.010 | 0.0068 | 78.59 | 24.97 | 80.96 | 24.97 | 75.58 | 22.73 | 74.58 | 21.54 |
| | 轻产品 | 35.27 | 10.93 | 11.14 | 4.15 | 0.0058 | 0.0041 | 21.41 | 6.82 | 19.04 | 5.82 | 24.42 | 6.82 | 25.42 | 7.69 |
| | 合　计 | 100.00 | 30.99 | 18.36 | 7.67 | 0.0086 | 0.0059 | 100.00 | 31.79 | 100.00 | 30.79 | 100.00 | 29.55 | 100.00 | 29.23 |
| -2+1 | 重产品 | 49.89 | 10.40 | 22.62 | 9.90 | 0.011 | 0.0076 | 70.52 | 13.13 | 76.12 | 12.94 | 68.75 | 12.50 | 62.30 | 12.31 |
| | 轻产品 | 50.11 | 10.44 | 9.41 | 3.10 | 0.005 | 0.0046 | 29.48 | 5.47 | 23.88 | 4.14 | 31.25 | 5.68 | 37.70 | 7.69 |
| | 合　计 | 100.00 | 20.84 | 16.01 | 6.49 | 0.0080 | 0.0061 | 100.00 | 18.60 | 100.00 | 17.08 | 100.00 | 18.18 | 100.00 | 20.00 |
| -1+0.8 | 重产品 | 64.42 | 4.85 | 22.87 | 9.50 | 0.0098 | 0.007 | 83.22 | 6.20 | 87.55 | 5.95 | 76.88 | 5.68 | 73.77 | 4.62 |
| | 轻产品 | 35.58 | 2.68 | 8.34 | 2.45 | 0.0052 | 0.0044 | 16.78 | 1.23 | 12.45 | 0.91 | 23.17 | 1.14 | 26.23 | 1.54 |
| | 合　计 | 100.00 | 7.53 | 17.70 | 6.99 | 0.0082 | 0.0061 | 100.00 | 7.43 | 100.00 | 6.86 | 100.00 | 6.82 | 100.00 | 6.16 |
| -0.8+0.6 | 重产品 | 63.13 | 3.17 | 25.26 | 10.85 | 0.012 | 0.0072 | 83.86 | 3.91 | 88.50 | 4.40 | 81.72 | 4.55 | 73.02 | 3.08 |
| | 轻产品 | 36.87 | 1.85 | 8.34 | 2.40 | 0.0045 | 0.0046 | 16.14 | 0.84 | 11.50 | 0.52 | 18.28 | 1.14 | 26.98 | 1.54 |
| | 合　计 | 100.00 | 5.02 | 19.02 | 7.74 | 0.0093 | 0.0063 | 100.00 | 4.75 | 100.00 | 4.92 | 100.00 | 6.69 | 100.00 | 4.62 |
| -0.6 | | | 35.62 | 18.82 | 8.75 | 0.0098 | 0.0074 | 100.00 | 37.43 | 100.00 | 40.35 | 100.00 | 39.76 | 100.00 | 39.99 |
| 合计 | | | 100.00 | 17.90 | 7.73 | 0.0088 | 0.0065 | | 100.00 | | 100.00 | | 100.00 | | 100.00 |

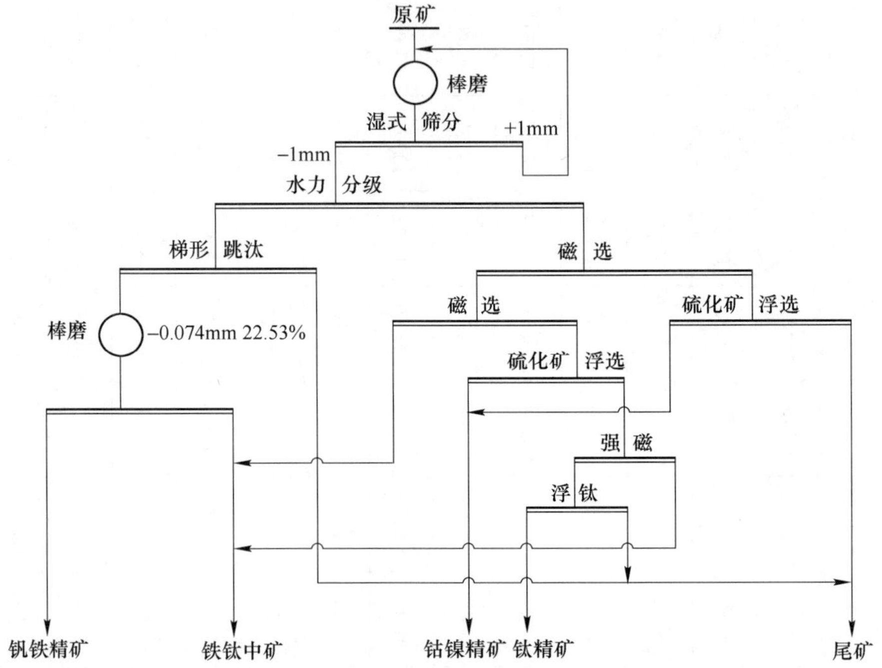


图 4-77　太和矿区钒钛磁铁矿表外矿综合回收试验原则流程

**表 4-76　太和矿区表外矿可选性试验综合回收试验结果**

| 产品名称 | 产率/% | 品位/% | | | | | 回收率/% | | | | |
|---|---|---|---|---|---|---|---|---|---|---|---|
| | | Fe | $TiO_2$ | $V_2O_5$ | Co | Ni | Fe | $TiO_2$ | $V_2O_5$ | Co | Ni |
| 钒铁精矿 | 15.82 | 51.11 | 9.75 | 0.54 | 0.0159 | 0.011 | 43.68 | 18.02 | 58.98 | 29.27 | 28.769 |
| 铁钛中矿 | 15.81 | 14.03 | 10.24 | 0.07 | 0.006 | 0.0065 | 11.98 | 18.92 | 7.63 | 11.03 | 17.03 |
| 钴镍精矿 | 0.32 | 40.49 | 4.69 | 0.04 | 0.350 | 0.183 | 0.70 | 0.15 | 0.09 | 13.01 | 9.75 |
| 钛精矿 | 6.19 | 32.889 | 46.14 | 0.08 | 0.005 | 0.0055 | 11.00 | 33.39 | 3.42 | 3.60 | 5.62 |
| 尾　矿 | 61.86 | 9.77 | 4.08 | 0.07 | 0.006 | 0.0038 | 32.64 | 29.52 | 29.89 | 43.09 | 38.84 |
| 原　矿 | 100.00 | 18.51 | 8.55 | 0.146 | 0.0086 | 0.006 | 100.00 | 100.00 | 100.00 | 100.00 | 100.00 |

**表 4-77　太和矿区钒钛磁铁矿表内、外混合矿化学多元素分析**　（%）

| 成分 | TFe | $V_2O_5$ | $TiO_2$ | $Cr_2O_3$ | $SiO_2$ | $Al_2O_3$ | CaO | MgO | Cu | Co | Ni | S | P |
|---|---|---|---|---|---|---|---|---|---|---|---|---|---|
| 含量 | 25.69 | 0.200 | 11.22 | 0.005 | 24.92 | 7.71 | 8.84 | 7.31 | 0.010 | 0.011 | 0.0035 | 0.241 | 0.557 |

从表 4-77 可以看出，组合样 TFe 25.69%，已满足了全铁 25%~26% 的设计要求，与矿区地质平均品位 TFe 25.40% 十分接近。

根据条件试验的结果和中国地质科学院矿产综合利用研究所以往对钒钛磁铁矿的研究成果，制定了三种选铁工艺原则流程。三种选铁试验原则流程见图 4-78，对比试验结果见表 4-78。流程结构分别为：

流程Ⅰ：弱磁选粗粒抛尾—阶段磨矿磁选；

流程Ⅱ：中磁选粗粒抛尾—阶段磨矿磁选；

流程Ⅲ：弱磁选粗粒抛尾——次磨矿磁选。

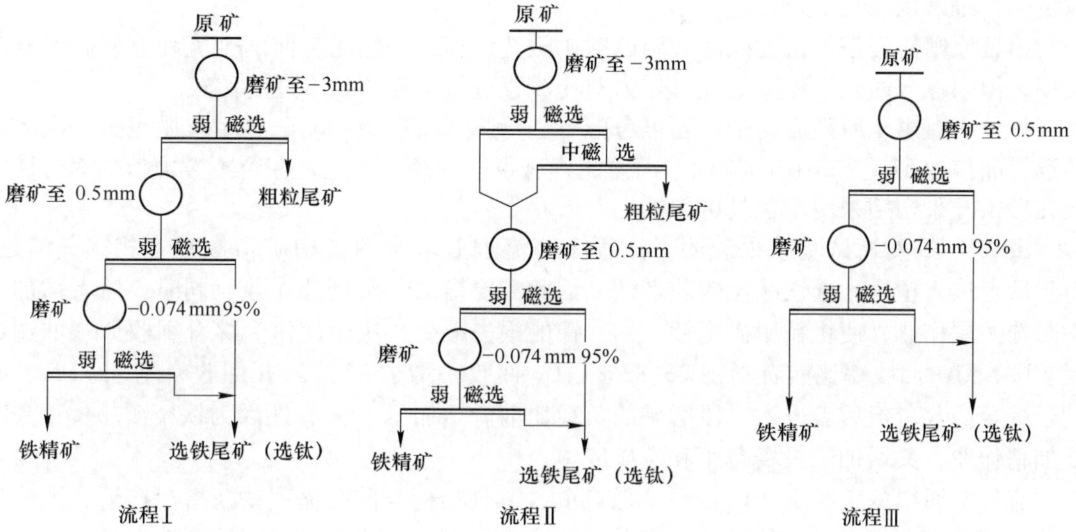


图4-78 太和矿区钒钛磁铁矿表内、外矿组合矿样三种选铁试验原则流程

**表4-78 太和矿区钒钛磁铁矿表内、外混合矿三种选铁工艺流程对比试验结果**

| 流程 | 产品名称 | 产率/% | 品位/% | | | | | 回收率/% | | | | |
|---|---|---|---|---|---|---|---|---|---|---|---|---|
| | | | TFe | $TiO_2$ | $V_2O_5$ | Co | Ni | TFe | $TiO_2$ | $V_2O_5$ | Co | Ni |
| 流程Ⅰ | 铁精矿 | 26.41 | 58.06 | 11.40 | 0.623 | 0.009 | 0.0040 | 62.96 | 27.71 | 79.62 | 26.39 | 32.27 |
| | 选铁尾矿 | 35.77 | 14.04 | 13.68 | 0.055 | 0.011 | 0.0030 | 20.62 | 45.09 | 9.55 | 44.23 | 33.04 |
| | 粗粒尾矿 | 37.82 | 10.58 | 7.82 | 0.059 | 0.007 | 0.0030 | 16.42 | 27.20 | 10.83 | 29.38 | 34.69 |
| | 原　矿 | 100.00 | 24.67 | 10.65 | 0.207 | 0.009 | 0.0033 | 100.00 | 100.00 | 100.00 | 100.00 | 100.00 |
| 流程Ⅱ | 铁精矿 | 26.14 | 58.10 | 11.43 | 0.624 | 0.009 | 0.0035 | 62.36 | 27.50 | 78.94 | 28.48 | 31.57 |
| | 选铁尾矿 | 53.93 | 14.80 | 13.89 | 0.066 | 0.009 | 0.0024 | 32.77 | 68.92 | 17.20 | 57.05 | 44.34 |
| | 粗粒尾矿 | 19.93 | 5.95 | 1.95 | 0.040 | 0.006 | 0.0035 | 4.87 | 3.58 | 3.86 | 14.47 | 24.09 |
| | 原　矿 | 100.00 | 24.35 | 10.87 | 0.207 | 0.008 | 0.0029 | 100.00 | 100.00 | 100.00 | 100.00 | 100.00 |
| 流程Ⅲ | 铁精矿 | 29.85 | 51.45 | 11.84 | 0.551 | 0.010 | 0.0030 | 63.07 | 33.29 | 79.59 | 32.36 | 29.49 |
| | 选铁尾矿 | 32.33 | 15.45 | 12.75 | 0.061 | 0.011 | 0.0031 | 20.51 | 38.85 | 9.58 | 38.95 | 33.15 |
| | 粗粒尾矿 | 37.82 | 10.58 | 7.82 | 0.059 | 0.007 | 0.0030 | 16.42 | 27.86 | 10.83 | 28.69 | 37.36 |
| | 原　矿 | 100.00 | 24.35 | 10.62 | 0.207 | 0.009 | 0.0030 | 100.00 | 100.00 | 100.00 | 100.00 | 100.00 |

第Ⅰ原则流程的特点是：一段磨矿至-3mm后，用弱磁选抛弃粗粒尾矿，因尾矿产率大，减少了二段磨矿负荷，有明显的经济效果；二段磨矿至0.5mm，因有用矿物已充分解离，经弱磁选后既能得到铁品位51%的铁精矿，又可对作综合回收原料的磁铁尾矿及时抛尾，避免了有用矿物的过粉碎，节省了磨矿费用；三段磨矿至-0.074mm 90%~95%，既满足了球团矿对铁精矿的粒度要求，又可选得高质量的铁精矿。该流程的缺点是，粗粒尾矿中钛等有益元素的损失量较大，不利于综合回收。

第Ⅱ原则流程与第Ⅰ原则流程相比，一段弱磁选尾矿进行中磁选，钛等有益元素的损失显著减少，有利于综合回收，但是也相应增加了二段磨矿负荷，因为太和钒钛磁铁矿含钛量高，考虑该流程也是合理的。

第Ⅲ原则流程是不粗粒抛尾的两段磨矿磁选流程，虽然比起前两个流程有较高的磨矿费用，但因综合回收的程度最优可作为对比流程进行全面的技术经济比较。

另外，在第Ⅰ原则流程中，还可考虑不进行第三段细磨的弱磁选粗粒抛尾——一次磨矿磁选得品位为51%铁精矿的流程，因该流程有很好的经济效益，在暂不考虑钛的综合回收或在矿山开采初期采用，也是可取的。

由表4-78对比试验结果表明，流程Ⅰ与流程Ⅱ取得的铁精矿指标基本相同，但是，由于后者进入精选入选铁品位较前者低，因此需要增加一次精选作业。同时，后者增加了中磁选抛尾作业，使粗粒尾矿中钛、钴、镍的损失减少，从而使作为综合回收原料的选铁尾矿中，$TiO_2$回收率比前者增加23.83%，Co回收率增加13%，Ni回收率增加11%，有利于综合回收。但后者进入二段磨矿的负荷比前者增加了29%，还因为铁精矿品位不高需要加精作业，又增加了投资费用和选矿成本。

流程Ⅲ所得铁精矿除$TiO_2$回收率较高外，其他指标与前两流程铁精指标接近，该流程因节省了细磨费而具有较佳的选矿经济效益，但因铁、钒品位低，不仅高炉利用系数低，焦比大，将增加炼铁成本，而且还因钒渣品位不高将增加提高钒成分。

在实验室小型试验结果的基础上，对太和矿区表内、外矿混合样选铁第Ⅲ原则流程（阶段磨矿磁选）流程进行了连续性扩大试验。考虑得到两种粒度和质量的铁精矿，并对流程进行长时间运转考察，将Ⅱ段磨矿粒度分别调整在-0.074mm 85%和95%左右（对应的细筛筛孔分别为0.2mm和0.15mm），进行了两次流程试验，选铁试验工艺流程及条件见图4-79，两种粒度和质量的铁精矿连续扩大对比试验结果见表4-79，选矿产品化学多项分析结果见表4-80。

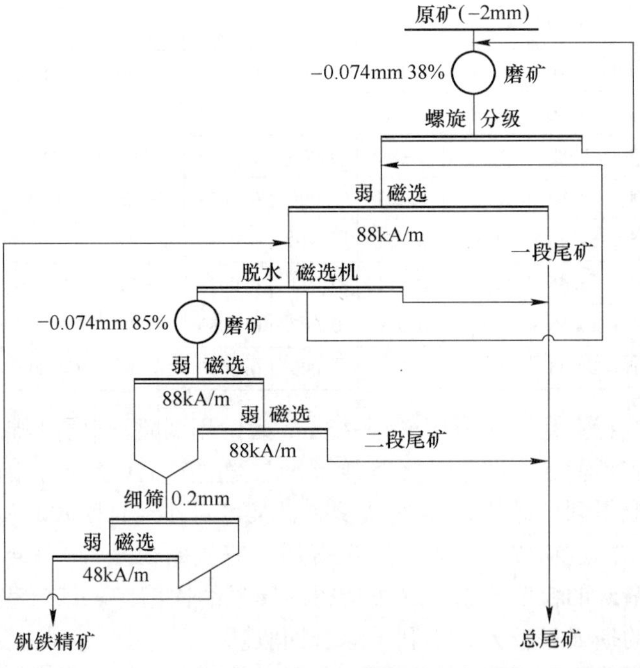


图4-79 太和矿区钒钛磁铁矿表内、外混合矿阶段磨矿—磁选工艺选铁连续性扩大试验流程

**表 4-79 太和矿区钒钛磁铁矿表内、外混合矿阶段磨矿磁选选铁工艺流程连续扩大试验对比结果**

| 试验流程 | 产品名称 | 产率/% | 品位/% | | | | | | 回收率/% | | | | | | 备 注 |
|---|---|---|---|---|---|---|---|---|---|---|---|---|---|---|---|
| | | | TFe | $TiO_2$ | $V_2O_5$ | Co | Ni | $Sc_2O_3$ | TFe | $TiO_2$ | $V_2O_5$ | Co | Ni | $Sc_2O_3$ | |
| 阶段磨矿磁选 Ⅱ段磨矿 -0.074mm 85% | 铁精矿 | 29.12 | 57.71 | 11.40 | 0.60 | 0.010 | 0.0040 | 0.0010 | 65.19 | 30.23 | 83.60 | 30.94 | 29.85 | 8.75 | 连续稳定运转 8h，处理矿样 750kg |
| | Ⅰ段尾矿 | 64.47 | 12.43 | 10.59 | 0.05 | 0.009 | 0.0035 | 0.0043 | 31.09 | 62.16 | 14.52 | 57.30 | 57.83 | 83.35 | |
| | Ⅱ段尾矿 | 6.41 | 14.96 | 13.04 | 0.06 | 0.019 | 0.0075 | 0.0041 | 3.72 | 7.61 | 1.88 | 11.76 | 12.32 | 7.90 | |
| | 总尾矿 | 70.88 | 12.66 | 10.81 | 0.05 | 0.010 | 0.0039 | 0.0043 | 34.81 | 69.77 | 16.40 | 69.06 | 70.15 | 91.25 | |
| | 原 矿 | 100.00 | 25.78 | 10.98 | 0.20 | 0.010 | 0.0039 | 0.0033 | 100.00 | 100.00 | 100.00 | 100.00 | 100.00 | 100.00 | |
| 阶段磨矿磁选 Ⅱ段磨矿 -0.074mm 96% | 铁精矿 | 27.52 | 59.30 | 11.32 | 0.60 | 0.010 | 0.0030 | 0.0010 | 63.85 | 27.54 | 83.36 | 24.41 | 25.39 | 7.74 | 连续稳定运转 10h，处理矿样 720kg |
| | Ⅰ段尾矿 | 67.90 | 12.17 | 11.31 | 0.04 | 0.011 | 0.0030 | 0.0046 | 32.33 | 66.82 | 13.78 | 66.25 | 62.64 | 87.88 | |
| | Ⅱ段尾矿 | 4.58 | 21.32 | 13.93 | 0.12 | 0.023 | 0.0085 | 0.0034 | 3.82 | 5.64 | 2.86 | 9.34 | 11.97 | 4.38 | |
| | 总尾矿 | 72.48 | 12.75 | 11.31 | 0.05 | 0.012 | 0.0033 | 0.0045 | 36.15 | 72.46 | 16.64 | 75.59 | 74.61 | 92.26 | |
| | 原 矿 | 100.00 | 25.56 | 11.31 | 0.20 | 0.011 | 0.0033 | 0.0036 | 100.00 | 100.00 | 100.00 | 100.00 | 100.00 | 100.00 | |

**表 4-80 太和矿区钒钛磁铁矿表内、外混合矿阶段磨矿磁选选铁选矿产品化学多项分析结果** （%）

| 试验流程 | 产品名称 | TFe | $TiO_2$ | $V_2O_5$ | Co | Ni | $Sc_2O_3$ | $SiO_2$ | $Al_2O_3$ | CaO | MgO | S | P | Cu | Mn | $Cr_2O_3$ | Ca |
|---|---|---|---|---|---|---|---|---|---|---|---|---|---|---|---|---|---|
| 阶段磨矿磁选 Ⅱ段磨矿 -0.074mm 85% | 铁精矿 | 57.71 | 11.40 | 0.60 | 0.010 | 0.0040 | 0.0010 | 1.58 | 3.13 | 0.31 | 2.12 | 0.207 | 0.043 | 0.009 | 0.243 | 0.010 | 0.0042 |
| | Ⅰ段尾矿 | 12.43 | 10.59 | 0.05 | 0.009 | 0.0035 | 0.0043 | 34.77 | 9.95 | 12.06 | 8.81 | 0.266 | 0.794 | 0.012 | 0.237 | 0.006 | 0.0014 |
| | Ⅱ段尾矿 | 14.96 | 13.04 | 0.06 | 0.019 | 0.0075 | 0.0041 | 27.15 | 10.74 | 10.06 | 11.10 | 0.319 | 0.857 | 0.024 | 0.282 | 0.007 | 0.0021 |
| 阶段磨矿磁选 Ⅱ段磨矿 -0.074mm 96% | 铁精矿 | 59.30 | 11.32 | 0.60 | 0.010 | 0.0030 | 0.0010 | 1.21 | 2.75 | 0.28 | 1.86 | 0.219 | 0.030 | 0.008 | 0.243 | 0.009 | 0.0039 |
| | Ⅰ段尾矿 | 12.17 | 11.31 | 0.04 | 0.011 | 0.0030 | 0.0046 | 35.09 | 9.53 | 12.50 | 9.16 | 0.245 | 0.707 | 0.010 | 0.242 | 0.005 | 0.0014 |
| | Ⅱ段尾矿 | 21.32 | 13.93 | 0.12 | 0.023 | 0.0085 | 0.0034 | 20.89 | 11.46 | 6.73 | 11.09 | 0.400 | 0.708 | 0.031 | 0.306 | 0.011 | 0.0029 |

两次试验共稳定运转18h，处理矿样共1.47t，试验中各主要产品的铁品位变化很小，特别是由于细筛的控制，铁精矿的品位十分稳定，其波动仅在平均值的±0.5%以内，连续性扩大试验的结果说明，以细磨精选—细筛闭路为特点的选高质量铁精矿的工艺，指标稳定可靠。

使用尼龙细筛机按粒度进行分级，既能避免过粉碎，提高磨矿机生产能力，又能提高铁精矿质量，且本身价格低廉，分级效率较高，是细粒分级和选高质量铁精矿的有效设备。

该试验研究为工业试验提供了依据，为太和矿选矿厂设计提供了基础资料。

### 4.4.4 高效的磁铁矿选矿新方法——磁载体重选法

磁载体重选法的研究，就是从磁铁矿特殊的强磁性矿物磁化后的磁滞、剩磁、形成磁团聚这个性质入手，创造全新的分选条件，充分发挥磁铁矿强磁性的优良可选性质，综合多种分选作用，提高分选效率和选择性分离精度，获得高质量或高纯铁精矿的磁铁矿选矿新方法。

磁载体重选法分选的基本原理如下：

磁载法区别于弱磁选的根本之处在于它完全取消分选外磁场，利用磁化后磁铁矿相互间的剩磁力作为主要分选作用力，在弥散悬浮状态下，迅速形成可靠的磁团聚，采用磁化的粗粒强磁性颗粒——磁载体，去强化剩磁分选力和磁团聚，并对磁聚团施以剪切作用力，使其进入“分散↔团聚”的反复状态，使磁铁矿聚团得到不断净化。最后利用磁聚团与分散的脉石和贫连生体较大的沉降速度差异，在重力分选力的作用下实际分选。

为了强化剩磁团聚，增大磁聚团与分散的单体脉石和贫连生体颗粒的沉降速度差异，在矿浆中保持一定数量的粗粒磁化颗粒，在分选过程中这些粗粒磁化颗粒既具有捕收细粒铁矿的作用，又具有加重磁聚团的效能。它们实际上成为磁聚团的核心。这种粗粒磁化颗粒，可以是入选矿石本身所具有的，也可以是人为加入的，在实际分选过程中，这种粗粒磁化颗粒可以根据分选的需要，采用脱磁分离的方法，使它们在分选中反复循环使用，起到分选载体的作用故将其称为“磁载体”，该方法称为“磁载体重选法”（以下简称“磁载法”）。

影响磁载法分选的主要因素是磁载体、入选物料、分选水量、搅拌强度、载体循环速度、给矿量的磁与脱磁脱载等。

太和矿区钒钛磁铁矿石的主要矿物为钛磁铁矿、钛铁矿、辉石和斜长石，其中钛磁铁矿为铁的回收矿物。钛磁铁矿磁化后有较强的剩磁强度，在矿石中的嵌布粒度粗（+0.5mm 18.17%，+0.25mm 58.96%），因此，用磁载法选别钒钛磁铁矿石，可采用自身载体的选别流程，这是钒钛磁铁矿采用磁载法的有利条件。

矿石中的钛磁铁矿嵌布粒度虽然较粗，但在矿石中钛磁铁矿与钛铁矿共生紧密，最主要是钛铁矿和辉石中常有钛磁铁矿的片晶包裹体。片晶的粒度为几微米至几十微米，钛铁矿本身为磁性较强的弱磁性矿物，该矿区钛铁矿的比磁化系数为（150～300）$\times 10^{-6}cm^3/g$；辉石的比磁化系数最高也可达$180\times 10^{-6}cm^3/g$。为了探求磁载法用于钒钛磁铁矿选矿的优越性，与目前试验研究中技术上较先进的细磨细筛精选流程相对比，对比试验流程见图4-80，试验对比结果见表4-81。

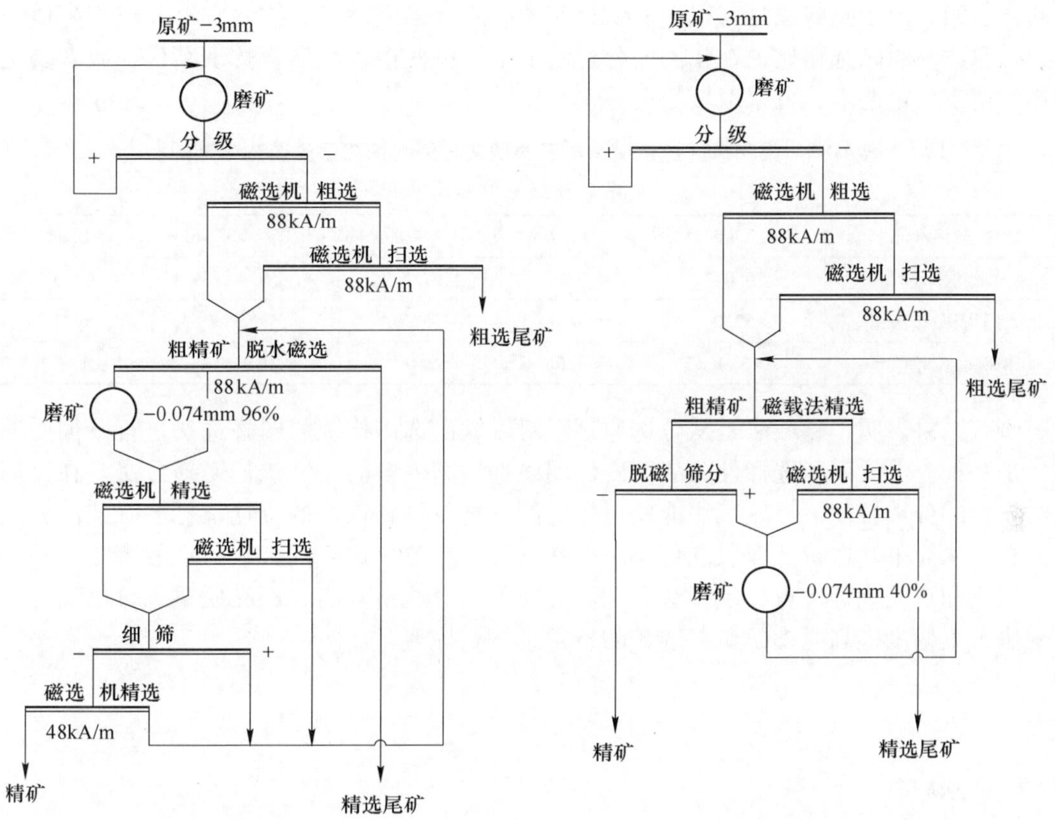


磁载法精选流程　　　　细磨细筛弱磁法精选流程

图 4-80 太和矿区钒钛磁铁矿磁载法精选与细磨细筛试验对比流程

**表 4-81 太和矿区钒钛磁铁矿石磁载法精选与细磨细筛精选对比试验结果** (%)

| 精选方法与流程 | | 磁载法精选闭路流程 | 细磨细筛精选连续扩大试验流程 |
|---|---|---|---|
| 原矿品位（TFe） | | 25.81 | 25.73 |
| 粗精矿品位（TFe） | | 52.93 | 53.43 |
| 精选粒度 | -0.074mm | 95.63 | 96.00 |
| | -0.043mm | 46.25 | 82.00 |
| 最终精矿 | 产　率 | 28.40 | 29.12 |
| | 品位（TFe） | 59.46 | 57.71 |
| | 回收率（TFe） | 65.42 | 65.19 |
| 精选尾矿 | 产　率 | 5.93 | 6.41 |
| | 回收率（TFe） | 21.61 | 14.96 |
| | 损失率（TFe） | 4.98 | 3.72 |

表 4-81 的试验对比结果表明，采用磁载法自身载体流程精选太和钒钛磁铁矿石，可在较粗的精选粒度下，取得比细磨细筛弱磁选精选流程较高的选别指标。

对磁载法和细磨细筛弱磁选法精选的精矿各粒级品位进行了统计（表 4-82），统计结果同样表明，由于磁载法具有很强的从精矿中脱除含强磁性包裹体的脉石和贫连生体的能力，磁载法与弱磁选相比，在相同的分选粒度下，可获得较高质量的铁精矿，或者要达到同样的精矿质量要求，可采取较粗的分选粒度。

**表 4-82 太和矿区钒钛磁铁矿石磁载法与细磨细筛弱磁选法精选的精矿粒级品位对比（TFe）** （%）

| 精矿粒级/mm | -0.3 +0.2 | -0.2 +0.1 | -0.1 +0.074 | -0.074 +0.043 | -0.043 |
|---|---|---|---|---|---|
| 磁载法精选 | 55.0 | 57.0 | 57.5 | 58.4 | 60.6 |
| 细磨细筛弱磁选法精选 | <52.0 | <54.0 | 55.5 | 57.5 | 59.3 |
| 精矿品位差值 | >3.0 | >3.0 | 2.0 | 0.9 | 1.3 |

研究结果表明，磁载法是从分选原理上对磁铁矿选矿传统的弱磁选法进行了彻底的创新，是一种分选效率和选择性分离精度比弱磁选法高得多的磁铁矿选矿新方法。在比弱磁选法较粗的分选粒度下，磁载法能获得较好的分选效果和较高的分选指标。磁载法分选设备具有结构简单、造价低廉、能耗小、操作方便、有效分选空间大、分选效率高、易于实现大型化和自动化等优点，磁载法分选流程简单、分选指标高、产品质量和价值高，所以磁载法可大幅度提高磁铁矿矿石选矿的技术经济指标。

## 参 考 文 献

[1] 峨眉矿产综合利用研究所对钒钛磁铁矿试验研究情况简介．中国地质科学院矿产综合利用研究所，1973.
[2] 攀枝花钒钛磁铁矿磁团聚重选工艺试验研究．中国地质科学院矿产综合利用研究所，1991.
[3] 攀枝花钒钛磁铁矿磁团聚重选工艺半工业试验．中国地质科学院矿产综合利用研究所，1993.
[4] 攀西地区白马钒钛磁铁矿磁团聚重选法试验研究．中国地质科学院矿产综合利用研究所，1988.
[5] 高效的磁铁矿选矿新方法——磁载体重选法．中国地质科学院矿产综合利用研究所，1982.
[6] 攀枝花钒钛磁铁矿表外矿选铁试验．中国地质科学院矿产综合利用研究所，1976.
[7] 攀枝花地区钒钛磁铁矿表外矿选铁试验及工业利用的评价．中国地质科学院矿产综合利用研究所，1976.
[8] 攀枝花尚难利用矿选铁试验研究．中国地质科学院矿产综合利用研究所，2000.
[9] 四川红格钒钛磁铁矿岩芯混合样选铁试验研究．中国地质科学院矿产综合利用研究所，1985.
[10] 红格钒钛磁铁矿全矿区岩芯混合样综合回收选矿试验．中国地质科学院矿产综合利用研究所，1985.
[11] 四川省攀枝花市红格钒钛磁铁矿南矿区表内矿（坑道 101）选铁试验．中国地质科学院矿产综合利用研究所，1987.
[12] 红格北矿区钒钛磁铁矿橄辉岩表内矿（T32）选铁试验．中国地质科学院矿产综合利用研究所，1977.
[13] 红格钒钛磁铁矿北矿区表内矿选铁试验．中国地质科学院矿产综合利用研究所，1982.
[14] 红格钒钛磁铁矿北矿区表内矿选铁扩大试验．中国地质科学院矿产综合利用研究所，1981.
[15] 红格北矿区表内矿（T103）选铁尾矿 1 综合回收试验报告．中国地质科学院矿产综合利用研究所，1982.

[16] 四川省渡口市红格北矿区钒钛磁铁矿表外矿选铁试验及工业利用的评价. 中国地质科学院矿产综合利用研究所，1977.
[17] 四川省渡口市红格矿区钒钛磁铁矿选铁试验. 中国地质科学院矿产综合利用研究所，1978.
[18] 红格钒钛磁铁矿综合利用选矿试验研究. 中国地质科学院矿产综合利用研究所，2003.
[19] 红格钒钛磁铁矿选矿半工业试验报告之一~之四. 中国地质科学院矿产综合利用研究所，1989.
[20] 红格钒钛磁铁矿选矿半工业试验综合报告. 中国地质科学院矿产综合利用研究所，1989.
[21] 龙蟒钛铁矿砂矿选矿试验研究报告. 中国地质科学院矿产综合利用研究所，2002.
[22] 青杠坪钒钛磁铁矿选矿工艺试验研究. 中国地质科学院矿产综合利用研究所，2006.
[23] 白马钒钛磁铁矿小型及连续扩大试验. 中国地质科学院矿产综合利用研究所，1989.
[24] 四川省米易县白马青杠坪钒钛磁铁矿Ⅰ品级矿石选铁试验及技术经济初步评价. 中国地质科学院矿产综合利用研究所，1985.
[25] 白马钒钛磁铁矿选铁试验. 中国地质科学院矿产综合利用研究所，1975.
[26] 白马钒钛磁铁矿提高铁精矿品位及综合回收试验. 中国地质科学院矿产综合利用研究所，1978.
[27] 腾家梁子钒钛磁铁矿选铁选钛扩大试验研究. 中国地质科学院矿产综合利用研究所，2007.
[28] 青杠坪腾家梁子铁矿选矿工艺试验研究. 中国地质科学院矿产综合利用研究所，2006.
[29] 太和钒钛磁铁矿选矿试验. 中国地质科学院矿产综合利用研究所，1981.
[30] 西昌太和钒钛磁铁矿选矿试验. 中国地质科学院矿产综合利用研究所，1983.
[31] 四川西昌太和矿区钒钛磁铁矿选矿试验补充报告. 中国地质科学院矿产综合利用研究所，1972.
[32] 四川西昌太和矿区钒钛磁铁矿表内矿选矿（扩大性）试验. 中国地质科学院矿产综合利用研究所，1972.
[33] 四川西昌地区钒钛磁铁矿表外矿选铁技术指标及炼铁成本的概算. 中国地质科学院矿产综合利用研究所，1976.
[34] 四川西昌太和矿区表外矿初步可选性试验报告. 中国地质科学院矿产综合利用研究所，1972.
[35] 红格百草钒钛磁铁矿选铁选钛试验研究. 中国地质科学院矿产综合利用研究所，2008.
[36] 四川省会理县秀水河钒钛磁铁矿选矿试验研究. 中国地质科学院矿产综合利用研究所，1989.

# 5 攀西钒钛磁铁矿选钛试验研究

## 5.1 攀西地区钒钛磁铁矿四大矿区钛铁矿理论品位的研究

攀西地区四大矿区的钒钛磁铁矿研究结果表明，钛主要存在于钛铁矿和钛磁铁矿内，而目前工业上能利用的主要是以矿物形式独立存在的粒状钛铁矿。Ⅰ品级矿石（表内矿）中粒状钛铁矿中 $TiO_2$ 的含量占原矿 $TiO_2$ 的 39%~78.96%，钛磁铁矿中的钛主要以钛铁晶石及板状钛铁矿的形式存在，这部分钛占原矿 $TiO_2$ 的 15.20%~56.89%，只能在铁精矿冶炼过程中研究其回收利用。

粒状钛铁矿晶粒内部结构复杂，普遍含有钛磁铁矿和尖晶石等出溶物，在钛铁矿边缘常被金红石、锐钛矿、钙钛矿等次生钛矿物交代，因此研究四大矿区不同磁性、不同粒度钛铁矿中有益有害元素的变化规律及物理性质，为钛铁矿选冶工艺研究提供基础资料是该研究的主要目的。

### 5.1.1 四大矿区钒钛磁铁矿的嵌布特征

攀西地区四大矿区的钛铁矿，产出形态基本一致，按结构特点可分为粒状钛铁矿、板状钛铁矿和片状钛铁矿三种。

粒状钛铁矿与钛磁铁矿密切共生，常与钛磁铁矿一起充填于斜长石、辉石、橄榄石等硅酸盐矿物颗粒之间或嵌布在辉石、角闪石等矿物中。板状钛铁矿沿钛磁铁矿（111）面分布，次为（110）面，片宽 5~50μm，在钛磁铁矿中的含量随矿区及矿石品级不同而变化，红格矿区比较发育。片状钛铁矿一般小于 3μm，分布在钛磁铁矿、钛普通辉石、角闪石和橄榄石晶粒中。

四大矿区钛铁矿的嵌布情况见表 5-1，各矿区钛铁矿的工艺粒度见表 5-2。

**表 5-1 攀西四大矿区钛铁矿嵌布特征**

| 矿区名称 | 钛磁铁矿中包体/% | 与钛磁铁矿呈集合体/% | 硫化物中呈包体/% | 脉石矿物中包体/% |
|---|---|---|---|---|
| 红格矿区 | 0.39 | 46.62 | 1.36 | 51.63 |
| 白马矿区 | 1.13 | 53.95 | 1.43 | 43.49 |
| 攀枝花矿区 | 个别颗粒 | 52.56 | 1.94 | 45.50 |
| 太和矿区 | 个别颗粒 | 54.71 | 0.84 | 44.45 |

**表 5-2 攀西四大矿区钛铁矿的工艺粒度** （%）

| 矿区名称 | +2mm | -2+1mm | -1+0.6mm | -0.6+0.2mm | -0.2mm |
|---|---|---|---|---|---|
| 红格北矿区 | | 4.21 | 24.65 | 47.79 | 23.35 |
| 红格南矿区 | 0.47 | 6.16 | 23.78 | 42.44 | 27.15 |
| 白马芨芨坪 | | 7.49 | 43.70 | 30.12 | 18.69 |
| 白马田家村 | | 6.06 | 31.34 | 37.96 | 24.64 |
| 太和矿区 | | 8.79 | 37.74 | 31.11 | 22.36 |
| 攀枝花矿区 | | | 22.25 | 51.22 | 26.53 |

由表5-1可以看出，钛铁矿与钛磁铁矿关系密切，而在斜长石、钛普通辉石、橄榄石等脉石矿物粒间或呈包体的也占有很大的比例，以上述两种形式产出的钛铁矿，红格占98.25%，白马占97.44%，攀枝花占98.06%，太和占99.16%，据显微镜下观察，不论是与钛磁铁矿共生的钛铁矿，还是在斜长石、钛普通辉等脉石矿物粒间或呈包体的钛铁矿，与其共生矿物的接触界线平整。

由表5-2可以看出，钛铁矿的工艺粒度较粗，以+0.2mm为主体，其中红格南矿区72.85%，红格北矿区76.65%，白马芨芨坪矿段81.31%，白马田家村矿段75.36%，太和及攀枝花矿区分别为77.64%和73.47%，这对磨矿时钛铁矿的解离是十分有利的。

四大矿区的粒状钛铁矿晶粒内部结构中常见到叶片状双晶，聚片双晶或格状双晶，并且有少量钛磁铁矿和尖晶石出溶物。其中，钛磁铁矿主要呈微细片状沿钛铁矿和（0001）面分布，片宽一般为-2μm，也有呈短片状，少数呈自形粒状，片晶的多少随矿区的不同而不同，在红格矿区，钛铁矿中钛磁铁矿片晶是普遍存在的，而白马、太和、攀枝花矿区，钛铁矿中钛磁铁矿片晶都很细少，一般均为-1μm。

尖晶石有粒状尖晶石及片状尖晶石两种，粒状尖晶石一般分布在钛铁矿边缘，粒度均在-8μm，形态不规则，片状尖晶石与钛磁铁矿片晶一同出现在钛铁矿的（0001）面中，一片宽一般-1μm，最宽2μm。

### 5.1.2 四大矿区钛铁矿的性质

#### 5.1.2.1 不同粒级钛铁矿的化学成分

将四大矿区钛铁矿精矿筛分为+0.15mm、-0.15+0.074mm、-0.074+0.04mm、-0.04mm四个粒级，每个粒级又用电磁分离仪在相同的条件下分为0.1A、0.2A两部分，提纯单矿物后分别送化学分析和制光片在显微镜下做纯度检查，不同粒级、不同磁性的钛铁矿分析结果分别见表5-3。

#### 5.1.2.2 钛铁矿的物理性质

矿物的物理性质与其化学成分有密切的关系，矿物的物理性质如比磁化系数、导电性、浸润性等与矿物分选效果有极为密切的关系。四大矿区钛铁矿比磁化系数见表5-4。

从表5-4可以看出，四大矿区钛铁矿的比磁化系数与钛铁矿中FeO有关，FeO高则比磁化系数也高，反之则低。而矿石类型也与比磁化系数有直接关系。含钒钛磁铁矿的岩体基性程度越高，钛铁矿的比磁化系数也高，反之则低。太和及攀枝花为辉长岩型矿石，白马为辉长岩—橄长岩—斜长橄榄岩—橄榄辉长岩型矿石，红格为辉长岩—辉石岩—橄榄岩型矿石。由于含钒钛磁铁矿岩体的基性程度不同，因而钛铁矿的比磁化系数也有差异。太和信攀枝花的钛铁矿比磁化系数相近，红格与白马钛铁矿的比磁化系数相近，但后者高于前者。

不同矿区，不同磁性钛铁矿的硬度大体相同，磁性弱的钛铁矿硬度值略高于磁性强的钛铁矿。不同磁性钛铁矿压入硬度值见表5-5。

四大矿区Ⅰ品级矿石（表内矿）混合钛精矿的研究结果表明：

（1）四大矿区钛铁矿中普遍含有钛磁铁矿尖晶石出溶物，钛磁铁矿主要呈微细片晶沿钛铁矿的（0001）面分布，片宽仅几个微米，镁铝尖晶石常与钛磁铁矿一同出现在（0001）面中，硫化物主要呈乳滴状、星点状，以包裹体形式存在于钛铁矿中。

**表 5-3 四大矿区不同粒级不同磁性钛铁矿精矿化学成分分析结果** (%)

| 矿区 | 粒级及分选条件 | | TFe | FeO | $Fe_2O_3$ | $TiO_2$ | $V_2O_5$ | $Cr_2O_3$ | Cu | Co | Ni | $SiO_2$ | $Al_2O_3$ | MnO | CaO | MgO |
|---|---|---|---|---|---|---|---|---|---|---|---|---|---|---|---|---|
| 白马矿区 | +0.15mm | 0.1A | 34.00 | 39.81 | 4.37 | 50.40 | 0.124 | 0.007 | 0.009 | 0.011 | 0.006 | 0.554 | 0.380 | 0.89 | 0.073 | 3.43 |
| | | 0.2A | 33.60 | 39.63 | 4.00 | 51.60 | 0.124 | 0.007 | 0.006 | 0.011 | 0.006 | 0.435 | 0.293 | 0.81 | 0.022 | 3.63 |
| | +0.076mm | 0.1A | 34.00 | 39.75 | 4.44 | 51.10 | 0.121 | 0.010 | 0.009 | 0.011 | 0.006 | 0.495 | 0.313 | 0.90 | 0.016 | 3.08 |
| | | 0.2A | 33.50 | 39.44 | 4.07 | 51.60 | 0.112 | 0.010 | 0.007 | 0.011 | 0.006 | 0.435 | 0.293 | 0.85 | 0.017 | 3.42 |
| | +0.04mm | 0.1A | 34.00 | 39.94 | 4.22 | 50.80 | 0.120 | 0.017 | 0.018 | 0.011 | 0.006 | 0.565 | 0.558 | 0.98 | 0.044 | 2.79 |
| | | 0.2A | 33.67 | 39.59 | 4.14 | 51.50 | 0.114 | 0.014 | 0.008 | 0.010 | 0.006 | 0.343 | 0.348 | 0.85 | 0.021 | 3.09 |
| | -0.04mm | 0.1A | 34.00 | 39.87 | 4.30 | 50.40 | 0.127 | 0.015 | 0.008 | 0.011 | 0.010 | 0.527 | 0.540 | 0.88 | 0.113 | 3.30 |
| | | 0.2A | 33.50 | 39.59 | 3.90 | 51.00 | 0.097 | 0.014 | 0.013 | 0.012 | 0.050 | 0.118 | 0.379 | 0.85 | 0.023 | 3.06 |
| 太和矿区 | +0.15mm | 0.1A | 32.53 | 35.55 | 7.01 | 51.30 | 0.072 | 0.0027 | 0.006 | 0.0076 | 0.002 | 0.55 | 0.36 | 0.82 | 0.070 | 4.25 |
| | | 0.2A | 31.47 | 35.05 | 6.05 | 52.90 | 0.063 | 0.0010 | 0.006 | 0.0088 | 0.003 | 0.46 | 0.21 | 0.80 | 0.070 | 4.86 |
| | +0.076mm | 0.1A | 33.53 | 34.86 | 9.19 | 51.80 | 0.078 | 0.0019 | 0.006 | 0.0074 | 0.003 | 0.50 | 0.31 | 0.94 | 0.085 | 3.01 |
| | | 0.2A | 32.16 | 34.45 | 7.69 | 52.38 | 0.062 | 0.0016 | 0.006 | 0.008 | 0.003 | 0.48 | 0.33 | 0.94 | 0.090 | 3.16 |
| | +0.04mm | 0.1A | 34.74 | 36.40 | 9.22 | 50.01 | 0.093 | 0.0041 | 0.003 | 0.012 | 0.002 | 0.584 | 0.189 | 0.962 | 0.081 | 2.87 |
| | | 0.2A | 32.81 | 35.83 | 7.07 | 51.43 | 0.073 | 0.0054 | 0.004 | 0.013 | 0.003 | 0.586 | 0.139 | 0.988 | 0.068 | 3.47 |
| | -0.04mm | 0.1A | 32.29 | 35.58 | 6.63 | 51.69 | 0.075 | 0.0023 | 0.005 | 0.011 | 0.002 | 0.120 | 0.013 | 0.808 | 0.007 | 4.48 |
| | | 0.2A | 31.94 | 36.25 | 5.38 | 51.99 | 0.078 | 0.0050 | 0.011 | 0.013 | 0.003 | 0.158 | 0.020 | 0.611 | 0.00 | 5.61 |
| 攀枝花矿区 | +0.15mm | 0.1A | 32.26 | 36.42 | 5.65 | 51.56 | 0.074 | 0.0023 | 0.006 | 0.0116 | 0.004 | 0.32 | 0.23 | 0.60 | 0.012 | 5.82 |
| | | 0.2A | 31.40 | 36.14 | 4.73 | 51.78 | 0.072 | 0.0010 | 0.006 | 0.098 | 0.004 | 0.28 | 0.21 | 0.59 | 0.019 | 6.33 |
| | +0.076mm | 0.1A | 32.66 | 36.63 | 5.99 | 50.68 | 0.083 | 0.0065 | 0.005 | 0.014 | 0.005 | 0.481 | 0.132 | 0.594 | 0.054 | 5.44 |
| | | 0.2A | 32.27 | 36.16 | 5.95 | 51.32 | 0.075 | 0.0030 | 0.002 | 0.013 | 0.003 | 0.491 | 0.095 | 0.607 | 0.080 | 5.56 |
| | +0.04mm | 0.1A | 32.08 | 36.86 | 4.90 | 51.20 | 0.086 | 0.0059 | 0.005 | 0.014 | 0.003 | 0.197 | 0.059 | 0.606 | 0.00 | 5.80 |
| | | 0.2A | 31.36 | 35.49 | 5.39 | 52.20 | 0.072 | 0.00445 | 0.003 | 0.014 | 0.004 | 0.222 | 0.051 | 0.580 | 0.00 | 6.27 |
| | -0.04mm | 0.1A | 32.12 | 35.59 | 6.38 | 50.79 | 0.081 | 0.0084 | 0.010 | 0.013 | 0.004 | 0.354 | 0.032 | 0.591 | 0.007 | 5.72 |
| | | 0.2A | 31.53 | 34.82 | 6.38 | 52.11 | 0.075 | 0.0026 | 0.004 | 0.012 | 0.003 | 0.104 | 0.017 | 0.618 | 0.00 | 6.37 |
| 红格矿区 | +0.15mm | 0.1A | 35.28 | 40.13 | 5.85 | 50.20 | 0.0454 | 0.009 | 0.006 | 0.008 | 0.0039 | 0.276 | 0.383 | 0.780 | 0.13 | 2.82 |
| | | 0.2A | 34.72 | 38.91 | 6.41 | 51.50 | 0.207 | 0.031 | 0.004 | 0.009 | 0.0049 | 0.402 | 0.273 | 0.832 | 0.0 | 3.21 |
| | +0.076mm | 0.1A | 33.51 | 38.60 | 5.02 | 50.95 | 0.094 | 0.018 | 0.005 | 0.011 | 0.0056 | 0.159 | 0.343 | 0.816 | 0.08 | 4.06 |
| | | 0.2A | 33.06 | 38.60 | 4.38 | 50.75 | 0.086 | 0.015 | 0.004 | 0.011 | 0.0059 | 0.208 | 0.308 | 0.811 | 0.16 | 4.33 |
| | +0.04mm | 0.1A | 33.69 | 39.14 | 4.66 | 50.70 | 0.132 | 0.008 | 0.001 | 0.009 | 0.0104 | 0.084 | 0.143 | 0.897 | 0.02 | 4.00 |
| | | 0.2A | 33.64 | 39.90 | 3.76 | 50.95 | 0.103 | 0.029 | 0.001 | 0.019 | 0.0080 | 0.149 | 0.120 | 0.945 | 0.0 | 4.14 |
| | -0.04mm | 0.1A | 34.26 | 39.48 | 5.10 | 50.80 | 0.117 | 0.019 | 0.006 | 0.009 | 0.246 | 0.349 | 0.353 | 0.935 | 0.11 | 3.47 |
| | | 0.2A | 34.94 | 38.94 | 6.68 | 50.65 | 0.127 | 0.014 | 0.005 | 0.009 | 0.0087 | 0.494 | 0.283 | 0.914 | 0.26 | 3.25 |

表 5-4 攀西四大矿区钛铁矿比磁化系数

| 矿区 | 电流强度 /A | 比磁化系数 $/CGSMcm^3 \cdot g^{-1}$ | 比磁化系数变化范围 $/CGSMcm^3 \cdot g^{-1}$ | 主要元素分析值/% | | | | |
|---|---|---|---|---|---|---|---|---|
| | | | | TFe | FeO | $Fe_2O_3$ | $TiO_2$ | MnO |
| 红格 | 0.1 | $324.32\times10^{-6}$ | $901.08\times10^{-6}\sim188.78\times10^{-6}$ | 34.19 | 39.34 | 5.16 | 50.66 | 0.86 |
| | 0.2 | $156.08\times10^{-6}$ | $347.46\times10^{-6}\sim109.72\times10^{-6}$ | 34.09 | 39.09 | 5.31 | 50.96 | 0.88 |
| 白马 | 0.1 | $377.01\times10^{-6}$ | $959.07\times10^{-6}\sim200.27\times10^{-6}$ | 34.00 | 39.84 | 4.26 | 50.68 | 0.91 |
| | 0.2 | $159.23\times10^{-6}$ | $298.33\times10^{-6}\sim119.24\times10^{-6}$ | 33.57 | 39.56 | 4.03 | 51.43 | 0.84 |
| 太和 | 0.1 | $152.08\times10^{-6}$ | $322.82\times10^{-6}\sim111.20\times10^{-6}$ | 33.57 | 39.56 | 4.03 | 51.43 | 0.84 |
| | 0.2 | $105.40\times10^{-6}$ | $169.45\times10^{-6}\sim88.20\times10^{-6}$ | 32.10 | 35.40 | 6.55 | 52.18 | 0.83 |
| 攀枝花 | 0.1 | $256.65\times10^{-6}$ | $562.59\times10^{-6}\sim149.69\times10^{-6}$ | 32.28 | 36.38 | 5.73 | 51.06 | 0.60 |
| | 0.2 | $107.37\times10^{-6}$ | $995.33\times10^{-6}\sim136.15\times10^{-6}$ | 31.64 | 35.65 | 5.61 | 51.85 | 0.60 |

表 5-5 四大矿区不同磁性钛铁矿压入硬度值

| 矿 区 | 电流强度/A | 压入硬度/$kg\cdot mm^{-2}$ | 硬度级 |
|---|---|---|---|
| 红格矿区 | 0.1 | 619.37 | 5.97 |
| | 0.2 | 638.21 | 6.03 |
| 白马矿区 | 0.1 | 604.18 | 5.92 |
| | 0.2 | 638.47 | 6.03 |
| 太和矿区 | 0.1 | 608.70 | 5.93 |
| | 0.2 | 641.36 | 6.04 |
| 攀枝花矿区 | 0.1 | 622.27 | 5.93 |
| | 0.2 | 629.86 | 5.98 |

(2) 四大矿区钛铁矿中 $TiO_2$ 含量基本相似，攀枝花矿区、太和矿区的钛铁矿中 $TiO_2$ 含量略高于红格和白马矿区。攀枝花、太和、红格、白马矿区钛铁矿中 $TiO_2$ 含量分别为 51.85%、52.85%、50.96% 和 51.43%。

(3) 同矿区各不同粒级在不同磁场强度下分选出的钛铁矿 TFe、FeO、$TiO_2$ 的含量不同，磁性较强的钛铁矿 FeO 高，$TiO_2$ 低，而磁性较弱的钛铁矿则相反，FeO 低，$TiO_2$ 高。

(4) 同矿区不同粒级的钛铁矿中 $TiO_2$ 的含量变化不大。

(5) 不同矿区钛铁矿精矿中 MgO 含量都大于3%，用目前的选矿手段不能把钛精矿中的 MgO 含量降到3%以下。

(6) 四大矿区钛铁矿中普遍含 $Sc_2O_3$，其中，红格矿区钛铁矿中 $Sc_2O_3$ 含量为 0.0035%，太和矿区中 $Sc_2O_3$ 含量为 0.0047%，白马矿区中 $Sc_2O_3$ 含量为 0.0075%，攀枝花矿区中 $Sc_2O_3$ 含量为 0.0056%，因此，在利用钛铁矿时应引起对 $Sc_2O_3$ 的重视。

(7) 钛铁矿的物理性质与化学成分及矿石性质有关。太和矿区与攀枝花矿区的钛铁矿比磁化系数、硬度值、差热曲线、热重曲线、化学成分等均相近，而红格矿区与白马矿区钛铁矿的物理性质与化学成分相近。

(8) 四大矿区钛铁矿中 Fe、Ti、Mn、Mg、Ca、Si 等元素的分布是无效的，Mn、Mg 以类质同象形式存在于钛铁矿中。

## 5.2 攀枝花矿区钒钛磁铁矿选钛研究

### 5.2.1 攀枝花选矿厂磁选尾矿选钛初步试验研究

1977 年，峨眉矿产综合利用研究所与西昌钢铁厂共同成功地完成了异羟肟酸作捕收剂浮选钛铁矿的工业性试验，用全浮流程从太和的磁选尾矿中选得了品位大于48%（$TiO_2$）的钛铁矿精矿，并且获得了较高的金属回收率。但是由于异羟酸在目前国内尚无大宗生产，而氧化石蜡皂仍是目前国内广泛使用于浮选非金属和氧化矿物的一种选择性较差的捕收剂，西昌钢铁厂选矿车间也使用该种捕收剂，并以硅氟酸钠加硫酸作调整剂，浮选生产钛精矿，并且积累了相当的经验。

峨眉矿产综合利用研究所、西昌钢铁厂和攀枝花钢铁研究院三单位人员一起，共同进行了用氧化石蜡皂为捕收剂，以草酸、硫酸代替有害药剂硅氟酸钠为调整剂浮选攀枝花磁选尾矿中钛铁矿的实验室小型试验和工业性试验。

工业性试验用原矿取自渡口密地选厂，其主要化学成分分析结果见表5-6。

**表5-6 攀枝花钒钛磁铁矿选铁尾矿选钛物料的主要化学成分分析结果** (%)

| 成 分 | TFe | $TiO_2$ | $V_2O_5$ | Co | Ni |
|---|---|---|---|---|---|
| 含 量 | 17.73 | 9.65 | 0.112 | 0.0116 | 0.005 |

工业性试验所用药剂共三种：氧化石蜡皂、草酸和硫酸。氧化石蜡皂为抚顺石油化工三厂的产品，脂肪物含量约30%。草酸为成都天然气化工厂生产的工业用草酸，白色结晶，易溶于水。

试验流程见图5-1，试验所获得的连续稳定运转的技术指标为钛精矿品位（$TiO_2$）46.14%，钛精矿回收率对浮钛原矿63.48%、对扫铁尾矿42.29%，对攀枝花未经扫铁的尾矿36.65%。钛精矿的主要化学成分见表5-7。

钛精矿的主要矿物成分为钛铁矿93.40%，硫化物为0.1%，脉石6.5%。钛铁矿粒度均匀，粒径一般为0.07~0.1mm，解离良好，无连生体，脉石以辉石为主，尚有伊丁石和橄榄石。以上指标说明本次试验在技术上是成功的。

试验表明，用氧化石蜡皂作捕收剂，用草酸、硫酸代替有害药剂硅氟酸钠作调整剂浮选攀枝花磁选尾矿，以获得品位大于46%（$TiO_2$）的钛精矿并保证适当的金属回收率是完全可能的。

根据试验结果，强磁—浮选方案较全浮选方案，不仅可以取得高得多的金属回收率，而且可以使浮选药剂耗量减小40%~50%，从而可以大大改善选别的技术经济指标。

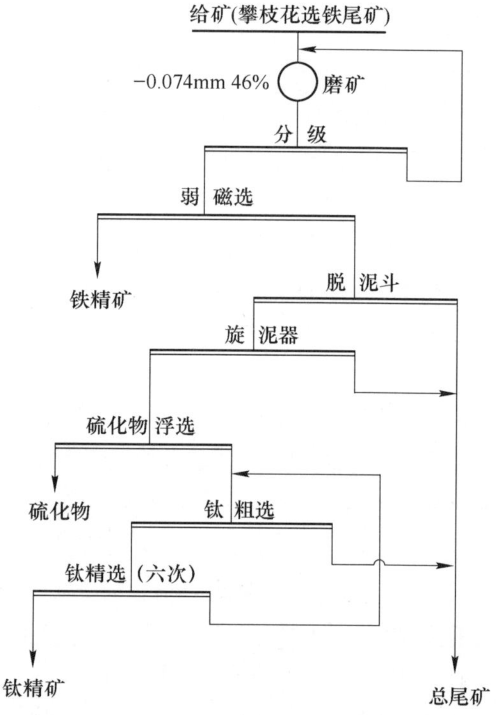


图5-1 攀枝花选铁尾矿选钛工业试验原则流程

该次试验所用的捕收剂氧化石蜡皂捕收能力弱、选择性差，且起泡能力甚强，容易泡沫发黏，因此不仅捕收剂用量大，而且使硫酸用量增加，尾矿品位提高，影响了整个的技术经济指标的提高，造成浮选药剂成本增高，因此该试验结果只作为初步研究。

表 5-7 攀枝花钛精矿的主要化学成分 (%)

| 成分 | $SiO_2$ | MgO | CaO | $Al_2O_3$ | TFe | $TiO_2$ | $V_2O_5$ | S | P | Co | Ni |
|---|---|---|---|---|---|---|---|---|---|---|---|
| 含量 | 3.56 | 6.25 | 0.74 | 1.34 | 31.41 | 46.25 | 0.09 | 0.67 | 0.026 | 0.013 | 0.006 |

### 5.2.2 强磁浮选攀枝花磁选尾矿钛铁矿实验室试验研究

根据中国地质科学院矿产综合利用研究所1978年用羟肟酸、氧化石蜡皂作捕收剂选别攀枝花磁选尾矿中钛铁矿的小型试验结果，决定在410厂进行强磁—浮选流程工业试验。试验结果表明，使用氧化石蜡皂粗皂胶作捕收剂，硫酸、草酸作调整剂，可以从攀枝花磁选尾矿中选得$TiO_2$品位为46%~48%的钛铁矿精矿。同时可综合回收少量钒铁精矿和硫钴精矿。钛精矿$TiO_2$ 47%浮选药剂成本较低，约为18.07元/吨。

试验入选原料为攀枝花磁选尾矿系取自410厂选矿车间料场，该物料是由攀枝花磁选厂选铁总尾矿溜槽中使用截取法直接截取，入选物料的化学成分见表5-8，矿物组成见表5-9。

表 5-8 入选物料的化学成分 (%)

| 成 分 | TFe | $TiO_2$ | $V_2O_5$ | Co | Ni |
|---|---|---|---|---|---|
| 含 量 | 15.51 | 10.39 | 0.085 | 0.010 | 0.007 |

表 5-9 入选物料的矿物组成

| 类 别 | 矿 物 |
|---|---|
| 金属氧化物 | 钛铁矿、钛磁铁矿、赤铁矿、褐铁矿、白钛石、锐钛矿等 |
| 硫化物 | 以磁黄铁矿为主，黄铁矿次之，尚有镍黄铁矿、黄铜矿、马基诺矿（（Fe、Ni、Co、Cu）S）等 |
| 脉石矿物 | 钛辉石约占55%，拉长石约占40%，其他为橄榄石、伊丁石角闪石、云母、尖晶石、高岭土、绿泥石等 |

金属矿物以钛铁矿为主，约占矿物总量的15%，粒度以0.074~0.1mm为主。钛铁矿一般较为纯净，约有5%的钛铁矿中含有固溶体分解所形成的尖晶石和线状磁铁矿。硫化物除磁黄铁矿、黄铁矿外，所见钴镍矿物极少。

试验流程简述如下：磨矿至−0.2mm后经过弱磁（湿式鼓式弱磁场磁选机）扫铁作业，经一次粗选两次精选得合格钒铁精矿，扫铁尾矿进入强磁（平环式湿式强磁选机）抛尾，强磁精矿进行硫化物浮选得部分钴镍硫化物精矿，浮硫尾矿做为钛浮选给矿进行选钛。强磁—浮选选钛试验原则流程见图5-2。

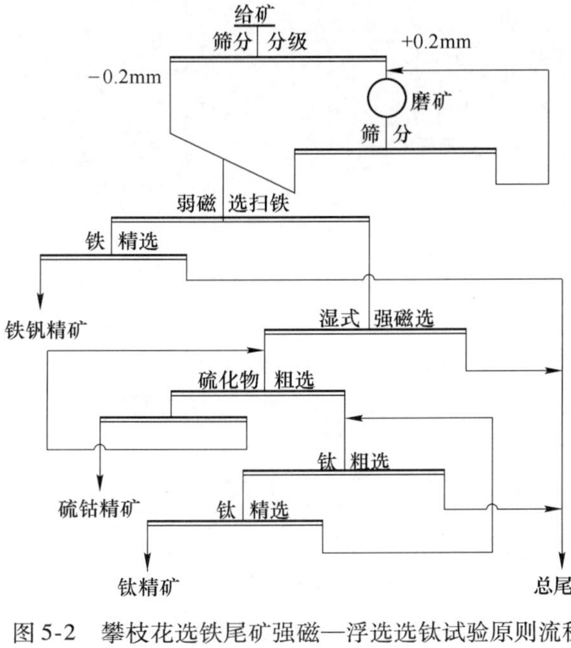


图 5-2 攀枝花选铁尾矿强磁—浮选选钛试验原则流程

强磁精矿中钛铁矿约占矿物总量的30%，硫化物以磁黄铁矿为主，黄铁矿次之，约占矿物总量的3%。脉石矿物以普通辉石为主，约占矿物总量的55%，其余为拉长石、绿泥石、橄榄石等，约占12%。在强磁选精矿中富含铁，镁的脉石矿物（普通辉石、橄榄石、绿泥石等）明显相对富集。

硫化物粗选前加入少量草酸可提高硫化物的粗选回收率，精选时加入少量硫酸，其作用在于提高钴镍硫化物精矿的品位。

钛浮选使用氧化石蜡皂粗皂胶作捕收剂，硫酸、草酸作调整剂。

强磁—浮选全闭路流程工艺，在工业生产中，设备配置容易，生产操作简便。全闭路试验数质量流程见图5-3，浮选工艺条件见图5-4，药剂成本分析见表5-10。

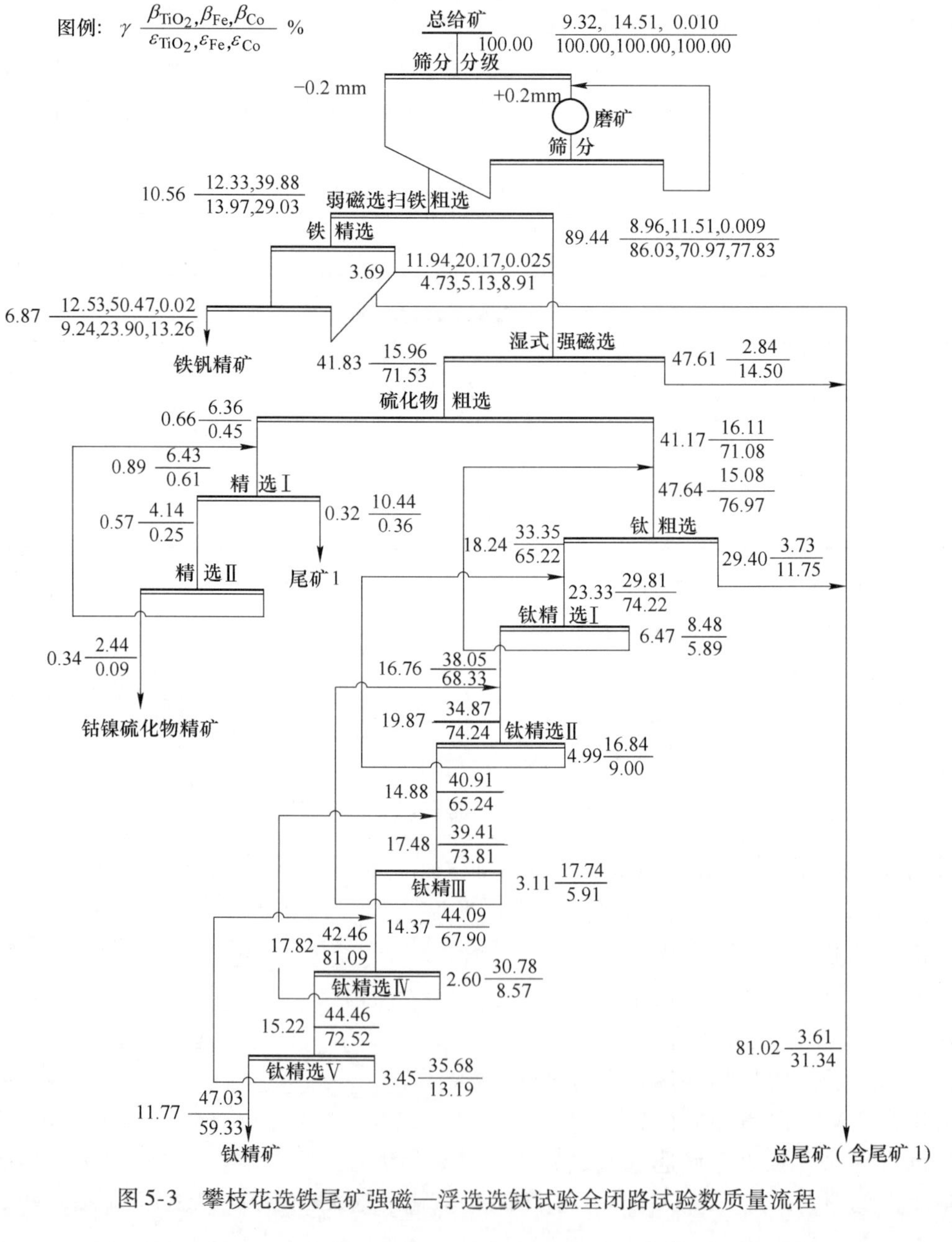

图5-3 攀枝花选铁尾矿强磁—浮选选钛试验全闭路试验数质量流程

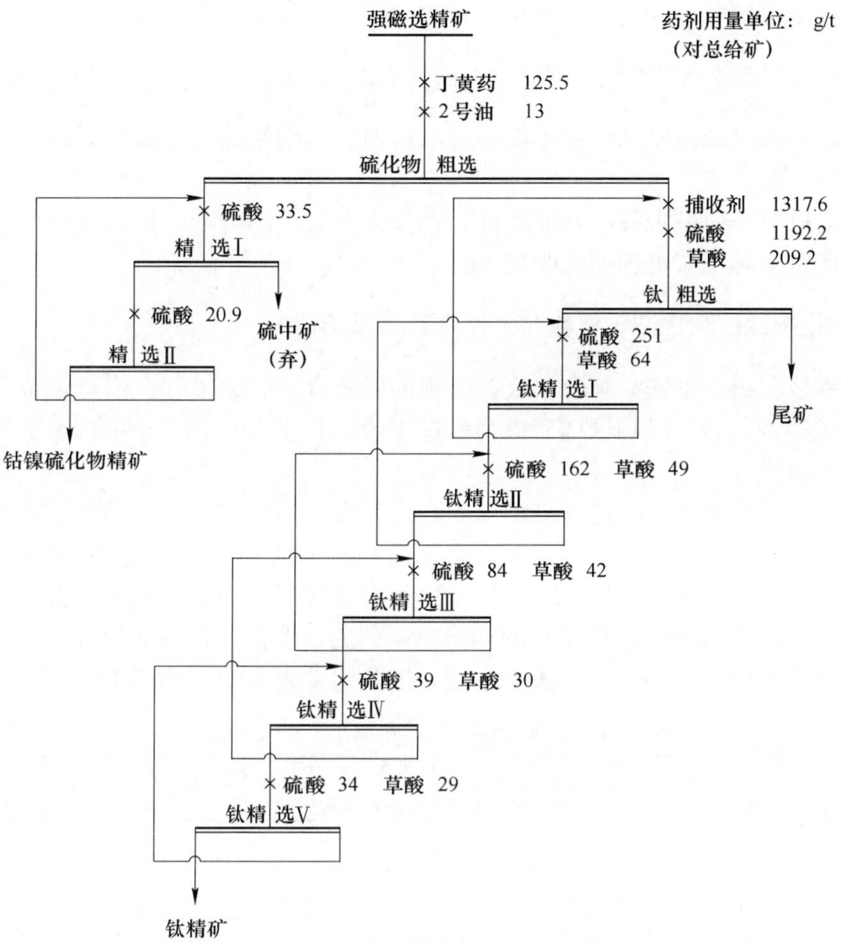


图 5-4 攀枝花选铁尾矿强磁—浮选选钛闭路试验流程工艺条件

**表 5-10 全闭路流程浮选 1t 钛精矿的药剂费用**

| 药剂名称 | 单 位 | 粗皂胶 | 硫酸 | 草酸 | 丁黄药 | 2 号油 | 1t 钛精矿合计费用 | |
|---|---|---|---|---|---|---|---|---|
| 单 价 | 元/千克 | 0.65 | 0.13 | 2.40 | 2.40 | 2.20 | 不计入浮硫化物 | 计入浮硫化物 |
| 用 量 | 克/吨总给矿 | 1317.6 | 1814.7 | 423.9 | 125.5 | 13.0 | 18.07 | 20.87 |
| 费 用 | 元/吨总给矿 | 0.86 | 0.24 | 1.02 | 0.30 | 0.03 | | |
| | 元/吨钛精矿 | 7.35 | 2.05 | 8.67 | 2.55 | 0.25 | | |

试验结果表明，用氧化石蜡皂粗皂胶作捕收剂，采用强磁—浮选联合流程选回收攀枝花磁选尾矿中的钛铁矿，获得的技术经济指标为：

钛精矿产率：对攀枝花尾矿为 11.77%~13.98%，对扫铁尾矿为 13.16%~15.16%，对强磁选精矿为 26.65%~28.15%。

钛精矿 $TiO_2$品位 46.34%~47.03%。

钛精矿回收率：对攀枝花磁选尾矿 59.33%~62.36%，对扫铁尾矿 68.22%~68.96%，对强磁选精矿为 77.38%~82.95%。

浮选 1t 钛精矿的药剂费用为 18.07 元，如果计入浮选硫化物的药剂费用则是 20.87 元。

同时，可综合回收占入选原料 5.93%～6.87% 的合格铁钒粗矿及少量钴镍硫化物精矿。

采用强磁浮选流程选收钛铁矿，影响钛精矿质量和流程稳定性的主要因素是细粒脉石进入精选循环。如果在强磁选作业中能尽可能多地丢掉细粒脉石，则全闭路浮选流程也能得到高品位钛精矿。

氧化石蜡皂胶是一种来源广、成本低、无毒无害的浮选药剂，作为钛铁矿的捕收剂是有效的，因此是一种现实可用的捕收剂。

### 5.2.3 攀枝花选钛厂圆锥选矿机粗精矿浮选钛铁试验研究

为探寻攀枝花钒钛磁铁矿综合回收钛钴镍的经济合理的途径，广州有色金属研究院根据多年的选矿实践，提出以圆锥选矿机为粗选手段，并于 1982 年 3～4 月于密地选厂选钛车间进行了工业试验。

为寻找圆锥选矿机粗精矿进一步精选的合理方案，1981 年 7 月广州有色院与中国地质科学院矿产综合利用研究所共同制定了《采用圆锥选矿机—浮选联合流程选别攀枝花尾钛铁矿的试验研究协作计划》，并于 1982 年对广州有色院试验的圆锥选矿机粗精矿（以下简称圆锥粗精矿）样品进行了浮选精选的初步试验研究，取得了良好的结果。

入选原料的化学成分、矿物组成及粒度分析分别见表 5-11～表 5-13。

**表 5-11 入选原料（圆锥粗精矿）的化学成分** （%）

| 成分 | TFe | $TiO_2$ | $V_2O_5$ | Co | Ni | Cu | S | P | Mn | $SiO_2$ | $Al_2O_3$ | CaO | MgO |
|---|---|---|---|---|---|---|---|---|---|---|---|---|---|
| 含量 | 22.94 | 27.45 | 0.071 | 0.025 | 0.019 | 0.016 | 1.63 | 0.019 | 0.323 | 19.30 | 5.24 | 6.69 | 8.53 |

**表 5-12 入选原料（圆锥粗精矿）的矿物组成** （%）

| 矿物 | 钛磁铁矿 | 钛铁矿 | 磁黄铁矿 | 黄铁矿 | 辉石 | 斜长石 | 橄榄石 | 绿泥石 | 其他脉石 | 钛铁矿连生体情况 |
|---|---|---|---|---|---|---|---|---|---|---|
| 组成 | 0.95 | 49.89 | 4.35 | 1.98 | 36.62 | 2.78 | 0.87 | 1.28 | 1.28 | 连生体系 3.07 |

**表 5-13 入选原料（圆锥粗精矿）粒度分析**

| 粒级/mm | 产率/% | 含量/% | | | | | 分布率/% | | | | |
|---|---|---|---|---|---|---|---|---|---|---|---|
| | | TFe | $TiO_2$ | S | Co | Ni | TFe | $TiO_2$ | S | Co | Ni |
| +0.5 | 2.65 | 13.12 | 7.61 | 0.57 | 0.011 | 0.010 | 1.52 | 0.74 | 0.99 | 1.20 | 1.59 |
| -0.5 +0.4 | 2.10 | 17.87 | 18.26 | 0.83 | 0.014 | 0.010 | 1.64 | 1.41 | 1.14 | 1.21 | 1.23 |
| -0.4 +0.3 | 3.05 | 22.68 | 28.50 | 1.11 | 0.016 | 0.013 | 3.02 | 3.19 | 2.22 | 2.04 | 2.35 |
| -0.3 +0.25 | 4.70 | 25.50 | 33.93 | 1.35 | 0019 | 0.010 | 5.23 | 5.85 | 4.15 | 3.70 | 2.76 |
| -0.25 +0.2 | 6.56 | 26.89 | 36.52 | 1.55 | 0.019 | 0.013 | 7.70 | 8.79 | 6.66 | 5.20 | 5.00 |
| -0.2 +0.15 | 5.76 | 26.25 | 34.91 | 1.56 | 0.017 | 0.014 | 6.60 | 7.38 | 5.88 | 4.07 | 4.76 |
| -0.15 +0.1 | 26.53 | 25.26 | 32.45 | 1.71 | 0.020 | 0.014 | 29.25 | 31.60 | 29.70 | 22.08 | 21.81 |
| -0.1 +0.074 | 8.01 | 22.94 | 26.34 | 1.60 | 0.018 | 0.018 | 8.02 | 7.74 | 8.39 | 5.99 | 8.47 |
| -0.074 +0.045 | 22.12 | 21.19 | 23.91 | 1.50 | 0.029 | 0.019 | 20.46 | 19.41 | 21.72 | 26.78 | 24.81 |
| -0.045 | 18.52 | 20.48 | 20.44 | 1.58 | 0.036 | 0.025 | 16.56 | 13.89 | 19.15 | 27.73 | 27.22 |
| 合 计 | 100.00 | 22.91 | 27.25 | 1.53 | 0.024 | 0.017 | 100.00 | 100.00 | 100.00 | 100.00 | 100.00 |

表 5-13 结果表明，入选原料中 -0.045mm 粒级含量低，泥级物料甚少，因而对浮选是有利的。分布于 +0.25mm 粗粒物料中 $TiO_2$ 和 Co、Ni 和 S 的数量级约为 10%，因此绝大部分的 Ti、Co、Ni 和 S 存在于适于用浮选回收的粒度范围内。表 5-12 结果表明，圆锥粗精矿中的钛磁铁矿矿物含量多在 1% 以下，故可考虑取消扫选铁作业，从而简化流程并

提高钛、钴、镍在各自精矿中的回收率。

试验所选用的浮选药剂是，硫化物浮选时捕收剂为丁黄药，起泡剂是2号油，硫酸作调整剂；钛铁矿浮选时用氧化石蜡皂粗皂胶作捕收剂，硫酸和水玻璃作调整剂。

进行了两种选钛试验流程的对比，不论使用哪种流程均能获得满意的结果，选钛试验流程分别为：

流程Ⅰ：分级入选，粗粒摇床，中、细粒浮选的选别流程；

流程Ⅱ：全部物料磨至-0.15mm后直接浮选程的流程（以下简称再磨浮选方案）。

采用流程Ⅰ获得的钛精矿 $TiO_2$ 品位为48.35%，其中含硫0.181%，$TiO_2$ 回收率为78.22%；硫钴精矿的硫品位大于32%，中粒级硫钴精矿钴品位约为0.23%，细粒级硫钴精矿钴品位为0.35%以上；以每吨钛精矿为标准计算的药剂费用为：计入浮硫化物的药剂耗费为8.389元/吨，不计入硫化物耗费为6.474元/吨，用硫钴精矿实际价值冲销后的药剂费用为4.756元/吨。

采用流程Ⅱ获得的钛精矿 $TiO_2$ 品位为48.46%，含硫0.276%，$TiO_2$ 的回收率为76.87%；硫钴精矿的硫品位为31.68%，钴品位为0.254%，浮选药剂费用约较流程Ⅰ方案高17%~18%。

为考察环水对浮选的影响，还选定一种试料专门考察了全部使用环水浮选时，浮选指标的变化情况。全部使用环水浮选时，钛精矿的 $TiO_2$ 的品位和回收率较不用环水时略低，但药剂费用可节省15%。

圆锥粗精矿的物质组成研究与弱磁选试验表明，粗精矿中的钛磁铁矿矿物含量2%以下。试验证明，可以不经过弱磁选作业直接进行摇床、浮选，所得到的钛精矿品位不受影响。

试验研究结果再次肯定，采用以浮选为主体的选别流程，用氧化石蜡粗皂胶作钛铁矿的捕收剂，硫酸、水玻璃作调整剂，可以保证在较高回收率的条件下得到高质量钛精矿。流程结构简单，药剂费用低，药剂无毒、来源广、污染小，浮选循环水可充分利用。因此，不论从技术上还是在经济上看，本试验所推荐的流程都是合理的。

#### 5.2.3.1 分级入选流程（流程Ⅰ）研究

选矿流程方案的制定是以1981的圆锥选矿机的粗精矿浮选精选探索性试验结果作基础，根据圆锥粗精矿的物质成分和粒度组成特点选定的。物料在进入浮选作业前，预先经水力分级分成+0.25mm、-0.25+0.074mm、-0.074mm三个级别。

+0.25mm级别因粒度太粗不宜用浮选选钛而选用摇床处理，摇床精矿经浮选选出硫化物后得钛精矿和硫钴精矿。

-0.25mm直接用浮选处理，为确切查明少量残余铁矿物对钛精矿 $TiO_2$ 品位可能造成的不利影响，按预先扫选钛与不扫铁选钛两个方案进行，试验结果表明，经湿式弱磁选，只能扫选出产率大约为1%的钛磁铁矿，由此可见，对于圆锥粗精矿来说，扫选铁的作用不大，取消此作业。各粒级选别全流程见图5-5，试验结果见表5-14，浮选药剂费用核算见表5-15。

试验结果表明，使用丁基黄药作捕收剂，硫酸作调整剂，2号油作起泡剂浮选硫化物，除+0.25 mm的粗粒级外，除硫效果可达90%以上，足以保证钛精矿的硫含量降到0.2%以下。

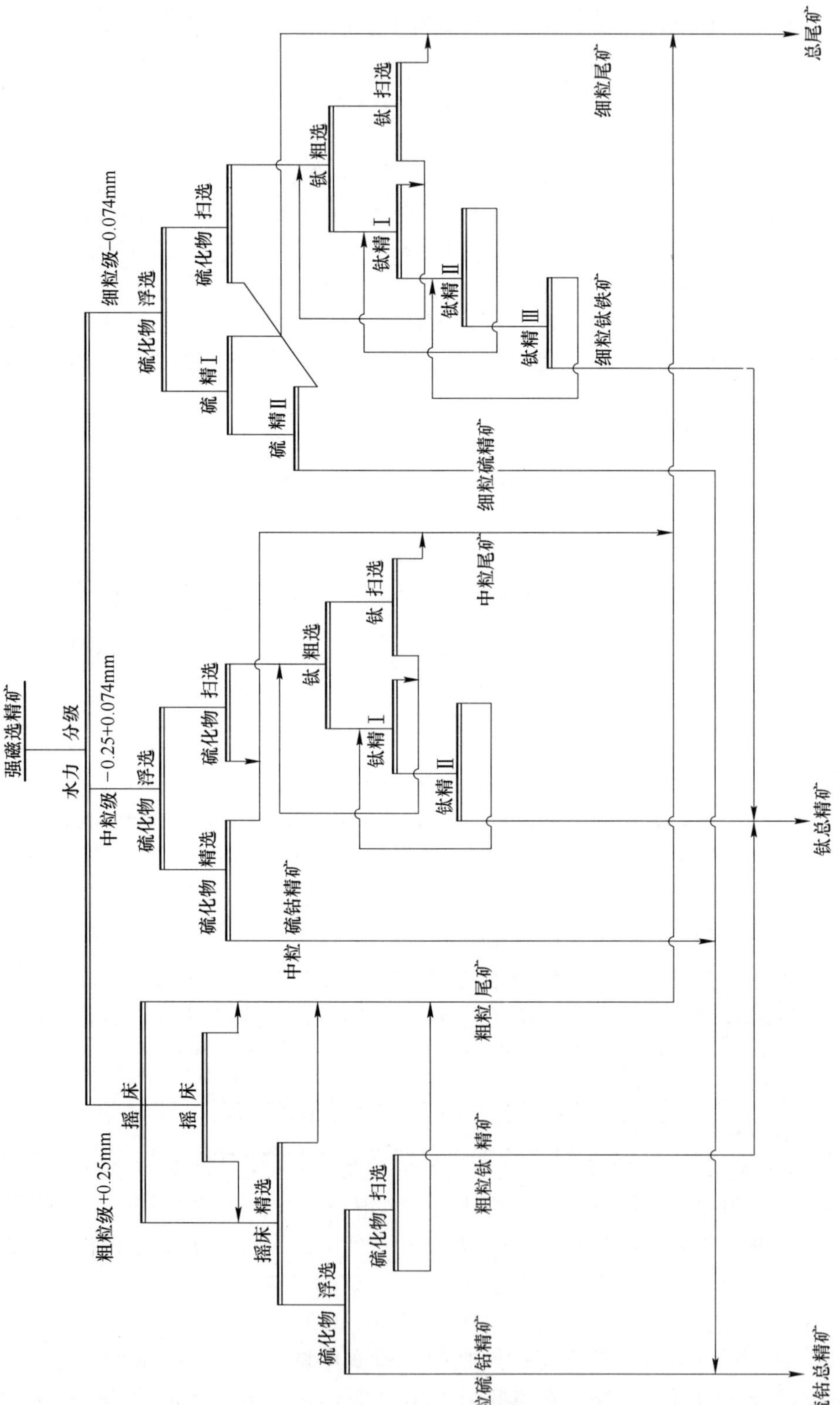


图 5-5 攀枝花圆锥粗精矿分级入选各粒级选钛全流程（流程Ⅰ）

**表 5-14 圆锥粗精矿精选分级入选全流程试验结果**

| 作业名称 | 产品名称 | 产率/% | 品位/% | | | | | 回收率/% | | | |
|---|---|---|---|---|---|---|---|---|---|---|---|
| | | | TFe | $TiO_2$ | S | Co | Ni | $TiO_2$ | S | Co | Ni |
| +0.25mm 粗粒摇床—浮选 | 硫钴精矿 | 0.125 | 1.59 | 2.98 | 35.76 | 0.179 | 0.123 | 0.01 | 3.85 | 1.13 | 1.54 |
| | 钛精矿 | 4.86 | | 47.24 | 0.521 | 0.015 | 0.003 | 8.96 | 2.29 | 3.87 | 1.53 |
| | 尾 矿 | 8.70 | | 17.72 | 0.597 | 0.014 | 0.008 | 6.02 | 4.70 | 6.62 | 7.30 |
| -0.25 +0.074mm 中粒级浮选 | 硫钴精矿 | 1.80 | 1.70 | 3.08 | 32.97 | 0.231 | 0.146 | 0.20 | 51.67 | 23.67 | 3.02 |
| | 钛精矿 | 30.38 | 31.35 | 48.31 | 0.136 | 0.012 | 0.0023 | 54.12 | 3.59 | 20.79 | 8.58 |
| | 尾 矿 | 27.79 | | 11.52 | 0.373 | 0.010 | 0.0048 | 11.80 | 9.06 | 15.96 | 16.71 |
| -0.074mm 细粒级浮选 | 硫钴精矿 | 0.53 | 52.32 | 1.50 | 34.65 | 0.352 | 0.17 | 0.03 | 16.52 | 10.19 | 12.16 |
| | 钛精矿 | 8.60 | 31.47 | 49.10 | 0.149 | 0.014 | 0.003 | 15.14 | 1.14 | 6.30 | 3.46 |
| | 尾 矿 | 17.22 | | 6.04 | 0.467 | 0.013 | 0.007 | 3.72 | 7.19 | 11.47 | 15.70 |
| 总 计 | 硫钴精矿 | 2.45 | 51.83 | 2.73 | 33.47 | 0.255 | 0.150 | 0.24 | 72.04 | 34.99 | 46.72 |
| | 钛精矿 | 43.84 | | 48.35 | 0.181 | 0.013 | 0.0025 | 78.22 | 7.02 | 30.96 | 13.57 |
| | 尾 矿 | 53.71 | | 10.77 | 0.439 | 0.012 | 0.006 | 21.54 | 20.90 | 34.05 | 39.71 |

**表 5-15 圆锥粗精矿精选分级入选浮选药剂费用的核算**

| 作业名称 | 药剂名称 | 对作业用量/$g \cdot t^{-1}$ | | | 对给矿用量/$g \cdot t^{-1}$ | | | 单价 | 对给矿药剂费用 | |
|---|---|---|---|---|---|---|---|---|---|---|
| | | 浮硫 | 浮钛 | 合计 | 浮硫 | 浮钛 | 合计 | /元·千克$^{-1}$ | /元·吨$^{-1}$ | |
| +0.25mm 粗粒摇床—浮选 | 丁黄药 | 91.4 | — | 91.4 | 12.50 | — | 12.50 | 2.60 | 0.0325 | |
| | 2 号油 | 25.2 | — | 25.2 | 3.45 | — | 3.45 | 2.40 | 0.0083 | |
| | 硫 酸 | 164.4 | — | 164.4 | 22.49 | — | 22.49 | 0.32 | 0.0072 | |
| -0.25 +0.074mm 中粒级浮选 | 丁黄药 | 250 | — | 250 | 149.93 | — | 149.93 | 2.60 | 0.3898 | |
| | 2 号油 | 69 | — | 69 | 41.38 | — | 41.38 | 2.40 | 0.0993 | |
| | 硫 酸 | 450 | 2060 | 2510 | 269.87 | 1235.38 | 1505.25 | 0.32 | 0.4817 | |
| | 捕收剂 | — | 3830 | 3830 | — | 2296.85 | 2296.85 | 0.65 | 1.4930 | |
| | 水玻璃 | — | 260 | 260 | — | 155.92 | 155.92 | 1.14 | 0.1777 | |
| -0.074mm 细粒级浮选 | 丁黄药 | 200 | — | 200 | 52.70 | — | 52.70 | 2.60 | 0.1370 | |
| | 2 号油 | 58.7 | — | 58.7 | 15.47 | — | 15.47 | 2.40 | 0.0371 | |
| | 硫 酸 | 500 | 2340 | 2840 | 131.75 | 616.59 | 748.34 | 0.32 | 0.2395 | |
| | 捕收剂 | — | 2900 | 2900 | — | 764.15 | 764.15 | 0.65 | 0.4967 | |
| | 水玻璃 | — | 260 | 260 | — | 68.51 | 68.51 | 1.14 | 0.0781 | |
| 总 计 | 丁黄药 | 541.4 | — | 541.4 | 215.13 | — | 215.13 | 2.60 | 0.5593 | |
| | 2 号油 | 152.9 | — | 152.9 | 60.30 | — | 60.30 | 2.40 | 0.1447 | |
| | 硫 酸 | 1114.4 | 4400 | 5514.4 | 424.11 | 1851.97 | 2276.08 | 0.32 | 0.7284 | 3.6779 |
| | 捕收剂 | — | 6730 | 6730 | — | 3061.00 | 3061.00 | 0.65 | 1.9897 | |
| | 水玻璃 | — | 260 | 260 | — | 224.43 | 224.43 | 1.14 | 0.2558 | |

使用氧化石蜡皂粗皂胶作捕收剂，硫酸和水玻璃作调整剂，可保证获得 $TiO_2$ 含量为 48% 以上的高质量钛铁矿精矿，钛浮选的作业回收率达 83%~86%。粗、中、细三个粒级钛精矿对圆锥粗精矿的总回收率为 78.22%，选矿比为 2.28。

在选得钛精矿的同时可获得少量的硫钴精矿，硫钴精矿的硫品位均在 32% 以上，钴、镍在其中的含量随粒度不同而变化，细粒级硫钴精矿钴含量可达 0.35% 以上。粗、中、细三个粒级硫钴精矿对圆锥粗精矿硫的总回收率为 72.04%，选矿比为 40.8。

浮选药剂费用较低，分级浮选不仅可以提高钛精矿的品位和回收率，而且可以为下一步的精矿处理提供不同品级的硫钴精矿和钛精矿，以满足不同的冶炼工艺各自不同的精矿质量要求（包括按化学成分和粒度组成提出的不同要求）。

#### 5.2.3.2 再磨浮选方案（流程Ⅱ）的研究

在分级入选方案中，由于中粒级物料占全部物料的百分比很大，粒度组成相对较粗（大于0.2mm的占中粒级14%~15%），在连续浮选过程中可能带来一些困难，容易出现浮选机压槽和管道堵塞等现象。降低浮选物料的粒度将有助于防止和克服这些现象，为此进行了物料再磨，全部物料在-0.15mm粒度下浮选的试验。再磨浮选方案试验工艺流程见图5-6，试验结果见表5-16，浮选药剂费用见表5-17。

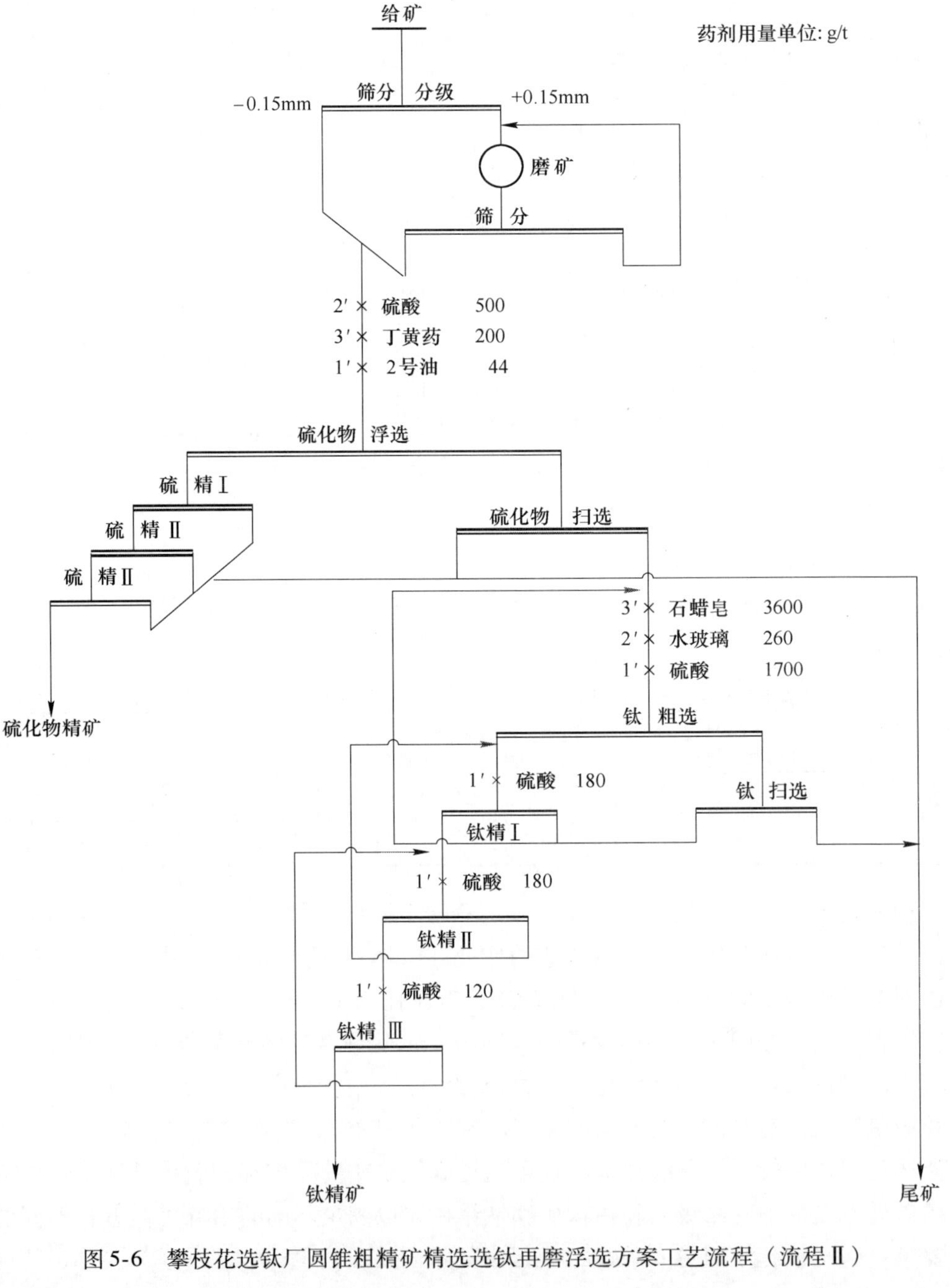


图5-6 攀枝花选钛厂圆锥粗精矿精选选钛再磨浮选方案工艺流程（流程Ⅱ）

**表 5-16 圆锥粗精矿再磨浮选选钛流程试验结果**

| 产品名称 | 产率/% | 品位/% | | | | 回收率/% | | | |
|---|---|---|---|---|---|---|---|---|---|
| | | $TiO_2$ | S | Co | Ni | $TiO_2$ | S | Co | Ni |
| 硫钴精矿 | 2.06 | 2.98 | 32.15 | 0.254 | 0.120 | 0.22 | 62.05 | 27.88 | 34.02 |
| 钛精矿 | 43.60 | 48.46 | 0.276 | 0.014 | 0.003 | 76.87 | 11.28 | 32.52 | 18.04 |
| 尾　矿 | 54.34 | 11.58 | 0.524 | 0.014 | 0.006 | 22.91 | 26.67 | 39.60 | 47.94 |
| 给　矿 | 100.00 | 27.48 | 1.00 | 0.016 | 0.0073 | 100.00 | 100.00 | 100.00 | 100.00 |

**表 5-17 圆锥粗精矿再磨浮选选钛流程试验药剂费用核算**

| 药剂名称 | 对给矿用量/$g \cdot t^{-1}$ | | | 单价/元·千克$^{-1}$ | 对给矿药剂费用/元·吨$^{-1}$ | |
|---|---|---|---|---|---|---|
| | 浮　硫 | 浮　钛 | 合　计 | | | |
| 丁黄药 | 250 | | 250 | 2.60 | 0.65 | |
| 2 号油 | 55 | | 55 | 2.40 | 0.132 | |
| 硫　酸 | 500 | 2180 | 2680 | 0.32 | 0.8574 | 4.2760 |
| 捕收剂 | | 3600 | 3600 | 0.65 | 2.34 | |
| 水玻璃 | | 260 | 260 | 1.14 | 0.2964 | |

由表 5-14 和表 5-16 对比可知，分级入选方案（流程Ⅰ）较再磨浮选方案（流程Ⅱ）钛精矿具有较高的回收率、浮选药剂费用低、钛精矿含硫低等优越性。流程Ⅱ增加了磨矿作业，有三分之一的给料要磨矿，这样势必引起钛精矿成本的增加。但再磨方案具有流程结构简单、操作管理方便、流程畅通等优点。

分级入选方案能充分利用入选物料中钛铁矿绝大多数已呈单体这一特性，在不磨矿的情况下最大限度地发挥浮选的优势，取得较好的技术经济指标，得到粒度组成不同的钛精矿，为钛精矿的下步加工创造良好条件，在较好解决了浮选机压槽及矿浆的输送问题之后，分级入选是有前途的、值得提倡的流程。

试验结果表明，圆锥选矿粗精矿中钛磁铁矿含量低，无需在浮选前采用预先扫选铁作业，且具有良好的浮选特性，采用以浮选为主体的选矿流程进行精矿是合理和可行的。

使用氧化石蜡皂粗皂作捕收剂、硫酸和水玻璃作调整剂，可保证获得 $TiO_2$ 含量在 48% 以上的高质量钛精矿，精矿回收率较高。在回收钛铁矿的同时，可综合回收少量钴镍硫化物精矿，硫化物精矿中的钴品位明显随粒度变细而增高，即细粒级含 Co 可达 0.35% 以上，而粗粒级则低于 0.2%。

同时，试验还考察了当浮选全过程不使用新水，全部使用环水时浮选指标的变化情况，探索试验表明使用环水浮选硫化物时不必加酸，只需适量增加黄药及 2 号油用量，能保证得到含硫合格的钛精矿。

使用浮选环水可以进行正常的浮选分级，使用环水可以节约少量药剂，浮钛作业的水玻璃用量节省 90%，石蜡皂用量降低 5%，浮硫作业无需加酸，仅黄药和 2 号油的用量有少许增加。每吨钛精矿所用药费较不用环水时略低 15%。钛精矿的 $TiO_2$ 品位和回收率较不用环水时略低，而钛精矿的含硫量不受影响。除硫效果与不用环水时一致，完全可以保证钛精矿含硫量在 0.3% 以下。

### 5.2.4 攀枝花细粒级钛铁矿最佳选矿工艺试验研究

随着我国经济建设发展的要求，对钛资源需求量将不断有较大的增长。攀矿年产 5 万吨选钛厂投产以来，提供的钛精矿已在国内钛工业的应用中发挥了重要作用，并有少量出口，已完成10万吨/年规模的扩建任务，并计划扩建20万吨/年规模。原重—电流程工艺不尽合理，流程中缺乏对微细粒（-40μm）回收的有效措施，致使大量微细粒级钛铁矿流失。

本试验研究对象，一是攀枝花选钛厂溢流（由浓密箱、水力分级机及长柱形旋流器溢流组成）；二是全粒级选铁磁尾，微细粒级（即溢流中）钛铁矿分选是试验的重点。研究微细粒钛铁矿选矿回收的方法，以磁尾分级入选研究粗、细粒级分选工艺，以期提高钛铁矿对磁尾的总回收率，该研究被列为国家“八五”重点科技（攻关）子项目。

5.2.4.1 选铁尾矿微细粒级（攀枝花选钛厂溢流）选钛试验研究

由选钛厂按出量比例截取浓密箱、分级机和旋流器溢流组成微细粒级试验样。微细粒级样品的特点是粒度细、含泥量大，初步富集主要对比强磁—强磁、离心—强磁和强磁—离心，粗精矿经浮选硫化物后以浮选获得最终钛精矿。试验进行了三种选钛工艺流程方案的对比试验，选钛工艺流程分别为：

方案Ⅰ（强磁—强磁）：强磁—强磁—浮硫—浮钛；

方案Ⅱ（强磁—离心）：强磁—离心—浮硫—浮钛；

方案Ⅲ（离心—强磁）：离心—强磁—浮硫—浮钛。

试验原则流程见图5-7，试验结果见表5-18，浮选药剂制度及用量见表5-19。

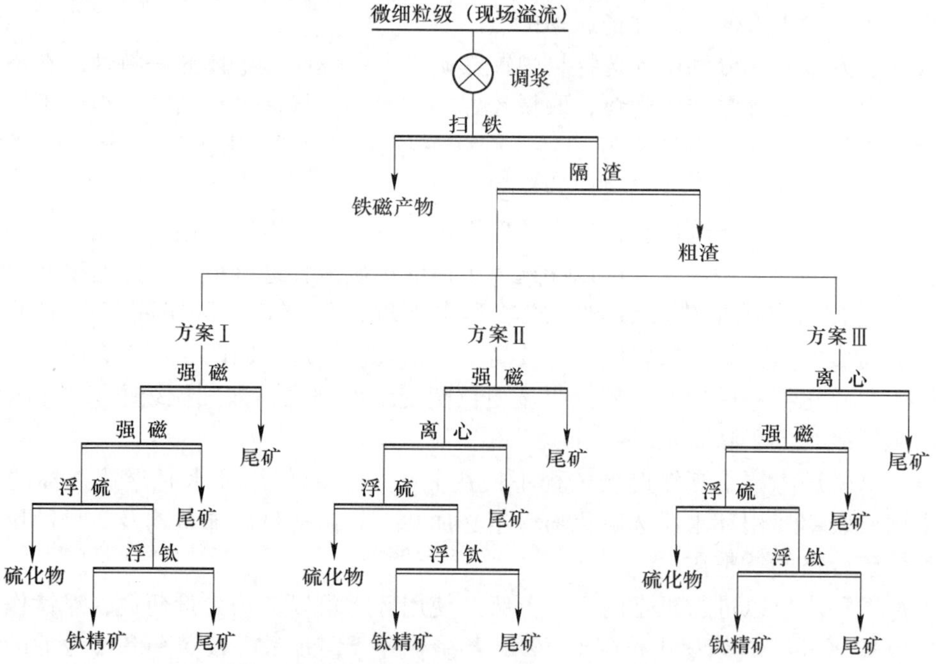


图5-7 攀枝花微细粒级选钛工艺原则流程（方案Ⅰ、Ⅱ、Ⅲ）

**表5-18 攀枝花微细粒级矿样三种选矿工艺流程试验结果**

| 流程方案 | 钛精矿产率/% | 钛精矿品位（$TiO_2$）/% | 回收率（$TiO_2$）/% | 备 注 |
|---|---|---|---|---|
| 方案Ⅰ | 7.10 | 47.83 | 35.76 | 要求：<br>（1）品位 $TiO_2$ >46%，回收率高于30%；<br>（2）品位 $TiO_2$ >35%，回收率35%~40% |
| | 11.14 | 35.70 | 41.86 | |
| 方案Ⅱ | 9.15 | 41.69 | 39.87 | |
| 方案Ⅲ | 7.43 | 46.24 | 36.19 | |

表 5-19 攀枝花微细粒级矿样三种选矿工艺流程浮选药剂制度及参考用量 (g/t)

| 名称 | 丁黄药 | 2号油 | 硫酸 | 草酸 | 氧化石蜡皂 | 水玻璃 |
|---|---|---|---|---|---|---|
| 硫化物粗选 | 300 | 64 | 300 | | | |
| 钛粗选 | | | 2500 | 500 | 5200~6100 | |
| 钛扫选 | | | 1000 | 250 | 1700 | |
| 钛精一 | | | 300~500 | | | |
| 钛精二 | | | 400~500 | 150~300 | | 200 |
| 钛精三 | | | 300~500 | 100~150 | | 200 |
| 钛精四 | | | 300~500 | 100~150 | | 200 |
| 钛精五 | | | 300~400 | 100 | | 200 |

微细粒级分选试验进行了三个方案，第Ⅰ方案为主方案，进行了全流程扩大试验，连浮对比了两种钛精矿（高品位大于46%，低品位大于35%）分选结果。微细粒级（即选钛厂溢流）经过强磁粗选和精选可获得品位为17.66%，回收率为59.27%的粗钛精矿。经连浮浮硫浮钛，可获得最终钛精矿品位为47.83%，回收率为36.13%；或者钛精矿品位为35.70%，回收率为42.31%。

方案Ⅱ、Ⅲ为比较方案，方案Ⅱ（强磁—离心—浮硫—浮钛）流程获得的结果为钛精矿品位为41.69%，钛回收率为39.87%。

方案Ⅲ（离心—强磁—浮硫—浮钛）流程获得的结果为钛精矿品位为46.24%，钛回收率为35.75%。

微细粒级三种选钛方案分选数质量流程见图5-8。

微细粒级试验研究表明，选钛厂溢流中损失的微细粒钛铁矿通过分选是可以回收的，能选得精矿品位大于35%~46%的钛精矿。粗选段采用强磁—强磁、强磁—离心或离心—强磁等手段获得粗钛精矿。但目前离心选矿机属间断分选设备，尺寸小，处理量低，难以适应大规模生产，以采用强磁为优。根据微细物料的粒度特性，应对强磁机齿板间隙及齿板参数进行优化调整，进一步提高强磁机对微细粒级的分选效果。微细粒级采用浮选精选手段是行之有效的。浮选流程配置灵活紧凑，可进行多次精选，因而能确保钛精矿质量。微细粒级选矿工艺用在选钛厂单独处理溢流，以减少溢流中钛的损失，使选钛厂总回收率得到提高。

#### 5.2.4.2 选铁尾矿全粒级选钛试验

磁尾经调浆、扫铁后进行筛分分级、筛下用旋流器脱出细泥，筛子分离粒度为0.076mm，旋流器脱泥粒度为 $-20\mu m$ 85.4%。对全粒级选铁磁尾进行分级，获得粗粒级、细粒级及微细粒级三种窄级别物料分别入选，也可减少因级别范围宽给分选带来不利影响，又能满足螺旋、电选适宜较粗粒级、浮选适宜较细粒级的要求。

攀矿选钛厂设计分级设备采用四室水力分级机，生产上已使用多年，但分级效果不是很理想。后来，攀矿设计研究院成功研制新型高效分级浓缩箱，根据工业试验数据分析，该分级浓缩箱分级效果优于四室水力分级机，是选钛厂理想的分级设备。

根据现场情况，针对全粒级选铁磁尾选钛工艺，采用工业型细筛和分级旋流器配合进行分级，分级试验所得粗粒级、细粒级与微细粒级（旋流器溢流）产品同选钛厂高效分级浓缩箱的粗排，细排及溢流产品相对应，试验流程可与生产现场相衔接。浮钛药剂以氧化石蜡皂为捕收剂，硫酸、草酸为调整剂。使用的药剂无毒、价廉，有利于尾水治理和环境保护。

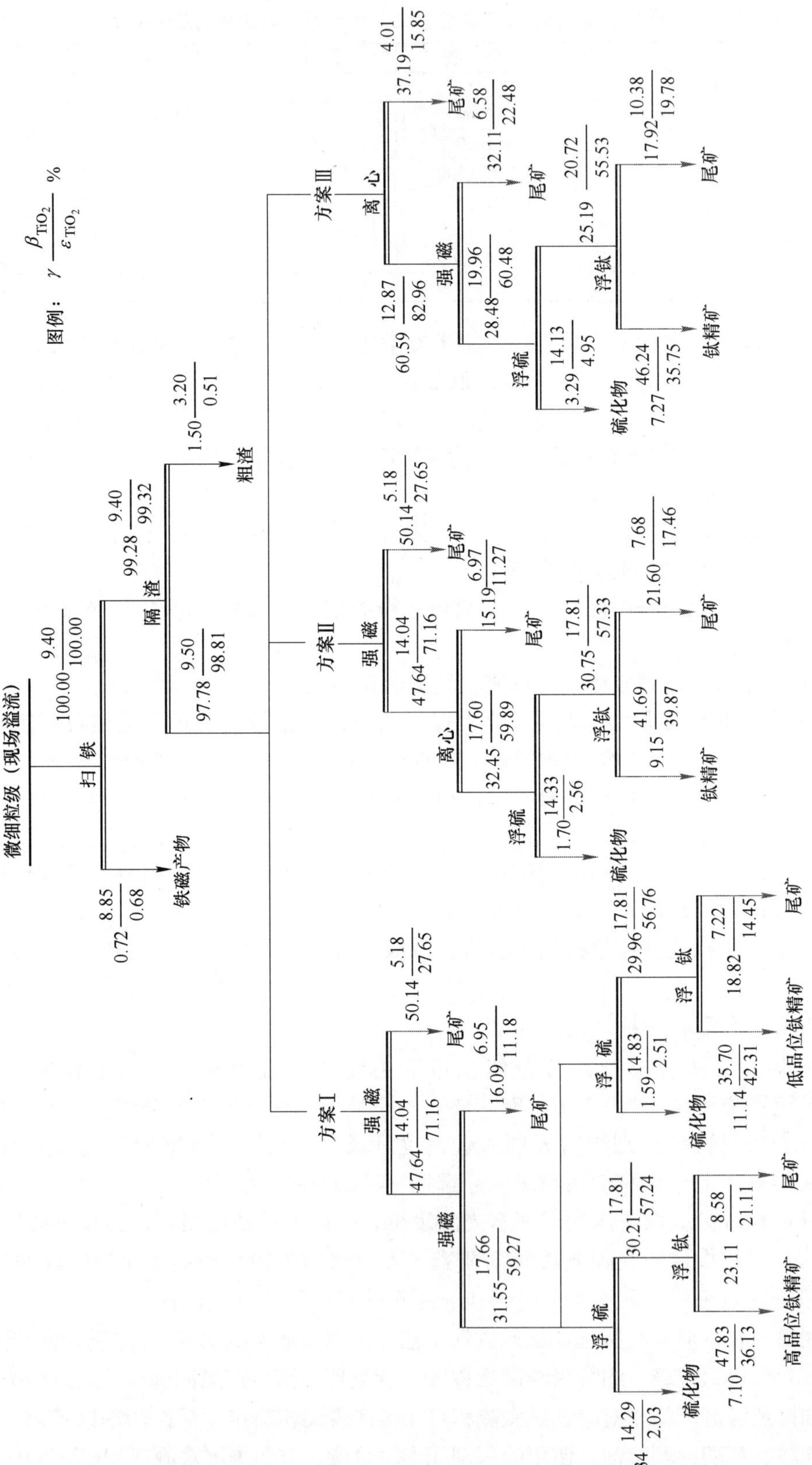


图 5-8 攀枝花微细粒级三种选钛工艺数质量流程（方案Ⅰ、Ⅱ、Ⅲ）

全粒级选铁磁尾分级后的粗粒级别进行了螺旋—强磁—浮硫—电选（方案Ⅰ）和强磁—螺旋—浮硫—电选（方案Ⅱ）流程，细粒级别进行了强磁—浮硫—浮钛流程。

全粒级选铁磁尾选钛试验原则流程见图5-9，数质量流程见图5-10，分级入选试验结果见表5-20。

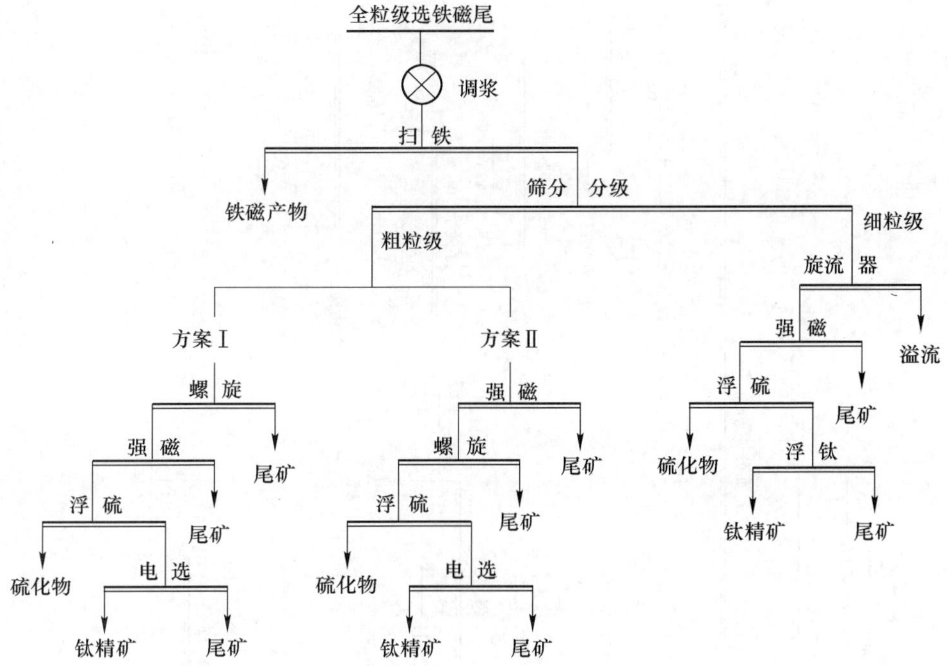


图5-9 攀枝花全粒级选铁磁尾分级入选工艺原则流程

**表5-20 全粒级选铁磁尾分级入选试验结果**

| 入选物料 | | 钛精矿产率/% | | 钛精矿品位 ($TiO_2$)% | 回收率 ($TiO_2$)% | | 备 注 |
|---|---|---|---|---|---|---|---|
| | | 对级别 | 对磁尾 | | 对级别 | 对磁尾 | |
| 粗粒级 | Ⅱ | 8.94 | 3.91 | 48.56 | 58.83 | 21.51 | 要求：粗粒级品位 $TiO_2$ 大于48%，回收率（对级别）大于30% |
| | Ⅰ | 8.38 | 3.72 | 48.07 | 54.60 | 19.96 | |
| 细粒级 | | 12.11 | 4.86 | 48.87 | 51.91 | 26.49 | |
| 合 计 | | | 8.77 | 48.73 | | 48.00 | |

全粒级选铁磁尾分级入选，粗粒级进行了两种方案对比，试验结果表明，方案Ⅱ获得的技术指标较优。细粒级进行旋流器脱泥、强磁丢尾、浮硫浮钛。粗细粒级合并，最终获得的钛精矿品位为48.73%，回收率为48%。

磁尾进行分级入选试验表明，粗、细粒级采用不同的选矿工艺，重—电为主的方案适应粗粒级，强磁—浮选方案适应于细粒级，分级入选不但能保证钛精矿质量，而且能提高钛铁矿的总回收率。关键是提高分级效率，除采用细筛外，攀矿研制的新型高效分级浓缩箱是较理想的分级设备。攀矿选钛厂实现分级入选已具备较好条件，将新型分级浓缩箱的粗排作为粗粒级进入重—电或强—重—电系统，将分级浓缩箱的细排和溢流作为细粒级经水力旋流器脱泥后进入强磁—浮选系统，水力旋流器脱泥可改善强磁机分选效果。若以磁力旋流器代替水力旋流器脱泥，对钛铁矿的回收会更好。

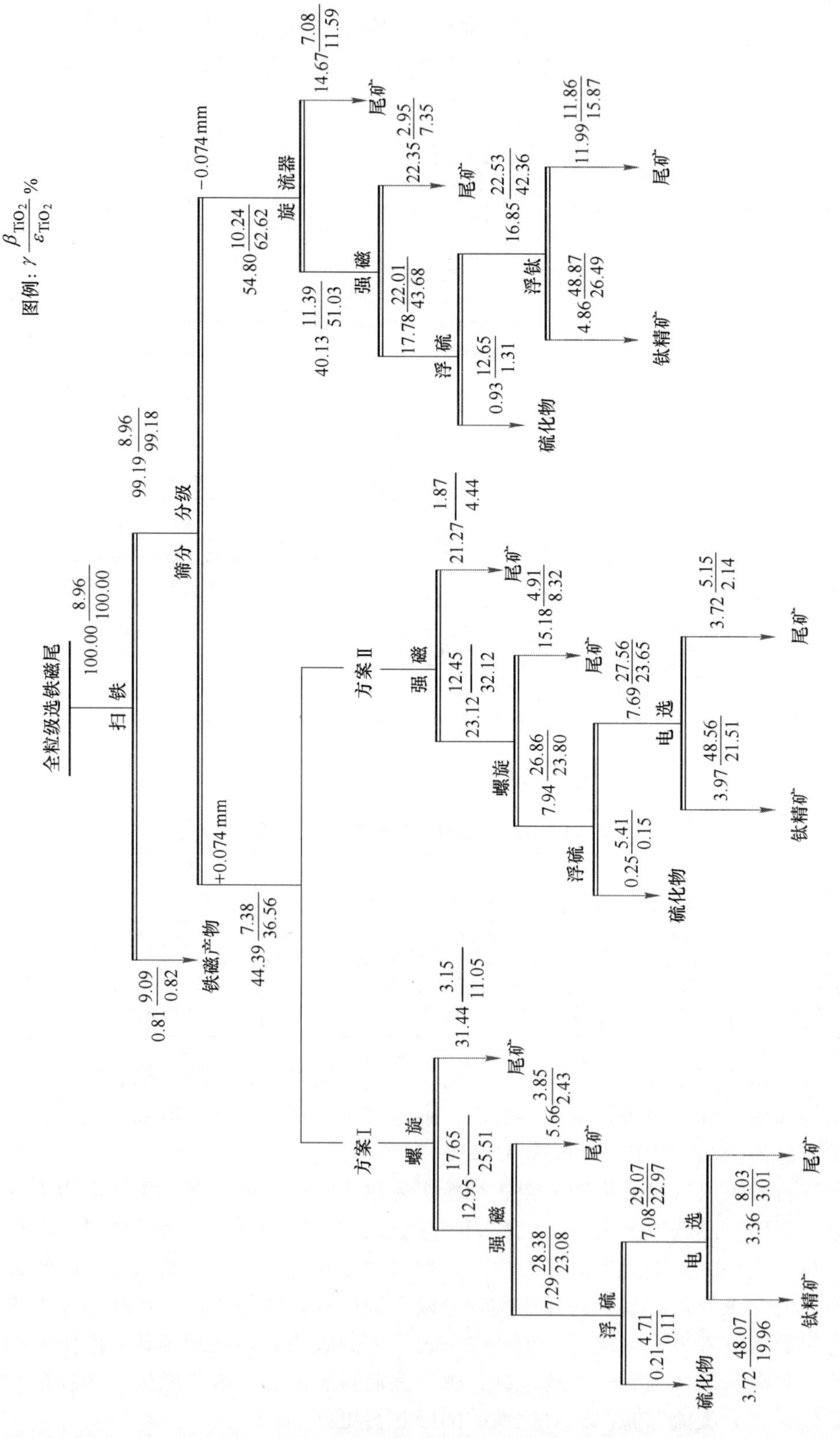


图 5-10 攀枝花全粒选铁磁尾分级入选选钛工艺数质量流程

分级入选流程在选钛厂易于实现，细粒级采用强磁—浮选流程，该流程简短，设备紧凑，配置容易，操作管理方便。浮选使用药剂来源广，对环境无伤害。本研究可作为规模扩建时可行性研究设计的需要。

### 5.2.5 攀枝花细（微细）粒级钛铁矿回收利用工艺技术研究

随着对攀枝花钒钛磁铁矿资源开发利用研究，20 世纪 70 年代，在工业生产上创造性地解决了铁资源的利用问题，80 年代合理地解决了钒的利用问题。对钛的开发利用问题也进行了几十年的试验研究，许多科研单位、高等院校和生产单位先后做了大量工作，获得了一些各具特点的科研成果，积累了许多宝贵的经验，攀枝花选钛厂已有十几年的生产实践。

在攀西钒钛磁铁矿资源中，钛的储量占世界储量的35%，居世界首位。但目前钛的回收率低，攀枝花选钛厂（重—电工艺流程）对入选物料（选铁尾矿）的选钛回收率为21%，因此，钛的回收利用是解决攀西钒钛磁铁矿资源合理开发利用最突出、最当务之急的问题。

攀枝花选铁尾矿钛铁矿的粒级分布和十几年来选钛生产实践表明，有效解决细粒（0.0100～0.005mm）钛铁矿的选矿问题是提高攀枝花钛资源利用率的关键所在。因此，加强对攀枝花细粒、微细粒（简称细粒）钛铁矿回收利用工艺技术研究，是攀枝花钛资源开发利用工业生产的迫切需要，同时也是攀西地区钒钛磁铁矿资源不断开发利用长远需要。

#### 5.2.5.1 国家“八五”选钛攻关技术

为了对比说明该项目成果指标，以下简述了“八五”期间主要选钛指标。

国家“八五”选钛攻关指标，要求对微细粒级钛铁矿强磁—浮选流程的选钛指标为：钛精矿品位 $TiO_2$ >46%，回收率大于 30%。通过攻关取得的技术指标为：钛精矿品位 $TiO_2$为 47.83%，回收率为 35.76%。这里需要说明的是，攀枝花微细粒级钛铁矿，就是指选铁尾矿水力分级溢流中的钛铁矿，分级溢流的粒度组成见表 5-21。由该表可知，对钛铁矿而言主要分布在 -0.076mm 以下各粒级中。

**表 5-21 攀枝花选铁尾矿水力分级溢流粒度组成**

| 级别/mm | -0.200<br>+0.100 | -0.100<br>+0.076 | -0.076<br>+0.045 | -0.045<br>+0.030 | -0.030<br>+0.020 | -0.020<br>+0.010 | -0.010<br>+0.005 | -0.005<br>+0.000 |
|---|---|---|---|---|---|---|---|---|
| 含量/% | 9.10 | 4.90 | 20.23 | 4.21 | 8.59 | 11.01 | 17.34 | 24.62 |

国家“八五”选钛攻关期间，还对攀枝花选铁尾矿中 -0.076 mm 粒级部分的钛铁矿选矿进行了研究。攻关取得的强磁—浮选流程主要技术指标为：钛精矿品位 $TiO_2$ 为 48.87%，$TiO_2$的回收率为 42.35%（对 -0.076 mm 粒级选铁尾矿）。

#### 5.2.5.2 不同粒级物料选钛试验研究

攀枝花细粒级钛铁矿回收利用工艺技术研究项目于 1996 年 5 月被批准列入四川省重点研究项目，于 1997 年 9 月份完成了项目计划的实验室试验研究内容，获得的指标达到并超过了项目合同的要求，同时也达到并大幅度超过了国家“八五”攻关的技术指标。为了提高该项目技术成果逐步往生产转化的更大适应性，接着于 1997 年第四季度超合同计

划地分别完成了 -0.074mm 粒级强磁精矿浮选钛铁矿试验，攀枝花选铁尾矿 -0.100mm 细粒级钛铁矿单一浮选流程试验研究，并取得了理想的试验研究成果。实验室试验主要技术成果见表 5-22。

**表 5-22 攀枝花（微）细粒级钛铁矿不同方案浮选钛铁矿主要技术指标**

| 试样名称及粒度 | 试验方案 | 钛精矿产率/% | | 钛精矿品位（$TiO_2$）/% | 回收率（$TiO_2$）/% | |
|---|---|---|---|---|---|---|
| | | 对浮选作业给矿 | 对该粒级选铁尾矿 | | 对浮选作业给矿 | 对该粒级选铁尾矿 |
| 细粒（-0.100mm）强磁选精矿 | 强磁—浮选 | 42.82 | 14.14 | 48.22 | 91.08 | 70.84 |
| | | 40.49 | 13.37 | 49.28 | 88.02 | 68.46 |
| 细粒（-0.074mm）强磁选精矿 | 强磁—浮选 | 40.54 | 14.55 | 48.47 | 86.68 | 68.47 |
| 细粒（-0.100mm）选铁尾矿 | 单一浮选 | 18.05 | 18.05 | 49.16 | 78.51 | 78.51 |
| 选铁尾矿（-0.154mm） | 单一浮选 | 17.80 | 17.80 | 48.45 | 80.00 | 80.00 |

在一系列实验室试验研究基础上，进行了浮选扩大试验的各项准备、工艺流程设备调试和扩试工艺条件的预调试，于 1998 年 6 月 21～22 日对攀枝花细粒级选铁尾矿强磁选精矿成功地进行了浮选钛铁矿扩大连续试验，试验结果见表 5-23。

**表 5-23 攀枝花细粒级浮选钛铁矿扩大试验主要技术指标**

| 试样名称及粒度 | 试验工艺流程 | 钛精矿产率/% | | 钛精矿品位（$TiO_2$）/% | 回收率（$TiO_2$）/% | |
|---|---|---|---|---|---|---|
| | | 对浮选作业给矿（强磁精矿） | 对该粒级选铁尾矿 | | 对浮选作业给矿（强磁精矿） | 对该粒级选铁尾矿 |
| 细粒强磁精矿（-0.100mm） | 强磁—浮选 | 41.65 | 13.76 | 48.27 | 87.47 | 68.03 |

对比表 5-21 和表 5-22 结果可知，强磁—浮选钛铁矿扩大连续试验结果充分验证了实验室试验获得的技术指标，说明选钛工艺流程结构合理，技术指标稳定、可靠。

本项目技术成果与国家“八五”期间选钛技术成果相比，在相同或相近的研究试样条件下，均获得了高品位高回收率的选钛的技术指标。其中，强磁—浮选技术指标不仅远远地超过了国家“八五”攻关合同指标，与攻关取得的技术指标相比，也大幅度地提高钛回收率 26 个百分点；与现场试验技术指标相比，不仅钛精矿品位高出了 1 个百分点，而且回收率高出了 43 个百分点。本项目的攀枝花选铁尾矿细粒级（-0.100mm）钛铁矿浮选技术指标也明显地高于某单位对攀枝花选铁尾矿水力分级四室沉砂钛铁矿的浮选技术指标。

本项目试验研究报告充分说明了，试验采用 F968 为捕收剂、SSB 和草酸为调整剂，无论是用强磁—浮选工艺流程，还是单一浮选流程，无论是对 -0.074mm（微细）粒级、-0.100mm 细粒级钛铁矿进行选别，还是对 -0.154mm（中、细、微细）粒级钛铁矿进行选别，都能获得高品位高回收率的前所未有的双高技术指标，所有这一切都是对攀西钛铁矿选矿的重大进展。

尽管强磁—浮选工艺流程和单一浮选工艺流程都能获得理想的选钛技术指标，但考虑到构成选钛成本的最主要费用是电力能源费和浮选药剂费，为了提高工业选钛的综合效益，推荐强磁—浮选工艺流程为选别攀西钛铁矿的最佳工艺流程。

A 试验矿样

试验矿样为攀钢集团矿业公司选矿厂的选铁尾矿（通常被简称为磁尾），采于攀枝花钒钛磁铁矿选矿厂1996年5～6月的选铁尾矿。为了保证试验样品具有充分的代表性，采样时从现场选铁尾矿槽中截取尾矿浆。试样的主要化学成分见表5-24，主要有益组分的分布见表5-25。

**表5-24 试验矿样化学成分** （%）

| 成分 | TFe | FeO | $Fe_2O_3$ | $TiO_2$ | $V_2O_5$ | $Cr_2O_3$ | $Ga_2O_3$ | $SiO_2$ | $Al_2O_3$ |
|---|---|---|---|---|---|---|---|---|---|
| 含量 | 13.40 | 10.56 | 7.37 | 9.51 | 0.072 | 0.008 | 0.0029 | 35.76 | 11.67 |
| 成分 | CaO | MgO | $K_2O$ | $Na_2O$ | S | P | Cu | Co | Ni |
| 含量 | 11.22 | 9.26 | 0.86 | 0.68 | 0.564 | 0.021 | 0.015 | 0.019 | 0.012 |

**表5-25 试验矿样（磁尾）中主要有益组分的分布** （%）

| 矿物名称 | 矿物含量 | TFe | | $TiO_2$ | | $V_2O_5$ | | Co | | Ni | |
|---|---|---|---|---|---|---|---|---|---|---|---|
| | | 品位 | 分布 | 品位 | 分布 | 品位 | 分布 | 品位 | 分布 | 品位 | 分布 |
| 钛磁铁矿 | 2.24 | 57.19 | 9.78 | 13.48 | 3.24 | 0.62 | 25.21 | 0.021 | 6.60 | 0.012 | 5.07 |
| 钛铁矿 | 15.61 | 33.20 | 39.56 | 50.97 | 85.31 | 0.067 | 18.988 | 0.008 | 17.53 | 0.010 | 29.44 |
| 硫化物 | 1.24 | 56.34 | 5.33 | — | — | — | — | 0.24 | 41.79 | 0.28 | 65.49 |
| 脉　石 | 80.91 | 7.34 | 45.33 | 1.32 | 11.45 | 0.038 | 55.81 | 0.003 | 34.08 | — | — |
| 合　计 | 100.00 | 13.10 | 100.00 | 9.33 | 100.00 | 0.055 | 100.00 | 0.007 | 100.00 | 0.005 | 100.00 |
| 选铁尾矿（磁尾） | | 13.40 | | 9.51 | | | | | | | |
| 平　衡 | | 97.77 | | 98.07 | | | | | | | |

由表5-25可知，选铁尾矿中的铁存在于钛磁铁矿中的分布率已不足10%，在钛铁矿中分布的铁为近40%，存在于脉石中铁为45%以上。因此，对磁尾中铁的利用，关键是在于钛铁矿中铁能否合理利用。而能否充分合理利用钛铁矿中的铁，其前提在于能否对钛铁矿进行合理有效的回收。

选铁尾矿中的钛（$TiO_2$），其85%左右分布于钛铁矿之中，在脉石中的分布量为11%以上，在钛磁铁矿中的分布量为3%以上。由此可知，攀枝花钒钛磁铁矿选钛就是从选铁尾矿中回收钛铁矿，回收钛铁矿关键在于解决-0.074mm粒级钛铁矿的回收。

在选铁尾矿中的钴、镍，虽然在硫化物中分布率分别为41.79%、65.49%，但因在硫化物中的品位太低，且在选铁尾矿中硫化物量又很少，所以，对攀枝花选铁尾矿钴、镍等硫化物的利用，只能在选钛除硫的过程中顺便加以回收，否则在经济上是不合理的。

B 细粒（-0.100mm）强磁精矿浮选钛铁矿（强磁—浮选方案）

针对攀西钒钛磁铁矿钛铁矿的浮选，先后采用油酸、羟肟酸、苯乙烯膦酸、苄基胂酸、氧化石蜡皂、石油磺酸钠、塔尔油（皂）、MOS和F968等为捕收剂，进行过大量的试验研究工作，钛铁矿的浮选药剂及其浮钛技术指标获得了新进展。不同捕收剂选钛对比结果见表5-26。

**表5-26 不同捕收剂选钛对比**

| 药剂名称 | 药剂主要性质 | 选钛主要技术指标 | 药剂的主要选别性能及其他 |
|---|---|---|---|
| 油　酸 | 淡黄色油状体，不溶于水，易溶于煤油、醇等有机溶剂，遇碱则皂化 | $\beta$：40%～44%<br>$\varepsilon$：50%～60% | 对钛铁矿的捕收性一般，选择性差 |
| 羟肟酸 | 棕红色油状液体，难溶于水，易溶于有机溶剂，低于15℃时，凝成蜡状固体，有强烈的刺激臭味 | $\beta$：46%～48%<br>$\varepsilon$：50%～65% | 对钛铁矿具有较好的选择性和捕收性能，但价格贵，有强烈的刺激臭味，对健康有影响 |

续表 5-26

| 药剂名称 | 药剂主要性质 | 选钛主要技术指标 | 药剂的主要选别性能及其他 |
|---|---|---|---|
| 苯乙烯膦酸 | 白色结晶，有毒性，易溶于乙醇 | $\beta$：44%~48%<br>$\varepsilon$：40%~60% | 对钛铁矿具有较好的选择性，但技术指标不稳定，价格贵 |
| 苄基胂酸 | 灰白色粉状物，性质稳定，溶于热水和碱性溶液，毒性较大，使用中应戴上乳胶手套和口罩 | $\beta$：46%~48%<br>$\varepsilon$：60%~66% | 具有较好的选择性和捕收性，但该药剂毒性大，价格贵 |
| 氧化石蜡皂（733 和 731） | 棕色粉状物，溶于热水，有起泡性 | $\beta$：39%~42%<br>$\varepsilon$：50%~60% | 捕收性一般，选择性差 |
| 南充氧化石蜡皂 | 棕黄至棕色膏状物，含水分 50% 溶于热水，有起泡性 | $\beta$：45%~47%<br>$\varepsilon$：40%~65% | 选择性和捕收性受蜡源和生产工艺影响较大 |
| 石油磺酸钠 | 棕色膏状物，溶于热水 | $\beta$：43%~46%<br>$\varepsilon$：50%~60% | 选择性和捕收性一般 |
| 塔尔油 | 棕红色并带有绿色的液体，有臭味，其黏度随所含松脂酸、石油醚、不溶物的增加而增加，溶于热水 | $\beta$：42%~47%<br>$\varepsilon$：50%~60% | 捕收性和选择性一般 |
| MOS | 棕色膏状物，溶于热水 | $\beta$：46%~47%<br>$\varepsilon$：50%~60% | 选择性较好，捕收性一般 |
| F968 | 黄色至棕色膏状物，溶于热水，有起泡性 | 初步试验结果：<br>$\beta$:48%，$\varepsilon$ >70% | 选择性好，捕收能力强 |

表 5-26 表明，731 和 733 氧化石蜡皂、油酸、石油磺酸钠，这四种捕收剂对钛铁矿浮选指标最差。塔尔油、南充氧化石蜡皂选钛指标有好有差，受其组分影响很大，性能不稳定。羟肟酸、苄基胂酸虽然均对钛铁矿有较好的选择性能和捕收性能，但因前者有强烈的刺激臭味，对操作工人的健康有影响，加之价格高，使其应用受到限制；后者毒性大，价格高，不宜使用。苯乙烯膦酸虽具有较好的选择性，但扩大连选过程中指标不稳定，且价格贵。MOS 选别攀枝花钛铁矿能获得质量较好的精矿，虽然精矿的回收率不够理想，但综合考虑该药剂的性质、性能等因素，在众多的选钛药剂中，是一种较好的选钛捕收剂。F968 是中国地质科学院矿产综合利用研究所在总结国内外选钛捕收剂性质和攀西浮选钛铁矿试验研究中存在的主要问题的基础上进行设计、研制的一种选钛新药剂，它与上述众多选捕收剂相比，具有选择性能好、捕收性能强，选钛技术指标比较理想突出的特点，故该项目选择 F968 为捕收剂进行浮选攀枝花钛铁矿试验研究。

细粒强磁精矿（-0.100mm）浮选钛铁矿试验工艺流程及药剂制度见图 5-11，采用该工艺流程和药剂制度，对细粒级强磁精矿进行了精矿品位 $TiO_2$ >48% 和精矿品位 $TiO_2$ >49% 的两种产品质量的闭路流程试验，两种钛精矿产品质量数质量流程见图 5-12 和图 5-13，对比试验结果见表 5-27，各矿物在钛精矿中的走向见表 5-28。

从表 5-28 可看出，精矿 $TiO_2$ >48% 的方案较精矿 $TiO_2$ >49% 的方案，前者钛铁矿和硫化物的走向较后者更为理想，而后者钛磁铁矿和脉石在精矿中的分布更加合理。但综合考虑，权衡利弊，前者略优于后者。

C 微细粒级（-0.074mm）强磁精矿浮选钛铁矿（强磁—浮选方案）试验

在攀枝花选铁尾矿中，-0.074mm 粒级产率为 52.19%，$TiO_2$金属分布率占 61.79%。由此可知，解决该粒级中钛铁矿的回收对充分合理地利用攀枝花钒钛磁铁矿资源中的钛，具有举足轻重的意义。该粒级物料中的钛铁矿粒度微细，在技术上回收利用的难度很大，

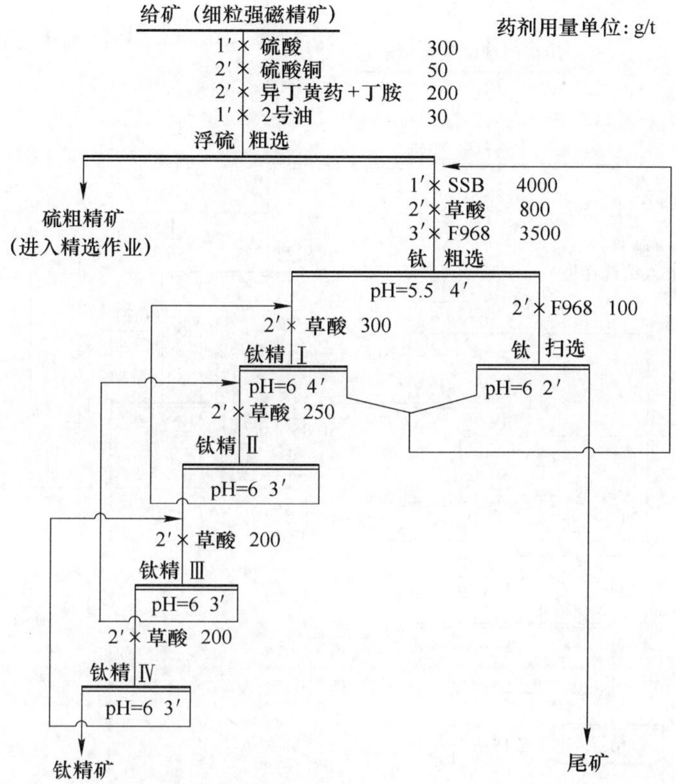


图 5-11 攀枝花细粒强磁精矿浮选钛铁矿强磁—浮选方案闭路试验流程及试验条件

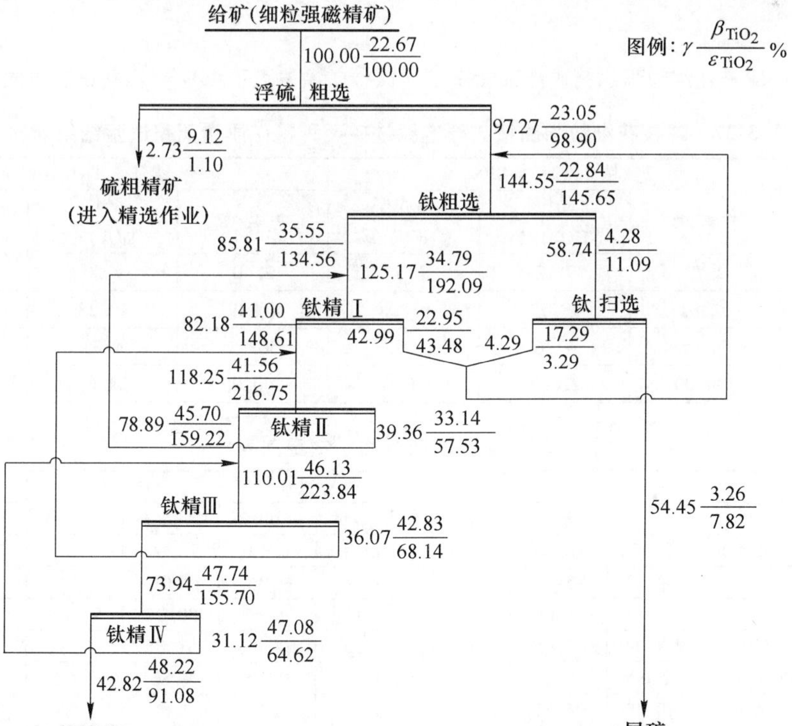


图 5-12 攀枝花细粒强磁精矿浮选钛铁矿（钛精矿品位大于 48%）闭路试验数质量流程

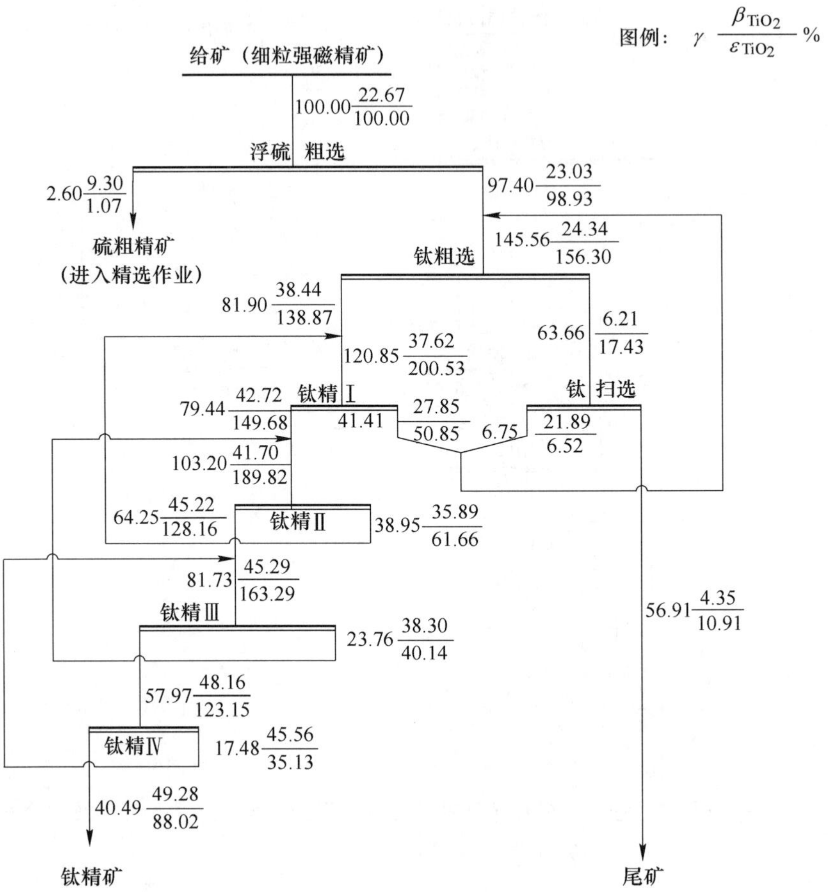


图 5-13 攀枝花细粒强磁精矿浮选钛铁矿（钛精矿品位大于 49%）闭路试验数质量流程

**表 5-27 攀枝花细粒强磁精矿浮选钛铁矿两种精矿质量闭路试验结果对比**

| 产品名称 | 钛精矿 $TiO_2$ >48% | | | 钛精矿 $TiO_2$ >49% | | |
|---|---|---|---|---|---|---|
| | 产率/% | 品位 ($TiO_2$)/% | 回收率 ($TiO_2$)/% | 产率/% | 品位 ($TiO_2$)/% | 回收率 ($TiO_2$)/% |
| 硫粗精矿 | 2.73 | 9.12 | 1.10 | 2.60 | 9.30 | 1.07 |
| 钛精矿 | 42.82 | 48.22 | 91.08 | 40.49 | 49.28 | 88.02 |
| 尾　矿 | 54.45 | 3.26 | 7.82 | 56.91 | 4.35 | 10.91 |
| 给矿（强磁精矿） | 100.00 | 22.67 | 100.00 | 100.00 | 22.67 | 100.00 |

**表 5-28 浮钛闭路试验矿物走向与分布**

| 产品方案 | 产品名称 | 产率/% | 钛铁矿 | | 钛磁铁矿 | | 脉　石 | | 硫化物 | |
|---|---|---|---|---|---|---|---|---|---|---|
| | | | 含量/% | 分布/% | 含量/% | 分布/% | 含量/% | 分布/% | 含量/% | 分布/% |
| 精矿 $TiO_2$ >48% 方案 | 硫粗精矿 | 2.73 | 18.00 | 1.15 | 0.20 | 0.13 | 10.80 | 0.58 | 71.00 | 92.38 |
| | 钛精矿 | 42.82 | 95.36 | 95.75 | 0.32 | 3.26 | 4.01 | 3.36 | 0.31 | 6.32 |
| | 尾　矿 | 54.45 | 2.43 | 3.10 | 7.45 | 96.61 | 90.07 | 96.06 | 0.05 | 1.30 |
| | 给矿 | 100.00 | 42.65 | 100.00 | 4.20 | 100.00 | 51.05 | 100.00 | 2.10 | 100.00 |
| 精矿 $TiO_2$ >49% 方案 | 硫粗精矿 | 2.60 | 18.00 | 1.10 | 0.20 | 0.12 | 9.80 | 0.50 | 72.00 | 88.85 |
| | 钛精矿 | 40.49 | 96.69 | 92.37 | 0.15 | 1.45 | 2.65 | 2.09 | 0.51 | 9.80 |
| | 尾　矿 | 56.91 | 4.86 | 6.53 | 7.26 | 98.43 | 87.83 | 97.41 | 0.05 | 1.35 |
| | 给　矿 | 100.00 | 42.38 | 100.00 | 4.20 | 100.00 | 51.31 | 100.00 | 2.11 | 100.00 |

为了解决 -0.074mm 粒级物料中微细粒、微粒钛铁矿的回收利用，该项目对该粒级物料进行了强磁—浮选钛铁矿的试验研究。

本次试验微细粒强磁精矿样的粒度全部在 -0.074mm 以下，其中 -0.030mm 粒级含量高达 50.53%，而现场微细粒强磁精矿的粒度组成不仅 +0.074mm 粒级产率达 14.50%，而且 -0.030mm 粒级产率仅为 39.90%，由此说明，本试验样品浮选钛铁矿的难度要比现场样品浮选钛铁矿的难度大得多，本试验样品对回收攀枝花选铁尾矿中的微细粒钛铁矿而言更具有充分的代表性，有更重要的研究意义。

通过各种浮选条件试验及开路流程试验确定的药剂制度见表 5-29，微细粒级强磁精矿浮选钛铁矿闭路试验结果见表 5-30，数质量流程见图 5-14。

**表 5-29 微细粒强磁精矿浮选钛铁矿药剂制度**

| 作业名称 | SSB/g·t$^{-1}$ | 草酸/g·t$^{-1}$ | F968/g·t$^{-1}$ | pH 值 | 浮选时间/min | 浮选温度/℃ |
|---|---|---|---|---|---|---|
| 浮钛粗选 | 4000 | 900 | 3800 | 5.5 | 4 | 26（室温） |
| 浮钛扫选 | — | — | 100 | 6.0 | 2 | |
| 钛Ⅰ次精选 | — | 300 | — | 5.8 | 4 | |
| 钛Ⅱ次精选 | — | 250 | — | 6.0 | 3.5 | |
| 钛Ⅲ次精选 | — | 200 | — | 6.5 | 3.0 | |
| 钛Ⅳ次精选 | — | 200 | — | 6.5 | 3.0 | |

**表 5-30 微细粒强磁精矿浮选钛铁矿试验结果**

| 产品名称 | 产率/% | 品位（$TiO_2$）/% | 回收率（$TiO_2$）/% |
|---|---|---|---|
| 硫粗精矿 | 3.82 | 15.95 | 2.69 |
| 钛精矿 | 40.54 | 48.47 | 86.68 |
| 尾 矿 | 55.64 | 4.34 | 10.63 |
| 给 矿 | 100.00 | 22.67 | 100.00 |

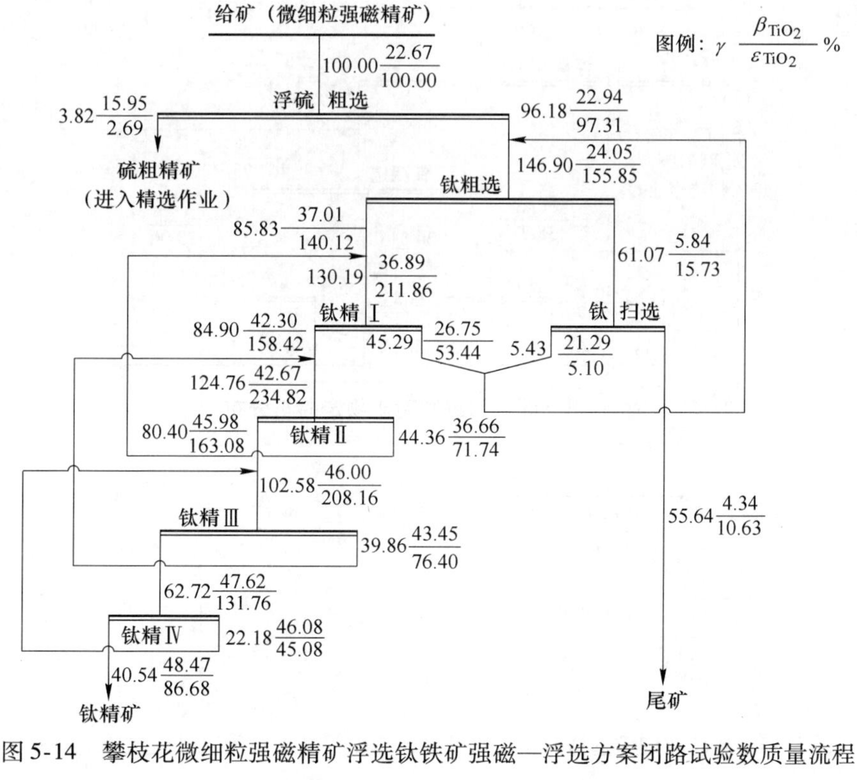


图 5-14 攀枝花微细粒强磁精矿浮选钛铁矿强磁—浮选方案闭路试验数质量流程

对比表5-27的细粒强磁精矿浮钛闭路流程试验结果与表5-30的微细粒强磁精矿浮选钛铁矿试验结果，微细粒强磁精矿浮选钛铁矿同样能获得$TiO_2$品位大于48%的优质钛精矿，但$TiO_2$回收率后者略低于前者。同时还说明，采用本试验的药剂制度，不仅对脉石矿物有很好的分选性，对钛磁铁矿的分选效果也是十分理想的。

D 攀枝花细粒（-0.100mm）选铁尾矿直接浮选钛铁矿（单一浮选方案）

为了与攀枝花细粒选铁尾矿强磁—浮选钛铁矿工艺流程对比，进行了细粒级选铁尾矿直接浮选钛铁矿的试验研究。细粒级选铁尾矿直接浮选钛铁矿药剂制度见表5-31，闭路试验结果见表5-32，数质量流程见图5-15，产品中各矿物组成及在各粒级中的分布见表5-33。

**表5-31 攀枝花细粒选铁尾矿直接浮选钛铁矿药剂制度**

| 名 称 | SSB/g·t$^{-1}$ | 草酸/g·t$^{-1}$ | F968/g·t$^{-1}$ | pH值 | 浮选时间/min | 浮选温度/℃ |
|---|---|---|---|---|---|---|
| 浮钛粗选 | 4000 | 850 | 3300 | 5.5 | 4 | 25（室温） |
| 浮钛扫选 | — | — | 100 | 6.0 | 2 | |
| 钛Ⅰ次精选 | — | 280 | — | 5.9 | 3.5 | |
| 钛Ⅱ次精选 | — | 250 | — | 6.0 | 3 | |
| 钛Ⅲ次精选 | — | 200 | — | 6.5 | 2.5 | |
| 钛Ⅳ次精选 | — | 200 | — | 6.5 | 2.5 | |

**表5-32 攀枝花细粒选铁尾矿直接浮选钛铁矿试验结果**

| 产品名称 | 产率/% | 品位（$TiO_2$）/% | 回收率（$TiO_2$）/% |
|---|---|---|---|
| 硫粗精矿 | 4.02 | 6.73 | 2.39 |
| 钛精矿 | 18.05 | 49.16 | 78.51 |
| 尾 矿 | 77.93 | 2.77 | 19.10 |
| 给 矿 | 100.00 | 11.30 | 100.00 |

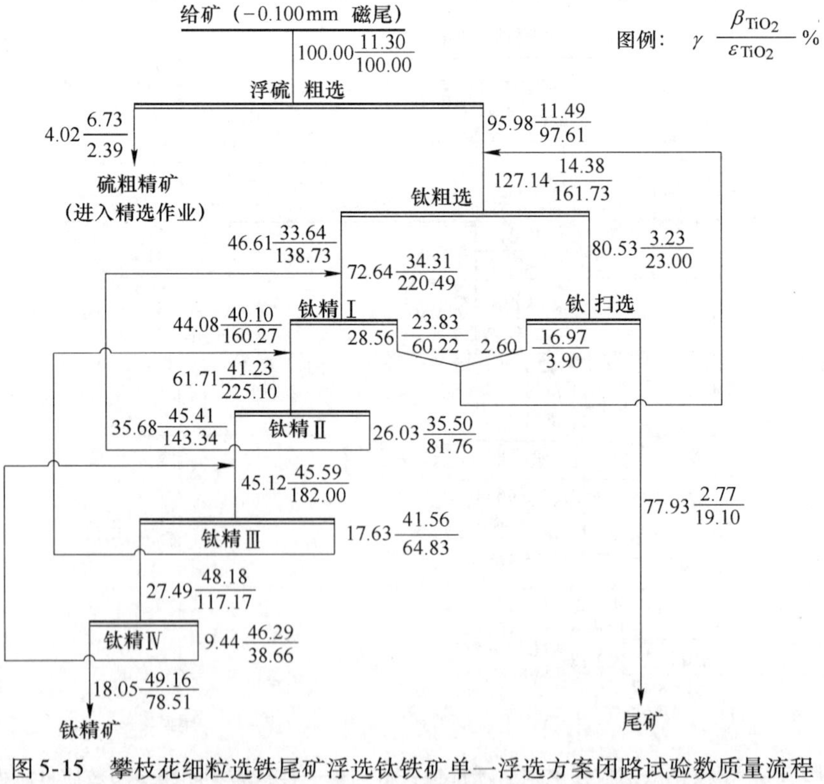


图5-15 攀枝花细粒选铁尾矿浮选钛铁矿单一浮选方案闭路试验数质量流程

表 5-33 攀枝花细粒级选铁尾矿单一浮选方案产品矿物组成及分布

| 产品名称 | 粒级/mm | 产率/% | 钛铁矿 | | 钛磁铁矿 | | 脉 石 | | 硫化物 | |
|---|---|---|---|---|---|---|---|---|---|---|
| | | | 含量/% | 分布/% | 含量/% | 分布/% | 含量/% | 分布/% | 含量/% | 分布/% |
| 钛精矿 | +0.074 | 4.85 | 96.54 | 4.91 | 0.04 | 0.45 | 2.86 | 3.83 | 0.56 | 5.06 |
| | -0.074 +0.045 | 37.25 | 95.69 | 37.36 | 0.43 | 36.80 | 3.63 | 37.92 | 0.25 | 17.33 |
| | -0.045 +0.030 | 19.61 | 95.76 | 19.68 | 0.28 | 12.61 | 3.63 | 19.65 | 0.33 | 12.04 |
| | -0.030 +0.000 | 38.29 | 94.80 | 38.05 | 0.57 | 50.14 | 3.71 | 39.20 | 0.92 | 65.57 |
| | 合 计 | 100.00 | 95.40 | 100.00 | 0.44 | 100.00 | 3.62 | 100.00 | 0.54 | 100.00 |
| 尾 矿 | +0.074 | 4.33 | 2.27 | 4.18 | 3.47 | 4.26 | 94.25 | 4.34 | 0.01 | 0.61 |
| | -0.074 +0.045 | 29.26 | 1.00 | 12.44 | 3.79 | 31.46 | 95.18 | 29.61 | 0.03 | 12.45 |
| | -0.045 +0.030 | 15.32 | 1.53 | 9.96 | 3.52 | 15.30 | 94.95 | 15.47 | 0.00 | 0.00 |
| | -0.030 +0.000 | 51.09 | 3.38 | 73.42 | 3.38 | 48.98 | 93.12 | 50.58 | 0.12 | 86.94 |
| | 合 计 | 100.00 | 2.35 | 100.00 | 3.53 | 100.00 | 94.05 | 100.00 | 0.07 | 100.00 |

由表 5-33 可知，攀枝花细粒级选铁尾矿采用单一浮选方案浮选钛铁矿，钛精矿和尾矿的矿物成分及其各粒级的矿物成分分布表明，采用本项目试验研究的工艺技术直接浮选攀枝花细粒级选铁尾矿的钛铁矿分级效果十分理想，不仅获得了高品位的钛精矿，而且获得选钛回收率高达 78.51%，对选铁尾矿采用单一浮选钛铁矿的工艺技术，能获得如此好的“双高”技术指标，这是攀枝花选铁尾矿浮选钛铁矿技术上的一大进步，在试验研究阶段实现了对攀枝花选铁尾矿钛铁矿的高效分选。

E 攀枝花全粒级选铁尾矿浮选钛铁矿（单一浮选方案）

攀枝花全粒级选铁尾矿筛析结果表明，+0.154mm 粒级物料产率为 18.25%，$TiO_2$品位仅有 3.21%，$TiO_2$的金属分布率仅为 6.23%，已属于可抛弃的尾矿。而 -0.154mm 粒级产率为 81.75%，$TiO_2$金属分布率高达 93.77%，$TiO_2$品位为 10.81%。加之，随攀枝花钒钛磁铁矿矿山开采向深部的推进，矿物嵌布共生粒度越来越细，这样无疑会使选铁尾矿的粒度越来越细。显微镜下鉴定结果说明，-0.154mm 粒级中的钛铁矿大部分呈连生体形式存在，对其再磨再选在经济上是（暂）不合理的。由此已充分表明，对 -0.154mm 粒级选铁尾矿中钛铁矿的浮选，其实质就是对攀枝花全粒级选铁尾矿中的钛铁矿进行选别。

为了研究选铁尾矿钛铁矿，特别是细粒微细粒钛铁矿的有效回收利用工艺技术，该研究对攀枝花选铁尾矿浮选钛铁矿进行了系统的研究。

通过各种浮选条件试验及开路流程试验确定的药剂制度见表 5-34，闭路试验结果见表 5-35，数质量流程见图 5-16。

表 5-34 攀枝花全粒级选铁尾矿浮选钛铁矿药剂制度

| 名 称 | SSB/$g \cdot t^{-1}$ | 草酸/$g \cdot t^{-1}$ | F968/$g \cdot t^{-1}$ | pH 值 | 浮选时间/min | 浮选温度/℃ |
|---|---|---|---|---|---|---|
| 浮钛粗选 | 4000 | 800 | 3500 | 5.5 | 4 | 25（室温） |
| 浮钛扫选 | — | — | 100 | 6.0 | 2 | |
| 钛Ⅰ次精选 | — | 280 | — | 5.9 | 3.5 | |
| 钛Ⅱ次精选 | — | 250 | — | 6.0 | 3 | |
| 钛Ⅲ次精选 | — | 200 | — | 6.5 | 2.5 | |
| 钛Ⅳ次精选 | — | 200 | — | 6.5 | 2.5 | |

**表 5-35 攀枝花全粒级选铁尾矿浮选钛铁矿试验结果**

| 产品名称 | 产率/% | 品位（$TiO_2$）/% | 回收率（$TiO_2$）/% |
|---|---|---|---|
| 硫粗精矿 | 4.62 | 5.69 | 2.44 |
| 钛精矿 | 17.80 | 48.45 | 80.00 |
| 尾　矿 | 77.58 | 2.44 | 17.56 |
| 给　矿 | 100.00 | 10.78 | 100.00 |

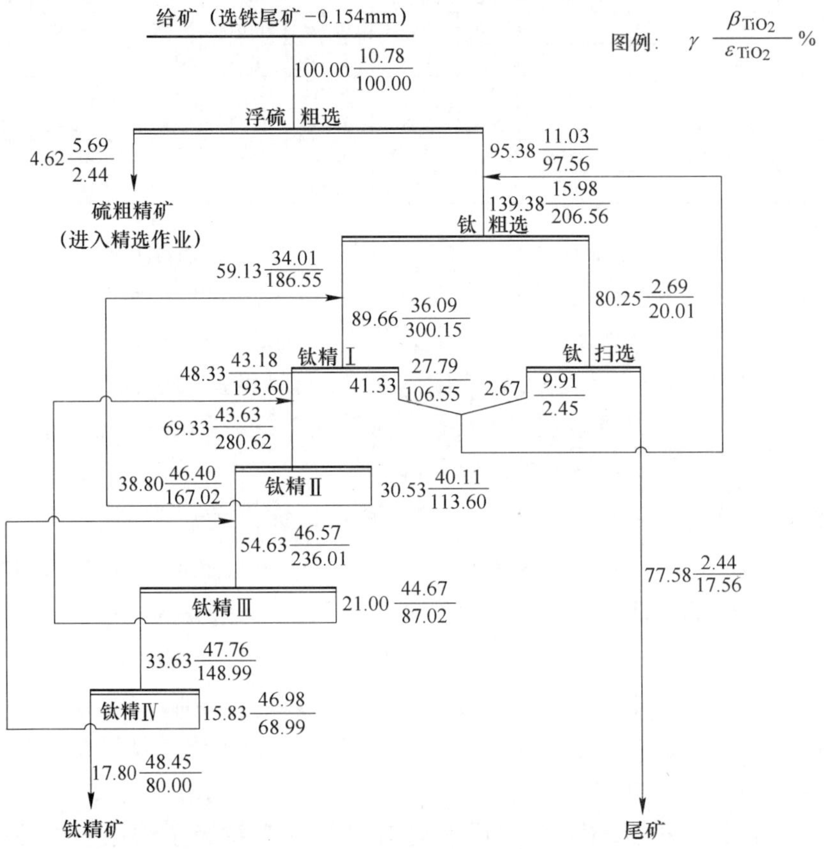


图 5-16 攀枝花选铁尾矿全粒级浮选钛铁矿闭路试验数质量流程

由表 5-32 和表 5-35 结果对比表明，细粒级选铁尾矿浮选钛铁矿和全粒级选铁尾矿浮选钛铁矿试验结果是基本相近的，浮选尾矿 $TiO_2$ 的品位也是相差不大的，$TiO_2$ 的品位都很低；从钛精矿技术指标可看出，无论是细粒级选铁尾矿浮选钛铁矿试验，还是全粒级选铁尾矿浮选钛铁矿试验，采用本试验工艺技术都能获得高品位高回收率的钛精矿，所有这些都表明试验是非常成功的。

攀枝花全粒级选铁尾矿浮选钛铁矿获得的产品矿物成分及各粒级中矿物分布结果见表 5-36，矿物在各产品中的走向见表 5-37。

表 5-36 和表 5-37 结果进一步证明了，采用 −0.154mm 选铁尾矿为入选物料直接浮选钛铁矿的选别效果也是非常理想的。特别是由浮选尾矿的矿物组成可看出，尽管入选粒度的上限较细级（−0.100mm）选铁尾矿的入选粒度大幅度提高了，但浮选尾矿中的钛铁矿矿物量及其各粒级的钛铁矿矿物量，不仅没有增加，相反还分别都有所下降，这就充分地说明了本试验工艺技术的条件适应较宽的钛铁矿入选粒度范围。

**表 5-36 攀枝花全粒级选铁尾矿浮选钛铁矿各矿物成分及在各粒级中分布**

| 产品名称 | 粒级/mm | 产率/% | 钛铁矿 | | 钛磁铁矿 | | 脉 石 | | 硫化物 | |
|---|---|---|---|---|---|---|---|---|---|---|
| | | | 含量/% | 分布/% | 含量/% | 分布/% | 含量/% | 分布/% | 含量/% | 分布/% |
| 钛精矿 | -0.154 +0.100 | 21.61 | 96.27 | 21.97 | 0.36 | 17.27 | 1.92 | 10.22 | 1.45 | 39.08 |
| | -0.100 +0.074 | 9.28 | 95.64 | 9.38 | 0.25 | 5.15 | 2.85 | 6.52 | 1.26 | 14.58 |
| | -0.074 +0.045 | 20.55 | 95.11 | 20.64 | 0.39 | 17.79 | 4.05 | 20.50 | 0.45 | 11.53 |
| | -0.045 +0.030 | 19.31 | 93.86 | 19.14 | 0.41 | 17.58 | 5.36 | 25.50 | 0.37 | 8.91 |
| | -0.030 +0.000 | 29.25 | 93.47 | 28.87 | 0.65 | 42.21 | 5.17 | 37.26 | 0.71 | 25.90 |
| | 合 计 | 100.00 | 94.69 | 100.00 | 0.45 | 100.00 | 4.06 | 100.00 | 0.80 | 100.00 |
| 尾矿 | -0.154 +0.100 | 28.92 | 2.13 | 29.05 | 2.78 | 44.01 | 95.03 | 28.66 | 0.06 | 11.68 |
| | -0.100 +0.074 | 9.69 | 1.54 | 7.03 | 1.86 | 9.87 | 96.52 | 9.75 | 0.08 | 5.22 |
| | -0.074 +0.045 | 16.20 | 0.87 | 6.65 | 1.45 | 12.86 | 97.68 | 16.50 | 0.00 | 0.00 |
| | -0.045 +0.030 | 11.66 | 1.30 | 7.15 | 1.53 | 9.77 | 97.06 | 11.80 | 0.11 | 8.63 |
| | -0.030 +0.000 | 33.53 | 3.17 | 50.12 | 1.28 | 23.49 | 95.22 | 33.29 | 0.33 | 74.47 |
| | 合 计 | 100.00 | 2.12 | 100.00 | 1.83 | 100.00 | 95.90 | 100.00 | 0.15 | 100.00 |

**表 5-37 攀枝花全粒级选铁尾矿直接浮选钛铁矿闭路流程试验中的矿物走向**

| 产品名称 | 产率/% | 钛铁矿 | | 钛磁铁矿 | | 脉 石 | | 硫化物 | |
|---|---|---|---|---|---|---|---|---|---|
| | | 含量/% | 分布/% | 含量/% | 分布/% | 含量/% | 分布/% | 含量/% | 分布/% |
| 硫粗精矿 | 4.62 | 10.00 | 2.44 | 0.50 | 1.52 | 74.00 | 4.35 | 15.50 | 73.45 |
| 钛精矿 | 17.80 | 94.69 | 88.89 | 0.45 | 5.26 | 4.06 | 0.92 | 0.80 | 14.61 |
| 尾 矿 | 77.58 | 2.12 | 8.67 | 1.83 | 93.22 | 95.90 | 94.73 | 0.15 | 11.94 |
| 给 矿 | 100.00 | 18.96 | 100.00 | 1.52 | 100.00 | 78.54 | 100.00 | 0.98 | 100.00 |

#### 5.2.5.3 细粒强磁精矿浮选钛铁矿扩大试验

攀枝花选铁尾矿采用强磁—浮选工艺流程回收钛铁矿，在不同方案流程条件试验的基础上，进行了扩大连续试验。连选扩大试验的浮硫采用一次粗选、一次扫选、（粗硫精矿单独）二次精选的流程；浮钛采用一粗、一扫、四次精选，中矿循序返回的流程。

扩大连续试验流程及条件见图5-17，试验结果见表5-38，数质量流程见图5-18，矿浆流程见图5-19。

**表 5-38 攀枝花细粒选铁尾矿强磁—浮选回收钛铁矿扩大连续试验结果**

| 产品名称 | 产率/% | 品位（$TiO_2$）/% | 回收率（$TiO_2$）/% |
|---|---|---|---|
| 硫钴精矿 | 0.80 | 1.07 | 0.04 |
| 硫钴精 I 尾 | 2.34 | 18.17 | 1.85 |
| 钛精矿 | 41.65 | 48.27 | 87.47 |
| 尾 矿 | 55.21 | 4.43 | 10.64 |
| 给 矿 | 100.00 | 22.98 | 100.00 |

#### 5.2.5.4 经济初步分析

A 生产规模

本分析以年生产10万吨钛精矿计，则年处理72.686万吨细粒级磁尾（即现场分级箱第四室沉砂和分级溢流），也即24万吨强磁精矿。

B 生产成本估算

主要生产工艺设备及电功率一览表见表5-39。

选钛生产人员编制见表5-40。

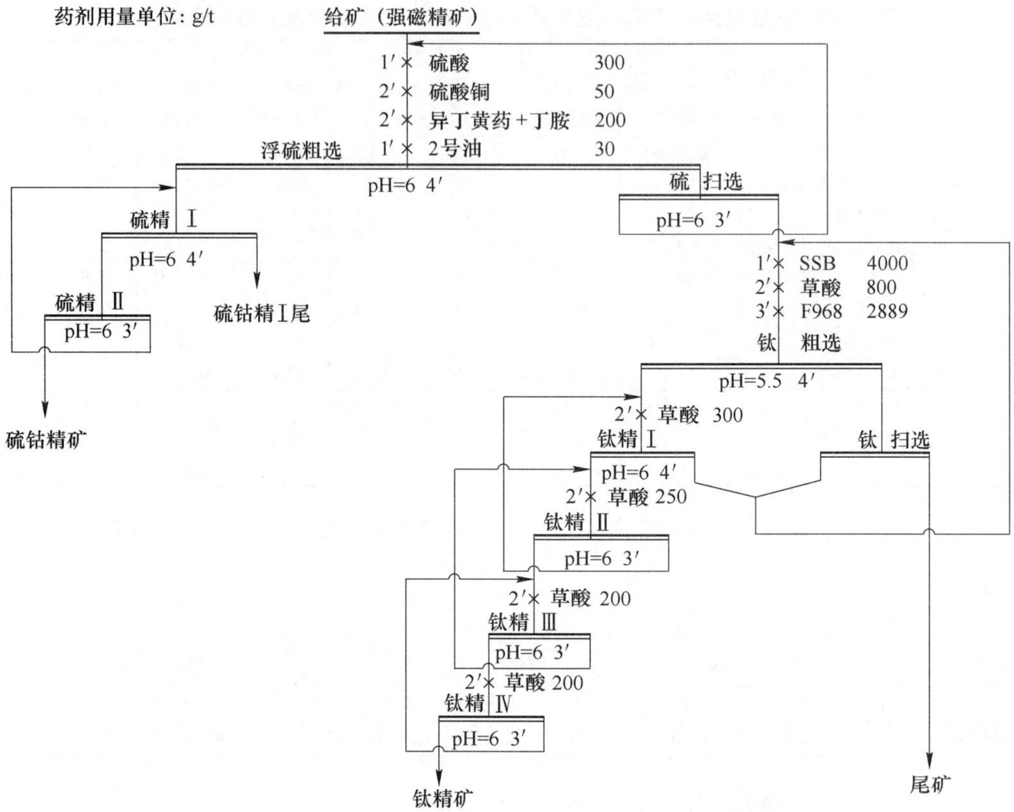


图5-17 攀枝花细粒级选铁尾矿强磁—浮选方案扩大闭路试验流程及试验条件

**表5-39 主要生产工艺设备及电功率**

| 序号 | 设备名称 | 规格型号 | 台数 | 功率/kW | | 设备重量/t | | 设备费用/万元 | |
|---|---|---|---|---|---|---|---|---|---|
| | | | | 单机 | 总数 | 单机 | 总重 | 单价 | 总额 |
| 1 | 立环脉动高梯度磁选机 | SLon-2000-06 | 2 | 95.0 | 190.0 | 50.0 | 100.0 | 195.0 | 390.0 |
| 2 | 机械搅拌式浮选机 | XJ-28 | 27 | 11.0 | 297.0 | 2.113 | 57.05 | 1.60 | 43.2 |
| | 浮选刮板 | | 4 | 1.1 | 4.4 | | | | |
| 3 | 调浆桶 | $\phi$2000mm | 3 | 7.5 | 22.5 | 1.671 | 5.013 | 1.5 | 4.5 |
| | | $\phi$1500mm | 1 | 5.5 | 5.5 | 1.083 | 1.083 | 1.2 | 1.2 |
| 4 | 矿浆泵 | 4PN | 4 | 55.0 | 220.0 | 1.0 | 4.0 | 2.0 | 8.0 |
| 5 | 中磁场磁选机 | YZJ$\phi$1050mm×1580 | 1 | 5.5 | 5.5 | 4.5 | 4.5 | 55.0 | 55.0 |
| 6 | 过滤机 | GW-50$\phi$1050mm×5000 | 1 | 9.0 | 9.0 | 21.0 | 21.0 | 20.0 | 20.0 |
| 7 | 浓缩机 | NZ-20 | 1 | 7.5 | 7.5 | 24.5 | 24.5 | 15.0 | 15.0 |
| 8 | 给药设备 | | 5 | 1.5 | 7.5 | 0.436 | 2.18 | 1.6 | 8.0 |
| 9 | 测试分析及其他设备 | | | | | | | | 55.1 |
| 10 | 其他用量及照明用电 | | | | 231.1 | | | | |
| 11 | 合 计 | | 49 | | 1000.0 | | 219.33 | | 600.0 |

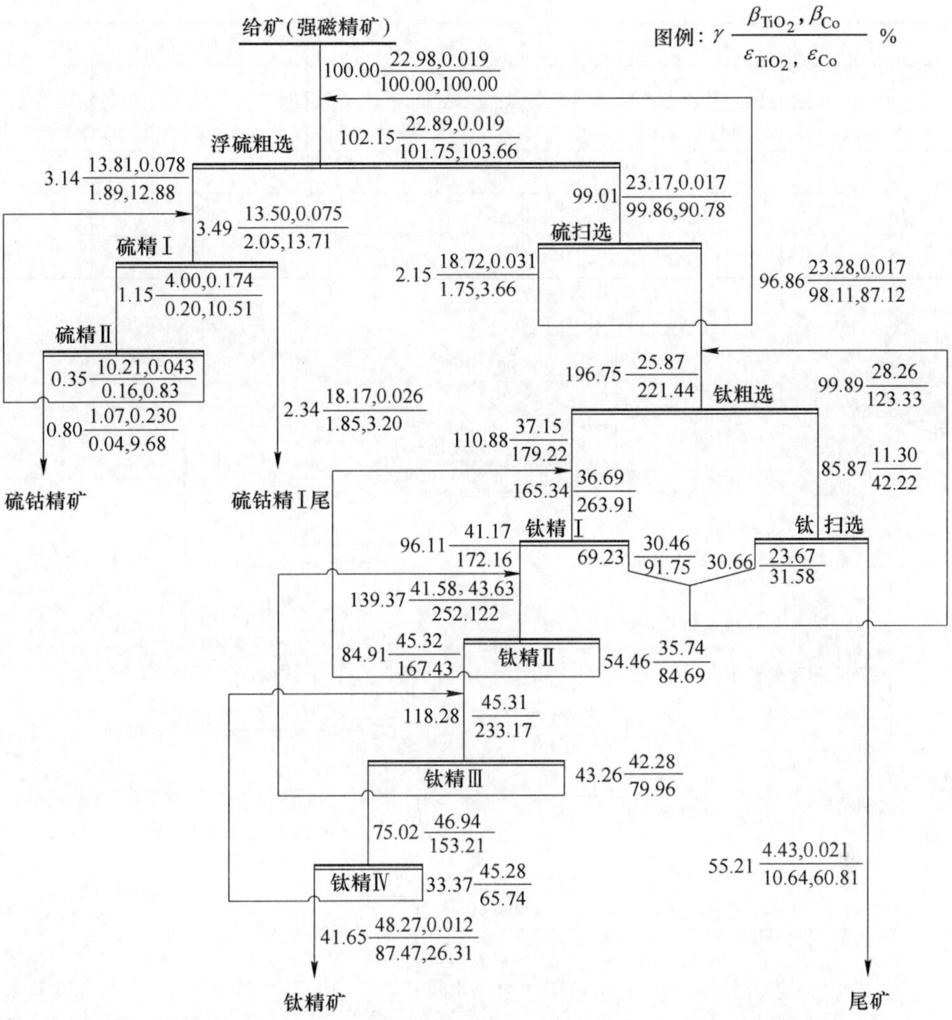


图 5-18 攀枝花细粒级选铁尾矿强磁—浮选回收钛铁矿扩大连续试验数质量流程

**表 5-40 选钛生产人员编制**

| 序 号 | 生产岗位 | 每天班次 | 每班人员 | 合 计 |
|---|---|---|---|---|
| 1 | 磁尾隔渣分级 | 3 | 2 | 6 |
| 2 | 浓缩脱水 | 3 | 2 | 6 |
| 3 | 高梯度磁选 | 3 | 3 | 9 |
| 4 | 给 药 | 3 | 4 | 12 |
| 5 | 浮 硫 | 3 | 2 | 6 |
| 6 | 浮 钛 | 3 | 2 | 6 |
| 7 | 中磁除铁 | 3 | 1 | 3 |
| 8 | 浓缩过滤 | 3 | 2 | 6 |
| 9 | 干 燥 | 3 | 2 | 6 |
| 10 | 包 装 | 3 | 6 | 18 |

续表 5-40

| 序 号 | 生产岗位 | 每天班次 | 每班人员 | 合 计 |
|---|---|---|---|---|
| 11 | 取样测试分析 | 3 | 3 | 9 |
| 12 | 机修、供水、供电 | 3 | 4 | 12 |
| 13 | 生产主任 | 3 | 1 | 3 |
| 14 | 运输和司机 | 3 | 2 | 6 |
| 15 | 合 计 | | 36 | 108 |

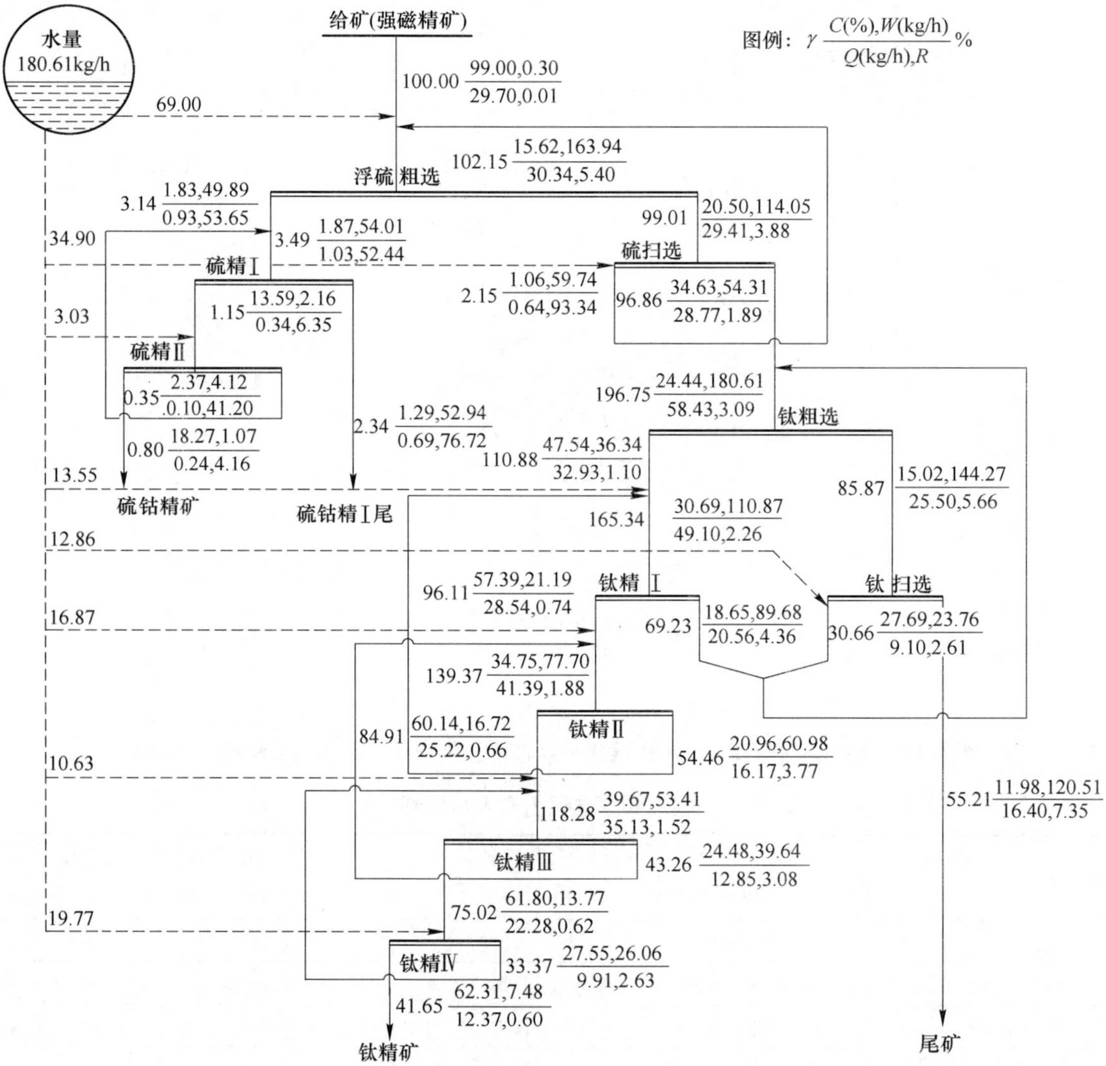


图 5-19 攀枝花细粒级选铁尾矿强磁—浮选回收钛铁矿扩大试验矿浆流程

管理及辅助人员编制：厂长 2 人，技术管理人员 3 人，财务 3 人，购销 3 人，综合办 5 人，合计 16 人。另有 16 名辅助人员。

以上人员工资及附加平均为 1000 元/(人 · 月)。

选钛工程固定资产投资估算见表 5-41。

表 5-41 选钛工程固定资产投资估算 （万元）

| 序 号 | 项 目 | 设备购置 | 安装工程 | 建筑 | 其他 | 合计 |
|---|---|---|---|---|---|---|
| 1 | 工程费用 | 600.00 | 60.00 | 200.00 | | 860.00 |
| 2 | 其他费用 | | | | 190.00 | 190.00 |
| 2.1 | 建设单位管理费 | | | | 20.00 | 20.00 |
| 2.2 | 设计费 | | | | 50.00 | 50.00 |
| 2.3 | 职工培训费 | | | | 20.00 | 20.00 |
| 2.4 | 试车费 | | | | 80.00 | 80.00 |
| 2.5 | 办公及生活家具购置 | | | | 10.00 | 10.00 |
| 2.6 | 其 他 | | | | 10.00 | 10.00 |
| 3 | 基本预备费 | | | | 100.00 | 100.00 |
| 4 | 固定资产投资估算总值 | | | | | 1150.00 |

选钛工程总投资估算见表 5-42。

表 5-42 选钛工程总投资估算

| 序 号 | 项 目 | 估算值/万元 |
|---|---|---|
| 1 | 固定资产投资 | 1150.00 |
| 2 | 建设期利息 | 70.00 |
| 3 | 流动资金 | 100.00 |
| 4 | 总投资 | 1320.00 |

选钛生产直接原材料费估算见表 5-43。

表 5-43 选钛生产直接原材料费估算

| 序号 | 项 目 | 单位用量/$kg \cdot t^{-1}$ | 单价/元 · 吨$^{-1}$ | 单位成本/元 · 吨钛精矿$^{-1}$ | 年成本金额/万元 |
|---|---|---|---|---|---|
| 1 | 浮硫药剂费 | | | 6.23 | 62.30 |
| 2 | 浮选钛药剂费 | | | 90.97 | 909.70 |
| 3 | 浮选机叶轮盖板和泵磨损件等 | 0.10 | 6000 | 1.44 | 14.40 |
| 4 | 机油、黄油等 | 0.02 | 8000 | 0.384 | 3.84 |
| 5 | 其 他 | | | 0.200 | 2.00 |
| 6 | 合 计 | | | 99.224 | 992.24 |

选钛制造费用估算见表 5-44。

表 5-44 选钛制造费用估算

| 序号 | 项 目 | 单位成本/元 · 吨钛精矿$^{-1}$ | 年成本金额/万元 |
|---|---|---|---|
| 1 | 折旧费 | 5.81 | 58.13 |
| 2 | 大中小修理费 | 2.00 | 20.00 |
| 3 | 辅助人员工资及附加费 | 1.92 | 19.20 |
| 4 | 企业管理费 | 2.00 | 20.00 |
| 5 | 合 计 | 11.73 | 117.33 |

注：年折旧费 $= \frac{(固定资产投资+建设期利息)-(固定资产投资 \times 残值率)}{服务年限} = \frac{(1150+70)-(1150 \times 5\%)}{20}$

$\approx 5813$（万元）

选钛生产成本估算见表5-45。其中水费：该选钛用水量以扩大消耗指标$4m^3/t$入选物料计，年累计耗水量290.744万立方米，单价0.30元/立方米，年水费为87.22万元；动力费：单价0.45元/(千瓦·时)，年耗电量792.0万千瓦·时，年动力费为356.4万元。

**表5-45 选钛生产成本估算**

| 序号 | 项 目 | 单位成本/元·吨钛精矿$^{-1}$ | 年成本金额/万元 |
|---|---|---|---|
| 1 | 原材料费 | 99.224 | 992.24 |
| 2 | 水、动力费 | 44.362 | 443.62 |
| 3 | 工资及工资附加费 | 14.88 | 148.80 |
| 4 | 制造费用 | 11.73 | 117.30 |
| 5 | 合 计 | 170.196 | 1701.96 |

选钛总成本估算见表5-46。

**表5-46 选钛总成本估算**

| 序 号 | 项 目 | 单位成本/元·吨钛精矿$^{-1}$ | 年成本金额/万元 |
|---|---|---|---|
| 1 | 生产成本 | 170.196 | 1701.96 |
| 2 | 流动资金利息 | 0.80 | 8.00 |
| 3 | 销售费用 | 2.00 | 20.00 |
| 4 | 合 计 | 172.996 | 1729.96 |

注：生产流动资金100万元，年利息8%。

C 年利税

$TiO_2$品位为47%的钛精矿，1995~1997年的出厂价每吨为600~650元。自1997年下半年以来钛精矿的销售价不断下跌，钛精矿销售价格波动较大。该研究结果以现钛精矿出厂价420元/吨计，年产品产值为4200万元，年选钛总成本为1729.96万元，年可获利税2470万元。

通过对攀枝花细粒级钛铁矿回收利用工艺技术研究结果表明：

该项目以强磁—浮选工艺流程为重点，对选钛捕收剂和选钛调整剂进行了成功的选择。采用F968为捕收剂，SSB、草酸为调整剂，对不同粒级强磁精矿、不同粒级选铁尾矿（-0.100mm）的钛铁矿进行选别都获得了前所未有的选钛好指标，达到并大幅度超过了国家"八五"攻关指标。采用的浮选钛铁矿药剂，不仅具有高效的分选性能，且无毒无害，对环境无污染，其选矿尾矿水经自然沉降固性物后即可排放。

同时，为提高钛铁矿浮选粒度上限提供技术参考依据，该项目对攀枝花-0.154mm粒级选铁尾矿（钛铁矿在该粒级中的分布率占选铁尾矿的95%以上）中的钛铁矿进行了浮选试验研究，不仅获得了$TiO_2$品位为48.45%的钛精矿，而且$TiO_2$的回收率高达80%，说明将进入浮选的选铁尾矿粒度上限由0.100mm提高到0.154mm是完全可行的。

这一试验的成功，无论是对浮选钛铁矿浮选粒度上限的提高，还是对选钛高品位高回收率技术指标的获得等方面，都是对攀西选钛研究的又一重要贡献。

该研究推荐的强磁—浮选工艺流程为选别攀西钛铁矿的最佳工艺流程，采用该研究的浮钛药剂制度和强磁—浮选工艺流程选别攀西钒钛磁铁矿选铁尾矿中的钛铁矿，能有效地浮选攀枝花 -0.154mm 粒级选铁尾矿中的钛铁矿，适应粒级范围宽，因而能大大简化攀西选钛工艺流程，且具有技术指标好，能耗低，药耗少，生产成本低，对环境无污染等突出优点。该技术一旦转化为工业生产，不但将产生巨大的经济效益和社会效益，也为有效保护我国钛资源，合理利用我国钛资源提供根本保证。

#### 5.2.5.5 针对攀枝花细粒级钛铁矿综合回收下一步应深入研究的课题

A 攀西钛铁矿浮选基础理论研究

应重点从工艺矿物学研究入手，借助先进仪器（如 MLA 等），研究攀西钛铁矿不同微晶结构、不同化学组分对其选矿性能的影响，深刻揭示不同性质的钛铁矿对提高钛回收率的影响，从而为攀西钛铁矿充分合理地利用提供坚实的理论基础。

B 进一步提高攀西钛铁矿浮选粒度上限研究

尽管在该研究中已将浮选粒度上限提高到 0.154mm，但考虑到工业实施时为了提高 -0.154mm 粒级的筛分效率，势必要将筛孔提高到 0.200mm 以上，以此确保 -0.154mm 粒级钛铁矿能全部进入筛下物料，这样在筛下物料中就会有少量的 +0.154mm 粒级的物料。为了充分回收筛下物料的钛铁矿，应加强提高浮选物料粒度上限的研究。

C 研究成果应用实施技术的研究

要想将已获得的技术成果成功地转化到工业化生产，必须高度重视试验研究成果应用实施技术的研究，这样才能确保将试验研究成果稳妥可靠地快速地转化到工业生产，还能有效地防止给用户单位造成不必要的经济损失。

#### 5.2.5.6 国家“九五”重点选钛科技攻关技术

随着矿山开采的推进，矿石嵌布共生粒度变细，进入选钛厂的物料性质和粒度发生了很大的变化，微细粒级物料量大幅度增加，选钛厂（重—电）工艺流程越来越不适应对选铁尾矿钛铁矿的选别。当时，攀钢集团公司选钛厂对入选物料（选铁尾矿）的选钛回收率为 20% 左右，年产钛精矿达 12 万吨左右，钛资源的回收利用率低。

针对上述问题和攀枝花资源开发利用中的其他问题，“攀枝花资源综合利用技术研究开发”被列入国家“九五”重点攻关项目。在此之前，“攀枝花细粒级钛铁矿回收利用工艺技术研究”项目于 1996 年 5 月被批准列入四川省重点研究项目，于 1998 年 8 月全面超额完成试验研究任务，并于同年 11 月通过了省级鉴定。基于选钛试验研究工作的进展，攀枝花钛业公司建议以该项目研究的选钛新药剂 F968 为捕收剂的选钛技术，完成承担的“九五”氧化石蜡皂选钛子专题研究任务，对攀枝花 2 件微细粒级矿样和 1 件细粒级矿样分别进行了系统的选钛试验研究和相关的工艺矿物学研究。

A 攀枝花选钛厂微细粒级强磁精矿浮选钛铁矿试验

试验样品为 1999 年 10 份选钛厂的微细粒强磁选精矿，由选钛厂技术科负责采集提供。试验样品的主要化学成分见表 5-47，矿物组成见表 5-48，钛铁矿单体解离度测定结果见表 5-49，粒度组成结果见表 5-50。

表 5-47 微细粒强磁精矿化学多项分析结果 (%)

| 成分 | TFe | $TiO_2$ | Cu | Co | Ni | S | P | $SiO_2$ | $Al_2O_3$ | CaO | MgO |
|---|---|---|---|---|---|---|---|---|---|---|---|
| 含量 | 21.61 | 29.09 | 0.010 | 0.016 | 0.012 | 0.617 | 0.008 | 22.46 | 6.37 | 6.83 | 9.50 |

表 5-48 微细粒强磁精矿的矿物含量 (%)

| 矿物名称 | 钛铁矿 | 钛磁铁矿 | 硫化物 | 脉 石 |
|---|---|---|---|---|
| 含 量 | 42.77 | 2.34 | 1.43 | 53.46 |

表 5-49 微细粒强磁精矿中钛铁矿单体解离度测定结果

| 粒级/mm | 分布/% | 单体 | | >3/4 连体 | | 3/4～1/2 连体 | | 1/2～1/4 连体 | | <1/4 连体 | |
|---|---|---|---|---|---|---|---|---|---|---|---|
| | | 含量/% | 分布/% | 含量/% | 分布/% | 含量/% | 分布/% | 含量/% | 分布/% | 含量/% | 分布/% |
| +0.100 | 2.24 | 70.94 | 1.75 | 17.49 | 5.67 | 5.48 | 10.26 | 2.12 | 6.77 | 3.97 | 15.31 |
| +0.074 | 10.14 | 80.42 | 9.00 | 13.88 | 20.35 | 2.74 | 23.21 | 1.76 | 25.43 | 1.20 | 20.94 |
| +0.045 | 39.60 | 89.38 | 39.07 | 7.75 | 44.38 | 1.54 | 50.96 | 0.63 | 35.55 | 0.70 | 47.71 |
| +0.030 | 16.64 | 91.77 | 16.85 | 5.19 | 12.49 | 1.12 | 15.57 | 1.36 | 32.25 | 0.56 | 16.04 |
| -0.030 | 31.38 | 96.23 | 33.33 | 3.77 | 17.11 | — | — | — | — | — | — |
| 合计 | 100.00 | 90.61 | 100.00 | 6.91 | 100.00 | 1.20 | 100.00 | 0.70 | 100.00 | 0.58 | 100.00 |

表 5-50 微细粒强磁精矿筛析结果

| 粒级/mm | 产率/% | 品位/% | | 分布率/% | |
|---|---|---|---|---|---|
| | | TFe | $TiO_2$ | TFe | $TiO_2$ |
| +0.10 | 6.77 | 16.50 | 10.91 | 5.05 | 3.13 |
| -0.10 +0.074 | 15.14 | 17.83 | 15.07 | 12.21 | 9.67 |
| -0.074 +0.045 | 33.38 | 21.55 | 23.91 | 32.54 | 33.84 |
| -0.045 +0.03 | 14.51 | 24.64 | 28.97 | 16.17 | 17.82 |
| -0.03 | 30.20 | 24.90 | 27.76 | 34.03 | 35.54 |
| 合 计 | 100.00 | 22.11 | 23.59 | 100.00 | 100.00 |

由表 5-49 可看出，随着微细粒强磁精矿的粒级物料由粗到细的变化，钛铁矿的单体解离度则从低到高，如 +0.100mm 粒级物料中钛铁矿的单体解离度 70.94%，-0.030mm 粒级物料中钛铁矿的单体解离度达到了 96.23%。而钛铁矿的连生体（尤其是富连生体的）变化则相反，即随粒级物料从粗到细的变化，其钛铁矿连生体含量从高到低。从表 5-50 可以看出，强磁精矿的 TFe、$TiO_2$ 含量，随物料粒级从粗到细，其 TFe、$TiO_2$ 含量呈从低到高的变化。

在详细条件试验及选钛铁矿开路流程试验基础上，确定的浮选钛铁矿闭路工艺流程及条件见图 5-20，闭路试验结果见表 5-51，数质量流程见图 5-21。

表 5-51 微细粒强磁精矿浮选钛铁矿闭路流程试验结果

| 产品名称 | 产率/% | 品位（$TiO_2$）/% | 回收率（$TiO_2$）/% |
|---|---|---|---|
| 硫粗精矿 | 5.00 | 12.68 | 2.79 |
| 钛精矿 | 42.00 | 48.10 | 87.49 |
| 尾 矿 | 53.00 | 4.23 | 9.72 |
| 强磁精矿 | 100.00 | 23.09 | 100.00 |

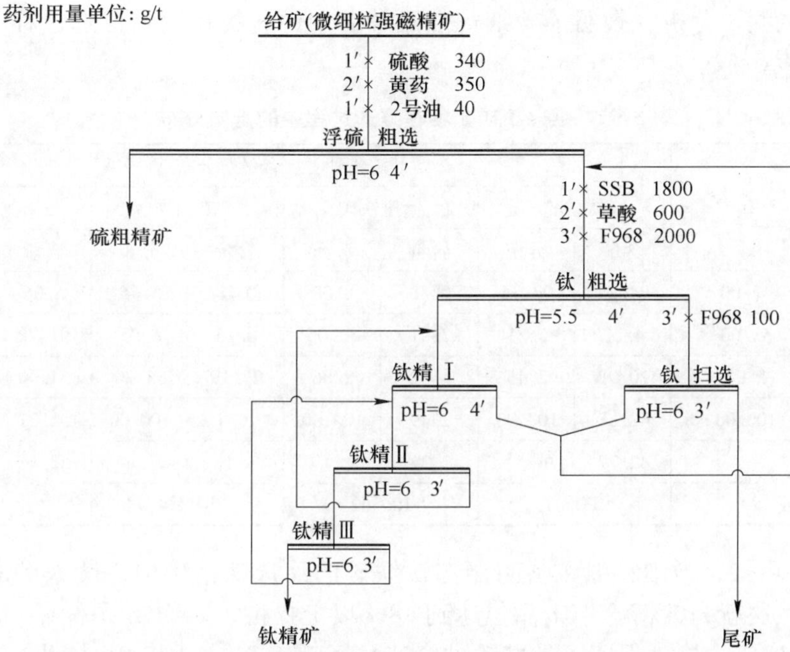


图 5-20 攀枝花选钛厂微细粒强磁精矿浮选钛铁矿闭路试验流程及条件

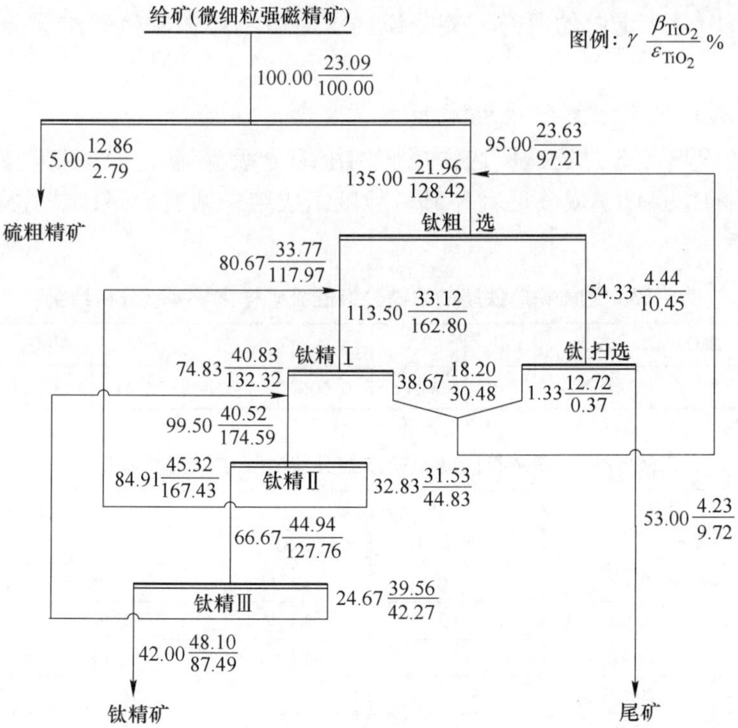


图 5-21 攀枝花选钛厂微细粒强磁精矿浮选钛铁矿试验数质量流程

通过系统的测试分析，查明了微细粒强磁精矿中的各类矿物在浮选过程中的走向分布，其结果见表5-52。

**表5-52 强磁精矿矿物在浮选过程中的走向分布**

| 产品名称 | 产率/% | 矿物种类、含量及分布/% | | | | | | | |
|---|---|---|---|---|---|---|---|---|---|
| | | 钛铁矿 | | 钛磁铁矿 | | 硫化物 | | 脉石 | |
| | | 含量 | 分布 | 含量 | 分布 | 含量 | 分布 | 含量 | 分布 |
| 钛精矿 | 42.00 | 94.28 | 92.34 | 0.48 | 8.08 | 0.18 | 5.75 | 5.06 | 3.99 |
| 尾矿 | 53.00 | 4.22 | 5.21 | 3.91 | 83.06 | 0.15 | 6.05 | 91.72 | 91.19 |
| 硫粗精矿 | 5.00 | 20.99 | 2.45 | 4.42 | 8.86 | 23.19 | 88.20 | 51.40 | 4.82 |
| 合计 | 100.00 | 42.88 | 100.00 | 2.49 | 100.00 | 1.31 | 100.00 | 53.31 | 100.00 |
| 强磁精矿 | | 42.77 | | 2.34 | | 1.43 | | 53.46 | |
| 平衡系数 | | 100.27 | | 106.62 | | 91.93 | | 99.71 | |

由表5-52可知，微细粒强磁精矿浮选钛铁矿的浮选钛精矿中，钛铁矿的矿物量达到了94.28%，这就为钛精矿 $TiO_2$品位达到48%以上提供了矿物物质基础；硫化物的矿物含量仅为0.18%，这就保障了钛精矿的含硫量远低于2‰。同时还表明，微细粒强磁精矿中92.34%的钛铁矿进入了浮选钛精矿，也就是说，以钛铁矿计，浮选钛精矿对微细粒强磁精矿中钛铁矿的回收率为92.34%；通过浮选，微细粒强磁精矿中91.72%的脉石、83.06%的钛磁铁矿进入了浮选尾矿，88.20%的硫化物被浮入了硫粗精矿。通过矿物在浮选过程中分布走向的研究，充分说明了对微细粒强磁精矿浮选分选的效果是很好的。

B 攀枝花选铁尾矿浓缩分级溢流选钛试验

试验样品为1999年3月选钛厂选铁尾矿的浓缩分级溢流，由选钛厂技术科负责采集提供。试验样品的主要化学成分见表5-53，粒度组成结果见表5-54，试验样中钛铁矿的解离状况见表5-55。

**表5-53 攀枝花选铁尾矿浓缩分级溢流矿样化学多项分析结果** （%）

| 成分 | TFe | $TiO_2$ | Cu | Co | Ni | S | P | $SiO_2$ | $Al_2O_3$ | CaO | MgO |
|---|---|---|---|---|---|---|---|---|---|---|---|
| 含量 | 14.10 | 9.27 | 0.015 | 0.019 | 0.012 | 0.606 | 0.021 | 35.31 | 11.56 | 11.13 | 9.06 |

**表5-54 攀枝花选铁尾矿浓缩分级溢流矿样筛析结果**

| 粒级/mm | 产率/% | 品位/% | | 分布率/% | |
|---|---|---|---|---|---|
| | | TFe | $TiO_2$ | TFe | $TiO_2$ |
| +0.125 | 9.47 | 6.40 | 12.34 | 6.48 | 8.40 |
| -0.125 +0.100 | 3.05 | 7.62 | 14.46 | 2.49 | 3.17 |
| -0.100 +0.074 | 6.42 | 8.12 | 12.52 | 5.58 | 5.78 |
| -0.074 +0.045 | 20.50 | 7.37 | 11.35 | 16.16 | 16.72 |
| -0.045 +0.030 | 12.76 | 9.71 | 13.10 | 13.25 | 12.01 |
| -0.030 +0.000 | 47.80 | 10.96 | 15.70 | 56.04 | 53.92 |
| 合计 | 100.00 | 9.35 | 13.92 | 100.00 | 100.00 |

表 5-55 试样钛铁矿解离度测定结果 (%)

| 单 体 | >3/4 连体 | 3/4～1/2 连体 | 1/2～1/4 连体 | <1/4 连体 | 合 计 |
|---|---|---|---|---|---|
| 90.06 | 3.06 | 2.73 | 2.49 | 1.66 | 100.00 |

由表5-54 可看出，该试样的 -0.030mm 粒级物料产率为47.80%，其$TiO_2$的分布率达53.92%。因此，对该粒级钛铁矿的回收，是浓缩分级溢流矿选钛的关键。

由表5-55 列出的钛铁矿解离测定结果知，钛铁矿的单体和富连体总量为93.12%。

浓缩分级溢流样经显微镜下检查，其含钛磁铁矿的矿物量达3.0%以上，在强磁选前应进行弱磁选扫铁。强磁选试验采用 SLon-$\phi$750mm 型立环脉动高梯度磁选机，分选介质为棒介质。

在详细条件试验及选钛铁矿开路流程试验基础上，确定的浮选钛铁矿闭路工艺流程及条件见图5-22，闭路试验结果见表5-56，数质量流程见图5-23。

表 5-56 攀枝花选铁尾矿分级溢流强磁—选钛铁矿闭路流程试验结果

| 产品名称 | 产率/% | 品位（$TiO_2$）/% | 回收率（$TiO_2$）/% |
|---|---|---|---|
| 硫粗精矿 | 5.76 | 16.22 | 4.30 |
| 钛精矿 | 35.99 | 48.02 | 79.47 |
| 尾 矿 | 58.25 | 6.06 | 16.23 |
| 分级溢流强磁精矿 | 100.00 | 21.75 | 100.00 |

对比表5-51 和表5-56 试验结果可知，1999 年 3 月的攀枝花选铁尾矿浓缩分级溢流矿强磁精矿浮选钛铁矿技术指标，很明显地低于1999 年 10 月的攀枝花选铁尾矿浓缩分级溢流矿强磁精矿（即攀枝花选钛厂微细粒强磁精矿）浮选钛铁矿技术指标。

C 攀枝花细粒选铁尾矿选钛研究

该试验矿样是从攀枝花选铁尾矿中分级出来的细粒级磁尾，并进行了弱磁选扫铁。试样的筛析结果见表5-57，该试样中钛铁矿的单体解离状况见表5-58。

表 5-57 攀枝花细粒选铁尾矿筛析结果

| 粒级/mm | 产率/% | 品位（$TiO_2$）/% | 分布率（$TiO_2$）/% |
|---|---|---|---|
| +0.100 | 3.43 | 8.03 | 2.78 |
| -0.100 +0.074 | 19.96 | 9.95 | 20.04 |
| -0.074 +0.045 | 26.01 | 11.03 | 28.94 |
| -0.045 +0.030 | 14.34 | 9.78 | 14.15 |
| -0.030 | 36.26 | 9.32 | 34.09 |
| 合 计 | 100.00 | 9.91 | 100.00 |

表 5-58 攀枝花细粒选铁尾矿中钛铁矿单体解离度的测定 (%)

| 单 体 | >3/4 连体 | 3/4～1/2 连体 | 1/2～1/4 连体 | <1/4 连体 |
|---|---|---|---|---|
| 92.01 | 6.11 | 1.24 | 0.43 | 0.21 |

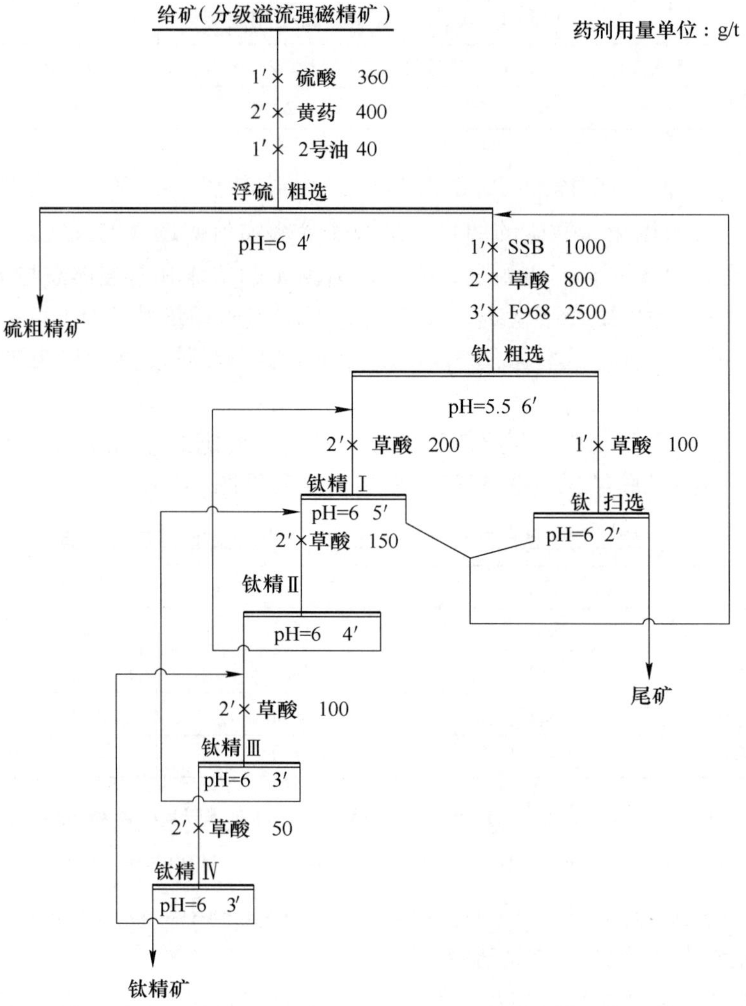


图 5-22 攀枝花选钛厂分级溢流强磁—选钛铁矿闭路试验流程及条件

与浓缩分级溢流样相比，从该试样的粒度组成和钛铁矿的单体解离状况看，该试样有利于钛铁矿选别，选钛闭路试验结果见表 5-59，工艺流程见图 5-24，数质量流程见图 5-25。

**表 5-59 细粒选铁尾矿选钛闭路试验结果**

| 产品名称 | 产率/% | 品位 ($TiO_2$)/% | 回收率 ($TiO_2$)/% |
|---|---|---|---|
| 硫粗精矿 | 3.17 | 11.80 | 1.59 |
| 钛精矿 | 43.52 | 48.05 | 89.64 |
| 尾 矿 | 53.31 | 3.83 | 8.76 |
| 分级溢流强磁精矿 | 100.00 | 23.33 | 100.00 |

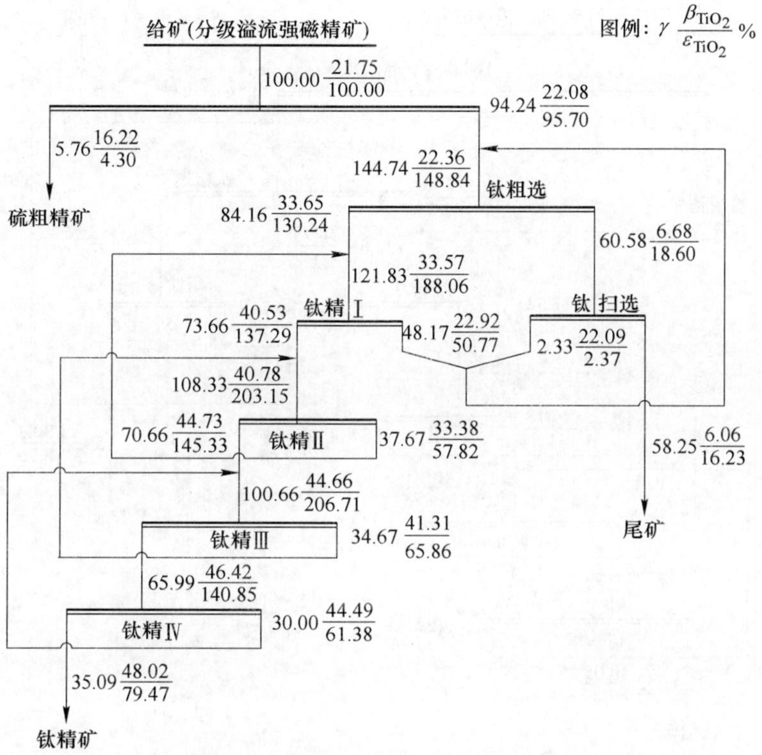


图 5-23 攀枝花选钛厂分级溢流强磁—选钛铁矿试验数质量流程

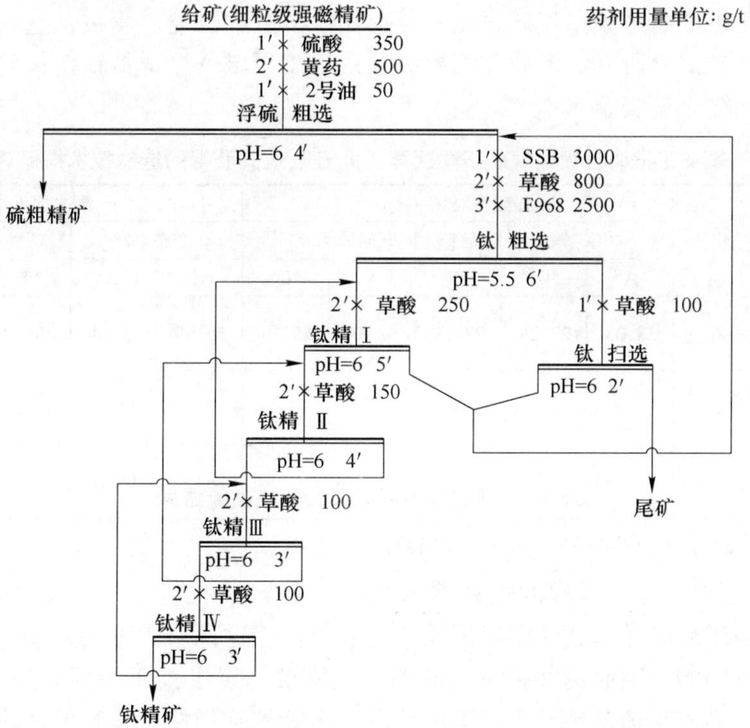


图 5-24 攀枝花细粒级选铁尾矿浮选钛铁矿闭路试验流程及条件

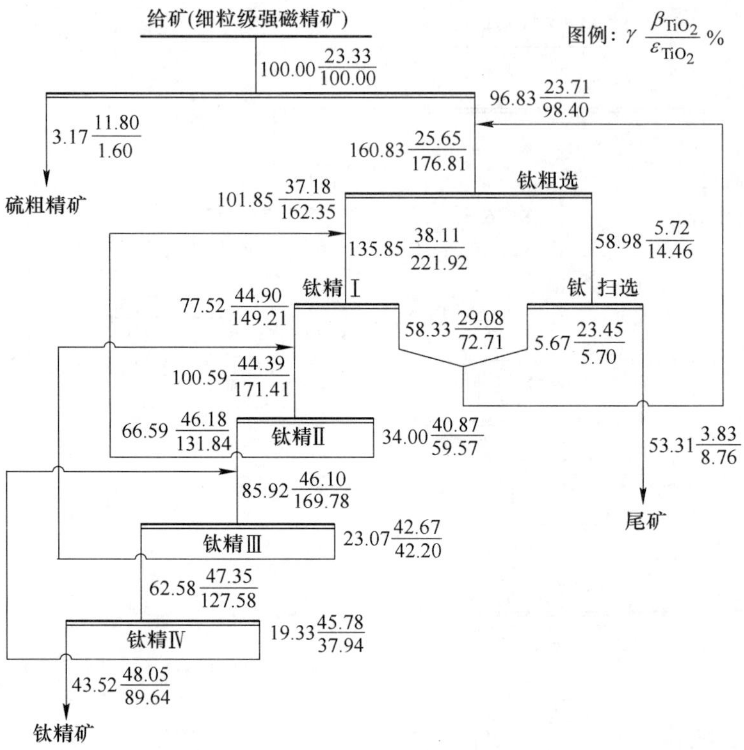


图 5-25 攀枝花细粒级选铁尾矿选钛铁矿试验数质量流程

总之，“九五”国家重点科技攻关项目，针对微细粒级钛铁矿综合回收试验先后进行了攀枝花选铁尾矿浓缩分级溢流矿强磁—浮选钛铁矿试验研究、攀枝花选钛厂微细粒级强磁精矿浮选钛铁矿试验研究、攀枝花细粒级选铁尾矿强磁—浮选钛铁矿试验研究等，获得的技术指标对比结果见表 5-60。

**表 5-60 攀枝花微细粒级钛铁矿不同试样“九五”攻关获得的选钛技术指标对比结果**

| 试样名称 | 工艺流程 | 强磁选技术指标 | | | | | 浮选技术指标 | | | | |
|---|---|---|---|---|---|---|---|---|---|---|---|
| | | 产率/% | | 品位 | 回收率/% | | 产率/% | | 品位 | 回收率/% | |
| | | A | B | /% | A | B | C | B | /% | C | B |
| 选铁尾矿分级溢流 | 强磁—浮选 | 28.08 | 27.24 | 22.13 | 67.84 | 65.19 | 35.99 | 9.80 | 48.02 | 79.47 | 51.81 |
| 微细粒强磁精矿 | 浮选 | — | | — | — | | 42.00 | 42.00 | 48.10 | 87.49 | 87.49 |
| 细粒级选铁尾矿 | 强磁—浮选 | 33.46 | | 23.49 | 78.12 | | 43.52 | 14.14 | 48.05 | 89.64 | 69.21 |

注：A—对扫铁尾矿；B—对试验样；C—对强磁精矿。

由表 5-60 可知，各试验样的选钛技术指标由高到低的顺序是：细粒级选铁尾矿样、浮钛厂微细粒强磁精矿样、选铁尾矿浓缩分级溢流样，这说明了不同时期、不同粒级选铁尾矿的性质是不同的，因而选钛指标是有明显差别的。以上技术指标充分表明 F968 及其相关药剂制度对攀枝花选铁尾矿中的钛铁矿既有很好的选择性，又有很好的捕收性能。

采用工艺矿物学与选矿试验密切结合的研究方法，对不同试验样、不同试验样的中间产品和最终产品进行了系统地研究，不仅研究了入选物料的物质组成、不同类型矿物在工艺流程中的分布走向，还研究了不同物料性质对选钛的影响，诸如风化氧化矿的影响，矿物嵌布共生性质的影响，钛磁铁矿、钛铁矿绿泥石化的影响等，更科学、直观地阐明了各作业的选别效果。不论对以上几个样品进行研究，还是选钛生产，都说明了矿石性质的变化，是影响选钛技术指标的重要因素。

### 5.2.6 攀枝花尚难利用矿选钛试验研究

攀枝花尚难利用矿石是指 TFe 品位低于目前开采边界品位（TFe 15%~22.99%）的矿石，具有钒钛磁铁矿铁理论品位高（TFe 60.31%~60.91%）、钛品位较低（$TiO_2$ 10%~10.35%）、钒分布率高（82%~89%），易于获得高铁低钛的优质钒铁精矿；粒状钛铁矿分布率较高（58%~73%），有利于钛铁矿的综合回收等优势。

攀枝花尚难利用矿选钛试验研究的矿样为尚难利用矿（7:3）选铁扩大试验研究流程Ⅲ二段选铁尾矿。

试样的主要化学成分见表 5-61，粒度组成见表 5-62，不同粒级的矿物组成见表 5-63。

表 5-61 攀枝花尚难利用矿选铁尾矿的化学成分 （%）

| 成分 | TFe | $TiO_2$ | Cu | Co | Ni | S | P | $SiO_2$ | $Al_2O_3$ | CaO | MgO |
|---|---|---|---|---|---|---|---|---|---|---|---|
| 含量 | 12.15 | 10.57 | 0.004 | 0.009 | 0.005 | 0.36 | 0.011 | 38.09 | 12.26 | 11.41 | 7.72 |

表 5-62 攀枝花尚难利用矿选铁尾矿粒度筛析结果

| 粒级/mm | 产率/% | | 主要成分含量/% | | 分布率（TFe）/% | | 分布率（$TiO_2$）/% | |
|---|---|---|---|---|---|---|---|---|
| | 个别 | 累计 | TFe | $TiO_2$ | 个别 | 累计 | 个别 | 累计 |
| +0.300 | 0.68 | 0.68 | 5.62 | 2.43 | 0.32 | 0.32 | 0.15 | 0.15 |
| -0.300 +0.200 | 1.77 | 2.45 | 6.06 | 2.52 | 0.89 | 1.21 | 0.42 | 0.57 |
| -0.200 +0.154 | 6.69 | 9.14 | 6.98 | 3.89 | 3.87 | 5.08 | 2.45 | 3.02 |
| -0.154 +0.100 | 8.17 | 17.31 | 8.85 | 6.46 | 5.99 | 11.07 | 4.96 | 7.98 |
| -0.100 +0.074 | 15.60 | 32.91 | 10.60 | 9.20 | 13.70 | 24.77 | 13.48 | 21.46 |
| -0.074 +0.045 | 26.06 | 58.97 | 12.54 | 11.73 | 27.08 | 51.85 | 28.72 | 50.18 |
| -0.045 +0.030 | 3.36 | 62.33 | 13.28 | 12.95 | 3.70 | 55.55 | 4.09 | 54.27 |
| -0.030 +0.010 | 27.31 | 89.64 | 14.24 | 14.05 | 44.45 | 100.00 | 36.05 | 90.32 |
| -0.010 +0.000 | 10.36 | 100.00 | | 9.94 | | | 9.68 | 100.00 |
| 合　计 | 100.00 | | 12.07 | 10.64 | 100.00 | | 100.00 | |

表 5-63 攀枝花尚难利用矿选铁尾矿不同粒级矿物组成

| 粒级/mm | 产率/% | 钛铁矿/% | | 钛磁铁矿/% | | 硫化矿/% | | 脉石/% | |
|---|---|---|---|---|---|---|---|---|---|
| | | 含量 | 分布率 | 含量 | 分布率 | 含量 | 分布率 | 含量 | 分布率 |
| +0.300 | 0.68 | 2.65 | 0.09 | 0.82 | 0.71 | 0.11 | 0.06 | 96.42 | 0.84 |
| -0.300 +0.200 | 1.77 | 2.62 | 0.23 | 0.53 | 1.19 | 0.46 | 0.68 | 96.39 | 2.20 |
| -0.200 +0.154 | 6.69 | 7.21 | 2.37 | 0.55 | 4.69 | 0.21 | 1.17 | 92.03 | 7.93 |
| -0.154 +0.100 | 8.17 | 0.83 | 4.35 | 0.77 | 8.01 | 0.72 | 4.91 | 87.68 | 9.22 |

续表 5-63

| 粒级/mm | 产率/% | 钛铁矿/% | | 钛磁铁矿/% | | 硫化矿/% | | 脉石/% | |
|---|---|---|---|---|---|---|---|---|---|
| | | 含量 | 分布率 | 含量 | 分布率 | 含量 | 分布率 | 含量 | 分布率 |
| -0.100 +0.074 | 15.60 | 18.38 | 14.10 | 0.48 | 9.53 | 0.58 | 7.55 | 80.56 | 16.18 |
| -0.074 +0.045 | 26.06 | 22.18 | 28.41 | 0.06 | 1.99 | 0.85 | 18.48 | 76.91 | 25.80 |
| -0.045 +0.030 | 3.36 | 25.23 | 4.17 | 0.68 | 2.91 | 0.63 | 1.77 | 73.46 | 3.18 |
| -0.030 +0.000 | 27.31 | 24.99 | 46.28 | 1.48 | 70.97 | 2.08 | 65.38 | 71.45 | 34.65 |
| 全粒级 | 100.00 | 20.34 | 100.00 | 0.78 | 100.00 | 1.20 | 100.00 | 76.68 | 100.00 |

由表 5-62 和表 5-63 可知，选铁尾矿中的钛铁矿主要分布于 -0.154mm 粒级。在该粒级中 $TiO_2$的分布率为 96.98%，钛铁矿的分布率为 97.31%。矿样中 -0.074mm 的粒级分布率为 67.09%，在该粒级中 $TiO_2$的金属分布率为 78.54%，钛铁矿的分布率为 78.86%；-0.030mm 的粒级分布率为 37.67%，在该粒级中 $TiO_2$的金属分布率为 45.73%，钛铁矿的分布率为 46.28%；而 -0.010mm 的粒级分布率为 10.36%，在该粒级中 $TiO_2$的分布率为 9.68%。由此可见，该入选原料粒度偏细，钛铁矿在细粒和微细粒级中的分布偏多，这充分说明对尚难利用矿选铁尾矿钛铁矿的综合回收利用，主要是解决该选铁尾矿中细粒和微细粒钛铁矿的回收利用问题，根据矿石性质进行了三种选钛工艺流程的试验研究，三种工艺流程结构为：

流程Ⅰ：全粒级强磁—浮选工艺；

流程Ⅱ：全粒级浮选工艺；

流程Ⅲ：粗粒重选—电选、细粒强磁—浮选工艺。

#### 5.2.6.1 全粒级强磁—浮选流程工艺研究

由矿样的工艺矿物学性质研究可知，虽然物料粒度较细（-0.074mm 为 67%），但钛铁矿与脉石矿物间存在着较大的磁性差异，故采用强磁选（SLon-$\phi$750mm 立环脉动高梯度强磁机）方法能有效地抛弃大量的（产率达 60% 左右）脉石矿物，使钛铁矿得到较好的富集，从而大幅度地减少进入浮选作业的物料量，并显著改善浮选物料性质。

全粒级强磁—浮选工艺流程见图 5-26，浮选药剂制度见表 5-64，闭路试验结果见表 5-65，数质量流程见图 5-27。

**表 5-64 攀枝花尚难利用矿强磁—浮选工艺流程试验药剂制度**

| 作业名称 | SSB/g·t$^{-1}$ | 草酸/g·t$^{-1}$ | F968/g·t$^{-1}$ | pH 值 | 浮选时间/min |
|---|---|---|---|---|---|
| 浮钛粗选 | 4500 | 1200 | 2000 | 4.9 | 4 |
| 浮钛扫选 | — | — | 100 | 5.1 | 2.5 |
| 精选 Ⅰ | 100 | 175 | 75 | 5.0 | 3.5 |
| 精选 Ⅱ | — | 175 | 75 | 5.1 | 3.0 |
| 精选 Ⅲ | — | 175 | — | 5.2 | 2.5 |
| 精选 Ⅳ | — | 150 | — | 5.4 | 2.0 |

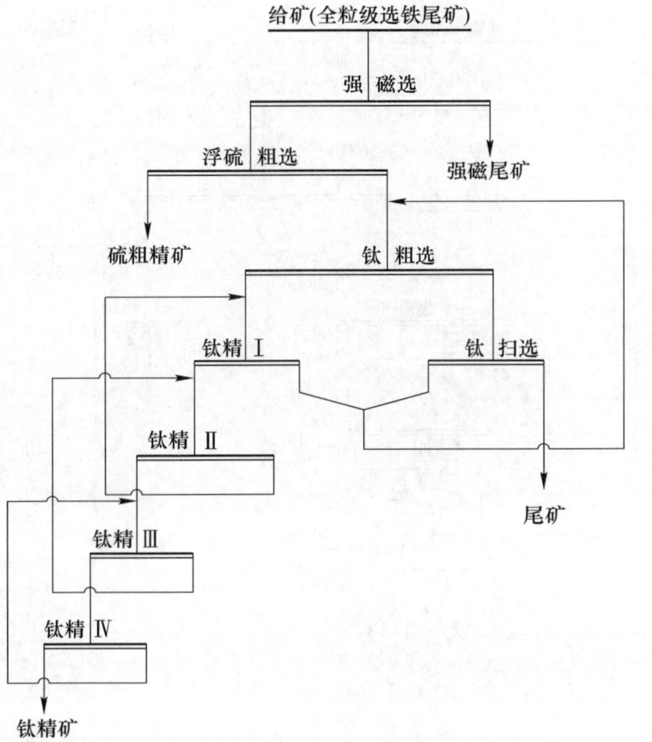


图 5-26 攀枝花尚难利用矿选铁尾矿全粒级强磁—浮选闭路试验流程

**表 5-65 攀枝花尚难利用矿选铁尾矿全粒级强磁—浮选工艺闭路试验结果**

| 产品名称 | 产率/% | | 品位（$TiO_2$）/% | 回收率（$TiO_2$）/% | |
|---|---|---|---|---|---|
| | 对作业 | 对给矿 | | 对作业 | 对给矿 |
| 粗硫精矿 | 3.63 | 1.47 | 14.58 | 2.55 | 2.07 |
| 钛精矿 | 33.15 | 13.39 | 48.07 | 76.77 | 62.20 |
| 尾 矿 | 63.22 | 25.55 | 6.79 | 20.68 | 16.75 |
| 给 矿 | 100.00 | 100.00 | 10.49 | 100.00 | 100.00 |

从表 5-65 可知，攀枝花尚难利用矿选铁尾矿采用全粒级强磁—浮选工艺，在强磁作业抛掉产率为 59.59% 的合格尾矿，这不但提高了下一段浮选作业的入选品位，改善了入选物料性质，而且大大减少了浮选作业的入选量，从而可大幅度地降低生产成本。获得的最终钛精矿产率为 13.39%，$TiO_2$品位为 48.07%，$TiO_2$回收率为 62.20%。该流程结构较简单，易于工业生产。

5.2.6.2 全粒级浮选流程工艺研究

在对攀枝花选钛厂（微）细粒级钛铁矿的综合回收试验研究中，将攀枝花选铁尾矿浮选选钛的粒度上限提高到 0.154mm。为了简化选钛工艺流程，进行了攀枝花尚难利用矿选铁尾矿全粒级浮选工艺流程试验研究。

攀枝花尚难利用矿选铁尾矿全粒级浮选工艺流程见图 5-28，浮选药剂制度见表 5-66，闭路试验结果见表 5-67，数质量流程见图 5-29。

由表 5-67 可知，攀枝花尚难利用矿选铁尾矿采用全粒级浮选工艺流程回收钛铁矿，

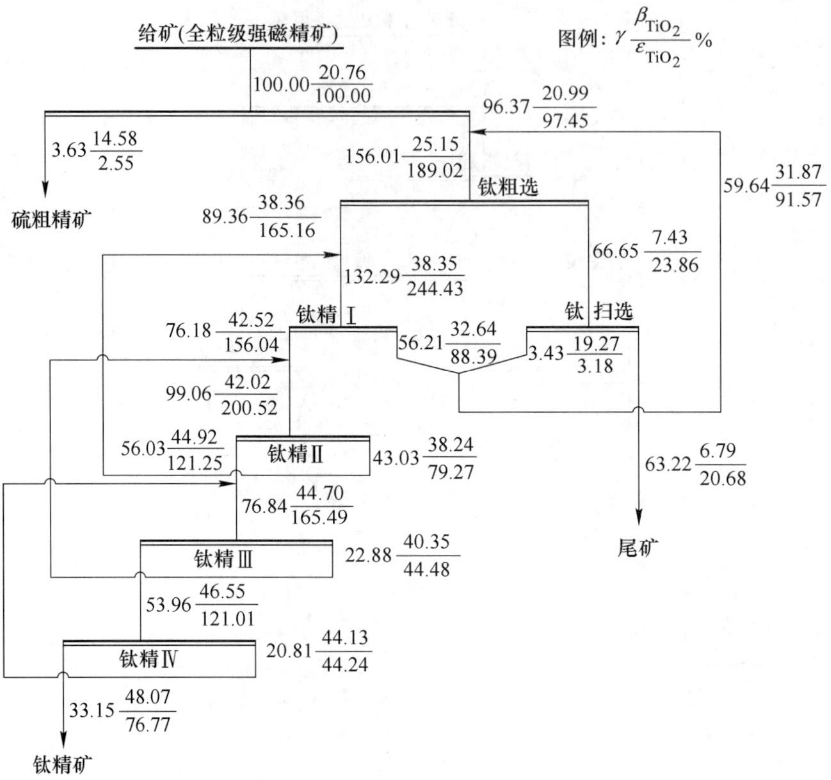


图 5-27 攀枝花尚难利用矿选铁尾矿全粒级强磁—浮选试验数质量流程

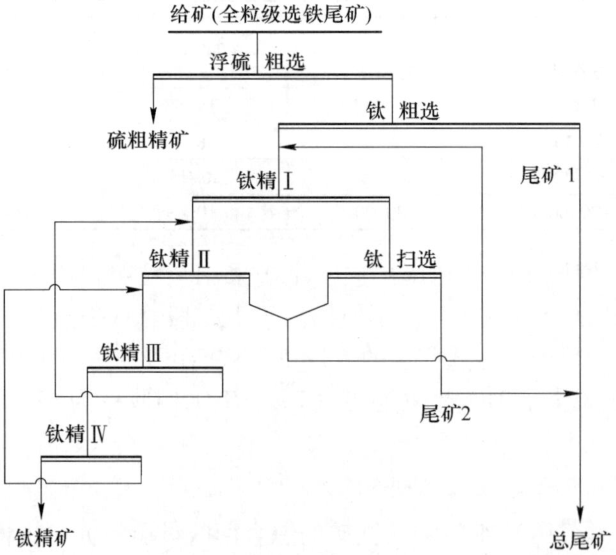


图 5-28 攀枝花尚难利用矿选铁尾矿全粒级浮选闭路试验流程

获得的最终钛精矿产率为 12.76%，$TiO_2$品位为 47.74%，$TiO_2$回收率为 55.43%。该流程结构最为简单，仅为单一浮选。但由于浮选入选物料含钛量低（$TiO_2$品位仅为 10.99%），相对每吨钛精矿药剂耗量大，且浮选处理物料量大，钛精矿生产成本偏高。

**表 5-66 攀枝花尚难利用矿选铁尾矿全粒级浮选工艺流程试验药剂制度**

| 作业名称 | SSB/g·t$^{-1}$ | 草酸/g·t$^{-1}$ | F968/g·t$^{-1}$ | pH 值 | 浮选时间/min |
|---|---|---|---|---|---|
| 浮钛粗选 | 5500 | 1200 | 2000 | 4.9 | 4 |
| 浮钛扫选 | — | 175 | 100 | 5.0 | 1.5 |
| 精选Ⅰ | 100 | 175 | 75 | 5.0 | 3.5 |
| 精选Ⅱ | — | 175 | 75 | 5.1 | 2.5 |
| 精选Ⅲ | — | 175 | — | 5.2 | 2.0 |
| 精选Ⅳ | — | 175 | — | 5.4 | 1.5 |

**表 5-67 攀枝花尚难利用矿选铁尾矿全粒级浮选闭路流程试验结果**

| 产品名称 | 产率/% | 品位（$TiO_2$）/% | 回收率（$TiO_2$）/% |
|---|---|---|---|
| 硫粗精矿 | 5.40 | 8.76 | 4.30 |
| 钛精矿 | 12.76 | 47.74 | 55.43 |
| 尾矿 2 | 11.08 | 16.63 | 16.77 |
| 尾矿 1 | 70.76 | 3.65 | 23.50 |
| 总尾矿 | 81.84 | 5.41 | 40.27 |
| 给 矿 | 100.00 | 10.99 | 100.00 |

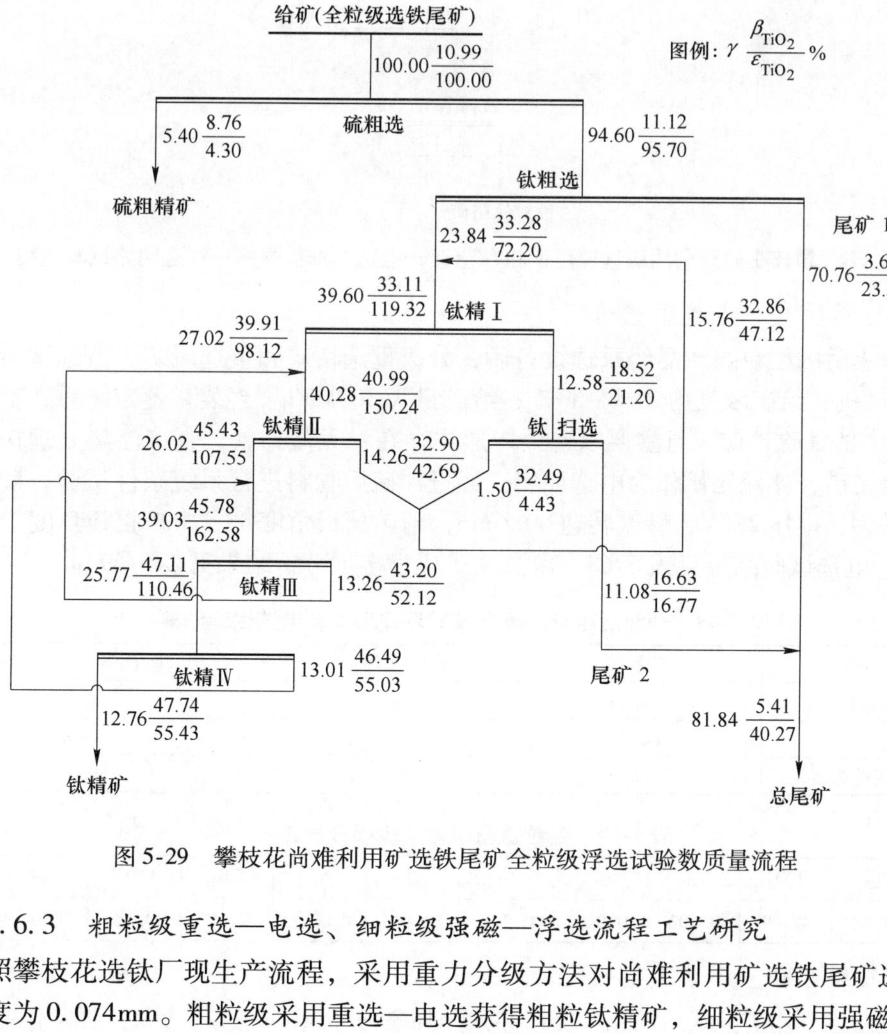


图 5-29 攀枝花尚难利用矿选铁尾矿全粒级浮选试验数质量流程

### 5.2.6.3 粗粒级重选—电选、细粒级强磁—浮选流程工艺研究

参照攀枝花选钛厂现生产流程，采用重力分级方法对尚难利用矿选铁尾矿进行分级，控制粒度为0.074mm。粗粒级采用重选—电选获得粗粒钛精矿，细粒级采用强磁—浮选工

艺获得细粒钛精矿。流程Ⅲ方案的整体工艺流程见图5-30。

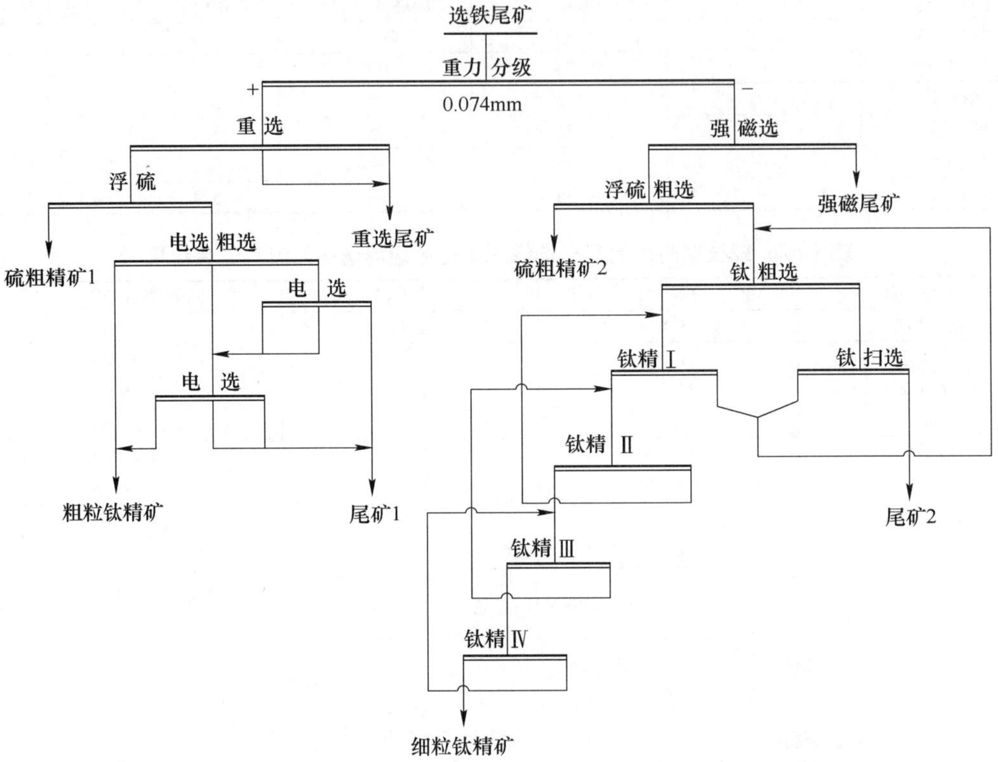


图5-30 攀枝花尚难利用矿选铁尾矿粗粒重选—电选、细粒强磁—浮选闭路试验流程

A 粗粒级重选—电选工艺研究

重力分级后的粗粒级产品经重选设备后，分成重选精矿和重选尾矿，重选试验设备为J-2螺旋选矿机，给矿浓度为25%~30%，给矿量为300kg/h。经岩矿鉴定，重选精矿中只在0.6%左右的钛磁铁矿，且主要以连生体形式存在，无需扫铁，直接浮硫处理得粗硫精矿1和浮硫尾矿，浮硫尾矿作为电选原料。经过浮硫后物料进行系统条件试验，确定的较佳试验条件为：电压27kV，转鼓转速60r/min，精矿挡板角度8°，中矿挡板角度2°，鼓面温度60℃。电选试验结果见表5-68，电选精矿化学多项分析结果见表5-69。

表5-68 分级后粗粒级重选精矿浮硫后物料电选试验结果

| 产品名称 | 产率/% | 品位（$TiO_2$）/% | 回收率（$TiO_2$）/% |
|---|---|---|---|
| 粗粒钛精矿 | 39.65 | 48.09 | 70.00 |
| 尾 矿 | 60.35 | 13.54 | 30.00 |
| 给矿（浮硫后物料） | 100.00 | 27.24 | 100.00 |

表5-69 粗粒钛精矿化学多项分析结果 (%)

| 成分 | TFe | $TiO_2$ | Cu | Co | Ni | S | P | $SiO_2$ | $Al_2O_3$ | CaO | MgO |
|---|---|---|---|---|---|---|---|---|---|---|---|
| 含量 | 33.88 | 48.09 | 0.002 | 0.010 | 0.004 | 0.06 | 0.0033 | 2.12 | 0.84 | 0.64 | 3.46 |

B 细粒级强磁—浮选工艺研究

攀枝花尚难利用矿分级后的细粒级产品采用强磁—浮选工艺进行选钛，强磁作业的条件参数参照以往试验研究。细粒强磁精矿在常温下进行钛铁矿的选别，药剂制度见表5-70，闭路试验结果见表5-71，数质量流程见图5-31，细粒钛精矿产品检查结果见表5-72。

**表5-70 攀枝花尚难利用矿选铁尾矿细粒级强磁—浮选工艺流程试验药剂制度**

| 作业名称 | SSB/g·t$^{-1}$ | 草酸/g·t$^{-1}$ | F968/g·t$^{-1}$ | pH值 | 浮选时间/min |
|---|---|---|---|---|---|
| 浮钛粗选 | 4500 | 1200 | 2000 | 4.9 | 4 |
| 浮钛扫选 | — | — | 100 | 5.1 | 2.0 |
| 精选Ⅰ | 100 | 175 | 75 | 4.9 | 3.5 |
| 精选Ⅱ | — | 175 | 75 | 5.1 | 2.7 |
| 精选Ⅲ | — | 175 | — | 5.2 | 2.5 |
| 精选Ⅳ | — | 150 | — | 5.3 | 1.5 |

**表5-71 攀枝花尚难利用矿选铁尾矿细粒级强磁—浮选闭路流程试验结果**

| 产品名称 | 产率/% | 品位（$TiO_2$）/% | 回收率（$TiO_2$）/% |
|---|---|---|---|
| 硫粗精矿 | 5.75 | 17.95 | 4.84 |
| 细粒钛精矿 | 35.42 | 47.94 | 79.56 |
| 尾　矿 | 58.83 | 5.66 | |
| 给　矿 | 100.00 | 20.76 | 100.00 |

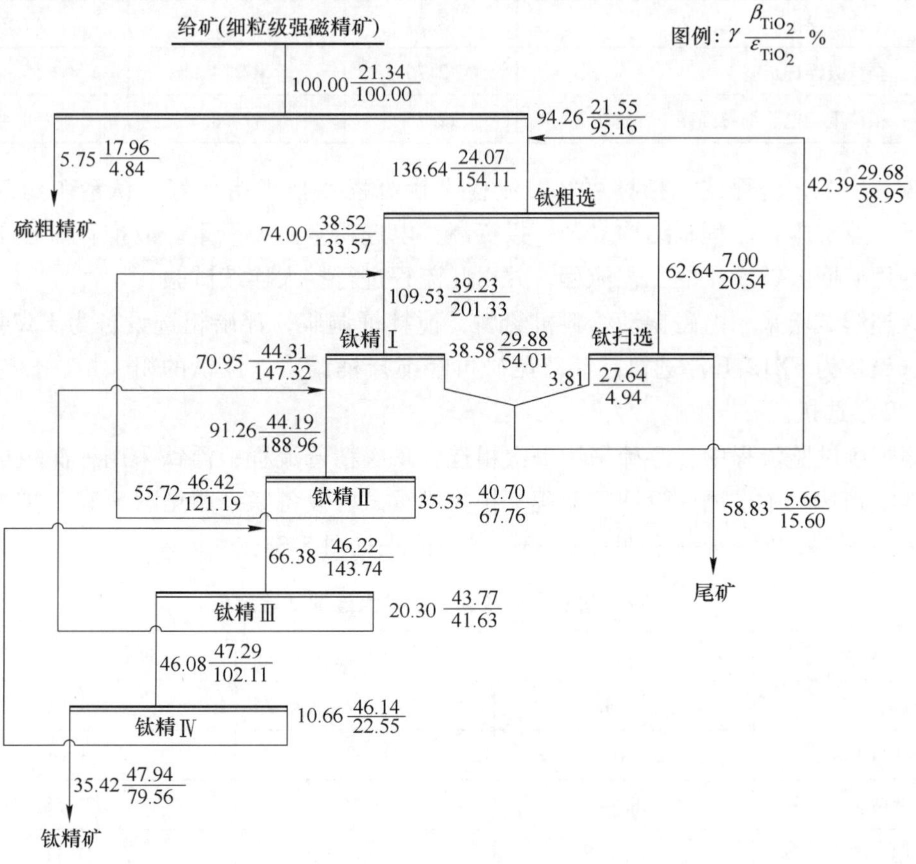


图5-31 攀枝花尚难利用矿选铁尾矿细粒级强磁—浮选试验数质量流程

表 5-72 细粒钛精矿化学多项分析结果 (%)

| 成分 | TFe | $TiO_2$ | Cu | Co | Ni | S | P | $SiO_2$ | $Al_2O_3$ | CaO | MgO |
|---|---|---|---|---|---|---|---|---|---|---|---|
| 含量 | 34.08 | 47.94 | 0.003 | 0.011 | 0.005 | 0.06 | 0.0065 | 1.91 | 0.68 | 0.45 | 4.09 |

对比表 5-65 和表 5-71，攀枝花尚难利用矿选铁尾矿分级后细粒产品强磁—浮选工艺获得的钛精矿品位相近的情况下，$TiO_2$回收率高 2.79 个百分点，再一次充分说明该药剂制度对细粒钛铁矿有较好的选别回收效果。

采用工艺流程Ⅲ，获得的粗粒钛精矿 $TiO_2$品位为 48.09%，细粒钛精矿 $TiO_2$品位 47.94%，合并后总钛精矿产率为 12.78%，$TiO_2$品位为 47.98%，$TiO_2$回收率为 58.40%。但该工艺流程结构较复杂，钛精矿成本较高。

#### 5.2.6.4 攀枝花尚难利用矿选铁尾矿扩大连续试验

根据合同要求，对攀枝花尚难利用矿，实验室研究分别采用三种选钛工艺流程，进行了详细、系统的钛铁矿回收利用试验研究，各流程所获得的钛精矿技术指标对比结果见表 5-73。

表 5-73 攀枝花尚难利用矿选铁尾矿三种选钛工艺流程钛精矿主要技术指标

| 工 艺 方 案 | 产率/% | 品位（$TiO_2$）/% | 回收率（$TiO_2$）/% |
|---|---|---|---|
| 流程Ⅰ：全粒级强磁—浮选工艺 | 13.39 | 48.07 | 62.20 |
| 流程Ⅱ：全粒级浮选工艺 | 12.76 | 47.74 | 55.43 |
| 流程Ⅲ：粗粒重—电、细粒强磁—浮选工艺 | 12.78 | 47.98 | 58.40 |

比较三个工艺流程技术指标可知，流程Ⅰ较流程Ⅱ技术指标好，钛精矿药剂成本较低，易于工业实施；流程Ⅲ结构复杂，投资高，电选粉尘污染严重。故推荐流程Ⅰ为攀枝花尚难利用矿回收钛铁矿的工艺流程，并以此流程进行扩大连续试验。

扩大连续试验采用电磁振动给料机给料，搅拌桶调浆，浮硫粗选设备为 FX24 升浮选机，精选设备为 FX12 升浮选机；浮硫尾矿再经搅拌桶调浆，浮钛的粗、精、扫选设备均为 FX24 升浮选机。

扩大连续试验流程中，浮硫采用一次粗选、二次精选流程；浮钛采用一次粗选、一次扫选、四次精选、中矿循序返回的流程。扩大连续试验设备联系图见图 5-32，扩大连续试验结果见表 5-74，数质量流程见图 5-33，矿浆流程见图 5-34。

表 5-74 攀枝花尚难利用矿扩大连续试验结果

| 产品名称 | 产率/% | 品位（$TiO_2$）/% | 回收率（$TiO_2$）/% |
|---|---|---|---|
| 硫钴精矿 | 0.74 | 3.97 | 0.12 |
| 硫钴精Ⅰ尾 | 6.01 | 20.80 | 5.19 |
| 钛精矿 | 38.84 | 48.15 | 77.58 |
| 尾 矿 | 54.41 | 7.58 | 17.11 |
| 给矿（强磁精矿） | 100.00 | 24.11 | 100.00 |

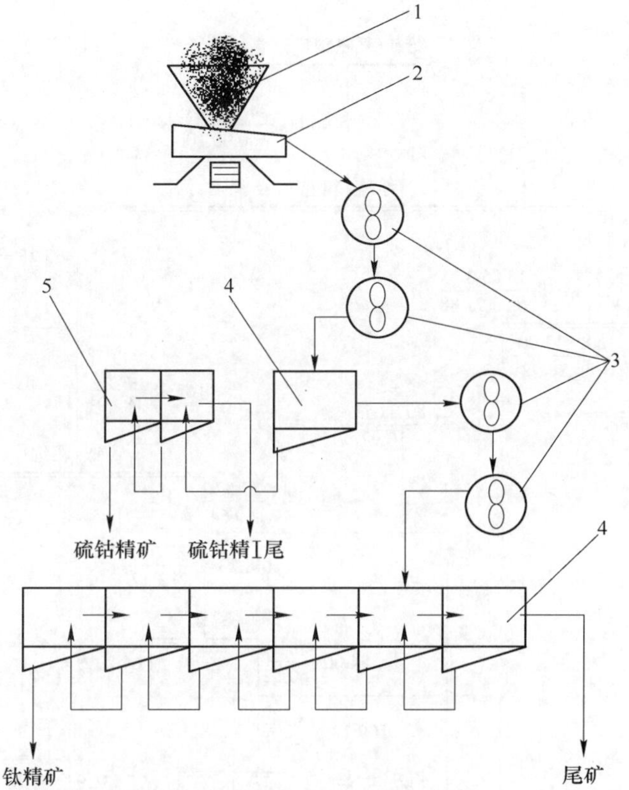


| 编号 | 设备名称 | 规格型号 | 数量 |
|---|---|---|---|
| 1 | 料　斗 | 400mm×400mm | 1台 |
| 2 | 电磁振动给料机 | DZG–100 | 1台 |
| 3 | 搅拌桶 | | 4台 |
| 4 | 浮选机 | FX24L | 7台 |
| 5 | 浮选机 | FX12L | 2台 |

图 5-32　攀枝花尚难利用矿连续扩大试验设备联系图

针对矿石性质，首先进行了详细的工艺矿物学研究，为选钛工艺流程的研究和选矿技术效果的分析提供了重要的科学依据。因此，此次攀枝花尚难利用矿选铁尾矿的工艺矿物学研究，重点突出，并与选矿工艺研究相配合，制定了三种不同的选钛工艺流程，并按所推荐的流程进行了扩大连续试验，扩试结果更优于实验室试验结果（对比结果见表5-75），突出了研究成果的实用性。该研究成果可作为攀枝花尚难利用矿开发利用中综合回收钛铁矿的技术依据。

**表 5-75　攀枝花尚难利用矿选铁尾矿不同工艺流程获得的钛精矿主要技术指标**

| 试验规模 | 流 程 方 案 | 产率/% | 品位（$TiO_2$）/% | 回收率（$TiO_2$）/% |
|---|---|---|---|---|
| 实验室试验 | 粗粒重—电、细粒强磁—浮选（流程Ⅲ） | 12.78 | 47.98 | 58.40 |
| | 全粒级浮选（流程Ⅱ） | 12.76 | 47.74 | 55.43 |
| | 全粒级强磁—浮选（流程Ⅰ） | 13.39 | 48.07 | 62.20 |
| 扩大连续试验 | 全粒级强磁—浮选（流程Ⅰ） | 14.84 | 48.15 | 64.36 |

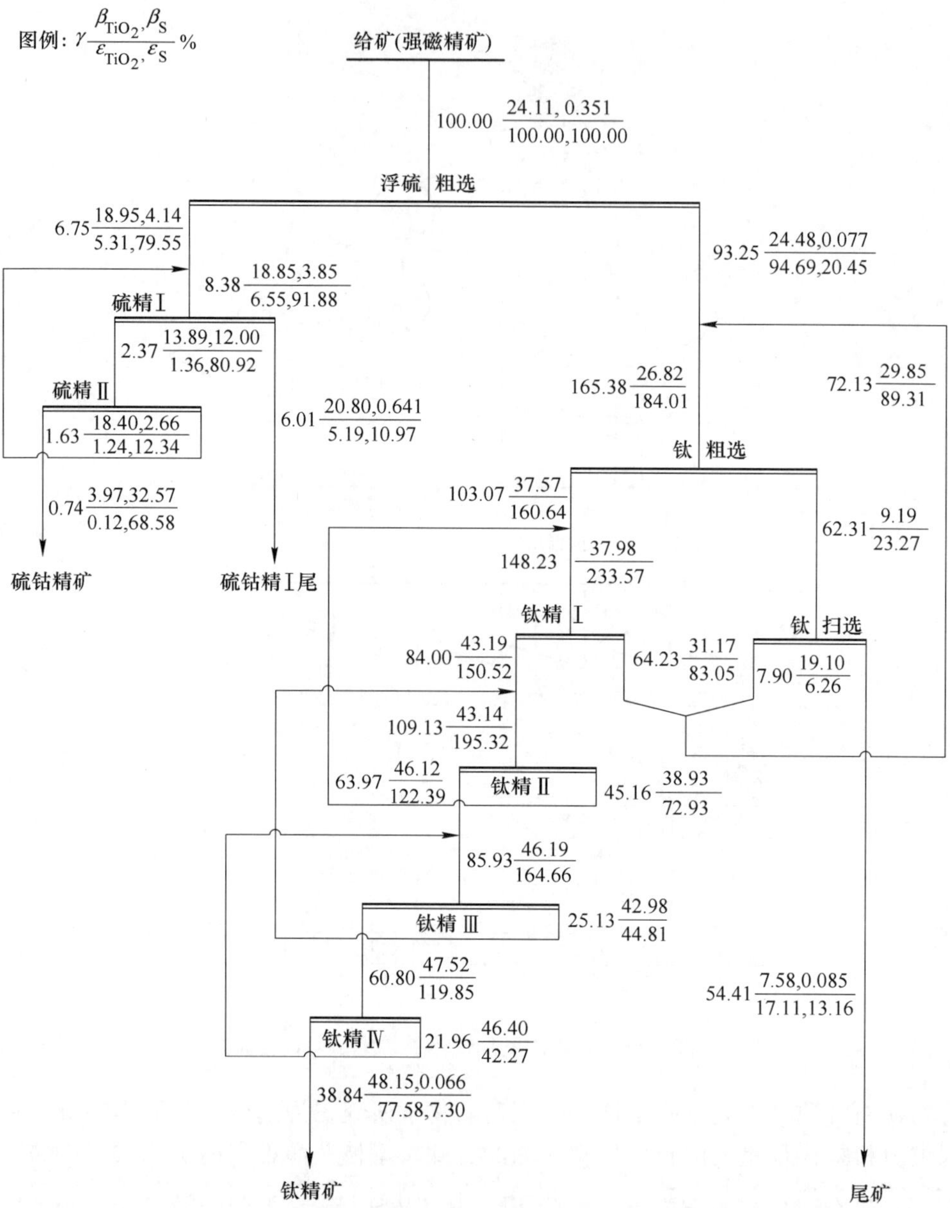


图 5-33 攀枝花尚难利用矿选铁尾矿扩大连续试验数质量流程（流程Ⅰ）

### 5.2.7 新型选钛捕收剂的研发及应用

经过攀钢钛业公司多年的科技攻关，攀枝花钛铁矿浮选技术已日益成熟。但目前生产上使用的选钛药剂还存在着一些问题，一是价格较贵，使钛精矿药剂成本较高，二是捕收力较弱，浮选尾矿品位偏高，三是对含泥量稍高的入选物料适应性较差，现场必须强化脱泥作业，不利于提高整个流程的回收率，四是只有一家供应商，形成市场垄断，不利于选钛厂降本增效。针对现有药剂存在的不足，中国地质科学院矿产综合利用研究所科研人员研究开发了 EM351 钛铁矿捕收剂，它是在吸收现有捕收剂合理内核的基础上研究开发而

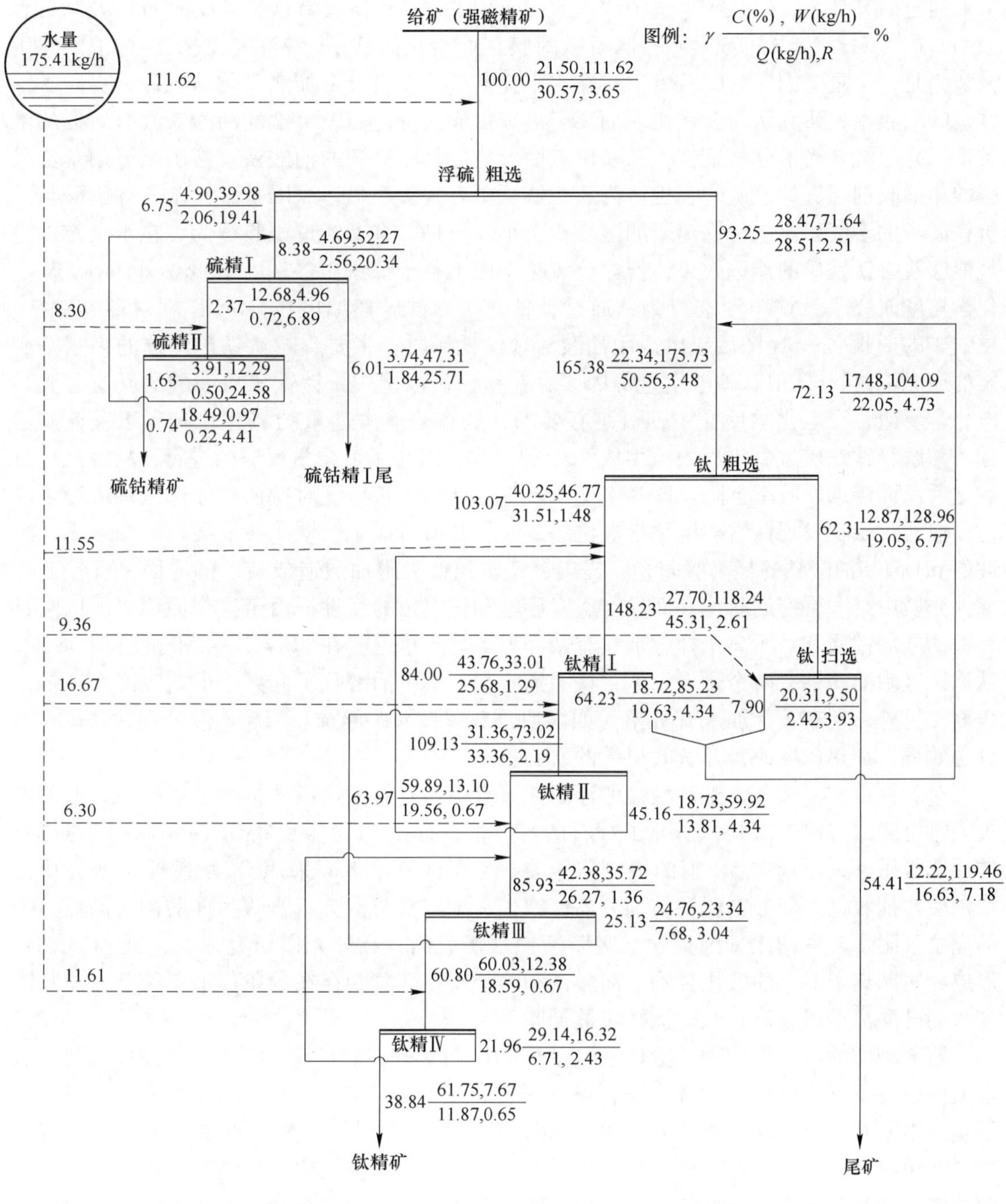


图5-34 攀枝花尚难利用矿选铁尾矿扩大连续试验矿浆流程（流程Ⅰ）

成的一种新型钛铁矿捕收剂。

### 5.2.7.1 钛铁矿浮选机理研究简述

在钛铁矿浮选中，常采用油酸或其钠皂作捕收剂，硫酸作 pH 值调整剂，硅酸钠或氟硅酸钠、草酸等作硅酸盐脉石矿物的抑制剂，浮选一般在弱酸性条件下进行。

通过研究认为，钛铁矿浮选中加入酸的作用是选择性溶去钛铁矿表面的 $Fe^{2+}$ 及脉石表面的 $Ca^{2+}$、$Mg^{2+}$ 离子，或是除去脉石吸附膜从而活化钛铁矿，氧在钛铁矿浮选中的作用被认为是一个重要因素。G. Gutierrez 在水中充空气或在空气中加热氧化钛铁砂，提高了钛铁矿的回收率，研究认为钛铁矿表面离子被氧化成三价，而三价铁的油酸铁具有更低的溶解度；并经红外光谱分析证实，钛铁矿表面形成的是三价铁的油酸铁。雷国斌采用苯乙烯膦酸作捕收剂浮选钛铁矿时，也认为氧化钛铁矿有利于浮选，原因是因为苯乙烯膦酸与三价铁离子的溶度积比二价铁离子的溶度积更小。但是，有人经过试验认为，在水中充以空气能够改善钛铁矿的浮选效果，但过分氧化反而不利于钛铁矿浮选。A. Luszczkcewicz 从电化学角度研究了钛铁矿浮选行为，通过钛铁矿、磁铁矿还原电位—pH 图，对照钛铁矿、磁铁矿的回收率—pH 图后提出，用油酸浮选钛铁矿时，主要影响钛铁矿浮选的因素是矿浆的还原电位、pH 值、油酸用量等因素；在钛铁矿浮选中，钛铁矿与油酸的反应主要是电化学反应，在电化学反应中，氧是必要的，故在溶液中适量的氧存在有利于钛铁矿浮选，并解释钛铁矿过氧化后表面生成 $Fe(OH)_3$膜，阻止了电化学反应的进行，故钛铁矿过氧化后反而浮选回收率下降。E. D. Puryskin 等也从电化学角度对钛铁矿浮选机理进行了探讨，他通过试验发现钛铁矿电化学电位的最大偏离值对应于钛铁矿在油酸溶液中最大浮游性的 pH 值和油酸钠的最高吸附量，提出钛铁矿颗粒吸附油酸造成疏水的原因是钛铁矿在酸性介质中，一特定的晶体表面具有空穴导电和正电位的特性，由于这个原因，所以它具有被诱导的性质和对阴离子捕收剂具有亲和力。另有报道，在 pH = 3 ~ 4 和 pH = 7 ~ 8 时，钛铁矿吸附油酸钠有两个最大峰值，认为捕收剂分别以油酸分子和离子形式吸附在钛铁矿表面。另外，还有关于加入有机相（如煤油）改善钛铁矿浮选、用超声波处理钛铁矿提高分选效率、加热矿浆改善浮选效果等的研究报道。

对于钛铁矿浮选，含铁硅酸盐的浮游性研究中，有的采用镁盐抑制铁橄榄石，有的通过 ζ 电位测定与浮选试验，研究了辉石的可浮性，提出 $FeOH^+$、$MgOH^+$、$CaOH^+$ 对辉石的浮选很敏感，浮选中 pH 值的控制很重要。K. V. Viswanthan 采用 $C_{14}$示踪原子研究用肉豆蔻酸作捕收剂，硅酸钠作调整剂分离钛铁矿、金红石与锆英石，认为硅酸钠与肉豆蔻酸的竞争吸附，硅酸钠优于肉豆蔻酸吸附于钛铁矿表面，红外光谱研究表明，低 pH 值时，形成金属阳离子——油酸化合物。油酸铁和油酸钛在硅酸钠存在的条件下不稳定，易吸附亲水的硅酸离子成胶体，此时钛铁矿被抑制。

药剂种类的研究报道中，除传统的油酸和脂肪酸外，有的采用胺作为钛铁矿捕收剂，在酸性条件下浮选钛铁矿，或用胺在碱性条件下反浮选。R. C. Bothera 等采用油酸与十二烷基三甲基胺溴化物混用浮选钛铁矿。胺类阳离子捕收剂的一般特点是与矿物反应特别快，在短时间内即可浮选完毕，且用量少；在另一方面最引人注意的是胺类阳离子与捕收剂与脂肪酸类阴离子捕收剂的混合使用问题。用脂肪酸与胺类药剂先后添加，作为含钛矿物的有效捕收剂，增强了选择性，改善了精矿的质量。有研究表明，单独使用油酸时(250g/t)，精矿中含金红石品位只有 3.5%，但先加油酸再加仲环已胺联合使用时，精矿中金红石品位达 47.3%，从而使捕收剂的用量相对减少，二氧化钛的回收率相应提高。其解释是：仲环已胺的作用在于它已经被脂肪酸捕收剂所覆盖的矿物表面相结合，增强了矿物表面的疏水性；另一方面，在其他矿物表面上，由于脂肪酸捕收剂只起物理吸附作用，加入仲环已胺并不能增强其疏水性，反而更加亲水，由于这种双重作用的结果才使浮选的选择性提高。

为了浮选含钛矿石，还有人曾试验了一系列的与钛离子可以生成难溶性络合物的有机试剂，发现“铜铁试剂”为捕收剂在弱酸性条件介质中可以产生捕收作用；在有起泡剂存在的条件下，“铜铁试剂”可以浮选钛磁铁矿、钛铁矿和榍石，但浮选速度较慢，较粗的颗粒不易捕收，仍停留在尾矿里。为增强“铜铁试剂”的捕收能力，又加入了煤油及脂肪酸皂，在有草酸存在的条件下，pH 值为 6 左右时，浮选效果很好。

$H_2SO_4$在钛铁矿浮选过程中起着非常重要的作用，研究其浮选行为十分必要。为此，有人测定用不同酸、碱调整 pH 值时，钛铁矿 ζ 电位与 pH 值的关系（图 5-35）。

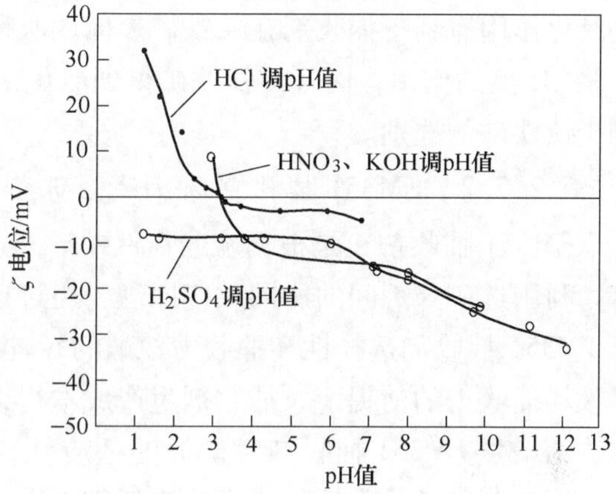


图 5-35 钛铁矿 ζ 电位与 pH 值的关系

由图 5-35 可见，在碱性条件下，钛铁矿 ζ 电位的代数值 < -10mV，且随着 pH 值的增大，ζ 电位单调减小，这是由于钛铁矿表面两性 Ti 的羟基络合物离解生成 $TiO_3^{2-}$，另一方面是由于 $OH^-$ 的吸附。用 KOH 或 NaOH 调 pH 值时，二者的钛铁矿 ζ 电位—pH 曲线十分相近。在酸性条件下，用盐酸或硝酸时，钛铁矿的零电点均为 pH = 3.3；当 pH < 3.3 时，由于活性 $H^+$ 离子的吸附，钛铁矿的 ζ 电位迅速增大。但用 $H_2SO_4$ 调 pH 值时，钛铁矿 ζ 电位始终为负值，约为 -5eV，既没有零电点，又没有等电点。导致钛铁矿在 $H_2SO_4$ 溶液中始终为负值的原因，除 $H_2SO_4$ 对其表面阳离子的浸出之外，更重要的是钛铁矿表面存在 $SO_4^{2-}$、$HSO_4^-$ 的特殊吸附，这种吸附强烈地改变了钛铁矿—水界面的双电层。

将钛铁矿在 pH 值为 5 的 $H_2SO_4$ 溶液中搅拌 15min，进行 XPS 和 AES 分析，测得其表面俄歇谱中 S 俄歇峰很明显，而在相同条件下立即用蒸馏水洗涤三次的钛铁矿表面的俄歇谱中，S 俄歇峰较弱，这说明 $SO_4^{2-}$、$HSO_4^-$ 的吸附具有一定的可逆性。XPS 分析结果表明，$SO_4^{2-}$、$HSO_4^-$ 在钛铁矿表面吸附使 Ti、Fe 的 2p3/2 轨道电子束缚能所产生的化学位移分别为 0.55eV、0.75eV，二者比较接近，而仅略小于苯乙烯膦酸在钛铁矿表面化学吸附使活性点 Fe 的 2p3/2 轨道电子束缚能所产生的化学位移 0.90eV，经 $H_2SO_4$ 处理前后的钛铁矿 XPS 分析结果见表 5-76。这充分说明 $SO_4^{2-}$、$HSO_4^-$ 在钛铁矿表面的吸附兼有物理吸附和化学吸附的特点，证实其为特殊吸附。

**表 5-76 钛铁矿经 $H_2SO_4$ 处理前后的 XPS 分析结果**

| 能 级 | | | $Ti_{2p3/2}$ | $Fe_{2p3/2}$ | $S_{2p}$ |
|---|---|---|---|---|---|
| 束缚能/eV | 钛铁矿 | (1) | 458.30 | 710.60 | — |
| | $H_2SO_4$ 处理的钛铁矿 | (2) | 458.85 | 711.35 | 171.85 |
| 化学位移/eV | (2) - (1) | | 0.55 | 0.75 | — |

从静电力方面分析，$SO_4^{2-}$、$HSO_4^-$ 在钛铁矿表面特殊吸附使钛铁矿 ζ 电位负值升高，

不利于阴离子捕收剂向钛铁矿表面吸附。但是，经稀 $H_2SO_4$ 溶液处理后，钛铁矿表面 Fe 的 2p3/2 轨道光电子束缚能从 710.60eV 增大到 711.35eV，表面 Fe 被氧化而正价升高，由于钛铁矿表面的 $Fe^{3+}$ 比 $Fe^{2+}$ 与捕收剂 $RCOO^-$ 根离子键合力强，因而 $H_2SO_4$ 对钛铁矿表面的氧化作用有利于捕收剂在钛铁矿表面的吸附。可见，$H_2SO_4$ 在浮选过程中不仅起着调节矿浆 pH 值的作用，而且使钛铁矿得到活化，增大了钛铁矿与脉石矿物可浮性的差异，有利于钛铁矿的选别。

#### 5.2.7.2　EM351 捕收剂选钛试验研究

EM351 捕收剂正是根据硫酸在钛铁矿浮选中的作用机理，合理选择不同的药剂进行组合，利用选矿药剂间的协同效应原理，通过选矿试验寻找各种组分的最佳配比，从而实现了 EM351 捕收剂选择性和捕收力双赢的较佳效果。由于 EM351 捕收剂在保证其较好的选择性和捕收力的前提下，捕收剂生产成本得以大幅度降低。

为增强 EM351 捕收剂对矿泥的适应性，EM351 捕收剂里添加了特有的矿泥分散剂、泡沫调整剂和乳化中性油，浮选泡沫细小密实，有利于保证钛精矿品位，提高整个流程的回收率。

##### A　EM351 捕收剂选钛实验室试验研究

试验原料取自攀枝花选钛厂 3 万吨浮选流程，作为浮选给矿，主要金属矿物为钛铁矿，少量钛磁铁矿、赤铁矿、磁黄铁矿、镍黄铁矿，脉石矿物以钛普通辉石为主，少量斜长石、角闪石、伊丁石等。给矿中的钛铁矿大部分为单体，仅见个别钛铁矿与脉石的连生体。

EM351 捕收剂的试验室研究采用 XFD 型单槽式浮选机，给矿浓度约 30%，先浮硫后浮钛，每种药剂搅拌时间 5min。浮硫药剂为硫酸 500g/t，丁基黄药 375g/t，2 号油 60g/t。

由于 EM351 捕收剂是在现有药剂基础上研制而成的，因此其硫酸用量、捕收剂用量等条件均和目前使用的药剂大体相同，不再赘述。

EM351 捕收剂浮选攀枝花钛铁矿闭路试验数质量流程见图 5-36，试验结果见表 5-77。

**表 5-77　浮选闭路试验结果**

| 产品名称 | 产率/% | 品位（$TiO_2$）/% | 回收率（$TiO_2$）/% |
|---|---|---|---|
| 硫化物 | 2.72 | 8.98 | 1.01 |
| 钛精矿 | 34.58 | 47.92 | 68.27 |
| 尾　矿 | 62.70 | 11.89 | 30.72 |
| 给　矿 | 100.00 | 24.27 | 100.00 |

表 5-77 闭路试验结果表明，使用 EM351 捕收剂浮选攀枝花钛铁矿，通过一次粗选四次精选的闭路流程选别，获得了产率 34.58%，精矿品位 47.92%，精矿回收率 68.27% 的合格钛精矿。从闭路试验数质量流程可以看出，使用 EM351 捕收剂选别攀枝花钛铁矿，具有良好的捕收能力和良好的选择性能，各段作业钛金属具有较合理的分配和合理的品位提升幅度。

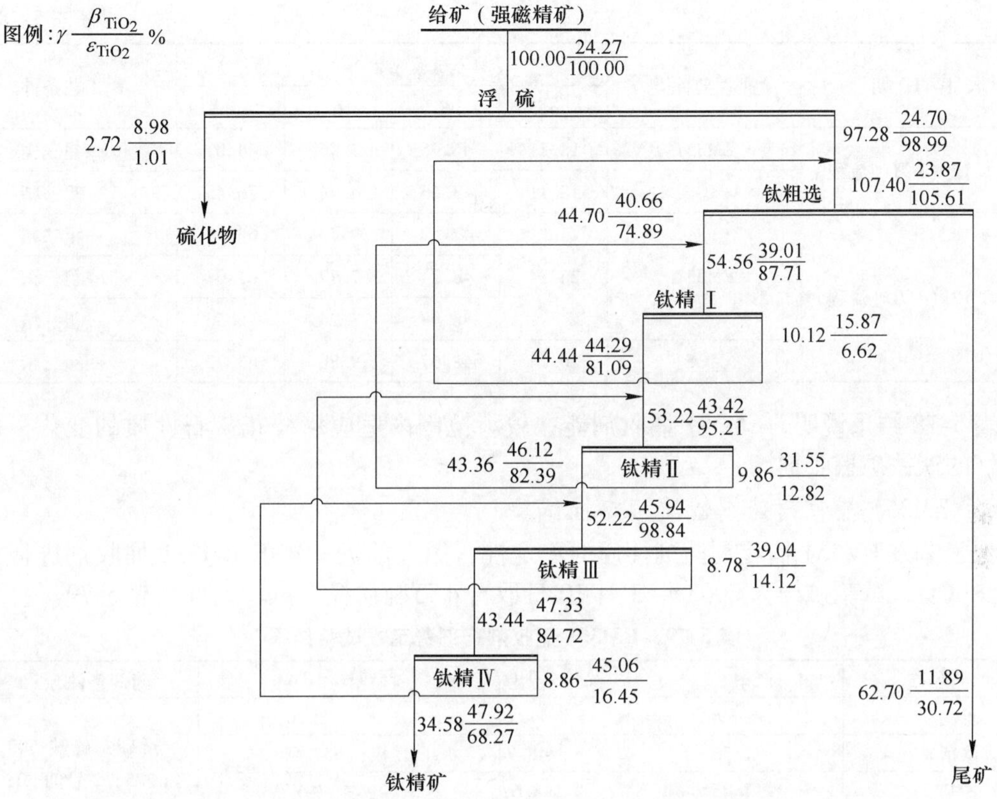


图 5-36 EM351 捕收剂浮选攀枝花钛铁矿闭路试验数质量流程

### B EM351 捕收剂选别不同矿样试验

为考察 EM351 捕收剂对矿石性质变化的适应性，进行了攀枝花选钛厂不同时期的浮选矿样的选别试验，结果见表 5-78。

**表 5-78 EM351 捕收剂浮选攀枝花钛铁矿不同矿样试验结果**

| 取样日期 | 捕收剂种类 | 试验结果/% | | | | 工艺条件 |
|---|---|---|---|---|---|---|
| | | $\alpha$ | $\beta$ | $\theta$ | $\varepsilon$（开路） | |
| 2003.2.26（4 万吨流程） | EM351 | 22.99 | 49.26 | 6.45 | 42.17 | 一粗四精 |
| | | | 48.88 | | 50.73 | 一粗三精 |
| 2003.3.10（3 万吨流程） | EM351 | 18.15 | 47.29 | 3.62 | 44.63 | 一粗四精 |
| | R-2 | 18.15 | 46.82 | 4.12 | 31.91 | 一粗二精 |
| 2003.3.10（4 万吨流程） | EM351 | 20.19 | 48.39 | 6.49 | 50.47 | 一粗四精 |
| | | | 47.56 | | 60.30 | 一粗三精 |
| 2003.7.23（4 万吨流程） | EM351 | 25.38 | 46.40 | 5.90 | 58.45 | 一粗四精 |
| 2003.7.29（4 万吨流程） | EM351 | 25.75 | 49.17 | 6.73 | 58.29 | 一粗三精 |
| 2003.8.12（4 万吨流程） | EM351 | 26.14 | 46.57 | 7.79 | 78.11 | 一粗一精 |
| | MOS | 26.14 | 47.10 | 6.12 | 65.14 | 一粗一精 |
| | R-2 | 26.14 | 43.61 | 7.01 | 73.36 | 一粗一精 |

续表 5-78

| 取样日期 | 捕收剂种类 | 试验结果/% | | | | 工艺条件 |
|---|---|---|---|---|---|---|
| | | $\alpha$ | $\beta$ | $\theta$ | $\varepsilon$（开路） | |
| 2003. 8. 12（3 万吨流程） | EM351 | 18. 11 | 46. 96 | 3. 96 | 44. 01 | 一粗三精 |
| | MOS | 18. 11 | 43. 66 | 4. 46 | 76. 45 | 一粗一精 |
| 2003. 8. 12（4 万吨流程） | EM351 | 26. 14 | 47. 59 | 9. 70 | 63. 47 | 一粗二精 |
| | | | 48. 24 | 7. 77 | 61. 04 | 一粗三精 |
| | | | 46. 98 | 8. 24 | 75. 56 | 一粗一精 |
| | MOS | 26. 14 | 48. 67 | 9. 80 | 63. 73 | 一粗二精 |

表 5-78 结果说明，EM351 捕收剂能在较大范围内适应攀枝花矿石性质的变化，是一种较好的钛铁矿捕收剂。

C　EM351 捕收剂药剂性质稳定性试验

为了考察 EM351 捕收剂药剂性质的稳定性，用存放近一年的 EM351 捕收剂进行了浮选开路试验，试验矿样为 2003 年 3 月 10 日取自 4 万吨矿样，试验结果见表 5-79。

**表 5-79　EM351 捕收剂药剂稳定性试验结果**

| 产品名称 | 产率/% | 品位（$TiO_2$）/% | 回收率（$TiO_2$）/% | 药剂条件/$g \cdot t^{-1}$ |
|---|---|---|---|---|
| 硫化物 | 5. 89 | 11. 24 | 3. 26 | 浮硫：硫酸 500，黄药 375，2 号油 60；粗选：硫酸 1250，EM351 2000；精选硫酸：精Ⅰ 500，精Ⅱ 500，精Ⅲ 500，精Ⅳ 500 |
| 钛精矿 | 21. 76 | 48. 84 | 52. 40 | |
| 中矿 1 | 17. 25 | 8. 67 | 7. 37 | |
| 中矿 2 | 10. 50 | 9. 31 | 4. 82 | |
| 中矿 3 | 6. 97 | 38. 12 | 13. 10 | |
| 中矿 4 | 4. 72 | 44. 36 | 10. 32 | |
| 尾　矿 | 32. 91 | 5. 38 | 8. 73 | |
| 给　矿 | 100. 00 | 20. 28 | 100. 00 | |

与表 5-78 中相应矿样试验结果对比表明，EM351 捕收剂性质稳定，能够满足生产上较长期存放的要求，可以进行 EM351 捕收剂的工业试验，使其尽快转化为生产力。

### 5. 2. 7. 3　EM351 捕收剂选钛工业试验

A　EM351 捕收剂选钛工业试验入选物料

EM351 捕收剂选钛工业试验物料为选钛厂重选车间浓泥斗溢流经脉动高梯度强磁机选别后的强磁精矿和大二室第二室沉砂或小斜板溢流。

选钛物料的筛析结果见表 5-80，钛矿物含量与钛平衡结果见表 5-81，各矿物单体解离度见表 5-82。

**表 5-80　工业试验入选物料筛析结果**

| 项　目 | 粒级/mm | | | | | | 合计 |
|---|---|---|---|---|---|---|---|
| | +0. 25 | −0. 25 +0. 10 | −0. 10 +0. 074 | −0. 074 +0. 045 | −0. 045 +0. 038 | −0. 038 | |
| 产率/% | 2. 82 | 6. 78 | 19. 77 | 46. 89 | 10. 74 | 13. 00 | 100. 00 |
| 品位（$TiO_2$）/% | 12. 01 | 13. 84 | 15. 22 | 19. 50 | 19. 35 | 26. 85 | 19. 00 |
| 分布率（$TiO_2$）/% | 1. 79 | 4. 94 | 15. 84 | 48. 12 | 10. 94 | 18. 37 | 100. 00 |
| 累计分布率/% | 1. 78 | 6. 72 | 22. 56 | 70. 68 | 81. 62 | 100. 00 | — |

表 5-81 入选物料中各矿物的含量及钛元素分布

| 矿物名称 | 品位（$TiO_2$）/% | 矿物含量/% | 金属量（$TiO_2$）/% | 分布率（$TiO_2$）/% |
|---|---|---|---|---|
| 钛铁矿 | 51.15 | 34.75 | 17.77 | 93.97 |
| 钛磁铁矿 | 13.90 | 2.87 | 0.40 | 2.12 |
| 硫化物 | 0.52 | 1.75 | 0.01 | 0.05 |
| 脉　石 | 1.21 | 60.63 | 0.73 | 3.86 |
| 合　计 | — | 100.00 | 18.91 | 100.00 |
| 化学分析 | — | — | 18.58 | — |

表 5-82 入选物料中各矿物的单体解离度 (%)

| 矿物名称 | 钛铁矿 | 钛磁铁矿 | 硫化物 | 脉　石 |
|---|---|---|---|---|
| 单体解离度 | 95.82 | 82.75 | 77.97 | 89.14 |

由表 5-80 ~ 表 5-82 可知，试样中主要金属矿物为钛铁矿、少量钛磁铁矿、硫化矿，钛铁矿钛分布率 93% 以上，且钛铁矿的单体解离度高达 95.0% 以上，对钛铁矿的回收有利。浮钛给矿中 -0.10 +0.038mm 粒级含量为 77.40%，有利于钛铁矿浮选。

B 工业试验流程与设备

EM351 捕收剂选钛连续工业试验（72h 稳定运行和生产考察）流程为选钛厂重选车间前微矿浮选二组生产流程。工业试验流程及加药点见图 5-37，工业试验设备联系见图 5-38。

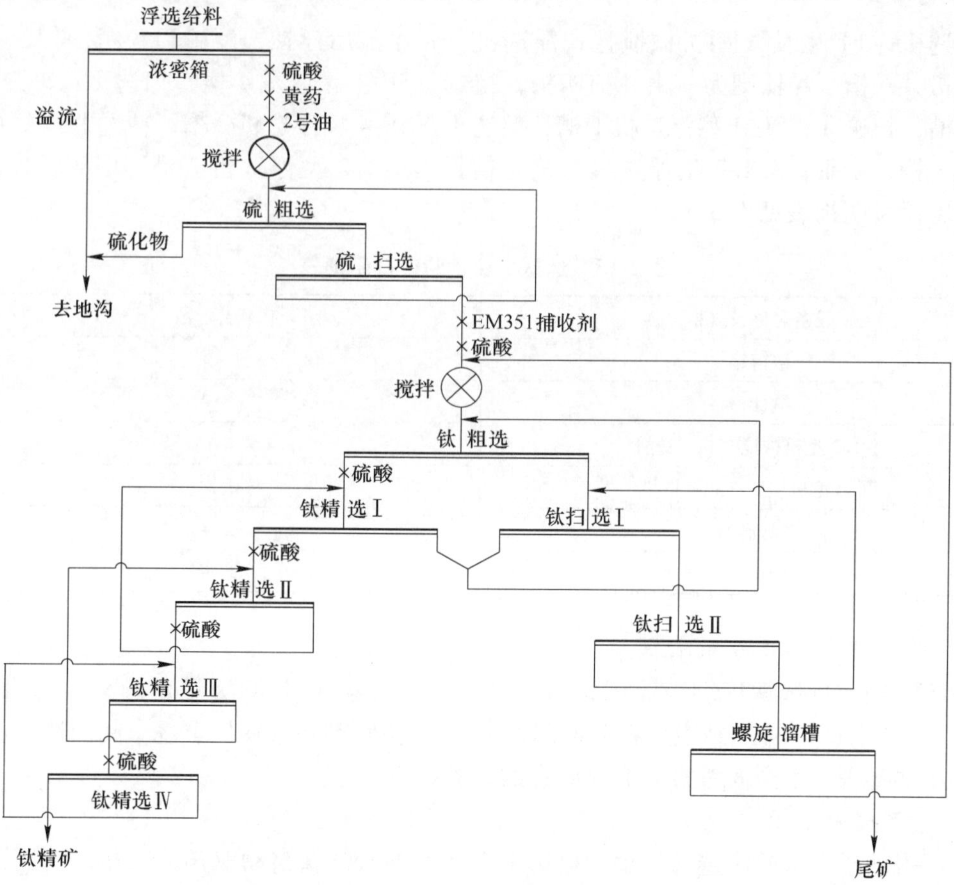


图 5-37 EM351 捕收剂选钛工业试验浮选工艺流程

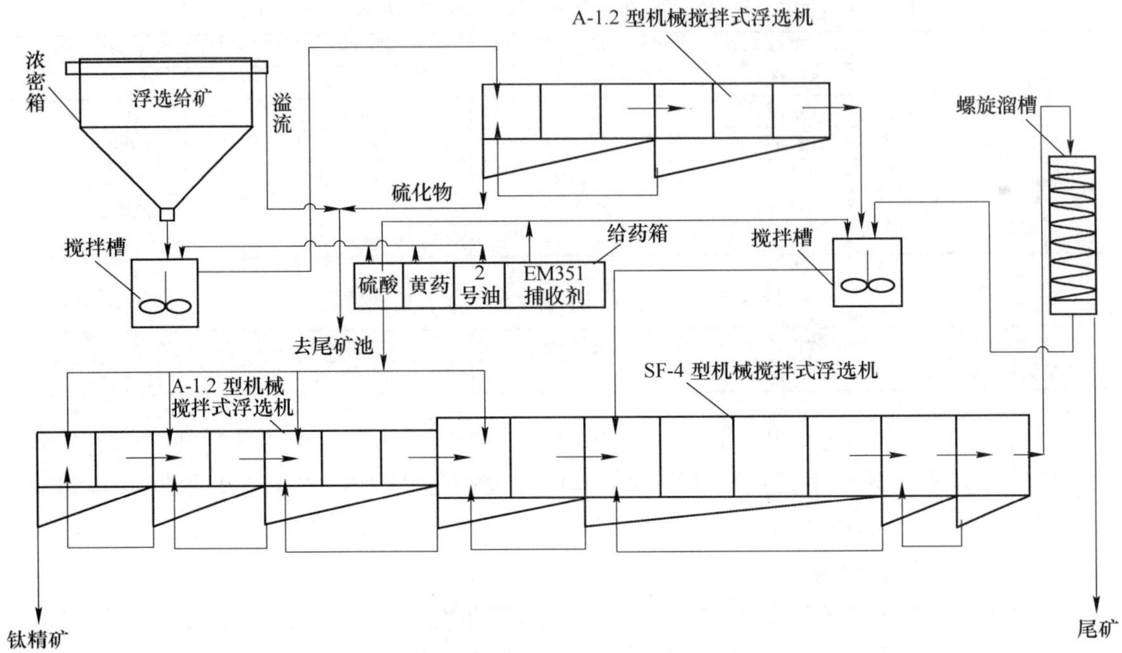


图 5-38 选钛工业试验设备联系图

浮选机为 SF 型及 A 型机械搅拌式浮选机，先浮硫后浮钛：浮硫为一粗一扫，A-1.2 型浮选机共 6 槽；浮钛则为一粗二扫四精，粗选：SF-4 浮选机 4 槽，扫选Ⅰ：SF-4 型浮选机 1 槽，扫选Ⅱ：SF-4 型浮选机 1 槽，精选Ⅰ：SF-4 型浮选机 2 槽，精选Ⅱ：A-1.2 型浮选机 3 槽，精Ⅲ：A-1.2 型浮选机 2 槽，精Ⅳ：A-1.2 型浮选机 2 槽，中矿循序返回。工业试验设备明细表见表 5-83。

**表 5-83 选钛工业试验设备明细表**

| 设备名称及规格 | 台 数 |
|---|---|
| 浓密箱 | 1 |
| 搅拌槽 | 2 |
| A-1.2 型机械搅拌式浮选机 | 13 |
| SF-4 型机械搅拌式浮选机 | 8 |
| 螺旋溜槽 | 4 |
| 给药箱 | 4 |

C 稳定运行 72h 考察结果

EM351 捕收剂选钛连续工业试验 72h 稳定运行考察，自 2007 年 8 月 9 日白班开始，于 2007 年 8 月 11 日夜班结束，在此期间对 EM351 捕收剂在选钛厂重选车间前微矿浮选二组的使用情况进行了全面考察，取得满意的试验结果。

a 生产报表指标

生产报表指标来源于选钛厂生产科正常生产检查取样（自动取样机取样）、化验指标。生产报表统计指标见表 5-84。

表 5-84 连续工业试验 72h 考察指标（生产报表数据） （%）

| 日 期 | 原矿品位（$TiO_2$） | 精矿品位 | | 尾矿品位（$TiO_2$） | 回收率（$TiO_2$） |
|---|---|---|---|---|---|
| | | $TiO_2$ | S | | |
| 8.9 白班 | 17.69 | 45.04 | 0.144 | 9.89 | 56.50 |
| 8.9 夜班 | 18.23 | 47.45 | 0.117 | 7.50 | 69.91 |
| 8.10 白班 | 20.98 | 47.31 | 0.098 | 7.44 | 76.58 |
| 8.10 夜班 | 24.18 | 46.27 | 0.141 | 6.24 | 85.76 |
| 8.11 白班 | 18.39 | 47.55 | 0.151 | 9.84 | 58.62 |
| 8.11 夜班 | 20.78 | 48.53 | 0.109 | 11.70 | 57.58 |
| 平 均 | 20.04 | 47.03 | 0.127 | 8.77 | 69.13 |

由表 5-84 可知，EM351 捕收剂选钛连续工业试验 72h 稳定运行考察期间从选钛厂生产科提供的生产报表统计的综合指标为：原矿品位（$TiO_2$）20.04%，精矿品位（$TiO_2$）47.03%，精矿含硫 0.127%，尾矿品位（$TiO_2$）8.77%，回收率（$TiO_2$）69.13%，达到并超过了工业试验的预期指标。

b 工业试验取样指标

在 EM351 捕收剂选钛连续工业试验 72h 稳定运行考察期，工业试验小组进行了取样。每 1h 取样一次，每三次合为一套样送检，每班共有四套样，72h 考核期共取样 24 套。

EM351 捕收剂选钛工业试验小组取样化验获得的，以班为单位的考核指标见表 5-85。

表 5-85 连续工业试验 72h 考核指标（试验取样数据） （%）

| 日 期 | 原矿品位 | 精矿品位 | 尾矿品位 | 回收率 |
|---|---|---|---|---|
| 8.9 白班 | 19.51 | 45.65 | 11.59 | 54.41 |
| 8.9 夜班 | 18.61 | 48.35 | 7.99 | 68.36 |
| 8.10 白班 | 18.32 | 46.76 | 8.02 | 67.86 |
| 8.10 夜班 | 17.71 | 47.19 | 6.43 | 73.74 |
| 8.11 白班 | 20.08 | 48.41 | 8.99 | 67.82 |
| 8.11 夜班 | 20.18 | 48.11 | 8.67 | 69.57 |
| 平 均 | 19.07 | 47.41 | 8.62 | 66.98 |

由表 5-85 可知，工业试验小组取样综合指标为：原矿品位（$TiO_2$）19.07%，精矿品位（$TiO_2$）47.41%，尾矿品位（$TiO_2$）8.62%，回收率（$TiO_2$）66.98%，与选钛厂生产科提供的生产报表统计的综合指标是基本吻合的，说明本次工业试验 72h 稳定运行是成功的，考察数据真实可靠，达到了预期目的。

EM351 捕收剂浮选攀枝花钛铁矿工业试验数质量流程见图 5-39，矿浆流程见图 5-40。

工业试验期间输出的钛精矿 $TiO_2$品位为 47.17%，达到了 $TiO_2$品位大于 47% 的用户要求。生产报表综合指标、工业试验小组取样综合指标、生产考察综合指标基本吻合，说明本次工业试验数据真实可靠，具有代表性；且最终输出的钛精矿品位合格，因此，本报告可以作为钛业公司相关部门选购浮钛捕收剂的依据。

D EM351 捕收剂选钛技术经济评价

a 药剂消耗及成本

部分工业用选钛药剂工业试验药剂的平均消耗及成本见表 5-86。

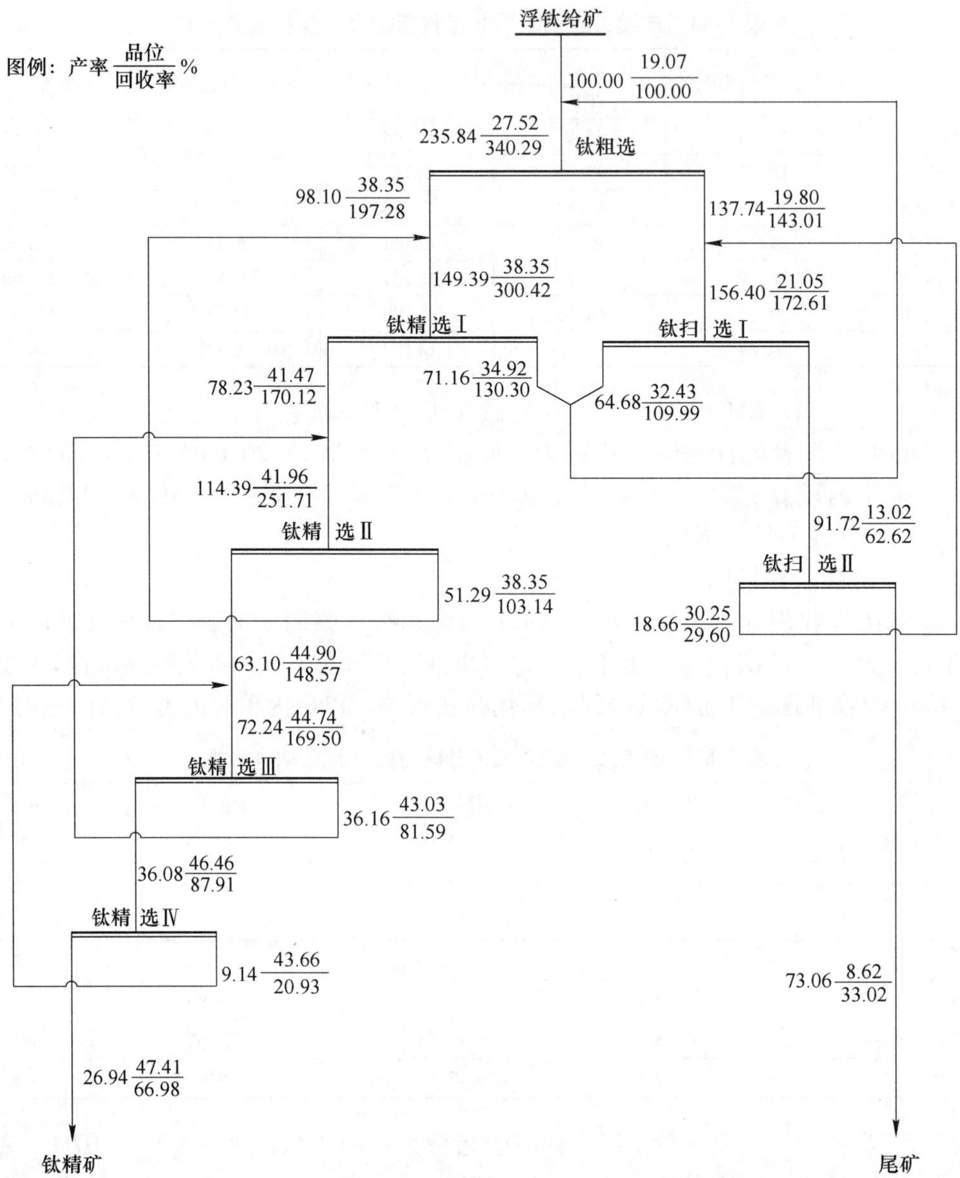


图 5-39 EM351 捕收剂浮选攀枝花钛铁矿工业试验数质量流程

表 5-86 的药剂成本表明，使用 EM351 捕收剂的药剂成本在钛精矿质量相当的情况下较其他药剂的成本低许多，为工业生产钛精矿降低生产成本奠定了基础。

b EM351 新型选钛捕收剂应用前景分析

通过 72h 工业试验结果表明，EM351 捕收剂浮选性能较好，对钛铁矿的捕收能力及选择性均达到了目前其他捕收剂的生产水平，因此完全可以用于选钛厂微细粒级钛浮选生产。EM351 捕收剂水溶性好，配制容易，便于浮选操作工人观察操作，有利于浮选车间清洁卫生（图 5-41）。同时，泡沫矿化好，浮选泡沫细小密实（图 5-42），且精、尾矿泡沫破灭快，大井平面鲜见浮选泡沫，溢流水质较为清澈，对提高选钛厂环水质量有利（图 5-43）。

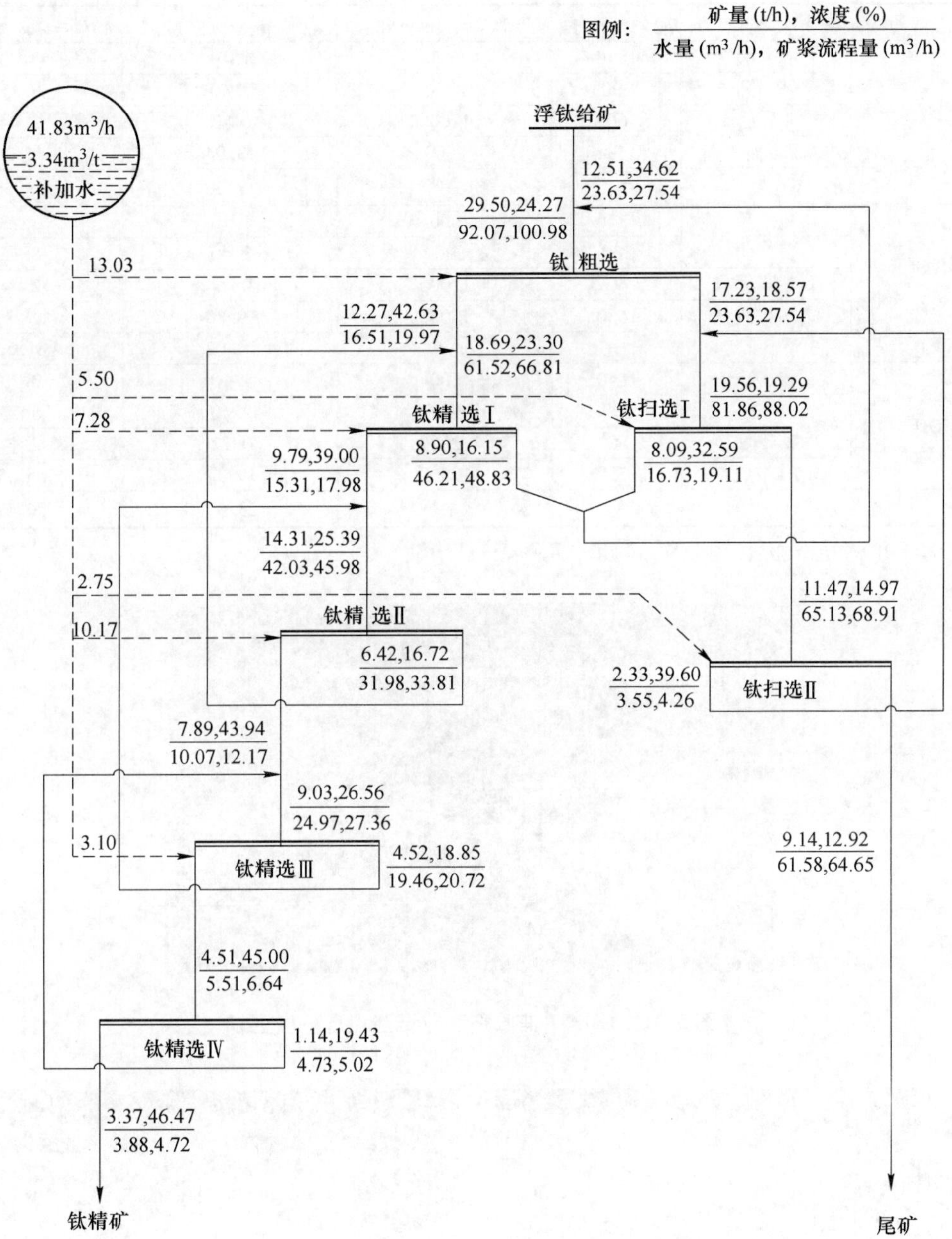


图 5-40 EM351 捕收剂浮选攀枝花钛铁矿工业试验矿浆流程

EM351 捕收剂无毒，与其配用的调整剂也无毒，特别适合处在人口密集地区的攀钢选钛厂使用。EM351 捕收剂药剂生产成本较低，因此售价也较便宜，这对每年消耗捕收剂达 1000t 以上的攀钢选钛厂来说，其直接经济效益就非常可观。更为重要的是，EM351 捕收剂工业试验的成功及推广应用，对于稳定选钛厂钛铁矿捕收剂的市场供应，降低微细粒级钛铁矿的生产成本，提高选钛厂经济效益无疑具有重要的现实意义。

表 5-86 工业试验各种药剂的平均消耗及成本

| 药剂名称 | | 用量/g·t$^{-1}$ | 药剂单价/元·吨$^{-1}$ | 原矿单耗/元·吨$^{-1}$ | 精矿单耗/元·吨$^{-1}$ |
|---|---|---|---|---|---|
| EM351 | 硫 酸 | 1840 | 600 | 1.10 | 3.73 |
| | 黄 药 | 300 | 8000 | 2.40 | 8.15 |
| | 2 号油 | 60 | 12000 | 0.72 | 2.44 |
| | EM351 捕收剂 | 1534 | 8500 | 13.04 | 44.26 |
| 合 计 | | — | — | 17.26 | 58.58 |
| MOS | 硫 酸 | 1840 | 600 | 1.10 | 3.73 |
| | 黄 药 | 300 | 8000 | 2.40 | 8.15 |
| | 2 号油 | 60 | 12000 | 0.72 | 2.44 |
| | MOS 捕收剂 | 1650 | 12000 | 19.80 | 67.21 |
| 合 计 | | — | — | 24.02 | 81.53 |
| MOH | 硫 酸 | 1840 | 600 | 1.10 | 3.73 |
| | 黄 药 | 300 | 8000 | 2.40 | 8.15 |
| | 2 号油 | 60 | 12000 | 0.72 | 2.44 |
| | MOH 捕收剂 | 1550 | 12500 | 19.37 | 65.77 |
| 合 计 | | — | — | 23.59 | 80.09 |

注：精矿产率按生产报表指标计算，采用 29.46%。

图 5-41 EM351 捕收剂工业试验浮选厂房全景

细小密实的粗选泡沫

乌黑发亮的精选泡沫

图 5-42 浮选泡沫

图 5-43　处理浮选尾水的 45m 大井全貌

c　EM351 新型选钛捕收剂生产线建设

捕收剂生产线工艺流程：油脚—皂脚→催化剂作用下两级水解→混合脂肪酸→化学改性→脂肪酸衍生物→加入辅料→成品。

按照 EM351 捕收剂工业试验的配方和试验研究确定的生产条件建成了一条 10t/d 的新型氧化矿 EM351 捕收剂生产线。

5.2.7.4　F968 捕收剂选钛试验研究

中国地质科学院矿产综合利用研究所在总结国内外选钛药剂的基础上，通过大量的试验研究，成功研制出了选钛新药剂 F968，采用该药剂浮选攀枝花细粒微细粒钛铁矿，不仅能获得 $TiO_2$ >48% 的高品位钛精矿，浮选钛的回收率大于 85%，与“八五”、“九五”国家攻关获得的技术指标相比，不仅钛精矿品位高，而且回收率也高出近 40 个百分点。

大量的试验研究表明，F968 捕收剂浮选钛铁矿，主要是与钛铁矿颗粒表面的 $Ti^{4+}$ 和 $Fe^{2+}$ 离子产生键合作用，形成以化学吸附为主的吸附。通过测试分析查明，F968 捕收剂是一种毒性微且无任何刺激性的药剂。通过浮选尾矿水质分析结果表明，采用以 F968 捕收剂，SSB 为主要调整剂浮选攀西钛铁矿，其尾矿水只需要 4h 的自然沉降后即可直接排放。

试验矿样为攀枝花选铁尾矿的强磁选精矿，该矿样的化学多项分析结果见表 5-87。

表 5-87　攀枝花钒钛磁铁矿选铁尾矿强磁精矿多项分析　(%)

| 成分 | TFe | $Fe_2O_3$ | FeO | $TiO_2$ | Cu | Co | Ni | S | P | $SiO_2$ | $Al_2O_3$ | CaO | MgO |
|---|---|---|---|---|---|---|---|---|---|---|---|---|---|
| 含量 | 21.80 | 5.47 | 23.10 | 23.31 | 0.009 | 0.017 | 0.009 | 0.615 | 0.0005 | 22.72 | 4.82 | 7.88 | 9.11 |

根据浮选试验矿样的性质，首先进行脱硫，选钛前的浮选脱硫，实质就是为了降低钛精矿中有害元素硫。浮选脱硫以硫酸为调整剂，黄药为捕收剂，2 号油为起泡剂。浮选硫化物的尾矿作为选钛的给矿。在前期工作的基础上，确定浮选选钛的工艺流程为一次粗选，一次扫选，四次精选，闭路试验的合理药剂制度见表 5-88，试验结果见表 5-89，数质量流程见图 5-44。

表 5-88 攀枝花钒钛磁铁矿选铁尾矿强磁精矿选钛闭路试验药剂制度

| 作业名称 | F968 捕收剂用量 /g·t⁻¹ | SSB 用量/g·t⁻¹ | 草酸用量/g·t⁻¹ | pH 值 | 浮选时间/min | 浮选温度 /℃ |
|---|---|---|---|---|---|---|
| 钛粗选 | 2500 | 3000 | 800 | 5.8 | 4.0 | 12~13 |
| 钛扫选 | 100 | — | — | 6.0 | 2.0 | |
| 钛精Ⅰ | — | — | 250 | 6.0 | 3.5 | |
| 钛精Ⅱ | — | — | 200 | 6.3 | 3.0 | |
| 钛精Ⅲ | — | — | 150 | 6.5 | 2.5 | |
| 钛精Ⅳ | — | — | 150 | 6.5 | 2.5 | |

表 5-89 攀枝花钒钛磁铁矿选铁尾矿强磁精矿选钛闭路试验结果

| 产品名称 | 产率/% | 品位 ($TiO_2$)/% | 回收率 ($TiO_2$)/% |
|---|---|---|---|
| 硫粗精矿 | 3.38 | 12.93 | 1.86 |
| 钛精矿 | 44.24 | 48.29 | 90.58 |
| 尾 矿 | 52.41 | 3.40 | 7.56 |
| 给矿（强磁精矿） | 100.00 | 23.57 | 100.00 |

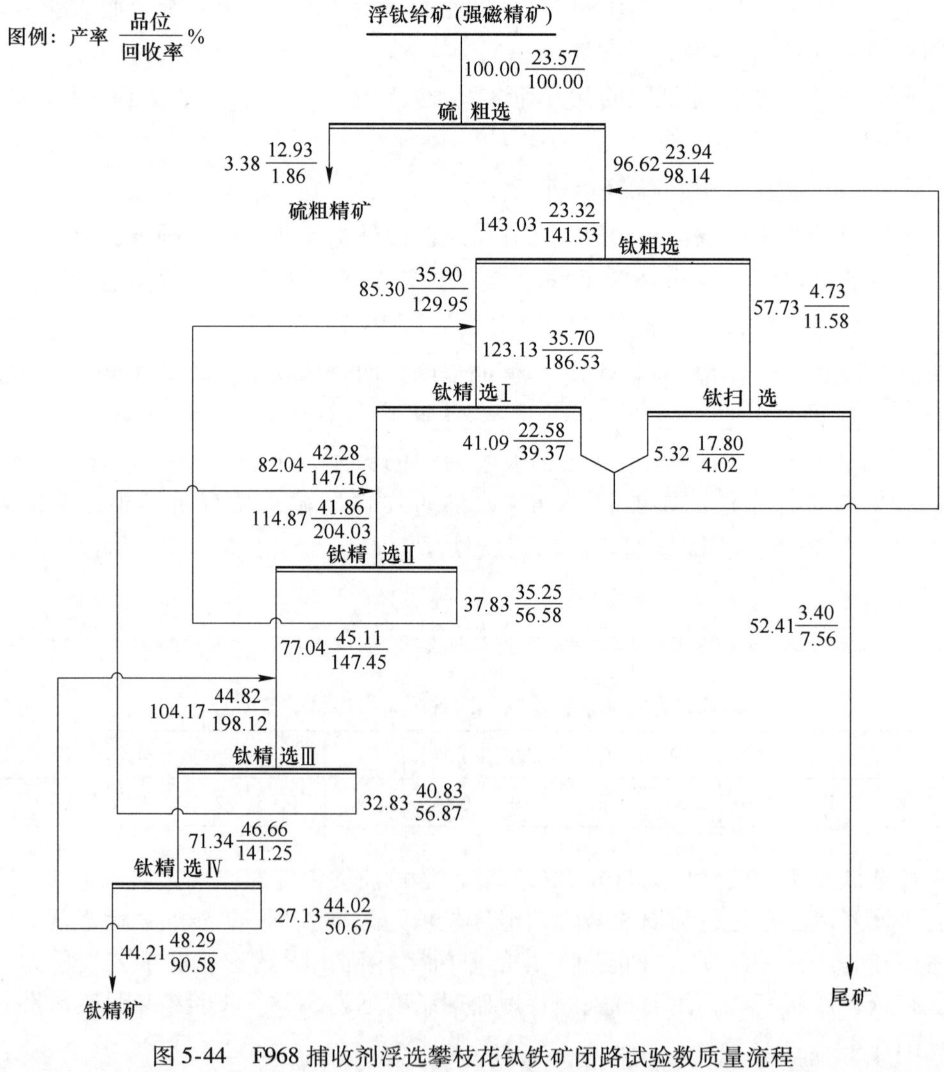


图 5-44 F968 捕收剂浮选攀枝花钛铁矿闭路试验数质量流程

# 5.3 红格矿区钒钛磁铁矿选钛试验成果

## 5.3.1 红格北矿区表内矿（T103）选铁尾矿综合回收研究

在完成的红格北矿区表内矿（T103）的阶段磨矿—细磨精选—细筛闭路选铁连续扩大试验基础上，针对不同的入选粒度，对一段选铁尾矿采用两种不同的选钛工艺流程，进行了综合回收钛、钴镍的试验室小型试验。

对入选粒度为0.15mm物料，采用强磁—浮选工艺流程（方案Ⅰ），其中，强磁粗选采用$\phi$600mm仿琼斯强磁选机，介质齿板间隙2mm，磁场强度8000～9000Oe，精选采用$\phi$400mm平环式强磁选机，介质钢板网（4号钢板网），磁场强度8000Oe，强磁精矿作为浮选给矿。强磁—浮选闭路试验数质量流程见图5-45。

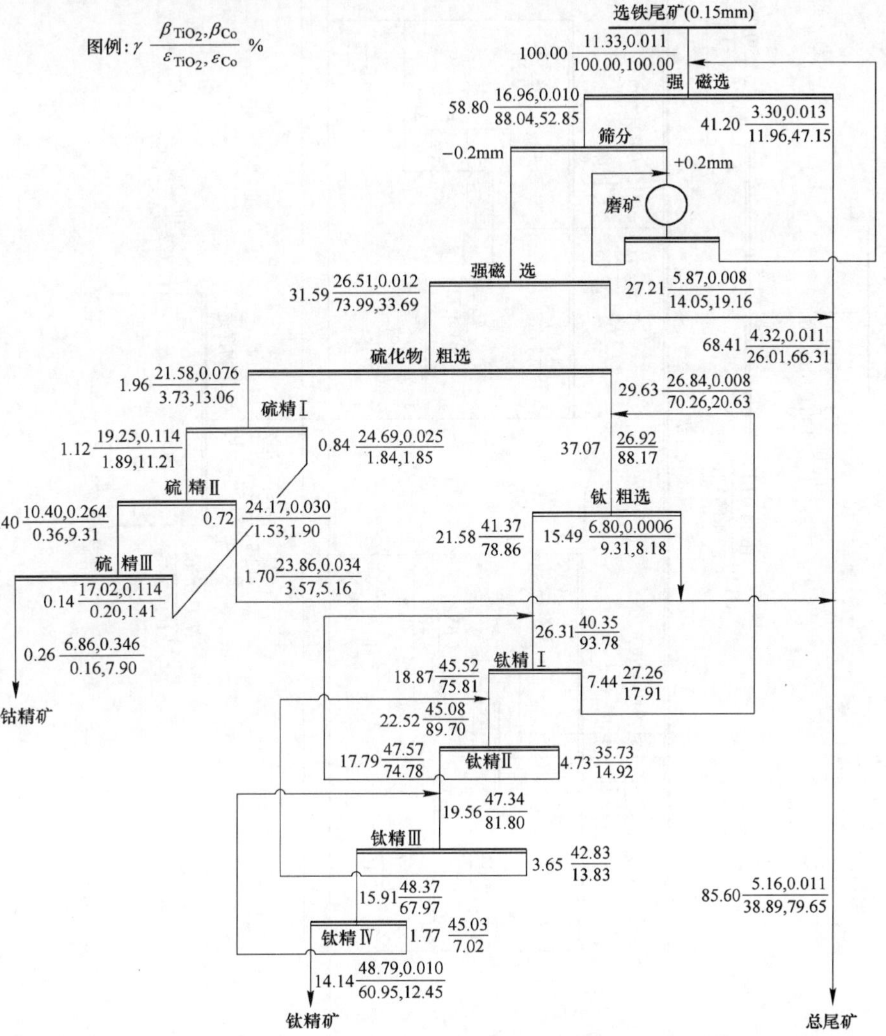


图5-45 红格北矿区（T103）选铁尾矿闭路试验数质量流程（方案Ⅰ）

对入选粒度为0.5mm的物料，采用强磁—重选—浮选方案（方案Ⅱ），数质量流程见图5-46。

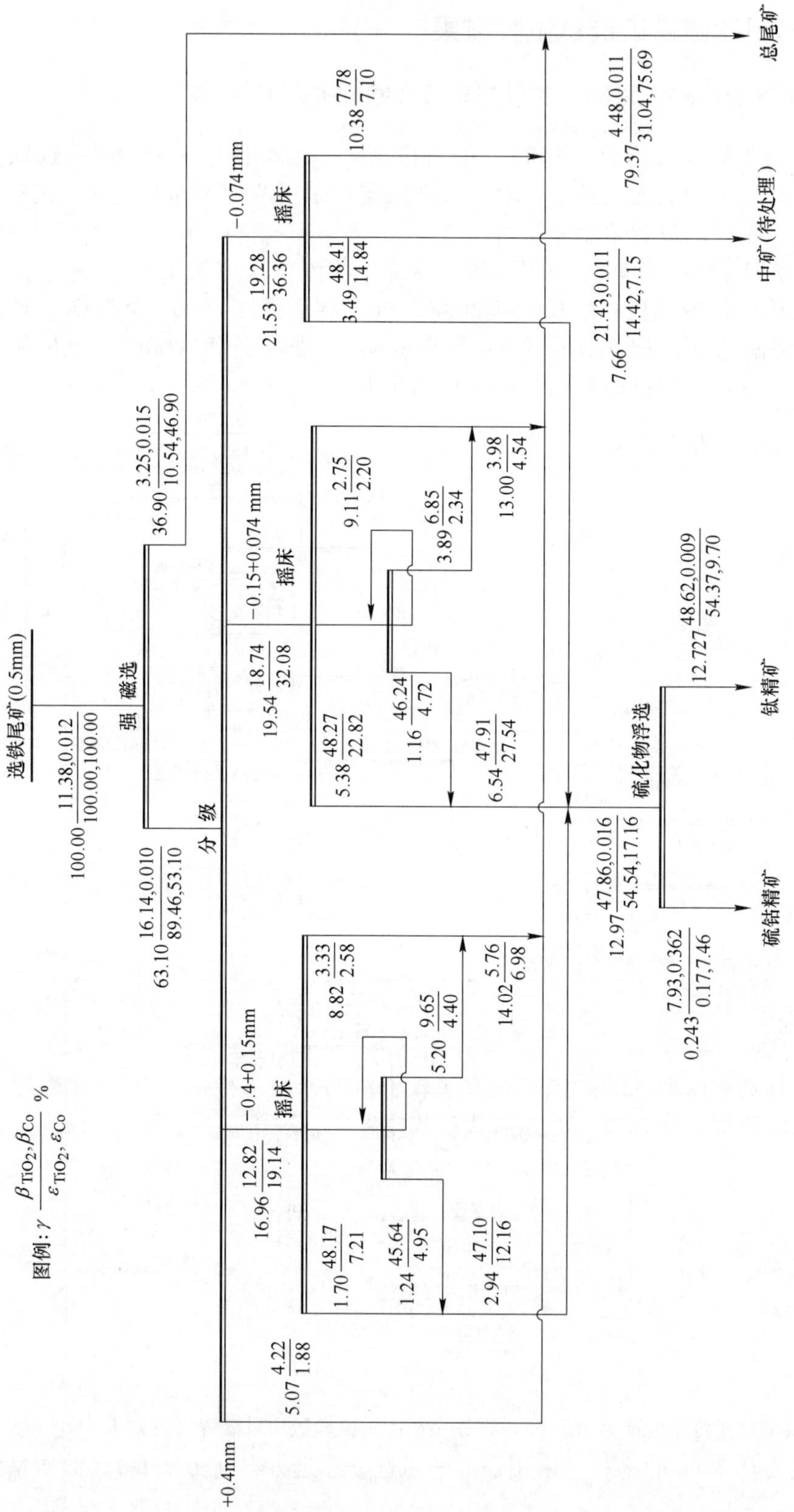


图 5-46 红格北矿区（T103）选铁尾矿试验数质量流程（方案Ⅱ）

流程方案Ⅰ、Ⅱ试验结果对比结果见表5-90。由试验结果可知，重选、浮选前的强磁作业可丢弃产率36%~68%，含 $TiO_2$ 3.25%~4.32%的尾矿，使重、浮入料由含 $TiO_2$ 11%富集到含 $TiO_2$ 16%~26%，从而简化后续工艺流程，提高分选效果。

**表5-90 红格北矿区表内矿选铁尾矿不同选钛方案对比结果**

| 流程 | 产品名称 | 产率/% | | 品位/% | | 回收率/% | | | |
|---|---|---|---|---|---|---|---|---|---|
| | | 总给矿 | 对作业 | $TiO_2$ | Co | $TiO_2$ 对总给矿 | $TiO_2$ 对作业 | Co 对总给矿 | Co 对作业 |
| 强磁—浮选（Ⅰ方案） | 硫钴精矿 | 0.26 | 0.16 | 6.86 | 0.346 | 0.16 | 0.10 | 7.90 | 4.00 |
| | 钛精矿 | 14.14 | 9.00 | 48.79 | 0.010 | 60.95 | 37.36 | 12.45 | 6.31 |
| | 浮硫尾矿 | 1.70 | 1.08 | 23.86 | 0.034 | 3.57 | 2.19 | 5.16 | 2.61 |
| | 浮钛尾矿 | 15.49 | 9.86 | 6.80 | 0.006 | 9.31 | 5.71 | 8.18 | 4.15 |
| | 总浮选尾矿 | 17.19 | 10.94 | 8.48 | 0.009 | 12.88 | 7.90 | 13.34 | 6.76 |
| | 强磁尾矿1 | 41.20 | 26.22 | 3.30 | 0.013 | 11.96 | 7.33 | 47.15 | 23.90 |
| | 强磁尾矿2 | 27.21 | 17.32 | 5.87 | 0.008 | 14.05 | 8.61 | 19.16 | 9.71 |
| | 总强磁尾矿 | 68.41 | 43.54 | 4.32 | 0.011 | 26.01 | 15.94 | 66.31 | 33.61 |
| | 强—浮总尾矿 | 85.60 | 54.48 | 5.16 | 0.011 | 38.89 | 23.84 | 79.65 | 40.37 |
| | 选铁尾矿1 | 100.00 | 63.64 | 11.33 | 0.011 | 100.00 | 61.30 | 100.00 | 50.68 |
| 强磁—重选—浮选（Ⅱ方案） | 硫钴精矿 | 0.243 | 0.15 | 7.93 | 0.362 | 0.17 | 0.10 | 7.46 | 3.78 |
| | 钛精矿 | 12.727 | 8.10 | 48.62 | 0.009 | 54.37 | 33.33 | 9.70 | 4.92 |
| | 重选中矿 | 7.66 | 4.88 | 21.43 | 0.011 | 14.42 | 8.84 | 7.15 | 3.62 |
| | 重选总尾矿 | 42.47 | 27.03 | 5.55 | 0.008 | 20.50 | 12.57 | 28.79 | 14.59 |
| | 强磁尾矿 | 36.90 | 23.48 | 3.25 | 0.015 | 10.54 | 6.46 | 46.90 | 23.77 |
| | 强—重总尾矿 | 79.37 | 50.51 | 4.48 | 0.011 | 31.04 | 19.03 | 75.69 | 38.36 |
| | 选铁尾矿1 | 100.00 | 63.64 | 11.38 | 0.012 | 100.00 | 61.30 | 100.00 | 50.68 |

### 5.3.2 红格钒钛磁铁矿全矿区岩芯混合样综合回收研究

入选物料为红格南北矿区的岩芯样，按储量所占比例进行分配、选铁之后的尾矿，对其进行选钛综合回收，样品具有一定的代表性。给矿的化学多项分析结果见表5-91。

**表5-91 入选物料化学多项分析结果** （%）

| 成分 | TFe | $TiO_2$ | S | P | Co | MgO | $SiO_2$ | $Al_2O_3$ | CaO | Ni | Cu |
|---|---|---|---|---|---|---|---|---|---|---|---|
| 含量 | 12.92 | 10.46 | 0.300 | 0.156 | 0.014 | 13.30 | 35.75 | 6.22 | 12.80 | 0.033 | 0.019 |

对攀西地区的钒钛磁铁矿选铁尾矿，进行选钛综合回收，在以往工作的基础上，采用强磁—浮选流程选别攀西地区的钛铁矿积累了较丰富的经验，特别是1980年以来，选钛试验有了突破性的进展。在强磁—浮选选钛工艺流程中，强磁选设备为固定式仿琼斯型强磁选机，磁场强度为704kA/m，浮选选钛试验以石蜡皂胶作捕收剂，硫酸、草酸作调整剂。

红格全矿区的有用矿物的粒度较细，磨矿到－0.074mm 60%以上，才能得到合格的铁精矿。本试验样品中－0.074mm 61.4%，钛铁矿的解离度为87.07%，细粒级含量较高，宜采用强磁—浮选工艺流程进行选别。浮选选钛采用一次粗选，五次精选，获得的闭路试验结果见表5-92，钛精矿粒度筛析结果见表5-93，闭路试验数质量流程见图5-47。

**表5-92 红格钒钛磁铁矿岩芯样强磁—浮选闭路试验结果**

| 产品名称 | 产率/% | | 品位/% | | 回收率/% | |
|---|---|---|---|---|---|---|
| | 对作业 | 对选铁尾矿 | $TiO_2$ | Co | 对作业 | 对选铁尾矿 |
| 硫钴精矿 | 1.01 | 0.43 | 2.56 | 0.342 | 27.91 | 12.89 |
| 钛精矿 | 38.98 | 16.37 | 48.88 | 0.011 | 88.46 | 73.46 |

**表 5-93 红格钒钛磁铁矿岩芯样闭路试验钛精矿粒分析结果**

| 粒级/mm | 产率/% | | 品位 ($TiO_2$)/% | 分布率/% | |
|---|---|---|---|---|---|
| | 个别 | 累计 | | 个别 | 累计 |
| +0. 15 | 1. 52 | 1. 52 | 49. 41 | 1. 54 | |
| -0. 15 +0. 102 | 23. 23 | 24. 75 | 49. 05 | 23. 31 | 24. 85 |
| -0. 102 +0. 076 | 19. 70 | 44. 45 | 49. 29 | 19. 84 | 44. 69 |
| -0. 076 +0. 045 | 33. 33 | 77. 78 | 49. 66 | 33. 86 | 78. 55 |
| -0. 045 +0. 02 | 20. 71 | 98. 49 | 47. 95 | 20. 32 | 98. 87 |
| -0. 02 | 1. 51 | 100. 00 | 36. 60 | 1. 13 | 100. 00 |
| 给 矿 | 100. 00 | | 48. 88 | 100. 00 | |

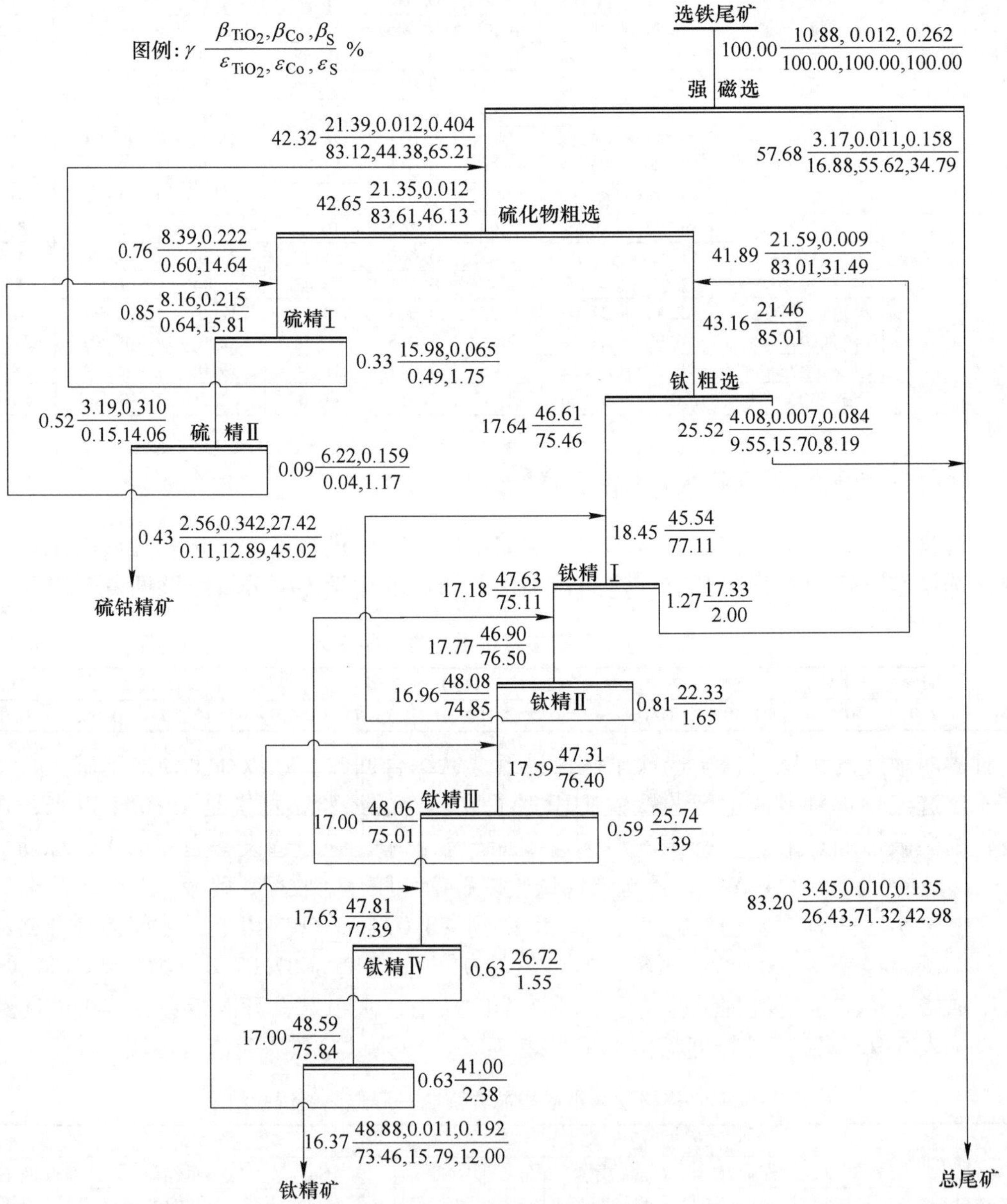


图 5-47 红格钒钛磁铁矿全矿区岩芯混合样综合回收试验数质量流程

试验结果表明，采用强磁—浮选工艺流程选别红格钒钛磁铁矿全矿区岩芯混合样的选铁尾矿，获得了较高质量的钛精矿和硫钴精矿，可作为矿床评价、开发红格钒钛磁铁矿综合利用的基础资料。

### 5.3.3 红格钒钛磁铁矿综合利用研究

在前期工作的基础上，针对红格钒钛磁铁矿1号、2号和3号样品进行了详细的选铁试验研究，获得了较好的选别指标。为了充分利用该矿产资源，现针对三处该选铁尾矿样品，进行了选钛综合回收试验研究。1号、2号和3号选钛物料的主要元素化学多项分析见表5-94。其中：1号试样为红格北矿区代表性矿样。该样品为辉石岩型稀—中稠浸染和辉长岩型星浸、稀浸的混合样，少量的橄榄石型中稠浸染—块状矿石和辉石岩型块状矿石。其中围岩夹石主要是含金属矿物很少的辉长岩和辉石岩。2号试样为辉石岩型稀疏—中等浸染块状矿石。3号试样为辉石岩型稠密浸染矿石夹少量块状矿石和中等浸染矿石（2号和3号矿样代表了红格北矿区东矿段矿体上层局部氧化矿）。

**表5-94 红格钒钛磁铁矿1号、2号和3号选钛物料主要元素化学多项分析** （%）

| 名称 | TFe | FeO | $TiO_2$ | $V_2O_5$ | $Cr_2O_3$ | Cu | Co | Ni | $SiO_2$ | $Al_2O_3$ | CaO | MgO | S | P |
|---|---|---|---|---|---|---|---|---|---|---|---|---|---|---|
| 1号 | 18.016 | 18.81 | 18.08 | 0.075 | 0.017 | 0.050 | 0.016 | 0.029 | 30.28 | 7.65 | 8.98 | 16.15 | 0.615 | 0.121 |
| 2号 | 17.91 | 14.84 | 21.06 | 0.094 | 0.012 | 0.0084 | 0.018 | 0.0058 | 30.58 | 7.45 | 7.01 | 6.45 | 0.030 | 0.037 |
| 3号 | 19.41 | 15.01 | 20.38 | 0.095 | 0.021 | 0.034 | 0.030 | 0.042 | 24.78 | 7.62 | 6.61 | 7.99 | 0.039 | 0.089 |

根据1号、2号、3号样品选铁尾矿（选钛物料）的性质，采用弱磁、中磁、强磁复合磁选选铁工艺是红格矿选钛工艺的创新，获得的复合磁选精矿产率分别为36.29%、43.60%、42.97%，$TiO_2$品位41.11%、43.09%、40.62%，$TiO_2$回收率为82.58%、88.61%、85.29%。这一技术指标是前所未有的，该技术指标为下一步浮选选别提供了优质入浮物料。通过系统的条件试验，最终确定的1号、2号、3号样品浮钛工艺流程见图5-48和图5-49，对比试验结果见表5-95。

**表5-95 红格钒钛磁铁矿各样选钛实验室试验技术指标**

| 试样名称 | 产品名称 | 产率/% | 品位（$TiO_2$）/% | 回收率（$TiO_2$）/% |
|---|---|---|---|---|
| 1号样品 | 硫钴精矿 | 0.79 | 1.02 | 0.04 |
| | 钛精矿 | 28.98 | 48.96 | 78.57 |
| | 选钛尾矿 | 70.23 | 5.50 | 21.39 |
| | 选钛物料 | 100.00 | 18.06 | 100.00 |
| 2号样品 | 钛精矿 | 37.19 | 48.68 | 85.47 |
| | 选钛尾矿 | 62.81 | 4.90 | 14.53 |
| | 选钛物料 | 100.00 | 21.18 | 100.00 |
| 3号样品 | 钛精矿 | 33.93 | 48.61 | 80.70 |
| | 选钛尾矿 | 66.07 | 5.97 | 19.30 |
| | 选钛物料 | 100.00 | 20.44 | 100.00 |

由表5-95可知，三种不同的选钛物料均能获得较高质量的钛精矿。在此基础上，选择1号样品进行选钛扩大试验，扩大试验结果见表5-96，扩大试验设备见表5-97，设备联

系图见图5-50，数质流程见图5-51，矿浆流程见图5-52。

**表5-96 红格钒钛磁铁矿1号矿样选钛扩大连续稳定试验最终结果**

| 产品名称 | 产率/% | 品位（$TiO_2$）/% | 回收率（$TiO_2$）/% |
|---|---|---|---|
| 硫钴精矿 | 0.79 | 1.02 | 0.04 |
| 钛精矿 | 29.48 | 48.19 | 78.61 |
| 选钛尾矿 | 69.73 | 5.53 | 21.35 |
| 选钛原料 | 100.00 | 18.07 | 100.00 |

**表5-97 红格钒钛磁铁矿1号样品选钛扩大连续试验设备**

| 设备名称 | 规格型号 | 单位 | 数量 |
|---|---|---|---|
| 料 斗 | 30L | 个 | 1 |
| 摆式给料机 | 80×20 | 台 | 1 |
| 搅拌桶 | 25L | 台 | 6 |
| 复合磁选装置 | $\phi$300～600 | 套 | 1 |
| 浮选机 | FX12L | 台 | 2 |
| 浮选机 | FX24L | 台 | 8 |
| 球磨机 | 420mm×600mm XMBL-77型 | 台 | 1 |
| 单螺旋分级机 | $\phi$150 | 台 | 1 |

1号样选钛扩大连续稳定试验的技术指标充分验证了实验室试验技术指标，说明该选钛工艺和药剂制度是非常稳定可靠的。

针对红格北矿区前、中期有代表性（1号样）矿样、红格北矿区氧化矿层2号和3号矿样，进行详细的工艺矿物学研究，为选铁、选钛、浮选硫钴的研究和选矿技术效果的分析提供了科学依据。

针对1号、2号、3号矿样分别进行了选钛试验研究，采用复合磁选—浮选工艺流程，复合磁选选别工艺是红格矿选钛工艺的创新。由于入浮物料大幅度地减少，使浮选药剂用量大大降低，同时也减少了尾矿水的处理量；由于复合磁选提高了入浮物料的品位，从而保证了浮钛比较容易地获得高品位钛精矿；该工艺能有效回收选铁尾矿中的钛。试验结果表明，选钛流程结构合理，工艺技术可靠，技术指标理想。采用的选矿药剂分选性能好，且对环境无污染。采用该选矿工艺技术，既能有效地、充分合理地利用红格钒钛磁铁矿的钛资源，又能降低选钛总成本。这是攀西钒钛磁铁矿选钛技术上的重大突破。

选矿经济分析表明，采用该工艺技术选矿加工处理红格钒钛磁铁矿贫矿石，以年加工处理75万吨/年计，年产高质量钒铁精矿21.11万吨，钛精矿9.11万吨，当开采到原生矿时，年可产1.23万吨硫钴精矿，以暂不计硫钴精矿收入时，在原矿价格高（42元/吨）、产品销售价（铁精矿260元/吨，钛精矿550元/吨）按低于目前市场价格进行预算的情况下，年销售收入为10499.10万元，年销售成本为7889.98万～7778.71万元，年实现利税2609.12万～2720.39万元，项目的投资收益率为28.74%，充分说明该工艺技术先进，经济效益重大。

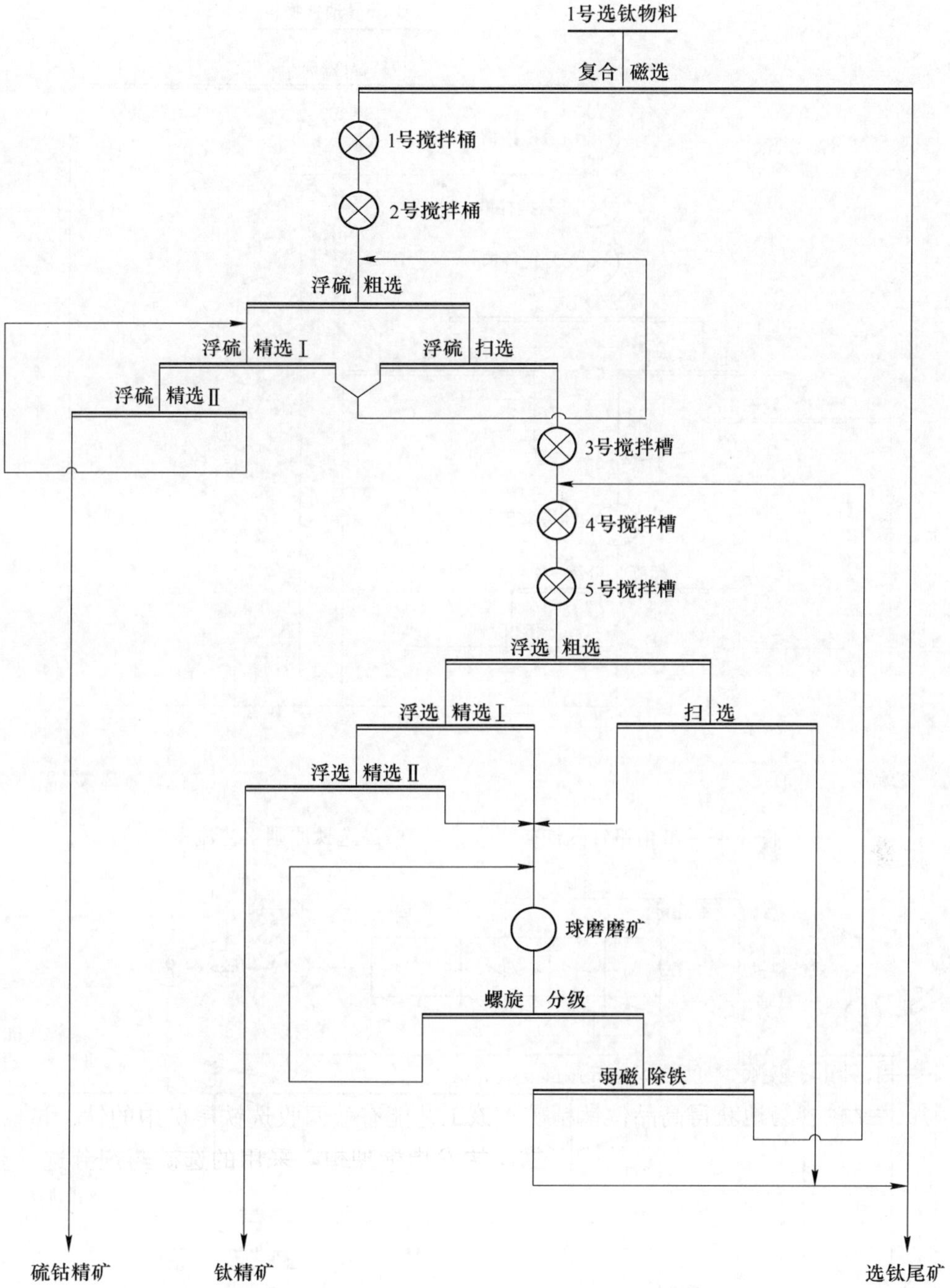


图 5-48 红格钒钛磁铁矿 1 号样品选钛工艺流程

主要创新点是依据矿石物质组成和工艺性质，对红格矿不同品级、不同矿物组成矿石应采用不同的选铁工艺原则流程，研究提出复合磁选选钛—分级抛尾—浮钛中矿再磨再选为特点的选钛新工艺、高效无毒的选钛新药剂及其药剂制度等，该技术成果已作为红格北矿区钒钛磁铁矿综合利用选矿厂建厂设计的依据。

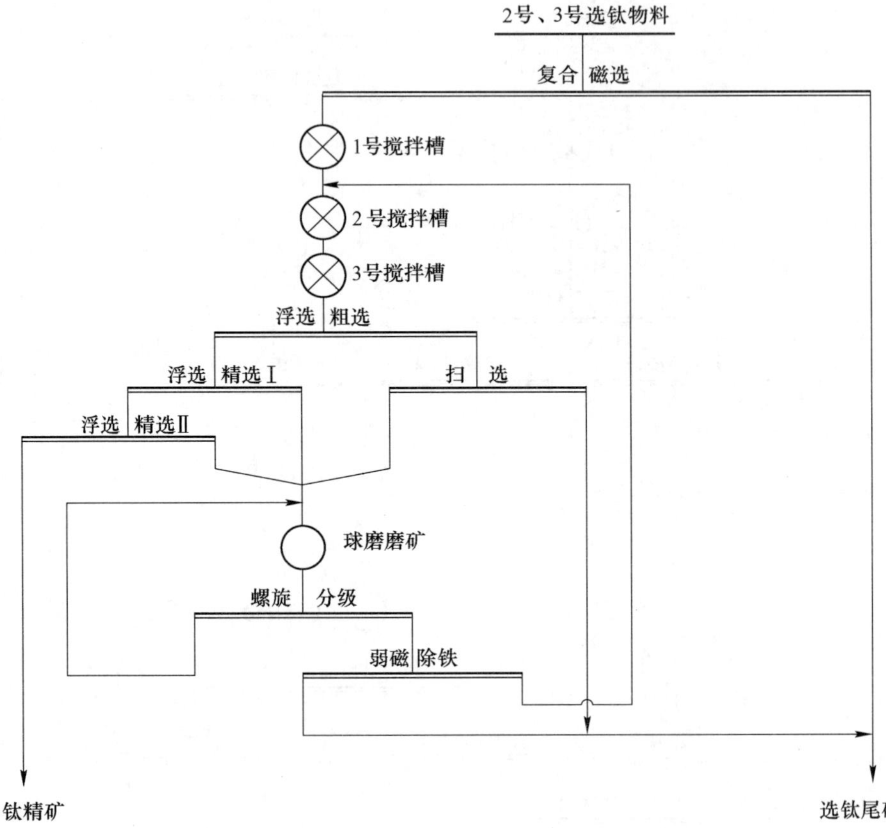


图 5-49 红格钒钛磁铁矿 2 号、3 号样品选钛原则工艺流程

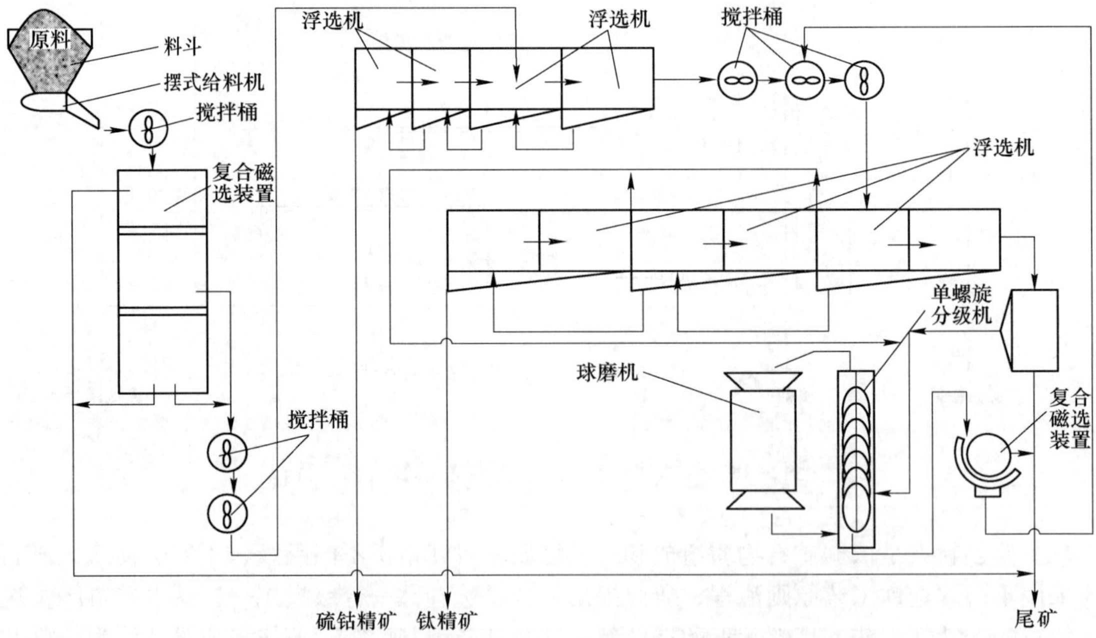


图 5-50 红格钒钛磁铁矿 1 号样品选钛扩大连续试验设备联系图

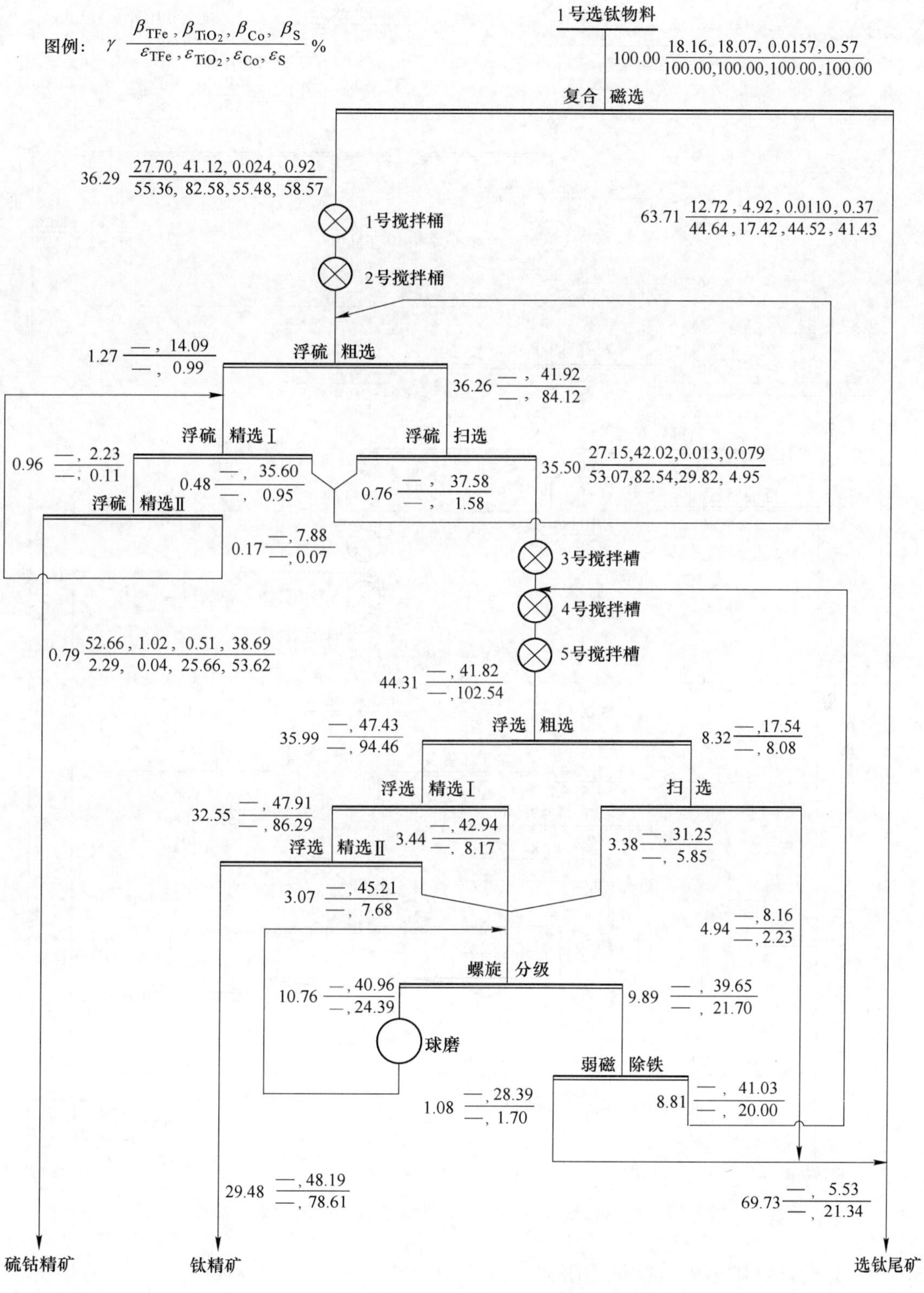


图 5-51 红格钒钛磁铁矿 1 号样选钛扩大连续试验数质量流程

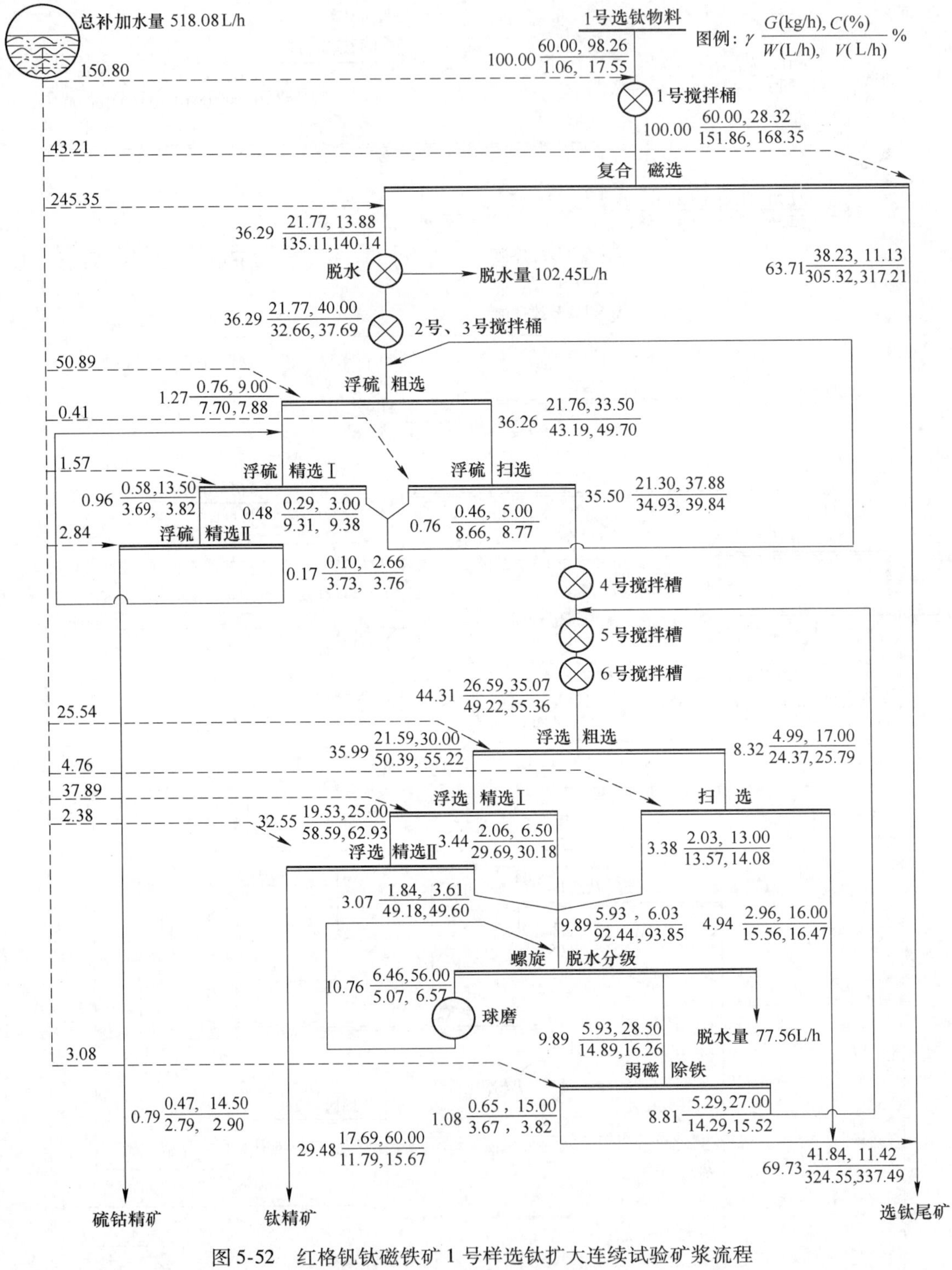


图 5-52 红格钒钛磁铁矿 1 号样选钛扩大连续试验矿浆流程

### 5.3.4 龙蟒钛铁矿砂矿选钛试验研究

试验矿样由龙蟒矿业公司负责采集，采样点分别为大龙树、掌鸠河和南堂河，按一定的配比组成综合样作为本次试验研究的矿样，原矿的主要化学成分见表5-98。

表5-98 选钛物料主要化学成分 (%)

| 成分 | TFe | $Fe_2O_3$ | $TiO_2$ | $V_2O_5$ | $SiO_2$ | $Al_2O_3$ | CaO | MgO | S | P |
|---|---|---|---|---|---|---|---|---|---|---|
| 含量 | 33.64 | 23.62 | 29.53 | 0.43 | 17.00 | 4.87 | 0.74 | 0.94 | 0.020 | 0.132 |

矿石的工艺矿物学研究结果表明，随着砂矿粒级由粗到细，钛铁矿的单体解离度从低到高，与钛铁矿构成连体的主要有两种形式，一是钛铁矿与钛磁铁矿连体，是最主要的连体；二是钛铁矿与褐铁矿等铁矿以及泥质化褐铁矿（充填式）连体。矿物的氧化、风化、蚀变作用较强，是该矿石的突出特征，严重影响着该矿石的工艺性质。

根据矿石性质特点，进行了两种不同选钛工艺流程的对比试验，两方案分别为：

方案Ⅰ：高效选择性解离擦洗—分级—弱磁选—强磁选工艺流程；

方案Ⅱ：高效选择性解离擦洗—分级—弱磁选—重选—中矿强磁选工艺流程。

两种不同工艺流程对比结果见表5-99。

表5-99 龙蟒钛铁矿砂矿不同工艺流程试验结果对比

| 方案 | 产品名称 | 产率/% | 品位/% | | 回收率/% | |
|---|---|---|---|---|---|---|
| | | | $TiO_2$ | TFe | $TiO_2$ | TFe |
| 方案Ⅰ | 钛精矿 | 51.67 | 48.87 | 36.11 | 85.61 | 55.93 |
| | 铁精矿 | 14.83 | 17.66 | 56.62 | 8.89 | 25.17 |
| | 尾矿 | 33.50 | 4.84 | 18.85 | 5.50 | 18.90 |
| | 给矿 | 100.00 | 29.47 | 33.36 | 100.00 | 100.00 |
| 方案Ⅱ | 钛精矿 | 50.99 | 48.61 | 36.06 | 84.07 | 55.11 |
| | 铁精矿 | 14.83 | 17.66 | 56.62 | 8.89 | 25.17 |
| | 尾矿 | 34.18 | 6.06 | 19.25 | 7.04 | 19.72 |
| | 给矿 | 100.00 | 29.47 | 33.36 | 100.00 | 100.00 |

对比结果表明，两种方案均可以获得较好的技术指标，因为两个工艺流程均采用了高效选择性解离擦洗这一关键技术。尽管如此，方案Ⅰ的技术指标略高于方案Ⅱ，但分选效率却远高于方案Ⅱ，方案Ⅰ具有更加广泛的适应性，方案Ⅰ的数质量流程见图5-53。

该研究成果为该矿的选矿厂建厂设计和选矿厂生产提供了可靠的工艺技术，可作为建厂设计和选矿石生产的技术依据。

### 5.3.5 红格百草钒钛磁铁矿选钛试验研究

选钛的物料是前期选铁试验研究中的选铁尾矿，在阶段磨选流程中是一段磁尾和二段磁尾合并后作为选钛的物料，选钛物料的化学组成见表5-100，其粒度组成见表5-101。

通过多年的研究和生产实践经验总结，一致公认强磁—浮选流程是选别攀西地区钒钛磁铁矿中钛铁矿最佳流程。强磁选作业是强磁—浮选流程选钛过程中效率最高、成本最低的作业之一。在强磁选作业通常可以抛弃大约2/3的最终尾矿，同时选矿富集比可以达到2以上，有效地提高了入浮物料的$TiO_2$含量，同时降低了钛精矿的生产成本。

长期的选钛实践经验证明，攀西钒钛磁铁矿中钛铁矿粗粒级物料连生体比较多，对钛精矿的品位提升极为不利；即使大部分是单体或富连体，由于钛铁矿本身可浮性较差，这种粒度较粗大的矿物也难以上浮，会影响$TiO_2$的回收率。因此，对强磁精矿中这部分物料必须进行磨矿。

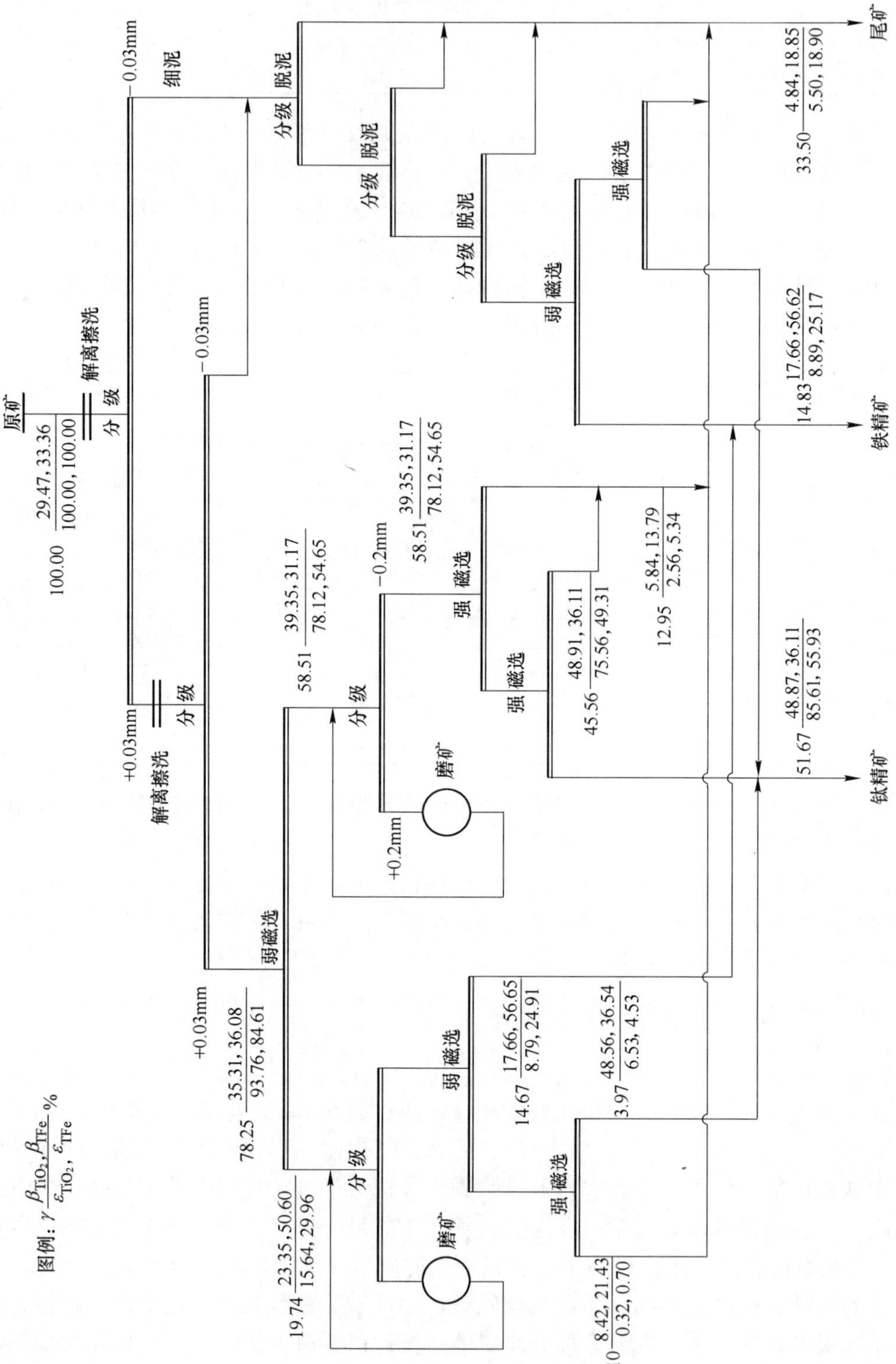


图 5-53 龙蟒钛铁矿砂矿选钛数质量流程（方案 I）

表 5-100　百草钒钛磁铁矿选钛物料主要化学成分　(%)

| 样品名称 | TFe | FeO | $TiO_2$ | $V_2O_5$ | Cu | Co | Ni | $SiO_2$ | $Al_2O_3$ | CaO | MgO | S | P |
|---|---|---|---|---|---|---|---|---|---|---|---|---|---|
| 一段尾矿 | 14.88 | 13.81 | 12.75 | 0.052 | 0.080 | 0.021 | 0.029 | 40.18 | 8.95 | 6.68 | 7.11 | 0.194 | 0.191 |
| 二段尾矿 | 22.03 | 18.44 | 25.97 | 0.059 | 0.074 | 0.019 | 0.035 | 24.28 | 6.54 | 5.39 | 6.45 | 0.162 | 0.045 |

表 5-101　百草钒钛磁铁矿选钛物料粒度组成

| 物料名称 | 粒级/mm | 产率/% | 品位/% | | 分布率/% | |
|---|---|---|---|---|---|---|
| | | | TFe | $TiO_2$ | TFe | $TiO_2$ |
| 一段尾矿 | +0.5 | 3.58 | 9.60 | 3.54 | 2.23 | 1.05 |
| | -0.5 +0.15 | 10.92 | 14.73 | 9.51 | 10.45 | 8.61 |
| | -0.15 +0.1 | 19.62 | 16.60 | 14.22 | 21.16 | 23.13 |
| | -0.1 +0.074 | 11.26 | 16.59 | 14.64 | 12.14 | 13.67 |
| | -0.074 +0.045 | 5.87 | 16.00 | 14.30 | 6.10 | 6.95 |
| | -0.045 | 48.75 | 15.13 | 11.53 | 47.92 | 46.59 |
| | 合计 | 100.00 | 15.39 | 12.06 | 100.00 | 100.00 |
| 二段尾矿 | +0.074 | 5.01 | 24.31 | 27.67 | 5.51 | 5.34 |
| | -0.074 +0.045 | 5.21 | 25.76 | 24.84 | 6.07 | 4.99 |
| | -0.045 | 89.78 | 21.79 | 25.91 | 88.42 | 89.67 |
| | 合计 | 100.00 | 22.12 | 25.94 | 100.00 | 100.00 |

浮选钛前的浮选硫化物，一是保证钛精矿质量要求的需要，二是矿产综合利用的需要，三是提升百草矿开发利用效益的需要。所以，浮选钛前必须浮选硫化物。

红格百草钒钛磁铁矿选钛工艺流程见图 5-54，数质量流程见图 5-55，闭路试验结果见表 5-102，闭路试验产品检查见表 5-103。

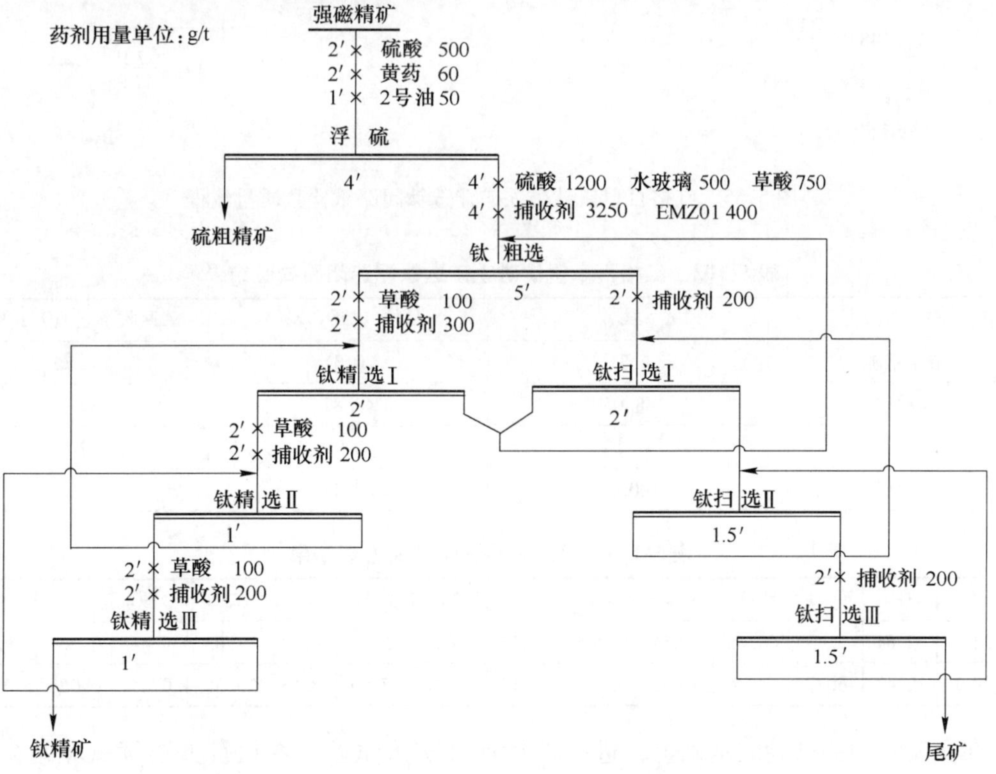


图 5-54　红格百草钒钛磁铁矿浮选钛闭路试验流程

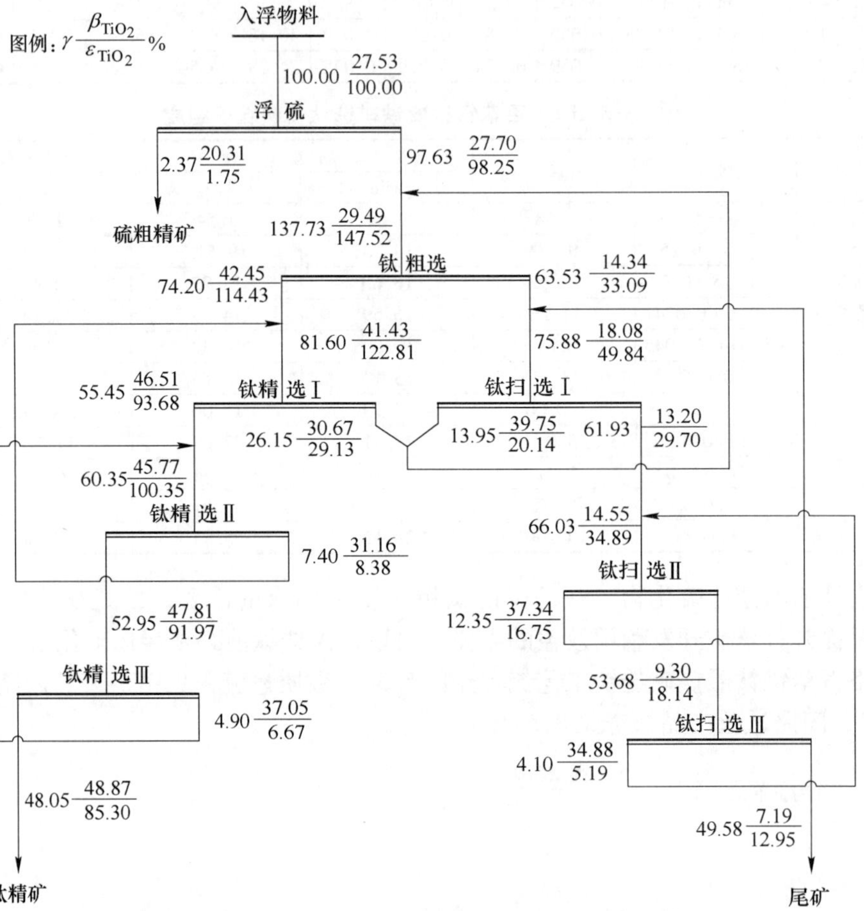


图 5-55 红格百草钒钛磁铁矿浮选钛闭路试验数质量流程

**表 5-102 红格百草钒钛磁铁矿选钛浮选闭路试验结果**

| 产品名称 | 产率/% | 品位（$TiO_2$）/% | 回收率（$TiO_2$）/% |
|---|---|---|---|
| 硫粗精矿 | 2.37 | 20.31 | 1.75 |
| 钛精矿 | 48.05 | 48.87 | 85.30 |
| 尾 矿 | 49.58 | 7.19 | 12.95 |
| 入浮物料 | 100.00 | 27.53 | 100.00 |

**表 5-103 浮选闭路试验产品检查结果** （%）

| 名 称 | TFe | $Fe_2O_3$ | $TiO_2$ | $V_2O_5$ | Cu | Co | Ni | $SiO_2$ | $Al_2O_3$ | CaO | MgO | S | P |
|---|---|---|---|---|---|---|---|---|---|---|---|---|---|
| 钛精矿 | 32.65 | 7.43 | 48.65 | 0.054 | 0.004 | 0.013 | 0.008 | 2.24 | 0.86 | 1.03 | 3.44 | 0.065 | 0.027 |
| 浮选尾矿 | 12.42 | 6.77 | 7.12 | 0.051 | 0.009 | 0.013 | 0.021 | 45.15 | 8.63 | 9.35 | 9.45 | 0.066 | 0.125 |

在实验室闭路试验的基础上，进行选钛连续扩大试验。选钛扩大连续试验结果见表 5-104，工艺流程见图 5-56，数质量流程见图 5-57，矿浆流程见图 5-58。

表 5-104 红格百草钒钛磁铁矿浮选钛扩大连续稳定试验最终结果

| 产品名称 | 产率/% | | 品位 ($TiO_2$)/% | 回收率 ($TiO_2$)/% | |
|---|---|---|---|---|---|
| | 对作业 | 对选钛物料 | | 对作业 | 对选钛物料 |
| 硫精矿① | 0.67 | 0.28 | 2.35 | 0.06 | 0.05 |
| 钛精矿 | 51.21 | 21.52 | 48.08 | 89.44 | 74.30 |
| 选钛尾矿 | 48.12 | 20.23 | 6.01 | 10.50 | 8.72 |
| 入浮物料 | 100.00 | 42.03 | 27.53 | 100.00 | 83.07 |

① 硫精矿含 S 34.92%。

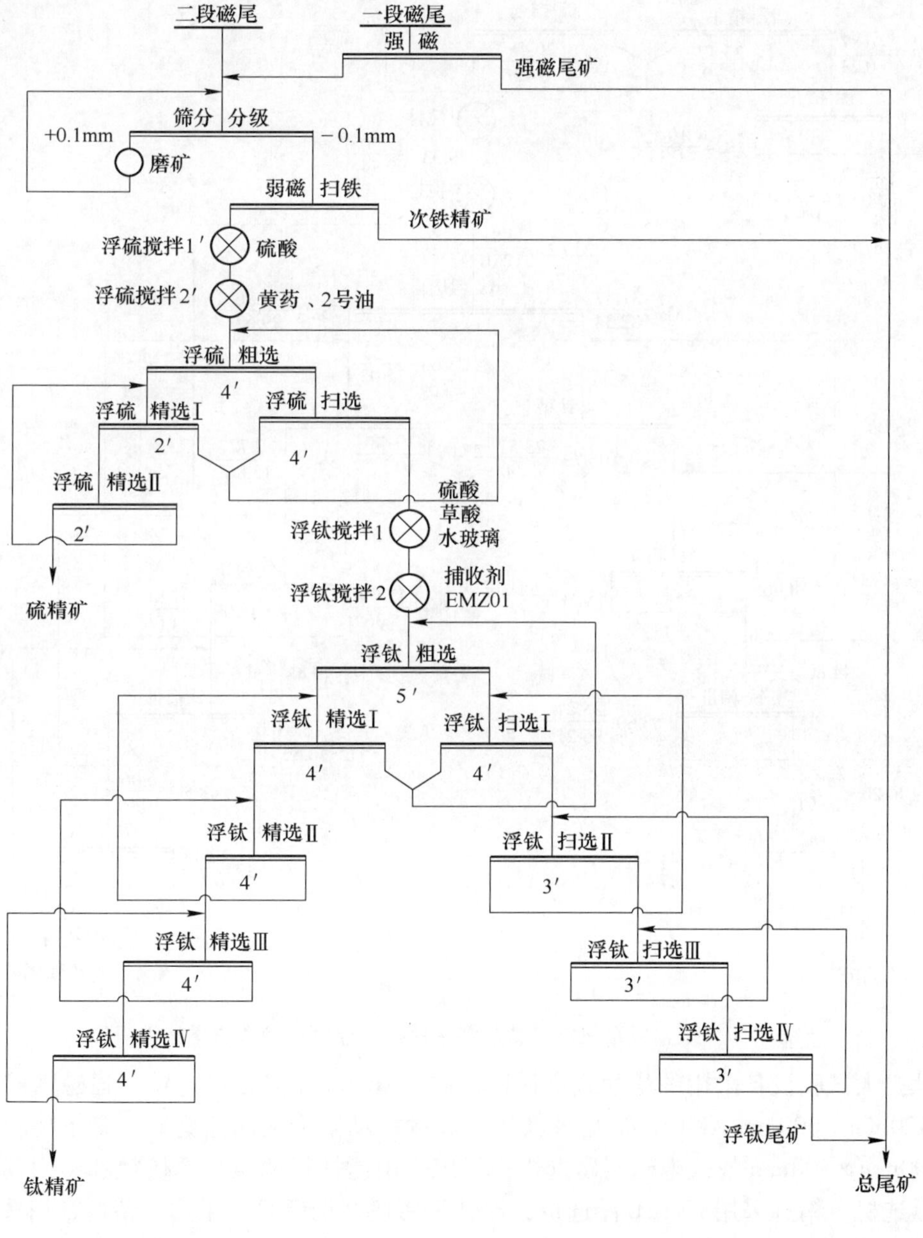


图 5-56 红格百草钒钛磁铁矿浮选钛扩大连续试验流程

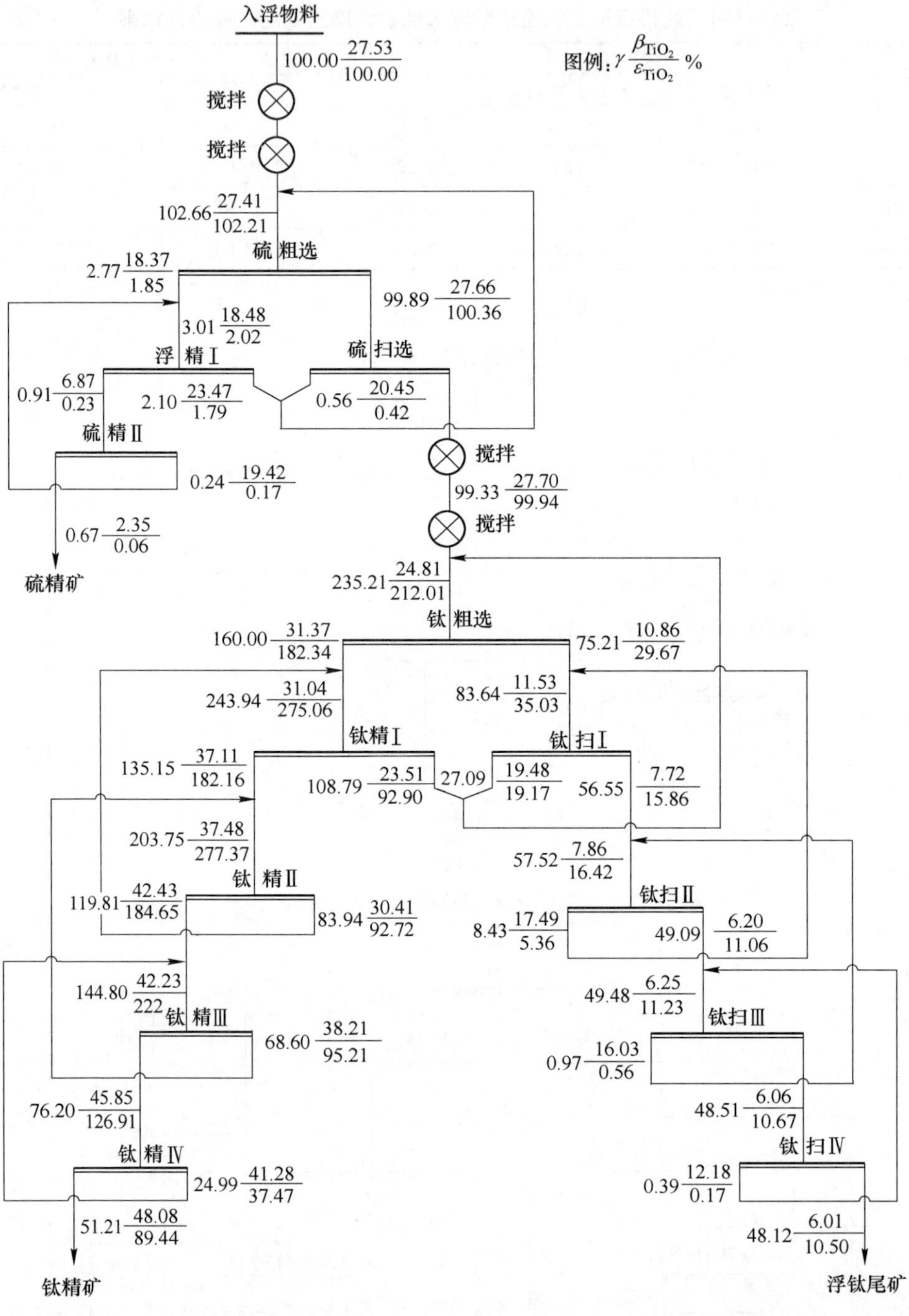


图 5-57 红格百草钒钛磁铁矿浮选钛扩大连续试验数质量流程

选钛扩大试验设备采用的是摆式给料机给矿，$\phi$600mm 强磁机选钛，强磁精矿再磨设备采用 420mm ×600mm XMBL-77 型球磨机与高频振动筛形成闭路磨矿，筛下物料扫铁设备为 $\phi$300mm ×300mm 鼓式电磁弱磁选机；浮硫采用搅拌桶调浆，浮硫粗选、扫选均采用 FX24L 浮选机，精选采用 FX12L 浮选机；浮钛采用搅拌桶调浆，粗选、精选、扫选设备为 FX24L 浮选机。

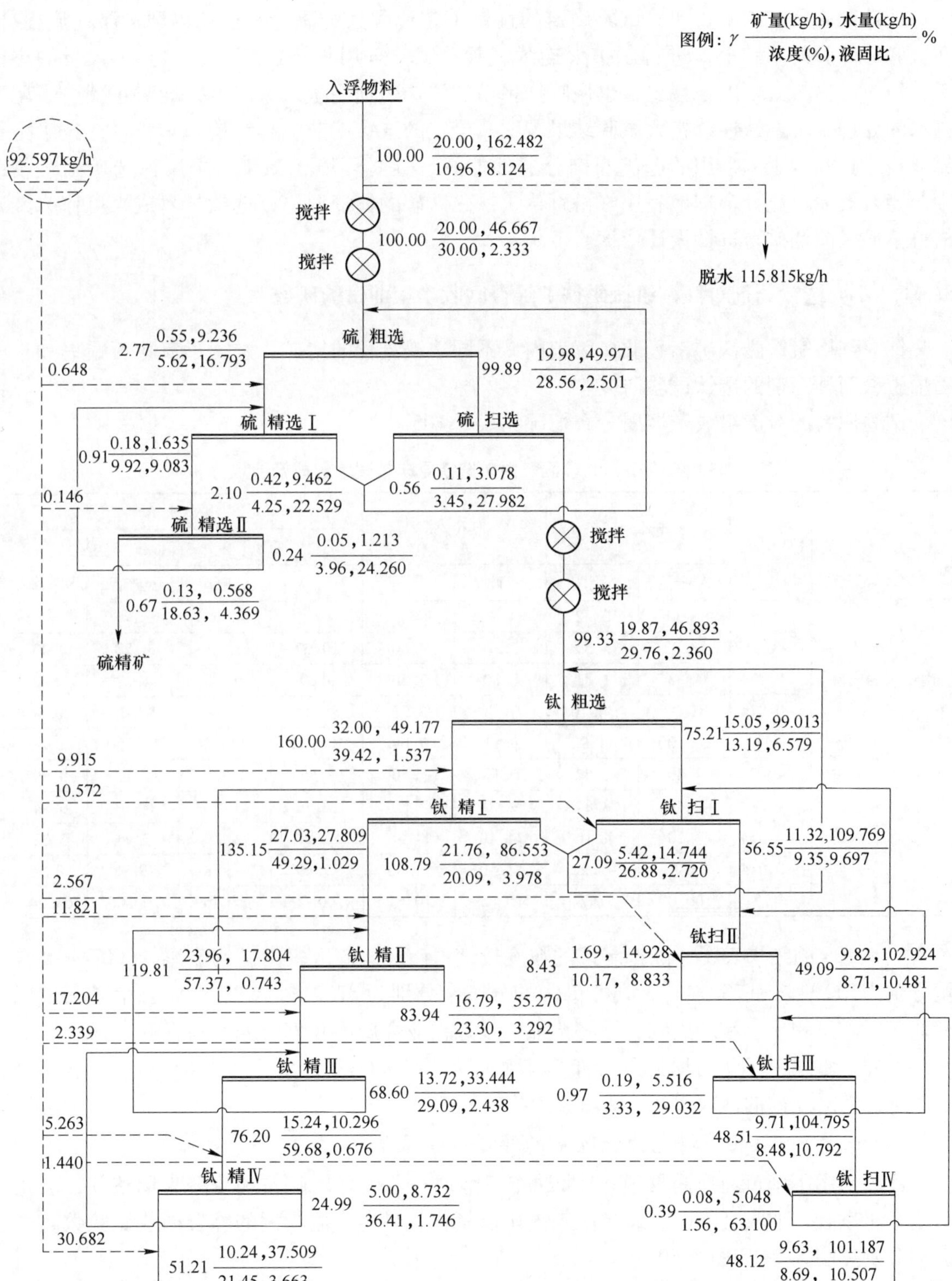


图 5-58 红格百草钒钛磁铁矿浮选钛扩大连续试验矿浆流程

选钛试验研究结果表明，试验确定的选钛工艺流程为强磁选—粗粒再磨—浮选流程。在实验室试验的基础上，进行了扩大连续试验。试验采用强磁选别工艺抛弃了大量的尾矿，使入浮物料大幅度地减少，也使吨钛精矿的浮选药剂用量大大降低，同时也减少了尾矿水的处理量。选钛连续扩大试验结果表明，确定的选钛工艺流程结构合理，工艺技术可靠，技术指标理想。采用的选矿药剂分选性能好，且对环境无污染。采用该选矿工艺技术，能有效地、充分合理地利用红格百草钒钛磁铁矿的钛资源。该选钛技术成果可作为红格百草矿区前期矿石选钛设计依据。

### 5.3.6 不同选钛药剂对红格钒钛磁铁矿综合回收半工业试验研究

针对红格钒钛磁铁矿南、北矿区表内矿不同选铁流程的尾矿，进行了氧化石蜡皂和苯乙烯膦酸两种药剂的选钛试验研究。

试验原料的粒度组成及金属分布情况见表5-105。

**表5-105 红格南、北矿区表内矿选铁尾矿粒试验组成及金属分布**

| 矿样 | 粒级/mm | 产率/% | | 品位/% | | 回收率/% | | | |
|---|---|---|---|---|---|---|---|---|---|
| | | | | | | TFe | | $TiO_2$ | |
| | | 对产品 | 对原矿 | TFe | $TiO_2$ | 对产品 | 对原矿 | 对产品 | 对原矿 |
| 南矿区表内矿 | +0.2 | 1.00 | 0.42 | | | | | | |
| | +0.1 | 13.33 | 5.59 | 7.30 | 4.60 | 10.67 | 1.49 | 8.57 | 2.03 |
| | +0.074 | 4.33 | 1.81 | 8.80 | 7.50 | 3.89 | 0.54 | 4.22 | 1.00 |
| | -0.074 | 81.34 | 34.10 | 10.30 | 8.25 | 85.44 | 11.89 | 87.21 | 20.66 |
| | 合计 | 100.00 | 41.92 | 9.81 | 7.69 | 100.00 | 13.92 | 100.00 | 23.69 |
| 北矿区表内矿 | +0.2 | 4.36 | 2.52 | 6.10 | 2.70 | 2.45 | 0.67 | 1.11 | 0.70 |
| | +0.1 | 15.31 | 8.84 | 9.00 | 7.60 | 12.70 | 3.49 | 10.97 | 6.94 |
| | +0.074 | 7.20 | 4.16 | 11.10 | 11.70 | 7.36 | 2.02 | 7.94 | 5.02 |
| | -0.074 | 73.13 | 42.22 | 11.50 | 11.60 | 77.49 | 21.28 | 79.98 | 50.58 |
| | 合计 | 100.00 | 57.74 | 10.85 | 10.61 | 100.00 | 27.46 | 100.00 | 63.24 |

表5-105的结果表明，磁选尾矿的粒度较细，南、北矿区表内矿的磁尾-0.074mm含量分别为81.34%和73.13%，其中$TiO_2$的分布率分别为87.21%和79.98%。南矿区磁尾与北矿区磁尾相比，粒度更细，这将给强磁预选作业金属回收率带来不利影响。

另外，磁尾中$TiO_2$对原矿的分布率南矿区仅为23.69%，北矿区为63.24%，这就决定了最终钛对原矿的回收率不会太高。

#### 5.3.6.1 以氧化石蜡皂为捕收剂的综合回收试验

浮硫采用丁基黄药作捕收剂，2号油作起泡剂；选钛采用硫酸和草酸为调整剂，氧化石蜡皂粗皂胶作捕收剂。南、北矿区表内矿以氧化石蜡皂为捕收剂的综合回收试验数质量流程分别见图5-59和图5-60。

以氧化石蜡皂为捕收剂，南、北矿区表内矿综合回收对比试验结果表明，南矿区表内矿综合回收可获得的钛精矿含$TiO_2$ 46.40%，对磁选尾矿的回收率29.93%。北矿区表内矿综合回收可获得的钛精矿含$TiO_2$ 46.60%，对磁选尾矿的回收率为36.09%，回收率比

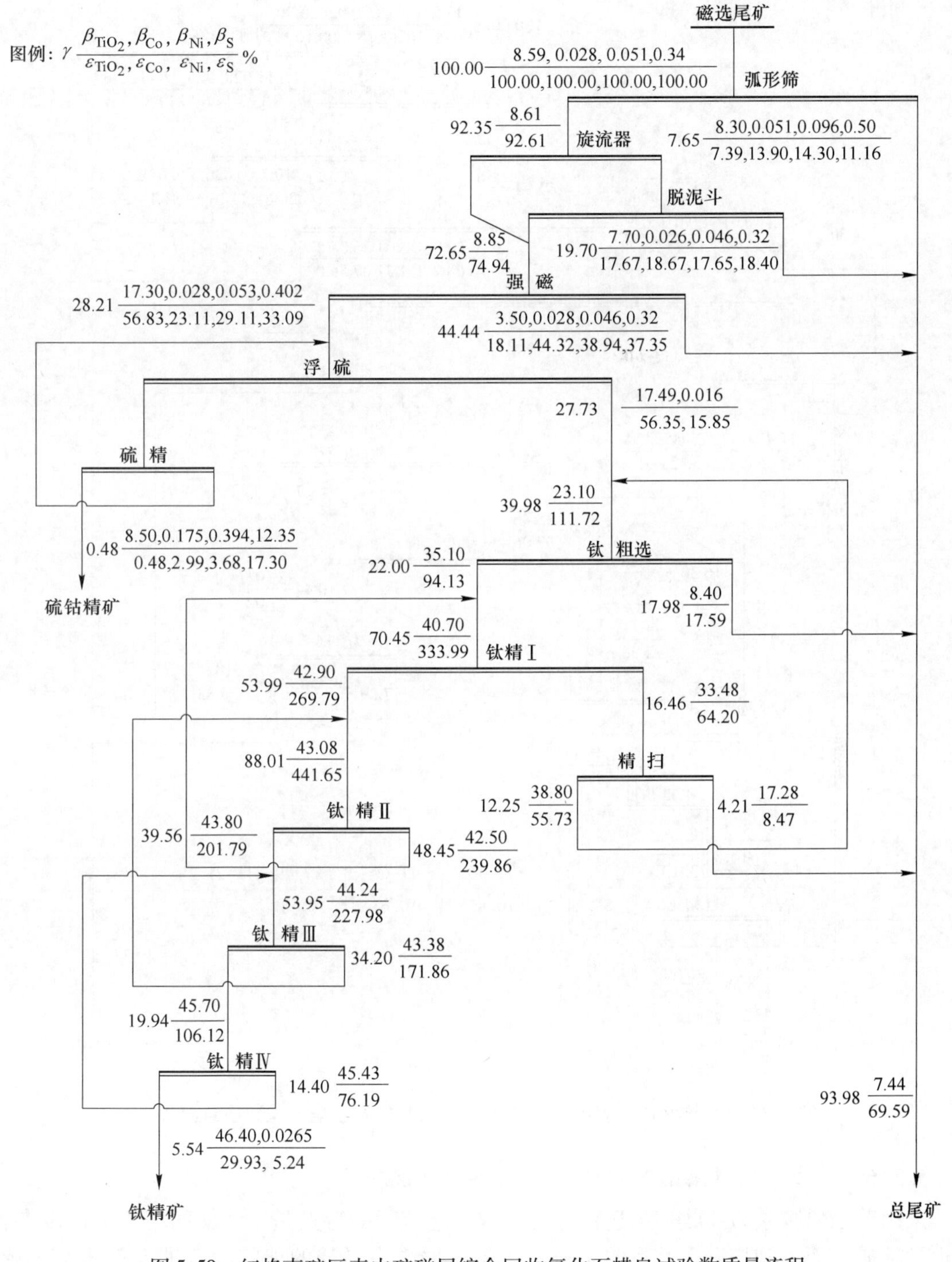


图 5-59 红格南矿区表内矿磁尾综合回收氧化石蜡皂试验数质量流程

南矿区的高。

采用强磁预选有明显的经济效益，同时可提高浮选入选品位，有利于提高精矿品位。选钛采用精Ⅰ尾矿单独处理，有利于选得高品位钛精矿，同时可使流程稳定，易于操作。

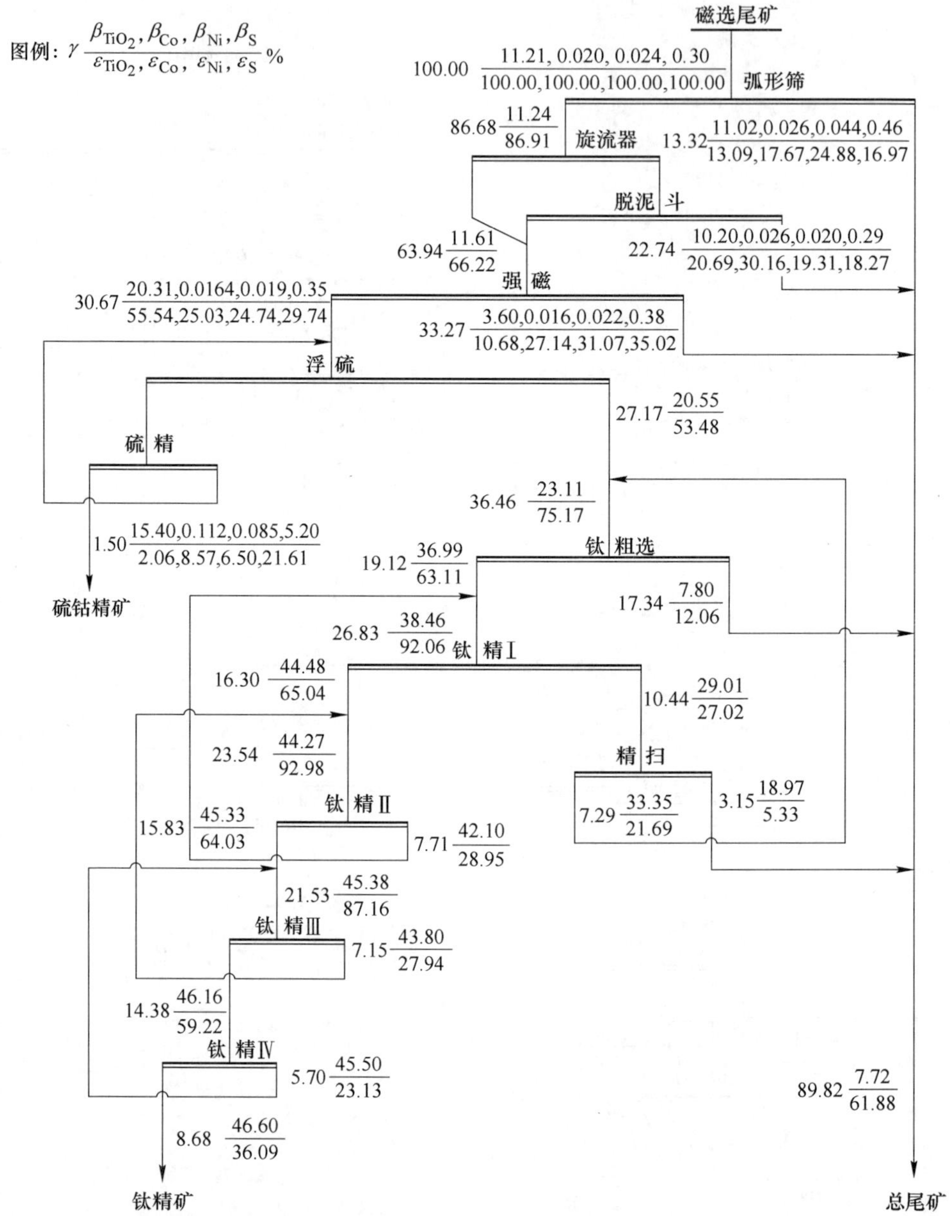


图 5-60 红格北矿区表内矿磁尾综合回收氧化石蜡皂试验数质量流程

#### 5.3.6.2 以苯乙烯膦酸为捕收剂的综合回收试验

采用苯乙烯膦酸为捕收剂的选钛综合回收工艺流程的特点是，浮钛的精Ⅰ尾矿没有直接返到给矿，而返到扫选，其目的是避免了精Ⅰ尾矿中易浮的细粒脉石进入粗选及精选，药剂制度发生改变而给粗选带来影响。

南、北矿区表内矿以苯乙烯膦酸为捕收剂的综合回收试验数质量流程分别见图 5-61 和图 5-62。

采用苯乙烯膦酸为捕收剂，南、北矿区表内矿综合回收对比试验结果表明，南矿区表

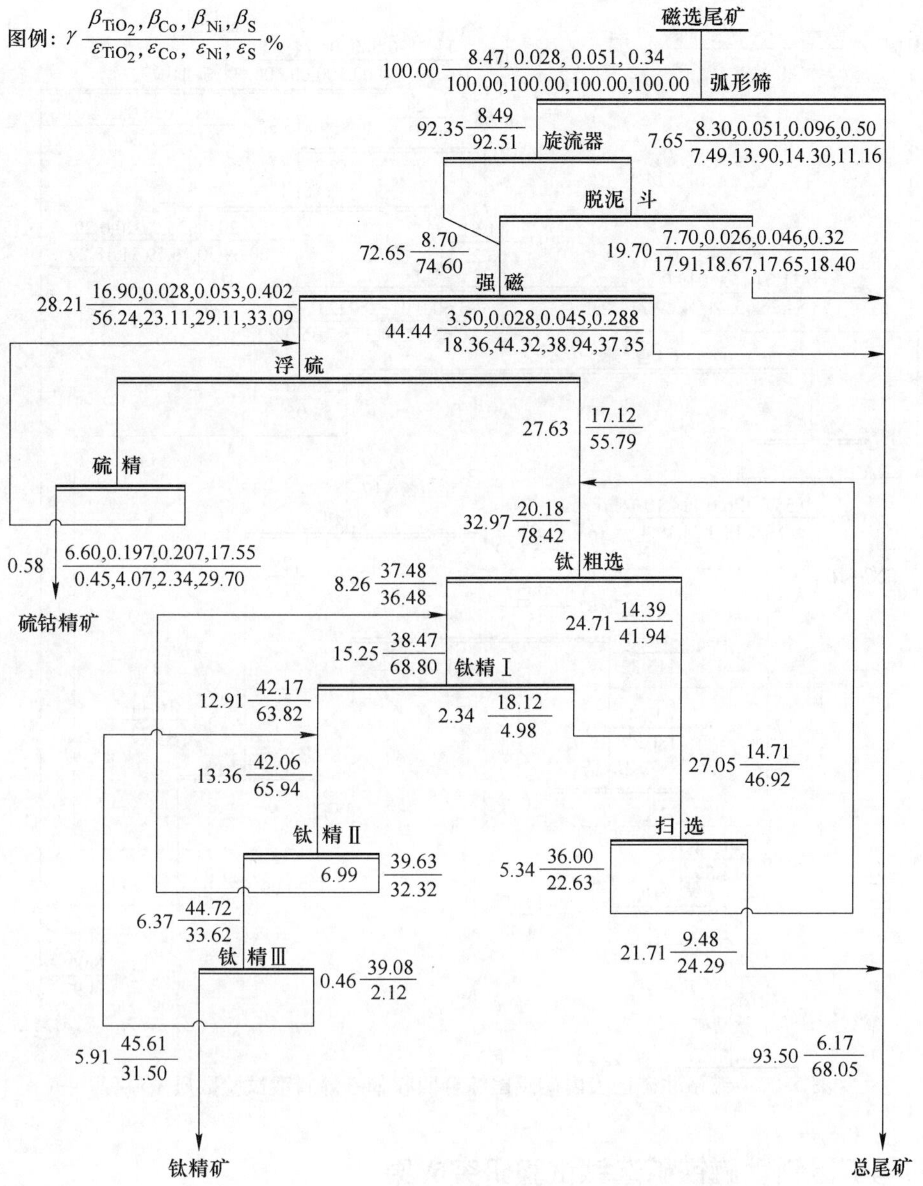


图 5-61　红格南矿区表内矿磁尾综合回收苯乙烯膦酸试验数质量流程

内矿综合回收可获得的钛精矿含 $TiO_2$ 45.16%，对磁选尾矿的回收率 31.50%。北矿区表内矿综合回收可获得的钛精矿含 $TiO_2$ 42.94%，对磁选尾矿的回收率为 34.44%。

北矿区表内矿未能获得合格的钛精矿，主要原因是弧形筛上和旋流器及脱泥斗溢流矿量损失达 36.06%，金属量损失达 33.78%，进入强磁作业的矿量只有 63.94%，金属量也只有 66.22%，因而即使强磁作业的作业回收率达到 83% 以上，也大大低于实验室指标。同时，由于北矿区的矿较少，没能进行详细的调整，所得结果只能为进一步开展工作提供参考依据。

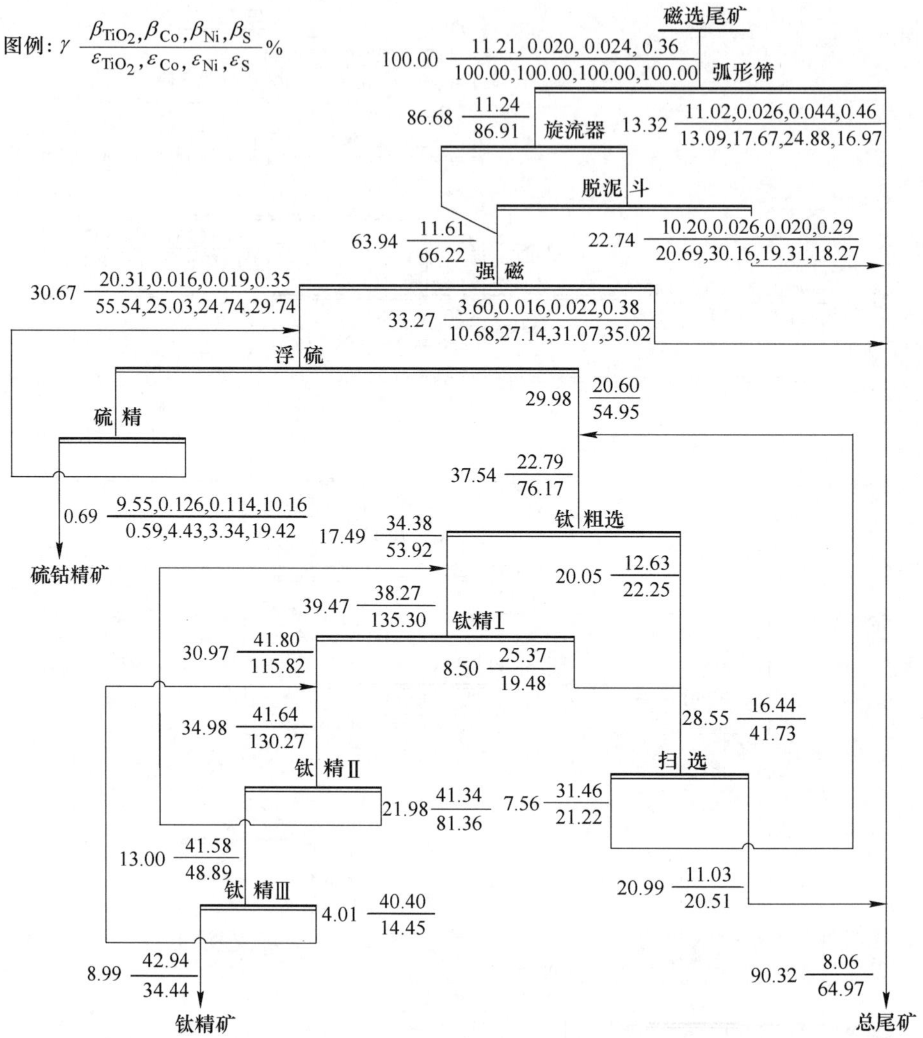


图 5-62 红格北矿区表内矿磁尾综合回收苯乙烯膦酸试验数质量流程

## 5.4 白马矿区钒钛磁铁矿选钛试验研究成果

### 5.4.1 白马钒钛磁铁矿综合回收选钛试验研究

在对白马矿区钒钛磁铁矿选铁试验研究的基础上，分别对代表矿山前期开采的芨芨坪混合矿、田家村混合矿和全矿区混合矿进行综合回收试验，入选原料为该矿区相对应的“球—球”选铁流程中的选铁尾矿，其主要成分见表 5-106。

表 5-106 白马矿区钒钛磁铁矿选铁尾矿的主要化学成分 （%）

| 名称 | TFe | $V_2O_5$ | $TiO_2$ | Co | Ni | $SiO_2$ | $Al_2O_3$ | CaO | MgO | S | P |
|---|---|---|---|---|---|---|---|---|---|---|---|
| 芨芨坪 | 12.32 | 0.040 | 4.17 | 0.0158 | 0.0213 | 36.34 | 13.88 | 4.67 | 13.67 | 0.410 | 0.069 |
| 田家村 | 11.47 | 0.049 | 3.91 | 0.0113 | 0.0235 | 40.95 | 15.44 | 7.37 | 9.69 | 0.528 | 0.047 |
| 全矿区 | 12.84 | 0.044 | 4.31 | 0.0134 | 0.0229 | 38.82 | 14.51 | 5.82 | 11.26 | 0.421 | 0.051 |

针对不同矿段的矿石性质，对选铁尾矿分别采用不同的综合回收选钛试验流程，选钛试验工艺流程方案分别为：

方案Ⅰ：对芨芨坪和田家村矿样，采用强磁—重选—电选工艺流程；

方案Ⅱ：对全区混合样，采用重选—电选和重选—强磁—电选流程。

不同矿区矿样选钛原则工艺流程分别见图5-63和图5-64，各样品综合回收试验最终结果见表5-107。

**表5-107 白马矿区不同矿段综合回收试验最终结果**

| 样品 | 试验流程 | 产品名称 | 产率/% | | 品位/% | | 回收率/% | | | |
|---|---|---|---|---|---|---|---|---|---|---|
| | | | | | | | $TiO_2$ | | Co | |
| | | | 流程 | 原矿 | $TiO_2$ | Co | 流程 | 原矿 | 流程 | 原矿 |
| 芨芨坪 | 强—重—电 | 钛精矿 | 4.71 | 3.10 | 49.17 | | 50.06 | 23.10 | | |
| | | 硫钴精矿 | 0.18 | 0.12 | | 0.355 | | | 4.37 | 2.81 |
| 田家村 | 强—重—电 | 钛精矿 | 3.44 | 2.59 | 48.91 | | 44.96 | 23.99 | | |
| | | 硫钴精矿 | 0.21 | 0.16 | | 0.351 | | | 5.95 | 4.32 |
| 全区矿 | 重—电 | 钛精矿 | 3.23 | 2.19 | 49.14 | | 41.80 | 18.75 | | |
| | | 硫钴精矿 | 0.22 | 0.15 | | 0.370 | | | 5.92 | 3.98 |
| | 重—强—电 | 钛精矿 | 3.57 | 2.42 | 48.68 | | 46.30 | 20.63 | | |
| | | 硫钴精矿 | 0.21 | 0.14 | | 0.360 | | | 5.49 | 3.68 |

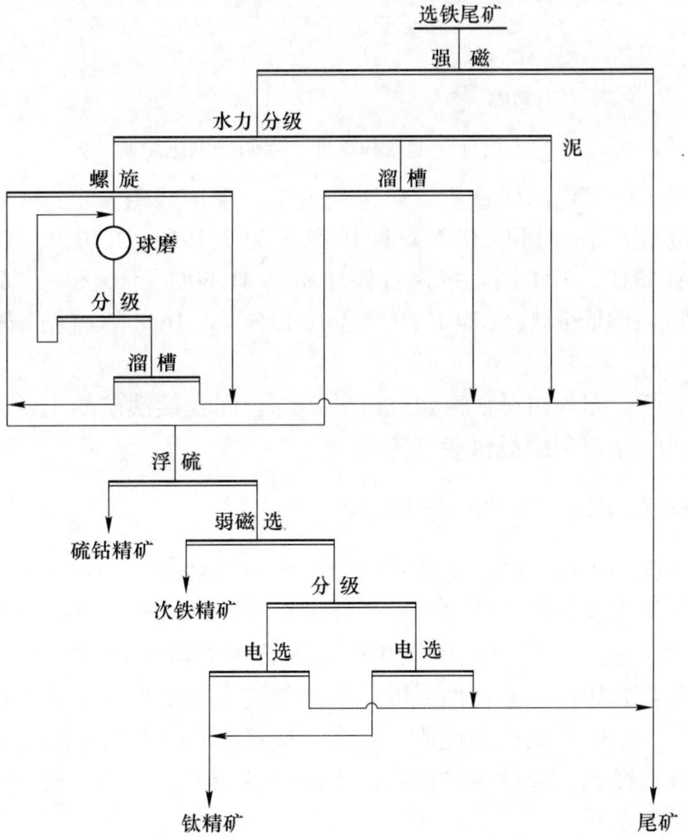


图5-63 强磁—重选—电选原则流程

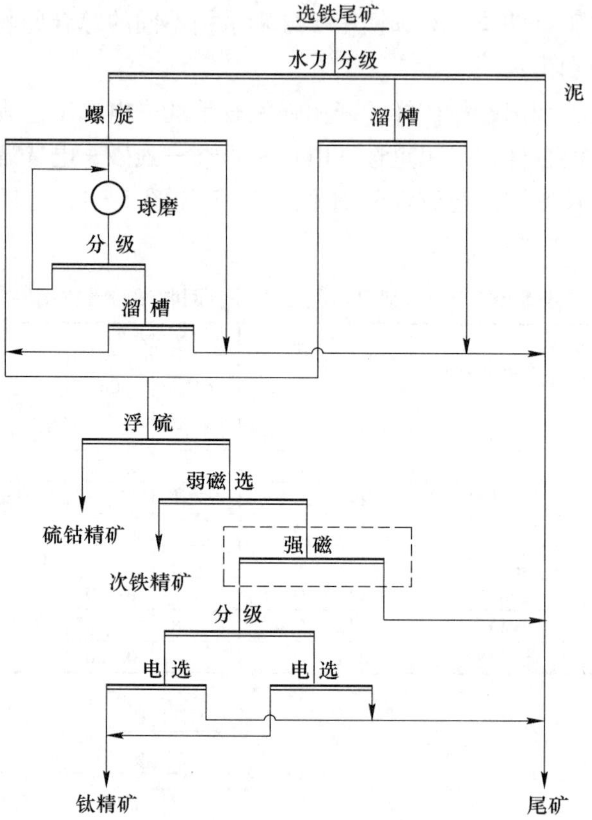


图 5-64 重选—电选和重选—强磁—电选原则流程

试验结果表明，白马矿区钒钛磁铁矿选铁尾矿，采用强磁—重选—电选，重选—电选和重选—强磁—电选流程，可以获得对原矿产率为 2.19%～3.10%，$TiO_2$ 品位 48.68%～49.17% 的高质量钛精矿，$TiO_2$ 回收率对选铁尾矿为 41.80%～50.06%，对原矿为 18.75%～23.99%，同时，可以综合回收对原矿产率为 0.12%～0.16% 的硫钴精矿，其 Co 品位在 0.3% 以上。

该试验结果，可以作为白马矿区钒钛磁铁矿综合回收钛铁矿的工业试验依据和科学技术资料，为该矿区的综合利用提供参考资料。

### 5.4.2 青杠坪腾家梁子钒钛磁铁矿选钛试验

在青杠坪腾家梁子钒钛磁铁矿选铁扩大试验研究的基础上，对选铁尾矿进行综合回收钛铁矿的试验研究。腾家梁子钒钛磁铁矿选铁尾矿中 $TiO_2$ 含量仅为 4.8%～5.1% 左右，钛铁矿的含量为 10.5% 左右，且该选铁尾矿中，脉石矿物组成复杂，不利于钛铁矿选别回收。要对钛铁矿含量如此低、原料性质如此复杂的选铁尾矿进行钛铁矿的回收利用是很困难的。为此必须针对该选铁尾矿的性质，研究和选择出合理的选钛工艺流程。

根据以往的研究经验，选铁尾矿回收钛铁矿的最佳工艺应为强磁预选—浮选除硫—浮选选钛的强磁—浮选工艺。

强磁选采用 $\phi$600mm 仿琼斯电磁强磁选机，选别的磁介质为齿板介质，齿板间隙为 2mm。

浮硫采用常规的脱硫方法，不再赘述。

对攀西钒钛磁铁矿中钛铁矿的浮选，其捕收剂有油酸、羟肟酸、苯乙烯膦酸、苄基胂酸、氧化石蜡皂、石油磺酸钠、塔尔油（皂）、MOS、F968、EM351 和 CTP-1 等。根据初步比较试验，本研究采用 CTP-1 为腾家梁子钛铁矿的浮钛捕收剂，调整剂为无机调整剂 CTY-1。

在详细的条件试验和开路试验的基础上，进行了闭路试验，选钛闭路试验流程药剂制度见表 5-108，闭路试验结果见表 5-109，闭路试验数质量流程见图 5-65。

**表 5-108 青杠坪腾家梁子钒钛磁铁矿选铁尾矿浮钛闭路试验药剂制度**

<table>
<tr><th>作业名称</th><th>CTY-1/g·t⁻¹</th><th>CTP-1/g·t⁻¹</th><th>浮选时间/min</th><th>浮选温度/℃</th><th>pH 值</th></tr>
<tr><td>浮钛粗选</td><td>1500</td><td>3500</td><td>5</td><td rowspan="5">10 ~ 13.5</td><td>约 5</td></tr>
<tr><td>浮钛精选Ⅰ</td><td>400</td><td>200</td><td>5</td><td rowspan="4">约 4.5</td></tr>
<tr><td>浮钛精选Ⅱ</td><td>100</td><td>—</td><td>4</td></tr>
<tr><td>浮钛精选Ⅲ</td><td>75</td><td>—</td><td>2.5</td></tr>
<tr><td>浮钛扫选</td><td>250</td><td>500</td><td>2.5</td></tr>
</table>

**表 5-109 青杠坪腾家梁子钒钛磁铁矿选铁尾矿浮钛闭路流程试验结果**

| 产品名称 | 产率/% | 品位（$TiO_2$）/% | 分布率（$TiO_2$）/% |
|---|---|---|---|
| 硫粗精矿 | 3.64 | 3.85 | 0.96 |
| 钛精矿 | 25.00 | 47.74 | 81.86 |
| 尾　矿 | 71.36 | 3.51 | 17.18 |
| 给料（强磁精矿） | 100.00 | 14.58 | 100.00 |

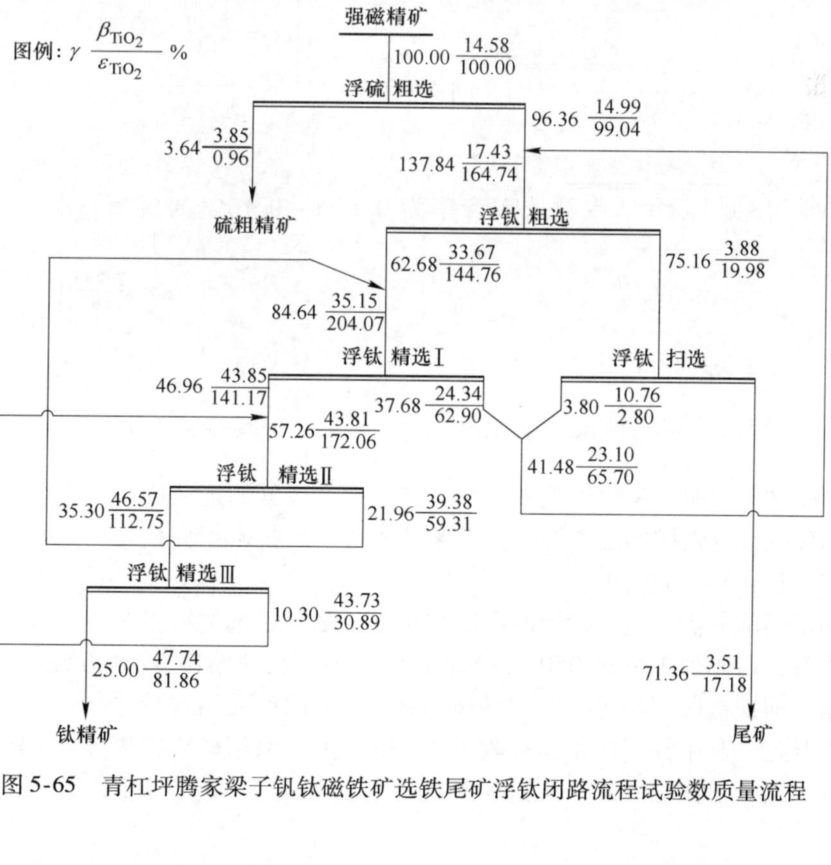


图 5-65 青杠坪腾家梁子钒钛磁铁矿选铁尾矿浮钛闭路流程试验数质量流程

在闭路试验结果的基础上，进行了选钛扩大试验，采用一粗一扫三精，中矿循序返回的工艺流程。选钛扩大试验结果见表5-110，数质量流程见图5-66，矿浆流程见图5-67。

**表5-110 青杠坪腾家梁子钒钛磁铁矿选铁尾矿浮钛扩大试验结果**

| 产品名称 | 产率/% | 品位（$TiO_2$）/% | 分布率（$TiO_2$）/% |
|---|---|---|---|
| 硫粗精矿 | 7.05 | 7.18 | 3.13 |
| 钛精矿 | 27.22 | 46.67 | 78.68 |
| 尾　矿 | 65.73 | 4.47 | 18.19 |
| 给料（强磁精矿） | 100.00 | 16.15 | 100.00 |

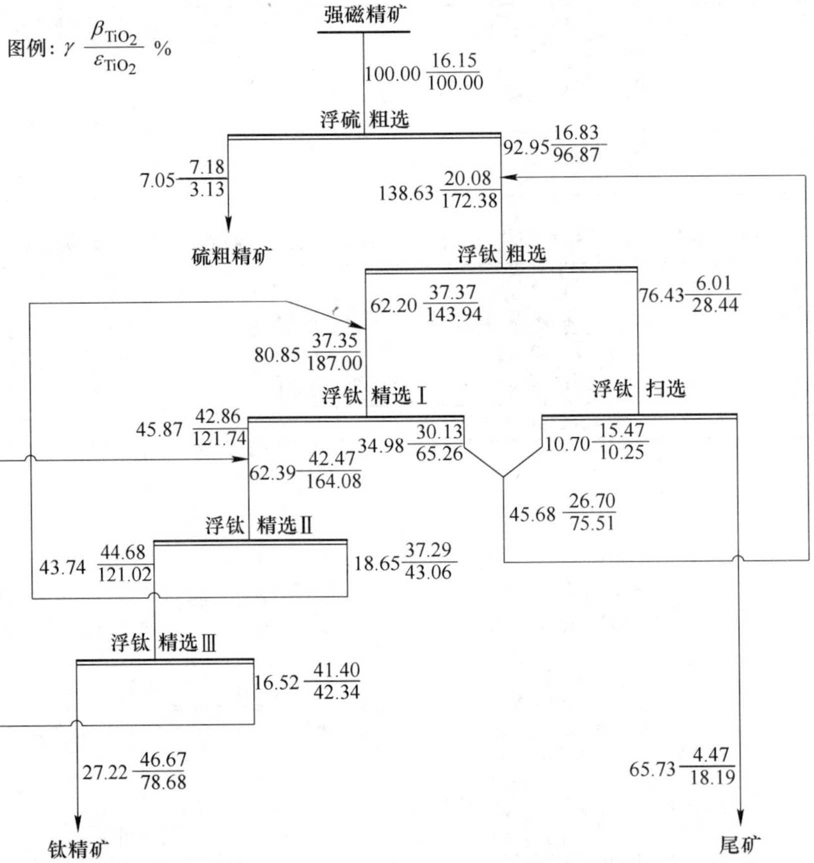


图5-66 青杠坪腾家梁子钒钛磁铁矿选铁尾矿浮钛扩大试验数质量流程

扩大试验结果表明，采用该选矿工艺技术，可在较低的选钛成本下合理有效地利用腾家梁子低品位钒钛磁铁矿的钛资源。其工艺技术可靠，技术指标理想；采用的选矿药剂分选性能较好，且对环境无污染。

选矿初步经济分析表明，采用两段磨矿选铁—强磁浮选选钛工艺技术处理腾家梁子钒钛磁铁矿矿石，以年加工处理250万吨原矿计，年产钒铁精矿65.8万吨，钛精矿10.43万吨。根据目前铁精矿320元/吨，钛精矿900元/吨的产品销售价进行预算，年销售总收入为30443万元（其中铁精矿年销售收入21056万元，钛精矿年销售收入9387万元）。然而，由于腾家梁子钒钛磁铁矿进入选矿厂的原矿价格高（60元/吨），致使选铁加工成本

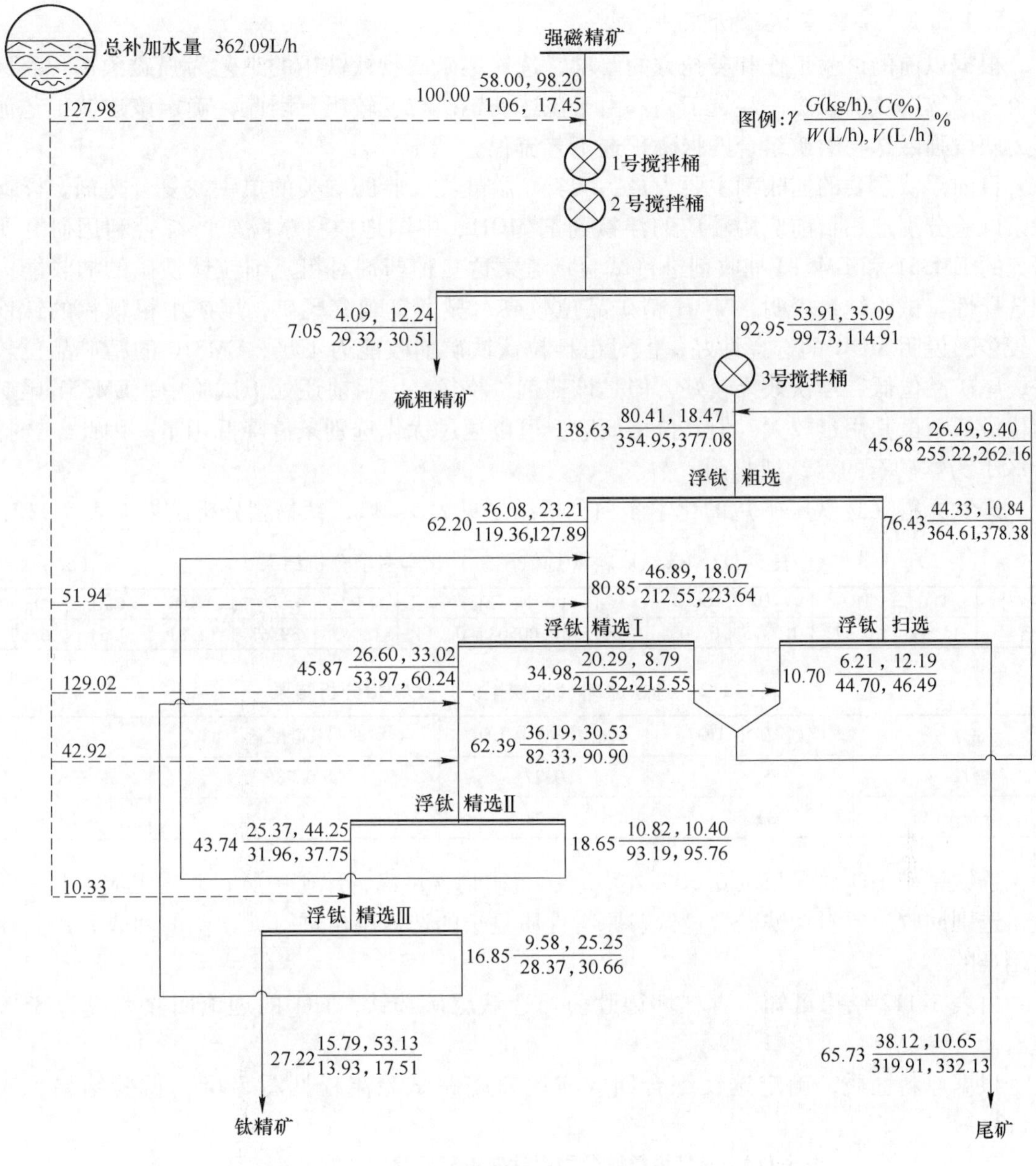


图 5-67 青杠坪腾家梁子钒钛磁铁矿选铁尾矿浮钛扩大试验矿浆流程

巨大，在选铁作业段属于亏本经营。只有综合回收利用了钛铁矿，选矿生产才有更好的经济效益。若要获得更好的经济效益，还应该加强铁精矿中钒钛的综合利用开发。

### 5.4.3 青杠坪德胜公司钒钛磁铁矿选钛试验

试验矿区为青杠坪矿段南段仰天窝采区，青杠坪矿段位于白马含矿岩体的中南部，北端与田家村矿段相接，南端与马槟榔矿段相接。2008 年由委托方自行设计并采集 28t 矿样，推荐利用青杠坪铁矿选铁尾矿选矿开发利用工艺流程及方案，满足选钛、硫钴的工艺设计要求。

5.4.3.1 实验室试验研究

根据以前的试验工作和委托方的要求，选铁尾矿回收钛铁矿的工艺为强磁预选—浮选除硫—浮选选钛的强磁—浮选工艺。由于该选铁尾矿粒度较粗，因此，确定该选钛工艺流程为两段强磁选与磨矿组合的强磁预选工艺流程。

目前浮钛主要的捕收剂主要为羟肟酸类、膦酸类、脂肪酸类的单一或复合药剂。浮钛探索试验分别选用目前应用较广的浮钛药剂 MOH、中国地质科学院矿产综合利用研究所研究的 EM351 和 EM510 捕收剂进行试验，考察这三种药剂对粗、细粒钛铁矿的捕收能力和选择性。试验结果表明，MOH 精矿品位较高，显微镜观察尾矿，尾矿中粗颗粒的钛铁矿较多，说明 MOH 的选择性好，但对粗颗粒钛铁矿捕收能力不足；EM510 的精矿品位较好，尾矿品位低，浮钛效果较好，但是该药剂价格较高，目前还处于试验中；EM351 尾矿品位最低，虽其用量较大，但其价格低廉，可以通过优化选别条件降低用量。因此，选择 EM351 为本矿石的浮钛捕收剂。

选钛原料（选铁尾矿）的化学多项分析结果见表 5-111，钛物相分析结果见表 5-112。

**表 5-111 选钛原料（选铁尾矿）化学多项分析结果** （%）

| 成分 | TFe | $TiO_2$ | $V_2O_5$ | $Cr_2O_3$ | Co | Ni | S | P | $SiO_2$ | $Al_2O_3$ | CaO | MgO |
|---|---|---|---|---|---|---|---|---|---|---|---|---|
| 含量 | 11.69 | 6.37 | 0.0395 | 0.0034 | 0.00154 | 0.00503 | 0.214 | 1.043 | 39.67 | 11.81 | 9.54 | 6.85 |

**表 5-112 选钛原料（选铁尾矿）钛物相分析结果**

| 成 分 | 钛铁矿中 $TiO_2$ | 钛磁铁矿中 $TiO_2$ | 赤褐铁矿及硅酸盐中 $TiO_2$ | 合 计 |
|---|---|---|---|---|
| 含量/% | 5.37 | 0.27 | 0.78 | 6.42 |
| 分布率/% | 83.64 | 4.21 | 12.15 | 100.00 |

选铁尾矿 $TiO_2$ 含量仅为 6.30% 左右，脉石矿物含量高，尾矿中脉石矿物组成不利于钛铁矿选别回收。要对钛铁矿含量低、原料性质复杂的选铁尾矿进行钛铁矿的回收利用是比较困难的。

由表 5-112 结果可知，青杠坪德胜公司选铁尾矿选钛，$TiO_2$ 的理论回收率应为 83% 左右。

根据原料性质，确定选钛综合回收实验室闭路试验流程见图 5-68，试验结果见表 5-113。

**表 5-113 青杠坪德胜公司钒钛磁铁矿实验室选钛试验结果**

| 产品名称 | 产率/% | 品位（$TiO_2$）/% | 回收率（$TiO_2$）/% |
|---|---|---|---|
| 钛精矿 | 7.21 | 49.47 | 56.35 |
| 尾矿 3 | 16.58 | 3.45 | 9.04 |
| 硫精矿 | 0.46 | 14.44 | 1.05 |
| 强磁精矿 | 24.25 | 17.34 | 66.44 |
| 尾矿 2 | 15.04 | 4.76 | 11.31 |
| 扫铁精矿 | 2.74 | 11.61 | 5.03 |
| 尾矿 1 | 57.97 | 1.88 | 17.22 |
| 选铁尾矿 | 100.00 | 6.33 | 100.00 |

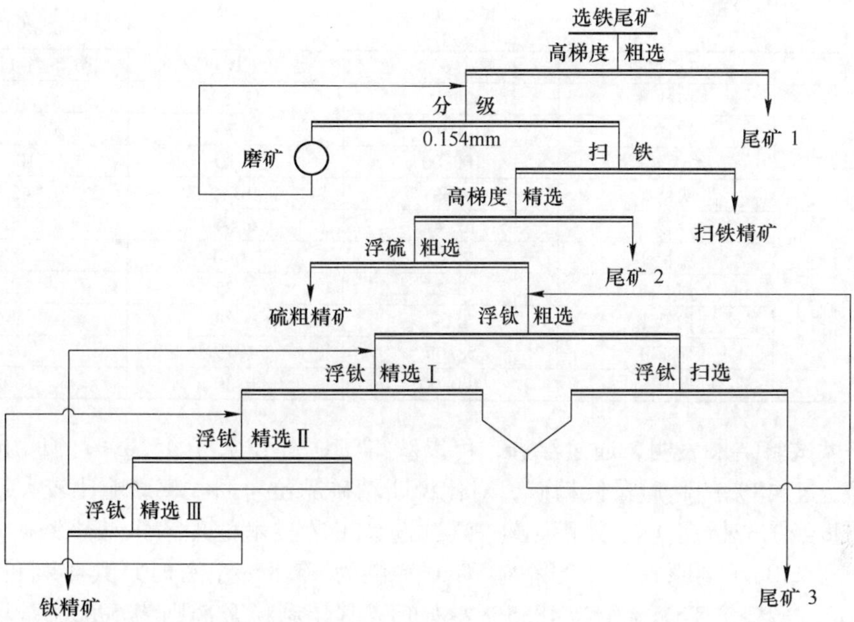


图 5-68 青杠坪德胜公司钒钛磁铁矿选钛工艺实验室闭路试验流程

#### 5.4.3.2 选钛扩大连续试验研究

根据甲方要求，为了考察不同精矿质量对回收率的影响情况，开展了高、低精矿质量的浮选扩大连续试验。试验过程中，先开展低质量精矿流程试验（称为流程Ⅰ），后进行高质量精矿流程试验（称为流程Ⅱ），浮选药剂用量对比结果见表 5-114，选钛扩大连续试验对比结果见表 5-115，不同质量钛精矿的扩大试验数质量流程分别见图 5-69 和图 5-70。

**表 5-114 青杠坪德胜公司钒钛磁铁矿选钛扩大连续试验浮选药剂用量对比**（对强磁精矿） (g/t)

| 流程名称 | 作业名称 | 浮硫 | 钛粗选 | 钛精Ⅰ | 钛精Ⅱ | 钛精Ⅲ | 钛扫Ⅰ | 钛扫Ⅱ | 合计 |
|---|---|---|---|---|---|---|---|---|---|
| 流程Ⅰ（低质量精矿流程） | 硫酸 | 410 | 1450 | 460 | 320 | 260 | 850 | | 3750 |
| | EM351 | — | 4100 | 480 | 150 | — | 2350 | | 7080 |
| | 黄药 | 167 | | | | | | | 167 |
| | 2 号油 | 47.5 | | | | | | | 47.5 |
| 流程Ⅱ（高质量精矿流程） | 硫酸 | 410 | 1520 | 550 | 400 | 300 | 860 | 800 | 4840 |
| | EM351 | — | 4000 | 450 | 150 | — | 2350 | 650 | 7600 |
| | 黄药 | 167 | | | | | | | 167 |
| | 2 号油 | 47.5 | | | | | | | 47.5 |

**表 5-115 青杠坪德胜公司选铁尾矿浮钛扩大连续试验结果**

| 流程名称 | 产品名称 | 产率/% | 品位（$TiO_2$）/% | 分布率（$TiO_2$）/% |
|---|---|---|---|---|
| 流程Ⅰ（低质量精矿流程） | 钛精矿 | 7.11 | 45.89 | 51.77 |
| | 尾矿 3 | 15.80 | 4.96 | 12.44 |
| | 硫精矿 | 0.83 | 14.26 | 1.90 |
| | 尾矿 2 | 16.12 | 5.25 | 13.43 |

续表 5-115

| 流程名称 | 产品名称 | 产率/% | 品位（$TiO_2$）/% | 分布率（$TiO_2$）/% |
|---|---|---|---|---|
| 流程Ⅰ（低质量精矿流程） | 扫铁 K | 2.09 | 11.99 | 3.97 |
| | 尾矿 1 | 58.05 | 1.79 | 16.49 |
| | 选铁尾矿 | 100.00 | 6.30 | 100.00 |
| 流程Ⅱ（高质量精矿流程） | 钛精矿 | 5.69 | 48.49 | 43.83 |
| | 尾矿 3 | 15.45 | 6.64 | 16.29 |
| | 硫精矿 | 2.52 | 14.81 | 5.92 |
| | 尾矿 2 | 16.20 | 5.25 | 13.50 |
| | 扫铁 K | 2.09 | 11.99 | 3.97 |
| | 尾矿 1 | 58.05 | 1.79 | 16.49 |
| | 选铁尾矿 | 100.00 | 6.30 | 100.00 |

浮钛扩大试验结果表明，通过浮选，可以获得 $TiO_2$品位大于 45.89% 的低质量钛精矿和 $TiO_2$品位大于 48% 的高质量钛精矿，对比说明精矿品位对回收率影响比较大。

选钛初步经济分析表明，采用强磁—浮选选钛工艺技术处理该钒钛磁铁矿选铁尾矿，以年加工处理 250 万吨原料计，当精矿 $TiO_2$ 品位为 45.8% 左右时，其年利税金额可达 8757.53 万元；当精矿 $TiO_2$品位为 48.5% 左右时，其年利税金额则为 6955.07 万元，经济效益均较显著。但两者相比，低品位商品矿产品的效益更大。

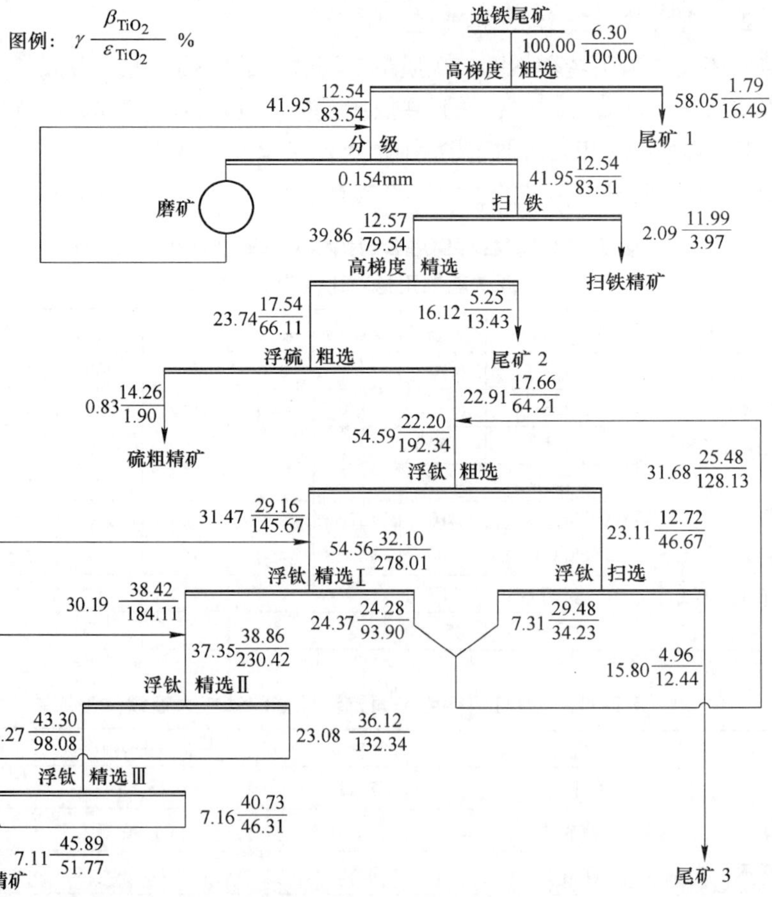


图 5-69 青杠坪德胜公司浮钛扩大连续试验数质量流程Ⅰ（低质量钛精矿）

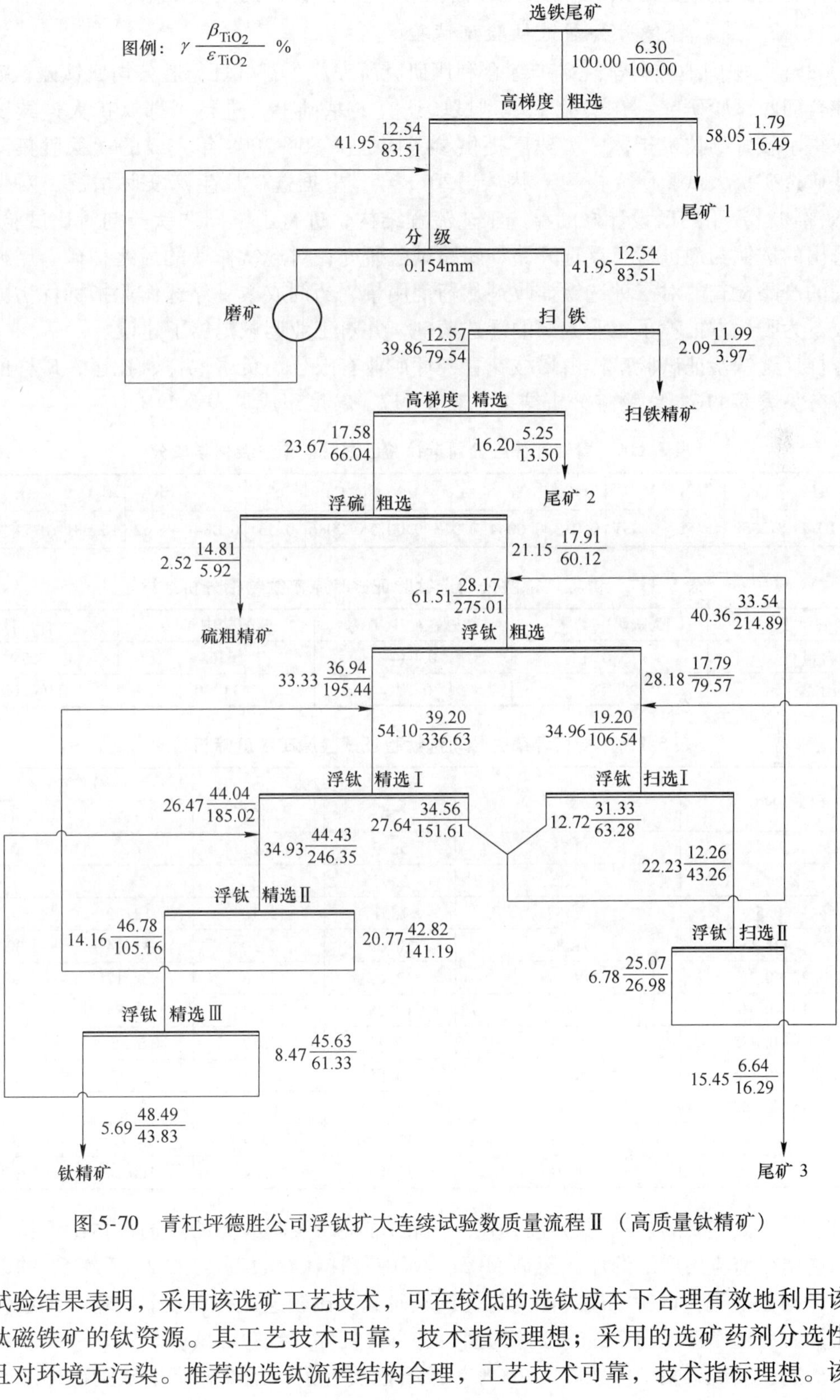


图 5-70 青杠坪德胜公司浮钛扩大连续试验数质量流程Ⅱ（高质量钛精矿）

试验结果表明，采用该选矿工艺技术，可在较低的选钛成本下合理有效地利用该低品位钒钛磁铁矿的钛资源。其工艺技术可靠，技术指标理想；采用的选矿药剂分选性能较好，且对环境无污染。推荐的选钛流程结构合理，工艺技术可靠，技术指标理想。该研究成果可作为仰天窝钒钛磁铁矿前期矿石综合利用选矿厂设计的技术依据。

#### 5.4.3.3 青杠坪德胜公司选钛验证试验

2008 年，中国地质科学院矿产综合利用研究所完成了青杠坪德胜公司钒钛磁铁矿选铁尾矿综合回收试验研究，在实验室小型试验研究的基础上，进行了选钛扩大连续试验研究，取得了较好的技术指标，为建厂提供参考依据。参照 2008 年完成的《德胜集团青杠坪钛铁矿选矿扩大试验研究报告》内容，2011 年，根据选矿厂生产实际情况，对强磁精矿（入浮物料）采用已设计好的浮选工艺流程结构，进行了不同选钛药剂对比试验研究；用遴选出的选钛药剂进行了浮选开路、闭路试验研究；对选钛作业的最终精矿、尾矿进行了详细的产品检查。对三种选钛捕收剂从药剂用量、药剂成本、浮选作业指标优劣方面做了比较，为委托方推荐了工业调试的浮选药剂，并对工业调试提出了建议。

青杠坪选钛验证试验矿样由攀枝花青杠坪矿业有限公司负责取样、托运，矿样的主要化学成分见表 5-116，钛物相分析结果见表 5-117，粒度组成见表 5-118。

**表 5-116 青杠坪德胜公司选钛验证试验矿样主要化学成分** （%）

| 成分 | TFe | FeO | $TiO_2$ | $V_2O_5$ | $Cr_2O_3$ | Sc | Co | Ni | Cu | S | P | $SiO_2$ | $Al_2O_3$ | CaO | MgO |
|---|---|---|---|---|---|---|---|---|---|---|---|---|---|---|---|
| 含量 | 10.77 | 12.58 | 5.61 | 0.031 | 0.013 | 0.0044 | 0.013 | 0.0075 | 0.0086 | 0.53 | 0.084 | 42.62 | 10.68 | 10.71 | 10.48 |

**表 5-117 青杠坪德胜公司选钛验证试验原矿钛物相分析结果**

| 分 类 | 钛铁矿中 $TiO_2$ | 钛磁铁矿中 $TiO_2$ | 硅酸盐中 $TiO_2$ | 合 计 |
|---|---|---|---|---|
| 含量/% | 5.01 | 0.044 | 0.65 | 5.70 |
| 分布率/% | 87.83 | 0.77 | 11.40 | 100.00 |

**表 5-118 青杠坪德胜公司选钛验证试验原矿粒度筛析结果**

| 粒级/mm | 产率/% | 品位/% | | 分布率/% | |
|---|---|---|---|---|---|
| | | TFe | $TiO_2$ | TFe | $TiO_2$ |
| +2 | 0.58 | 5.79 | 1.21 | 0.31 | 0.13 |
| -2 +1 | 4.32 | 5.97 | 1.32 | 2.37 | 1.05 |
| -1 +0.5 | 18.57 | 7.51 | 2.16 | 12.82 | 7.37 |
| -0.5 +0.25 | 31.80 | 10.69 | 5.30 | 31.24 | 30.97 |
| -0.25 +0.15 | 19.11 | 12.62 | 7.58 | 22.17 | 26.63 |
| -0.15 +0.10 | 9.73 | 13.25 | 7.84 | 11.84 | 14.01 |
| -0.10 +0.075 | 5.15 | 13.41 | 7.57 | 6.35 | 7.17 |
| -0.075 +0.045 | 4.80 | 13.55 | 7.06 | 5.97 | 6.22 |
| -0.045 +0.028 | 2.68 | 13.02 | 6.72 | 3.21 | 3.31 |
| -0.028 | 3.26 | 12.42 | 5.24 | 3.72 | 3.14 |
| 合 计 | 100.00 | 10.88 | 5.44 | 100.00 | 100.00 |

目前浮选钛主要的捕收剂为羟肟酸类、脂肪酸类以及膦酸类的药剂，本次浮钛验证试验分别选用目前应用广泛的浮钛药剂 MOH、河南某选钛捕收剂、SA-2（EM351 的改性药剂）三种捕收剂进行试验，通过浮选对比试验研究，比较这三种捕收剂对粗、细粒钛铁矿的捕收能力和选择性，确定最终浮选药剂，进行青杠坪选钛验证试验。

本次选钛验证试验矿样性质同 2008 年矿石性质有了一定变化，本试验矿样对硫酸和抑制剂非常敏感，适宜的pH值范围较小，而如果按照2008年完成的《德胜集团青杠坪钛铁矿选矿扩大试验研究》中那样，仅仅依靠调整硫酸的使用量来调节钛精矿的品位和回收率也无法实现。要获得较高品位的浮选钛精矿和较理想的回收率，除用硫酸外还必须使用其他调整剂。

通过大量的浮选探索试验，最后选择以硫酸为矿浆pH值调整剂、项目组自主研发的KS和SHSP为调整剂、SA-2（EM351的改性药剂）为选钛捕收剂进行本次选钛验证浮选试验。

验证试验闭路试验结果见表5-119，闭路流程药剂条件见表5-120，数质量流程见图5-71。

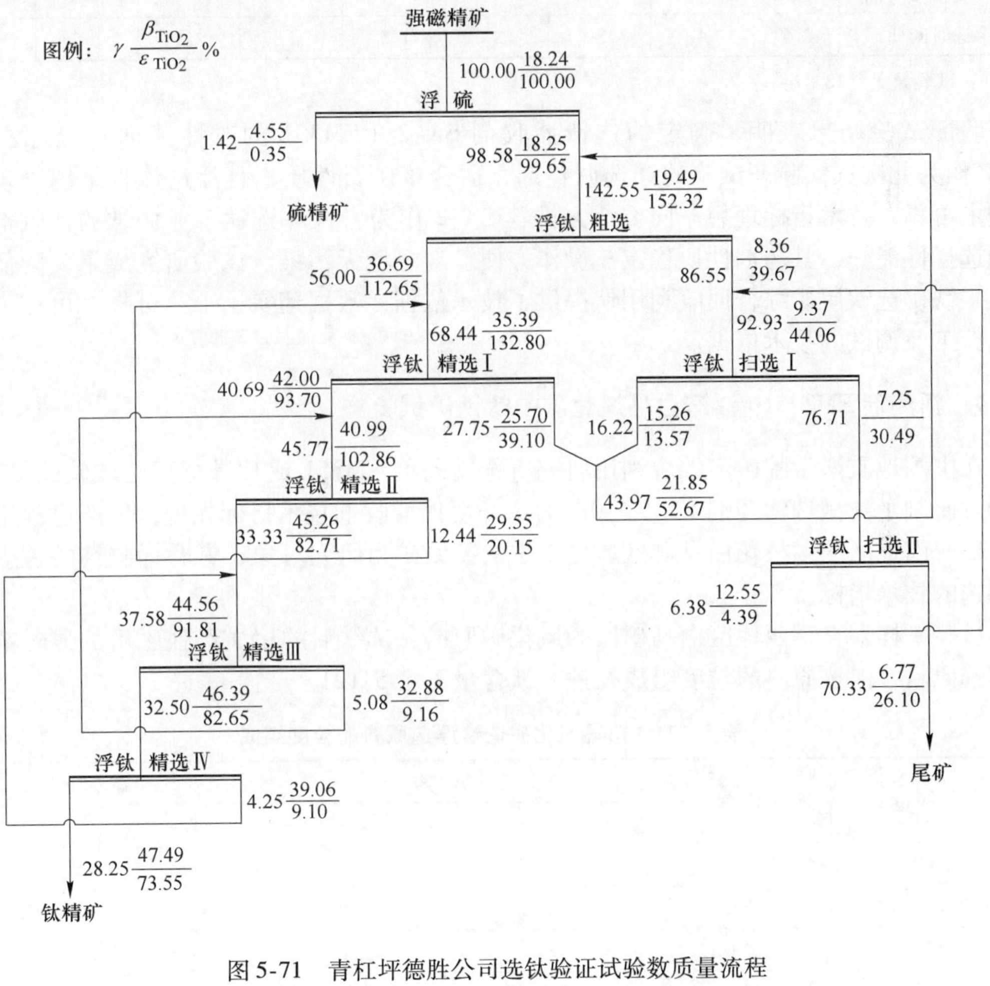


图5-71 青杠坪德胜公司选钛验证试验数质量流程

**表5-119 青杠坪德胜公司浮钛物料浮选闭路流程试验结果**

| 产品名称 | 产率/% | 品位（$TiO_2$）/% | 回收率（$TiO_2$）/% |
|---|---|---|---|
| 硫精矿 | 1.42 | 4.55 | 0.35 |
| 钛精矿 | 28.25 | 47.49 | 73.55 |
| 尾　矿 | 70.33 | 6.77 | 26.10 |
| 入浮物料 | 100.00 | 18.24 | 100.00 |

表 5-120 青杠坪德胜公司浮选闭路流程试验药剂条件

| 作业名称 | | 浮硫粗选 | 浮钛 | | | | | | | |
|---|---|---|---|---|---|---|---|---|---|---|
| | | | 粗选 | 精选Ⅰ | 精选Ⅱ | 精选Ⅲ | 精选Ⅳ | 扫选Ⅰ | 扫选Ⅱ | 合计 |
| 药剂用量 /g·t$^{-1}$ | $H_2SO_4$ | 800 | 200 | 200 | 200 | 200 | 200 | 100 | 100 | 1200 |
| | KS | | 200 | 150 | 150 | 100 | 50 | | | 650 |
| | SHSP | | 200 | 150 | 150 | 100 | 50 | | | 650 |
| | SA-2 | | 1000 | 300 | 200 | 100 | | 300 | 200 | 2100 |
| | 柴油 | | 30 | 20 | 10 | 10 | 5 | 20 | 15 | 110 |
| | 丁黄药 | 100 | | | | | | | | |
| | 2 号油 | 30 | | | | | | | | |
| 浮选时间/h | | 2.5 | 4 | 3 | 2 | 1.5 | 1 | 2.5 | 1.5 | |

注：试验温度为 18 ~ 24℃。

验证试验结果表明，确定的选钛捕收剂 SA-2（EM351 的改性药剂），硫酸、KS、SHSP 作为此次选钛验证试验的浮选调整剂，适合该矿石性质，且浮选流程结构合理，工艺技术可靠，技术指标理想。向委托方推荐 SA-2 作为青杠坪选钛工业调试的捕收剂，该药剂选择性能好，其药剂性质稳定、操作方便、对环境无污染。试验研究成果，为低品位钒钛磁铁矿选铁尾矿综合回收利用钛提供了技术依据，数据翔实、工艺可靠，可作为青杠坪选钛工业调试的技术依据。

### 5.4.4 新药剂 EMZ-510 浮选白马风化矿中钛铁矿试验

在中国地质科学院矿产综合利用研究所选钛药剂 EM351 成功进行工业试验的基础上，新开发研制了新型选钛药剂 EMZ-510。为了证明该捕收剂技术指标先进，生产过程稳定可靠，以西南地区的攀枝花白马矿区风化矿中的钛铁矿为研究对象，考察捕收剂的适应性以及浮选的技术指标。

试验矿样采自攀西地区白马矿区的风化矿原矿，选铁后的尾矿经强磁后的强磁精矿作为浮选原料，浮选原料的粒度组成及铁、钛含量见表 5-121。

表 5-121 白马风化矿选钛浮选原料的粒度组成

| 粒级/mm | 产率/% | 品位/% | | 分布率/% | |
|---|---|---|---|---|---|
| | | TFe | $TiO_2$ | TFe | $TiO_2$ |
| +0.074 | 5.32 | 21.38 | 25.35 | 4.68 | 5.09 |
| -0.074 +0.045 | 25.09 | 29.31 | 30.75 | 30.23 | 29.12 |
| -0.045 +0.030 | 23.39 | 25.50 | 28.49 | 24.52 | 25.15 |
| -0.030 | 46.20 | 21.36 | 23.31 | 40.57 | 40.64 |
| 合 计 | 100.00 | 24.32 | 26.50 | 100.00 | 100.00 |

参照以往攀西地区钒钛磁铁矿选钛工艺流程，在详细条件试验的基础上，进行了新药剂 EMZ-510 选钛闭路试验，闭路试验工艺流程见图 5-72，闭路试验结果见表 5-122，数质量流程见图 5-73。

EMZ-510 的浮选试验表明，对于强氧化矿石——白马矿区的风化矿中的钛铁矿，通过

表 5-122 新药剂 EMZ-510 浮选白马风化矿钛铁矿闭路试验结果

| 产品名称 | 产率/% | 品位（$TiO_2$）/% | 回收率（$TiO_2$）/% |
|---|---|---|---|
| 钛精矿 | 47.35 | 48.87 | 87.31 |
| 尾　矿 | 52.65 | 6.39 | 12.69 |
| 入浮物料 | 100.00 | 26.50 | 100.00 |

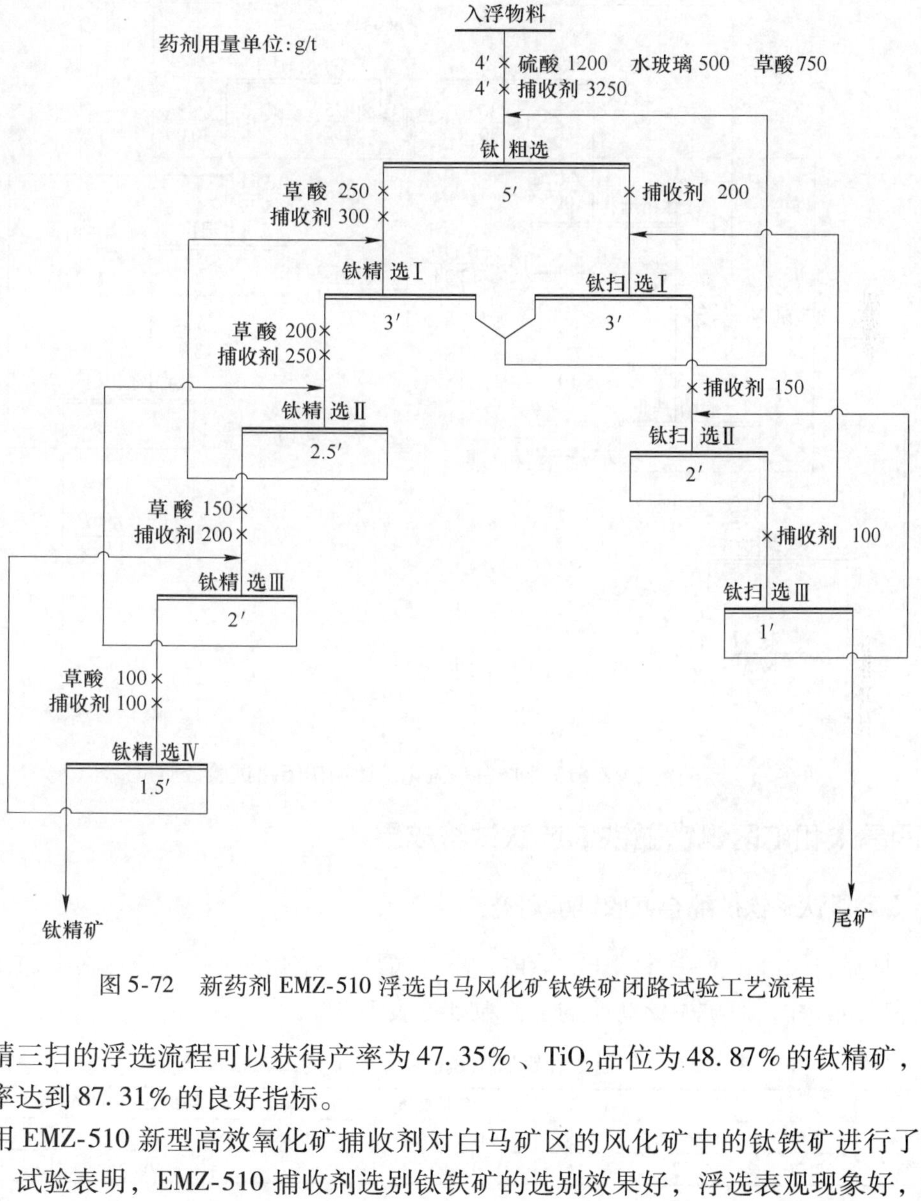


图 5-72 新药剂 EMZ-510 浮选白马风化矿钛铁矿闭路试验工艺流程

一粗四精三扫的浮选流程可以获得产率为 47.35%、$TiO_2$品位为 48.87% 的钛精矿，浮选作业回收率达到 87.31% 的良好指标。

使用 EMZ-510 新型高效氧化矿捕收剂对白马矿区的风化矿中的钛铁矿进行了浮选试验研究，试验表明，EMZ-510 捕收剂选别钛铁矿的选别效果好，浮选表观现象好，精、尾中泡沫破灭快，有利于提高浮选环水水质。

本次研制的新药剂较目前现场生产用药剂优越，对于相同物料，该药剂选择性能好、浮选流程短、药剂用量少，生产成本低，同时，其药剂性质稳定、操作方便、对环境无污染。因此，该药剂是目前钛铁矿浮选的优良药剂。待条件成熟时，将择机进行现场工业验证试验及工业推广应用。

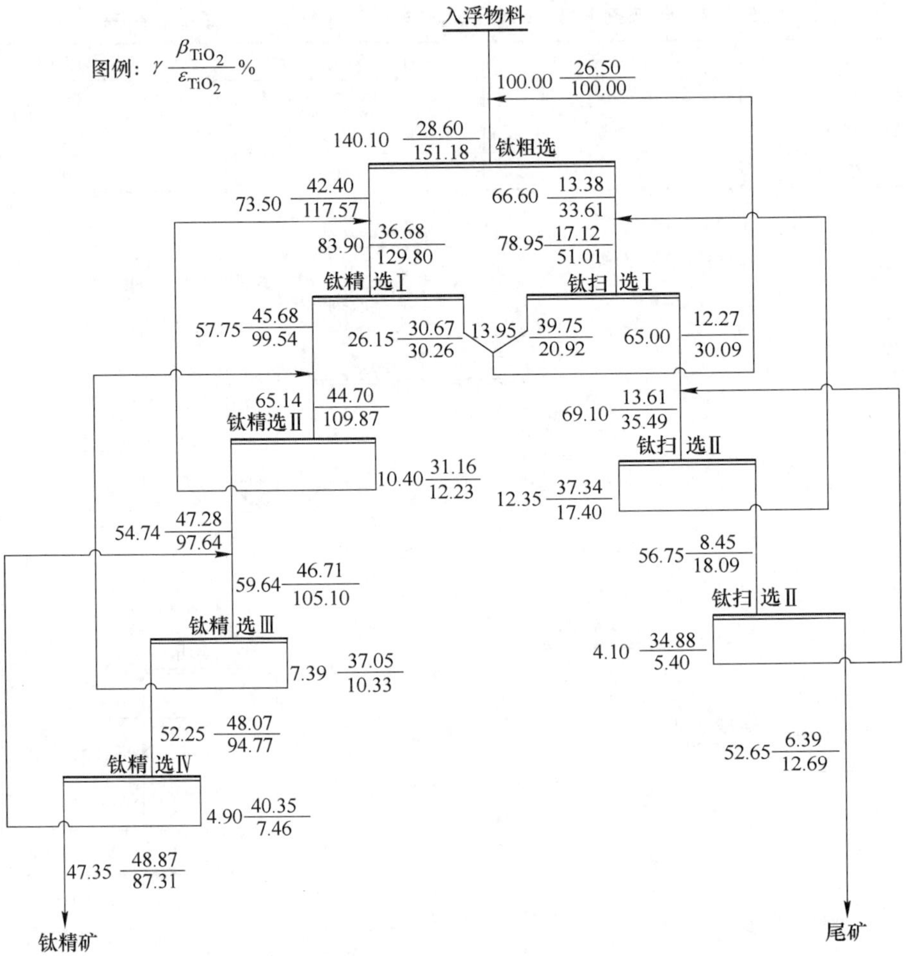


图 5-73 新药剂 EMZ-510 浮选白马风化矿钛铁矿闭路试验数质量流程

## 5.5 西昌太和矿区钒钛磁铁矿选钛试验成果

### 5.5.1 太和钒钛磁铁矿综合回收试验研究

中国地质科学院矿产综合利用研究所承担了西昌太和铁矿选矿试验任务。原矿样品为表内、外矿组合样，原矿中钛铁矿的工艺粒度见表 5-123。

表 5-123 西昌太和钒钛磁铁矿中钛铁矿的工艺粒度分布

| 粒度/mm | -3 +2 | -2 +1 | -1 +0.5 | -0.5 +0.25 | -0.25 +0.125 | -0.125 +0.063 | -0.063 |
|---|---|---|---|---|---|---|---|
| 分布率/% | 2.70 | 31.47 | 39.99 | 17.40 | 6.18 | 1.81 | 0.45 |
| 累计/% | 2.70 | 34.17 | 74.16 | 91.56 | 97.74 | 99.55 | 100.00 |

根据矿石原矿性质，选铁采用粗粒抛尾—阶段磨矿—磁选选铁的工艺流程，在前期选铁试验研究的基础上，对选铁扩大试验的弱磁尾矿进行了综合回收试验。综合回收试验的原料为“阶段磨矿（Ⅱ段 -0.074mm 83%）磁选”流程选铁扩大试验的一段尾矿，采用强磁选抛尾—磨矿强磁选—浮选的工艺流程，试验以石蜡皂胶为捕收剂，以草酸和硫酸为调整剂，综合回收试验最终精矿指标见表 5-124，数质量流程见图 5-74。钛精矿的化学多

项分析结果见表5-125，矿物组成见表5-126。

**表 5-124 西昌太和钒钛磁铁矿选铁尾矿综合回收最终精矿指标**

| 产品名称 | 产率/% | | | 品位/% | | 回收率/% | | |
|---|---|---|---|---|---|---|---|---|
| | 对作业 | 对选铁尾矿 | 对原矿 | $TiO_2$ | Co | 对作业 | 对选铁尾矿 | 对原矿 |
| 钛精矿 | 53.14 | 15.85 | 10.22 | 48.61 | — | 88.51 | 72.77 | 45.23 |
| 钴精矿 | 0.70 | 0.21 | 0.14 | — | 0.313 | 21.72 | 7.15 | 4.10 |

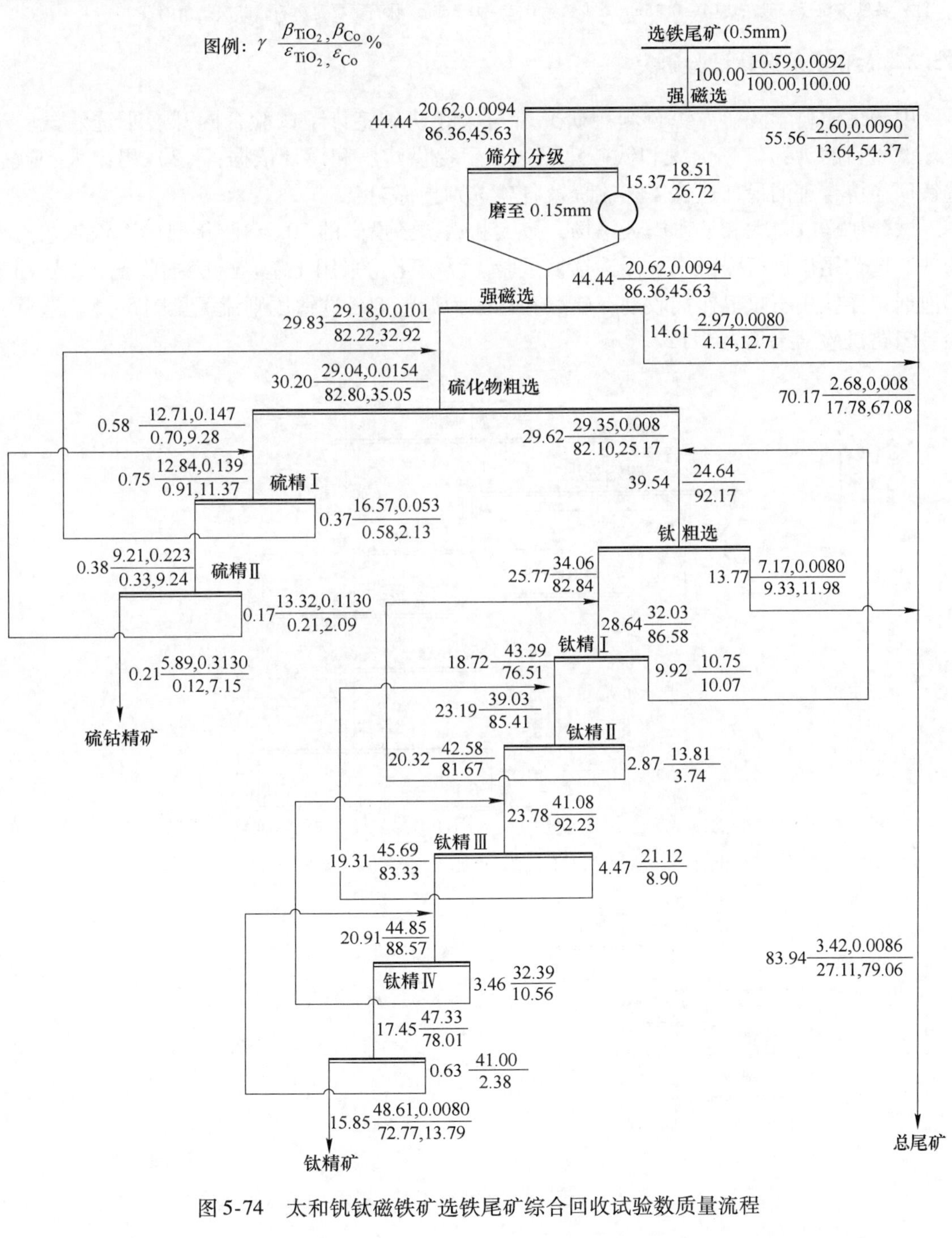


图 5-74 太和钒钛磁铁矿选铁尾矿综合回收试验数质量流程

表 5-125 西昌太和钛精矿化学多项分析 (%)

| 成分 | $TiO_2$ | TFe | Co | Ni | Cu | S | P | $SiO_2$ | $Al_2O_3$ | CaO | MgO | $Sc_2O_3$ |
|---|---|---|---|---|---|---|---|---|---|---|---|---|
| 含量 | 48.86 | 33.07 | 0.008 | 0.002 | 0.004 | 0.07 | 0.059 | 1.33 | 0.68 | 0.45 | 4.01 | 0.0046 |

表 5-126 西昌太和钛精矿矿物组成

| 矿物名称 | 钛铁矿 | 脉　石 | 钛磁铁矿 | 铁氧化物 | 磁赤铁矿 | 硫化物 |
|---|---|---|---|---|---|---|
| 含量/% | 97.73 | 1.88 | 0.05 | 0.06 | 0.05 | 0.23 |

注：钛铁矿粒径一般在 0.01 ~0.15mm，少数达 0.25 ~0.3mm；脉石主要是辉石，其次是角闪石。

### 5.5.2 太和铁矿选钛试验研究

中国地质科学院矿产综合利用研究所与太和铁矿签订了试验合同开展了选钛试验工作。试验目的为：(1) 为太和铁矿建设选钛厂提供建厂和设计依据；(2) 提出太和铁矿选钛厂经济合理的最佳选钛工艺流程及各项选别指标。

试验矿样取自太和铁矿露天采场，按太和铁矿已投产的 70 万吨/年规模选铁工艺流程选铁，选铁尾矿进行强磁选—浮选选钛试验。浮硫化物采用丁基黄药为捕收剂，2 号油为起泡剂；浮钛用石蜡皂作捕收剂，硫酸和草酸为调整剂。选钛原则流程见图 5-75，选钛实验室闭路试验结果见表 5-127。

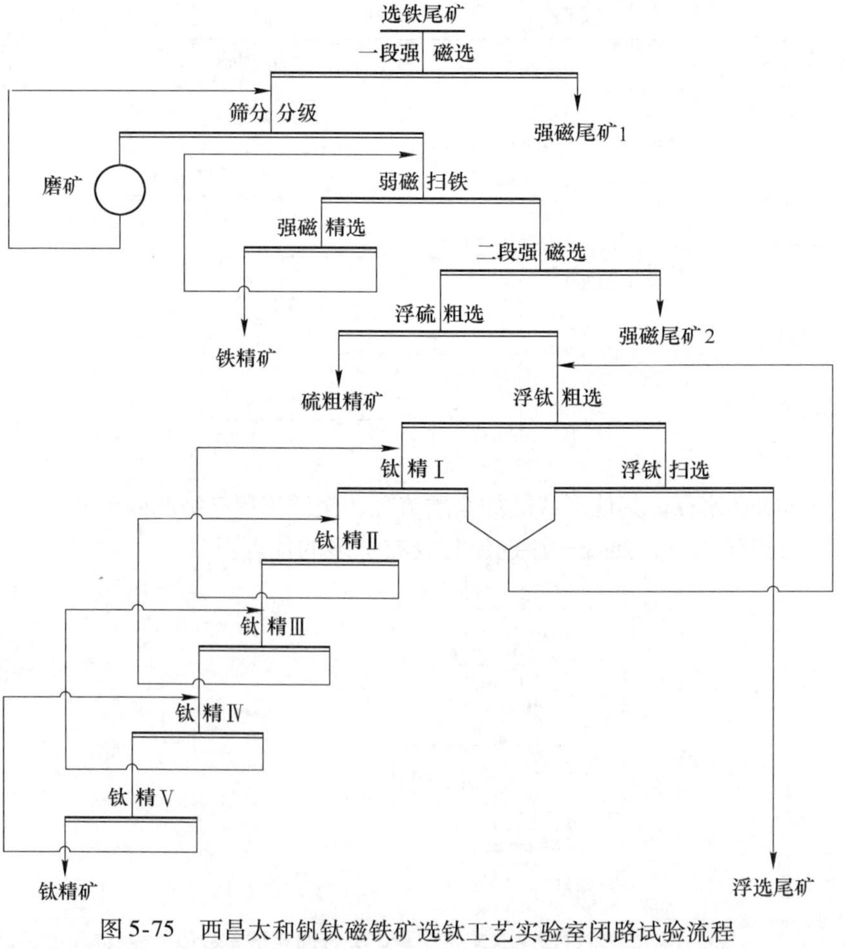


图 5-75 西昌太和钒钛磁铁矿选钛工艺实验室闭路试验流程

表 5-127 西昌太和钒钛磁铁矿实验室选钛试验结果

| 产品名称 | 产率/% | 品位 ($TiO_2$)/% | 回收率 ($TiO_2$)/% |
|---|---|---|---|
| 钛精矿 | 47.37 | 47.22 | 81.44 |
| 硫粗精矿 | 3.80 | 19.36 | 2.68 |
| 浮选尾矿 | 48.83 | 8.93 | 15.88 |
| 给矿（二段强磁精矿） | 100.00 | 27.46 | 100.00 |

本次选钛试验与1981年太和矿选钛试验都采用强磁—浮选流程，浮选使用的药剂也都相同，但这两次试验用的样品有较大差别。1981年试验样品代表矿山前10~15年开采范围，包括了不同品级的矿石和不同类型的脉石，在矿石类型等方面都具有较好的代表性。这次试验样品采自小露天采场，主要由表内矿石组成，原矿含铁、钛品位都较高，此外矿石受风化氧化较严重，样品性质的差别也会反映到分选结果上。两次矿样试验结果对比见表5-128。

表 5-128 与1981年太和钒钛磁铁矿选钛试验结果对比

| 项目 | 主要产品品位/% | | | | | | | | 钛精矿指标/% | | |
|---|---|---|---|---|---|---|---|---|---|---|---|
| | 原矿 | | 磁尾 | | 一强尾 | 二强尾 | 浮尾 | 总尾 | 产率 | 品位 | 回收率 |
| | TFe | $TiO_2$ | TFe | $TiO_2$ | $TiO_2$ | $TiO_2$ | $TiO_2$ | | | | |
| 本次试验 | 34.59 | 12.56 | 14.65 | 11.50 | 3.05 | 4.79 | 8.93 | 4.54 | 15.75 | 47.22 | 64.67 |
| 1981年试验 | 25.78 | 10.98 | 12.43 | 10.59 | 2.60 | 2.97 | 7.17 | 3.42 | 15.58 | 48.61 | 72.77 |

由表5-128可知，本次选钛试验与1981年试验相比，指标显著偏低，除试验操作因素外，样品性质的影响是一个主要原因，两次试样选铁磁尾的钛、铁含量比（$TiO_2$/TFe）不同，本次为0.785，1981年为0.85。本次样品由于氧化较深，氧化成的赤铁矿、褐铁矿进入了磁尾，另一方面样品中钛铁矿绿泥石化严重，造成部分钛铁矿细粒化而进入强磁尾矿，部分蚀变严重的钛铁矿因可浮性降低进了浮选尾矿。

这种情况随矿山生产、采矿向纵深发展，矿石的氧化、蚀变减小乃至消除会得到改善和好转，选矿生产指标也会越来越好。

## 5.6 攀西钒钛磁铁矿选钛工艺流程概述

对攀西钒钛磁铁矿选铁尾矿再进行选钛的工艺流程，国内许多研究院所及高校进行了长时期深入的试验研究，形成了具有不同特点的选别工艺流程：其一是重—电选联合流程，其二是强磁—浮选联合流程，其他形式的如全重流程、全浮流程已被此两大流程所代替。

通过长期的实践认识，强磁—浮选流程具有更多的优点：

（1）强磁选作粗选工段，流程简单，操作稳定，能回收-0.045mm的钛铁矿矿粒，因而全粒级回收率高。

（2）浮选作为精选段，流程结构简单，设备易于配置，便于操作，生产稳定，浮选工艺适应物料粒度范围广，尤其对细粒级能有效的回收。

（3）强磁—浮选流程适合矿石粗粒嵌布、细粒嵌布以及粗细不均匀嵌布状态。

（4）强磁—浮选流程，由于工艺结构简单，设备紧凑，因而建厂投资省，经营费用低，企业经济效益显著。

（5）浮选采用氧化石蜡皂为捕收剂，硫酸、草酸为调整剂，药剂本身无毒害。经试验回水可循环使用，对环境无明显污染，是较理想的选矿药剂。

## 参考文献


[1] 四川省攀枝花—西昌地区钒钛磁铁矿四大矿区钛铁矿理论品位研究. 中国地质科学院矿产综合利用研究所, 1981.

[2] 以氧化石蜡皂作捕收剂，草酸、硫酸作调整剂浮选攀枝花磁尾钛铁矿工业试验初步报告. 中国地质科学院矿产综合利用研究所, 1977.

[3] 攀枝花磁尾圆锥选矿机粗精矿浮选精选探索性试验总结. 中国地质科学院矿产综合利用研究所, 1981.

[4] 攀枝花选钛石圆锥选矿机粗精矿浮选精矿实验室试验报告. 中国地质科学院矿产综合利用研究所, 1983.

[5] 强磁浮选攀枝花磁选尾矿钛铁矿实验室小型试验报告. 中国地质科学院矿产综合利用研究所, 1979.

[6] 攀枝花微细粒级钛铁矿回收初步工业试验报告. 中国地质科学院矿产综合利用研究所, 1997.

[7] 攀枝花微细粒级钛铁矿最佳选矿工艺与钛精矿造块的研究（选矿工艺部分）. 中国地质科学院矿产综合利用研究所, 1993.

[8] 攀枝花细粒级钛铁矿回收利用工艺技术研究. 中国地质科学院矿产综合利用研究所, 1998.

[9] 微细粒级钛铁矿回收试验研究报告——九五国家重点科技攻关项目. 中国地质科学院矿产综合利用研究所, 2000.

[10] 攀枝花尚难利用矿选钛试验研究. 中国地质科学院矿产综合利用研究所, 2000.

[11] 红格钒钛磁铁矿开发利用规划专题研究. 中国地质科学院矿产综合利用研究所, 2010.

[12] 红格钒钛磁铁矿综合利用高效分选工艺技术优化研究. 中国地质科学院矿产综合利用研究所, 2010.

[13] 红格钒钛磁铁矿综合利用选矿试验研究与产业示范（一）. 中国地质科学院矿产综合利用研究所, 2003.

[14] 红格钒钛磁铁矿综合利用选矿试验研究与产业示范（二）. 中国地质科学院矿产综合利用研究所, 2006.

[15] 红格钒钛磁铁矿综合利用选矿试验研究与产业示范工作总结. 中国地质科学院矿产综合利用研究所, 2006.

[16] 红格钒钛磁铁矿选矿工艺设计. 中国地质科学院矿产综合利用研究所, 2007.

[17] 白马钒钛磁铁矿综合回收选矿试验（重选—电选流程）. 中国地质科学院矿产综合利用研究所, 1990.

[18] 太和铁矿重选粗精矿浮选钛铁矿试验报告. 中国地质科学院矿产综合利用研究所, 1995.

[19] 太和铁矿选钛试验报告. 中国地质科学院矿产综合利用研究所, 1990.

[20] 德胜钒钛磁铁矿选钛扩试报告. 中国地质科学院矿产综合利用研究所, 2008.

[21] 青杠坪选钛验证试验研究报告. 中国地质科学院矿产综合利用研究所, 2012.

[22] 红格北矿区表内矿（T103）选铁尾矿 1 综合回收试验报告. 中国地质科学院矿产综合利用研究所, 1982.

[23] 腾家梁子钒钛磁铁矿选铁选钛扩大试验研究. 中国地质科学院矿产综合利用研究所, 2007.

[24] 红格百草钒钛磁铁矿选铁选钛试验研究. 中国地质科学院矿产综合利用研究所, 2008.

# 6 红格钒钛磁铁矿综合利用选矿试验及产业化示范工程

## 6.1 红格钒钛磁铁矿综合利用试验研究

### 6.1.1 矿石性质

以往对攀西钒钛磁铁矿四大矿区研究表明，在四大矿区中，红格矿储量最大，表外矿（即全铁品位15%~20%的矿石）约占该矿总储量的50%，致使红格表内外综合矿全铁品位低，选铁的选矿比大，若采用以铁为主的开发利用方案，选矿成本高，效益低，是红格矿的基本特点之一。

大量研究表明，红格矿的钛铁矿相对含量较高，使红格矿石 $TiO_2$在钛铁矿中的分配率高于攀枝花矿；钛磁铁矿中所含的铬（$Cr_2O_3$）平均为0.62%，是攀枝花矿的6倍以上；硫化矿中的钴、镍、铜、铂族元素的品位分别为攀枝花矿的4.75、4.8、13、2.5倍，也远高于白马矿和太和矿，因此，该资源综合利用潜在价值大，这是红格矿不同于其他矿区的特点之二。

再者，红格矿矿石类型多，工艺性质较为复杂，选矿加工难度较大，技术要求高，是其特点之三。

矿样的主要化学成分见表6-1，主要矿物种类见表6-2，矿石的矿物含量见表6-3，主要矿物工艺粒度见表6-4。研究矿石的结构构造、主要矿物工艺特征表明，该矿石既具有阶段磨矿阶段选别的性质，又具有钛磁铁矿、钛铁矿、硫化物结合体（简称金属矿物结合体）与脉石矿物粗磨分选的特性。

**表6-1 试样的主要化学成分** (%)

| 成分 | TFe | FeO | $TiO_2$ | $V_2O_5$ | $Cr_2O_3$ | Cu | Co | Ni | $SiO_2$ | $Al_2O_3$ | CaO | MgO | S | P |
|---|---|---|---|---|---|---|---|---|---|---|---|---|---|---|
| 含量 | 26.71 | 19.47 | 11.50 | 0.239 | 0.018 | 0.023 | 0.017 | 0.026 | 26.12 | 7.02 | 8.04 | 7.70 | 0.664 | 0.178 |

**表6-2 红格北矿区矿石的主要矿物种类**

| 相对含量 | 金属矿物 | | | | 脉石矿物 | |
|---|---|---|---|---|---|---|
| | 氧化物 | | 硫化物 | | 原生矿物 | 次生矿物 |
| | 原生矿物 | 次生矿物 | 原生矿物 | 次生矿物 | | |
| 主要的 | 钛磁铁矿；钛铁矿 | 磁赤铁矿 | 磁黄铁矿 | | 普通辉石；斜长石；橄榄石 | 绿泥石 |
| 次要的 | | 褐铁矿 | 黄铁矿；黄铜矿；镍黄铁矿 | | 普通角闪石；黑云母；镁铝尖晶石 | 蛇纹石；伊丁石；绢云母；高岭石 |
| 少量微量的 | 赤铁矿 | 磁铁矿 | 闪锌矿；方铅矿 | 铜蓝；白铁矿 | 磷灰石 | 葡萄石；金云母；白云母；榍石；次闪石 |

表 6-3 矿石的矿物含量 (%)

| 矿 物 | 钛磁铁矿 | 钛铁矿 | 褐铁矿 | 硫化物 | 脉石 |
|---|---|---|---|---|---|
| 含 量 | 28.64 | 16.74 | — | 1.47 | 53.15 |

表 6-4 试样主要矿物工艺粒度分布 (%)

| 粒级/mm | | >3 | 3~2 | 2~1 | 1~0.5 | 0.5~0.2 | <0.2 |
|---|---|---|---|---|---|---|---|
| 钛磁铁矿 | 各级 | | | 1.39 | 23.78 | 54.42 | 20.41 |
| | 累计 | | | | 25.17 | 79.59 | 100.00 |
| 钛铁矿 | 各级 | | | 2.67 | 28.12 | 51.93 | 17.28 |
| | 累计 | | | | 30.79 | 82.72 | 100.00 |
| 脉 石 | 各级 | 6.43 | 20.77 | 33.49 | 22.51 | 10.37 | 6.43 |
| | 累计 | | 27.20 | 60.69 | 83.20 | 93.57 | 100.00 |
| 粒级/mm | | >0.1 | 0.1~0.074 | 0.074~0.04 | 0.04~0.02 | <0.02 | |
| 硫化物 | 各级 | 69.54 | 10.67 | 10.27 | 4.68 | 4.84 | |
| | 累计 | | 80.21 | 90.48 | 95.16 | 100.00 | |

由表 6-4 可以看出，钛磁铁矿和钛铁矿工艺粒度大小属同一数量级；脉石矿物工艺粒度明显大于钛磁铁矿和钛铁矿数倍；而硫化物工艺粒度大小要比钛磁铁矿低一个数量级。由于脉石矿物含量高，粒度粗，故具有较好的粗粒结合体抛尾工艺性能。

钛磁铁矿和钛铁矿常不同程度地被绿泥石网脉切割，其中，钛磁铁矿切割程度较深而钛铁矿较浅。这种切割常导致钛磁铁矿和钛铁矿工艺粒度变细，并在它们的结合体内引入相当数量的粒度小于 20μm 的绿泥石，导致钛磁铁矿的 TFe 品位和钛铁矿的 $TiO_2$ 品位有所下降。根据攀西地区钒钛磁铁矿矿石工艺粒度与磨矿粒度和矿物单体解离度之间关系，当磨矿粒度上限等于钛磁铁矿的 $d_{75}$（0.17mm）粒度时，钛磁铁矿的解离度可满足选取一般铁精矿的要求，即钛磁铁矿单体解离度可达 80% 左右。但由于存在 20% 左右连体，以及钛磁铁矿中存在相当数量的粒径小于 20μm 绿泥石包体，这一粒度尚不能满足高品位铁精矿的要求。欲获得高品位铁精矿，则必须细磨精选。

综上所述，制定红格钒钛磁铁矿选铁工艺流程的基本原则是，首先要有利于对该资源有益元素铁、钛、钒、铬、钴、镍、铜等的综合利用；二是充分利用红格矿石的工艺性质，研究采用有利于降低选矿成本的工艺技术；三是选铁工艺流程既要有利于选铁，同时也要有利于对钛和钴镍硫化物的选别回收。这三个方面是相辅相成、协调一致的。

### 6.1.2 铁钛分离的基本规律

在总结以往红格钒钛磁铁矿综合利用试验研究工作的基础上，对原矿样分别进行了选铁设备技术参数、工艺参数试验。以图 6-1 为试验原则流程，系统地研究了磨矿粒度与铁钛分离分选的基本规律。试验结果见图 6-2 ~ 图 6-4。

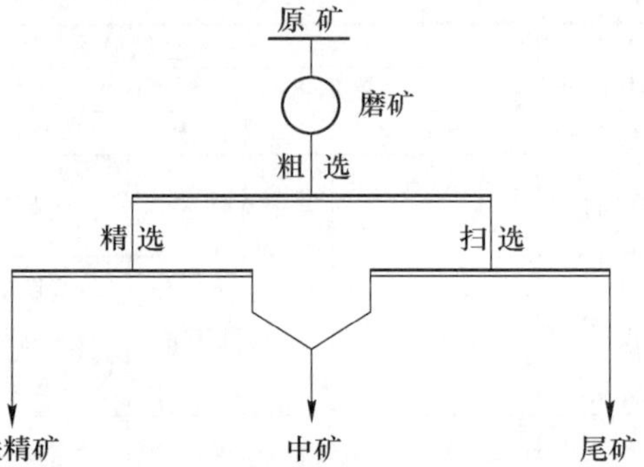

图 6-1 实验室选铁试验原则流程

图 6-2 ~ 图 6-4 试验结果表明，随着磨矿粒度由粗到细，铁精矿的产率由高到

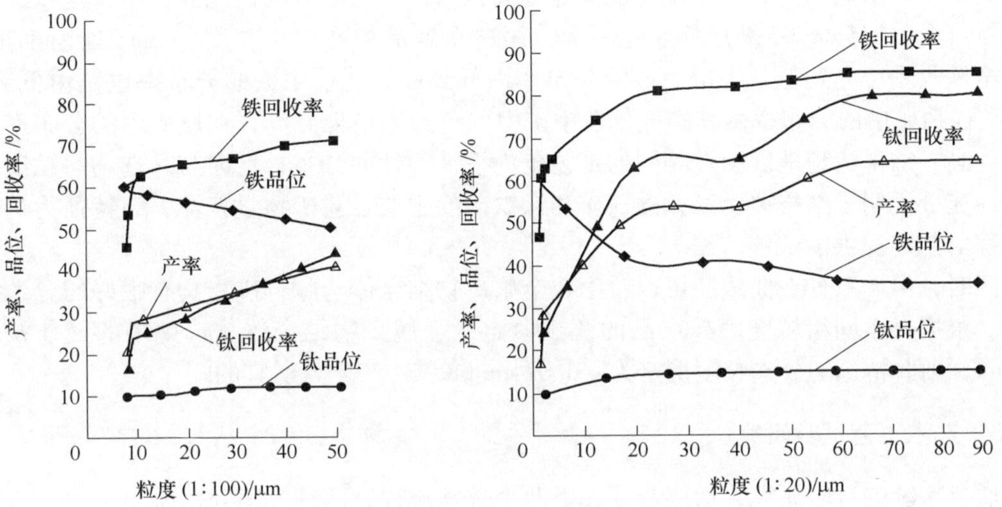


图 6-2 不同入选粒度铁精矿产率、品位、回收率的变化特征

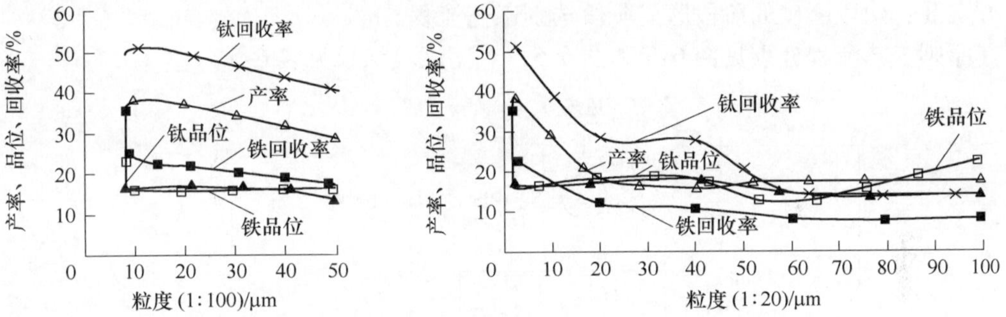


图 6-3 不同入选粒度对选铁中矿产率、品位、回收率的影响

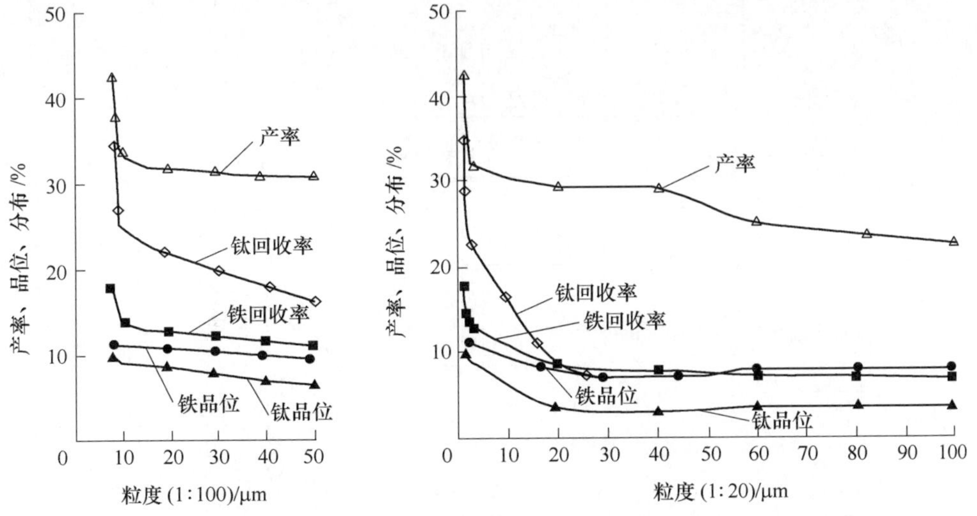


图 6-4 不同入选粒度的选铁尾矿产率及铁钛在选铁尾矿中的品位和分布特征

低，尾矿产率由低到高，中矿产率也由低到高；精矿全铁品位由低到高，中矿全铁品位除个别点（-0.045mm 95%）外变化不大，尾矿全铁品位在入选粒度-1mm以前都很低；精矿全铁收率由高到低，中矿中铁的分布率由低到高，尾矿中铁的分布率也是由低到高；$TiO_2$在铁精矿中的分布率由高到低，在中矿中的分布率由低到高，在尾矿中的分布率也是由低到高。结果清楚地表明在相同的工艺条件下铁、钛的分布、走向与入选物料粒度极为密切，充分说明了红格北矿区钛磁铁矿和钛铁矿的主要工艺矿物学特征，该特征为选铁工艺流程的制定提供了试验依据。

同时，由矿石分选曲线还可以看出，金属矿物结合体与脉石矿物具有很好的分选抛尾效果。根据对不同粗粒度磨矿产品的测试鉴定，金属矿物结合体分选抛尾的最佳粒度为-2mm，细磨精选的分选粒度确定为-0.074mm 85%~90%是适宜的。

### 6.1.3 选铁工艺试验研究

通过系统的试验研究，最终确定如下两个选铁流程，两种方案分别为：

方案Ⅰ：粗磨梯次磁选金属矿物结合体抛弃尾矿—磨矿铁钛分选—细磨精选选铁工艺流程；

方案Ⅱ：两段磨矿的阶段磨矿阶段选别工艺流程。

其原则工艺流程分别见图6-5和图6-6，对比试验结果见表6-5。

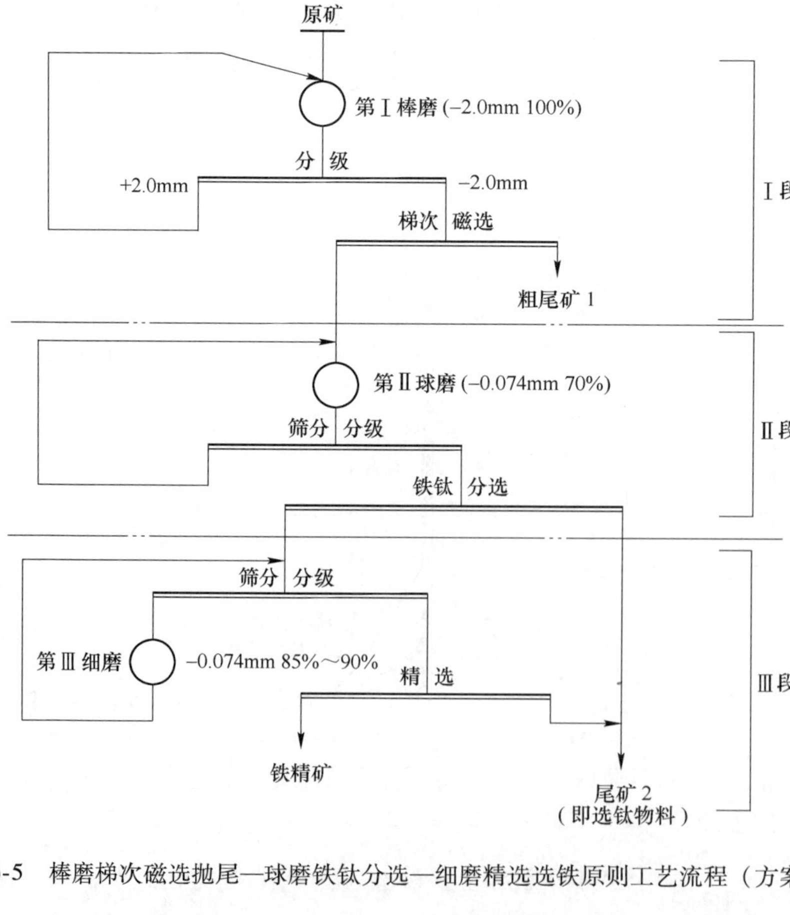


图6-5 棒磨梯次磁选抛尾—球磨铁钛分选—细磨精选选铁原则工艺流程（方案Ⅰ）

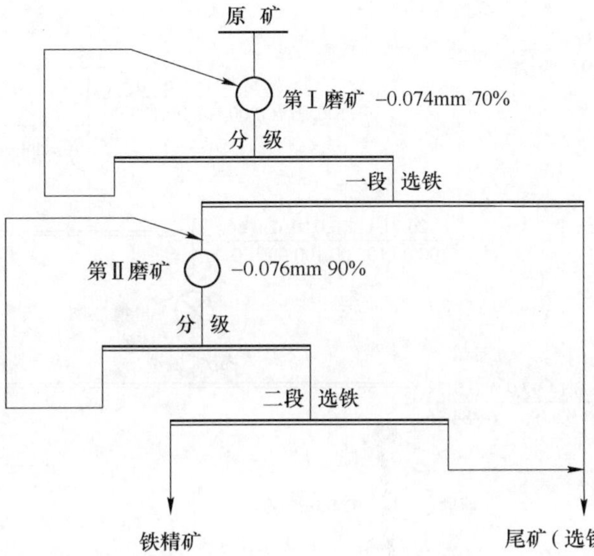


图 6-6 阶段磨矿阶段选别原则工艺流程（方案Ⅱ）

**表 6-5 红格钒钛磁铁矿综合利用选铁不同流程试验结果对比**

| 产品名称 | 方案Ⅰ | | | | | 方案Ⅱ | | | | |
|---|---|---|---|---|---|---|---|---|---|---|
| | 产率/% | 品位/% | | 回收率/% | | 产率% | 品位/% | | 回收率/% | |
| | | TFe | $TiO_2$ | TFe | $TiO_2$ | | TFe | $TiO_2$ | TFe | $TiO_2$ |
| 铁精矿 | 28.96 | 58.58 | 10.24 | 63.59 | 25.09 | 29.23 | 58.61 | 10.22 | 64.15 | 25.32 |
| 尾矿 2 | 42.03 | 18.12 | 18.99 | 28.55 | 67.52 | 70.77 | 13.53 | 12.45 | 35.85 | 74.68 |
| 粗尾矿 1 | 29.01 | 7.23 | 3.01 | 7.86 | 7.39 | | | | | |
| 原　矿 | 100.00 | 26.68 | 11.82 | 100.00 | 100.00 | 100.00 | 26.71 | 11.80 | 100.00 | 100.00 |

由表 6-5 可以看出，两方案选铁指标接近，但方案Ⅰ进入铁钛分离磨矿分选物料较方案Ⅱ少 29.01%；对于选钛而言，方案Ⅰ的选钛物料的产率为 42.03%，方案Ⅱ为 70.77%。二者相比，方案Ⅰ较方案Ⅱ优越，故推荐方案Ⅰ为选铁的最终方案并进行选铁扩大连续试验。选铁扩大连续试验数质量流程见图 6-7，试验结果见表 6-6，各产品检查结果见表 6-7。

**表 6-6 红格钒钛磁铁矿选铁扩大连续试验结果（方案Ⅰ）**

| 产品名称 | 产率/% | 品位/% | | 回收率/% | |
|---|---|---|---|---|---|
| | | TFe | $TiO_2$ | TFe | $TiO_2$ |
| 铁精矿 | 29.05 | 58.50 | 10.50 | 63.62 | 26.51 |
| 尾矿 2 | 41.90 | 18.16 | 18.08 | 28.48 | 65.87 |
| 尾矿 1 | 29.05 | 7.25 | 3.02 | 7.89 | 7.61 |
| 原　矿 | 100.00 | 26.71 | 11.50 | 100.00 | 100.00 |

**表 6-7 各产品检查结果** （%）

| 产品名称 | TFe | $TiO_2$ | $V_2O_5$ | $Cr_2O_3$ | Cu | Co | Ni | $SiO_2$ | $Al_2O_3$ | CaO | MgO | S | P |
|---|---|---|---|---|---|---|---|---|---|---|---|---|---|
| 铁精矿 | 58.50 | 10.50 | 0.69 | 0.021 | 0.012 | 0.025 | 0.045 | 2.11 | 2.24 | 1.12 | 2.78 | 1.12 | 0.027 |
| 尾矿 2 | 18.16 | 18.08 | 0.075 | 0.017 | 0.050 | 0.016 | 0.029 | 30.28 | 7.65 | 8.98 | 16.15 | 0.615 | 0.121 |
| 尾矿 1 | 7.25 | 3.02 | 0.047 | 0.009 | 0.005 | 0.008 | 0.015 | 44.40 | 9.52 | 14.36 | 1.42 | 0.278 | 0.018 |

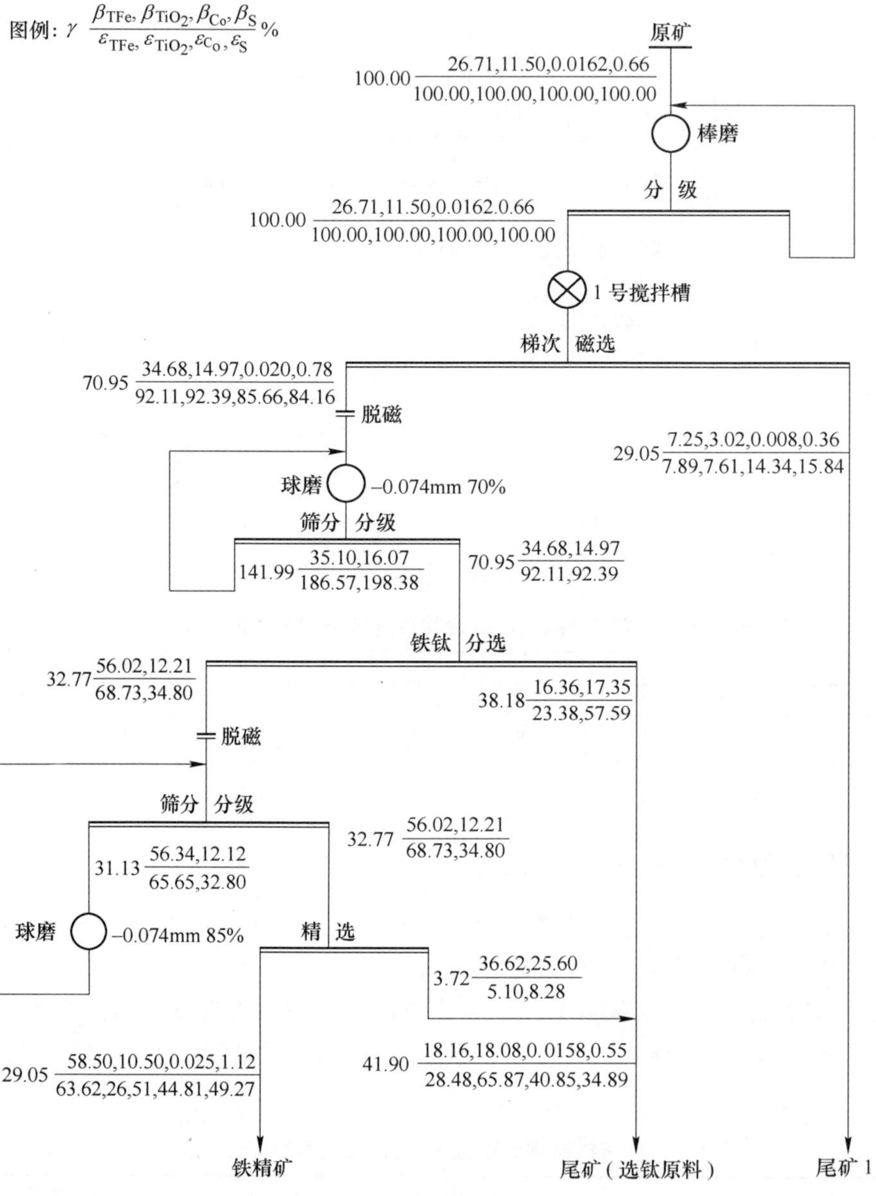


图 6-7 红格选矿厂选铁扩大连续试验数质量流程（方案 I）

由表 6-7 可看出，铁精矿含硫达到 1. 12%，已远远超过了铁精矿的允许含硫量。经对铁精矿产品检查表明，主要是进入铁精矿中磁黄铁矿的硫，这部分硫在磁选过程中是不可能被选别出去的，必须进行浮选除硫。通过大量的试验研究和测试分析，确定的铁精矿浮硫试验流程见图 6-8，药剂制度见表 6-8，试验结果见表 6-9，各产品主要化学成分见表 6-10。

表 6-10 结果表明，含硫铁精矿通过浮硫工艺，提高了铁精矿的品位，有效地降低了精矿中的硫含量，由 1. 12% 降到了 0. 093%，除硫效果非常明显。不仅如此，还选得了合格的硫钴精矿，提高了对红格矿铜、钴、镍的综合利用程度。

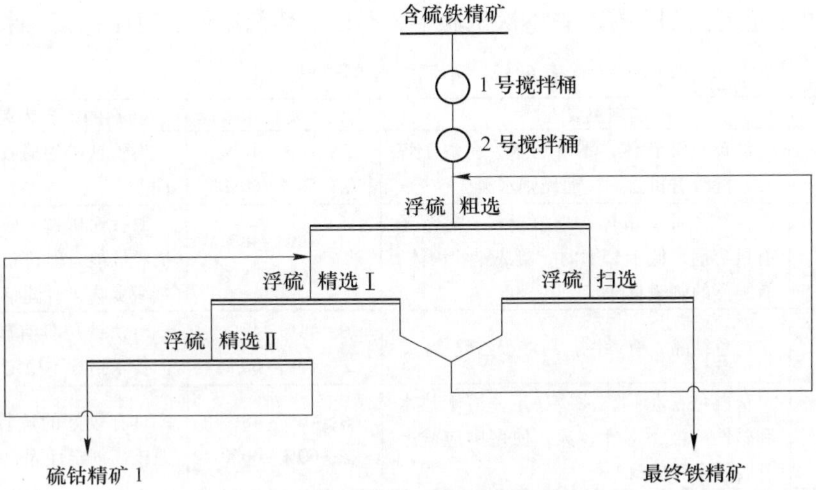


图6-8 铁精矿浮硫工艺流程

**表6-8 铁精矿浮硫工艺药剂制度**

| 药剂名称 | 加药浓度/% | 用量 | | 配制后的药液体积用量 | | 加药位置 | pH值 |
|---|---|---|---|---|---|---|---|
| | | kg/t | L/h | L/t | L/h | | |
| 硫酸 | 10 | 0.300 | 9.08 | 约3 | 90.78 | 1号搅拌槽 | 5.5~6 |
| 复合黄药（丙+丁） | 5 | 0.060 | 1.8156 | 1.2 | 36.312 | 2号搅拌槽 | |
| 2号油 | 100 | 0.020 | 0.6052 | 0.023 | 0.6956 | 2号搅拌槽 | |

**表6-9 铁精矿浮硫工艺试验结果**

| 产品名称 | 产率/% | 品位/% | | | | 回收率/% | | | |
|---|---|---|---|---|---|---|---|---|---|
| | | TFe | $TiO_2$ | Co | S | TFe | $TiO_2$ | Co | S |
| 最终铁精矿 | 96.90 | 58.64 | 10.80 | 0.013 | 0.093 | 97.13 | 99.67 | 51.61 | 8.05 |
| 硫钴精矿1 | 3.10 | 54.11 | 1.13 | 0.390 | 33.22 | 2.87 | 0.33 | 48.39 | 91.95 |
| 含硫铁精矿 | 100.00 | 58.50 | 10.50 | 0.025 | 1.12 | 100.00 | 100.00 | 100.00 | 100.00 |

**表6-10 铁精矿脱硫后产品检查结果** (%)

| 产品名称 | TFe | FeO | $TiO_2$ | $V_2O_5$ | $Cr_2O_3$ | Cu | Co | Ni | $SiO_2$ | $Al_2O_3$ | CaO | MgO | S | P |
|---|---|---|---|---|---|---|---|---|---|---|---|---|---|---|
| 最终铁精矿 | 58.64 | 19.69 | 10.80 | 0.77 | 0.021 | 0.0038 | 0.010 | 0.0015 | 1.68 | 3.53 | 0.38 | 1.78 | 0.093 | 0.021 |
| 硫钴精矿 | 54.11 | — | 1.13 | 0.011 | 0.013 | 0.35 | 0.390 | 0.75 | — | — | — | — | 33.22 | — |

### 6.1.4 选钛工艺试验研究

选钛物料就是二、三段选铁尾矿，选钛物料主要化学成分见表6-11。

**表6-11 选钛物料主要化学成分** (%)

| 成分 | TFe | FeO | $TiO_2$ | $V_2O_5$ | $Cr_2O_3$ | Cu | Co | Ni | $SiO_2$ | $Al_2O_3$ | CaO | MgO | S | P |
|---|---|---|---|---|---|---|---|---|---|---|---|---|---|---|
| 含量 | 18.16 | 18.81 | 18.08 | 0.075 | 0.017 | 0.050 | 0.016 | 0.029 | 30.28 | 7.65 | 8.98 | 16.15 | 0.615 | 0.121 |

长期以来，在攀西钒钛磁铁矿钛铁矿的浮选试验研究中，先后采用了油酸、羟肟酸、苯乙烯膦酸、苄基胂酸、氧化石蜡皂、石油磺酸钠、塔尔油（皂）、MOS和F968等为捕收剂进行了大量的试验研究工作。尤其近年来，钛铁矿的浮选药剂及其浮钛技术指标又获得了新进

展。为了更好地进行药剂选择，在本次试验中，对以上药剂进行了对比，其结果见表6-12。

**表6-12 不同捕收剂选钛对比**

| 药剂名称 | 药剂主要性质 | 选钛主要技术指标 | 药剂的主要选别性能及其他 |
|---|---|---|---|
| 油　酸 | 淡黄色油状体，不溶于水，易溶于煤油、醇等有机溶剂，遇碱则水解 | $\beta$：40%~44%<br>$\varepsilon$：50%~60% | 对钛铁矿的捕收性一般，选择性差 |
| 羟肟酸 | 棕红色油状液体，难溶于水，易溶于有机溶剂，低于15℃时，凝成蜡状固体，有强烈的刺激臭味 | $\beta$：46%~48%<br>$\varepsilon$：50%~65% | 对钛铁矿具有较好的选择性和捕收性能，但价格贵，有强烈的刺激臭味，对健康有影响 |
| 苯乙烯膦酸 | 白色结晶，有毒性，易溶于乙醇 | $\beta$：44%~48%<br>$\varepsilon$：40%~60% | 对钛铁矿具有较好的选择性，但技术指标不稳定，价格贵 |
| 苄基胂酸 | 灰白色粉状物，性质稳定，溶于热水和碱性溶液，毒性较大，使用中应戴上乳胶手套和口罩 | $\beta$：46%~48%<br>$\varepsilon$：60%~66% | 具有较好的选择性和捕收性，但该药剂毒性大，价格贵 |
| 氧化石蜡皂（733和731） | 棕色粉状物，溶于热水，有起泡性 | $\beta$：39%~42%<br>$\varepsilon$：50%~60% | 捕收性一般，选择性差 |
| 南充氧化石蜡皂 | 棕黄至棕色膏状物，含水分50%左右，溶于热水，有起泡性 | $\beta$：45%~47%<br>$\varepsilon$：40%~65% | 选择性和捕收性受蜡源和生产工艺影响较大 |
| 石油磺酸钠 | 棕色膏状物，溶于热水 | $\beta$：43%~46%<br>$\varepsilon$：50%~60% | 选择性和捕收性一般 |
| 塔尔油 | 棕红色并带有绿色的液体，有臭味，其黏度随所含松脂酸、石油醚、不溶物的增加而增加，溶于热水 | $\beta$：42%~47%<br>$\varepsilon$：50%~60% | 选择性和捕收性一般 |
| MOS | 棕色膏状物，溶于热水 | $\beta$：46%~48%<br>$\varepsilon$：50%~60% | 选择性较好，捕收性一般 |
| $F968_{[1]}$ | 黄色至棕色膏状物，溶于热水，有起泡性 | $\beta$：48%左右<br>$\varepsilon$：70%以上 | 选择性好，捕收性强 |
| $F968_{[2]}$ | 黄色至棕色稀膏状物，易溶于热水，有起泡性 | $\beta$：48%以上<br>$\varepsilon$：70%~80% | 选择性好，捕收性强，且用量少 |

由表6-12表明，731和733氧化石蜡皂，油酸、石油磺酸钠，这四种捕收剂对钛铁矿浮选指标最差。塔尔油、南充氧化石蜡皂选钛指标有好有差，受其组分影响很大，性能不稳定。羟肟酸、苄基胂酸，虽然均对钛铁矿有较好的选择性能和捕收性能，但因前者有强烈的刺激臭味，对操作工人的健康有影响，加之价格较高，使其应用受到限制；后者毒性大，价格高，不宜使用。苯乙烯膦酸虽具有较好的选择性，但在扩大连选过程中指标不稳定，且价格贵。MOS选别攀枝花钛铁矿能获得质量较好的精矿，虽然精矿的回收率不够理想，但综合考虑该药剂的性质、性能等因素，在众多的选钛药剂中，是一种较好的选钛捕收剂。$F968_{[1]}$是中国地质科学院矿产综合利用研究所在总结国内外选钛捕收剂性质和攀西浮选钛铁矿试验研究中存在的主要问题的基础上进行设计、研制的一种选钛新药剂，它与上述众多选钛捕收剂相比，具有选择性能好、捕收性能强，选钛技术指标比较理想等突出特点，$F968_{[2]}$比$F968_{[1]}$性能更好，尤其是使用的矿浆温度较低，用量较少，指标更好。故该项目选择$F968_{[2]}$为捕收剂进行浮选钛铁矿试验研究。

根据选钛物料的性质，采用多梯度磁选选别工艺是红格矿选钛工艺的创新。由于入浮物料大幅度地减少，使浮选药剂用量大大降低，同时也减少了尾矿水的处理量；由于多梯度磁选提高了入浮物料的品位，从而保证了浮选比较容易地获得高品位钛精矿；该工艺既能有效回收选铁尾矿中的钛，又能降低选钛总成本。

通过系统的粗选试验、扫选试验、精选试验、开路流程试验、闭路流程试验以及中矿再磨再处理闭路流程试验并进行了选钛扩大连续试验，选钛扩大连续试验数质量流程见图6-9，结果见表6-13。

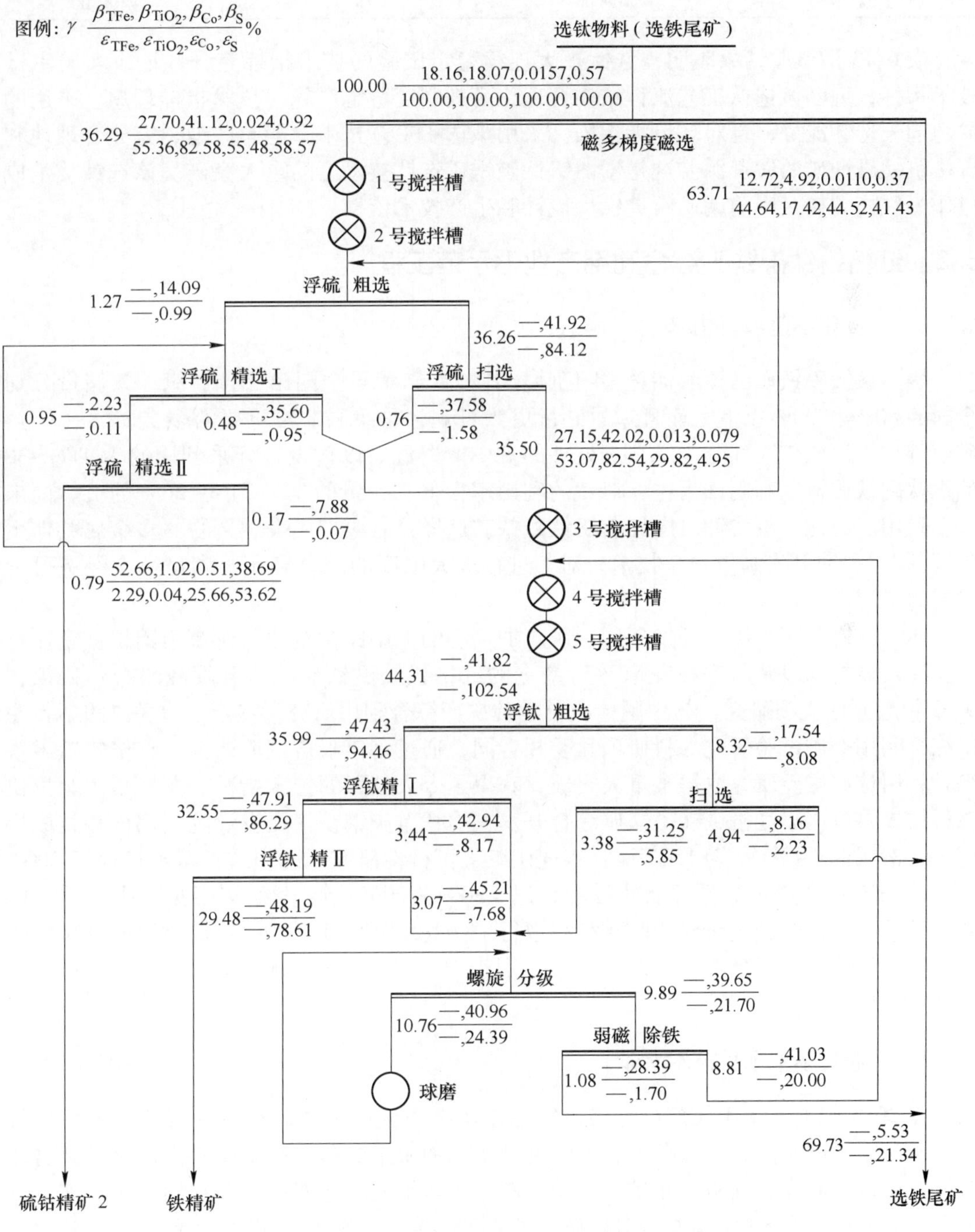


图6-9 红格选矿厂选铁尾矿选钛扩大连续试验数质量流程

**表 6-13 选钛扩大连续稳定试验最终结果**

| 产品名称 | 产率/% | 品位（$TiO_2$）/% | 回收率（$TiO_2$）/% |
|---|---|---|---|
| 硫钴精矿 2 | 0.79 | 1.02 | 0.04 |
| 钛精矿 | 29.48 | 48.19 | 78.61 |
| 选钛尾矿 | 69.73 | 5.53 | 21.35 |
| 选钛原料 | 100.00 | 18.07 | 100.00 |

表 6-13 的试验结果表明，选钛扩大连续稳定试验的技术指标充分验证了实验室试验技术指标，说明该选钛工艺流程结构合理，药剂制度稳定可靠，技术指标理想。采用的选矿药剂分选性能好，且对环境无污染。采用该选矿工艺技术，能有效地、充分合理地利用红格钒钛磁铁矿的钛资源。这是攀西钒钛磁铁矿选钛技术上的重大突破。该选钛技术成果已作为红格北矿区中前期矿石选钛厂设计和生产技术依据。

## 6.2 红格钒钛磁铁矿综合利用产业化示范工程

### 6.2.1 产业化示范项目由来

攀西钒钛磁铁矿已探明储量 94 亿吨，其中铁储量居全国第二位，钒、钛储量分别占全国的 80% 和 90% 以上，而且远景储量更为可观，是我国非常重要的多金属共（伴）生矿产资源。但该矿大部分为复杂难处理的贫矿产资源。以往设计开采利用的为 TFe > 30% 的钒钛磁铁矿，以利用铁为主，对钛的利用率很低；大量的 TFe 20%~26% 的贫矿尚未被开发利用。为此，亟待针对向红格钒钛磁铁矿这样具有典型代表意义的“多金属共伴生贫矿资源”，研究开发高效选矿技术，对其进行最大限度的综合利用，满足社会经济可持续发展的资源需求。

四川龙蟒集团是矿产开发利用、矿产加工型的大型民营企业。龙蟒集团根据企业自身中长期发展规划以及与攀枝花市政府签定的红格钒钛磁铁矿综合开发战略合作协议，从 2002 年起开始立项研究，与中国地质科学院矿产综合利用研究所签定了有关红格钒钛磁铁矿综合利用选矿试验研究的科研项目委托合同，通过多年艰苦试验研究，红格钒钛磁铁矿综合利用选矿试验研究取得了重大突破，获得了令人鼓舞的技术指标。龙蟒集团为尽快将该科技成果应用于红格钒钛磁铁矿综合开发，委托重庆钢铁集团设计院利用该科技成果进行了红格钒钛磁铁矿一期 150 万吨/年选矿工程可行性研究，四川省经济委员会于 2004 年 8 月 17 日对该产业示范项目批准备案登记。2004 ~2005 年，龙蟒集团技术中心与中国地质科学院矿产综合利用研究所联合组织进行了年处理 150 万吨红格钒钛磁铁矿选矿厂的工程开发与设计，项目分两期开发建设，分别于 2005 年 6 月、2006 年 6 月建成投产，进行了产业示范工程。

### 6.2.2 产业化示范项目技术背景

在 20 世纪七八十年代配合红格钒钛磁铁矿地质勘探工作，对地勘岩芯矿先后进行了不同矿段、不同矿区、不同品级、不同类型矿石物质组成和选铁试验研究，全矿区岩芯综合样选矿试验研究；红格南北矿区坑道样矿石物质组成、选铁和综合利用选矿工艺流程实验室试验研究。在 80 年代末众多科研单位在西昌 410 钒钛磁铁矿综合利用中试基地，对红格南北矿区坑道样进行了选铁工艺流程和综合回收选钛选钴、镍硫化物攻关试验。

此次红格钒钛磁铁矿综合利用选矿试验研究，就是在总结以上红格矿工艺矿物学、选矿试验研究、攀枝花细粒钛铁矿综合回收工艺技术研究以及相关技术进步的基础上进行的，同时吸收借鉴了相关单位对攀西钒钛磁铁矿研究的经验。

尽管以往对攀西钒钛磁铁矿进行了系统的工艺矿物学研究，集中反映了20世纪七八十年代至90年代初对攀西钒钛磁铁矿物质组成工艺矿物学和矿物工程学方面的研究，但必须进一步深化研究才能适应攀西钒钛磁铁矿资源开发的需要。为此，在工艺矿物学方面，以红格北矿区代表性的矿样为重点，进行了不同矿样的矿石类型、矿石物质组成、矿石结构构造、工艺性质、矿物物化特征、主要元素赋存状态与分布的研究，并研究了主要矿物在选矿过程中的走向分布的基本特点等，为选铁、选钛、浮选硫钴的研究和选矿技术效果的分析提供了科学依据。

项目实施尽力将攀西钒钛磁铁矿综合利用科技攻关的过去、现在和发展予以结合，以此确立本项目研究的新起点和新目标。红格钒钛磁铁矿综合利用矿物工程学研究与矿石工艺矿物学研究密切结合、互为验证地进行了以红格北矿区代表性矿样为重点的不同矿样、不同方案、不同工艺流程的选铁、选钴镍硫化物、选钛的实验室研究和扩大连续试验研究，试验累计用矿量30多吨。2003年7月份圆满而超合同地完成了试验任务，试验获得的各项技术指标达到并超过了合同预期指标，与以往对红格钒钛磁铁矿综合利用选铁试验研究相比在几个方面都获得了新的突破，表6-14列出了本项目和以往科技攻关的试验结果。

**表6-14 本项目和以往科技攻关主要技术指标对比**

| 流程作业 | | 以往工业试验指标 | 本项目试验结果 |
|---|---|---|---|
| 入选原矿 | | 红格北矿区表内矿：TFe 24%~26%，$TiO_2$ 10.24%~10.91%，Co 0.0158% | 红格北矿区表内矿：TFe 26.71%，$TiO_2$ 11.50%，Co 0.0162% |
| 选铁 | 预选抛尾指标 | 块状磁选抛尾 | 粗粒梯次磁选金属矿物结合体抛尾 |
| | | 尾矿产率13.54%，品位TFe 10.30%、$TiO_2$ 3.90% | 尾矿产率29.05%，品位TFe 7.25%、$TiO_2$ 3.02% |
| | | 精矿产率86.46%，品位TFe 26.40%、$TiO_2$ 11.23% | 精矿产率70.95%，品位TFe 34.68%、$TiO_2$ 14.97% |
| | 磨矿分选 | 两段连磨分选 | 磨矿铁钛分选—细磨精选 |
| | | 铁精矿品位：TFe 56.80%、$TiO_2$ 11.10% | 铁精矿品位：TFe 58.50%、$TiO_2$ 10.50% |
| | | 磁尾品位：TFe 11.52%、$TiO_2$ 11.21% | 磁尾品位：TFe 18.16%、$TiO_2$ 18.08% |
| 选硫钴 | 铁精矿浮硫钴 | — | 硫钴精矿：产率3.10%，钴品位0.39%，Co收率48.39% |
| | 浮钛物料浮硫钴 | 硫钴精矿：产率1.5%，钴品位0.112%，Co回收率8.57% | 硫钴精矿：产率2.18%，钴品位0.54%，Co回收率48.07% |
| | 合计（对原矿） | 硫钴精矿：产率0.87%，钴品位0.112%，Co回收率6.17% | 硫钴精矿：产率1.23%，钴品位0.422%，Co回收率32.06% |
| 选钛 | 预选指标 | 隔渣—脱泥—强磁选 | 多梯度磁选 |
| | | 精矿：产率30.67%，品位$TiO_2$ 20.31%，回收率55.54% | 精矿：产率36.29%，品位$TiO_2$ 41.12%，回收率82.58% |
| | | 尾矿：产率69.33%，品位$TiO_2$ 7.19%，回收率44.46% | 尾矿：产率63.71%，品位$TiO_2$ 4.92%，回收率17.42% |
| | 浮　选 | 浮选 | 浮选—中矿再磨—返回闭路 |
| | | 精矿：产率8.68%，品位$TiO_2$ 46.60%，回收率36.09% | 精矿：产率29.48%，品位$TiO_2$ 48.19%，回收率78.61% |

由表6-14可看出本项目与以往对红格钒钛磁铁矿选矿技术攻关相比，在以下几个方面都获得了新的突破：

（1）钒铁磁铁矿棒磨—梯次磁选—球磨—铁钛分选—细磨精选高效分选工艺技术，棒磨—梯次磁选能及早抛弃产率为30%~50%的脉石尾矿，变贫矿为富矿，减少后续生产作业处理量，能大幅度降低生产成本、大幅度提高资源利用率；球磨—铁钛分选—细磨精选能有效提高铁精矿品位，极有利于后续产业对TFe、Ti、V的综合利用。

（2）多梯度磁选—浮选高效选钛工艺技术，多梯度磁选为浮选选钛提供精料，既有利于提高选钛产品的品位和回收率，又能降低选钛成本。

（3）根据红格矿钴镍硫化物的特点，以及在工艺过程中的分步走向，通过对三段铁精矿、多梯度磁选精矿浮选硫化矿，有效地综合回收了红格钒钛磁铁矿资源中的钴镍硫化物，对该资源硫化物的回收利用取得了新的重大突破。

利用本项目研发的选矿工艺技术建成的处理原矿150万吨/年的选矿产业示范工程，通过示范，就是为了在经济合理的前提下，一是提高选厂对红格矿资源的利用率；二是提高红格矿资源的选矿回收率。为达此目的，必须采选统一规划，综合利用，走节约型资源综合开发、综合利用发展之路。

以往红格北矿区共有10家民采点，在对红格矿开发进程中，开采企业没有正规的采矿设计及排土场规划，更没有环境保护治理措施，无序开采、乱采滥挖、采富弃贫、采出的矿石品位一般为35%左右，浪费资源十分严重，年采矿量43~45万吨；开采剥离物均顺坡排放，大量剥离物进入河道，抬高河床，淹没两岸农田，造成大量的水土流失，破坏了生态环境；开采台阶高度普遍偏高，安全隐患大；选矿技术落后，以选铁为主，选钛采用20世纪50年代技术，造成选钛回收率很低，对磁尾回收率只有10%左右。

在各级政府的关心和支持下，通过矿整，对已开采的红格矿区统一规划，精心设计，科学开发，从根本上杜绝了“乱采滥挖、采富弃贫、水土流失、生态破坏”的问题。

在原有基础上整合建设的生产能力为150万吨/年的矿山，现矿山采出的矿石TFe品位平均为26%左右，较整合前的35%左右下降了9个百分点，数以倍计地提高了矿石的利用量，现采矿能力已达200万吨/年。不仅如此，龙蟒集团公司以选矿产业示范为契机，正加大对红格表外矿开发利用科技攻关力度，对储量巨大的未列入国家资源储量的表外矿进行高效分选利用研究，增加钒钛磁铁矿资源可利用储量，扩大资源利用范围，延长矿山生产服务年限，走可持续发展之路。

### 6.2.3 红格钒钛磁铁矿选矿产业化示范工程开发设计

红格钒钛磁铁矿150万吨/年选矿产业示范工程项目经四川省经济委员会批准后，立即转入工程开发。该工程的开发也就是四川龙蟒矿业有限责任公司选矿厂建设。

**选矿产业示范规模：**综合考虑各方面的因素，为了利用红格钒钛磁铁矿综合利用选矿试验研究科技成果，积极稳妥地综合开发红格钒钛磁铁矿，选厂初期规模为150万吨/年，以此为示范工程，进行产业示范。

**厂址及运输方案：**综合考虑矿山地形和外部运输条件，经筛选，150万吨/年原矿规模的选矿厂设在瓦窑田村以南约150m山坡，路库矿区开采边界南边缘。

原矿经汽车运输至选矿厂，运距约5.5km。精矿产品经汽车运输至三堆子火车站发运，运距约30km，距西—攀高速公路约3km，管道输送至安宁工业园区为23km。

**外部建设条件：**

（1）供水。四川龙蟒矿冶有限责任公司已与盐边县政府签订了每年从高堰沟水库取水400万立方米的供水协议，能满足150万吨/年原矿采选生产规模的生产、生活用水。但必须采取有效措施（建设高位水池），确保供水的稳妥可靠性。

（2）供电。四川龙蟒矿冶有限责任公司已与盐边县政府签订了由扩容后的盐边县新九变电所以35kV专线方式供电协议。

**矿山供矿条件：**

（1）开采方法。采用露天开采法。

（2）矿山生产规模。根据龙蟒集团公司中长期发展战略，以及近期钛业公司对钛精矿的需求量，经过反复讨论，最后确定一期生产规模150万吨/年。按年下降速度、按采矿工作线长度以及按新水平准备时间验证，在1755～1745m阶段就可以形成150万吨/年生产能力。

（3）矿山工作制度。矿山采用连续工作制，每年生产300天，每天3班，每班8h。

（4）矿石运输方式。采出原矿用20～30t自卸汽车经矿山公路运至选矿厂原矿仓，平均运距为5.5km。

（5）供矿矿石主要工艺参数：

矿石块度：$D \leqslant 1000$mm；

矿石平均品位：TFe品位26.50%，$TiO_2$品位11.00%；

矿石含水量：3%；

矿石含泥量：≤10%。

**选矿厂工作制度与生产能力：**

（1）选矿厂年工作日为300天，矿山开采工作制度也为300天。每天工作三班制。

（2）选矿厂破碎车间每天工作2个班，每班7h。选厂的磨矿选铁、浮硫选钛及产品脱水等车间，每天工作均为三班制。设备的作业率根据不同设备易损程度的不同而不同。经设计计算，全厂主要工艺设备的作业率为80%～85%。

（3）选矿厂的生产规模为：年处理矿石150万吨，日处理原矿量5000t，小时处理原矿量104.17t。

**选矿工艺设备选择设计与工艺厂房总体布置：**

依据《红格钒钛磁铁矿综合利用选矿试验研究》报告提出选矿工艺流程和批准的产业示范工程规模，进行了该选矿示范工程选矿数质流程和矿浆流程计算（设计用水指标：8.75$m^3$/t原矿，其中新水为2.02$m^3$/t原矿，回水为6.73$m^3$/t原矿），工艺设备的选择和计算，辅助设备的选择和计算，储矿设施选型与计算，取样计量、检测、控制设备的选择与计算，实验室、化验室配置与设计。

**选矿产业示范主要工程：**

选矿产业示范主要工程包括选矿主体部分和选矿厂供水供电工程两部分。

选矿厂主体：由破碎筛分车间和破碎车间以下的两个磨矿选矿生产系列组成。每个磨矿选矿系列由磨矿选铁车间、铁精矿脱水过滤车间、磁尾浓缩脱水、磁选—浮选选钛车间、备用浮硫钴车间、钛精矿脱水过滤车间、钛精矿干燥包装车间及尾矿库等组成。

尾矿库工程：包括尾矿运输、尾矿库和尾矿澄清水回水系统。

办公生活区：位于选厂南侧的高乔地，距离选厂500m左右。

选矿产业示范工程开发的选矿工艺、设备、供水、供电、电器仪表、土建等设计图纸，累计达1200多份。

### 6.2.4 建成的红格钒钛磁铁矿综合利用选矿产业示范工程

150万吨/年规模的选矿示范工程，一、二选矿生产系列分别于2005年6月和2006年5月建成投入试运行，通过认真调试，已进入连续稳定运转状态，已经发挥了巨大的经济效益和社会效益。

自选厂一、二两个生产系列分别试生产以来，随着设备运转率和生产操作水平的逐步提高，各项技术经济指标也在逐步提高，八、九两月平均选厂技术指标为：

原矿石品位：TFe 26.13%，$TiO_2$ 11.50%，TFe在钛磁铁矿中的分布率为65.5%~66.0%；

原矿棒磨梯次磁选抛尾产率：30%~45%；

铁精矿品位：TFe 56.45%~56.57%，$TiO_2$ 12.40%~12.68%；

铁精矿回收率：TFe（对原矿）65%~66%，（对钛磁铁矿）>96%；

钛精矿品位：$TiO_2$ 46.5%~48.5%（过滤前）；

钛精矿回收率：$TiO_2$（对磁尾）50%~58%。

攀枝花市产品质量监督检验所同年9月分别对选矿厂铁精矿、钛精矿抽样检验结果结论为：

铁精矿品位：TFe 56.8%，$TiO_2$12.9%；

钛精矿品位：$TiO_2$ 48.7%。

产品产量：

选矿厂设计产铁精矿42.22万吨/年，以工作月计则月产铁精矿4.222万吨；

选矿厂八、九月的平均月产量为铁精矿4.45万吨，钛精矿8008.88t。

据此，在正常年份，年可产铁精矿44.5~53.4万吨，以年产48万吨计，年可产钛精矿9.6万吨。

产值效益：以选厂六、七月产品成本平均值和产品含税出厂价或到对方价计，年可实现产值2.16亿元，年可实现利税5000万元左右。

棒磨梯次磁选—二段球磨铁钛分选—细磨精选选钛高效工艺技术和多梯度磁选—浮选选钛高效选矿工艺技术充分利用了红格钒钛磁铁矿矿石性质和高效选矿方法。采用该工艺技术能高效综合回收资源中铁、钛矿物和钴镍硫化物，抛弃产率30%~50%的粗粒脉石矿物，显著节能、降低选矿成本，有利于贫矿的开发利用；能有效地综合利用红格钒钛磁铁矿资源，工艺流程短，技术可靠，技术指标好，对环境无污染。采用该工艺技术在红格钒钛磁铁矿选矿方面取得了很大突破。

2006年11月11日，攀枝花科技局组织省内外专家对“红格钒钛磁铁矿综合利用选矿试验研究与产业示范”项目进行了成果鉴定，认为利用该成果的工艺技术建成的年处理150万吨原矿的选矿示范厂，达到并超过了设计处理能力，金属回收率和产品质量，主要技术经济指标领先于同类企业，具有显著的经济效益和社会效益。该项自主创新开发的新工艺、新技术能有效地开发利用贫矿，工艺技术可靠，技术指标先进，是钒钛磁铁矿选矿技术的重大突破，该项目技术成果居国际领先水平。

选矿厂投产不久，还需要一个调整、改进和优化的过程，选厂在取得以上技术经济指标的同时，选厂实际的正常运转生产能力已达到设计能力，实际生产水电消耗指标（新水用量 $1m^3/t$，电耗 30kW · h/t）显著低于设计指标（新水用量 $2.02m^3/t$，电耗 42.81kW · h/t）。铁精矿产量超过了设计产量，再者生产 TFe≥56.5% 的铁精矿较生产 TFe≥58.0% 的铁精矿可增加 5.48% 的铁精矿产量，生产什么品位的铁精矿由经济效益所决定；钛精矿回收率虽低于设计指标，但已处于领先水平。

存在的问题与改进意见：通过选厂连续稳定生产运转，虽已取得了先进的生产指标，但尚需进一步整改、优化与新工艺配套的相关设备性能和选矿药剂制度等，提出系统的工业化优化改进措施，进一步改进完善后使之成为“以企业为主体、面向市场需求、产学研结合、自主创新、科技成果迅速成功转化并为经济社会发展做出重要贡献”的典范。只要进一步优化、完善该工艺流程所需要的技术条件，不仅能进一步提高选厂技术经济指标，还具有扩能增效的潜力。

建议进一步优化该工艺流程需要的技术条件，为红格钒钛磁铁矿大规模开发利用提供更多技术成果，并将该技术推广应用于表外矿的开发利用。

## 6.3 红格钒钛磁铁矿综合利用高效分选技术优化

尽管红格钒钛磁铁矿综合利用选矿试验研究及产业示范是攀西钒钛磁铁矿选矿技术的重大突破，产业示范的主要技术经济指标领先于同类型企业，但仅仅是阶段性技术成果，在该资源综合开发、资源综合利用中还有一些重大课题需要继续攻关。

### 6.3.1 红格钒钛磁铁矿资源综合利用需要继续攻关解决的主要课题

#### 6.3.1.1 课题一

截止到 20 世纪 90 年代末，已探明矿石储量 95.76 亿吨，国家储委和原冶金工业部把含 TFe 20%~50% 的矿石划为可开发利用的资源（称为表内矿），含 TFe 15%~20% 的矿石划为不可开发利用的矿石（称为表外矿），其储量占已探明资源的 37% 以上，在红格矿床中接近 50%，在预测的资源储量中所占比例更大。长期以来，表外矿在矿山开采过程中是作为废石被采出送入废石场的。由此可知，钒钛磁铁矿表外矿是一个巨大的铁、钛、钒等金属矿资源，研究表外矿的高效低成本选矿工艺技术，将这一巨大的表外矿资源由不能利用提升为可被开发利用的资源，是需要继续攻关解决的重大课题之一。

#### 6.3.1.2 课题二

通常所说的钒钛磁铁矿选钛，就是指从选铁尾矿中选别回收粒状钛铁矿。目前工业上对选铁尾矿的选钛回收率一般为 25% 左右（即对原矿为 11.25%~15%），钛精矿 $TiO_2$ 品位不小于 47%；龙蟒矿冶公司 150 万吨/年红格选矿示范厂对选铁尾矿选铁回收率为 38%~45%。由此看出，尽管 150 万吨/年红格选矿示范厂选钛回收率较攀西钒钛磁铁矿其他选厂的选钛回收率显著提高了，但仍有很大差距。由此可知，提高选钛回收率是攀西钒钛磁铁矿资源综合利用重大课题之二。

6.3.1.3 课题三

占攀西钒钛磁铁矿总量25%~48%的钛，通过弱磁选铁进入了铁精矿，在炼铁过程中，这一部分钛几乎全部进入了冶炼炉渣。研究冶炼炉渣钛的回收利用是攀西钒钛磁铁矿资源重大课题之三。

随着矿山采场向深部延伸而带来的矿石有益组分的变化，随着经济社会对相关金属材料的需求，红格钒钛磁铁矿资源还会不断提出新的科技攻关课题，诸如原生矿中硫化矿中钴、镍、铜等有益元素的综合利用，超基性矿石中的铬、铂族金属组分的综合利用等。所有这一切，都应列入课题，适时研究开发。

### 6.3.2 优化研究的主要内容

在攀西四大钒钛磁铁矿矿床中红格矿床不仅矿石储量最大，而且表外矿所占的比例高达近50%，矿石铁品位最低，因此，红格表外矿的利用问题最突出。

由于红格表外矿和表内矿是互为层状产出的，这就决定了在开发利用表内矿时，必须采剥表外矿，因此研究表外矿的利用必须和表外矿在矿床中分布产出形式结合起来，还必须和矿山的开采方案结合起来。对表内矿和表外矿是分采、分运、分选，还是混采、混运、混选，显然，后者较前者既能大幅度减少采矿工程、运输工程和选矿工程的费用，又能便于生产管理、提高生产效率、降低生产成本。

为综合利用巨大的红格钒钛磁铁矿表外矿和进一步提高选钛回收率，为500万吨/年红格表内外矿预分选厂建设、150万吨/年选矿示范工程扩产技改和1500万吨/年特大选矿厂建设提供设计依据，四川龙蟒矿冶有限责任公司确立了“红格钒钛磁铁矿综合利用高效分选工艺技术优化研究”项目。

本项目不仅试验研究了红格钒钛磁铁矿的表外矿，还试验研究表内矿，并重点进行了表内矿和表外矿的混合矿的试验研究。试验表明，表外矿表内矿分别分选加权技术指标和混合矿分选指标是十分接近的。为了全部利用红格矿表外矿，本项目的重点试验样为表外矿与表内矿配矿为1:1的混合矿。进行了详细的工艺矿物学研究、高效预分选工艺技术研究、红格钒钛磁铁矿综合高效预分选工艺技术优化研究，红格钒钛磁铁矿铁精矿冶炼新流程冶炼渣物质组成及工艺性质研究，冶炼渣钛分离分选工艺技术研究开发等。

6.3.2.1 红格矿表内矿、表外矿和表内外矿混合矿工艺矿物学研究

红格表内、外矿矿石工艺矿物学研究表明：

（1）红格矿石中，条带状构造、团块状构造，以及由此产生的各种不均匀浸染构造是红格北矿区矿石能够采用预选工艺的物质基础。

（2）钛磁铁矿和钛铁矿紧密共生的嵌晶结构，是红格矿石中钛铁矿能够在预分选作业充分回收的重要因素。

（3）在目前技术经济条件下，脉石中少量的钛磁铁矿、钛铁矿微细粒嵌晶属预选中铁钛的合理丢失。

（4）白钛石（榍石）化，是导致钛精矿杂质增高和影响$TiO_2$回收率的重要因素。

（5）钛磁铁矿固溶体分解结构，是决定铁精矿$TiO_2$、$Al_2O_3$、MgO含量的客观因素。钛磁铁矿绿泥石化是导致铁精矿$SiO_2$杂质含量难以降低的重要原因。

6.3.2.2 高效预分选工艺技术研究

红格钒钛磁铁矿矿体的不同部位存在着围岩和夹石。在大规模开采过程中，小于2m

厚度的夹石，是难以被剔除的，更何况该矿体中夹石厚度大多数是 1m 以下，不可剥离和剔除的围岩、夹石将同矿石一起被开采，使本来就是很贫的矿石进一步贫化了。因此，开采矿石中混入的围岩、夹石应在矿石入磨入选之前通过矿石预分选而被抛弃。

根据攀西钒钛磁铁矿，尤其是红格钒钛磁铁矿的工艺矿物学性质，并系统地总结了 20 世纪 70 年代至 80 年代来众多单位对攀西钒钛磁铁矿，特别是红格钒钛磁铁矿进行的从实验室到工业规模的预分选试验经验和存在问题的基础上，确定了合理的预分选矿石粒度，进行了本次攻关试验研究。

本项目试验样品由龙蟒矿冶有限责任公司负责采集，试样采于红格钒钛磁铁矿北矿区（露天采场）当期生产矿石，采样数量为表外矿 25t，表内矿 25t。试样运到龙蟒方达厂分别破碎、混均、缩分，将分别缩分出的 3t 表外矿和 3t 表内矿有代表性的矿样为本项目工艺流程试验样。

该项目不仅对红格钒钛磁铁矿的表外矿、表内矿进行试验研究，还对表内矿和表外矿的混合矿（1:1）进行了重点试验研究。各试验样品的化学多元素分析结果见表 6-15。

**表 6-15 红格各矿石化学多元素分析结果** （%）

| 矿石名称 | TFe | $Fe_2O_3$ | FeO | $TiO_2$ | $V_2O_5$ | $Cr_2O_3$ | MnO | $SiO_2$ |
|---|---|---|---|---|---|---|---|---|
| 表内矿 | 23.23 | 16.85 | 14.72 | 11.46 | 0.18 | 0.040 | 0.22 | 28.29 |
| 表外矿 | 17.74 | 13.30 | 11.16 | 9.16 | 0.13 | 0.016 | 0.19 | 32.80 |
| 表内、外混合矿（1:1） | 20.49 | 15.08 | 12.94 | 10.31 | 0.155 | 0.028 | 0.21 | 30.55 |

系统地进行了表内矿、表外矿、表内外（1:1）混合矿分级与全粒级物料预分选试验，对不同磁场强度、不同分选带速、不同水分、不同矿石粒度等工艺参数进行了预分选试验。研究结果表明，预分选当期表内矿、表外矿和表内外混合矿，分级分选和不分级预分选，其总的效果是接近的，故应选择不分级预分选方案；表内矿和表外矿不分级预分选总效果和表内外混合矿不分级预分选效果也是接近的，所以，全面地最大限度地开发利用红格钒钛磁铁矿资源应该选择表内外矿混采、混运、混选的技术方案。红格钒钛磁铁矿无论是其表内矿还是表外矿都是最贫的矿石，这是由于在红格矿床中存在着大量的又难被开采剥离的夹石，混入开采矿石中的大量夹石（包括难于剔除的围岩）应在入磨入选前通过有效的预分选将其尽早抛弃。

红格钒钛磁铁矿表内、外混合矿预分选是红格矿预分选的最佳方案。本项目研究与以往科技攻关预分选的技术指标对比见表 6-16。

**表 6-16 本项目研究与以往科技攻关预分选技术指标对比结果**

| 矿石种类 | | 本项目预分选技术指标 | | | | | 以往科技攻关预分选技术指标[①] | | | | |
|---|---|---|---|---|---|---|---|---|---|---|---|
| | | 产率/% | 品位/% | | 回收率/% | | 产率/% | 品位/% | | 回收率/% | |
| | | | TFe | $TiO_2$ | TFe | $TiO_2$ | | TFe | $TiO_2$ | TFe | $TiO_2$ |
| 表外矿 | 预分选精矿 | 65.79 | 22.67 | 12.55 | 83.30 | 88.67 | 83.06 | 22.60 | 8.76 | 90.08 | 90.14 |
| | 预分选尾矿 | 34.21 | 8.74 | 3.08 | 16.70 | 11.33 | 16.94 | 12.20 | 4.70 | 9.92 | 9.86 |
| | 原　矿 | 100.00 | 17.79 | 9.14 | 100.00 | 100.00 | 100.00 | 20.84 | 8.07 | 100.00 | 100.00 |
| 表内矿 | 预分选精矿 | 72.04 | 29.96 | 14.58 | 89.97 | 91.92 | 86.46 | 26.40 | 11.33 | 94.23 | 94.84 |
| | 预分选尾矿 | 27.96 | 8.60 | 3.30 | 10.03 | 8.08 | 13.54 | 10.30 | 3.90 | 5.77 | 5.10 |
| | 原　矿 | 100.00 | 23.99 | 11.43 | 100.00 | 100.00 | 100.00 | 24.22 | 10.24 | 100.00 | 100.00 |

续表 6-16

| 矿石种类 | | 本项目预分选技术指标 | | | | | 以往科技攻关预分选技术指标① | | | | |
|---|---|---|---|---|---|---|---|---|---|---|---|
| | | 产率/% | 品位/% | | 回收率/% | | 产率/% | 品位/% | | 回收率/% | |
| | | | TFe | $TiO_2$ | TFe | $TiO_2$ | | TFe | $TiO_2$ | TFe | $TiO_2$ |
| 表内外混合矿(1:1) | 预分选精矿 | 68.12 | 26.42 | 13.62 | 86.70 | 89.32 | 84.76 | 24.53 | 10.07 | 92.28 | 92.78 |
| | 预分选尾矿 | 31.88 | 8.66 | 3.48 | 13.30 | 10.68 | 15.24 | 11.36 | 4.35 | 7.72 | 7.22 |
| | 原矿 | 100.00 | 20.76 | 10.39 | 100.00 | 100.00 | 100.00 | 22.53 | 9.20 | 100.00 | 100.00 |

①参照朱俊士、刘吉实、董学恩、丁斯华等编著的《中国钒钛磁铁矿选矿》。

由表6-16可看出，本项目高效预分选技术对红格钒钛磁铁矿表外矿、表内矿、表内外混合矿的细碎矿石能十分有效地分别抛弃产率为34.21%、27.96%和31.88%的最终尾矿，分别是以往表外矿中碎矿石抛尾产率的201.95%，表内矿中碎矿石抛尾产率的206.50%，大幅度减少了入磨入选的矿石量。本项目表外矿、表内矿抛弃的尾矿TFe、$TiO_2$品位都比以往攻关试验抛弃的尾矿TFe、$TiO_2$品位低，尤其是二者表外矿抛弃的尾矿品位差别更大，本项目表外矿通过预分选矿石TFe、$TiO_2$品位由17.90%、9.31%上升到22.67%、12.55%，分别提高了4.77、3.24个百分点，而以往仅分别上升1.76、0.69个百分点；本项目表内矿通过预分选矿石TFe、$TiO_2$品位由23.99%、11.43%上升到29.96%、14.58%，分别提高了5.97、3.15个百分点，而以往仅分别上升2.18、0.99个百分点，充分说明本项目研究提高了预分选效率和精度。

总之，本项目对红格表外矿、表内矿的预分选较以往攻关试验，其抛尾产率大幅度提高，抛尾TFe、$TiO_2$品位明显降低。预分选后的矿石TFe、$TiO_2$品位显著提高，使红格钒钛磁铁矿矿石质量发生了质的变化，将极贫矿石提升为中品位矿石，将原来不能利用的巨大表外矿资源提升为可利用的宝贵资源，大幅度地增加了钒钛磁铁矿可利用的资源储量。

采用本项目研发的红格钒钛磁铁矿表内、外混合矿预分选工艺技术，已设计建设了红格钒钛磁铁矿500万吨/年预分选厂。该预分选厂已于2010年1月5日投产运行了。投产以来的运行情况表明，只要进入预分选矿石中的水分含量不高于3%，就能达到设计指标。

#### 6.3.2.3 红格钒钛磁铁矿综合高效预分选工艺技术优化研究

##### A 预分选工艺技术优化工艺流程与结果

对预分选矿进行了阶段磨矿阶段选铁—选铁尾矿Ⅰ段强磁选钛—磨矿—Ⅱ段强磁选钛—Ⅱ段强磁精矿浮选选钛等选矿工艺技术优化研究，大大降低减少了物料过磨，不仅能提高磨矿能力，又大大减少了金属流失，提高了选矿回收率。试验确定的预分选精矿选矿工艺流程见图6-10。获得的选矿技术指标见表6-17。

**表 6-17 红格表内、外混合矿预分选工艺技术优化试验结果**

| 产品名称 | 产率/% | 品位/% | | 回收率/% | |
|---|---|---|---|---|---|
| | | TFe | $TiO_2$ | TFe | $TiO_2$ |
| 铁精矿 | 24.68 | 58.21 | 9.42 | 54.37 | 17.07 |
| 钛精矿 | 18.19 | 32.63 | 48.37 | 22.47 | 64.61 |
| 尾矿 | 57.13 | 10.74 | 4.38 | 23.16 | 18.32 |
| 给矿 | 100.00 | 26.44 | 13.63 | 100.00 | 100.00 |

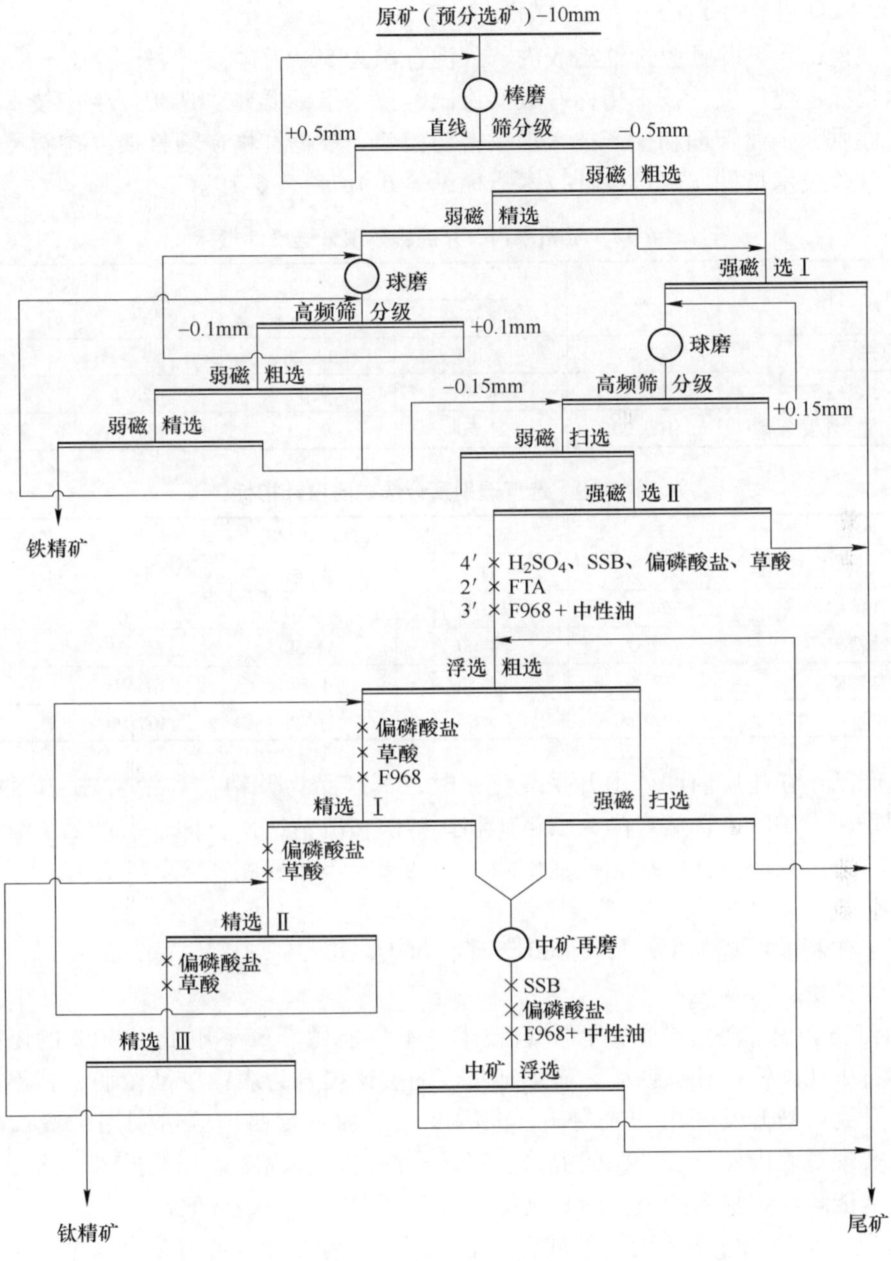


图6-10 红格预分选矿(进入选厂原矿)选矿工艺流程

需要说明的是，由于本项目试验样品采于红格钒钛磁铁矿北矿区（露天采场）当期生产矿石，即矿体上层氧化矿，矿石中以硫铁矿为主的硫化物绝大部分已被氧化成褐铁矿，所以已不可能通过选别硫化物综合回收钴、镍、铜等有益组分。当矿山开采到原生矿时，即可选别矿石中的硫化物综合回收钴、镍、铜等有益组分，采用该工艺技术成果已分别设计了红格钒钛磁铁矿500万吨/年现生产的选矿厂和2000万吨/年已开工建设的大选厂。到开采到原生矿，按设计安装选别矿石中的硫化物设备，即可选别矿石中的硫化物，综合回收钴、镍、铜等有益组分。

B 红格表内、外混合矿综合利用选矿工艺技术经济分析

生产规模：年破碎预分选红格表内、外混合矿为500万吨。

技术指标：建厂设计技术指标一般要比试验技术指标低些。选矿厂生产技术指标的高低与矿石性质、企业管理和生产技术水平密切相关。根据红格矿石性质、矿石可选难易程度和选矿试验技术指标，建厂设计技术指标见表6-18和表6-19。

**表6-18 红格表内、外混合矿预分选设计指标**

| 产品名称 | 产率/% | 品位/% | | 回收率/% | |
|---|---|---|---|---|---|
| | | TFe | $TiO_2$ | TFe | $TiO_2$ |
| 预分选精矿 | 70.00 | 26.86 | 11.28 | 87.44 | 87.70 |
| 预分选尾矿 | 30.00 | 9.00 | 4.00 | 12.56 | 13.30 |
| 原矿（表内、外混合矿） | 100.00 | 21.50 | 9.00 | 100.00 | 100.00 |

**表6-19 选厂选别预分选矿的设计指标**

| 产品名称 | 产率/% | 品位/% | | 回收率/% | |
|---|---|---|---|---|---|
| | | TFe | $TiO_2$ | TFe | $TiO_2$ |
| 铁精矿 | 24.50 | 58.00 | 11.00 | 52.90 | 23.89 |
| 钛精矿 | 12.00 | 34.00 | 47.50 | 15.19 | 50.53 |
| 总尾矿 | 63.50 | 13.50 | 4.57 | 31.91 | 25.58 |
| 给　矿 | 100.00 | 26.86 | 11.28 | 100.00 | 100.00 |

选矿产品：在建厂前期矿山开采氧化矿时，其产品为铁精矿和钛精矿，即两个产品；当矿山开采原生矿时，选厂产品为铁精矿和钛精矿和硫钴精矿，即三个产品。故在建厂前期技术经济分析只能以铁精矿和钛精矿两个产品计，年产铁精矿85.75万吨，年产钛精矿42.00万吨。

选厂工作制度：全年生产日按300天计，每天三班，选矿厂定员295人。

综合性评价：

（1）红格表内、外混合矿的预分选技术，不仅能抛弃产率不低于30%的尾矿，充分回收了矿石中钛磁铁矿和钛铁矿，有效地将表内贫矿提升为表内中品位矿，将不能利用的表外矿提升到可被开发利用的表内矿，大幅度地增加了攀西地区可利用的钒钛磁铁矿储量，又可实现对表内矿、表外矿的混采、混运和混选，大幅度地降低投入、简化工程、简化管理、节能降耗、提高效率，能显著提高资源开发利用的经济效益。

（2）以年预分选红格表内、外混合矿原矿石500万吨计，通过预分选抛弃了150万吨脉石，仅此一项每年可节省矿石生产成本14473.81万元；通过选矿工艺技术优化，大大降低减少了物料过磨，不仅能提高磨矿能力，又大大减少了金属流失，提高了选矿回收率，尤其是选钛回收率，提高了入厂矿石的选矿效益。

（3）项目实施投产后，年均销售收入71618.40万元，年均利税总额29759.64万元，年均税后利润16898.23万元，项目经济效益显著。

#### 6.3.2.4 红格钒钛磁铁矿铁精矿直接还原电炉熔分渣选钛试验

A 电炉熔分渣矿物晶粒长大试验研究

通过对实验室不同类型电炉熔分渣和工业不同类型电炉熔分渣的大量试验研究表明，钒

钛磁铁矿铁精矿直接还原电炉熔分渣升温—保温是电炉熔分渣矿物相结晶晶粒长大的必由之路。在此基础上，制定了电炉熔分渣升温保温黑钛石晶粒长大工业试验方案，进行了工业试验。将电炉熔分渣黑钛石晶粒由升温保温前的10～20μm到升温保温后的80～90μm，为红格铁精矿直接还原电炉熔分渣选钛提供了有充分代表性的试验研究样品。

B 系统的电炉熔分渣工艺矿物学研究

对钒钛磁铁矿铁精矿煤基直接还原电炉熔分渣进行了系统的工艺矿物学研究，查明了电炉熔分渣的物质组成，研究了主要矿物的矿物学性质。研究指出，提高还原球团金属化率是降低电炉渣黑钛石中$V_2O_5$含量的必要条件；还原气氛降低是导致黑钛石被交代，生成塔基洛夫石的重要原因；电炉冶炼中添加溶剂将导致生成钙钛矿，使电炉渣矿物组成复杂化；提高熔炼温度，有利于电炉渣黑钛石中$TiO_2$含量提高，并使电炉渣矿物成分简单化。进一步研究说明了，提高熔炉温度和保温缓冷是黑钛石晶粒长大的必要条件。还进行了黑钛石、脉石矿物工艺粒度，不同磨矿条件下矿物解离状态和电炉熔分渣钛的赋存分布研究等，为电炉熔分渣选钛提供了工艺矿物学依据。

C 电炉熔分渣选钛试验研究

在电炉熔分渣工艺矿物学研究基础上，进行了电炉熔分渣磨矿解离试验，确定了电炉熔分渣磨矿选矿粒度上限为0.038mm，在电炉熔分渣磨矿产品中黑钛石的解离度为82.78%；进行了电炉熔分渣浮选选钛药剂试验选择，试验确定了以F968-14-2、F968-26和中性油为捕收剂，以硫酸、SSB、偏磷酸盐、改性纤维素、草酸和FTA为不同浮钛作业的调整剂；试验研发了电炉熔分渣—阶磨阶选除铁—Ⅲ段磨矿产品浓缩调浆脱泥除杂—浮选选钛原则工艺流程，见图6-11。

采用本项目研发的工艺流程、药剂制度等选钛工艺技术选别电炉熔分渣中的钛，获得了产率57.70%、$TiO_2$品位72.07%、$TiO_2$回收率75.59%的钛精矿；同时产出了产率33.55%、$TiO_2$品位38.40%、$TiO_2$回收率23.62%的中矿，该中矿是碳化氯化进一步回收钛的理想原料。中矿经碳化氯化对$TiO_2$作业回收率70%以上。采用本项目研发的选钛工艺技术选别电炉熔分渣中的钛，再加中矿经碳化氯化处理，对电炉熔分渣$TiO_2$的总回收率可达92.12%。

### 6.3.3 红格钒钛磁铁矿表内、外混合矿技术成果创新及应用

红格钒钛磁铁矿表内、外混合矿技术成果创新及应用项目的主要创新之处有：

（1）该项目研发的多磁极、大包角磁系的多梯度复合干（湿）式磁预分选工艺技术。采用该工艺技术预分选红格表内、外混合矿，抛弃了产率31.88%的最终尾矿，获得了产率68.12%的预分选精矿，对钛磁铁矿、钛铁矿的回收率分别达到了98.68%、92.63%，充分回收利用了红格表内矿和表外矿中的钛磁铁矿、钛铁矿。能有效地将攀西钒钛磁铁矿表内贫矿提升为表内中品位矿，将不能利用的表外矿提升到可被开发利用的表内矿，大幅度地增加了可利用的资源储量。指标重现性好，工艺技术稳妥可靠。

（2）该项目是优化了红格钒钛磁铁矿综合利用高效分选的工艺技术。以预分选精矿为选矿厂入磨入选矿石，两段磨矿选铁—选铁尾矿Ⅰ段强磁选—磨矿—Ⅱ段强磁选—浮选选钛。获得了（对入选厂矿）产率24.68%、品位TFe 58.21%、$V_2O_5$ 0.62%、$TiO_2$ 10.67%

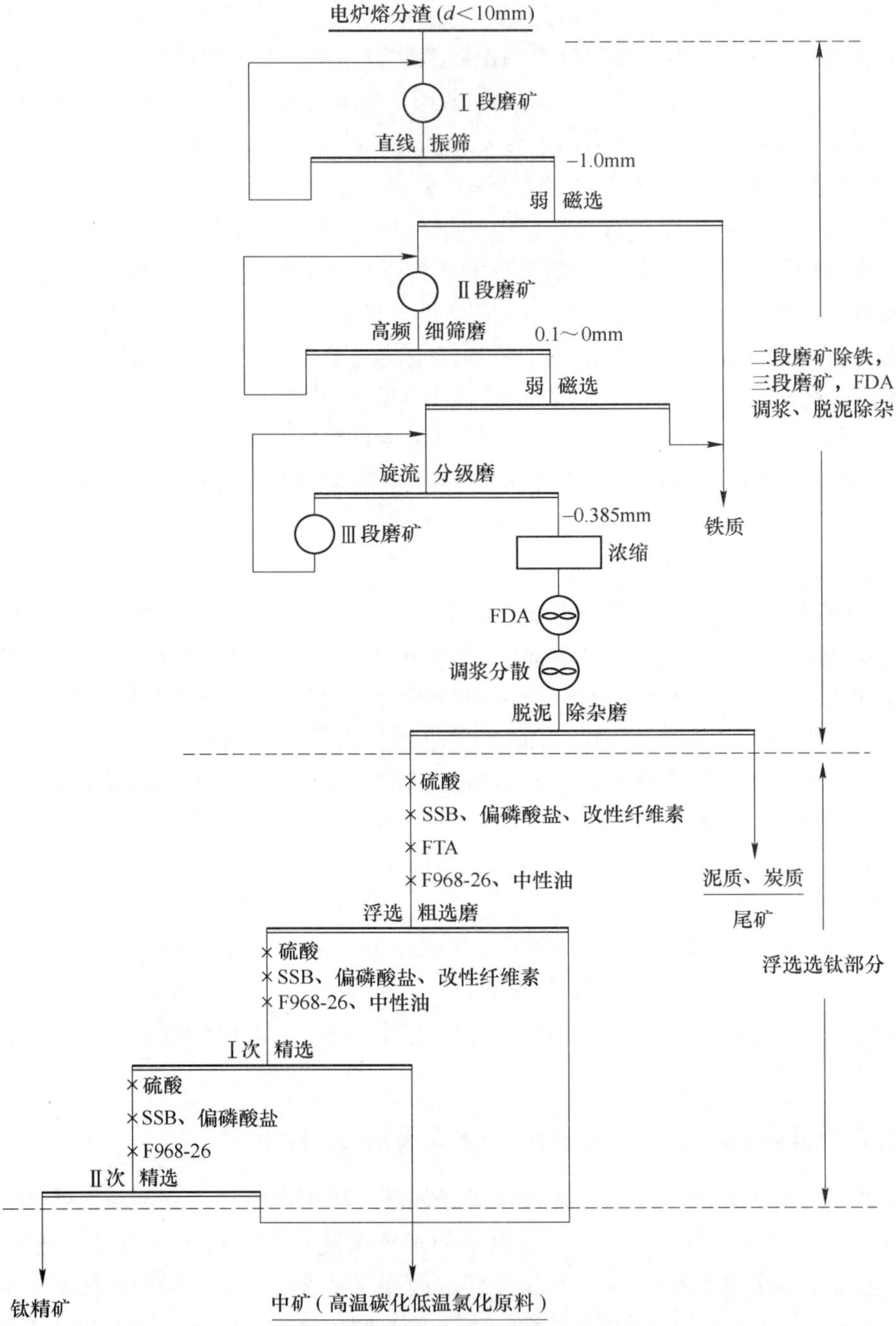


图 6-11 电炉熔分渣选钛原则工艺流程

的优质钒铁精矿，以及产率 18.19%、$TiO_2$品位 48.30%、回收率 64.61% 的高质量高回收率的钛精矿。

（3）查明了电炉熔分渣物质组成及其工艺性质，成功地首创研发了电炉熔分渣阶段磨矿阶段磁选—预处理脱泥—高效浮选选钛工艺技术。采用本项目工艺技术获得的选钛指标为：钛精矿作业产率 63.23%、钛精矿品位 $TiO_2$72.07%、钛精矿作业回收率 $TiO_2$76.40%，为攀西钒钛磁铁矿冶炼新流程电炉熔分渣的利用提供了选钛工艺技术。

本项目技术成果已分别用于：

（1）龙蟒矿冶红格矿表外表内矿混合矿 500 万吨/年预分选厂工程设计建设（该预分选厂已于 2010 年 1 月 5 日投产运行）。

（2）龙蟒矿冶选矿厂由 150 万吨/年扩到 300 万吨/年的扩产技改工程设计建设（已投产运行）。

（3）红格钒钛磁铁矿（表内、外混合矿）二期选矿工程 2000 万吨/年大选厂工程设计和建设。

（4）电炉渣钛分离分选工艺技术研究成果将用于龙蟒矿冶攀枝花安宁工业园区钒钛磁铁矿冶炼新工艺流程工程中的电炉渣提钛工程。

## 参 考 文 献

[1] 红格钒钛磁铁矿综合利用选矿试验研究．中国地质科学院矿产综合利用研究所，2003.

[2] 红格钒钛磁铁矿选矿半工业试验报告之一～之四．中国地质科学院矿产综合利用研究所，1989.

[3] 红格钒钛磁铁矿选矿半工业试验综合报告．中国地质科学院矿产综合利用研究所，1989.

# 7 攀西钒钛磁铁矿选厂流程工艺矿物学考察研究

流程考察是在选矿厂的工艺流程中，调查分析影响此工艺过程正常进行的各种因素，揭露其潜在联系，为提高解决的方法提供依据。因此流程考察是了解选矿厂的生产情况，查明生产中的薄弱环节的手段之一，所以选矿厂一般都要定期或不定期地进行流程考察。

流程考察的目的：(1) 了解选矿工艺流程中各种作业、各工序、各机组的生产现状和存在问题，并对生产工艺流程在质量和量方面进行全面分析和评价；(2) 为制定和修改技术操作规程提供依据；(3) 为总结各工序的设计和生产技术工作的经验提供资料；(4) 查明生产中出现异常情况的原因，提出改进的措施和解决的办法；(5) 选矿试验厂的流程考察资料可为设计提供依据。

## 7.1 攀枝花选钛厂流程考察

攀钢集团矿业有限责任公司选钛厂粗粒级钛铁矿回收生产线以“强磁—磨矿—强磁—浮选”流程替代原有“重选—电选”工艺，新建粗粒磁选厂房和粗粒浮选厂房取代原有的重选主厂房和电选厂房，同时新建了次铁精矿回收生产线和硫钴矿回收生产线。

攀枝花选钛厂粗粒“强磁—浮选”生产线于2010年3月全线贯通，现运行情况较为平稳，次铁精矿回收生产线和硫钴矿回收生产线也逐步趋于正常。新生产线建成后，有必要对其生产的状况、技术指标、设备性能与工作状况、原料的性质、金属流失的去向以及相关的参数进行流程考察。通过利用对选矿流程工艺矿物学考察的手段，重点考察各种有价元素在流程中的走向规律和钛金属在各作业段丢失的途径的原因，调查了解各工序、各系统和作业段的生产现状和存在的问题，为选钛厂粗粒级钛铁矿生产线总结生产经验，为进一步探索新问题提供研究资料和技术依据，同时为将来更进一步回收钒钛磁铁矿中的有价元素做好技术储备，从而达到提高选钛厂技术经济指标的目的。

### 7.1.1 选钛厂流程工艺矿物考察范围及研究内容

选钛厂全流程考察主要内容是对选钛厂新建生产线和原旧的微细粒选钛生产线等总流程中的有价元素走向规律进行研究，并对现选钛厂钛铁矿回收状况进行分析。对选钛生产线、次铁生产线和硫钴生产线的进出口重点部位物料作了主要矿物成分、单体解离度、连生程度、粒度分析和矿浆浓度测定；应甲方要求，对一些考察点作了脉石矿物分量矿物定量分析等。

考察范围主要分为四个大部分十二个小部分，其中：

四大部分为：(1) 粗粒“强磁—浮选”钛铁矿回收生产线；(2) 细粒“强磁—浮选”钛铁矿回收生产线；(3) 次铁精矿回收生产线，主要对铁精矿生产线铁回收情况进行分析；(4) 硫钴矿回收生产线。

十二小部分为：(1) 前8原料准备；(2) 后8原料准备；(3) 前8磁浮；(4) 粗粒

准备；(5) 粗粒浮选；(6) 粗粒过滤；(7) 细磁二段；(8) 细粒浮选；(9) 细粒过滤；(10) 选铁作业；(11) 硫钴浮选；(12) 尾矿处理系统。

工艺矿物学考察内容：(1) 前、后8系列的磁尾原料；(2) 钛生产线粗、细粒作业段进出口物料；(3) 硫钴回收生产线进出口物料；(4) 次铁精矿回收生产线进出口物料；(5) 总精矿、总尾矿，总计样品数51件。

### 7.1.2 铁钛元素的分布规律及钒等成分的走向

根据矿物的工艺特性以及元素的平衡，攀枝花钒钛磁铁矿可以归为四类：

(1) 钛磁铁矿类：以钛磁铁矿为主，包括少量的磁赤铁矿、磁铁矿、褐铁矿等。

(2) 钛铁矿类：以钛铁矿为主，包括微量的白钛石、金红石、钙钛矿等。

(3) 硫化物类：主要矿物是磁黄铁矿、黄铁矿、黄铜矿，还包括微量砷锑化合物。

(4) 脉石类：以中—拉长石、普通辉石、橄榄石为主，还包含有角闪石、黑云母及次生变化的伊利石等。

以此归类，符合选矿工艺中各类矿物的行为，其分布规律实用性强。

#### 7.1.2.1 原矿样的铁、钛金属量平衡

密地选矿厂的磁尾即是选钛厂的原料，前8系列选铁尾矿的铁、钛金属量平衡见表7-1。

**表7-1 前8系列选铁尾矿的铁、钛金属量平衡**

| 矿物名称 | 质量/% | 铁金属量 | 铁分布率/% | 钛金属量 | 钛分布率/% |
|---|---|---|---|---|---|
| 脉　石 | 74.07 | 4.16 | 26.94 | 0.77 | 8.13 |
| 硫化物 | 1.42 | 0.85 | 5.51 | | |
| 钛铁矿 | 14.33 | 4.59 | 29.73 | 7.37 | 77.82 |
| 钛磁铁矿 | 10.18 | 5.84 | 37.82 | 1.33 | 14.04 |
| 总　量 | 100.00 | 15.44 | 100.00 | 9.47 | 99.99 |
| 品　位 | | 15.54 | | 9.63 | |
| 平衡系数 | | 99.36 | | 98.34 | |

#### 7.1.2.2 铁的分布规律

磁铁矿应是选铁的目的矿物。由表7-1可知，脉石和硫化物占有铁的分布率32.45%，这部分铁对选矿来说是无法回收形成产品的。钛铁矿中的铁呈FeO状态存在，在后续电炉钛渣工艺中，这部分铁可以得到较好的回收。各类矿物中铁的分布率见表7-2。

**表7-2 各类矿物中铁的分布率** (%)

| 名　称 | 钛磁铁矿 | 钛铁矿 | 硫化物 | 脉石 |
|---|---|---|---|---|
| 前8系列选铁尾矿 | 37.82 | 29.73 | 5.51 | 26.94 |

#### 7.1.2.3 钛的分布规律

钛主要分布于粒状钛铁矿中，其次在钛磁铁矿中，硫化物矿物中不含钛，不参与钛金属的金属量平衡计算，脉石中微量钛由少量的含钛辉石引起。钛的分布率见表7-3。

**表7-3 各类矿物中钛的分布率** (%)

| 名　称 | 钛磁铁矿 | 钛铁矿 | 总脉石 |
|---|---|---|---|
| 前8系列选铁尾矿 | 14.04 | 77.82 | 8.13 |

#### 7.1.2.4 钒、钴、镍、铜等可综合利用成分的走向

A 钒

在攀枝花四大矿区，无论何种矿石类型、矿石品级的矿石，钒均赋存于钛磁铁矿中。经电子探针分析和能谱分析，钒在钛磁铁矿中分布均匀，矿石中未见钒的独立矿物。钒与铁的离子半径很接近，原矿样中钒随铁精矿，其走向十分清楚。

B 钴、镍、铜、硫

攀枝花矿区，硫化物相钴镍铜的平均分配率随矿石品级增高而降低的趋势十分明显。

钛磁铁矿中钴镍铜的平均分布率与矿石品级同增减，且变化幅度大，随矿石品级的增加，钛磁铁矿的矿物量增加，而且赋存于其中呈类质同象的钴镍铜分配率也增高；由于微粒硫化物嵌布于钛磁铁矿中难以解离，也是分配率增高的原因。

脉石矿物与钛铁矿中钴镍铜分配规律不明显，且分配率低。

硫化物相和钛磁铁矿主导钴镍铜的分配率，对有代表性综合样品测试：

硫化物相中钴镍铜分配率，Co 28.81%~30.58%、Ni 13.59%~23.89%、Cu 9.29%~15.22%。

钛磁铁矿中钴镍铜分配率，Co 53.11%~55.37%、Ni 45.13%~61.17%、Cu 49.29%~55.00%。

### 7.1.3 铁、钛的精矿理论品位和理论回收率

攀枝花钒钛磁铁矿中的钛磁铁矿中的客晶矿物有钛铁矿、钛铁晶石、尖晶石、钛辉石等，除钛铁矿外，其余均为含铁、钛的脉石矿物，因此，钛磁铁矿的主要成分（铁、钛、钒、铬）是一个不稳定的变数，获得钛磁铁矿铁的理论品位传统的技术方法是在适宜的粒度下获得钛磁铁矿单矿物，由于技术手段的限制，前述钛磁铁矿单矿物的提取是在 0.074 ~ 0.2mm 粒级进行。严格地说，上述钛磁铁矿的含铁品位只代表这一粒级段的，为使钛磁铁矿的理论铁品位更接近生产实际，我们采取选厂铁精矿品位。铁精矿中钛磁铁矿定量数据相关因素加权计算，得出选厂铁精矿理论品位 56.83%。

钛精矿的理论品位是钛铁矿单矿物平均含钛量，经测试为 $TiO_2$ 51.57%。

经对原矿铁、钛的金属量平衡计算，选钛厂铁的理论回收率为 37.82%，钛的理论回收率为 77.82%。

### 7.1.4 选钛工艺流程样品分析

密地选矿厂的选铁尾矿即为选钛厂的选钛原料，选钛厂全流程考察主要产品计算结果见表 7-4。

**表 7-4 攀枝花选钛厂全流程考察计算结果（主干）**

| 编 号 | 取样点 | 产率/% | 品位/% | | | 回收率 ($TiO_2$) /% | 回收率 (TFe) /% |
|---|---|---|---|---|---|---|---|
| | | | $TiO_2$ | TFe | S | | |
| 43 | 粗浮过滤精矿 | 4.03 | 46.85 | 31.14 | | 19.72 | 8.45 |
| 148 | 细浮过滤精矿 | 2.69 | 47.71 | 32.39 | 0.10 | 13.43 | 5.86 |
| 43 + 148 | 钛浮选过滤总精矿 | 6.72 | 47.19 | 31.64 | | 33.15 | 14.31 |

续表 7-4

| 编　号 | 取样点 | 产率/% | 品位/% | | | 回收率（$TiO_2$）/% | 回收率（TFe）/% |
|---|---|---|---|---|---|---|---|
| | | | $TiO_2$ | TFe | S | | |
| 63 | 硫钴过滤精矿 | 0.29 | 2.32 | 46.56 | 29.01 | 0.07 | 0.90 |
| 80 | 次铁总精矿 | 1.50 | 11.76 | 51.95 | | 1.84 | 5.25 |
| | 尾矿合计 | 91.49 | 6.79 | 12.92 | | 64.94 | 79.54 |
| | 浮钛给矿 | 100.00 | 9.57 | 14.86 | | 100.00 | 100.00 |

由表 7-4 可知，攀枝花选钛厂过滤后的总钛精矿产率为 6.72%，$TiO_2$ 品位为 47.19%，回收率为 33.15%。钛主要损失在尾矿中，总尾矿产率为 91.49%，$TiO_2$ 品位为 6.79%，损失率为 64.93%。本工艺获得的次铁精矿产率为 1.50%，TFe 品位为 51.95%，$TiO_2$ 损失率为 1.84%；过滤后的硫钴精矿产率为 0.29%，S 品位为 29.01%，$TiO_2$ 损失率为 0.07%。

7.1.4.1　T81 号样品（前 8 系列选铁尾矿）工艺矿物学参数

T81 号样品（前 8 系列选铁尾矿）矿物的主要成分和单体解离度及粒级组成分别见表 7-5～表 7-7。

**表 7-5　T81 号样品矿物成分定量及铁、钛金属量平衡**

| 矿物名称 | 重量/% | 铁金属量 | 铁分布率/% | 钛金属量 | 钛分布率/% |
|---|---|---|---|---|---|
| 脉　石 | 74.07 | 4.16 | 26.94 | 0.77 | 8.11 |
| 硫化物 | 1.42 | 0.85 | 5.51 | | |
| 钛铁矿 | 14.33 | 4.59 | 29.73 | 7.39 | 77.87 |
| 钛磁铁矿 | 10.18 | 5.84 | 37.82 | 1.33 | 14.01 |
| 总　量 | 100.00 | 15.44 | 100.00 | 9.49 | 99.99 |
| 品　位 | | 15.54 | | 9.63 | |
| 平衡系数/% | | 99.36 | | 98.55 | |

**表 7-6　T81 号样品（前 8 系列选铁尾矿）矿物单体解离度**　（%）

| 矿物名称 | 钛磁铁矿 | 钛铁矿 | 硫化物 | 脉　石 |
|---|---|---|---|---|
| 单体解离度 | 66.33 | 67.83 | 51.56 | 91.10 |

**表 7-7　T81 号样品（前 8 系列选铁尾矿）粒级分布**

| 粒级/mm | +0.9 | +0.6 | +0.5 | +0.4 | +0.25 | +0.154 | +0.10 | +0.074 | +0.043 | +0.038 | -0.038 | 总计 |
|---|---|---|---|---|---|---|---|---|---|---|---|---|
| 产率/% | 2.50 | 6.50 | 11.70 | 5.50 | 1.50 | 18.50 | 6.70 | 9.80 | 10.30 | 2.70 | 24.30 | 100.00 |
| 品位（$TiO_2$）/% | 2.89 | 4.22 | 6.45 | 10.42 | 9.59 | 12.65 | 12.07 | 11.74 | 11.41 | 11.41 | 10.05 | |

分析 T81 号样品（前 8 系列选铁尾矿）的工艺矿物学测定参数，可以看出选钛厂得到的磁尾原料具有以下特点：（1）密地选矿厂选铁后的磁选尾矿，是选钛厂被动的选钛原料。选矿厂选钛磁尾指标的波动，将直接影响选钛厂的选钛效果。（2）分析本次流程考察期磁尾原料主要指标，磁尾中钛铁矿中钛的集中系数为 77.87%，钛磁铁矿和脉石中钛的分散系数为 22.13%；作为选钛的粒状钛铁矿的集中系数，高于选铁前的原矿，密地选矿厂选铁工艺对磁尾的选钛是有益的，提高了钛的理论回收率。（3）磁尾中可以综合利用的成分是钛磁铁矿和硫化物。（4）钛铁矿、钛磁铁矿、硫化物的单体解离度为 67.83%、66.33%、51.56%，指标较低；磁尾粒度分析 -0.074mm 37.3%，相对浮选工艺而言，粒度粗。

7.1.4.2 T80号样品（次铁精矿）工艺矿物学参数

T80号样品（次铁精矿）产率为1.5%，含$TiO_2$11.76%、TFe 51.95%，其主要矿物含量和单体解离度见表7-8。

**表7-8 T80号样矿物成分定量及单体解离度**

| 矿物名称 | 钛磁铁矿 | 钛铁矿 | 硫化物 | 脉　石 | 总　量 |
|---|---|---|---|---|---|
| 质量/% | 87.74 | 1.02 | 2.55 | 8.69 | 100.00 |
| 单体解离度/% | 86.67 | 46.20 | 45.84 | 38.89 | |

次铁精矿的主要特征为：(1) 磁尾中钛磁铁矿中铁的分布率占37.82%，次铁精矿中铁的回收率只有5.25%，相对原矿中铁的理论回收率只回收了13.88%，次铁精矿回收不理想。(2) 钛磁铁矿、钛铁矿、硫化物、脉石的单体解离度分别为86.67%、46.20%、45.84%、38.89%，除钛磁铁矿外，单体解离度低，提高铁精矿品位有困难。(3) 次铁精矿中有硫化物2.55%，原因是硫化物大部分由磁性强的磁黄铁矿组成，在磁选中进入铁精矿，次铁精矿产率只有1.5%，能否用浮选工艺再选一次硫化物。

7.1.4.3 T63号样品（硫精矿）工艺矿物学参数

攀枝花钒钛磁铁矿中钴镍铜是综合利用的重要成分，现流程中密地选厂是单一磁选流程，选钛厂选钛磁浮流程中增加了次铁回收和硫钴精矿生产线，本次选钛流程考察对硫钴精矿线主要样点进行了工艺矿物学数据测试，基本查明了该生产线的质量现状。T63号浮硫精矿Co的品位$3670\times10^{-6}$，Ni的品位$1630\times10^{-6}$，硫精矿产率0.29%。经计算，钴的回收率为3.54%，镍的回收率为6.26%。

T63号样品（硫精矿）矿物成分定量和单体解离度分别见表7-9和表7-10。

**表7-9 T63号样矿物成分定量及铁、钛金属量平衡**

| 矿物名称 | 质量/% | 铁金属量 | 铁分布率/% | 钛金属量 | 钛分布率/% |
|---|---|---|---|---|---|
| 脉　石 | 23.62 | 2.09 | 4.47 | 0.28 | 12.33 |
| 硫化物 | 71.55 | 42.93 | 91.83 | | |
| 钛铁矿 | 3.88 | 1.16 | 2.48 | 1.98 | 87.22 |
| 钛磁铁矿 | 0.95 | 0.57 | 1.22 | 0.010 | 0.44 |
| 总　量 | 100.00 | 46.75 | 100.00 | 2.27 | 99.99 |
| 品　位 | | 46.56 | | 2.32 | |
| 平衡系数/% | | 100.41 | | 97.84 | |

**表7-10 T63号样矿物单体解离度**

| 矿物名称 | 钛磁铁矿 | 钛铁矿 | 硫化物 | 脉　石 |
|---|---|---|---|---|
| 单体解离度/% | 28.42 | 75.19 | 91.89 | 44.36 |

7.1.4.4 钛精矿工艺矿物学参数

钛精矿由43号（粗浮过滤精矿）和148号（细浮过滤精矿）组成，矿物的主要成分定量和单体解离度分别见表7-11和表7-12。

钛精矿的组成中，43号（粗浮过滤精矿）产率为4.03%，含$TiO_2$ 46.85%、TFe 31.14%；148号（细浮过滤精矿）产率为2.69%，含$TiO_2$ 47.71%、TFe 32.39%。(1) 从产率和$TiO_2$回收率数据分析，粗浮过滤精矿比细浮过滤精矿对钛回收的贡献要大一些。(2) 细浮过滤精矿的$TiO_2$品位要高一些，由于它的作用，使得总钛精矿的$TiO_2$品位大于

表 7-11 T81 号样矿物成分定量及铁、钛金属量平衡

| 编号 | 取样点 | 矿物名称 | 重量/% | 铁金属量 | 铁分布率/% | 钛金属量 | 钛分布率/% |
|---|---|---|---|---|---|---|---|
| 43 号 | 粗浮过滤精矿 | 脉 石 | 5.37 | 0.47 | 1.55 | 0.06 | 0.13 |
| | | 硫化物 | 2.32 | 1.39 | 4.59 | | |
| | | 钛铁矿 | 89.94 | 26.98 | 89.16 | 45.87 | 99.26 |
| | | 钛磁铁矿 | 2.37 | 1.42 | 4.70 | 0.28 | 0.61 |
| | | 总 量 | 100.00 | 30.26 | 100.00 | 46.21 | 100.00 |
| | | 品 位 | | 31.14 | | 46.85 | |
| | | 平衡系数/% | | 97.17 | | 98.63 | |
| 148 号 | 细浮过滤精矿 | 脉 石 | 5.52 | 0.31 | 0.97 | 0.06 | 0.13 |
| | | 硫化物 | 0.14 | 0.08 | 0.25 | | |
| | | 钛铁矿 | 91.81 | 30.30 | 94.36 | 47.35 | 99.25 |
| | | 钛磁铁矿 | 2.53 | 1.42 | 4.42 | 0.30 | 0.63 |
| | | 总 量 | 100.00 | 32.11 | 100.00 | 47.71 | 100.01 |
| | | 品 位 | | 32.39 | | 47.71 | |
| | | 平衡系数/% | | 99.14 | | 100.00 | |

表 7-12 钛精矿中主要矿物单体解离度 (%)

| 矿 物 名 称 | 钛磁铁矿 | 钛铁矿 | 硫化物 | 脉 石 |
|---|---|---|---|---|
| 43 号（粗浮过滤精矿）单体解离度 | 71.09 | 94.77 | 54.84 | 87.31 |
| 148 号（细浮过滤精矿）单体解离度 | 55.24 | 98.48 | 68.99 | 65.58 |

47%。(3) 粗浮过滤精矿和细浮过滤精矿中钛铁矿矿物量分别为 89.94% 及 91.81%，但其余的脉石、钛磁铁矿和硫化物的单体解离度不高，难以回收。

#### 7.1.4.5 尾矿工艺矿物学参数

攀钢选钛厂总尾矿（155 号）的产率为 91.49%，其中含 $TiO_2$ 6.79%，损失率为 64.94%。按照目前选钛厂里现有的生产工艺流程，组成尾矿的点共有 31 个，其中高于总尾矿 $TiO_2$品位 6.79% 的点有 15 个，并对 15 个点进行了粒度组成、矿物成分及单体解离度等研究，对其损失的合理性加以分析，并给出合理性建议，分析结果见表 7-13。

表 7-13 高于总尾矿 $TiO_2$品位 6.79%的点计算结果

| 编号 | 取样点 | 产率/% | 品位 ($TiO_2$) /% | 分布率 ($TiO_2$) /% | 合理性及建议 |
|---|---|---|---|---|---|
| 27 | 粗浮斜板溢流 | 0.59 | 20.29 | 1.25 | 不合理损失，建议进入细粒回收系统 |
| 42 | 粗浮过滤斜板溢流 | 0.30 | 19.04 | 0.60 | 合理损失 |
| 49 | 浮硫斜板溢流 | 1.49 | 13.00 | 2.02 | 合理损失 |
| 54 | 浮硫扫Ⅱ尾矿 | 0.77 | 21.25 | 1.71 | 合理损失 |
| 86 | 二级斜板溢流 | 9.46 | 8.51 | 8.36 | 不合理损失，建议采用重选设备 |
| 88 | 陆凯筛筛上 | 2.37 | 7.46 | 1.84 | 不合理损失，建议采用重选设备 |
| 99 | 感应盘式强磁选精矿 | 1.71 | 11.04 | 1.99 | 合理损失 |
| 107 | 一段弱磁机次铁精矿 | 5.97 | 11.56 | 7.26 | 不合理损失，建议进入铁回收系统 |
| 117 | 二段弱磁机精矿 | 1.17 | 12.68 | 1.55 | 不合理损失，建议进入铁回收系统 |
| 115 | 600$m^2$斜板溢流 | 0.23 | 14.96 | 0.37 | 不合理损失，建议采用重选设备 |
| 125 | 浮选前斜板溢流 | 2.34 | 21.23 | 5.22 | 不合理损失，建议采用重选设备 |
| 134 | 浮钛扫Ⅱ尾矿 | 5.62 | 7.67 | 4.52 | 较合理，但粗选部分应回收 |
| 142 | 200$m^2$过滤斜板溢流 | 0.01 | 22.05 | 0.01 | 合理损失 |
| 145 | 100$m^2$过滤斜板溢流 | 0.02 | 31.63 | 0.05 | 合理损失 |
| 149 | 细浮过滤溢流 | 0.32 | 27.34 | 0.91 | 合理损失 |
| | 尾矿合计 | 32.37 | 11.12 | 37.66 | |

155号样品（总尾矿）矿物成分、单体解离度及粒级筛析结果分别见表7-14～表7-16。

**表7-14 155号样品（总尾矿）矿物成分定量及铁、钛金属量平衡**

| 矿物名称 | 质量/% | 铁金属量 | 铁分布率/% | 钛金属量 | 钛分布率/% |
|---|---|---|---|---|---|
| 脉　石 | 86.20 | 7.61 | 59.87 | 1.03 | 15.12 |
| 硫化物 | 1.03 | 0.62 | 4.88 | | |
| 钛铁矿 | 10.62 | 3.19 | 25.10 | 5.52 | 81.06 |
| 钛磁铁矿 | 2.15 | 1.29 | 10.15 | 0.26 | 3.82 |
| 总　量 | 100.00 | 12.71 | 100.00 | 6.81 | 100.00 |
| 品　位 | | 12.92 | | 6.79 | |
| 平衡系数/% | | 98.37 | | 100.29 | |

**表7-15 155号样品（总尾矿）矿物单体解离度** （%）

| 矿物名称 | 钛磁铁矿 | 钛铁矿 | 硫化物 | 脉　石 |
|---|---|---|---|---|
| 单体解离度 | 66.52 | 82.81 | 56.70 | 97.78 |

**表7-16 155号样品（总尾矿）粒级筛析结果**

| 粒级/mm | +0.4 | +0.154 | +0.10 | +0.074 | +0.045 | +0.038 | -0.038 | 总　计 |
|---|---|---|---|---|---|---|---|---|
| 产率/% | 7.60 | 11.60 | 6.70 | 14.90 | 14.10 | 4.00 | 41.10 | 100.00 |
| 品位（$TiO_2$）/% | 2.98 | 5.29 | 5.37 | 3.96 | 5.29 | 7.19 | 9.68 | 6.80 |
| 分布率（$TiO_2$）/% | 3.33 | 9.02 | 5.29 | 8.67 | 10.97 | 4.23 | 58.49 | 100.00 |

由表7-16可知，总尾矿在-0.038mm级别的产率为41.10%，$TiO_2$品位为9.68%，损失率为58.49%，由此可见，钛主要损失在微细粒级的物料中。

### 7.1.5 攀枝花选钛厂选钛工艺流程评述

通过本次选钛流程工艺矿物学考察，对选钛厂磁尾原料，粗，细浮钛流程，次铁回收流程，钴、镍硫化物综合利用流程各作业点进出口物料的矿浆浓度、粒度分析、主要矿物成分、主要矿物单体解离度及连生关系的定量数据测定，得出以下结论。

#### 7.1.5.1 钛、铁的精矿理论品位及理论回收率

铁精矿中钛磁铁矿定量数据相关因素加权计算，得出选厂铁精矿理论品位56.83%。钛精矿的理论品位是钛铁矿单矿物平均含钛量，经测试为$TiO_2$ 51.57%。经对原矿铁、钛的金属量平衡计算：选钛厂铁的理论回收率为37.82%；钛的理论回收率为77.82%。

#### 7.1.5.2 选钛流程评测

（1）从产率和$TiO_2$回收率数据分析，粗浮过滤精矿比细浮过滤精矿对钛回收的贡献要大一些。

（2）细浮过滤精矿的$TiO_2$品位要高一些，由于它的作用，使得总钛精矿的$TiO_2$品位大于47%。

（3）粗浮过滤精矿和细浮过滤精矿中，钛铁矿矿物量分别为89.94%及91.81%，但其余的脉石、钛磁铁矿和硫化物的单体解离度不高，难以回收。

（4）总尾矿的产率为91.49%，其中含$TiO_2$ 6.79%，损失率为64.94%。通过粒级筛析结果可知，总尾矿在-0.038mm级别的产率为41.1%，$TiO_2$品位为9.68%，损失分布率约为58.49%。由此可见，钛主要损失在微细粒级。提高钛回收率的关键是解决细粒级粒状钛铁矿的回收技术。

磁尾中钛的理论回收率为 77.82%，实际回收率 33.15%，高于总尾矿 $TiO_2$ 品位 6.79% 的 15 个点。$TiO_2$ 损失率为 37.66%，其中：15 个点中 T27、T86、T88、T107、T117、T115、T125 为欠合理损失，上述 7 个点的产率 22.13%，$TiO_2$ 损失率 25.85%。根据总尾矿的筛析结果，58.49% 钛的金属量损失于 -0.038mm 粒级，这是目前机械选矿无法很好选别的部分，+0.038mm 这部分欠合理损失回收率达 10.73%，如采取措施回收，选钛厂钛的回收率可望增至 40% 以上，选钛厂增产的潜力是客观存在的。

7.1.5.3 浮硫流程

（1）T81 号磁尾原料中，Co 的品位 $301 \times 10^{-6}$，Ni 的品位 $75.5 \times 10^{-6}$；T63 号浮硫精矿 Co 的品位 $3670 \times 10^{-6}$，Ni 的品位 $1630 \times 10^{-6}$，硫精矿产率 0.29%。经计算，硫的回收率为 12.94%，钴的回收率为 3.54%，镍的回收率为 6.26%。

（2）根据 T63 号硫钴精矿中硫化物矿物量计算，钴、镍的理论精矿品位分别为 0.51%、0.23%。

（3）T63 号硫钴精矿仅是前、后 8 磁尾浮钛脱硫部分精选得到的产品，大部分硫钴镍已损失在次铁、浮钛过程的产品和强磁尾矿中。

（4）攀枝花钒钛磁铁矿中的钴、镍矿物嵌布粒度微细，主要由铁钛氧化物相、硫化物相和硅酸盐相组成，磁尾中钴镍以硫化物相为主，硫钴精矿的回收率低，增产潜力较大。

7.1.5.4 次铁流程评测

（1）磁尾中钛磁铁矿中铁的分布率占 37.82%，次铁精矿中铁的回收率只有 5.25%，相对原矿中铁的理论回收率只回收了 13.88%，次铁精矿回收不理想。究其原因是实际生产中仅回收了粗粒选钛过程中的次铁产品，微细粒选钛过程中出现的次铁产品未被回收利用。

（2）钛磁铁矿、钛铁矿、硫化物、脉石的单体解离度分别为 86.67%、46.20%、45.84%、38.89%，除钛磁铁矿外，单体解离度低，提高铁精矿品位有困难。

（3）次铁精矿中有硫化物 2.55%，原因是硫化物大部分由磁性强的磁黄铁矿组成，在磁选中进入铁精矿，次铁精矿产率只有 1.5%，能否用浮选工艺再选一次硫化物。

### 7.1.6 流程考察建议

（1）根据本次流程考察评测，钛的回收率有 10% 以上的提升空间，如能在欠合理损失部分加强设备能力和管理，较大幅度提高生产能力应该是可能的。

（2）加强对 -38μm 细粒级钛铁矿回收技术的研究。

（3）次铁和硫钴回收率很低，提升空间较大，加强两者的综合回收，是短时期内提高企业效益的方向。

## 7.2 白马选矿厂全流程工艺矿物学考察

白马选矿厂自投产后，生产指标波动，年处理矿石量和精矿质量、尾矿品位等未达到设计指标。根据生产记录，选厂短时期内曾有过接近设计的工业指标。排除设备和管理水平的因素，矿石性质的变化是影响其各类指标的主要因素。所以，了解原矿性质及其进入选矿流程后物料中矿物量、粒度、单体解离度的变化对流程的影响，全面评价工艺流程对当前入选物料的适应性，是决定是否改造现有流程的重要依据。

选厂自投产后，矿石由氧化矿—混合矿—原生矿的变化引起工艺条件和设备的调整，目前原料供应渐趋稳定，有必要对全流程用工艺矿物学方法进行评价，以查明现流程工艺条件和设备能力对矿石性质的适应性。通过对精矿质量、精矿中铁矿物和脉石矿物成分的变化、粒度和单体解离度的考察，分析精矿铁品位提高的可能性。找出选矿各选别作业进出物料铁矿物和脉石矿物成分的变化、粒度和单体解离度变化规律。测试尾矿中铁钛矿物和脉石矿物成分的变化、粒度和单体解离度，查明铁钛矿物的损失途径和形式，计算铁钛矿物合理损失率及不合理损失率，采取必要措施以使白马选矿厂尽早达到设计要求的各类工业指标。

### 7.2.1 白马选矿厂全流程工艺矿物考察范围及研究内容

此次选矿流程考察工艺矿物学研究样品，采集自白马选矿厂第一系列、第二系列和第三系列流程中的原、精、尾矿及各中间产品。为配合中国地质科学院矿产综合利用研究所选矿的工艺实验室验证试验，对选矿试验样品进行了矿物成分、主要矿物单体解离度、连生体连生关系作了定量分析。其中：原矿样品 1 件，流程考察样 30 件，选矿试验样样品 15 件，样品总数为 46 件。流程考察的取样点见图 7-1。

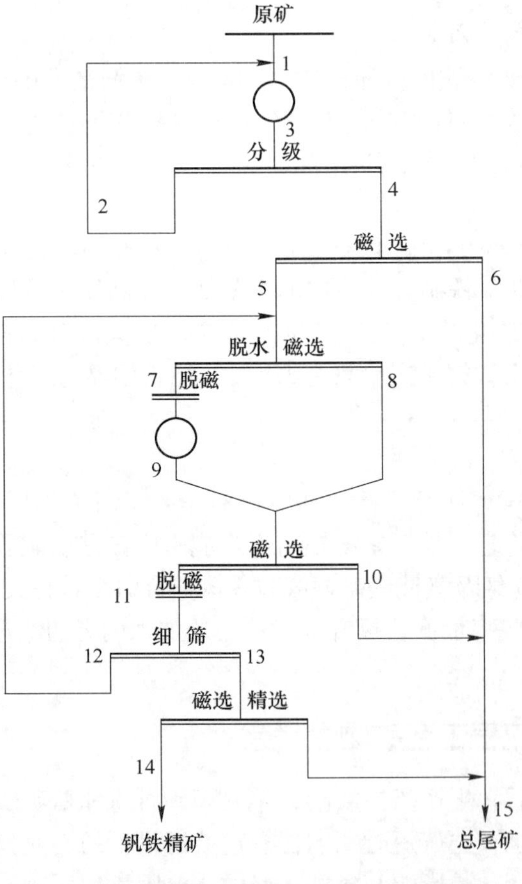


图 7-1 白马选矿厂全流程考察采样点示意图

本次工艺矿物学流程考察的目的是，通过流程考察中的物料的工艺矿物学研究，查明原矿性质，提供其矿物成分、工艺粒度等工艺矿物学参数，预测理论精矿品位和理论回收率，并对现有选矿流程作出适应性评价，分析精矿品位的合理性和回收率损失的途径和形式。

运用 MLA250 型矿石自动分析仪和传统工艺矿物学研究方法，测试每个样品的矿物成分及含量、矿物的单体解离度和连生关系。主要矿物连生关系测试采用线法，单体解离度测定采用面法。

### 7.2.2 铁钛元素的分布规律及钒等成分的走向

根据矿物的工艺特性以及元素的平衡，攀枝花钒钛磁铁矿可以归为四类：

（1）钛磁铁矿类：以钛磁铁矿为主，包括少量的磁赤铁矿、磁铁矿、褐铁矿等。

（2）钛铁矿类：以钛铁矿为主，包括微量的白钛石、金红石、钙钛矿等。

（3）硫化物类：主要矿物是磁黄铁矿、黄铁矿、黄铜矿，还包括微量砷锑化合物。

（4）脉石类：以中—拉长石、普通辉石、橄榄石为主，还包含有角闪石、黑云母及次生变化的伊利石等。

以此归类，符合选矿工艺中各类矿物的行为，其分布规律实用性强。

#### 7.2.2.1 铁的分布规律

各类矿样中铁的分布率见表 7-17。由表 7-17 可见，铁主要赋存于钛磁铁矿中（包括少量磁赤铁矿、磁铁矿、褐铁矿等），其次为钛铁矿、硫化物。脉石矿物除中—拉长石外，主要成分普通辉石、橄榄石、角闪石、黑云母等均为含硅酸铁的矿物，并含少量铁、钛氧化物的细小包体。

**表 7-17 白马钒钛磁铁矿原矿中各类矿物中铁的分布率** （%）

| 名 称 | 钛磁铁矿 | 钛铁矿 | 硫化物 | 脉 石 |
|---|---|---|---|---|
| 第一、二系列流程原矿样 | 73.63 | 5.80 | 2.41 | 18.16 |
| 第三系列流程原矿样 | 73.67 | 4.32 | 3.03 | 18.98 |

钛磁铁矿应是选铁的目的矿物，脉石和硫化物中的铁对选矿来说是无法回收形成产品的。钛铁矿中的铁呈 FeO 状态存在，在后续电炉钛渣工艺中，这部分铁可以得到较好的回收。

#### 7.2.2.2 钛的分布规律

钛主要分布于粒状钛铁矿中，其次在钛磁铁矿中。硫化物矿物中不含钛，不参与钛金属的金属量平衡计算。脉石中微量钛由少量的含钛辉石引起。各类矿样中钛的分布率见表 7-18。

**表 7-18 白马钒钛磁铁矿原矿中各类矿物中钛的分布率** （%）

| 名 称 | 钛磁铁矿 | 钛铁矿 | 总脉石 |
|---|---|---|---|
| 第一、二系列流程原矿样 | 52.48 | 38.65 | 8.87 |
| 第三系列流程原矿样 | 57.62 | 31.40 | 10.98 |

#### 7.2.2.3 钒、钴、镍、铜等可综合利用成分的走向

A 钒

在攀枝花四大矿区，无伦何种矿石类型、矿石品级的矿石，钒均赋存于钛磁铁矿中。

经电子探针分析和能谱分析，钒在钛磁铁矿中分布均匀，矿石中未见钒的独立矿物。钒与铁的离子半径很接近，并具有较高的化合价，能形成坚固的键，成为稳定的类质同象。本次试验样品中第一、二系列的钛磁铁矿含 $V_2O_5$ 0.72%，矿物量为 34.94%，原矿含 $V_2O_5$ 0.26%，经计算，钛磁铁矿中的钒占有矿石中钒的 97%。第三系列的钛磁铁矿含 $V_2O_5$ 0.72%，矿物量为 34.34%，原矿含 $V_2O_5$ 0.28%，经计算，钛磁铁矿中的钒占有矿石中钒的 88%。原矿样中钒随铁精矿，其走向十分清楚。

B 钴、镍、铜、硫

原生矿石中，白马矿区的钴、镍、铜分配率有其特色，不同品级矿石硫化物相、钛磁铁矿中钴、镍、铜的分配规律没有其他矿区明显，钴的分配比较均匀，钛磁铁矿、硫化物相、脉石中各占三分之一，而镍和铜与硫化物关系密切，分配率占 60% 以上。

### 7.2.3 铁、钛的精矿理论品位和理论回收率

攀枝花钒钛磁铁矿中的钛磁铁矿中的客晶矿物有钛铁矿、钛铁晶石、尖晶石、钛辉石等，除钛铁矿外，其余均为含铁、钛的脉石矿物，因此，钛磁铁矿的主要成分（铁、钛、钒、铬）是一个不稳定的变数。

获得钛磁铁矿铁的理论品位传统的技术方法是在适宜的粒度下获得钛磁铁矿单矿物，由于技术手段的限制，前述钛磁铁矿单矿物的提取是在 0.074 ~ 0.2mm 粒级进行。严格地说，上述钛磁铁矿的含铁品位只代表这一粒级段的，为使钛磁铁矿的理论铁品位更接近生产实际，我们采取选厂铁精矿品位，铁精矿中钛磁铁矿定量数据相关因素加权计算，得出选厂铁精矿理论品位 59.62%。

钛精矿的理论品位是钛铁矿单矿物平均含钛量，经测试为 $TiO_2$ 51.12%。

经对原矿铁、钛的金属量平衡计算，白马选厂铁的理论回收率为 73.63%~73.67%，钛的理论回收率为 38.65%~31.40%。

### 7.2.4 白马钒钛磁铁矿原矿性质对选铁的影响

攀枝花地区钒钛磁铁矿成矿条件基本相同，岩浆晚期所产出的钛磁铁矿、粒状钛铁矿基本特征相似。但是由于成矿时地质条件的差异，矿浆物理、化学成分的变化，从而使不同矿区或相同矿区不同层位的钛磁铁矿有一定的差异。在此情况下，采用同一选矿工艺流程会产生不同质量的铁精矿。

钛磁铁矿是铁、钛、钒、铬、锰、镓、钴等组分的主要载体矿物，也是白马铁精矿中唯一的工业回收矿物。钛磁铁矿系固溶体分解作用形成的产物，固溶体中含量较多的溶剂组分所形成的矿物为主矿物（主晶）即磁铁矿，含量较少的溶质组分形成的矿物称客晶矿物（客晶），即钛铁晶石、钛铁矿、镁铝尖晶石。钛磁铁矿是由主晶磁铁矿和客晶钛铁晶石、钛铁矿和镁晶尖晶石组成的复合矿物。

#### 7.2.4.1 钛磁铁矿理论铁品位是影响铁精矿品位的重要因素

一般情况下，影响铁精矿质量的因素有以下几点：矿石性质的变化；工艺条件的优劣和管理水平的高低。在工艺条件和管理水平相似的情况下，矿石性质的变化是影响铁精矿质量的主要因素。

钛磁铁矿的主晶矿物是磁铁矿，磁铁矿 TFe 72.4%，选矿工艺流程中回收的铁矿物的含铁量为铁精矿的理论精矿品位，钛磁铁矿是攀枝花钒钛磁铁矿中唯一作为目的物回收的铁矿物，所以，钛磁铁矿的含铁量，即是铁精矿的理论精矿品位。

攀枝花钒钛磁铁矿中的钛磁铁矿中的客晶矿物有钛铁矿、钛铁晶石、尖晶石等，除钛铁矿外，其余均为含铁、钛的脉石矿物，因此，钛磁铁矿的主要成分（铁、钛、钒、铬）是一个不稳定的变数，但是从四大矿区钛磁铁矿含铁量的变化来看，还是具有以下的规律：

客晶矿物一般粒度0.005~0.05mm，少数可达0.1mm。如果是片晶，片晶厚0.0005~0.001mm。

客晶矿物的多寡和矿石的品级有一定关系，Fe1 至 Fe4，客晶矿物的含量可从45%降至22%。贫矿中钛磁铁矿客晶矿物少，矿物含铁量高。

根据大量统计和检测数据，攀枝花矿区中钛磁铁矿含铁量变化范围为56.36%~61.36%，白马矿区中钛磁铁矿含铁量变化范围为59.26%~60.60%，太和矿区中钛磁铁矿含铁量变化范围为57.98%~61.87%，红格矿区中钛磁铁矿含铁量变化范围为56.60%~62.32%。

经对白马、密地、潘家田三选厂原、精、尾矿工艺矿物学研究，对影响铁精矿品位的结构、粒度、和钛磁铁矿理论铁品位获得了试验数据，现分述如下：

攀枝花钒钛磁铁矿中的钛磁铁矿中的客晶矿物有钛铁矿、钛铁晶石、尖晶石、钛辉石等，除钛铁矿外，其余均为含铁、钛的脉石矿物，因此，钛磁铁矿的主要成分（铁、钛、钒、铬）是一个不稳定的变数，获得钛磁铁矿铁的理论品位传统的技术方法是在适宜的粒度下获得钛磁铁矿单矿物，由于技术手段的限制，前述钛磁铁矿单矿物的提取是在0.074~0.2mm 粒级进行。严格地说，上述钛磁铁矿的含铁品位只代表这一粒级段的，现场磁选有效作业粒级已至30mm，为使钛磁铁矿的理论铁品位更接近生产实际，我们采取三选厂铁精矿品位，铁精矿中钛磁铁矿定量数据相关因素加权计算，得出三选厂铁精矿理论品位对比，见表7-19。

**表7-19 白马、密地、潘家田三选厂铁精矿理论品位对比** （%）

| 名称 | 铁精矿品位 | 铁精矿中钛磁铁矿含量 | 铁精矿理论精矿品位 | 铁精矿品位与理论精矿品位差 |
|---|---|---|---|---|
| 白马 | 55.53 | 93.14 | 59.62 | 4.09 |
| 密地 | 54.14 | 95.25 | 56.83 | 2.69 |
| 潘家田 | 59.42 | 94.67 | 62.77 | 3.35 |

每一选厂铁精矿品位，受到原料矿石理论精矿品位的限制，选矿作业的质量只能接近而不能超过原料矿石的理论精矿品位。从上述数据可以看出，密地铁精矿品位距理论铁精矿品位最接近，潘家田、白马次之。

#### 7.2.4.2 磨矿细度对铁精矿品位的影响

根据攀西地区多年生产实践和工艺矿物学研究，磨矿细度增高对提高铁精矿品位有益，白马、密地、潘家田三选厂铁精矿粒度分析结果见表7-20。

从三选厂铁精矿粒级分析可以看出，0.074mm 过网累积百分比白马61.31%，密地74.05%，潘家田95.69%。潘家田磨细度最高，密地、白马次之。

**表 7-20 白马、密地、潘家田三选厂铁精矿粒度分析**

| 粒度/mm | 白马选矿厂铁精矿产率/% | | | 密地选矿厂铁精矿产率/% | | | 潘家田选矿厂铁精矿产率/% | | |
|---|---|---|---|---|---|---|---|---|---|
| | 产率 | 正累积产率 | 负累积产率 | 产率 | 正累积产率 | 负累积产率 | 产率 | 正累积产率 | 负累积产率 |
| 0.3 | 1.21 | 1.21 | 98.79 | 0.00 | 0.00 | 100.00 | | | |
| 0.212 | 4.53 | 5.74 | 94.26 | 0.42 | 0.42 | 99.58 | | | |
| 0.15 | 6.82 | 12.56 | 87.44 | 2.22 | 2.64 | 97.36 | | | |
| 0.106 | 13.06 | 25.62 | 74.38 | 7.96 | 10.60 | 89.40 | 0.00 | 0.00 | 100.00 |
| 0.074 | 13.06 | 38.69 | 61.31 | 15.35 | 25.95 | 74.05 | 4.31 | 4.31 | 95.69 |
| 0.053 | 14.82 | 53.50 | 46.50 | 18.23 | 44.18 | 55.82 | 10.53 | 14.84 | 85.16 |
| 0.038 | 12.89 | 66.39 | 33.61 | 14.83 | 59.01 | 40.99 | 8.75 | 23.59 | 76.41 |
| 0.027 | 11.36 | 77.75 | 22.25 | 13.21 | 72.22 | 27.78 | 12.79 | 36.38 | 63.62 |
| 0.019 | 9.28 | 87.04 | 12.96 | 11.55 | 83.77 | 16.23 | 13.87 | 50.24 | 49.76 |
| 0.0135 | 7.09 | 94.13 | 5.87 | 8.46 | 92.22 | 7.78 | 11.18 | 61.43 | 38.57 |
| 0.0096 | 4.76 | 98.89 | 1.11 | 6.34 | 98.56 | 1.44 | 10.38 | 71.80 | 28.20 |
| 0.0068 | 1.03 | 99.92 | 0.08 | 1.35 | 99.91 | 0.09 | 9.24 | 81.04 | 18.96 |
| 0.0048 | 0.05 | 99.97 | 0.03 | 0.05 | 99.96 | 0.04 | 8.16 | 89.20 | 10.80 |
| 0.0034 | 0.02 | 99.99 | 0.01 | 0.02 | 99.99 | 0.01 | 6.16 | 95.36 | 4.64 |
| 0.0024 | 0.01 | 100.00 | 0.00 | 0.01 | 100.00 | 0.00 | 3.82 | 99.18 | 0.82 |
| 0.00175 | | | | | | | 0.75 | 99.93 | 0.07 |
| 0.0012 | | | | | | | 0.05 | 99.98 | 0.02 |
| 0.00087 | | | | | | | 0.02 | 100.00 | 0.00 |

#### 7.2.4.3 钛磁铁矿中客晶矿物粒度和形状对铁精矿品位的影响

客晶粒度粗，矿石经细磨后铁精矿品位可以提高。白马、密地、潘家田三选厂的钛磁铁矿在 MLA 矿石自动分析仪相同的放大倍数下，二次电子图像对比见图 7-2（图中暗色粒状、线状为客晶矿物）。从三选厂钛磁铁矿中客晶粒度的形状和大小对比可以看出，其解离的难度依次为白马、密地、潘家田。

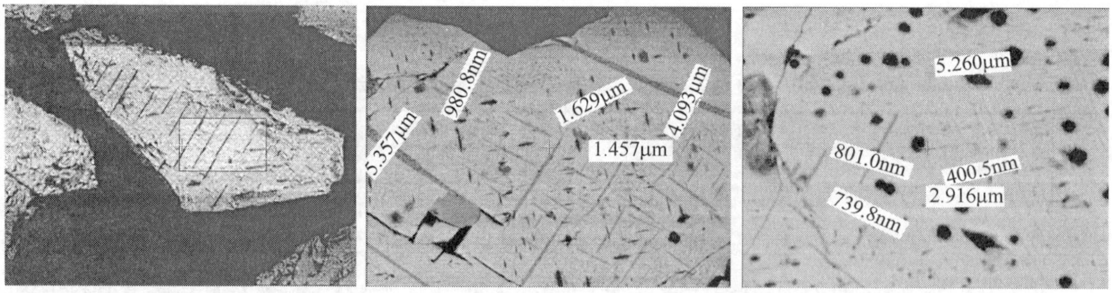


白马选矿厂钛磁铁矿　　密地选矿厂钛磁铁矿　　潘家田选矿厂钛磁矿

图 7-2 白马 、密地、潘家田选矿厂钛磁铁矿二次电子图像

### 7.2.5 流程考察结论及建议

（1）白马选矿厂的三个系列流程中，铁精矿品位 55.29%～55.66%，铁回收率 69.02%～72.35%。根据原矿性质研究，铁精矿理论精矿品位为 59.62%，铁的理论回收

率为73.67%。对照考察期间的原矿性质，指标尚属合理。第三系列流程铁精矿品位比第一、二系列流程高0.37%，铁的回收率从72.35%降至69.02%，回收率损失3.33%，说明在当前原矿性质下，铁精矿55%的品位能保证最佳回收率，在此基础上提高铁精矿的品位，就要付出牺牲回收率为代价。

(2) 白马选矿厂目前只有选铁工艺，钛磁铁矿中的钛在冶炼中将以高炉渣形式出现，暂不能利用，只有矿石中的粒状钛铁矿最大限度进入磁尾，才能保证下步选钛工艺原料质量。以第一、二系列流程样为例，原矿钛磁铁矿中钛的分布率为52.48%，最终铁精矿(14号)钛的回收率为60.30%，随铁精矿损失的可回收钛为7.82%。

第三系列流程中，铁精矿的矿物组成为钛磁铁矿90.07%，钛铁矿0.85%，硫化物0.55%，脉石为8.53%，相应的矿物单体解离度为钛磁铁矿90.34%，钛铁矿32.55%，硫化物49.28%，脉石为41.66%。由此可以看出，粒状钛铁矿主要与钛磁铁矿和脉石连生，所损失的钛尚属合理范围。

(3) 钴镍铜的载体为硫化物，硫化物原生工艺粒度主要集中在-0.074mm，以强磁性的磁黄铁矿为主，进入铁精矿中的硫化物，所含钴镍铜无法回收。随着有色金属价格的上涨，选铁阶段应考虑硫化物的回收。

## 7.3 重钢太和铁矿选矿产品工艺考察

太和铁矿是攀西地区四大钒钛磁铁矿床之一，重钢太和铁矿从20世纪80年代末建厂投产以来，历经多次技改，目前已达到年产8万吨钛精矿，100万吨铁精矿的生产规模。

多年来，随着开采深度的增加，采场层位的变化，矿石性质也发生一定变化，从而导致选矿产品品位的波动。在目前选矿流程中，也存在部分技术指标波动较大，尾矿中有价金属含量较高，伴生成分未得到充分利用的情况。为查清有益元素在选矿产品中的存在状况及变化趋势，进一步提高矿石有效利用效率，对太和铁矿的选矿流程产品进行了工艺矿物学研究工作，查清选矿流程产品的物质组成情况，为进一步提高该资源利用水平打下基础。

### 7.3.1 流程考察范围及研究内容

本次流程考察以现有生产流程为依据，共选取选矿流程中原矿、选铁流程（3件）、选钛流程（6件）共计10件主要工序产品为研究对象。其中选铁流程包括选铁一段尾矿、选铁二段尾矿、铁精矿；选钛流程包括选铁一段尾矿溢流、强磁一段尾矿、强磁二段尾矿、硫钴精矿、浮钛尾矿、钛精矿。

工艺矿物学研究工作通过显微镜下鉴定、重砂分析、电子探针分析、能谱分析、X衍射分析及化学分析等方法手段，查清了该选厂各作业段样品中的矿物组成及含量、矿石结构构造、主要矿物的嵌布特征和工艺粒度及单体解离度等；并通过对铁、钛、钒、钴、硫元素的金属量平衡工作，查清了上述成分在选厂原料、各类中间产品和最终精矿、尾矿中的分布规律，为该选厂进一步解决部分技术指标波动，尾矿中主要回收成分含量偏高，伴生成分未得到充分利用的问题打下良好基础。

取样方式：72h在选厂连续取样，样品在选矿流程中的采取位置见图7-3。

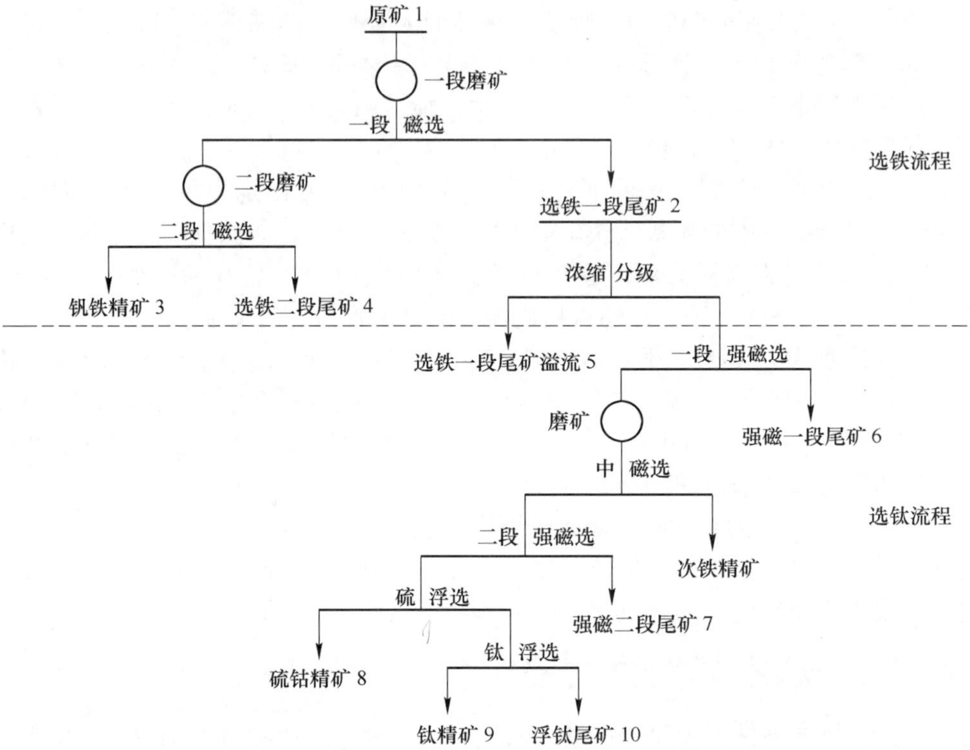


图 7-3 太和选矿厂流程考察取样点示意图

### 7.3.2 铁、钛、钒、钴、硫的元素平衡

对入选原矿的矿物含量及矿物化学成分分析得出铁、钛、钒、钴、硫在各个矿物中的含量分布，计算结果见表 7-21。

**表 7-21 太和铁矿入选原矿中铁、钛、钒、钴、硫在主要矿物中元素平衡** （%）

| 名称 | | 钛磁铁矿 | 钛铁矿 | 硫化物 | 赤、褐铁矿 | 总脉石 | 相和 | 平衡系数 |
|---|---|---|---|---|---|---|---|---|
| 矿物含量 | | 32.78 | 14.93 | 1.14 | 2.82 | 48.33 | 100.00 | |
| 铁 | 含量 | 19.631942 | 4.988113 | 0.53694 | 1.782522 | 2.571156 | 29.510673 | 102.11 |
| | 分配率 | 66.52 | 16.90 | 1.82 | 6.04 | 8.71 | 100.00 | |
| 钛 | 含量 | 3.533684 | 7.781516 | 0.000342 | 0.225318 | 0.778113 | 12.318973 | 98.24 |
| | 分配率 | 28.68 | 63.17 | 0.003 | 1.83 | 6.32 | 100.00 | |
| 钒 | 含量 | 0.203236 | 0.001493 | — | 0.00282 | 0.019322 | 0.226871 | 103.12 |
| | 分配率 | 89.58 | 0.66 | — | 1.24 | 8.52 | 100.00 | |
| 钴 | 含量 | 0.0042614 | 0.0008958 | 0.007866 | 0.000282 | 0.0053163 | 0.0186215 | 103.45 |
| | 分配率 | 22.88 | 4.81 | 42.25 | 1.51 | 28.55 | 100.00 | |
| 硫 | 含量 | 0.006556 | 0.004479 | 0.57114 | 0.00282 | 0.0072495 | 0.5922445 | 103.54 |
| | 分配率 | 1.11 | 0.75 | 96.44 | 0.48 | 1.22 | 100.00 | |

分析由表 7-21 可知：

（1）入选原矿中，铁在钛磁铁矿中分布率最高为 66.52%，其次分布于钛铁矿中其值为 16.90%，在赤、褐铁矿及总脉石的分布率分别为 6.04% 和 8.71%；硫化物中的分布率为 1.82%。

（2）钛以分布于钛铁矿和钛磁铁矿中为主，钛在其中的分布率分别为63.17%和28.68%，在脉石的分布率为6.32%，其他矿物中分布率很低。

（3）钴的分布情况是，在硫化物矿物中分布率为42.25%，其次分布于脉石中分布率为28.55%，在钛磁铁矿中的分布率为22.88%，在钛铁矿中分布率为4.81%。

（4）硫在硫化物矿物中集中了分布率的96.44%，其他矿物中的分布率均很低。

（5）钒在矿样中的分布情况较为集中，89.58%是分布于钛磁铁矿中，其次是分布于脉石矿物中，分布率为8.52%，其他矿物中分布率很低。

## 7.3.3 选矿流程产品的矿物分析

### 7.3.3.1 铁精矿

在铁精矿中铁主要以钛磁铁矿形式存在，其中的铁含量占总铁量的91.59%，赤、褐铁矿中的铁分布率为2.77%，以铁氧化物形式存在的铁分布率为94.36%。钛铁矿中的铁占4.67%。其他矿物的铁分布率很低。

钛磁铁矿在铁精矿中单体解离度较高，为89.61%。其中-0.074mm粒级单体含量均在89%以上，仅+0.154mm粒级单体含量较低不足70%，但该粒级含量很低对该矿物的解离影响不大。

铁精矿中$TiO_2$品位较高，为13.41%。其原因在于，钛磁铁矿本身含有近11%的$TiO_2$，其中的钛含量占钛分布量的67.72%。余下近30%的钛为钛铁矿带入。其他矿物中分布率较低。

钛铁矿在铁精矿中以呈单体为主，其单体含量在90.28%。理论上呈单体存在的杂质矿物是可以通过选矿方法除去，即6.77%的钛铁矿可通过选矿除去，这样钛磁铁矿的含量将增加至89%。

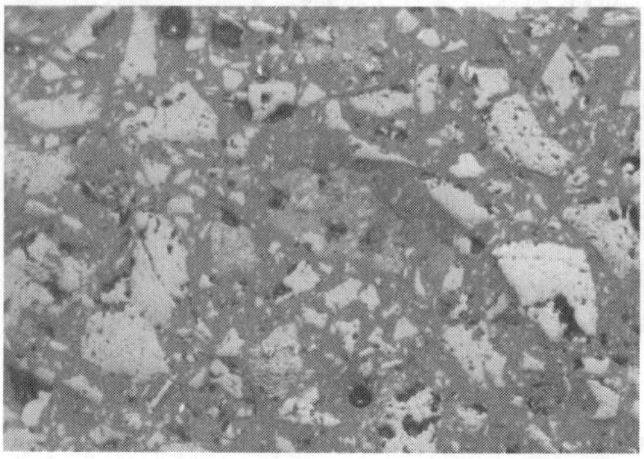

图7-4 脉石包裹细粒钛磁铁矿，呈磁赤铁矿交代

脉石矿物在铁精矿中呈连生体的量较高。其中常包裹细粒钛磁铁矿以及保留有交代残留的钛磁铁矿。约有50%的颗粒呈单体，见图7-4。

理论上单体杂质矿物可以通过选矿方法去除，则铁精矿中TFe品位可再提高4%。但实际上因机械分选难免夹带杂质矿物，此外在磁选过程中钛磁铁矿的聚团性能较强，选别铁精矿的最大可提高品位为在现品位上再增加1%~3%。

金属钒的分布与钛磁铁矿密切相关，铁精矿成为钒的主要富集产品；但钒无独立矿物，不能通过机械选矿方法选出独立精矿。目前对磁铁矿中钒的利用还是以钠化焙烧技术最为成熟有效。

### 7.3.3.2 钛精矿

钛精矿中铁的氧化物矿物主要为赤铁矿，多呈单体形式存在，少量与钛铁矿、脉石矿物呈连生体。

对钛精矿品质影响较大的杂质矿物是脉石矿物，其矿物量为4.61%。镜下鉴定表明，脉石矿物以单体为主，其单体的含量在70%左右，具备了分选的条件。理论上如果将这部分脉石矿物选出则 $TiO_2$品位可再提高1.5%。

硫化物在钛精矿中的含量很低，主要为黄铁矿，多以包裹体、连生体形式分布于钛铁矿、脉石矿物中（见图7-5），剔除较难。

7.3.3.3 硫钴精矿

硫钴精矿主要由三类矿物组成，即钛铁矿、硫化物矿物和脉石矿物。三者的含量分别为34.57%、14.63%、47.84%，占该精矿97%的矿物量（见图7-6）。

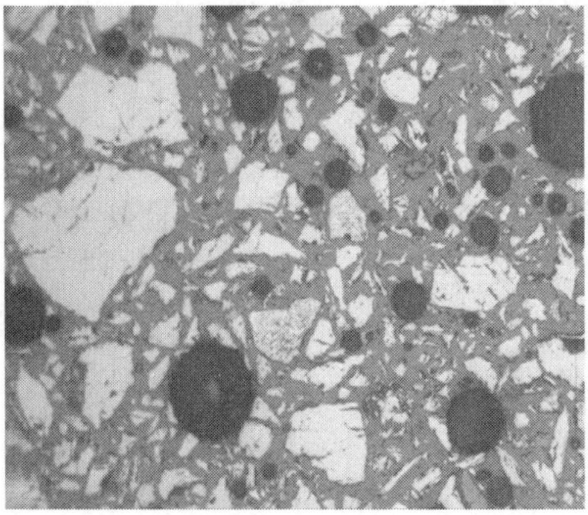

图7-5 钛精矿中分布的赤铁矿单体

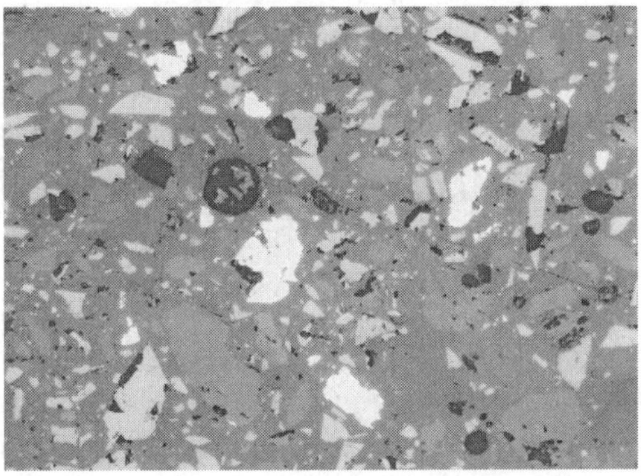

图7-6 硫精矿中的黄铁矿、钛铁矿单体

黄铁矿在+0.154mm含量较高，其他粒级含量变化不大；钛铁矿在较粗粒级含量较低，在0.074~0.044mm粒级及-0.044mm粒级含量分别为35.98%、38.99%，矿物含量呈现在细粒级富集。呈现此现象原因有：浮硫对象强磁精矿的钛铁矿含量很高，浮选过程中夹带进入的钛铁矿也较高；细粒级的钛铁矿随矿浆涌入硫精矿，导致其矿物含量高。

钛铁矿单体解离度为93.30%，黄铁矿的单体含量也达到84.77%。两种矿物在该精矿中的解离状况良好，通过提高硫钴精矿的精选效率，优化流程结构和药剂制度可完全分选为两个不同的精矿。

7.3.3.4 选铁一段尾矿

选铁一段尾矿中最主要的金属矿物是钛铁矿，其中TFe、$TiO_2$的分布率分别达到45.96%和85.78%。在该尾矿中，钛铁矿在+0.154mm粒级的单体含量70%左右，其他粒级在85%以上，总的单体解离度为84.10%，具备分选条件。

该尾矿中铁的氧化物以赤铁矿为主，呈钛磁铁矿形式存在的含量很低。矿物状态分析表明，赤铁矿以单体为主，并见含少量钛磁铁矿细粒包裹体，该矿物含量低、磁性弱，在尾矿中属合理损失。

7.3.3.5 选铁二段尾矿

在选铁二段尾矿中钛铁矿的矿物量较选铁一段有所提高。对该矿物的单体解离度分析表明，钛铁矿的单体含量在83.53%，与选铁一段尾矿中钛铁矿的解离情况接近。

该尾矿无论在矿物组成还是在有用矿物的存在状况方面与选铁一段尾矿一致，二者应合并进入后期选钛流程进行钛分选。

#### 7.3.3.6 选铁一段尾矿溢流

选铁一段尾矿溢流在化学成分及矿物成分与选铁尾矿一致，主要的金属矿物为钛铁矿，因漂浮作用硫化物的含量增加较多。钛铁矿含量也有所提高，铁矿物主要为赤、褐铁矿。

钛铁矿在本样中的解离状况分析表明，其单体含量达到96.04%，得到了充分的解离。硫化物的单体含量为88.82%，其解离程度也达到较高水平。

对于本样的利用，其主要影响因素为样品的粒度组成偏细，样品-0.044mm粒级占80%以上。因此选择合理的选矿方法是该样利用的关键。

#### 7.3.3.7 强磁一段尾矿

强磁一段尾矿中主要的金属矿物为钛铁矿、黄铁矿和赤铁矿。

钛铁矿在本样中呈单体的含量为73.78%，+0.154mm粒级中单体含量不到50%，-0.154+0.074mm粒级中单体含量为67.78%，-0.074mm粒级钛铁矿的解离度较高。在该尾矿中钛铁矿在较粗粒级未完全解离与粒径小于0.02mm的夹带进入尾矿，是该产品钛铁矿损失的重要原因。

以黄铁矿为主的硫化物在本样中的矿物含量达到2.09%，较原矿中的含量高了近一倍，该类矿物在本样中有所富集。硫化物矿物的解离度为79.65%，取得了较高的解离。对硫化物可通过重选，或直接浮选富集。

#### 7.3.3.8 强磁二段尾矿

强磁二段尾矿中主要金属矿物钛铁矿的含量较强磁一段尾矿高出一倍，硫化物含量有所减少，赤、褐铁矿的含量有所增加。

钛铁矿的单体解离度分析显示，本样中呈单体的钛铁矿含量较强磁一段尾矿高，单体含量达到86.40%，在-0.154mm粒级钛铁矿的单体量达到85%以上。理论上如果将0.044mm以上粒级的钛铁矿单体全部选起来，可回收3.94%的钛铁矿，则有2.05%的$TiO_2$可回收，如其中大于1/2的富连体得以回收，则2.47%的$TiO_2$可得到回收；如果0.044mm以下的单体均得到回收；对$TiO_2$的回收可增加4.39%。

硫化物的单体解离度分析表明，其单体含量为76.87%，较一段尾矿中的单体含量低。

该样中$TiO_2$的品位为6.02%，以钛铁矿的形式存在为主，矿物单体解离度较高，具有分选性及再回收条件。

#### 7.3.3.9 浮钛尾矿

浮钛尾矿中金属矿物的含量在10%左右，其中以钛铁矿为主，钛铁矿的矿物含量为9.03%，且钛铁矿的单体含量较高，呈现较好的解离状况。其他矿物为赤铁矿、褐铁矿、钛磁铁矿、黄铁矿等，其中以钛铁矿最具有利用价值。

钛铁矿在浮钛尾矿中不同粒级中的含量差别较大，特别在0.154mm以上粒级钛铁矿的含量较其他粒级高，含量近15%，在其他粒级中钛铁矿的含量在7%左右。在此粒级钛铁矿的单体含量达到87.24%，得到较好的解离，说明钛铁矿不是因为解离不充分而选别较差，引起这部分钛铁矿损失的原因只能是浮选对0.15mm以上粒级捕收效果不够理想。

此外在该尾矿中钛铁矿可见被次生矿物榍石、白钛石等交代现象，形成包裹、包含、连生的情况，导致钛铁矿的浮选性能下降，也是引起钛铁矿损失的一个原因。

试样中钛铁矿以单体为主，可通过细磨及提高磁场强度等优化选矿流程的方法回收利用。

### 7.3.4 流程考察结论

（1）太和铁矿矿石是经济价值较高的矿石类型，主元素铁、钛的含量较高，伴生组分钒、钴、镍、铜、硫等可供综合利用。

（2）在目前的选铁流程中，对钛磁铁矿取得了较好的回收利用。但矿样中钛磁铁矿约50%发生磁赤铁矿化，磁赤铁矿在氧化条件下易于形成赤铁矿，而后者是尾矿中最常见的铁矿物损失形式。应密切监视入选原矿的成分变化。

（3）在选铁尾矿中铁的独立矿物以赤铁矿、褐铁矿为主，因其磁性弱，在选矿工艺流程选别效果较差，这也是铁矿物在尾矿中的主要损失形式。

（4）选铁一段尾矿与选铁二段尾矿中矿物含量、粒度分布、解离状况等方面接近，二者应合并为选钛流程的入选原料，减少钛铁矿的损失。

钛铁矿在选铁一段尾矿及选铁二段尾矿中矿物含量分别为17.57%、20.37%，钛铁矿呈单体的含量分别为84.10%和83.53%。

（5）钛铁矿在强磁二段尾矿、硫钴精矿、浮钛尾矿中损失较大，其矿物解离状况较好，受榍石、白钛石交代的量低，可以通过优化选矿流程得以部分回收。

钛铁矿在强磁二段尾矿、硫钴精矿、浮钛尾矿中的矿物含量分别为7.95%、34.57%、9.03%，钛铁矿呈单体的含量分别为86.40%、93.30%、92.42%。

（6）伴生元素硫、钴、镍、铜主要以硫化物形式存在，但其含量低，独立利用价值不大，需采用多元素综合回收提高其利用价值。在选矿产品中除硫钴精矿外，强磁尾矿的硫化物分布率较高，可作为硫等元素的回收对象。

## 参 考 文 献

[1] 攀枝花选钛厂流程考察及工艺矿物学研究报告．中国地质科学院矿产综合利用研究所，2011.
[2] 攀钢钛业选钛厂流程考察及工艺矿物学研究报告．中国地质科学院矿产综合利用研究所，2008.
[3] 白马选矿破磨全流程考察及工艺矿物学研究报告．中国地质科学院矿产综合利用研究所，2011.
[4] 重钢太和铁矿选矿流程产品工艺矿物学研究．中国地质科学院矿产综合利用研究所，2006.

# 8 攀西钒钛磁铁矿冶金试验研究

攀西地区储量巨大的钒钛磁铁矿是我国冶金工业的重要矿产资源，其中，攀枝花、白马、红格、太和四大矿区钒钛磁铁矿的储量占攀西地区钒钛磁铁矿总储量的96%，而这四大矿区，除太和矿区外，其他都分布在攀枝花地域内。因此，根据攀枝花钒钛磁铁矿的矿石矿物组成性质和共、伴生元素的赋存状态，合理开发利用有价元素，可为国家的经济建设作出巨大的特殊的贡献。

## 8.1 攀枝花钒铁精矿冶金试验研究

### 8.1.1 攀枝花式钒钛磁铁矿氧化球团升温还原膨胀机理研究

关于“八二〇”钒钛磁铁矿精矿的钠化氧化球团在 $H_2$ 升温还原过程中产生灾难性的膨胀、粉化机理的研究，配合成钢天铁试验组的竖炉直接还原试验，许多单位已做了大量的研究工作。但是，我们认为，对球团膨胀机理的研究仍然需要通过多学科、多手段的共同努力才能更有效地解决。岩相研究，对工艺岩石来说，是一种最重要的手段，它能直观地反映客观实际，因而是从实践到认识的基础，看到一些过去从未见过的重要新现象，使我们对球团（包括非钠化的）膨胀进一步加深认识，有些现象还需要从理论上进一步深入探讨研究。为此，我们主要根据显微镜的观察研究，结合 X 射线衍射资料等，做进一步的研究。

8.1.1.1 氧化球团的物相组成

为了便于认识钠化氧化球团在升温还原过程中的灾难性膨胀，首先就必须弄清原料的物相组成。产生正常膨胀的非钠化球团（TY 型）和产生灾难性膨胀、粉化的钠化（$Na_2SO_4$）球团（6TY 型）的异同点见表 8-1。

表 8-1 氧化焙烧球团的配制及化学成分

| 类型 | 铁精矿/% | $Na_2SO_4$/% | 焙烧温度/℃ | 焙烧时间/h | 化学分析/% | | | | | | | | |
|---|---|---|---|---|---|---|---|---|---|---|---|---|---|
| | | | | | TFe | $TiO_2$ | $V_2O_5$ | $Na_2O$ | $Al_2O_3$ | $SiO_2$ | MgO | MnO | CaO |
| TY | 100.00 | | 1200 | 3 | 54.72 | 14.75 | 0.569 | 0.08 | 2.59 | 1.63 | 1.81 | 0.457 | 0.27 |
| 6TY | 100.00 | 5.66 | 1000 | 3 | 51.42 | 13.93 | | 2.80 | | | | | |
| | 100.00 | 5.66 | 1200 | 3 | 52.93 | 13.91 | 0.543 | 2.07 | 2.69 | 1.86 | 1.83 | 0.435 | 0.30 |
| | 100.00 | 5.66 | 1300 | 3 | 52.03 | | | | | | | | |

8.1.1.2 铁、钛氧化物的相变

原料经氧化焙烧后，原铁精矿中的铁、钛氧化物等完全发生变化，其变化后的物相组成和结构、构造对还原过程有极其重要的影响，因此，正确认识它们的特征是至关重要的。

A TY 型

主要的含铁氧化物钛磁铁矿晶体经 1200℃ 氧化焙烧后完全发生相变，但绝不是一般常见的磁铁矿→赤铁矿的简单变化。原钛磁铁矿复合相（磁铁矿—钛铁矿—镁铝尖晶石）转变成新的钛赤铁矿复合相（赤铁矿—铁板钛矿），并呈蠕虫状、文象状等结构。但仍保持原始颗粒的外形。即磁铁矿转变成细粒（约 ±2μm）的赤铁矿（$\alpha$-$Fe_2O_3$），晶架状、叶片状钛铁矿转变成细粒（约 ±2μm）的铁板钛矿（$Fe_2TiO_5$），片状镁铝尖晶石也仅偶见残余颗粒，赤铁矿与铁板钛矿的体积比近于1:1，从 X 射线衍射结果也清楚地反映了这点。粒状单体钛铁矿也转变成铁板钛矿，但绝大部分也保持原始颗粒外形，其内部有时可见到细小的钛铁矿残余。

B 6TY 型

铁精矿加入 100:6 的钠盐后，在不同温度下，钠盐对新相生成的影响是不同的。

焙烧温度为 1000℃时，钛磁铁矿复合相氧化成的新的钛赤铁矿复合相（赤铁矿—铁板钛矿）与 1200℃时的 TY 型基本一致。

焙烧温度为 1200℃时，钛磁铁矿相变后，除少数颗粒保持原始外形，而且与 1000℃时氧化成新的复合相一致外，绝大部分均发生迁移聚集，重结晶显著。赤铁矿开始大量固溶铁板钛矿，多呈不规则浑圆状、粒状集合体及分散砂状，少量铁板钛矿多分散在赤铁矿颗粒之间，或残留于赤铁矿颗粒之中等。X 射线衍射充分证明了铁板钛矿的消失情况。因此，该赤铁矿可称做钛赤铁矿（固溶体）。

焙烧温度为 1300℃时，赤铁矿继续固溶铁板钛矿，并重结晶成更大的颗粒，可使铁板钛矿减到 5:1，直到几乎全部消失。

总之，焙烧温度从 1000 ~ 1300℃时，钠盐对新相赤铁矿的产生和晶体长大均起到明显的促进作用，而对铁板钛矿则起明显的消减作用，此时，赤铁矿已实际成为钛赤铁矿（固溶体），而镁铝尖晶石从 1000℃开始就已消失，从化学成分来看，钛赤铁矿是同时固溶了钒、镁、铝、钠等多种元素的复杂固溶体。

焙烧温度在 1000 ~ 1300℃时，粒状单体钛铁矿的相变由低温时的假象铁板钛矿到高温时发育成漂亮的板柱状自形晶集合体的状态，经历了显著的变化。

8.1.1.3 氧化球团升温还原的相变化

首次探讨了氧化球团在大约 520 ~ 800℃之间的升温还原相变，比较完整地观察了这一还原过程，并首次发现了具有科学意义的重要新现象。

对 TY 型和 6TY 型两种类型的氧化球团，在升温还原过程中的实际相变规律是非常一致的，把相变过程中起主要作用的赤铁矿（钛赤铁矿）的变化作为标志相，划分为两个相变阶段。

A 磁铁矿化阶段

磁铁矿化阶段在大致 520 ~ 610℃温度区间，或开胀至开胀后 5min。在此阶段，两种类型的氧化球团变化非常一致。赤铁矿（钛赤铁矿）的变化，在正常情况下，开胀后 5min，80%~100% 均转变成磁铁矿（Mt1）。

而 6TY 型的赤铁矿转变磁铁矿的过程中，首次发现磁铁矿颗粒几乎均发生裂开，以楔形为主，少数为断裂，一般 1 ~ 3 条，多至 4 条以上，无规律性，而 TY 型球团则无此现象。

两种类型的球团中铁板钛矿 1 的变化，由于结构的判别，只有 TY 型在开胀后 5min 能大部分转变成磁铁（Mt2），而两种类型球团中的铁板钛矿 2 在此阶段均无变化。对 TY 型球团而言，所生成的 FeO 绝大部分供给了与之密切共生的客晶铁铁钛矿 1，反应转变成钛磁铁矿（固溶体），只剩下极少部分还原成金属铁。实际观察 X 射线衍射也十分吻合，铁板钛矿 1 转变后并不存在独立的 $TiO_2$（金红石或锐钛矿），而为单一的磁铁矿相。根据 Ramdohr 的研究，当温度高于 600℃时，$Fe_3O_4$ 与 $TiO_2$ 形成连续的磁铁矿—钛铁晶石固溶体，固相反应也是如此。上述相变反应可表示为：

$$2Fe_2O_3 + H_2 \xrightarrow{520 \sim 610℃} \underset{Mt1}{\underline{Fe_3O_4}} + FeO + H_2O$$

$$Fe_2O_3 \cdot TiO_2 + FeO \xrightarrow{>600℃} \underset{Mt2}{\underline{Fe_3O_4 \cdot TiO_2}}$$

$$FeO + H_2 \longrightarrow MFe + H_2O$$

B 非晶质化阶段

非晶质化阶段在大约 680 ~ 800℃温度区间，或开胀后 10 ~ 20min。

在正常情况下，两种类型球团几乎是在同一温度条件下，Mt1 开始全部消失，并转变成非晶质，但保持其原 Mt1 的外形，随着温度的升高，金属铁微粒逐渐增多、增大，并均匀分布。而衬托金属铁微粒的基底，则呈超微细（$<0.1\mu m$）蓝灰色网格状非晶质，或蓝灰色云雾状非晶质。这也是首次观察到的现象，直到 800℃以上（或开胀 25min 后），球团已开始收缩，均还保持住非晶质状态。而 Mt2（TY 型）则一直保持不变，并和金属铁一起嵌布在非晶质基底中。由 TY 型球团的 X 射线衍射数据可清楚地判断出，此时除金属及残留的铁板钛矿 2 外，其余的线条，显然是 Mt2（磁铁矿—钛铁晶石固溶体）的反映，没有其他可疑的数据。

TY 型球团中，由铁板钛矿 1 转变成的 MT2，直到 800℃以上球团开始收缩均保持不变，6TY 型球团中铁板钛矿 1 在此阶段的转变，由于受结构的限制，获得 FeO 的机会不如 TY 型容易，而球团内部获得 FeO 机会取决于离 Mt1 的远近。故转变过程及转变程度一般晚于 TY 型，但到约 700℃（开胀 15min 后）也绝大部分转变成 Mt2，而且也大部分裂开，800℃以上大部分消失，呈非晶质，但一直到最后，也还有铁板钛矿 1 的颗粒存在。

两种类型球团中的铁板钛矿 2 变化基本一致。正常情况下，一般开胀 10min 即向磁铁矿转变，后期也消失呈非晶质。

综合恒温还原样品来看，球团到达最大膨胀后，尽管已开始收缩，但非晶质状态却一起要延长到至少 1000℃或 1050℃以上才有新的结晶相（钛铁晶石或钛铁矿）出现，故约从 680 ~ 1050℃有相当长的非晶质阶段。

8.1.1.4 氧化球团升温还原的膨胀

通过对氧化球团升温还原相变的现象观察研究，就不难找出相变与膨胀的密切关系，无论是 TY 型还是 6TY 型，相变—膨胀是一个问题的两方面，相变的同时即产生膨胀。这两种类型的球团，尽管膨胀结果极其悬殊，但它们的相变规律及相组成都是十分一致的。此外，6TY 型中的磁铁矿裂开和灾难性膨胀，则应归于外来物质（钠盐）的影响，膨胀与相变的关系见表 8-2。

**表 8-2 氧化球团升温还原膨胀与相变的关系**

| 球团类型 | 膨胀温度/℃ | 最大线膨胀率/% | 膨胀标志相 | 膨胀类型 |
|---|---|---|---|---|
| TY 型 | 520 ~ 610 | 2 ~ 3 | $\alpha$-$Fe_2O_3 \rightarrow Fe_3O_4$（Mt1） | 晶态膨胀 |
| | 680 ~ 800 | 4.5 ~ 4.7 | $Fe_2TiO_5 \rightarrow Fe_3O_4$（Mt2） | 非晶态膨胀 |
| 6TY 型 | 520 ~ 610 | 2 ~ 10 | $\alpha$-$Fe_2O_3 \rightarrow Fe_3O_4$（Mt1），Mt1 全部裂开 | 晶态膨胀 + 裂开膨胀 |
| | 610 ~ 800 | 13 ~ 23 | $Fe_3O_4$（Mt1）→非晶质 | 非晶态膨胀 |

表 8-2 可清楚地表明，$\alpha$-$Fe_2O_3$转变为 $Fe_3O_4$时，其体积增大约为原来的 2 倍，铁板钛矿变成 $Fe_3O_4$时约为 1.6 倍。但从 TY 型球团的实际膨胀来看却要小得多，原因是单个矿物体积的增值可能被球团大量存在的空隙所抵消。实际上，由于单个矿物中含有许多的其他元素而非纯矿物，则它们的实际增值比理论值还要大。对于 6TY 型球团来说，它的最大线膨胀率比 TY 型球团要大 3 倍以上，显然，这样高的膨胀是由磁铁矿（Mt1）的裂开引起的。另外，6TY 型球团中的铁板钛矿 1 远比 TY 型球团中少得多，故它的作用可忽略不计。

在升温过程中，由无定形的分子、离子的混乱热运动而引起膨胀，显然，TY 型球团的非晶质的热膨胀增值并不显著，而 6TY 型球团则会造成灾难性的膨胀，应该说，这是由于活泼性很强的钠离子在混乱热运动中充分表现的结果，至于 Mt2 消失后也呈非晶质，但因数量很少，可能忽略不计。

8.1.1.5 需进一步证实的几点设想

（1）大量的试验经验表明，氧化钠化球团 750℃入炉可以避免球团的膨胀粉化与黏结。认为其主要原因是，球团于 750℃入炉，恰好就基本上克服了从 520 ~ 800℃期间球团由晶态（+裂开）膨胀和非晶态膨胀的叠加，如果正确的话，也算是对上述工作的一个证明。另外，当球团转入收缩期（约 850 ~ 1050℃）后，球团内部仍为非晶质，颗粒边界逐渐消失连成一体，但钠盐的作用却逐渐减弱，其原因是什么，此时是否有暂时出现的过渡状态的低熔点含钠盐的生成，尚值得研究。

（2）从不膨胀的生球（包括钠球）的升温还原来看，整个相变过程不产生非晶质相，因此，设想加入某种物质能抑制非晶质相的产生（即全部晶化），则就有可能减轻灾难性膨胀所带来的危害。

（3）6TY 型球团中磁铁矿的裂开是物质结构中一个很特殊的现象，它的产生和钠盐有什么关系，从现象来看，它既不是外力的破坏，也不是从内部爆炸裂开，却是引起球团膨胀的重要原因之一，因此，有待进一步专门研究。

### 8.1.2 攀枝花铁精矿氧化球团试验研究

试验所用的原料有：攀枝花铁精矿（粗铁精矿再磨的细铁精矿）、三台县皂土、攀钢的消石灰及经细磨的石灰石粉。其中皂土粒度全部为 -0.074mm，消石灰全部为 -0.3mm。

试验系在模拟半工业性试验设备的小型润磨机、造球机和链箅机—窑系统中连续化进行。证明了用攀枝花铁精矿进行再磨，添加石灰石、皂土或消石灰作溶剂和黏结剂，能生产合乎要求的具有良好冶金性的氧化球团。

所采取的三种试验方案为：

（1）方案Ⅰ：全再磨矿或混合矿加消石灰；

（2）方案Ⅱ：全再磨矿加石灰石粉加皂土；

（3）方案Ⅲ：全再磨矿加皂土（自然碱度）。

现将各方案试验过程及结果，按润磨造球、干燥预热和氧化焙烧三个工序分述如下。

8.1.2.1 润磨和造球

精矿、熔剂和黏结剂经准确配料后，加上约3%的水分，充分混合后，通过圆盘给料机加入润磨机内进行润磨，润磨后的混合料，用皮带运输机或人工加至圆盘造球机内造球。润磨系在自制的$\phi$600mm×840mm的周边排矿润式球磨机（简称润磨机）内进行，造球系在自制的$\phi$780mm×145mm的圆盘造球机内进行。

试验结果表明，采用方案Ⅱ原料造球，随碱度的提高，生球强度略有下降；而方案Ⅰ中全再磨矿+消石灰，碱度提高，生球强度提高，混合矿加消石造球，成球较困难，连续作业一定时间后，盘中总要积累一定量的粗粒精矿不能成球（此时盘底料中-0.074mm粒级仅占34.08%），但混合矿所造生球落下强度比其他方案生球的落下强度高。

8.1.2.2 干燥和预热

生球用人工加到皮带运输机上，再经溜槽均匀加于链箅机，料层厚度保持在30mm左右。干燥段和预热段气体流量采用皮托管流量计测定，干燥段和预热段气体流速分别为1.56~2.01m/s和0.83~1.07m/s，预热温度可借助预热段的辅助烧嘴来调节。预热球的质量检测以2m高处落至钢板上的最大不破裂次数计算。

试验结果表明，采用三种试验方案，在薄料层（30mm）的情况下，干燥效率良好，脱水率可达97%~99%，干球具有足够的抗压强度：

（1）方案Ⅰ（添加消石灰方案）的预热球落下强度差，平均值仅达0.3~1.3次/2m，最小低至0次/2m，抗压强度的平均值只有13.5kg/球。

（2）方案Ⅱ（全磨矿+石灰石+0.5%皂土）的预热球强度良好，抗压强度平均达到32.4~37.7kg/球，落下平均值4.7次/2m。

（3）方案Ⅲ（全磨矿加0.5%皂土）的预热球强度最高，抗压强度平均达52.8kg/球，落下强度的平均值达到81次/2m。

8.1.2.3 氧化焙烧和产品性能

生球经链箅机干燥脱水，在预热室中经受一定深度的氧化，并预热至900℃左右以后，通过下料管进入回转窑进行氧化焙烧。

（1）焙烧成品球的强度。焙烧成品球冷抗压强度平均都在250kg/球以上，最高的达到650kg/球。试验表明，在保证有适宜的干燥、预热条件下，对攀枝花铁精矿熔剂性球团或自然碱度球团适宜的氧化焙烧制度是：温度稳定，焙烧带料层温度就在1220~1260℃之间，高温焙烧时间约为30~40min，炉气应具有足够的含氧量（$O_2$>7%），成品球缓冷至700℃以下排料（试验中控制为500℃），防止骤冷，即可得到冷抗压强度为250kg/球以上的高强度球团。

（2）球团的脱硫效果。攀枝花铁精矿球团进行氧化焙烧能获得95%以上的脱硫率，自然碱度球团的脱硫比熔剂球团容易，在相同的位置和温度下，前者比后者获得较高的脱硫率，主要是因为石灰有吸硫作用。

（3）氧化球团的还原特性。攀枝花铁精矿氧化球团具有很好的还原性，可见高炉如果使用球团矿冶炼，对发展高炉上部的间接还原是肯定有利的。不同的熔剂种类和不同碱度对还原度的影响不明显，但还原度与还原时间的变化却是相当显著的，50min 以前随着还原时间的增加，还原度几乎直线上升，60min 以后趋于平缓。

（4）氧化球团还原热转鼓检测。攀枝花铁精矿氧化球团，在低温还原状态下的强度不亚于攀钢烧结厂，经热转鼓试验后球团冷抗压强度仍有 13.1 ~ 38.9kg/球，自然碱度球团低温还原状态下的强度相当好，是高炉优质原料。

（5）氧化球团的还原膨胀特性。在升温还原过程中，小于 500℃ 时球团的膨胀很小。当达到一定温度之后，随着还原反应的加快产生急剧膨胀，当达到最大膨胀值后，继续升温还原，膨胀值不再增加，且有逐渐收缩的趋势，一般说来急剧膨胀发生在 500 ~ 750℃ 之间。石灰石熔剂球团，膨胀率与碱度变化关系不明显。

### 8.1.3 攀枝花铁精矿冷固球团造块试验研究

攀枝花微细粒级铁精矿造块试验研究是国家重点科技攻关的子课题，主要针对攀枝花粗粒级铁精矿现有的生产流程进行技术开发改造提供技术依据。由于现有生产流程利用水玻璃作黏结剂生产的冷固球团中含钠高，在高炉冶炼中引起膨胀、粉化，影响了冶金过程的顺利进行。为此，寻求合理的黏结剂及干燥焙烧制度，进而生产出符合冶金要求的冷固球团。

试验所用原料为攀枝花较粗粒级铁精矿，-0.074mm 35%，试验所采用的原则流程见图 8-1。

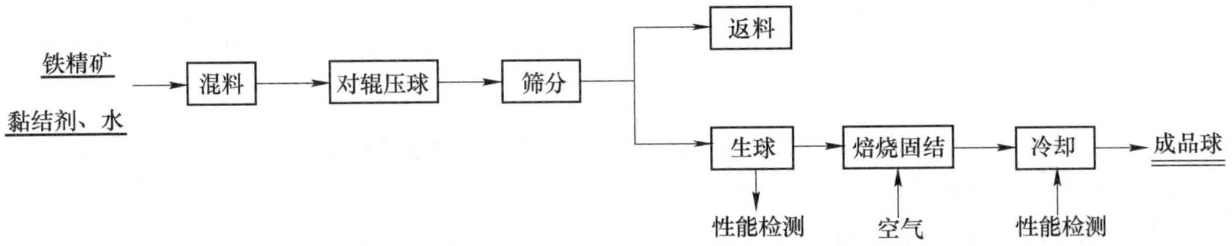


图 8-1 攀枝花铁精矿造块试验原则流程

通过大量的试验研究，针对攀枝花较粗粒级的铁精矿，采用 E 黏结剂，对辊成球后中低温焙烧（650℃）、固结，干球抗压强度最小为 1600N/个，最大为 2000N/个，平均为 1800N/个，转鼓指数为 88.5%，下落强度为 15 次/2m 钢板，球团中含 Na 不大于 0.05%，球团冶金性能满足要求，为攀钢现在的铁精矿冷固球团生产流程进行技术改造提供了依据。

## 8.2 红格铁精矿冶金试验研究

四川红格钒钛磁铁矿是攀西地区多金属共生矿床中储量最大，含有益元素最多的一个矿区。它除了含有铁、钒、钛、钴、镍、铂族、镓等多种有益元素外，还含有较其他矿区为高的铬。由于铬和钒一起主要赋存在钛磁铁矿中。选矿时主要富集于铁精矿。因此，在开展红格铁精矿的综合利用试验研究中，针对以上特点，在回收铁、钒的同时，应尽可能经济合理地富集回收铬，这不仅能为我国开辟一个新的铬资源以弥补我国铬铁矿的不足，而且可化害为利，减少“三废”，使铁、钒生产流程更经济更合理。

### 8.2.1 红格矿区钒铁精矿钠化氧化焙烧—水浸—沉淀分离提取钒、铬试验研究

钒、铬是合金钢中的重要元素，钒也是化学工业、石油工业的重要原料，和铬一样在其他工业中应用是极其广泛的。虽然我国钒资源十分丰富，但由于现行火法提钒工艺流程中存在钒的总回收率低的缺点，一般为30%~40%，只相当于回收原矿的1/3，因此，寻求新的铬资源以及在利用现有资源时，综合回收有用元素是解决上述问题的一个重要途径，为此，开展了红格矿区钒铁精矿进行钠化焙烧—水浸—沉淀分离提取钒、铬的试验工作。

针对原料性质特点，采用碳酸钠焙烧、水浸-水解沉淀钒-还原沉淀铬的工艺流程，能够有效地得到分离和回收钒、铬，钒、铬的总回收率分别为83.37%和73.27%~76.04%，获得了质量较高的工业产品——五氧化二钒和作为冶炼金属铬原料的三氧化二铬产品。试验结果表明，这一工艺在技术是可行的。由于铁精矿含二氧化硅、三氧化二铝等杂质太高，致使碳酸钠消耗量较大，这一问题有待解决。

所采取的工艺流程见图8-2。

用于冶炼金属铬的原料，要求三氧化二铬的品位达到96%，为了获得这种高质量的产品，采取了两个措施：第一在提钒之前先除铝、硅；第二在水解提钒以后，优先还原回收钒并达到进一步除杂质的目的，从而保证了三氧化二铬产品的质量。

综合条件试验获得的结果为，$V_2O_5$的回收率达81.4%~86.18%，$V_2O_5$的品位达84.23%~85.41%，达到冶金部标准一、二级品的要求。同时获得含$Cr_2O_3$ 98.02%~98.80%产品，达到冶炼金属铬的要求。

本试验流程的突出优点是钒和铬的回收率比较高。从铁精矿到获得最终产品，钒的总回收率为83.37%，其中一级品的五氧化二钒回收率占75.12%，在钒、铬混合物中的钒回收率占8.25%。铬的总回收率为73.27%~76.04%，其中在三氧化二铬中的回收率占58.36%~60.26%，在钒、铬混合物中的回收率为14.91%~15.78%。

同时，铬在提取五氧化二钒的过程中顺便得到回收，不需增加很多冶炼工序和成本，只需补充部分盐酸和还原剂，便能获得价值较高的三氧化二铬产品。钒、铬在各产品中的分布情况见表8-3。

**表8-3 钒、铬在各产品中的分布情况** (%)

| 铝硅渣 | | 钒产品 | | 钒、铬混合物 | | 铬产品 | | 滤液 | | 合计 | | | |
|---|---|---|---|---|---|---|---|---|---|---|---|---|---|
| $V_2O_5$ | $Cr_2O_3$ | $V_2O_5$ | $Cr_2O_3$ | $V_2O_5$ | $Cr_2O_3$ | $Cr_2O_3$ | $V_2O_5$ | $V_2O_5$ | $Cr_2O_3$ | 回收率 | | 损失率 | |
| 损失率 | 损失率 | 回收率 | 损失率 | 回收率 | 回收率 | 回收率 | 损失率 | 损失率 | 损失率 | $V_2O_5$ | $Cr_2O_3$ | $V_2O_5$ | $Cr_2O_3$ |
| 0.27 | 0.10 | 90.11 | 0.53 | 10.18 | 22.72 | 70.60 | 1.02 | 0.21 | 2.52 | 100.29 | 93.32 | 1.50 | 3.15 |

### 8.2.2 红格矿区T20钒铁精矿综合回收钒、铬试验研究

试验所用的铁精矿是用红格南北矿区四个露头点上，三种类型四小样组成的原矿大样（编号T20）经选矿制得的，原矿由橄辉岩型、橄榄岩型和辉石岩型三种类型矿石组成，橄辉岩型和橄榄岩型矿石是矿区内主要含矿带，制得的铁精矿多项分析见表8-4。

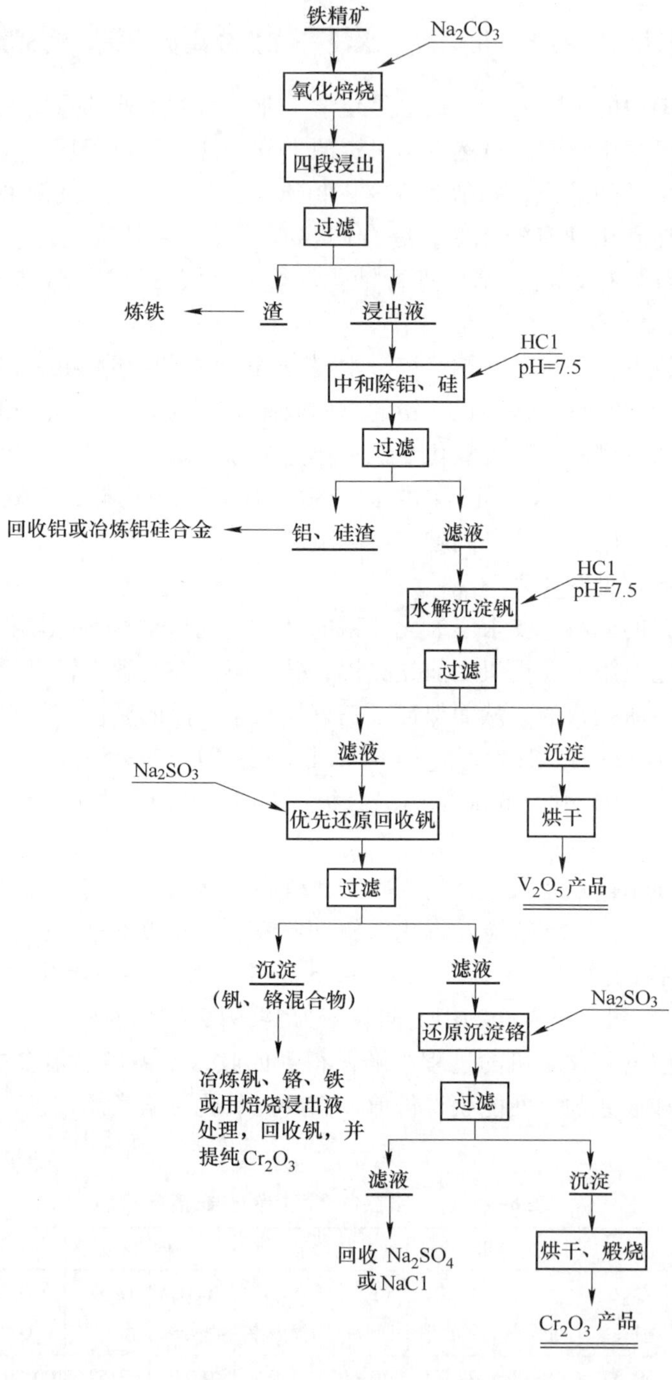


图 8-2 红格铁精矿钠化氧化焙烧—水浸—沉淀分离提取钒、铬试验工艺流程

**表 8-4 红格矿区 T20 钒铁精矿多项分析** （%）

| 成分 | TFe | $TiO_2$ | $V_2O_5$ | $Cr_2O_3$ | Co | Ni | Cu | Ga | Mn | $SiO_2$ | $Al_2O_3$ | CaO | MgO | $K_2O$ | $Na_2O$ |
|---|---|---|---|---|---|---|---|---|---|---|---|---|---|---|---|
| 含量 | 54.06 | 12.7 | 0.57 | 1.19 | 0.013 | 0.067 | 0.016 | 0.003 | 0.258 | 2.41 | 2.87 | 0.61 | 3.44 | 0.0566 | 0.11 |

试验采用铁精矿造球—回转窑预还原—电炉炼铁—双联法吹钒、铬，炼钢和湿法提取分离钒、铬，制取高纯$V_2O_5$与$Cr_2O_3$产品的工艺流程。此流程是立足于我国西南地区近期和长

远的燃料构成，以非炼焦煤和电能为主要能源，按照以铁为主，尽可能地富集和回收钒、铬，合理利用铁精矿中钛的原则来达到综合利用的目的。试验所采用的工艺流程见图8-3。

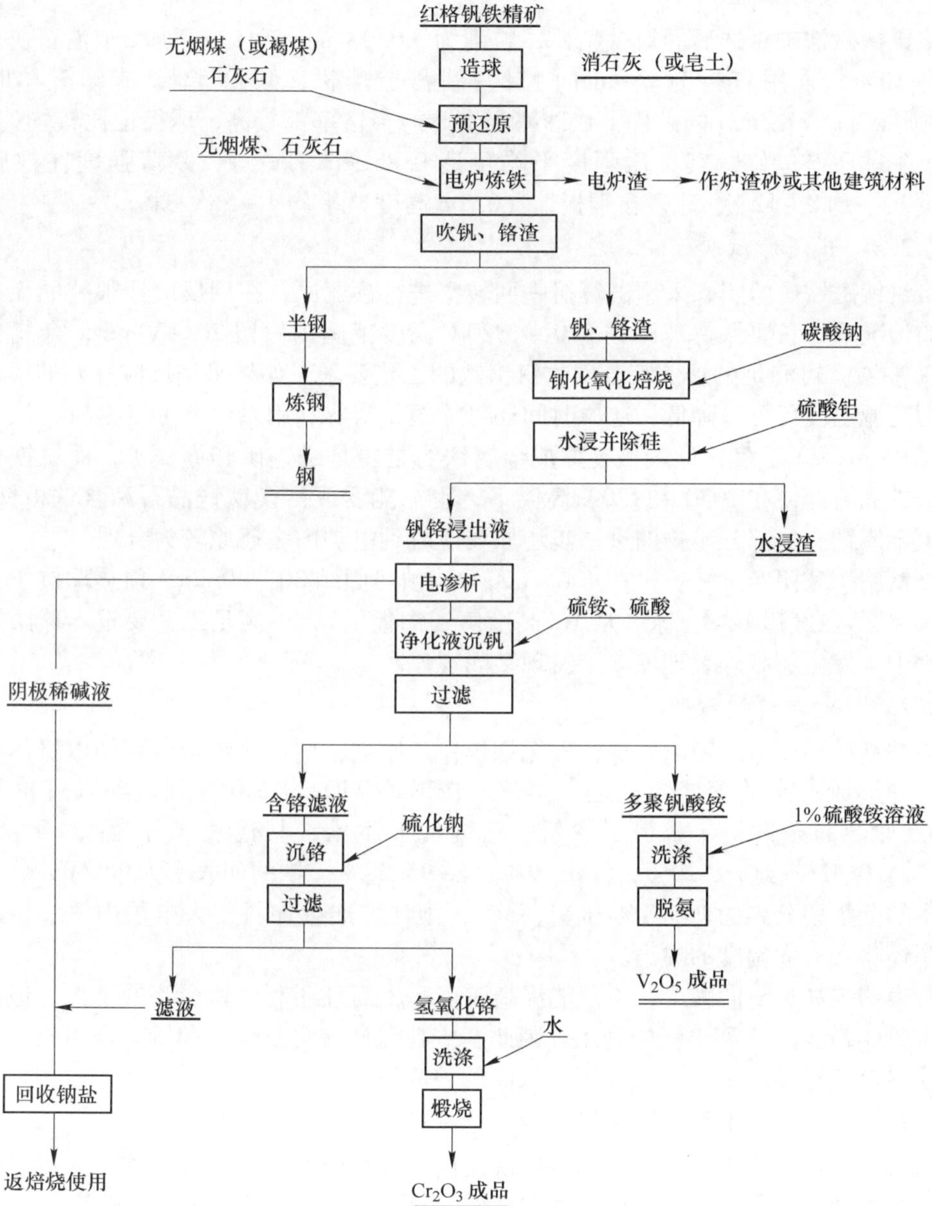


图8-3 红格矿区T20钒铁精矿综合利用原则流程

其主要工艺特点是：铁精矿再磨再选，添加适当的黏结剂造球，在链箅机回转窑内于1000℃左右的温度下预还原，生产低金属化率（40%~60%）的预还原球团，以最大可能地提高回转窑生产率，克服回转窑利用系数低的缺点，根除或尽量减少回转窑结圈等作业障碍产生的可能性，在电炉内配入足够的还原剂，以尽可能提高钒、铬在生铁中的富集率，炼出进一步吹取富钒富铬渣所要求的低硅含钒、铬生铁，采用LD转炉热模型进行吹炼钒、铬，流程注重使钒、铬走向一致，逐步富集，最后经一次钠化焙烧，湿法分离提取，尽可能简化沉淀分离工序，减少试剂消耗，降低成本，并使部分碱回收，循环使用。

8.2.2.1 造球试验

红格钒钛磁铁矿磁选后的钒铁精矿，粒度为 -0.074mm 89%，添加5%消石灰为黏结剂，水分10%，采用直径为650mm的自制圆盘造球机，倾角52°，造球滚动时间为40min，圆周转速21r/min的条件下成球率和生球的合格率都较高，球径也比较均匀（8～12mm），生球质量也好，其抗压强度平均可达0.85～1.1kg/球，跌落强度在橡胶板上（1m高度）平均8～12次/球，在钢板上（0.5m高度）平均4～5次/球。

8.2.2.2 预还原试验

红格钒钛磁铁矿球团，采用链箅机—回转窑进行预还原，在用反应性很差的无烟煤作还原剂的情况下，只要保持球团在970～1020℃温度范围内停留20～30min，金属化率即可达60%左右，可满足电炉炼综合回收钒铬铁的工艺要求。如果采用反应性好的褐煤作还原剂，则还原温度还可以降低，还原时间还可缩短，窑容利用系数还可能提高。

在970～1020℃温度区间内被还原成金属铁的主要是磁铁矿和赤铁矿，而钛铁矿和新产生的钛铁晶石即使在1070～1120℃高温下，也只能变成富镁钛铁晶石和含铁板钛镁矿，很难产生金属铁，这部分矿物的进一步还原反应放到电炉内去还原较为合理。

红格铁精矿球团经过链箅机在400～600℃下预热固结30～40min，预热球抗压强度达25kg/球，跌落强度达12次/球（从1m高度落到钢板上），可满足工艺要求，球团在窑内还原过程中不发生膨胀碎裂现象，未发现结圈现象。

8.2.2.3 电炉炼铁试验

红格铁精矿预还原球团电炉炼铁以无烟煤作还原剂，用矿热炉熔炼，使电极尽可能插入渣层，并形成一定的固体料柱进行熔炼。按 $CaO/SiO_2$ 为2.0配料，配入理论计算量110%的还原剂的条件下，获得了含钒、铬的优质生铁，其代表成分为：C 3.45%，S 0.046%，V 0.42%，Cr 1.20%，Si 0.19%，Fe 95.28%，铁的回收率为96.68%，钒、铬在生铁中的分配率分别为74.41%和81.84%，预计在连续加料的大电炉内钒、铬在铁中的分配率还将会有大幅度的提高。

试验表明提高炉渣的碱度，不仅能提高脱硫率，而且还利于钒、铬的富集，但高碱度将使渣含 $TiO_2$ 减少，不利于钛的利用，因此，应在保证硫含量合格和钒、铬回收率高的前提下，应尽可能降低碱度，以获得 $TiO_2$ 较高的炉渣。

8.2.2.4 含钒、铬生铁的吹炼试验

用氧气顶吹转炉吹炼红格含钒、铬生铁在技术上完全可行，在采用吹炼含钒生铁大致相同的工艺条件下，可以得到一种新型的钒铬原料—钒铬渣，渣中 $Cr_2O_3$ 和 $V_2O_5$ 平均品位分别为19.32%和9.44%，其合量达28.76%，富集了将近20倍。为下一步经济合理地提取钒铬打下了物质基础，在钒的回收率70.25%接近单一吹钒指标的情况下得到了较高的铬回收率64.30%，半钢回收率91.40%，接近国内水平，其主要成分与其他提钒法所得半钢相似，可在电炉或转炉内炼成各种优质钢，我们预想采用电炉吹氧炼钢对红格半钢更为适合。

8.2.2.5 从钒、铬渣中提取钒和铬产品

采用该工艺流程在钒、铬渣中提取钒、铬产品，工艺技术可行并取得了较好技术指

标。从钒、铬渣到产品，钒和铬的直收率分别为90.2%~92.6%和90.4%~93.2%。五氧化二钒产品含$V_2O_5$大于98%，达到出口的质量要求，氧化铬产品含$Cr_2O_3$大于98%，杂质含量符合冶炼金属铬的要求。

红格钒铁精矿采用本试验流程，实现了“在回收铁、钒的同时，尽可能经济合理地富集回收铬”的设想，在技术上是可行的，由于铬是在回收钒的同时附带回收的，因此经济上也是有利可图的。对红格矿的资源保护，评价矿区有益元素的经济价值提供了基础资料，特别是为一向不为人们重视的含量低而储量大的三氧化二铬资源找到了综合回收途径，意义十分重大，从铁精矿算起的金属总回收率分别为：铁（至半钢）88.37%；钒（至高纯$V_2O_5$）48.40%；铬（至高纯$Cr_2O_3$）49.03%。高纯五氧化二钒和三氧化二铬的纯度均大于98%。

### 8.2.3 红格全矿区综合样钒铁精矿综合回收钒铬试验研究

在红格矿区T20钒铁精矿综合回收钒、铬试验研究的基础上，为了考察上述新工艺对全矿区各类样品的适应性，以满足今后矿山开采方案的要求，又对红格矿区岩芯样组成的全矿区代表性综合样，经选矿制得的铁精矿（钒铬比接近1:1）进行造球，预还原和熔炼试验，试验结果表明，钒、铬在生铁中同样得到有效的富集。制得的铁精矿多项分析见表8-5。

表8-5 红格全矿区综合样钒铁精矿多项分析 （%）

| 成分 | TFe | $TiO_2$ | $V_2O_5$ | $Cr_2O_3$ | Mn | $SiO_2$ | $Al_2O_3$ | CaO | MgO | S | P |
|---|---|---|---|---|---|---|---|---|---|---|---|
| 含量 | 52.83 | 11.84 | 0.547 | 0.648 | 0.237 | 5.22 | 2.96 | 1.47 | 4.16 | 0.55 | 0.012 |

本次试验是在历次试验的基础上，进行综合分析，选用最佳技术参数，着重考察采用皂土作黏结剂的造球效果。

用红格矿区岩芯样所制得的铁精矿造球，选用反应性较差的无烟煤作还原剂进行预还原，还原温度1050℃，保温1h，预还原球团的金属化率可达60%左右，完全可以满足电炉炼铁综合回收铁、钒、铬的工艺要求。在预还原过程中配加球团量6%的脱硫剂，球团脱硫率可达50%~60%。预还原球团的平均抗压强度达83.1kg/球；在自制的转鼓内转动4min，球团无破碎，此种球团可以满足电炉熔炼的需要，整个操作过程顺行，没有发现炉料黏结及球团膨胀碎裂现象，预还原球团和残渣采用筛分极易分离。

当炉渣碱度提高到1.35时，渣铁畅流、分离良好；铁、钒、铬的回收率分别可达93.41%、82.92%和80.20%；生铁平均含钒铬分别为0.46%和0.699%；钒铬在渣中的残存率分别为11.80%和8.92%；生铁平均含硫量为0.075%，从试验情况看，只要严格控制操作，提高炉温，生铁的含硫量完全可以降至0.07%以下，达到合格生铁的要求，该工艺在技术上完全可行。

由于本试验的目的是使用全矿区代表性岩芯样铁精矿验证1981年完成的T20铁精矿扩大试验结果，验证结果表明：

（1）本次试验的铁水较之T20铁水除含铬较低，其他主要化学成分基本相似。

（2）从铁水中提钒国内外都有较成熟的工艺，而且1981年吹钒铬的试验结果充分证明，即使铁水中的铬钒比达2~3时，吹炼仍能顺利进行，并没有因铬的存在而抑制钒的氧化，钒的氧化率达85.61%，钒和铬的回收率分别为70.25%和64.30%，每吨生铁可产钒铬渣 50.26kg。接近或超过国内历次工业试验指标，本次试验铁水中的钒铬比只有 1.5 左右，吹炼结果优于上次试验。若按上述指标计算本次试验所产钒铬渣含五氧化二钒和三氧化二铬的品位分别为 11.46% 和 13.05%。不同钒铬比的沉钒结果见表 8-6，不同工序钒、铬的回收率见表 8-7。

**表 8-6 不同钒铬比的沉钒结果**

| 编号 | $V_2O_5$:$Cr_2O_3$ | 原液成分/g · $L^{-1}$ | | 钒产品成分/% | | 钒沉淀率/% |
|---|---|---|---|---|---|---|
| | | $V_2O_5$ | $Cr_2O_3$ | $V_2O_5$ | $Cr_2O_3$ | |
| cg - 517 | 1:0.5 | 35.62 | 18.61 | 98.60 | 0.39 | 92.05 |
| cg - 518 | 1:1 | 36.49 | 35.69 | 97.92 | 0.65 | 89.89 |
| cg - 519 | 1:1.5 | 35.84 | 52.56 | 98.04 | 0.65 | 87.38 |
| cg - 520 | 1:2 | 35.86 | 73.91 | 98.04 | 0.86 | 82.82 |

**表 8-7 各工序钒铬回收率**

| 名称 | 破碎磁选 | 焙烧浸出 | 电渗析 | 沉钒脱氨 | 沉铬煅烧 | 总回收率 |
|---|---|---|---|---|---|---|
| 回收率（$V_2O_5$）/% | 98 | 96.74 ~ 98.57 | 99.9 | 97 | — | 92.59 |
| 回收率（$Cr_2O_3$）/% | 98 | 97.48 ~ 97.56 | 99.9 | 99.7 | 97.7 ~ 98 | 93.17 |

（3）用红格全矿区岩芯样钒铁精矿造球—预还原—电炉炼铁试验，较好地重现了 T20 铁精矿综合回收铁、钒、铬的试验结果，为红格矿的资源保护，评价矿区有益组分的经济价值进一步提供了依据，试验中获得的大量数据可作为扩大试验的基础资料，从铁精矿算起的金属总回收率分别为：铁（至半钢）85.38%，钒（至 $V_2O_5$）53.93%，铬（至 $Cr_2O_3$）48.05%。

（4）本试验流程衔接紧凑，工艺和设备较为成熟，易于实现工业化，从成本估算可见，尽管铁精矿 $Cr_2O_3$含量较之 T20 铁精矿低 0.542%，但在生产 1t $V_2O_5$的同时仍可顺带回收 1.15t $Cr_2O_3$，因此在经济上也是有一定效益的，更重要的是由于注重了对铬的回收，消除了污染，其社会效益是重大的。

（5）由于岩芯样属原生矿石，含硫量较高，致使本次试验的生球含硫是 T20 铁精矿生球的 6 倍，这样就给预还原和炼铁造成了脱硫的负担。

## 8.3 白马矿区钒铁精矿冶金试验研究

从白马钒铁精矿中水法提钒试验研究主要是对白马钒铁精矿细筛样和再磨再选样进行氧化钠焙烧水法提钒以及对再磨再选样生产自然碱度氧化球团试验研究。

试验所用原料为白马芨芨坪矿区钒铁精矿，与攀西另外三大矿区相比，该矿石含铁较低，含钒较高，钒主要以类质同象赋存于钛磁铁矿中。为考察精矿粒度和成分对提钒的影响，将白马矿区钒铁精矿分成两种样品，即：（1）直接过筛分出 - 0.12mm 粒级产品；（2）进行再磨再选的产品。两种样品的化学多项分析见表 8-8，粒度组成见表 8-9，所采用的工艺流程见图 8-4。

**表 8-8 白马矿区两种钒铁精矿化学多项分析** （%）

| 名称 | TFe | $V_2O_5$ | $TiO_2$ | $SiO_2$ | CaO | $Al_2O_3$ | MgO | S | P |
|---|---|---|---|---|---|---|---|---|---|
| 细筛样 | 57.53 | 0.73 | 9.72 | 2.30 | 0.16 | 3.65 | 2.35 | 0.065 | 0.016 |
| 再磨再选样 | 59.73 | 0.79 | 10.05 | 1.65 | 0.12 | 2.34 | 1.98 | 0.049 | 0.012 |

表 8-9 白马矿区两种钒铁精矿粒度组成

| 粒级/mm | -0.045 | +0.045 ~ -0.074 | -0.074 ~ -0.100 | -0.100 ~ +0.154 | -0.154 |
|---|---|---|---|---|---|
| 细筛样/% | 61.93 | 22.93 | 11.03 | 3.21 | 0.90 |
| 再磨再选样/% | 69.17 | 23.73 | 5.96 | 0.89 | 0.25 |

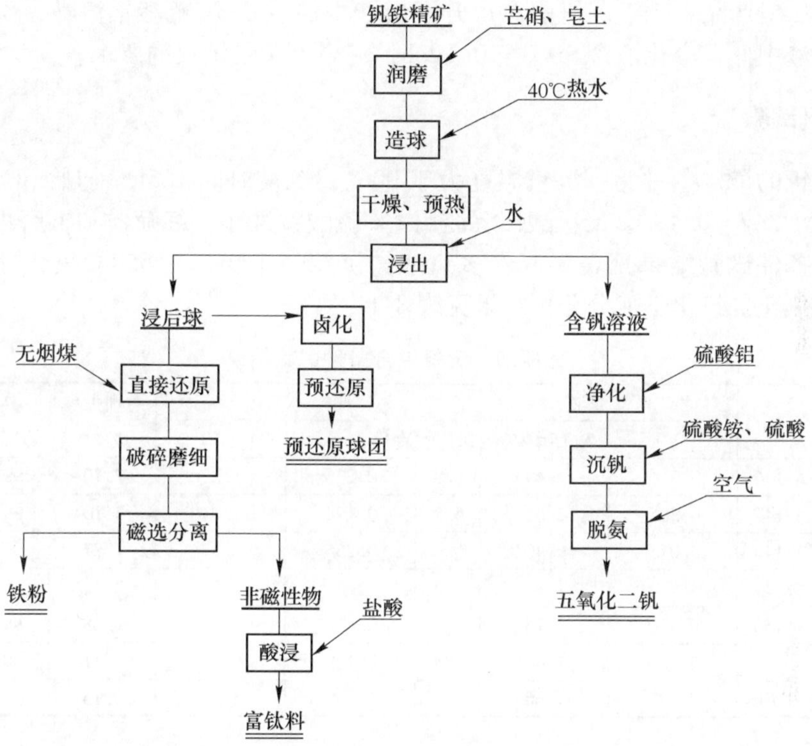


图 8-4 白马矿区钒铁精矿提钒试验原则流程

## 8.3.1 造球试验

造球试验在自制的润磨机、造球机上进行。试验结果表明无论是细筛样还是再磨再选样，添加7%芒硝、0.5%皂土的球团，润湿24h润磨，生球水分为7.5%~8.5%，细筛样可获得生球抗压强度为1.63kg/个，落下5.0次/0.5m；再磨再选样生球抗压强度1.68kg/个，落下5.13kg/个，生球经两段干燥或先冷风吹干再在250℃干燥一段时间，所得的干球可达要求。当预热温度为800 ~ 850℃，时间为20 ~ 30min，预热球抗压强度大于31.3kg/个，落下大于1.1次/2m，热转鼓指数小于1.3%，均符合质量要求。

## 8.3.2 球团钠化焙烧

细筛样和再磨再选样球团经氧化钠化焙烧，钒的转化率分别平均为91.24%和92.54%，再磨再选样中$SiO_2$与$Al_2O_3$含量比细筛样要低1.96%，从理论上分析前者所需的芒硝量应低于后者，但试验结果表明两者所需的芒硝量几乎相等，而只是前者转化率高1%左右。

### 8.3.3 浸出及浸出液净化

试验细筛样经六级连续浸出含 $V_2O_5$ 大于 14g/L，硅、磷含量分别为 0.075～0.087g/L 和 0.078～0.013g/L，以浸出液含 $V_2O_5$ 20g/L 计，硅和磷含量也基本符合沉淀要求。再磨再选样的浸出液含硅、磷则更低。因此本试验无需做浸出液的净化试验，为了保证得到合格的五氧化二钒产品，仍于沉钒前在每升浸出液中加入 0.5g 硫酸铝溶液，经沉降或过滤以除去浸出液中硅，净化液含 Si 小于 0.1g/L，完全可满足沉钒的要求。

### 8.3.4 沉钒试验

确定沉钒的最佳条件为：沉钒温度大于 90℃，沉淀时间 1.5h，初始 pH = 6.0，终点 pH = 2.5，$NH_3/V = 0.4$，多聚钒酸铵沉淀用 1% 硫酸铵洗涤，细筛样和再磨再选样的净化液沉钒综合条件试验结果见表 8-10。多钒酸铵沉淀经干燥，在 550℃ 氧化性气氛中煅烧 1h，产品五氧化二钒化学成分分析结果见表 8-11。

**表 8-10 沉钒综合条件试验结果**

| 名称 | | 沉钒滤液 | | 洗水 | | | 总损失率/% | $V_2O_5$ 品位/% | 钒回收率/% |
|---|---|---|---|---|---|---|---|---|---|
| | | $V_2O_5$/g·L$^{-1}$ | 残存率/% | pH 值 | $V_2O_5$/g·L$^{-1}$ | 损失率/% | | | |
| 细筛样 | A-146 | 0.266 | 1.43 | 6.8 | 0.236 | 1.27 | 2.70 | 99.33 | 95.54 |
| | A-147 | 0.385 | 2.06 | 6.8 | 0.194 | 1.04 | 3.10 | 99.45 | 95.12 |
| | A-148 | 0.075 | 0.40 | 6.9 | 0.255 | 1.37 | 1.77 | 99.29 | 97.90 |
| | 平均 | | 1.30 | | | 1.23 | 2.53 | | 96.19 |
| 再磨再选样 | A-152 | 0.330 | 1.73 | 6.7 | 0.410 | 2.15 | 3.88 | 99.28 | 95.84 |
| | A-154 | 0.280 | 1.47 | 7.00 | 0.179 | 0.94 | 2.41 | 99.18 | 97.83 |
| | 平均 | | 1.60 | | | 1.55 | 3.15 | | 96.84 |

**表 8-11 五氧化二钒化学成分分析结果**

| 名称 | | $V_2O_5$ | Si | Fe | P | $Na_2O + K_2O$ | As |
|---|---|---|---|---|---|---|---|
| 细筛样/% | A-146 | 99.33 | 0.014 | 0.009 | 0.0006 | 0.56 | 0.0009 |
| | A-147 | 99.45 | 0.013 | 0.010 | 0.0011 | 0.53 | 0.0007 |
| | A-148 | 99.29 | 0.013 | 0.008 | 0.0010 | 0.56 | 0.0010 |
| 再磨再选样/% | A-152 | 99.28 | 0.014 | 0.012 | 0.0004 | 0.43 | 0.0020 |
| | A-154 | 99.18 | 0.009 | 0.004 | 0.0016 | 0.48 | 0.0013 |

试验结果证明，白马钒铁精矿细筛样和再磨再选样氧化钠化球团，采用酸性铵盐沉钒，工艺成熟，技术可行，并获得较好的技术经济指标，最终得到含五氧化二钒大于 99% 的钒产品，因此，本研究为白马钒铁精矿的利用提供了一条较理想的提钒方法。

### 8.3.5 铁、钛的综合利用

白马钒铁精矿氧化钠化球团，经水浸提钒后主要有用元素为铁和钛，但还含有高达 1.5% 左右的氧化钠，致使球团物化性能变坏，入高炉后在还原过程中将产生异常膨胀，导致球团粉化使冶炼难于进行，不宜作为高炉护炉料。为使浸后球能作为高炉炼铁原料或其他用途，必须进行预先处理。可采用直接还原—磁选分离，稀盐酸处理的流程，获得含

TFe 88.2%，收率为94.38%的铁粉，同进获得含二氧化钛为36.48%，回收率80.89%的磁选尾矿，经稀盐酸处理获得二氧化钛大于60%的富钛料产品。

### 8.3.6 再磨再选样生产氧化球团试验研究

为使白马钒铁精矿既可采用氧化钠化焙烧水浸提钒的流程生产钒产品，又可利用造球焙烧系统的设备，生产氧化球团，对再磨选样进行了自然碱度氧化球团的试验研究。

白马钒铁精矿再磨再选试样加0.5%皂土，经预先润湿润磨处理，可获得抗压强度为1.81kg/个，下落强度为6.9次/0.5m的生球，在温度控制为300℃和900℃时，能达到较好的干燥、预热效果，球团在1230℃左右，氧化焙烧40min，完全能生产出符合产品质量要求的具有良好冶金性能的氧化球团。

综上所述，对白马钒铁精矿细筛样、再磨再选样添加7%芒硝，0.5%皂土造球，干燥、预热后采用氧化钠化焙烧—水浸—酸性铵盐沉钒的工艺流程，获得的最终技术经济指标见表8-12。

表8-12 白马钒铁精矿提钒技术指标

| 名 称 | 转化率/% | 浸出率/% | 沉钒回收率/% | 钒总回收率/% |
|---|---|---|---|---|
| 细筛样 | 91.24 | 95.31 | 96.19 | 83.65 |
| 再磨再选样 | 92.54 | 95.63 | 96.84 | 85.70 |

采用该工艺流程，两种试验样获得的钒产品含$V_2O_5$均大于99%，沉钒滤液经阴离子交换达到排放标准，该工艺成熟，技术可行，经济合理，为白马钒铁精矿的综合利用，提供了可供对比选择的多方案途径和参考依据，为矿山建设可行性设计提供了重要的基础资料。

## 参 考 文 献


[1] 红格铁精矿预还原试验报告．中国地质科学院矿产综合利用研究所，1976.

[2] 四川红格钒钛磁铁矿铁精矿造球试验．中国地质科学院矿产综合利用研究所，1975.

[3] 红格钒钛磁铁矿铁精矿（编号T20）造球试验．中国地质科学院矿产综合利用研究所，1976.

[4] 四川红格矿区钒钛磁铁矿铁精矿造球—回转窑预还原—电炉炼铁试验报告．中国地质科学院矿产综合利用研究所，1975.

[5] 四川红格钒钛磁铁矿铁精矿钠化氧化焙烧—水浸—沉淀分离提取钒铬试验．中国地质科学院矿产综合利用研究所，1974.

[6] 红格矿区钒钛磁铁矿铁精矿球团回转窑预还原试验．中国地质科学院矿产综合利用研究所，1974.

[7] 四川红格钒钛磁铁矿炼铁过程中铬的分配规律试验小结．中国地质科学院矿产综合利用研究所，1975.

[8] 红格全矿区综合样铁精矿综合回收铁钒铬试验研究报告．中国地质科学院矿产综合利用研究所，1986.

[9] 红格铁精矿综合回收铁钒铬试验——回转窑预还原、电炉炼铁后提钒铬流程试验总结．中国地质科学院矿产综合利用研究所，1982.

[10] 攀枝花式钒钛磁铁矿氧化球团升温还原膨胀机理研究．中国地质科学院矿产综合利用研究

所，1978.
[11] 攀枝花铁精矿氧化球团试验研究报告．中国地质科学院矿产综合利用研究所，1979.
[12] 氧化焙烧—磁选法从攀西钒钛磁铁矿选铁尾矿中回收钛铁矿的研究试验．中国地质科学院矿产综合利用研究所，1980.
[13] 攀枝花地区钒钛磁铁矿综合利用科研简况汇报．中国地质科学院矿产综合利用研究所，1979.
[14] 攀枝花钒钛磁铁矿综合利用研究报告．中国地质科学院矿产综合利用研究所，1977.
[15] 攀枝花铁精矿冷固球团造块试验研究报告．中国地质科学院矿产综合利用研究所，1994.
[16] 白马钒铁精矿水法提钒实验室试验研究报告．中国地质科学院矿产综合利用研究所，1991.